渡辺 仁 著

縄文土偶と女神信仰

同成社

まえがき

　土偶は、質的にも量的にも、土器とならんで、縄文文化を代表する遺物であって、両者とも原始美術品として評価され、古くから人口に膾炙してきた。しかし、それが縄文人にとって一体何であったのか、その意味と役割即ちその本質については未だ殆ど解っていないのが実情である。要するに、縄文土偶の考古学的研究史は、明治の前葉以来既に100年以上を経過したが、その本質については、信仰上の関係品ということ以上の学術的結論は得られていないのである。
　現今の考古学界にも、それが女神ではないかとか、呪物ではないかといった推測の類はあるが、そのような見解は、既に明治から大正にかけての時代の先学諸氏によって提出されていて、それらを超えるものではない。つまり、縄文土偶の資料は、最近になって急激に増加しているが、その本質論は、明治大正時代以来、実質的に殆ど進展していないといって過言ではない。これは縄文土偶研究についても言えることであって、日本先史考古学の将来にかかわる重大な問題として受けとめる必要がある。
　これまでの研究では、縄文土偶の歴史は、縄文世界の枠を超えることができず、世界の歴史とは無縁で、しかも母体としての文化や社会からも遊離した、自閉的な小説的ないし文芸的解釈しかなされ得なかった。これは、日本の新石器時代という時間的・空間的枠組を超越した歴史を追究する手だて即ち方法論がなかったからである。この方法論の不在は、一方では縄文考古学が、要素型式の編年主義に傾倒のあまり、手段が目的に化してしまったこと、また他方では、それと関連して、縄文考古学が、遺物レベルの研究即ち資料の調査・報告に没頭して、理論化という目的を忘れ去っていたことに原因がある。
　つまり縄文土偶の歴史が縄文世界の枠を超えることができなかったのは、第1にその視点が遺物レベルを超えることができなかったからであり、第2には、その視点が編年主義から脱却できなかったことによるといえる。
　そこで縄文土偶という遺物レベルの視点から、女人像信仰という理論的レベルの視点に転移すると、その歴史のスパンは、時間的にも空間的にも縄文世界を遥かに超えた拡がりをみせることになる。このような新視点からみると、縄文土偶が、北方ユーラシアの旧石器時代骨偶に端を発し、末は日本民俗の山神像につながる、広大な伝統の流れの中の一現象にほかならないことがわかる。そしてまたそれは、日本固有の面をもつ現象であると同時に、隣接社会をまきこんだ、より広い世界の歴史の中の一現象にほかならないことがみえてくる。これが女神像信仰の歴史というものである。
　また因襲的な編年的視点即ち差異重視視点から進化的視点即ち類似重視視点に切り替えると、縄文土偶をめぐる女神像信仰の歴史は、発展と衰退を伴う連続的変化即ち進化的現象としてとらえることができ、しかもそれは生態的事情ならびに文化ないし社会の構造と関連するダイナミッ

クな姿を呈することがわかる。

　この女神像信仰は、ステップ（steppe）系及びタイガ（taiga）系植生帯の野生資源に依存する北方系狩猟採集社会と不可分の要素であって、はじめマンモス狩猟民の公共的（集団的）祭祀に対する私的（家族的）祭祀として興り、後に極東北洋岸の定住的猟漁民の間で発展したが、その分布の東端にあたる日本では、農耕社会化による文化ならびに社会の構造的変化に伴って衰微し、かろうじて山村の山の神信仰にその名残りをとどめるにすぎない。

　本研究は、北方ユーラシアに展開した、このような縄文土偶をめぐる女神信仰の歴史に関する１つの理論考古学的モデルである。学史を一瞥すれば明らかなように、縄文土偶研究にはこれまで論文（monograph）らしいものがなかったが、理論的研究にはそれが不可欠である。本研究は論文の形をとり、設定された問題を、章を追って順次解きあかすことによって答を導きだす学術的解答の手続きをとることにした。そこで論議は、逐一論拠を明らかにするとともに、既知の知見と新知見の区別をし、前者についてはできるだけ出典と原典を明記することにした。またそれらについては欧米流に学史的な意味でのプライオリティーを重視した。それこそが、知識の体系化と組織的探求を目指す科学（学術）の進歩には必須の手続きだからである。先人の業績を正しく体系的に評価すること、つまり理論と方法の学史を踏まえること、これが科学的ないし学術的研究の出発点であることは言うまでもない。なおまた理論考古学を目指す本研究では、新方法として民族誌的情報と人類学的原理をできるだけ体系的に援用した。土偶のようなイデオロギーないし精神文化関係の先史考古学的課題に対し、このような方法が適用された前例は、著者の知る限り内外ともに未聞であって、その意味で本研究は、方法論的にも新しいテスト・ケースでもある。さらに本研究の新しさは、旧来のような縄文土偶の編年史ではなく、先述したとおり、その起源と発展の過程を探る進化史を追究した点である。そのような研究の性質上、時代や地域で区切られた既製の考古学研究分野を縦横に越えたり繋いだりせざるを得ず、また旧来のデータを新しい統合的見地から再組織する必要にかられたことも多い。例えば、国内用の分類枠は国外には通用しない。そこで新たに女人像の汎大陸的な分類枠を設定し、それに合わせて縄文土偶を再分類することになったがこれはその１例である。また結論が仮説となり得るためには、付随するすべての疑問が解答され説明可能でなければならない点にも留意した。本研究の内容が、普通以上に煩雑にならざるを得なかったのは、以上のような事情によるところが大きい。

　本研究の主題は、縄文土偶をめぐる女神像信仰の歴史の解明である。しかし本研究の今１つの成果は、その解明を通して、人間の歴史の新しい一側面即ち精神面の進化的理解の可能性が示されたことである。またさらに重要なことは、その解明を通して、イデオロギーの進化の生態的かつ構造的（機能的）理解が不可能ではないことを示す証拠が得られたことである。ヨーロッパ旧石器時代の女人像祭祀に関する本研究の新解釈はその一端である。

　人間の骨格の進化の跡を辿ると、サカナの骨格に辿りつく。これは化石の証拠にもとづく古生物学の定説としてよく知られている。その経路の両端——人間とサカナ——の形を一見すると、何の関係もない別個の形のように見えるが、順を追って眺めると、時代と地域が移るにつれて、少しずつ形の変化が生じたことが認められ、その変化は連続的で、しかも基本的構造（顎を伴う

頭、1本の背骨とその両側の肋骨、ならびに4本の運動機関——2対の鰭ないし脚)は変っていないことがわかる。女人像の歴史もこのような生物の進化史に似ているといえる。ヨーロッパやバイカルの旧石器時代女人像と、アムール及び日本の新石器時代女人像、並びに極東北洋岸民族及び日本民俗の女神像を比べると差異が目につく。しかし他方でそれらの間には基本的共通性が認められ、またそれらの差異は、時代と地域の推移によって生じた変異差とみなすことができる。日本民俗の山神像とバイカルの旧石器時代のマンモス牙像を、編年主義(差異重視主義)的視点から比較すると、いかにも突飛に映り、両者の歴史的関係は見えにくいが、それらを進化主義(類似重視主義)的視点から比較すると、伝統の流れとして理解することができる。女神像信仰は旧石器時代以来竪穴住居とともに受け継がれてきた北方ユーラシア的伝統なのである。北方ユーラシアの東側における、女神像信仰のこのような長期の連続性は、例外的な現象ではなく、驚くに当らない。それは、その西側にあたる南東ヨーロッパにおいても同様の現象が認められるからである。しかしここで注目すべき点は、西のヨーロッパでは、農耕化に伴って、旧石器時代以来の伝統的母性女神と並んで、農耕生活に反応した新しい女神が出現したことである。ギンブタス教授によると、これは大地の産出力ないし生殖力を象徴する地母神であって、インド・ヨーロッパ系の神とされている (Gimbutas 1982)。ところが東の日本では、農耕化にもかかわらず、そのような新しい大地の女神の出現形跡がなく、伝統的な母性女神(山の神)が田の神を兼ねているのが特色である。稲作の導入によって、日本列島住民の経済と社会は大きく変動したが、精神文化の根底までは変らなかったことの証左といえる。縄文土偶の本性の探求は、このように我が国の基層文化の解明にもつながることを指摘したい。要するに、めがねとものさしが同じでは、それをいかに精密化しても、観測できるものは限られる。その限界を打ち破るには、それを新しくする以外にない。つまり理論的枠組の革新である。この思いから、隗より始めよの例にならって実践した結果が本研究である。歴史時代を扱う歴史考古学は、古文書という青写真に照らして遺物を解釈することができる。しかし先史時代即ち無文字社会を扱う先史考古学にはそのような青写真がない。そこで先史考古学者は、青写真に代る何等かのモデルを自ら用意し、それに照らして遺物を解釈し、あるいは遺物に照らしてモデルを修正・改変することになる。これが理論考古学(安斎 1994；渡辺 1996)である。この手続きは、人類学にせよ社会学にせよ科学に頼らざるを得ないから、理論考古学は必然的に科学を標榜することになる。日本先史学の現下の急務は、編年中心の記述考古学から脱皮した理論考古学の振興である。この研究がその一助となれば幸甚である。

なおまた本研究で提示した機能的・生態的アプローチ、一言でいえば構造的アプローチが、土偶以外の文化要素を含めた縄文文化全体の研究戦略にも役立つことを願ってやまない。土偶論議からみた縄文考古学界の現状は大きな問題をはらんでいる。何故なら、「縄文社会は呪術社会」とするような前世紀的未開社会観が横行する一方で、最近俄に「縄文社会は高度社会」というようなキーワード的表現が目立つようになってきたからである。これは大きな矛盾である。呪術社会と高度社会は機能理論的に相容れないだけでなく、宗教に先行する呪術の世界という考え方自体が、未開社会の調査研究が進んだ現今では最早通用しない。それにもかかわらず、上記のよう

な2つの相反する縄文社会観が、何等の疑問も批判もなく放置され、現行の概説書、講座本等の中で仲良く共存を許されているところに、縄文考古学界としての根本的な問題があるといえる。その最大原因は、同学界の主流となっている型式・編年のための個別要素追究主義ないし要素解剖主義である。つまり、文化が要素に分解され、すべての縄文文化要素が、新旧順序と時系列だけを問題にし、他要素との相互の関連性即ち機能的・生態的意味を無視して、個別に追求されてきた結果が、以上のような矛盾を生みだし、しかもそれを意に介さない学界の体質を育ててきたことになる。これはつまり近代科学の潮流となっている構造的思考の欠乏を意味している。これと関連してさらに危機的なのは、小説的推理による考古文芸的解釈論が、考古学界の権威によって考古学の成果として公表・評価される事態さえ起っていることである。このような現状を打破し、文化ないし社会の学術的（科学的）復原を目指す健全な先史考古学への道を切り開くには、機能的・生態的ないし構造的アプローチ即ち理論考古学の振興以外にない。本研究がこの点でも橋頭堡ないし叩き台の役割を果たせればと祈念する次第である。

渡辺　仁

目　次

まえがき

問題設定 …………………………………………………………………………1

第1章　縄文土偶即神像 …………………………………………………………5
1．狩猟採集民の伝統的ヒト形製作物　6
2．狩猟採集民の玩具としての人形　6
3．狩猟採集民のヒト形偶像　15
4．狩猟採集民のヒト形製作物の比較　47
　　　──縄文土偶即神像──

第2章　縄文土偶即産の女神像 ………………………………………………65
1．縄文土偶即女神像　65
2．縄文土偶即母性女神像　67
3．縄文土偶即産の女神像　75

第3章　縄文土偶神即家神の可能性 …………………………………………105
1．縄文土偶神とマタギの山の神（母性女神）　105
　　　──伝統の連続性──
2．極東北太平洋岸猟漁民の家神像信仰　120
3．アムール新石器時代土偶神と同地現生猟漁民の家神（母性女神）像信仰　132
　　　──伝統の連続性──
4．アムールと日本における家神（母性女神）像信仰の並行発展　135

第4章　旧石器時代における母性女神像信仰と縄文土偶の起源 …………137
1．後期旧石器時代の女人彫塑像　137
2．後期旧石器時代女人彫像の形態　140
3．後期旧石器時代人の宗教における女人（女神）像の構造的位置　179

第5章　母性女神像信仰の系譜 ………………………………………………183
　　　──縄文土偶の位置──
1．南東ヨーロッパ新石器時代の女神像信仰　185
　　　──旧石器時代との連続性──
2．極東北太平洋岸における新石器時代及びそれ以降の女神像信仰　194
　　　──北方ユーラシア旧石器時代との連続性──

第6章 縄文土偶即産神ないし家神 …………………………………… 257
────出土状態の検証────

1．現生狩猟採集民の偶像類の取扱い　258
　　　　────場所と仕方────
2．土偶出土場所の検証　268
3．土偶の使用法に関する若干の証拠とそれらの相互関連性　274
4．土偶の生涯モデル　277
　　　　────破損状態の多様性の説明────
5．出土状態の検証　296
　　　　────要約と結論────

第7章 北方ユーラシアにおける女人（女神）像の系譜と縄文土偶の位置 ……299
────要約と結語────

1．後期旧石器時代女人（女神）像　299
2．新石器時代女人（女神）像　300
3．民族誌的現在　301

注釈 …………………………………………………………………………307

参考文献 ……………………………………………………………………351

あとがきにかえて ………………………………………渡辺敦子　377

縄文土偶と女神信仰

問題設定

　縄文土偶が、明治における日本先史学の発足当初から多大の関心を集め盛んな議論を起したことは周知であり、『人類学雑誌』を繙けば自ずと明らかである。土偶研究はその後、土器研究とならんで縄文文化研究の主要対象の一部となり、資料の増加に伴って最近再び土偶が脚光を浴びる存在となり始めたようにみえる。縄文土偶論には、既に提出された大小様々の問題もあるが、これを整理してみると、大きな基本的問題点が浮かびあがってくる。それは土偶とは何か――縄文人にとって彼等の土偶とは一体何を意味したのか――その本質論の欠如である。これが土偶論についての現下の最大かつ基本的問題点といわざるを得ない。土偶本性論は土偶研究の初期の段階即ち殆ど序の口でストップした状態といっても過言ではない。

　縄文土偶研究史の初期には大野雲外（1910）の土偶即女神即安産の守神説とか鳥居龍蔵（1922）の土偶即女神即地母神説等土偶とは何かを問う本質論があり、また関心の焦点もその辺にあったようにみえる。

　しかし最近では、土偶研究は概観すると大きく二方向に分かれ、一方では形態の分類的研究が益々微に入り細をうがって行われるようになってきたが、これは所詮は形態的要素の時間的（時代的）・空間的（地域的）分布の研究であって、土器や石器等他の遺物の型式・編年研究と軌を一にした、人工遺物の作り方の様式研究の域を出るものではない。それは要するに土偶の形と年代の研究即ち土偶型式・編年論にほかならない。現今の縄文土偶研究の大勢はこの線に沿った研究であって、最近出版された現代日本の土偶情報に関する集大成（国立歴史民俗博物館研究報告第37集、土偶とその情報（1992））の地域別内容を一覧すればその事情が明白である。つまり土偶の形態というものに対する研究者の関心ないし視点が、型式・編年あるいは形と文様の時代差・地域差の問題にこだわって、土偶とは何か――縄文人にとって一体何であったのか――その本質の問題を解明する方向には向いていないといえる。いいかえると、最近の土偶の形態研究には、その本質即ち土偶とは縄文人自身にとって一体何であったのか――土偶の文化的あるいは社会的な意味と役割を探る視点ないし立場からの本格的ないし徹底的研究が、乏しいというより殆ど欠けているということになる。

　同じ土偶の形態的分類でも、視点が違えば光の当て方が違うから、分類指標のとり方や分類の意味も違ってくる。型式・編年（地域差・時代差）中心の形態分類では、生活用具としての土偶の本質の解明には役立たない。土偶の機能（意味・役割）の解明には、その視点から光を当てた一貫した形態的研究が必要である。しかし研究の現状では、この視点が欠け、機能に関係するような形態的要素と時代差・地域差（型式・編年）の上から意味のある形態的要素とが、明確な区別の認識もないままに微に入り細をうがって漫然かつ雑然と記載され分類されているようにみえる。例えば、機能的視点からは、乳房の有無等が決定的重要性をもつ。従ってその見地からの記

述や分析には、その有無が終始一貫して注意され取りあげられなければならない。しかしこれまでの報告や記述の実状をみると、その点が徹底していないので、形態的データが詳しいにもかかわらず、土偶の機能（意味・役割）の研究にはそれほど役に立たない結果となっている。

最近の風潮では、形態的研究は機能の研究に役立たないとして見限られ、機能的研究は専ら出土状態の研究に移ったかの観がある。しかしこの風潮も当を得たものとは言い難い。出土状態をいかに詳しく調べても、それは土偶という一種の道具の使い方ないし取り扱い方（屋内安置、埋納、廃棄等）の解釈あるいはせいぜい日用品か儀礼用等の非日用品かの判断に利用できる情報が得られるだけであって、土偶の本質の解明にはならない。それを無理にしようとすると、考古学的解釈（客観的かつ論理的根拠に基づく社会科学的解釈）の域を逸脱して揣摩憶測や独断に走り、あるいは恣意的ないし推理小説的解釈になってしまう。最近の「破壊撒き散らし」論（後述）などはその類といえよう。衣食住や生業用の実用的道具の場合は出土状況如何の情報だけで用途・機能がわかることもあるが、非実用的な道具の場合は、それだけの情報ではせいぜい取り扱い方の一部がわかる程度にすぎないから、用途・機能の本質の解明には道具そのものの形質の理解が不可欠といえる。例えば縄文土偶の副葬ないし埋葬が確認されれば、それが何等かの儀礼的行動（儀礼用品）を示すものと解釈できるが、その出土状態からその儀礼ないし儀礼用品が宗教的（religious）なもの（神像）か呪術的（magical）なもの（呪物）かを区別するのに役立つ情報をひきだすことは、難しいというよりできないようにみえる。また縄文土偶のそのような出土例がどれほど集め積み重ねられても、そのような出土状況を示さない土偶の説明には役立たない。しかもそのような特殊出土状態を示さない土偶の方が実際には遙かに多いのが難点である。つまり土偶の出土状態が提供し得る情報には限界があって、その使い方の実態とその変異に関するものに限られる。これからみても、土偶の本質の解明には、その形態のもつ象徴的意味の探求が決め手であり不可欠であることがわかろう。

土偶とは何か——縄文人自身にとってのその意味——この究極的問題の解決には依然として土偶そのものの形態の研究が第一義的重要性をもつと考えられる。土偶に表現された形状・形質が縄文人にとって一体何を意味するものなのか、縄文人は土偶の形態によって何を象徴しようとしたのか。彼等は土偶の中に何を見たり感じたりしたのか。土偶とは一体何をあらわすものであろうか。それは彼等の生活にとってどんな役に立ったものであろうか。このような象徴機能的視点から土偶の形態（形質）を徹底的に解明しなければならない。形態的研究は最早あますところなく、むしろ行き詰まりだというような声もきこえるが、それは早計というべきであろう。土偶自体の形態から読みとるべき情報は未だ筋道だって読み尽くされてはいないのである。この潜在的情報即ち未開発分野の開発に必要なのは、これまでのようなデザイン（形と文様）の地域差・時代差（型式—編年）一辺倒の視点と発想から、象徴的意味と機能の探求という視点と発想に徹した形態的研究への転換、あるいは在来型の両視点混同（未分化）の形態的アプローチから上記のような両視点の区別を明らかにした形態的アプローチへの転換である。

以上のような象徴的機能の視点と発想に立脚する形態研究の第一歩は既に提出されている学史上の課題——土偶神像論の再検討でなければならない。つまりそれは(1)土偶とは何か——玩具か

呪物か神像かを明らかにし、次は(2)神像とすればいかなる神の像か——神像の性質を究明することである。

(1)については夙に白井光太郎による、土偶が玩具か神像か単なる装飾品かの論考（白井 1896：28）があり、坪井正五郎がそれに附言して、服飾にして護身符を兼ねしものならんとした（中島　1943：24）。その結論の是非はとにかくとして、土偶が玩具か宗教関係の道具かの区別をいち早く問題にしたことは意義が大きい。その後に土偶神像論、呪物論等が現れたが、この本質的問題は現今においてもなお改めて問い直されるべき余地が大きいようにみえる。それは第一に何故神あるいは呪物なのか、また神像と呪物の区別は何かについて充分の吟味・考察や説明がなされていないからであり、第二には、「呪物」とか「神像」という言葉が、恰も既定の事実か前提であるかのように、縄文土偶関係の記述に頻出する風潮がみえるからである。

第(2)の点は、土偶が神像とすればいかなる神の像か——その正体は何か——土偶神の本性に関する論議と考察の問題である。この点も縄文土偶研究史の初期に既に大きくとりあげられていて、周知のように、大野雲外の土偶即安産の女神説（1910）や鳥居龍蔵の土偶即女神即地母神説（1922）などが提出されている。しかし土偶女神論はその後火が消えたように影を潜め、最近では土偶"用途"論に転化されて、土偶とは何か——その本尊の論議がなおざりにされているようにみえる。土偶地母神説の可否はとにかく土偶女神像論にはまだこれから考察・吟味すべき多大の問題が残されているというべきであって、この課題の研究の口火を切った上記大野・鳥居等の論考の線も、その後の資料の面から、また新しい視点から再考の必要がある。土偶と女性表現との関係の問題（参考：中島　1943）は論考の口火が切られた程度であって、その後の研究はほとんど進んではいないのである。土偶ははたして神像か、神像とすればいかなる神をあらわすのか、これがまず第一の課題であるが、このような土偶の本性ないし社会的意味について何等かの手掛かりをつかむには、従来の発想と方法論の転換が必須である。つまりこれまでの型式・編年を主目的とする形態研究から、社会的機能を研究目標とする形態研究への転換である。この社会考古学的アプローチには、生きている社会の民族誌的情報が欠かせない。即ち縄文土偶の場合には、現生狩猟採集民社会の構造的原理に照らして、その形態的情報を体系的かつ総合的に解析し、そのデータを彼等の社会の構造的原理に照らして解釈することになる。本論文はこの新しい線に沿った実行の第一歩にほかならない[1]。

第1章　縄文土偶即神像

　縄文土偶（動物をかたどった所謂動物土偶を除く）が何等かの神——擬人化された超自然的生きもの（personified supernatural being）をかたどった神像であるという解釈ないし考え方は、先述したとおり、大野氏（大野　1910）や鳥居氏（鳥居　1922）の開拓的論考が示すように、新しいものではない。しかしそれが何故神像なのか——その解釈についての論考が未だに殆ど欠けたままであるのが実情である。既出の神像論としては上記二論文を超えるものがなく、しかもそれらの論拠は至って薄弱で、後に詳しく説明するように、大野説は、土偶は女性が多いから女神即安産の守り神だろうという極めて大雑把な直観的推論であり、鳥居説は、欧州新石器時代の土偶が地母神とされているから、女性の多い日本の土偶も地母神だろうという単純な類推にすぎない。また近年は土偶の出土状況への関心が高まり、儀礼的取り扱いを示唆する報告も少しはあるが、たとえそれが確かでも、それだけで縄文土偶即神像とは断定できない。その理由は、(1)神像や物神でなくても儀礼的取り扱いを受けるものもあり得るからである。即ちそれは呪物（魔力——超自然的な力を持つもの——呪術の手段）かもしれないし、単なる日常生活用品（日本民俗の針供養の針や人形供養の人形、アイヌの古俗「送り」儀礼の対象としての廃用品等）の場合もあり得るということである。また(2)土偶の儀礼的取り扱いが出土状況で確かめられたとしても、土偶が儀礼用品（宗教・呪術関係品）という解釈が当てはまるのはその出土例だけであって、そのような証拠のない土偶——即ち殆どすべての土偶——の説明にはならないからである。

　要するに、「出土状態」には情報源として上述のような狭い限度があるから、如何にそれを念入りに調べても、縄文土偶が神像か否かどころか宗教・呪術関係かどうかの判別に役立つような情報さえ得ることは難しい。そこで必然的に土偶そのものの形態的情報への依存が不可欠となる。即ち土偶の本性を解明するためには、土偶自体のもつ象徴的意味を読み取ることが肝要で、それには形態的情報が第一義的な重要性をもつことになる。

　以上のように、土偶の本性——神像か否か——その解釈（判断）には何よりも先ず土偶そのものの形態的データが重要だが、それと同時にそのようなデータを如何に読むか——形態的情報の読み方即ち解釈の仕方を練ることも肝要である（渡辺　1993a）。そこで筆者は、縄文土偶が神像か否か、神像とすればいかなる神像かの解釈について、上記の見地からここに一つの新しい方法を試みたい。それは現生狩猟採集民の偶像に関する民族誌的情報の利用、即ち土俗考古学的方法である[2]。それは彼等の偶像の形態に関する規則性ないし原理を把握し、それを縄文土偶が神像か否かの判定に援用しようとするものである。この土俗考古学的方法による解釈の結果として、

縄文土偶は神像であると解さざるを得ない。縄文土偶神像説はこれまでも多々あり珍しくもないが、この新しい方法によって解釈の根拠と過程が明示され、その説あるいは考え方が一段と詳しく理論的にも確かなものとなると考える。大野・鳥居両氏に代表される縄文土偶研究初期の神像説は、土偶即神像とする一般論ではあったが、神像判定の分析方法が不充分で客観的ないし科学的根拠が乏しかった。それに対して、近年は出土状況が精査されるようになってきた。これは信仰関係品かどうか、そしてどのように取り扱われたのか（取り扱い方）についてはある程度有効なデータを提供するかもしれないが、神像か呪物かの区別には役立たない。そのような土偶の本性を明らかにするには、これまでのような型式分類と編年あるいは出土状況の研究とは違った形の研究が必須といえる。本論文で試みた土俗考古学的方法にもとづく縄文土偶神像論はその線に沿った理論的研究を目指したものである。

1. 狩猟採集民の伝統的ヒト形製作物

現生狩猟採集民が作り使用する伝統的なヒト形製作物 anthropomorphic artifacts 即ち直立2足的 erect bipedal な肢体あるいは円くて平面的 flat な顔からみてヒトらしい形をした製作物には、大別して人形 dolls 即ち子供用玩具と神像 images[3] 即ち礼拝及び祈願の対象としての神聖物の2種がある[4]。後者即ちヒト形神像 anthropomorphous images には、(1)全身ないし半身を表わす肖像 portrait（狭義の神像）の形をとるもの（肖像型神像）と(2)顔だけを表わす仮面 mask の形をとるもの（仮面型神像）との2類がある。その両者とも形態的要素（特に目・眉・鼻・口、など顔つきあるいは目鼻立ち）の表現が様々であって、そのためヒト形神像には、人間的 human or man-like なものから人間離れした半人間的 semi-human なものまで幅広い変異が伴っている。狩猟採集民のヒト形神像はまた、表わす神の種類によって(A)祖先神像（死者像を含む）と(B)自然神像（動植物、山、水、火、空、海等の神の像）に分けることができる。

狩猟採集民の神像類の体系的比較研究は、筆者の知る限りこれまで他にないので、筆者のまとめた概要を必要最小限の範囲で以下に記述する。その手段として、まず現生狩猟採集民のヒト形製作物の内訳である(ⅰ)人形類と(ⅱ)神像類について、それぞれの形態的様相を概観し、神像類一般を人形類一般から区別することのできる形態的特色があるかどうか、それがあるとすれば何かを明らかにする。以上がこの章の第2、3、4(A)節である。第4(A)節で明らかにした神像類の特徴と造形原理に照らして縄文土偶を分析し、後者が神像か否かを検討するのがこの章の末節（第1章-4 B）である。

2. 狩猟採集民の玩具としての人形

縄文土偶（動物形土偶を除く）が彼等の玩具あるいは単なる手慰みの産物なのかどうかを解釈する一つの鍵——判断の物差し——は、狩猟採集民の同類の製作物について、玩具とそうでないもの即ち神像類と、どこがどのように違うのか——その差異の基準を参考にすることであろう。そこで初めに彼等の玩具人形 dolls の形態的性質を概観することにする。

狩猟採集民の玩具人形について興味ある一事実は、民族誌的報告でみる限り、南方（熱帯）群

には作られた人形が殆どみあたらないことである。アフリカのブッシュマンでは、1972年の現地観察例があるが、布製であるところから、この種のものは最近のものとされている（Marshall 1976：329）。オーストラリア原住民では、子供の玩具は砂、植物の葉、小枝等（Rôheim 1974：80）か各種動物の仔（Goodale 1971：33）等手元でみつかる自然物が一般的であって、人形のような複雑な玩具は普通ではない。彼等の人形として最も手のこんだ例としては、捩じれた木の根とか粗削りの木偶に彩色（成人の儀式用身体彩色を模した赤白縞）したもの（Reed 1969：55）をあげることができるが、この手のものさえもここでは図も写真も利用できない。要するに彼等は一般に人形らしいものを作らない。

それと対照的に、北方（寒帯）の狩猟採集民では子供用の人形が珍しくなく、北米原住民では女児用の伝統的玩具として普及し、就中ベーリング海沿岸から北太平洋岸にかけては、木・骨・牙等を素材とする彫刻人形のような複雑な作りの人形が発達した（Hodge 1907：395；Driver 1961：465）。この論文で重要なのは、神像類と一線を劃することのできる、玩具人形特有の共通特徴を探ることであるが、結論から先に述べると、それは顔つきが平凡ないし普通であって、とりたてて怪異というべきものがないという点である。この事実は以下の概説をみれば明らかといえよう。

ベーリング海エスキモー（図1及び図2）

Nelsonの調査記録（Nelson 1983：342-345）によると、ベーリング海峡エスキモーとその南のユーコン河、クスコクヴィム河及びヌニヴァック島のエスキモーの間では、女児用玩具として人形dollsが一般に使用されていた。それは普通は木製、セイウチ牙製または獣骨製で、サイズは1インチから1フィート以上までであり、通常それらは男女の解剖学的細部を表わしている。大多数は両腕のある単純な立像で、男の顔には男の特徴——口の両隅にラブレット（口飾り）が表現され、女性を表わす像の顔には眉が刻みこまれ時には文身が表現されている。中には性器の表現を伴うものもある（図1-6、7）。ユーコン河では珍しく粘土製人形 clay dolls 2例（Fitzhugh and Kaplan 1982：Fig. 191、高さ12cm及び17.5cm）が見出されたがいずれも粗製である（図1-1）。図1に図示した大きい方の標本では眼と口が石英礫を突っこんでできている。他の1例の眼と口は突いてできた小孔で形づくられている。

Nelsonによると"グロテスク"な人像もあるというが、図（Nelson 1983：Figs. 126〜130, PL. XCIII, 1〜8；Fitzhugh and Kaplan 1982：Figs. 188〜191）をみたところそれらしいのは1〜2例（図1-9及び図2-6）にすぎず、またこれにしても、ヒトの正常の解剖学的パターンからそれほどずれたものではない。特に顔の様相——目・鼻・口等のプロポーションや配列パターンからみて、図1及び図2に示されたベーリング海峡附近エスキモーの玩具人形は、いずれも普通の人間を表わしたものあるいは人間の形のノーマルな表現の部類といえる。少なくとも奇形的特異パターンとか非人間的怪異パターンというべきものはみあたらない。先述の粘土人形（2例）も、体部は手足が省略された日本民俗の"こけし"型であるが、頭部には普通プロポーションの目・鼻・口を伴った顔面が表現されている。但しFitzhugh等は、人形に似た人像が当地では玩具以外の用途（懐妊祈願あるいは儀式用）にも作られたこと、Nelsonが玩具人形dollsと

8　第1章　縄文土偶即神像

図1　ベーリング海エスキモーの人形(1)（Nelson 1983）縮尺不同

図2　ベーリング海エスキモーの人形(2)
（Fitzhugh and Kaplan 1982）

図3 ユーコン河下流エスキモーの人形
（Ray 1961）

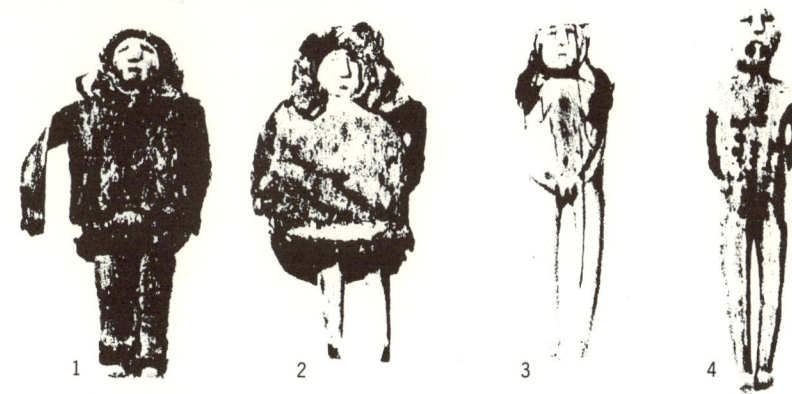

図4 コッツェビュー湾エスキモー（アラスカ）
の人形（Burch 1984）

して一括したものには、そのような儀礼用のヒト形像が含まれている可能性があることに注意をうながしている（Fitzhugh and Kaplan 1982：156）。上記の例（図1-9及び図2-6）等はあるいはそのような儀礼用ヒト形かもしれない。この点については別項でまとめて考察する予定である。

興味深いことに、当地のエスキモー少女達は、人形とともに人形用の寝具類、衣類、手袋、長靴等の一式を持っていて、それらが大人達のものと同じパターンに作られていることである。

南西アラスカ・エスキモー（図3）

ユーコン河下流から採集された19世紀の人形が3体ある（図3）。いずれも米国国立博物館の所蔵であって、上記とともにNelsonのコレクションの一部ではないかと思われる。左端例はセイウチ牙製、織布製衣服着用、中央列は同牙製、アザラシ皮着衣、右端例は木製、アザラシ皮着衣であって、左端のものが高さ18.2cm、他は同縮尺である（Ray 1961：Fig. 40）。いずれも顔面の表現は解剖学的にノーマルで、前記図1～図2の標本の顔つきの範囲に入る。

コッツェビュー湾エスキモー（図4）

ベーリング海エスキモーの北隣、即ちそれと北アラスカ・エスキモーとの間に分布するのがコッツェビュー湾エスキモーである。彼等の人形については先述したE. W. Nelsonのコレクション（Burch 1984：Fig. 18, a～d）（図4）がある。これらは父親達が娘達用の玩具として作っ

た伝統的なセイウチ牙製人形である。衣類は時として着せ替え可能であった。すべて立像で、腕は胴から少し離すか胴と一体で浮き彫りにするかのいずれかが典型的である。サイズは図4-1の標本が高さ8.5cmで、その他はそれと同縮尺である。図4について番号順に説明すると次のとおりである（括弧内図番号の次のアルファベットは Burch 1984の原図番号を示す）

1．（Fig. 18, a）男性。皮製パルカと布製ズボン着用。顔つきは全く普通の人間的表現。
2．（Fig. 18, b）女性。皮製パルカ着用。顔つきは全く普通の人間的表現。
3．（Fig. 18, c）女性、裸像。性器、乳房及び長い振り分け髪の表現。顔つきは前者同様全く人間的。
4．（Fig. 18, d）男性、裸像。性器及び青色ビーズのラブレット（口飾り）の表現。顔つきは前者同様全く人間的。

セントラル・エスキモー（図5）

セントラル・エスキモーの全部族を通じて子供玩具としての人形 dolls の作り方は同様であって、木製の体部にカリブ皮製の衣服が着せてある（Boas 1964：163）。衣服の様式は部位によって異なる。図5-1（Boas 1964：Fig. 138）は Oqomiut、同図2（Boas 1964：Fig. 139）は Akudnirmiut のものである。目・鼻・口等の表現は欠けている。

ラブラドール・エスキモー（図6）

Hawkes の調査（Hawkes 1916）で、エスキモー少女用の人形がカナダのラブラドール、バッフィン島及びチェスターフィールド入江から採集された。当地のエスキモーの少女達は、冬は小形の雪小屋 iglus で、また夏は旧テント跡 old tent circles で、それらの人形と"ままごと"をする。それらの人形は、服装がその地の民俗を反映しているので民族学的に格別の価値がある（Hawkes 1916：Pl. XXXIII and 122）。図版の4例（図6）（最大例身長13インチ、最小例約8.5インチ）は、女性（3例）男性（1例）ともにそれぞれエスキモー特有の毛皮服を着て手袋と長靴をはいた全身像で、顔は目・鼻・口ともすべて全くリアルに表現されている。人形本体の素材の記述はみあたらない。

東部グリーンランド・エスキモー（図7）

グリーンランド東部のアンマサリック地方で採集された小供用人形が3例ある（Petersen 1984：Fig. 11、カナダ国立博物館所蔵品）（図7）。図7-1及び同3は1892年、同2は1925年の採集品である。すべて木製、図7-1の高さ8cm、残余の標本も縮尺は同一で同1例より幾分小さい。すべて立像だが、両腕と両足先の表現が欠けるのが特徴である。女性人形は髪型と乳房で認知できる（図7-2、3）。男女とも性器の表現はみえない。また写真でみる限り、頭部は歴然としているが、顔面はのっぺりしていて目・鼻・口等の表現がみあたらない。

西部グリーンランド・エスキモー（図8）

西部グリーンランド・エスキモーの廃村の2軒の冬小屋跡から発掘された人形 dolls（各戸から1例）（Birket-Smith 1924：Figs. 17及び24）（図8）をみると、いずれも東部グリーンランド・エスキモーの上記の例と同じく木製である。頭部は歴然としているが両腕の表現を欠く立像である点も前記東部グリーンランド群の諸例と同様である。また図8-1では女性の髪型が表現

図5 セントラル・エスキモー（カナダ）の人形（Boas 1964（1888））

図6 ラブラドール・エスキモー（カナダ）の人形（Hawkes 1916）

され、同2では垂れた乳房で女性が表現されているが、両者とも顔の表現がない。これらの点も東部グリーンランドの諸例と共通する特徴といえる。

タナイナ族（図9）

タナイナは北太平洋岸（クック・インレット湾周辺）に住む唯一のアサパスカン語系インディアンである。祖父母が孫のために玩具（各種道具の小形模型）を作った。男の子供には小形の弓矢や槍が与えられ、女の子には木彫り人形と北米産シマリスの皮で作った人形用の衣服と毛布が

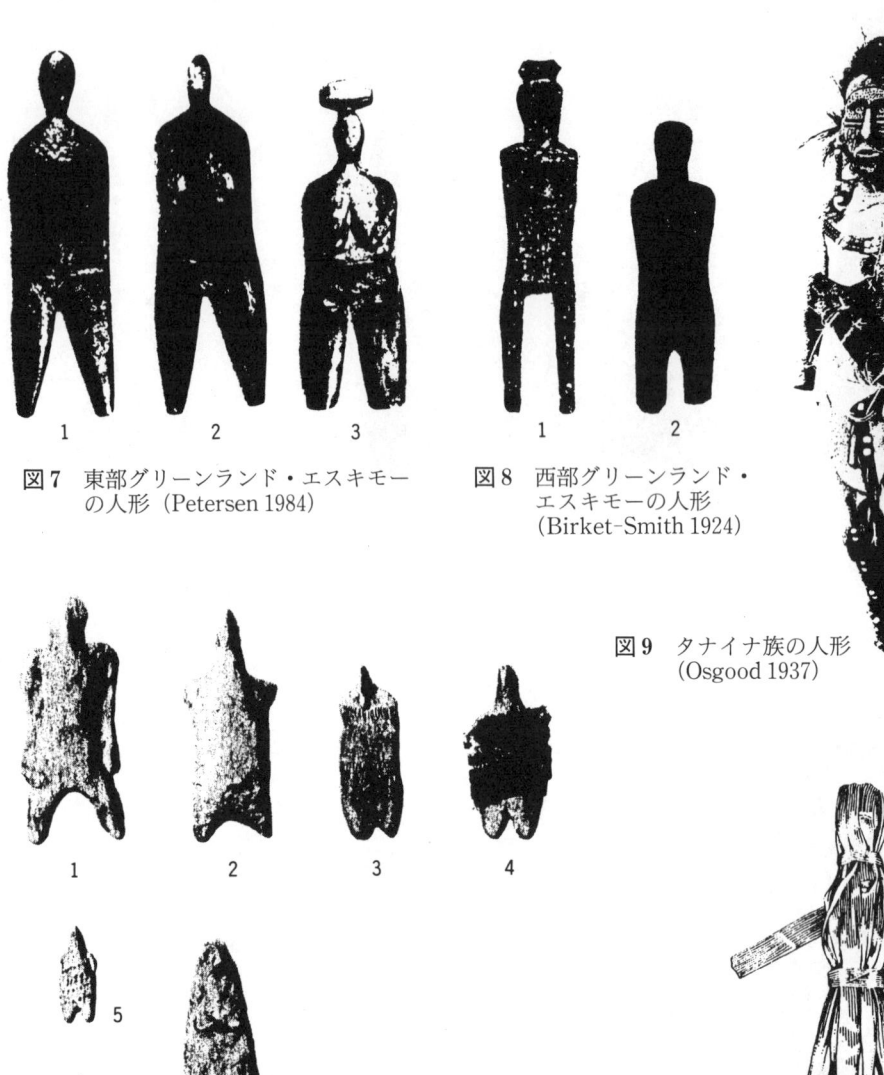

図7 東部グリーンランド・エスキモーの人形（Petersen 1984）

図8 西部グリーンランド・エスキモーの人形（Birket-Smith 1924）

図9 タナイナ族の人形（Osgood 1937）

図10 南部パイユート族の人形（Kelly and Fowler 1986）

図11 南西チッペワ族の人形（Ritzenthaler 1978）

与えられた（Osgood 1937：124, Pl. 14-a）（図9）。図9の標本の顔つきは極めてリアルで解剖学的にノーマルである。

　南部パイユート族（図10）

　これはグレート・ベイスン（大盆地）インディアンの南部群である。土器作りをする群としない群があり、前者には焼成土器を作る群と天日干し土器（非焼成）しか作らない群が存在した。後者では土器作りは普通は女性であった。煙草用パイプは男が自ら作り、また子供達が粘土（非

焼成）で土偶（人形、動物形）やミニチュアの土器を作って彼等の玩具にした（Kelly and Fowler 1986：381）。図10はその玩具人形である。子供の手作りのため形は幼稚である。これらはいずれも焼いてない土偶であって、手足が短く簡略化されているだけでなく、頭部も図10-1の例を除いて痕跡化（象徴化）の傾向がみえる。しかし胴体部には、型文（同3）、点線（同5～6、衣服と飾りを表現）、布巻き——ベルト結び——頬に赤色顔料（同4）の装飾があり、同1～2と7は無装飾だが7には乳房の表現がある。顔面の表現が歴然としているのは7の例だけであるが、その表現は人形的で素朴である（Kelly and Fowler 1986：Fig. 9, a〜g）。頭部表現（形）が日本の縄文時代の所謂十字形土偶のそれと類似している点が興味深い。子供による日干し粘土の人形（及び動物形）作りはナバホ族でもみることができる（Witherspoon 1983：529）。

チッペワ族（図11）

北米5大湖周辺に分布する北東部インディアンの一族で女性耕作による玉蜀黍農耕を伴う。子供用玩具の人形として禾本科植物（ガマ）製のものがある（図11）（Ritzenthaler 1978：747, Fig. 4）。単に繊維を束ね、頸と腰の部分を縛って首と胴を作出した単純素朴なもので、図示した例は女性人形とされているが、顔の表現も身体装飾もみられない。

アパッチ族（図12）

アパッチはアサパスカ語系インディアンの最南端群として知られている。図12にあげた玩具人形は、リオ・グランデの上流を占めた狩猟・採集民メスカレロ・アパッチのものである。人形本体は布製で、それに雄シカ皮製の典型的な女性衣服が着せてある。全長28cm、1909年の採集品である。頭部は小さいが毛髪が付けられ、顔面には眼の表現しかみえないが、顔つきは平凡で穏やかである。

ホピ族（図13）

ホピは有名なプエブロ・インディアンの一族で、アリゾナに住む典型的定住農耕（玉蜀黍栽培）民である。土器作りは女性の仕事となっていて、少女達は泥人形 mud effigies を作ることによって土器製作技術を学ぶ（Murdock 1934：342）。図13は彼等の粘土製人形の一例である（Hodge 1907：396）。それは顔の表現があどけなくまた平凡で、同じ子供用人形でも宗教的意義をもつ彼等のカチナ人形（神像の項参照）の怪異な顔つきとは対照的である。

沿海コリヤーク族（図14）

コリヤークはカムチャツカ半島の基部を占める古アジア語族の一群であって、猟漁で暮らす沿海コリヤークと内陸居住の馴鹿飼育コリヤークがある。図14は前者の子供用人形である。これは彫刻ではなく、木片か骨片で人の形を作り、それに彼等の民族衣装（皮衣、皮靴等）を着せたものである。手はない。顔は単なる木片の場合、円錐形に作られている場合、あるいは又「立派に顔・頭を着けている象牙（筆者註セイウチ牙）彫りを挿し込んでいる」場合もある。後者（彫刻品）は「一種の芸術品」で「優美」と記述されている。以上は沿海コリヤークの人形であるが、馴鹿飼育コリヤークの人形は簡単で、木の小枝を折ってその上に皮衣を被せたものにすぎない（鳥居　1976：271）。要するに彼等の人形は顔よりも衣装に重点が置かれているといえる。

図13 ホピ族の人形 （Hodge 1907）

図14 沿海コリヤーク族（鳥居 1976；Jochelson 1905-1908 による）

図12 メスカレロ・アパッチ族の 人形（Opler 1983）

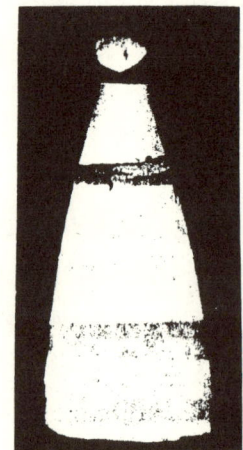
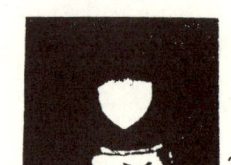

図15 ウイルタ（オロッコ）族の人形（池上 1982）

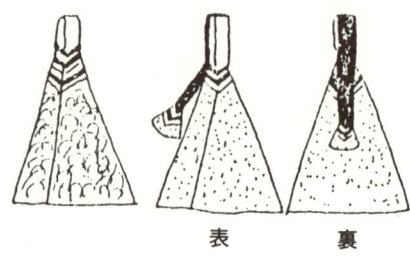

図16 エニセイ族の人形 （Byhan 1923）

図17 ギリヤーク族の人形（山本 1979）

ウイルタ族（図15）

ウイルタは少数のトナカイ（運輸用）を飼う猟漁採集民でオロッコともよばれてきた。彼等の子供用人形 xoxoo（図15）（池上　1982：70、図135〜138）は布、紙、または草の葉で作られ、顔はあるが目・鼻・口などはない。手足はなく、胴体は布や紙を巻いてあたかも衣服にくるまれた姿のようにみえる。図15-2は揺り籠に入っている。同3の3例は頭巾 billaatu を頭に巻いた姿である（池上　1982：106）。日本民俗の紙雛（折り紙風の簡単なひな人形）に似た作りの人形で、顔の表現こそないが、丸く小さい首を民俗衣装の頭巾でくるむなど子供の玩具らしい形態をそなえている。

エニセイ族（図16）

エニセイ族とはエニセイ・オスティアク族（Jochelson 1928：65）、即ち現今のケト族のことである「Popov and Dolgikh 1964：350）。社会の一部が馴鹿を所有するエニセイ河流域の猟漁民であって、特に北部群は漁撈が狩猟より盛んである（Popov and Dolgikh 1964：609）。図16は彼等の玩具人形であって、毛皮の縁飾りをつけた布製である（Byhan 1923：Abb. 216）。人形の着物はできるだけ忠実に成人の衣裳に似るように作られるが、顔は僅かに輪郭だけが暗示的に表現されるにとどまっている。これはサモエード族やオスティアク族でも同様である（Byhan 1923：316）。

ギリヤーク族（図17）

ギリヤーク（ニブフ）族はアムール河下流域から樺太にかけて分布する漁猟民である。彼等が作った女の子用の紙製人形（玩具）（山本　1979：図2、21）は説明はないが、ウイルタ族の人形（図15）に似て、頭はあるが顔つき（目・鼻・口）の表現がなく、みたところ重点はむしろ衣装・髪型にある（図17）。

3. 狩猟採集民のヒト形偶像

狩猟採集民のヒト形偶像は祖先像と神像の2種に大別できる。祖先像とは、先に逝った人々即ち祖先を表わす偶像である。それに対して神像とは、祖先の神霊以外の神霊（超自然的生きもの supernatural beings あるいは精霊 spirits）の姿を形に表わした偶像である。それらは彼等の宗教的慣行に伴う用具の一種であって、全身像や胸像など肖像の形をとるものと、面 mask の形をとるものがある。本論文で扱う神像はすべてヒト形神像であるので、以下の記述では単に神像と略記することにする。いずれにしても神像類は狩猟採集民の北方群に発達している。南方群にも、神像といえるかどうか確かではないが、樹皮を切りぬいた仮面程度のものはある（Turnbull 1965a：220）（図18）。またオーストラリア原住民には洞窟壁画の神像がある（後述）。しかし南方群ではこの程度のものでさえ稀であって、彫塑系の伝統的ヒト形神像類に至っては皆無にみえる。後者は、筆者の知る限り、北東アジアから北米にかけての北方群に限られているようにみえる。これは後期旧石器時代以来の北方系狩猟採集民における彫塑工芸の発達とも関係があるといえよう。彼等の神像類は素材の幅も広く、有機質（動植物）から無機質（粘土、石鹸石等）まで、また有機質素材としては、草・木・皮革等軟質のものから、骨角や牙や軟質岩石のような

硬質のものまで広範囲に利用されている。その形態も様々であるが、その詳細については次に(A)祖先像、(B)神像の順に解説する。狩猟採集民の神像についての概説やまとまった参考文献は、筆者の知る限り他に類例がないので、彼等の神像だけでなく、可能な場合はその宗教的背景も併せて必要最小限度記すことにする。

　狩猟採集民の玩具人形は、前節（本章-2）でみたように、それぞれの土地の人々の姿を表わした一種のミニチュア人像であって、顔つきも人間的で平凡であって奇異なものがない。それに対して彼等の神像はどのような形や表現をとったであろうか。結論として言えるのは、(1)その特徴を最も端的に示すのが顔の表現即ち顔つきであること、(2)神像の顔つきには怪奇なものが珍しくないのに子供用人形にはそのようなものがないということである。狩猟採集民の神像の概観からひきだされた上記(1)(2)の原理は次節（本章-4 A）で詳述するが、それが縄文土偶の理解ないし解釈に決定的重要性をもつことを注意したい。

（A）　祖先像

トンプスン・インディアン（図19）

　ブリティッシュ・コロンビア（カナダ）のトンプスン・インディアンは、死んだ縁者への尊敬を示すため、その墓の上に等身大の木彫の死者像を立てる。これは男女ともに、できるだけその墓の死者に似るように彫られている（Teit 1900：329, Figs. 287-289）。

トリンギット族（図20）

　彼等は北西海岸最北端の定住的インディアンであって、図20(a)はシャーマンであったある祖先の経験を象徴する姿を表わす像である。ある兄弟が彼等の女きょうだいの1人の墓を明示するために建てたものである（Garfield and Forrest 1948：39, Fig. 14）。印象的な男の顔が表現されている。

　図20(b)は伝統的な大形厚板小屋の棟持柱に彫りこまれた強力な祖先の像である。この人像は1人の男の功績を象徴し、彼の強さがアシカ（海獣）を二つ裂きにする姿で示されている（Garfield and Forrest 1948：73, Fig. 33）。この顔つきも誇張はあるが怪異というには当らない。

沿岸セリッシュ族（図21）

　北西海岸南部のジョージア湾に沿って分布するコースト・セリッシュ族の家の棟持柱として彫られた木像で、高名な戦士カピラノを表わしている。この家を建てたのはカピラノ2世であった。原写真では像の傍に立つカピラノ3世が写っている（Suttles 1990：462, Fig. 7）。

リルーエト族（図41-1～3）

　リルーエト族は沿岸セリッシュ族に隣接する内陸セリッシュ族の一部族である（自然神像、リルーエト族の項参照）。彼等は墓に死者の木彫像を建てた（図41-1～3）。それはできるだけ本人に似るように作られ、大きい鼻とかあごひげ等本人の特徴が表現された。また死者像には本人の衣装が着せられ、物品も吊りさげられた（Teit 1906：273）。

ティパイ族（図22）

　ティパイはカリフォルニア・インディアンの最南端群である。カリフォルニア・インディアン

3. 狩猟採集民のヒト形偶像　17

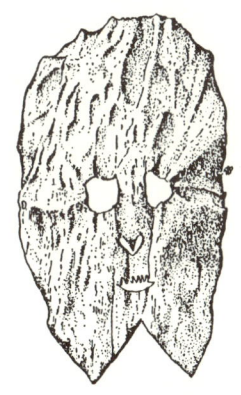

図18　ピグミー族のイニシェーション用仮面（Turnbull 1965a）

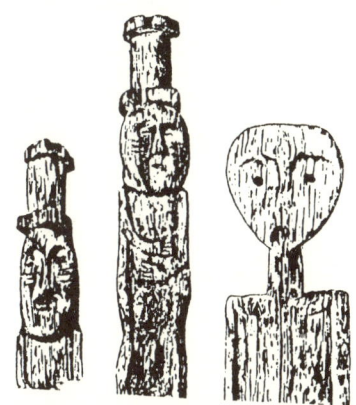

図19　トンプスン・インディアンの墓人形（死者像）（Teit 1900）

図20　トリンギット・インディアンの祖先像（Garfield and Forrest 1948）

図21　中部沿岸セリッシュ族の祖先像（Suttles 1990）

図22　ティパイ族の死者像（Luomala 1978）

図23　コリヤーク族の祖先像（Antropova 1964）

文化の代表的要素の一つとして恒例（1～2年毎）の死者追悼祭があり、大抵の場合それには死者の像（前回以来の氏族員死者全員の像）が使用される（Kroeber 1976：860）。図22はティパイの死者記念祭用に作られた死者像の実例である。この祭は氏族長の監督下に4～8日間にわたって行われ、氏族員の死者像との踊りが催された後、最終日の明け方にそれらの死者像は積みあげて焼かれた。この像は植物性の枠組に欧風衣服を着せ、伝統的装飾と通貨の飾りをつけて、できれば等身大に作られる（Luomala 1978：603, Fig. 9）。

　カリフォルニア・インディアンでは、その他にも、氏族メンバーの死後1年目の追悼式用に死者像を作る例がある。クペノ族はそれを死者の特徴を表わすように作り、以前は彩色をして土着衣服を着せた。儀式の終りに焚き火の周りを踊りながらそれを火に投げ入れた（Strong 1987：268）。ルイセノ族の氏族メンバーの死者像は、草藁の枠組に土民風の着つけをしたもので、故人に似ていると信じられた。これは氏族長の家に秘蔵された（Strong 1987：303）。

　海岸ミウォーク族（中部カリフォルニア）

　少年の成人式では、初日と最終日の夜に、儀式場で4人の女性と4体の死者（死せる縁者）像との踊りが挙行された。その人像は乾かした粘土像（一種の土偶）に衣服を着せたもので、高さ約1フィート、3体は男性像で1体は女性像だった。この死者像は式後屋外に放置して崩壊にまかせた（Kelly 1978：421）。

　コリヤーク族（図23）

　コリヤークは、カムチャッカ半島のつけ根に当る地域を占める古アジア族の一員である。海岸群は猟漁採集で生活したが、内陸群はトナカイを飼養した。彼等は祖先が地下か空のどこかに生きていて、その子孫を助け、狩猟を成功させ、家畜群（トナカイ）を保護してくれると信じ、その木彫像（kalak）を作って祀った。この祖先神像 images of ancestry spirits は、小形の粗彫り木像で坐像が多く立像は少ない。顔は平坦で、鼻はないが両眼が凹みで、口がやや大きい凹みで表わされる。各家族が一群の祖先神像を持っていて、家族の式典（family cerebrations）の時はその口の凹みに脂か脂肉が詰めこまれた（Antropova 1964：867）。その一例（図23）でみる限り、その顔つきは人間的である。また彼等は個人の守り神として各自用の祖先神像（kalak）を持っていた（Antropova 1964：867）。

　エニセイ族（図24）

　エニセイ族とはエニセイ・オスチャク族（Jochelson 1928：65）、即ち現今のケト族のことである（Popov and Dolgikh 1964：350）。人口の一部（40％の世帯）が馴鹿を所有するエニセイ河流域の猟漁民で、特に北部群では漁撈が狩猟より盛んである。北部では年中テント住まいだが、南部では冬は竪穴住居に数家族が一緒に住んだ（Popov and Dolgikh 1964：609, 611, 615）。エニセイ族やサモエード族は浅彫りの大きな祖先像を森の供儀場やツンドラの聖地にまとめて立てる習慣がある。これらの祖先像にはその霊魂の好意と助力を得るために、供物が供えられ、食物や飲物が置かれ、その口には血や脂が塗られ、また香が焚かれる（図24-1）（Byhan 1923：321, Abb. 216-3）。図24-2は、家（テントか小屋）の中に安置して礼拝され移動時には運搬される祖先像で、夫と妻の家族生活の守護神である。これは木彫りで、毛皮服とガラス玉飾りをつけ、

3. 狩猟採集民のヒト形偶像   19

図24 エニセイ族の祖先像群（Byhan 1923）

図25 オーストラリア原住民の神像
（洞窟壁画）（Australian
National Commission for
UNESCO 1974）

図26 チュガチ・エスキモー
の神面（Clark 1984）

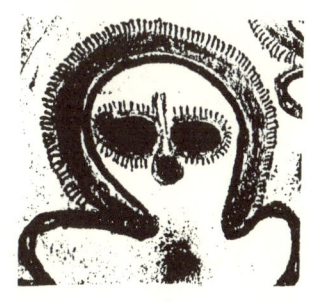

眼には図のようにしばしばガラス玉が嵌めこまれ、また顔は時として銅板彫りである（Byhan 1923：316, 321, Abb. 216-2）。彼等の祖先像は死んだ身内を写した（depict）ものである（Popov and Dolgikh 1964：616）。

(B) 非祖先像ないし自然神像

オーストラリア原住民（図25）

オーストラリア原住民には絵画の伝統があり、岩陰や洞窟の壁画には次のような神像——超自然的生きものの姿——も描かれている。図25-1～2はNorthern Territoryの原住民、同-3はWest Australiaのキンバーリィ地方の原住民のものである。図25-2は神話上の偉大な創造主Nargorkunを表わしている。彼等の伝承によると、それは大地を割り、火を出現させ、岩や山脈を今の状態にまで隆起させた伝説的英雄である。図25-3はトーテム神話の男性神Wandjina（Wondjina）の画像で、目と鼻はあるが口がない（mouthless）のが最大特徴である（Australian National Commission for UNESCO 1974：41)。これは空、虹、虹蛇、神の子 spirit children、及び自然種 natural species の増加に関係する超自然的生き物であって、トーテム氏族の男達がその絵に触れると然るべき時に雨が降り、またこの神に捧げられた洞窟画廊に彼等のトーテム生物種の絵を描くか描きなおすと、その生物種が増加すると信じられている（Elkin 1981：224)。

　これらの画像に共通するのは、顔つきや頭の様相の非現実性、あるいは人間的ではあるが並みはずれた異様性である。

アラスカ・エスキモー

　狩猟採集民に関する既刊民族誌資料として比較的まとまった神像資料の代表といえるのがエスキモーの仮面である。エスキモー文化領域の中で、仮面が最も発達したのはベーリング海峡（シューアド半島）から南のアラスカ・エスキモーである。アラスカ・エスキモーは儀式の舞踊に木彫りの仮面 masks を使用した。北アラスカ・エスキモーの仮面（Murdoch 1988（1892)：366-370）は比較的単純な点で特色があるが、標本採集時点で既に宗教―呪術的意義についての情報が殆ど失われてしまっていて、神面と確認できるものが見あたらない。それに対してベーリング海峡方面の仮面は、複雑多様なだけでなく、宗教的意義に関する情報が伴っているので貴重である。Oswalt（1967：229）によると、Inuit（ノートン・サウンド湾から北のエスキモー）の仮面は超自然 supernatural との連関性があいまいなのに対し、Yuit（ノートン・サウンド湾から南のエスキモー）の仮面はその連関性が明白だとしている。

　アラスカ・エスキモーの彫刻工芸品は、19世紀半から、現地に来航する水夫達への売りものとして有名になり、その後も観光用土産品として製作されてきたが、幸運にも仮面類は殆ど排他的に宗教的目的のために――即ち儀式で神々 spirits を礼遇 honoring するためにのみ作られた（Ray 1984：292)。

　以下、南から北及び東へ各地のエスキモーの神像類を概観する。

チュガチ・エスキモー（図26）

　チュガチ・エスキモーは太平洋エスキモーの一群で定住民である。図26に示したのは超自然（神）との交際に使われた舞踊用仮面（1875年以前採集、縦45cm）（Clark 1984：Fig. 13）である。その意味は不明だが顔つきは半人間的で怪異である。

ベーリング海エスキモー（図27）

　Nelson のベーリング海峡附近エスキモー調査報告書（Nelson 1983）には、彼が採集した仮面37例が図示されている（Nelson 1983：Pls. xcv〜cv, 393-415)。その採集地は北はノートン湾から南はクスコクヴィム河に及ぶ。すべて仮面の本体が木製でその周囲に鳥の羽毛その他の装飾がほどこされている。また図示されている標本は殆ど例外なく何等かの彩色が施されている。Nelson はエスキモーの信仰する超自然的生きもの supernatural beings を2類に大別し、第1類はかけ離れた淋しい所でシャーマンの千里眼によって見えるものであって、無機物の精霊（yuă）と人間や動物のさまよえる妖精 wandering genii（tunghâk）がある。後者の多くは邪悪である。第2類は動物の精霊（inua）である。彼等は、動物が動物の形と人間の形のどちらでも自

3. 狩猟採集民のヒト形偶像　21

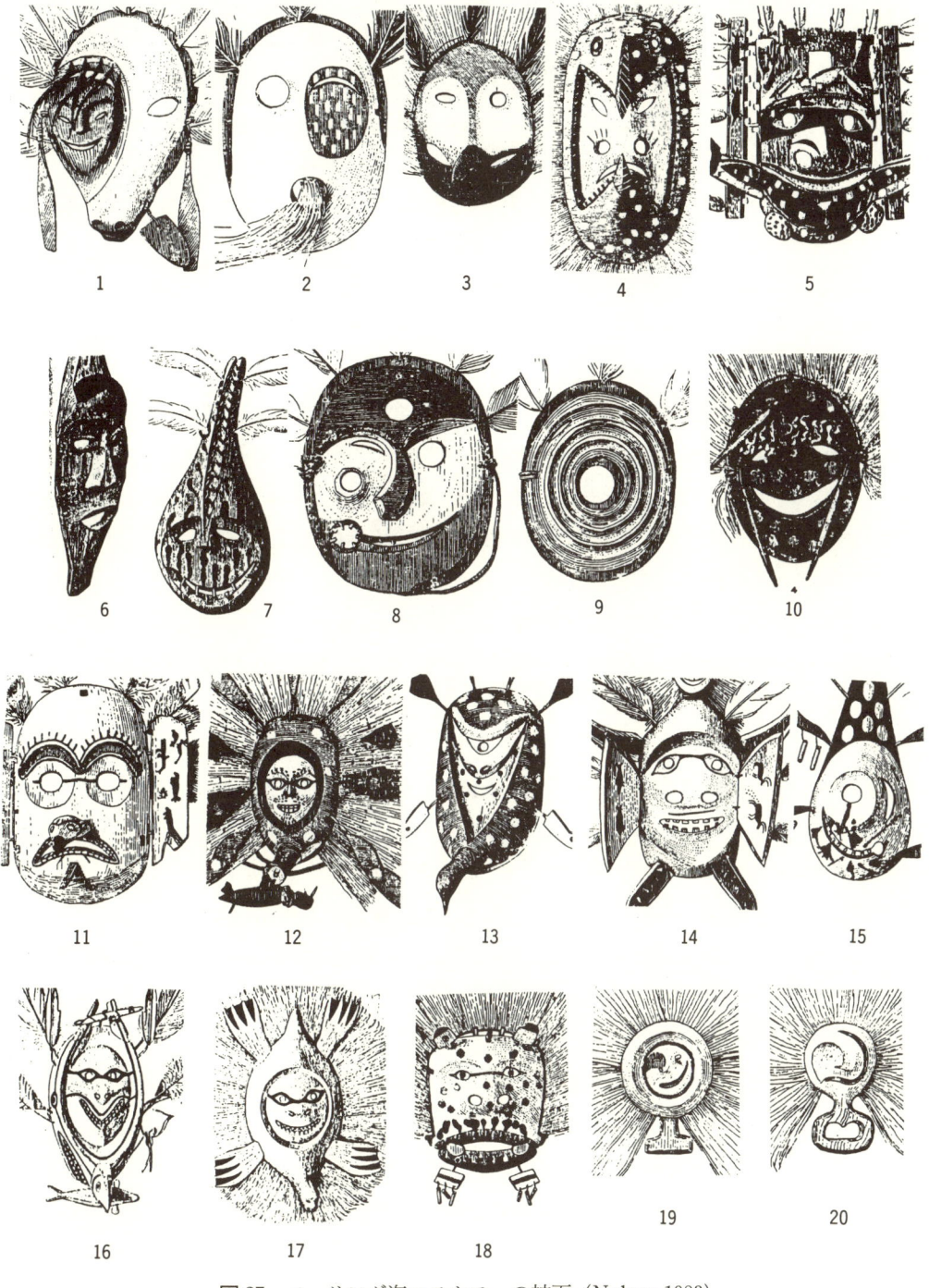

図27　ベーリング海エスキモーの神面（Nelson 1983）

由にとる力を持っていて、人間の形をとった時の姿が inua であると信じている。Nelson による仮面の説明には "tunghâk" と "inua" の原語が使われているが、この論文では両者とも神とし、その後に括弧して tunghâk と inua の区別をすることにした。

　図27の各標本について番号順（括弧内は Nelson の原図番号）に要点を抄録すると次のとおりである。

　1．(Pl. xcv, Fig. 2) 6×9インチ、黒クマを表わす洋梨形マスク。クマの右眼と頬の部分が丸い人面になっていてクマの神 inua を表わす。きつい形相だがそれほど怪奇ではない。

　2．(Pl.xcv, Fig. 4) 8×5インチの楕円形仮面。右目が円形、左目は三日月形で、その目から左頬にかけて楕円形に平坦化され、その部分は白斑入りで赤色に彩色されている。口は右眼同様の円形で、内部からトナカイの毛の束が外部へと延びている。鼻はなくグロテスクなお化け面で、ある神 tunghâk の面相を表わす。これは解剖学的に最早人面の域を脱した半人間的顔 semihuman face である。

　3．(Pl.xcv, Fig. 1) $5\frac{3}{4} \times 4\frac{3}{4}$ インチの円形仮面。右眼は横に長く左眼は円形、鼻の代りに突出した嘴が取りつけられ、口は嘴で2分され、その両側に開口している。これはフクロウの一種 short-ear owl の神 inua を表わす面である。

　4．(Pl.xcvi, a) 12×22インチの大形マスク。海鳥 sea parrot (Lunda cirrhata) を表わす面。嘴を開いた内側にその鳥の神 inua の顔がみえる。半人間的な異様な顔つきである。

　5．(Pl.xcvii) 2フィート×13インチの厚板製巨大面。この手の仮面は顔にかぶって使うことはできないので、儀礼小屋 kashim の屋根から吊るして、演者はその後に立ち頭をそれに縛りつけ、踊りに合わせて横に揺り動かす。巨大な裂けた口、下顎両側の巨大ラブレット（口飾り）、口の両端から突出した人間型の手、巨大な丸鼻と円形大鼻孔、両眼の上（額部）にとりつけられた5個のアザラシと2個のトナカイ（カリブ）の小形木像から巨大顔面が形成されている。この怪奇な巨大仮面は狩猟獣——彼等の狩りの獲物を支配し供給する神 tunghâk を表わしている。

　6．(Pl.xcviii, Fig. 1) 細長い人面の頭頂に砂丘ツル sand-hill crane (Grus canadensis) の首から上の部分（首・頭・嘴）の彫像がつけられている。高さ30インチ（ツルの頭まで）。人面はそのツルの精霊の顔を表わす。稀にみるノーマルな人間的顔つきといえる。この面の作者はシャーマンで、あるときツンドラで遭遇したツルが立ちどまって彼をみつめた時、胸の羽毛が開いてこの面のようなツルの神 inua の顔がみえたという。

　7．(Pl. xcviii, Fig. 3) 高さ約20インチの奇形面。顔は丸いが、前頭部が後方にスキレット（鍋）の把手のように細長く延びている。眼と鼻は特に異常ではないが、口が三日月形に大きく裂け、眼と口の間に血がとび散らされている。正確な意味はわからないが、何等かの神話的生きもの mythical being を表わすグロテスクなマスクである。

　8．(Pl. xcix, Fig. 3) $8\frac{1}{2} \times 7\frac{1}{4}$ インチ。これもグロテスクな半人間的形相の面である。異様なのは三つ目と奇怪な口——三日月形の左部分と円形の右部分——である。これもある神 tunghâk を表わしている。

　9．(Pl. xcix, Fig. 2) 奇妙な半人間的形相を表わす円形仮面。顔の真ん中に口を表わす丸い

孔、その上に細い隙間のような2個の眼があるが鼻の表現はない。これもある神 tunghâk を表わす。

10.（Pl. xcix, Fig. 4）$8\frac{1}{2} \times 6\frac{1}{2}$ インチの円形仮面。眼鼻は人間的だが、口が三日月形で巨大、額の中央と両頰に鯨骨片つきの木の棒が吊りさげられ、額には皮切れが簾状につけられている。これもある神 tunghâk の顔を表わす。

11.（Pl. xcix, Fig. 1）$8 \times 5\frac{1}{2}$ インチのグロテスクな人面のようにみえるが、への字形の大きい口の上に鳥の首の彫像がつけられている。これは鳥の上顎で、人面の口の下に突き刺されている木片がその鳥の下顎を表わす。面の両側にとりつけた板にはアザラシ、セイウチ、シャチ、トナカイ（カリブ）、オオカミ、ビーバーの姿が描かれている。このマスクはある種の水鳥の神 inua を表わしているが、その用途は、用途の明らかな類似の仮面から推測して、狩猟の成功祈願に関係する祭り用とみなされている。

12.（Pl. c, Fig. 4）$7\frac{1}{2} \times 4\frac{1}{2}$ インチの海鳥（seaparrot, Mormon arctica）形仮面。水面を泳ぐ海鳥の水面上に浮く上半部を彫りだした面である。鳥の背中の中央に半人間的な顔がある。これがその海鳥の神 inua を表わす。顔の両側に、親指がなく掌に孔があいた手がついている。

13.（Pl. c, Fig. 2）これも水面を泳ぐ水鳥——ウミガラスの類 guillemot の姿を表わす仮面で $9 \times 5\frac{1}{2}$ インチ。背中の真ん中に奇妙な逆三角形の顔が彫りだされている。額の丸孔が一つ目を表わし、口は両端あがりの三日月形、単眼と口の間に2個の鼻孔が外側が吊りあがったようについている。中央の顔がその鳥の神 inua を表わす。

14.（Pl. c, Fig. 1）$11\frac{1}{2} \times 5$ インチの手足をひろげた人間形の仮面。仮面本体に頭、手、足がさしこんで取りつけられている。胴体には観音開き式の扉がついていて、それを左右に開くと仮面の顔が現れる。それはグロテスクな半人間的形相である。左右の扉の内側には、それぞれ2頭のカリブと2頭のアザラシが描かれている。この仮面の隠された顔は描かれた動物に関係する神 inua を表わすものと思われている。

15.（Pl. c, Fig. 3）$12\frac{3}{4} \times 5\frac{1}{2}$ インチの洋梨形仮面。下端の丸い部分がグロテスクな半人間的顔面を伴う。その顔は正に怪奇的で右眼は丸く、左眼は縦三日月形、鼻孔は上下に並び、口は右半部が右上りの三日月形、左端は円形開口となっている。それ以上に怪奇なのは、顔面の左側は上下に2本の脚がとりつけられている点である。この面も或る神 tunghâk を表わす。

16.（Pl. ci, Fig. 1）12×6 インチ。サケの姿を表わした仮面。面の下端がサケの頭の形、上端は左右にとりつけた2個の木片が尾を表わしている。サケの頭の部分の下にサケの通路を横切って泳ぐアザラシの木像が添えられ、またサケの尾の部分を横切るカヤック（海獣猟用1人乗り皮張り舟）の小形モデルが添えられている。サケの背に当る部分が全面的に半人間的な顔面となっている。特徴は歯を浮彫りにしたV字形の口、分離した楕円形の鼻孔、円形の眼を囲む黒色彩色線である。この顔はサケの神 inua を表わしている。

17.（Pl. ci, Fig. 2）11×6 インチのアザラシ形仮面。アザラシ common hair seal の全身の形に彫られていて、面の下端が頭、上端が尾の部分で左右両側に2本宛の鰭脚形の木片がとりつけてある。背中の中央に当る部分が、アザラシの精霊を表わす顔面である。顔の表現は、眼と鼻

孔の部分が上述のサケ神の仮面と殆ど同じなのに口が異なり三日月形である。この半人間的表現の顔面はアザラシの神 inua を表わす。

18. (Pl. cii, Fig. 4) $6\frac{3}{4} \times 7$ インチの隅丸四角形仮面。仮面の下縁を横断する巨大な口は、下顎部分が別の木片で作られ両端が蝶番でとめられていて開閉できる。口の両隅に奇妙なラブレット-ペンダントがつけられている。鼻孔が大きく間隔が広い。顔面の上隅にそれぞれ1個の木片で作られた耳がついている。これはオオヤマネコ Canada lynx の神 inua を表わす。

19. (Pl. ciii, Fig. 3) 直径 $3\frac{1}{4}$ インチの円形仮面。右眼は三日月形、左眼はさしこんだ木釘、鼻筋が曲り鼻孔は一つしかなく、口も曲がっている。周りにとりつけた毛はカリブである。この種の歪んだ顔つきの面は各種の神々（tunghâk）を表わすのに作られる。

20. (Pl. civ, Fig. 4) 直径 $2\frac{3}{4}$ インチの指仮面。グロテスクな半人間的顔つきで、口が右下から始まり左頬をめぐって額の中央にまで及び、眼もなく鼻筋が曲がって鼻孔もないから化け物的である。これは或る神（tunghâk）を表わしている。

　ベーリング海エスキモー（図28）

　図28（Nelson 1983：Fig. 153）の木彫神像はシャーマンの儀礼用具である。グロテスクな木製頭部は高さ約3.5インチで、テンの毛皮がその額から背中に垂らされている。眼は三角形、口は半月形で、上顎から2本の牙（齧歯類の門歯）が大きく突出し、顔面が暗赤色に塗られ口唇は黒色である。この神像はシャーマンの超自然的働きを助ける神（tunghât の1人）を表わす。(Nelson 1983：441)。

　キング島エスキモー（図29）

　ベーリング海峡のキング島、リトゥル・ダイオミード島とシューアド半島突端のウェールズのエスキモーは、ベーリング海エスキモー（Ray 1984：285）に含まれるが、大形海獣（大形クジラとセイウチ）の狩猟を主生業とする点で自余の諸群とは異なり、北アラスカ・エスキモーと類似する。この点からみてキング島エスキモーの木彫仮面（Ray 1984：Fig. 18）（図29）が、前述したノートン湾以南のベーリング海エスキモーの仮面（図27）よりも北アラスカ・エスキモーのそれに類似して、形も表現も単純（Ray 1984：299）なことは注目すべき事実である。図29-1〜2は用途・意味ともに不明であるが、いずれもポイント・バローの人面群（Murdoch 1988：Figs. 366-371）に類似して単純といえる。それに比べてクマ神を表わすとされる図29-3の木面は、眼鼻立ちが前者とはちがうだけでなく、黒く彩色され、しかも赤塗りの舌が垂れさがって動く仕掛けになっているところが異様である。

　カナダ・エスキモー

　バッフィンランド・エスキモー（図30）

　本章-3-(B)項の冒頭で述べたとおり（20頁）、エスキモーの仮面の発達はアラスカに限られたが、東部のエスキモーにもないことはない。セントラル・エスキモーがその例である。図30（Boas 1964：Fig. 146）は Boas によって報告されたバッフィンランドの儀礼用マスクであって、彼等の神話上の女族 Qailertetang（ギリシャ神話の Amazon にたとえられる。Geographical Board of Canada 1913：394）を表わす。これを演じる者は右手にアザラシ猟用槍を持ち、

3. 狩猟採集民のヒト形偶像　25

図28　ベーリング海エスキモーのシャーマン用神面（Nelson 1983）

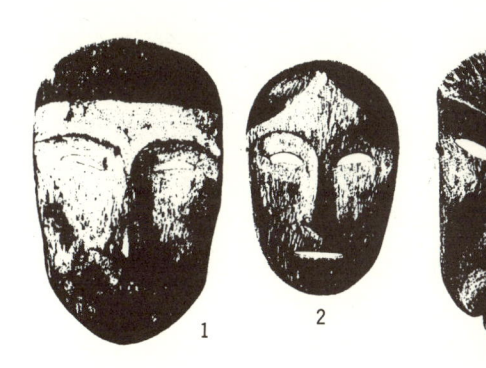

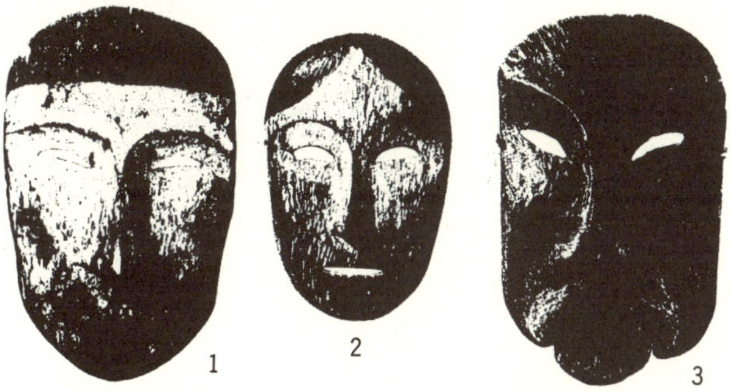

図29　キング島エスキモーの木面（Ray 1984）

図30　バッフィンランド・エスキモーの儀礼用神面（Boas 1964）

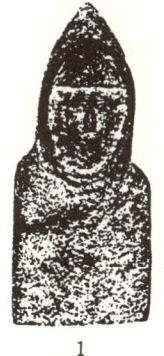

図31　ラブラドール・エスキモーの個人用守り神（Hawkes 1916）

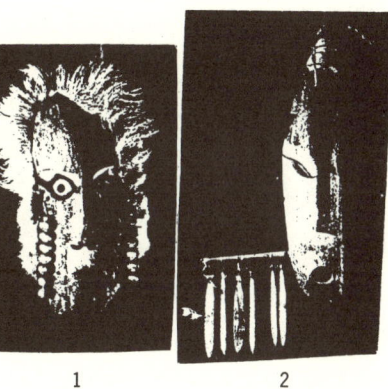

図32　インガリック族の神面（Honigmann 1981）

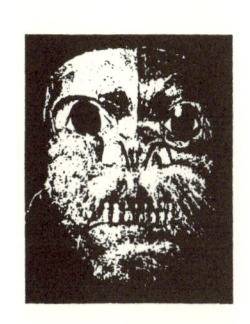

1．シャーマン用神面（De Laguna 1990）
2．クマ神像（冠り物附属品）（Bruggmann and Gerber 1987）
3．ビーバー神像（棟持柱）（Garfield and Forrest 1948）
4．ヘイジー島の島神像（トーテムポール基部）（Garfield and Forrest 1948）

図33　トリンギット族の神面と神像

この文身をした恐ろしい顔つきのアザラシ皮製の面をつける（Boas 1964：197）。

ラブラドール・エスキモー（図31）

ラブラドール・エスキモーの間では、シャーマンだけでなく、すべての者が各自の"個人的に親しい神"spirit[5]を持っていて、狩猟等危険な仕事の時にはその神に助けを求める。この神は人形 doll または人形の頭 doll's head という物の形で具現され、その人の身（しばしば頸のまわり）につけて携帯される。

ある人に不運が長続きする時は、彼はそれを彼の「物神」fetish の所為にし、それから脱れようとしてその物神を誰か他の人にまわす。これは受けとる人に知られては効果がないとされる（Hawkes 1916：135-136）。

Hawkes は1914年の調査中に、この「物神」の実物2点を現地で入手した。それが図31-1〜2（Hawkes 1916：Pl. xxxiv, b〜c）である。両者とも石鹸石 soapstone 製で、図31-1 は両腕のない胸像、図31-2は肩から上の像である。大きさについての記述はない。両者とも顔の表現は極めてリアリスティックな浮彫りで男性とみられる。図31-1 は伝統的なエスキモーの上衣（頭巾 hood）を着けているが、図31-2は露出した頭部像で目・鼻・口の他に頭髪部が浮彫りにされている。

北米インディアン

亜極地インディアン

インガリック族（図32）

亜極地インディアン諸群中の最東端群がユーコン河下流（アラスカ）のインガリック族である。恒久的な夏村と冬村をもつ漁撈中心のインディアンで、宗教儀礼も発達し、その一つが仮面舞踊 mask dance である（Snow 1981：607; Honigmann 1981：Fig. 12）。これは彼等の動物資源を確保するための重要儀礼であって、そのダンスに各種の仮面が使われた[6]。図32はその一部を示す。右（図32-2）は"ハーフ・マン"（半人間）を表わし、非相称形である。黒、赤、灰色に彩色されている。左（図32-1）は神話上の魔女"siren"を表わす仮面で、左右非相称の眼、曲った鼻、赤く縁どった円い孔の口、湾曲した細長い顔、それをとりまく乱れ髪が面妖である（Honigmann 1981：730, Fig. 13）。

北西海岸インディアン

トリンギット族（図33）

(1) シャーマン用の或る神を表わす仮面。巨大な両眼には緑色ガラス壜の破片がはめこまれ、あごひげには褐色グマの毛皮が使われている。彩色。1894年以前の作品（De Laguna 1990：222, Fig. 15-a）。

(2) クマ神の木彫像。巨大な口唇と鼻翼は赤く、眉と眼は黒色、頬はトルコ石色に彩色されている。儀式用冠り物の附属品とされる（Bruggmann and Gerber 1987：54, Plate 18）。

(3) ビーバー神の木彫像。厚板小屋の棟持柱の彫像である。弓と銛を持つ姿として表現されている。ビーバーは、人間——彼等の祖先——に弓と銛の作り方を教えた神と信じられている（Garfield and Forrest 1948：21, Fig. 6）。

(4) ヘイジー島の島神像。トーテム・ポールの基部に彫られた神像であって、島民の守護神を表わす。この神は善行規則を守り、野生生物を尊重する者を助け、軽率で、食物管理と資源の適正利用の法を無視する者からは保護の手をひきあげる。そのような者はこの神の加護が得られず、カヌーか命を失う危険にさらされる。そこでこの島に行く人々は海に少量の食物を捧げ、良い天気と航海の安全をこの神に祈る (Garfield and Forrest 1948：139, Fig. 58)。

ハイダ族 (図34)

図34-1の木彫神像は、人喰い神 cannival spirit を表わすあやつり人形であって、背丈122cm、赤と白に彩色されている。1884年採集 (Blackman 1990：250, Fig. 12-a)。これはシャーマンの儀式の踊りで操作された (Drucker 1955：151)。

図34-2 (Swanton 1905：Fig. 4) は銅板製の神像であって、"Hhill Ill-jow" (Hhill＝medicine or charm, Ill-jow＝riches or prosperity) とか "Ill-jow Hhill" とよばれている。その表板と裏板の間に価値ある品 (毛布・衣類等) の小片を挟んでとめる。その神像を毛布・衣類箱の中にかくし、時折とり出して、欲しい富 (財産) を送ってくれるよう祈願する。その扱いが適切であれば、年が経つにつれて希望の富が蓄積されると信じられている (Swanton 1905：46)。

ベラ・クーラ族 (図35)

図35は秘密結社の舞踊で使われた仮面であって、超自然的生きもの (神々) を表わす (Goddard 1924：147)。これらの神像のグロテスク性は特に北西沿岸インディアンの北部諸群に共通の特徴といえる。

クワキゥトル族 (図36)

図36はクワキゥトルの神話の生きもの creatures を表わす儀式用仮面である。彼等は多くの神々 supernatural beings が冬期に村を訪れて来ると信じ、この聖なる季節に各種の冬儀式を挙行した。これらの儀式に伴うダンスには様々の神が登場し、それらを表わす仮面が使用された。

図36-1 この神の表現の特徴は、突出した両眼、大舌を出した大口、嘴形の鼻、鳥形の角である。この神 X^{wixwi} が演技すると大地が揺れるといわれる (Codere 1990：Fig. 11-b)。沿岸セリッシュ族ではこの神面は上部階層の男の所有で、その使用はその家族の特権である (Kennedy and Bouchard 1990：448)。

図36-2 森棲みの魔女を表わす。子供を穫って籠に入れて食う。目覚めると、この仮面のように、口をつぼめて特異な叫び声をあげる (Codere 1990：Fig. 11-c)。

図36-3 水棲の怪物 Iakim を表わす。河を塞ぎ、湖や海を危険にさらし、カヌーを呑み覆すので恐れられた。黒白彩色の木彫面で下顎が動く。1889年採集 (Codere 1990：Fig. 11-d)。

図36-4 恐るべき森の怪物 Woodman (Holm 1990a：Fig. 13; 1990b：Fig. 6)。

図36-5 かつての最強グループの一つであるニムキシュが所有した歴史的標本で、ある首長の守護神としての鷹を表わす神面である (Bruggmann and Gerber 1987：116, Pl. 71)。

ヌートカ族 (図37)

小儀式 minor ceremonies 用の神々を表わす仮面 (Drucker 1955：Fig. 94)。詳細不明。

北部沿岸セリッシュ族 (図38)

図34　ハイダ族の神像
　　　1（Blackman 1990）、
　　　2（Swanton 1905）

図35　ベラ・クーラ族の神面（Goddard 1924）

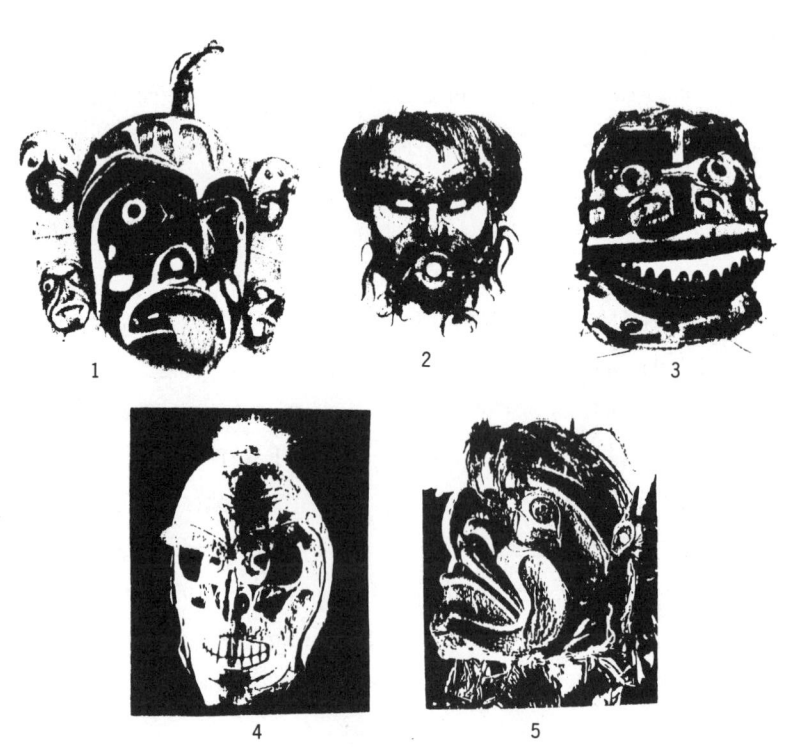

図36　クワキゥトル族の神面
　　　1〜3．（Codere 1990）、4．（Holm 1990a、1990b）、
　　　5．（Bruggmann and Gerber 1987）

図37　ヌートカ族の神面（Drucker 1955）

図38　北部沿岸セリッシュ族のタル神の仮面（Kennedy and Bouchard 1990）

図39　南部沿岸セリッシュ族のシャーマン儀礼用神像（Holm 1990a）

図40　南西部沿岸セリッシュ族のシャーマン儀礼用神像
1．（Drucker 1955）、2～4．（Olson 1936）

図41　リルーエト族の祖先像（1～3）と神像（4～6）（Teit 1906）

図42　メノミニ族の個人用守護神像（Spindler 1978）

カナダのバンクーバー島南半と本土との間に挟まれたジョージア海峡沿いに、南北に広く分布する沿岸セリッシュ族の北部群が北部沿岸セリッシュ族である。図38は彼等の神話の女巨人タル Tal を表わす神面である。凹んだ眼、歪んだ鼻、突きでた頬、開いた口が特徴で、子供をさらって食う魔神とされる。この面はライフサイクル儀礼及び冬儀式のダンス用である（Kennedy and Bouchard 1990：449及び Fig. 61）。

南部沿岸セリッシュ族（図39）

彼等の信仰によると、生者の霊魂が死者によって盗まれることがしばしばあるという。その時、失われた霊魂を取り戻す守護神力 guardian spirit power をもつ人々、すなわちシャーマンかその他の人々数名が雇われて、霊魂回収 soul-recovery の儀式 Spirit Canoe ceremony を行う。この時、彼等は精霊カヌーに乗って死者の国への霊魂連れ戻しの旅をする。その儀式の現場に立てるのが精霊カヌー像 Spirit Canoe figure（図39）（精霊カヌー板 S. P. boards とも記されている）である（Suttles and Lane 1990：498）。図示標本（図39）は1892年に採集されたもので高さ1.4ｍの木彫像で、この所有者であるシャーマンの旅を助ける援助神 spirit helper を表わしている（Holm 1990a：621, Fig. 17；Drucker 1955：144, Fig. 101）。この神像は使用後は森の中に秘蔵し、使用のたびに色を塗りなおす（Holm 1990a：621）。

南西部沿岸セリッシュ族（図40）

図40は、南西部沿岸セリッシュ族に属するクイノールト族のシャーマンが使う鳴り物 rattles である（Drucker 1955：Fig. 78（同図-1）；Olson 1936：Fig. 63（同図-2，3，4））。いずれもシャーマンの超能力を可能にする超自然的援助者 spirit helper を表わす神像である。図40-1〜3は木彫像でシカの蹄の鳴り物 deer hoot sounders が結びつけてある。4は杉皮製で頭と胴と両腕が表現されているが、顔の表情は欠けている。高さは図40-3が18インチ、図40-2と図40-4（同一縮尺）はそれぞれ約18インチと約11インチである。

リルーエト族（図41）

これはブリティッシュ・コロンビアの内陸でフレイザー河の流域に住む内陸セリッシュ族の一部族である。上流群と下流群に分かれ、前者は狩猟、後者はサケ漁が盛んである。その下流群の死者の墓には、墓標（図41-4〜6）の他にその死者の木彫像（図41-1〜3）が建てられた。墓標（図41-4〜6）は、死者の所属氏族のトーテムを表わす木彫神像である。北西海岸のトーテムは彼等の祖先神話上の生物神（クマ、ワシ、カラス等）を表わし氏族の紋章に当る。この図に示された墓標は顔かたちの変異はあるが、すべて同じトーテム（大舌を特徴とする神話的生物）を表わしている（Teit 1906：272）。これらの顔つきの表現は、死者に似るように表現された死者像（図41-1〜3）（16頁、祖先像の項参照）とは対照的で、奇怪である。

北東部インディアン

北米文化領域としての北東部 the Northeast に属するインディアン諸部族は女性による玉蜀黍栽培を伴う狩猟採集民である。木彫神像類の他に神面の発達がみえる。西から東へ実例を概観してみたい。

メノミニ族（図42）

彼等の信仰では、個人は夢を通して各自の守護神 guardian spirits を獲得し、それによって特別の力を与えられる。図42はそのような守護神の1人を表わす木彫像であって、ある樹皮葺き小屋 bark lodge の奥壁の外側に立てられていたものである。高さ117cm、1865年頃に作られ、1900年代初頭に採集された（Spindler 1978：714, Fig. 10）。

イロクォイ族（図43、図44）

イロクォイ族とは、オンタリオ湖の東岸に分布して部族連合を形成した5部族（セネカ、カユガ、オノンダガ、オネイダ、モホーク）の総称であって、多数家族の住む住居の特徴から「長屋の民」the People of the Longhouse として知られている。彼等には各種の医療組合 Medicine societies があって、その儀礼が病人の治療に用いられた。そのうち仮面の使用で有名なのが(1)「歪み顔組合」False Face Society と(2)「玉蜀黍皮顔組合」Husk Face Society である（Tooker 1978：460）。

図43が前者(1)の神面（木彫）であって、すべて森の中（後述作製法参照）あるいは夢の中（前述メノミニ族参照）で現れた神々 beings を表わす（Tooker 1978：460）。この仮面の神の威力によって病魔を追い払う（Driver 1961：425）。原図（Fenton 1978：Fig. 5）には時代と地域がまちまちの41例が示されているが、全例を通じて共通する特徴がある。それは眼、鼻、口の巨大化または歪曲化による怪奇性の表現である。図43はその特徴を示す代表例を筆者が選び出して再配列したものである。「歪み顔」神面 False Face masks の製作法は独特で、森の立木に面を彫りつけてから切り取る。面の彫り初めに製作者が煙草を燃やし、その木の神力 spirit force に話しかけると、その製作者に特定の神が姿を現わすという（Spencer et al. 1965：391）。一説によると、煙草を燃やすのは仮面にその立木の治癒力を移入するためである（Fenton 1978：306, Fig. 6）。

図44（Fenton 1978：309, Fig. 18；Lindig 1972：Abb. 72）は「玉蜀黍皮顔組合」（前述(2)）の神面（玉蜀黍の皮繊維製）で、森の神ではない農耕神 agricultural spirits を表わしている（Tooker 1978：460）。

また組合(1)のメンバーは、年に1～2回、全員が神面を被り一団となって家々をめぐり、病気祓いの儀礼を行う（Tooker 1978：460, Fig. 14）。組合(2)もメンバー用の年祭を冬至儀礼 Midwinter ceremonial の時に挙行する（Tooker 1978：461）。

デラウェア族（図45）

デラウェア族はイロクォイ族の東に隣接する太西洋岸の玉蜀黍栽培狩猟採集民である。図45-1は Big House 即ちローカル・グループの首長の家の中心柱に彫られた彼等の至高神 Supreme Being（創造主 Creator）の顔である。高さ51cm、右半は赤色、左半は黒色に彩色されている（Goddard 1978：232-233, Fig. 15）。図45-2は仮面神 Mask Beings とよばれる全野生動物の守護神を表わす神面である。前者（図45-1）と同様、半赤半黒に彩色された大形の楕円形木彫面であって、秋祭 Big House ceremony の時、クマ皮衣装を着た1人の男が被って、狩猟者達の成功を保証した。1909年以前の採集品（Goddard 1978：233-234, Fig. 17）。

南西部インディアン

図43 イロクォイ族の神面（Fenton 1978 より抜粋、再配列）

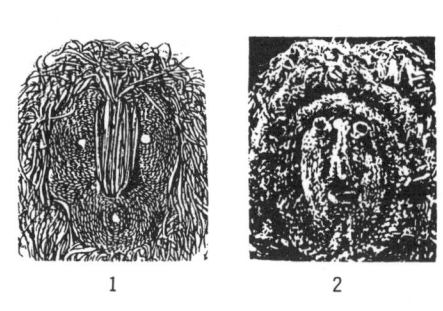

図44 イロクォイ族の玉蜀黍繊維製神面
1．(Lindig 1972)、2．(Fenton 1978)

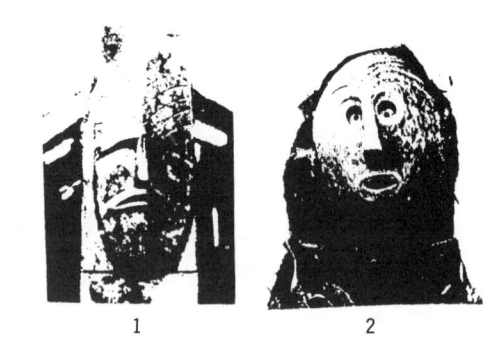

図45 デラウェア族の神像(1)と神面(2)
(Goddard 1978)

チラカウ族（図46）
　チラカウ族はアパッチ族中で最も好戦的な部族として知られる漂泊的狩猟採集民である（ジェロニモはその酋長の1人）。その名 Chiricahua はアパッチ語で「偉大な山」を意味する。彼等は山の神信仰（渡辺　1990b：270-271）が厚く、山の神即ち山住みの──チラカウ族のなわばりを境する高地に住む──神々 mountain Spirits、Mountain People を表わす神面（図46）(Opler 1983：416, Fig. 12) を被ったダンサーによる仮面ダンスがシャーマンによって催され、

図46　チラカウ族の神面（Opler 1983）

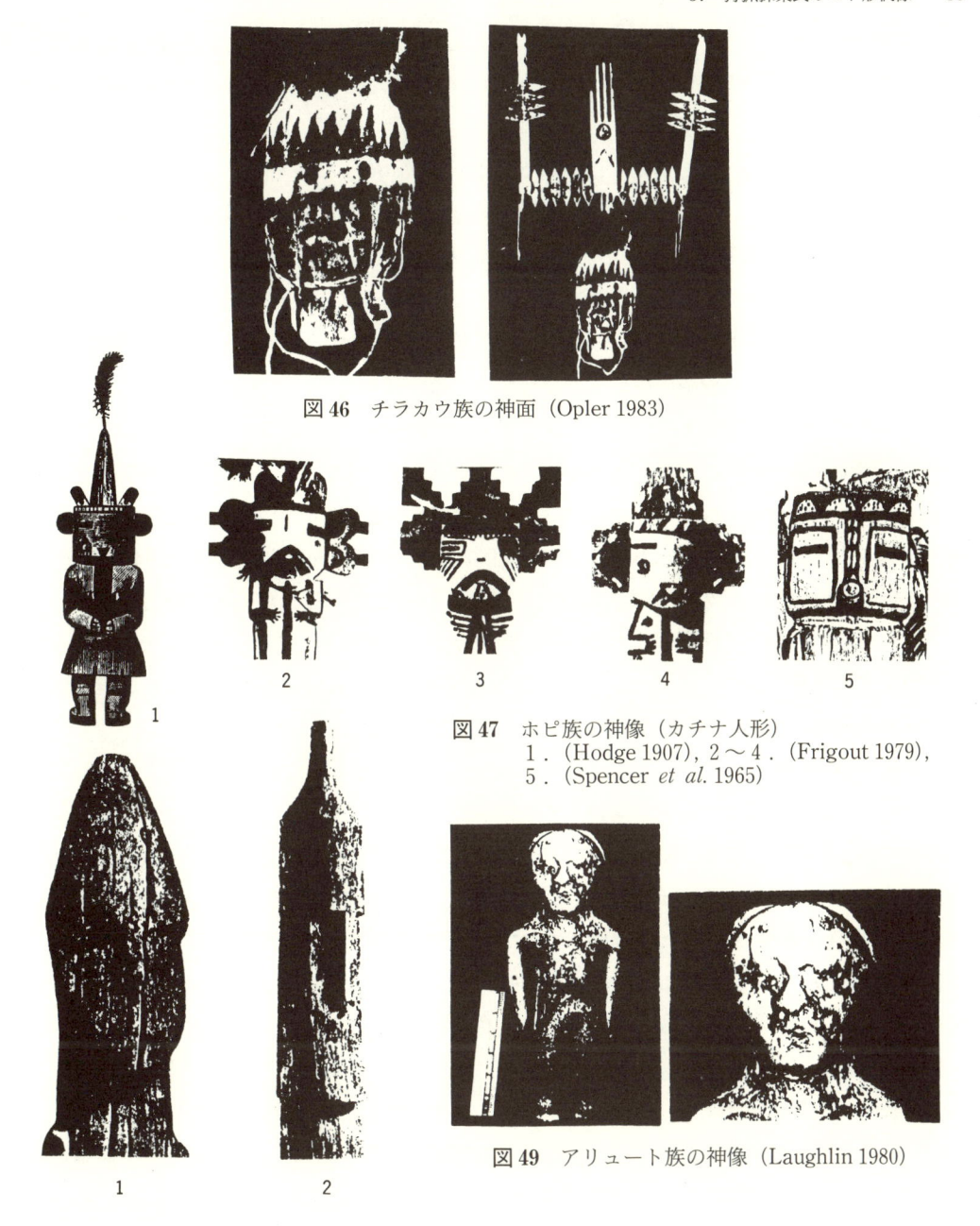

図47　ホピ族の神像（カチナ人形）
1．(Hodge 1907), 2～4．(Frigout 1979),
5．(Spencer *et al*. 1965)

図49　アリュート族の神像（Laughlin 1980）

図48　ズニ族の戦神像（Burland 1965）

社会生活上重要な役割（災厄と流行病の防御等）を果たしている。この山の神は山の野生生物の管理者 custodians であり彼等を護る守護神とされる（Opler 1941：87, 280, Pls. v-vii；Lindig 1972：Abb. 134）。その神面は鹿皮の頭巾で、普通は黒色（黄色また青色のこともある）に塗られ、丸い小孔の両眼（時には口の小孔）がついている。複雑なのは頭上に附属する飾りであって、それは水平棒とその両端に取りつけられた角状の棒からなる（Opler 1941：109）。

ホピ族（図47）

アリゾナからニュー・メキシコにかけて、プエブロ（日干し練瓦建ての集合住宅）に住み、男が耕作に従事する玉蜀黍栽培民――プエブロ・インディアンが分布する。その典型例がホピ族である。

彼等の暦は、冬至後の1月ないし2月から種まきが終わる夏至後の7月までの仮面儀式（masked ceremonies）期と、自余の半年間に当る無仮面儀式（unmasked ceremonies）の2期に区分される。仮面儀式期は、カチナ kachina とよばれる仮面ダンサーで表わされる神々が神の国から来て彼等と共に暮らす季節であって、この時期が終わるとカチナ神達はホピの村を去り神の国へ帰ってしまう（Frigout 1979：564, 572）。カチナは山、湖、泉に住む人の形をした生物で、雨、作物、病気治療等の恩恵をもたらす慈悲深い神々だが、一旦取り扱いを誤ると危険である。カチナの数は250種以上もあるという（Griffith 1983：767）。この仮面儀式期の最初の重要儀式 Powam ceremony（儀礼場（kiva）屋内での儀礼的種まき――満作確保儀礼）と最後の儀式 Niman ceremony（送別式 farewell ceremony）の時に、カチナが子供達への贈り物を持ってきて、男児には玩具の弓矢等、女児にはカチナ人形 kachina dolls（図47）を与える（Frigout 1979：572）。このカチナ人形は、子供の玩具として作られたものであるが、その形はカチナ・ダンサーの小型模型即ちカチナ神の神像であって、これで遊ぶことにより子供達が部族の宗教儀式に馴染むようになるという教育的機能をもつ（Hodge 1907：396）。カチナ人形の顔の要素は幾何学的に図案化され、顔つきが半人間的な異様なものとなっている。

ズニ族（図48）

ズニ族はホピ族に隣接するプエブロ・インティアンである。彼等はナバホ族やアパッチ族等隣接の敵を防ぎ報復することが必要であった。そこで伝統的生活の時代には、特殊化した「戦の神」の儀礼が専任の司教 Bow Priest によって定期的に挙行された。この戦神 War Gods（Ahayuta）は太陽神の双子で、神話の時代にズニ族を勝利に導き、彼等に戦の儀礼を教えた神である（Spencer et al. 1965：315）。図48は彼等の戦神2柱の神像であって、上記の戦神儀礼に使用されたものである（Burland 1965：Figs. 140, 141）。

極東方面猟漁民

アジア側に関する筆者のデータはさし当たってシベリア東部太平洋岸寄りの猟漁民が中心であるが、便宜上ヌガナサン（タイミール半島の馴鹿飼育猟漁民）、ウィルタ（樺太の馴鹿飼育猟漁民）、アリュート（アリューシャン列島の猟漁民）を含めて記述する。

アリュート族（図49）

アリュートは言語的にはエスキモーの分派であるが、文化・社会的にはむしろ北太平洋沿岸猟漁民と共通する特異性をもつ。図49は彼等の神 kaathaagaathagh を表わす現代アリュートの牙偶である（Laughlin 1980：Fig. 44）。この神像は、アリューシャン文化の重要要素の一つで、約4000年前の古代アリュートからロシア化以後の現代アリュートの時代まで存続し、最近では最早使われなくなったが、今でも彼等の間では丁重に取り扱われているという。既知例はすべて住居址等からの発掘品であって、素材は石、骨、セイウチ牙が使われ、高さ通常6インチ程度の小形神像である。頭の辺りの帯 girdle によって屋内天井の梁から吊りさげられていて、狩猟者が

危険な海に出る前にこの神像に話しかけると、その神が天候や狩猟に関する有益な情報を答えてくれたという。なかには供物を挿入する孔があるものもある（Laughlin 1980：110）。この図の写真でみるかぎりそれは全裸の立像であって、筒形の胴体に手足がついた形である。顔の彫りは粗く、目・鼻・口がようやく認められる程度である。

海岸コリヤーク族（図50a及び図51）

　コリヤークは北東のチュクチ（チュクチ半島）と南西のカムチャダール（カムチャッカ半島）との間に位置する古アジア族の一員で、猟漁民の海岸コリヤーク（Maritime Koryak）と馴鹿飼育を伴う馴鹿コリヤーク（Reindeer Koryak）の2群がある。図50-a は海岸コリヤークの神面で、かつて魔神カラウと戦ってそれを退治した大鴉とその一族を表わす木面である。海岸コリヤーク（パーレン村）では、人のいない夏の間に住居の中に入りこんだカラウを追い出す儀式が冬の初めに行われ、その時この面を被った男が大声を出して竪穴の中に入り屋内を隈なく探す（鳥居　1976：282）。

　図50-b は、馴鹿飼育コリヤーク（Tilkhai河畔）の皮の面であって、前記の木面とは違って魔神カラウ自身を表わしたものである。この人喰いカラウの面は、婦人が被って、カラウが来たと子供を嚇すのに使われる（鳥居　1976：292）。鳥居氏はこれが北千島アイヌのフージル（人喰い巨人）の木面と使用目的が非常に似ているので、何らかの連鎖がないものであろうかと疑問を投げている（鳥居　1976：292, 329）。

　海岸コリヤーク族は、守護神（guardians, protecters）として各種の神像を持っている（図51）。これにはヒト形のものとそうでないものがあって、ヒト形のものには、猟漁関係の守護神として、(1)クジラ猟の守り神、(2)漁網の守り神、(3)皮張り舟の守り神があり、家関係の守護神として、(4)竪穴住居出入口の守り神（丸太梯子）、(5)炉の守り神（竪穴住居の主）（儀礼用火起し板）、(6)住居の副守護神、人間関係の守護神として、(7)乳児の守り神、(8)独り旅の守り神がある。このうち(1)、(2)、(5)、(6)は、平素は住居内の聖所（Shrine）（家の左側で玄関への戸口に近い一定場所）に安置されている。(2)、(4)、(5)、(6)の神像には時折に食物（海獣の血や脂）が塗りつけられる。

　(1)　クジラ猟の守り神（Jochelson 1905-1908：Fig. 5, a-e）（図51-a～e）。クジラが獲れたとき、その皮を家の炉で焙る儀式の時、炉傍に据えて使う。この神像の形には集落による違いがあって、カメンスコエ村の標本は坐像（図51-a～d）であるが、タロフカ村のものは、両端が尖った棒状（図51-e）であって上から3分の1が頭部である。この守り神には男神と女神の別があるというが、その区別は図示されていない。サイズにも大差があって、図示例によると、小は10〜12cm（図51-a～d）から、大は50cmクラス（図51-e）まである。顔のつくりは、目・鼻・口が彫られたものと、目と口だけが彫られたものとがあるが、いずれも単純平凡な、解剖学的に比較的忠実な表現であって、特別の強調や歪曲はみられない。

　(2)　漁網の守り神（Jochelson 1905-1908：Fig. 6）（図51-f, 高さ21cm）。これは、網による豊漁を助け、悪者達（wicked people）のまじないから網を保護する神で、手が片方しかない。聖所に置かれていて、海獣の血や脂が塗りつけられる。顔は平凡に彫られている。

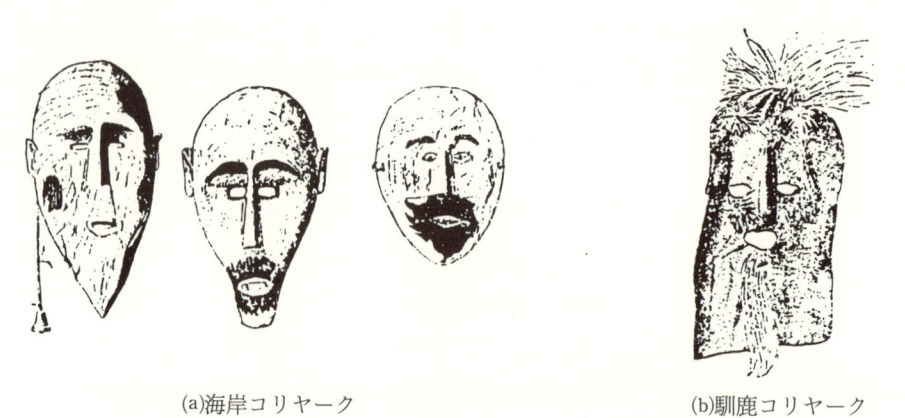

36　第1章　縄文土偶即神像

　　　(a)海岸コリヤーク　　　　　　　　　　　　　　　(b)馴鹿コリヤーク
図50　海岸コリヤーク族の神面（鳥居1976；Jochelson原図）

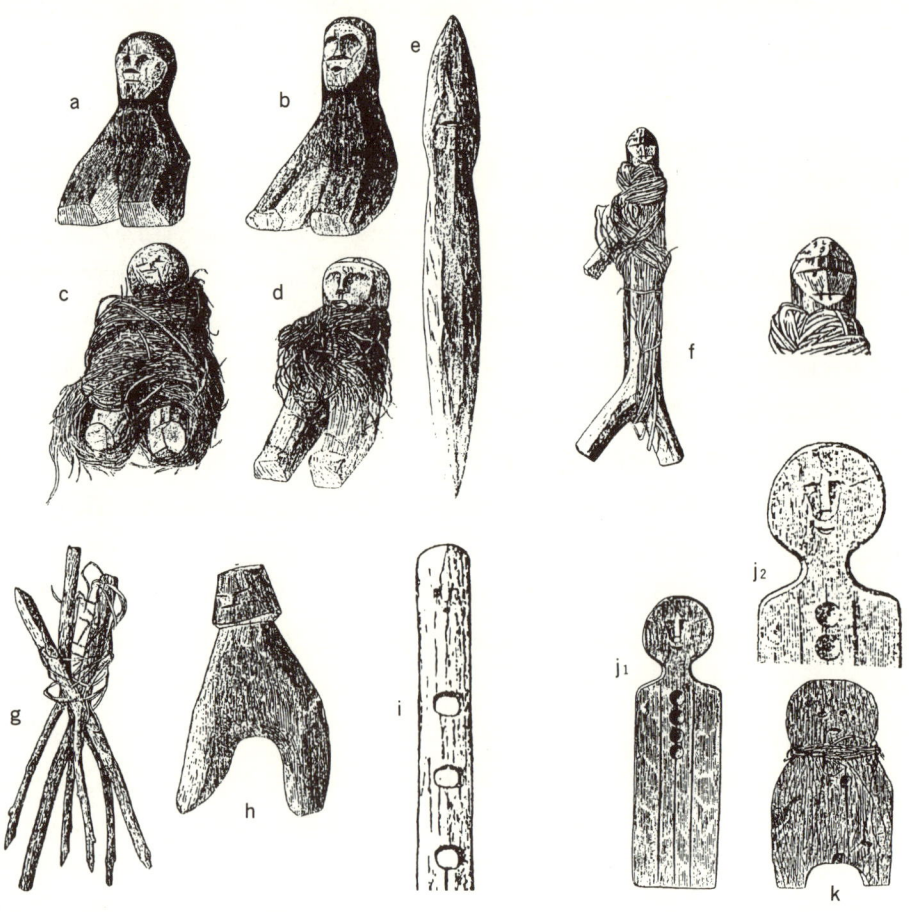

図51　海岸コリヤーク族の神像
　　　a～e：クジラ猟の守り神、f：漁網の守り神、g～h：皮張り舟の守り神、i：家の入口
　　　の守り神、j～k：炉の守り神（家の主）、l～m：家の副守護神、n～o：乳児の守り神、
　　　p～q：独り旅の守り神（Jochelson 1905-1908より抜粋、再配列）

3. 狩猟採集民のヒト形偶像   37

（図51のつづき）

図52 ヌガナサン族の神像
（Popov 1964）

図53 ギリヤーク（ニブフ）族の神像（1～5. 家神像；6. 守家神（火神）像；7. 家神像）
1～3.（Black 1973、Schrenk原図）、4～5.（Black 1973、Takasami原図）、
6.（Byhan 1923）、7.（大友 1944、間宮原図）

(3) 皮張り舟の守り神 (Jochelson 1905-1908：Fig. 10, a, b) (図51-g：23cm, h：20cm)。食物獲得の用具である皮張り舟 (skin boat) は、家族の福祉の源泉であり、家族の炉の守護神である。この舟を春に初めて海におろす時と、秋に最後に陸に引揚げる時は彼等の家族の祭 (family festivals) であって、春の初おろしの時、ハンノキの二又の枝で守り神 (図51-g) を作り、舟の船首に置く。それは皮舟の仲間 (comrades) であり助っ人であって、クジラをはじめ海獣をその舟に引きつけると思われている。これには頭部の区別がなく、また顔のつくりもない。その他に「皮舟の支配人 (manager)」と考えられている守り神がある (図51-h)。これも二又の枝で作られているが、これには頭があり、目・鼻・口が刻まれていて、特に異様な点はない。これは両脚を上にして舟首の前端にとりつけられ、銛綱を曳く時の支えとなる。

(4) 竪穴住居入口の守り神 (Jochelson 1905-1908：Fig. 11) (図51-i)。これは冬家 (竪穴住居) の天井からの出入に使う丸太梯子であって、その上端が頭部で、丸太の表面に単純に両目と口が、点状に彫りこまれている。これは老女 (Old woman) で、魔神の侵入を防いでくれると信じられている。そこで夏家に移住の時などには、この梯子に留守居を頼む。

(5) 炉の守り神 (竪穴住居の主) (Jochelson 1905-1908：Fig. 2, a：42cm, b：25cm) (図51-j, k)。これは儀礼用火鑽板 (sacred fire-board) であって、板全体がヒト形に作られ、くびれた一端が頭部で、目と口あるいは目・鼻・口が人形的に単純化されている。家の火の神であり、家族用炉の守り神である。それはまだ海岸コリヤーク族では竪穴住居の主 (master) 兼海獣猟の助っ人であり、馴鹿コリヤーク族では家畜 (馴鹿) 群の主 (master) である。顔は目・鼻・口あるいは目と口によって単純で平凡に表現されている。

(6) 住居の特別 (副) 守護神 (Jochelson 1905-1908：Fig. 14, a, b) (図51-l, m)。家 (house) の守護神は上述の神聖な火起し板とみなされているので、これは住居 (dwelling) の副守護神 (Supplementary protector) であって、炉の守り神ではないらしい。

(7) 乳児の守り神 (Jochelson 1905-1908：Fig. 9, a：10cm, b) (図51-n, o)。普通は子供の下着の襟に縫いつける (図51-n) が、輪にした紐にとりつけて首にかけるものもある (図51-o)。これによって子供を魔神の攻撃から守る。これは個人用守り神ではあるが、家族内で次の子が生まれると、年上の子のを取りはずして新生児の衣服に縫いつけるから、相続されることになり、その意味では家族用である。新品の製作は新家族ができた場合に限られ、古いものほど効きめが強大とされる。

(8) 独り旅の守り神 (Jochelson 1905-1908：Fig. 7, a, b；4cm) (図51-p, q)。個人の携帯用守り神で、小木偶を幾つか紐で連結したものである。独り旅あるいは単独狩猟の時にそれを身に着けると、道連れ (fellow-travellers) の代りとなって、魔神除けの守り神の役割を果たす。この守り神として、ヒト形のヤナギの枝切れ (天然又状枝) や草製人形 (図51-q(2)) が用いられる場合もある。この類は頭部は明確に区別できるが、顔のつくりは粗雑で特に小形のため単純化されている。

(9) 女性の守り神 (Jochelson 1905-1908) (図51-r)。

これは上述の各種守り神と違って、「いも虫」(worm) を縫いこんだ人形であって、女性の守

り神である。この虫は天から降ってきて、女性が根菜掘りの時に背負う袋の中に入りこむと信じられている。この人形は、家族の睡眠テント (sleeping-tent) の中に吊るすと、寝ている女性を守り、また不妊を防ぐ。それは「太陽の虫」(Sun worm) と呼ばれている (Jochelson 1905-1908：43)。この人形の素材は記載されていないが、その頭の形と顔つきは異様である。

ヌガナサン族（図52）

タイミール半島（中央シベリア）の馴鹿飼育猟漁民（馴鹿は排他的に運輸用）で円錐形テントによる移動生活者である。彼等は家（テント）神 kuoyka (spirit of the house (tent)) を崇拝しその神像を持っている。家神は、木像か金属像で、ヒト形のものと動物形のものがあり、また場合によっては、石・鹿角・その他の異常な形の物体の場合もある。図52はその一例であって異様な双頭神を表わしている。家神像は、特別の護符をその毛につけた「聖なる馴鹿」によって曳かれる特別の橇に安置され、月ごとにシカの脂で燻され、また狩猟行の後にも食物（一片の脂かシカ肉）が供えられた（Popov 1964：578, 579）。蛇形の頭には左右とも一対の眼（小孔）と一文字の口がみえる。眼孔にはビーズが結びつけられている。

ギリヤーク族（図53）

ギリヤーク（ニブフ）はアムール河下流の定住的猟漁民の代表である。彼等には家神 tyvyz (Master of the House, house spirits) の信仰がある。これは家に専属の神で、その家の住人全員の安寧福祉の守り神（Black 1973：16）である。この神を表わす木彫神像（図53）(Black 1973：Fig. 22) が家の奥の特別の棚（神棚）か特別の箱に安置されている。この神像には白布片と儀礼的削りかけ ritual wood shavings で作られた象徴的衣服が着せられている（図53-2 及び6 参照。同図-4、5には衣服らしいものが見えないが由来は不詳）。毎年冬家（竪穴住居）入居前に大掃除と修理が行われるが、その後とそれ以外の時も、家長の主導で家神への供物が供えられる。この神像はシャーマンの指導で作られた（Black 1973：16, Schrenk と Taksmi から引用）。図53-6 はギリヤークの「家の守護神、Beschützer des Houses」(Byhan 1923：Abb. 202) と記載され、形状からみても図53-2 の家神像と同類らしく見えるが、それは火の神 Herr des Feuers (Byhan 1923：318) とされている。

図53-7 は間宮林蔵の樺太調査記録「北蝦夷図説」に「守家神」として図示された樺太ギリヤーク族の木偶である（大友 1944：374）。それによると「家の内正面に小き閣（たな）を設け、其上に上祠を置て、家毎に是を祭る。祠中に、図のごとくなる木製の神主あり。何ものたることを知らず。林蔵其故を問うといえども、言語通ぜざれば夷の答ところ瞭然ならず。盖守家の神なるべしと云。」（大友 1944：368）この記載からみて、この木偶は前述（図53-1～5）の家神 (Master of the House) の神像とみて間違いないと思われる。

以上でわかるように、家神像にはこけし型ないし円筒形無脚型（図53-2、6、7）と同筒形胴体につづく両脚を彫り出した型（同図-1、4、5）がある（同図-3 も同類らしいが不明瞭）。以上の円筒形胴体と単純直截な一刀彫り的顔面表現は、北太平洋岸のアジア系猟漁民に共通する独特の木偶スタイルである（図54、57、58、60）。

オルチャ族（図54）

オルチャ族はアムール河下流に住むウリチ族の一群でギリヤーク（ニブフ）族に隣接するサケ漁中心の猟漁民であるが、言語的に後者と異なるツングース・満州語系である（Ivanov *et al.* 1964b：727）。図54は彼等の木彫神像である。これらはセヴォン sevon とよばれる神像類で、病神とシャーマン用の助手神 shamans' helpers を表わす。高さは左から97cm、34cm、59cmである（Okladnikov 1981：17, 24, pl. 28）。これらの神像は顔つき容姿ともに前述のギリヤークの神像と酷似している点に注意したい。

ゴルド（ナナイ）族（図55、図56）

ゴルド（ナナイ）族はアムール河下流のツングース・満州語系定住猟漁民で、女性による小規模雑穀農耕を伴っている。図55はゴルド（ナナイ）族のシャーマンが使用した木彫神像類である。この神像類は神々または古老神 soun ("spirits") or soun mafa ("spirit old men") とよばれ、その多くがシャーマンの家の奥の棚の上に置かれていた（Lattimore 1933：581）。

この木彫神像の大部分は木（普通樺の木）の単なる断片 blocks であって、手足はなく、斧で粗く刻み目を入れて作りだされた頭部をもち、角頭 square head のもの（男）（図55-1）と丸頭 rounded head のもの（女）（図55-2）がある。この両者とも時として顔面表現（眼と口）を伴うものがある（図55-3、4）。これらの神像は時として鞣し皮の"衣服"を被せられている。また僅かだが手足が粗く示されたものがあり、男性か女性の性器を伴うものもある。頭頂部に櫛形突起 spikes を刻みつけたものもあるが、これは角頭型（男）の神像に限るようにみえる（図55-5）。この型は特に soun horundo bis soun とよばれる。以上の木塊（block）型神像は各種の神々（祖先神、狩猟神等）を表わすことができるが、頭頂突起型（図55-5）だけは例外で、この場合は常に狩猟神を表わす。上記神像類の高さは数インチから2フィートぐらいまである。木彫神像には他に平枝（flat）型で手足が切り出されたものがある（図55-6）（Lattimore 1933：58, 59, Fig. 3 a）。以上の神像類の顔つきは、原図の模式図から推して、単純素朴と思われる。

図56-1は彼等のセヴォン（sevon）神像（オルチャ族参照）の一例であって、ブロンズ製（高さ6cm）のお守り amulet である。吊りさげ用の環がついている。19世紀の製作（Okladnikov 1981：24, pl. 24）。

図56-2はハバロフスク近辺のナナイ地方（Nanaisky district）で発見された6～12世紀のものとみられる安山岩製（高さ48cm）のヒト形石像である。伝統的な「腕なし」型で、上下に圧縮された胴体を支える二本の太く短い脚を伴っている。この脚部の強調は縄文土偶にも共通する造形パターン（229-244頁参照）として注目したい。これはナナイ族のヅーリン（dzhulin）に類する家神像とみられている（Okladnikov 1981：pl. 30）。

ウイルタ（オロッコ）族（図57～59）

ウイルタ族は樺太の馴鹿飼育猟漁民（馴鹿は運輸用）で、オロク（和名はオロッコ）ともよばれ、言語的にツングース系である。馴鹿飼育にかかわらず比較的定住的なのは、主として夏の漁撈の経済的重要性に因る（Ivanov *et al.* 1964a：762）。

和田完氏の現地調査報告によると、樺太の原住民（ギリヤーク、アイヌ、オロッコ）の中でも特にオロッコ族には木偶（セュウュ）（松浦武四郎氏がセワと表記したもの）が多く、このこと

3. 狩猟採集民のヒト形偶像　41

図54　オルチャ族の神像
　　　（Okladnikov 1981）

図55　ゴルド（ナナイ）族のシャーマン用神像
　　　（Lattimore 1933）

図56　ゴルド（ナナイ）族の神像
　　　（Okladnikov 1981）

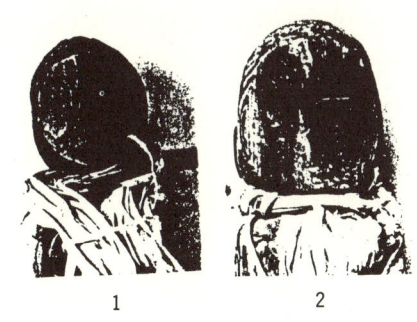

図57　ウイルタ（オロッコ）族のシャーマン
　　　用神像（池上　1979）

図58　ウイルタ（オロッコ）族の
　　　神像（池上　1979、松浦原図）

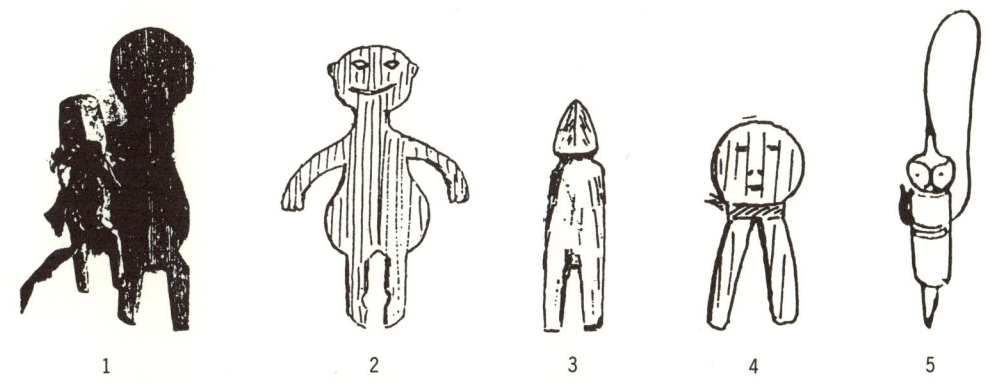

図59　ウイルタ（オロッコ）族の病気治療用神像
　　　1．（池上　1979）、2〜4．（和田　1958）、5．（池上　1979、松浦原図）

は隣人のギリヤークの人々にも認識されている事実（和田　1958：207）であるが、その多くはアミューレット的なもので、確かに神像といえるのはシャーマンの所持するものぐらいであるという（和田　1958：206）。同氏の報告に記載されたセュウュの実例を通覧しても、神像即ち何等かの神（超自然的生きもの）を表わす像といえる性質をもつものが少ないことは明らかであって、なかでもヒト形のものは特に少ない。ヒト形神像は次のとおりである。

シャーマン用神像

図57はシャーマン用の木彫神像 siiwure であって、シャーマン各人がこの神像1体をもち、儀礼の時に、その背中に垂れている頸紐を手にして使用する（池上　1982：Figs. 165-168, 108）。図57-1、2の両者とも削りかけで包まれているので、中味の木彫像そのもの全体がよくみえないが、図57-1の裏側からの写真をみると上半部はこけし的であるが下半部は削りだされた短い両脚がついていることがわかる。従ってこれは立像（高さ32.5cm）である。図57-2も頭部を含む上半部は前者と全く同様だが、脚がついているかどうかは写真では判別できない。両者とも頭部は丸くこけし的に削りだされているが、顔面は、中央を境に荒く彫られた左右両面から構成され、中央稜が鼻稜らしくみえる他は眼も口も表わされていない象徴的なヒト形像である。

シャーマンの所持する神像は、シャーマン自身に取り憑く神を表わすものであるが、シャーマン各人に必ずしも1体だけとは限らないらしく、夫婦神の神像1対を持つという報告もある。それは水に住む女神マギと山に住む男神ボートの1対であって、この2体を削り花に包み、シャーマンの家に安置してその守り神とした（和田　1958：224、川村秀弥氏報告昭和14年より引用）[7]。

家神像（セワ）

図58は江戸時代の探検家松浦武四郎が現地で写生したウィルタの神像セワ（池上　1979：図36）である。写生図の添え書きによると、これは木製人形に熊の皮を着せ削りかけで包んだもので、"ヲロッコ人の守り"（池上　1979：44）であり、またその説明では、家（屋内）の角の方にイナウ（削りかけ）を立てその上にこのセワが祭ってあること、病人がある時は必ずこの神に祈る由を記している（池上　1979：74）。その大きさ（高さ）については記述のくい違いが多少みられ、3寸位より7、8寸（池上　1979：44）とか3寸位より1尺5寸（池上　1979：76）とか記されている。顔つきは前記シャーマン用神像（図57）に眼と眉を加えたものといえる素朴な表現である。頭部を削りかけで包んだところは前記ギリヤークの家神の神像（図53-6）に似ている。

治療用ヒト形神像

図59もウィルタの神像であるが、前記のものと違って子供用である。図59-1は「小児の腹部がはれる病気のお守り」（向かって右）（16.4cm）とされる腹の神像 bokko seweni で、枝製である（池上　1979：108、図174）。左側に縛りつけられている小像（子供）の腹が小さく右側の神像の腹が大きい点からみて一種の「送り人形」（日本民俗でいう災厄を背負わせて送り出すのに用いる人形）といえよう。顔は点状の両眼と一文字の口で表わされている。形もよく似た同類標本が他にもある（池上　1979：図175参照）。

図59-2は、子供が「いくら食べても太らない」ような時に作ってその子の背中に下げる板製の神像（長さ約25cm）で、その病因であるガバラ gabala（オロッコ語の悪鬼）（子の体内にとり

憑いてその子の食べるものすべてを食べてしまう）の姿をかたどったものである（和田　1958：213、図8）。これも一種の払い人形といえよう。

図59-3は胴がなく頭に脚が生えた形の海（水）底生物をかたどった木製ヒト形神像（長さ約50cm）で、子供の下痢を治すのに用いるという（和田　1958：218、図18）。

図59-4はカルジャミ（悪鬼の一種）とスリ（狐）の形に似せて頭の先を尖らせた木偶（カルジャミ・セュウュ kalzami səwə）である。それに化かされて「馬鹿のようになった人」を治したり、その祟りを怖れ防ぐために作る（和田　1958：214, 図9）。次の例ではこれに似た形のものが子供の守りとされている。

図59-5は子供用の守りである（池上　1979：図36とその添え書き）。説明はないがこけし状の木偶にみえる。頭頂に吊り下げ用の紐がついている。頭が先尖りの玉葱形で、顔は鼻筋の両側を削いだ二面から成り、眼だけが点状にいれられている。

アイヌ族（樺太、北海道）

樺太アイヌのヒト形神像（図60及び図77-D）

樺太アイヌのヒト形神像には具象的なヒト形神像と抽象的あるいは象徴的なヒト形神像がある。前者には「お守りニポポ」（seniste nipopo）「家の守神」と柱状木像（nan-koro-pe）があり、後者には家神（chise koro kamui, so-pa inaw）がある。

(1)　「お守りニポポ」

これはこけし形木偶であって、(a)子供の身につけ、首に掛けたり、衿や帯に結びつけたりするもの（図60-1、2）と(b)居室内に懸吊したり、壁に挿したりするもの（図60-3〜5）とに大別できる。

図60-1は子供の衿や帯に結びつけるもので、素材は特有の臭気のあるエゾニワトコである（知里　1953：29）。同図-2も子供の衣服に下げた守護神（名取　1959：107）であるが、イナウ（削りかけ）に包まれている点が下記の室内用神像と同類である。また小形木偶を守りとして子供の首にかけることもある（葛西　1975：29）。これによって悪病神が子供の体内に入らないと信じられている（葛西　1975：28）。

図60-3〜5はセニステ・ニポポ（和田　1959：51）あるいはニーポポ・イナオ（西鶴　1974：90）とよばれる祈願用神像（木偶）であって、東海岸では屋内（居室の壁）に懸吊するか（図60-3、4）、下端をイナウ状に尖らせて壁のキシマニ（押さえ木）に差しこんでおく（図60-5）。

図60-2〜4は木偶本体をイナウ（削りかけ）に包み、縛って懸垂する（2.（名取　1959：108）3.（和田　1959：51）4.（西鶴　1974：90））。詳しくみると、キケイナウのキケ（削りかけ）はそのままにして、本体の胸部から下を切り取り、その部分に木偶を入れこんで囲りをキケで包み、その胴部を紐（削りかけ）で縛り、キケイナウの頭部に左右に貫通する孔をあけて懸吊用の紐を通している（名取　1959：108）（図60-3はイナウ共全体の高さ27cm、木偶下端には短い足がついている。同図-4は中味の木偶のみで、高さ約20cm、足はなくこけし形。他の類例（和田　1959：図3）はイナウ共の全体高約18cm）。この種の木偶には口部に食物を塗りつける供食

44　第1章　縄文土偶即神像

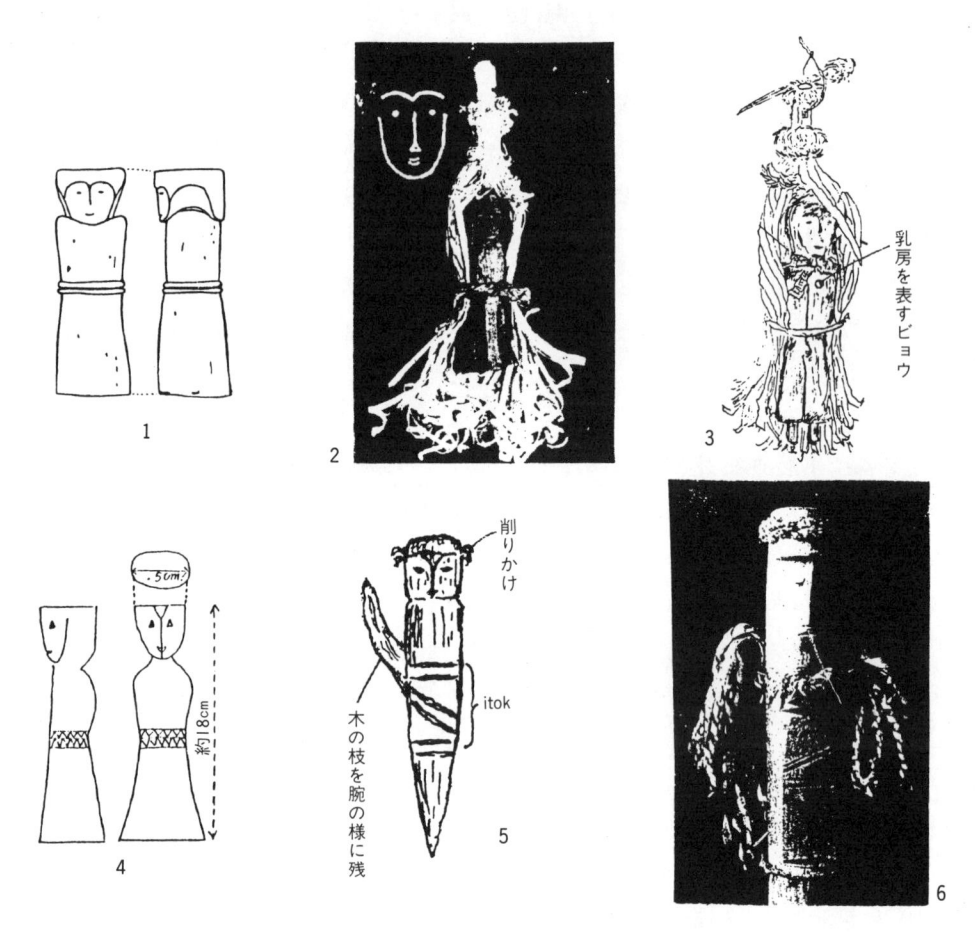

図60　樺太アイヌのヒト形神像
　　1．(知里　1953)、2．(名取　1959)、3．(和田　1959)、4．(西鶴　1974)、
　　5．(和田　1959)、6．(更科　1968)

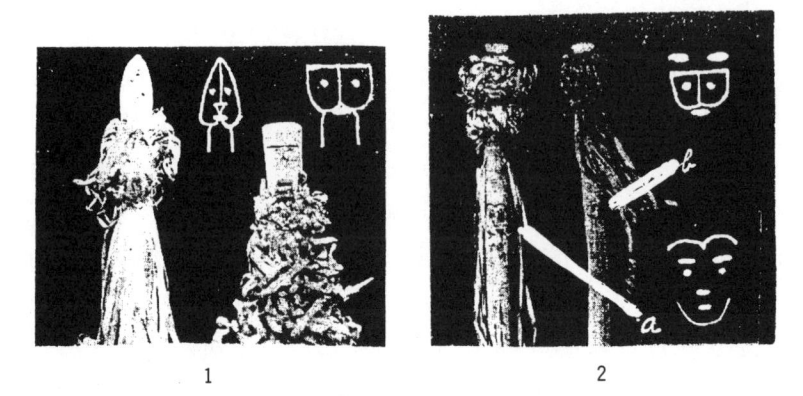

図61　参考図（ギリヤーク族とオロッコ族の幣形神像）
　　1．オロッコ族（名取　1959）、2．ギリヤーク族（名取　1959）

(feeding) 儀礼の風習が認められ、病弱児の成育を祈るために、居室の壁に掛けて三度の食事を口に塗る（西鶴　1974：90）とか、来知志（西海岸）では第2次大戦前まで供食儀礼が行われていた証拠がある（和田　1959：55）という。この儀礼をみても、この種の木偶が明らかにヒト形神像であることがわかる。

　この神像（セニステ・ニポポ）は明らかに個人用であって、それを作るのは、病弱児の成育を祈るため（西鶴　1974：90）とか、大抵は赤子が発病した時（和田　1959：53）とか、各人銘々に持つもので、赤子が生れると作る（和田　1959：52）とかいわれている。注目すべきは、この神像は、それを守り神とする本人個人が死ぬまで終生大切に持ち続ける（西鶴　1974：90）とか、成人後も個人的な守り神として長く保有される傾向がある（和田　1959：53）とされている点である。成人してからのこの神像とのかかわりは、次の情報からその一端を知ることができる。彼等は旅に出る時は、自分のセニステ・ニポポにイナウと食物を供えて出発し、不在中は在宅の家人が代って神像の世話をしたという（和田　1959：55）。

　屋内安置式個人用神像（セニステ・ニポポ）の風習は、西海岸特に来知志方面で盛んに行われたが、東海岸では殆ど行われなかった（西鶴　1974：90）という情報がある。

　以上に述べた「お守りニポポ」（セニステ・ニポポ）（図60-1～5）は、すべて腕のない「こけし」状ないし棒状のつくりで、顔のつくりも、鼻筋の線で交わる左右2面から構成される点、両眼と口が小さく表現される点が共通特徴で、いずれも玩具人形的な素朴にみえる顔つきである。この種の神像の性別の記載は見当らないが、図60-3（屋内懸垂用）には正面胸部に1個の鋲の頭が見え、それに「乳房を表わすビョウ」と説明がつけられているところからみると、少なくともこの例は女神かと思われる。

(2)「家の守神」

　図60-6は「家の守神」とされているが、樺太から引き揚げたアイヌ老人が、更科氏の家の入口に立てるために作ったものである。ナナカマドの木の棒の上端を水平に切り、中央で交わる二面で顔を作り、小さい目と口を刻み、腹面を平らに削って、削りかけの鉢巻、帯、着物を着た筒形（棒状）木偶風の神像（更科　1968：110）であるが、一見顔付きのイナウ（木幣）に見える[8]。この顔つきは、彼等のヒト形木偶に共通の端正な温顔風である。

柱状木偶「ナン・コロ・ペ」

　これは魔神の襲来を防ぐための木柱（全長約6尺、地上高約5尺、径約5寸）で、中央に人面(nan、顔）が彫りつけられているが、その写真も図もないので、その顔つきは不明である（和田　1959：73）。これが完成すると、犬が犠牲として殺され、馳走や酒が供され、時にはそれがその口に直接に塗りつけられる。これを立てる場所は村はずれの海岸等である（和田　1959：74）（323頁参照）。

(3)　家神像「ソパ・イナウ」（図77-D）

　家神（チェコロカムイ cje kor kamuy）を表わすソパ・イナウは、一見して神像とはみえない木幣形の家神像であって、住居内最奥部即ち左奥隅の座頭（sopa）に祀られていた（図77及び第3章-2-A、「アイヌ族の家神」の項、126頁参照）。これは形の上ではヒト形神像とはいえ

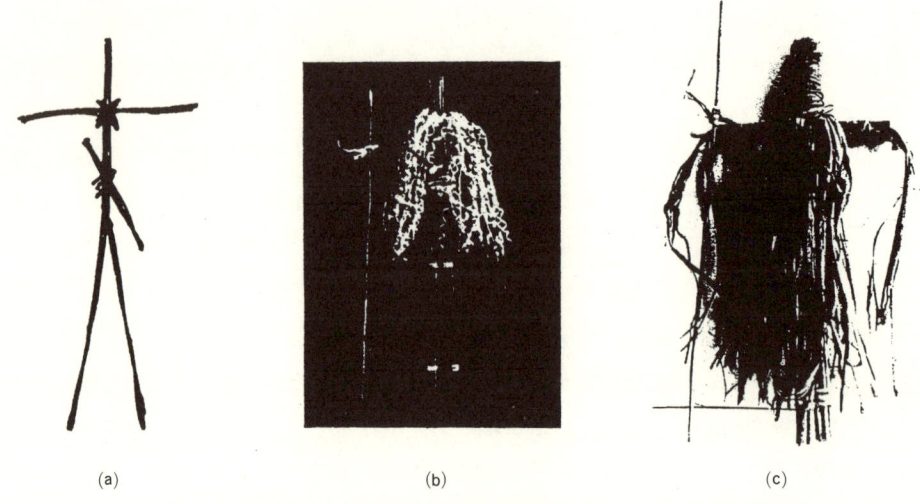

図62　北海道アイヌのヒト形神像（イモシ・カムイ）
(a)（名取　1959）、(b)（Munro 1962）、(c)（更科　1968）

ないが、口部を表わす刻み目がつけられていて、これに食物を塗りつける供食（feeding）儀礼が行われた証拠（和田　1958：229）からみて、北海道アイヌの家神（チセコロカムイ）と同様の象徴的なヒト形神像であることがわかる。

　北海道アイヌのヒト形神像（図62及び図77-A、B、C）

　北海道アイヌのヒト形神像の特色は、樺太アイヌの「お守りニポポ」（seniste nipopo）のような具象的な木彫のヒト形神像が欠けることである。

　彼等の神像としては、家神像（図77-A、B、C）の他に若干の神像類（effigies）（図77-C 2）があるが、一般に形がイナウ（削りかけが垂れた棒幣 Shutu inau）に似た象徴的ヒト形神像である（Munro 1962：44-54、特に「家神」以外については注3を参照）。一見してヒト形と判るのは魔神撃退用神像として知られるイモシ・カムイ（imosh kamui）である（図62）。その作り方は「人により村によりまた造るときの事情によって様々の形」（名取　1959：109）をとるが、共通点は、ヨモギの茎を材料として造った人形にヨモギの槍と刀をもたせ、削りかけをつけたものであって、その背後に棒幣をつけた例もあり、多くは懸垂用の紐がついていて、複雑なつくりのものは、造形のために頭、肩、腰、両足、両手を紐で結ぶ（名取　1959：109）とされている。図62は形の変異を示すもので、最も単純な例（同図-a）では3本のヨモギの茎で本体が構成され、短い1本の茎を腰部にとりつけて太刀としている（名取　1959：第29図）。図62-(b)（Munro 1962：Fig. 1-7）は比較的複雑な形で、同(c)（更科　1968：33）は葡萄皮の衣装を着け、一見してヒト形らしくみえる。しかしいずれにしても、北海道アイヌの神像には目鼻が全くない。彼等の家神には象徴的な口（刻み目）と心臓（消し炭）を伴う場合（Batchelor 1971：177；Munro 1962：45）もあるが、この場合も目鼻はない。

4. 狩猟採集民のヒト形製作物の比較──縄文土偶即神像──

　以上は狩猟採集民の伝統的ヒト形製作物としての玩具人形と祖先像ならびに神像の概観であるが、次はそのデータにもとづいて、(A)三者を比較し、それらを区別する何等かの特徴があるかどうか、あるとすれば何かを明らかにし、(B)その判別基準によって土偶が神像といえるかどうかを考察することとする。

(A) 人形、祖先像、神像の比較

(ⅰ) 玩具人形の特徴

　玩具としての人形は、狩猟採集民の南方(熱帯)群では、住居が簡易で不安定なテント住まいで一般にいわゆる遊動的 nomadic なことと相まって、生活様式が単純で道具の種類や量も制約され、親や年長者が子供に作って与える玩具としては男児用の弓矢くらいのもので、人形のような特殊なものは報告例がみあたらない。それに対して北方(冷温帯─寒帯)群では、子供用の人形は珍しくなく、北米から極東まで各地にみることができる。

　子供用人形の特徴としては、一般に顔の表情よりも服装身装の表現に重点がおかれ、人形本体は棒切れであったり目鼻等が省かれていても、身なりは一応整っているのが普通であって、しかもそれはその社会の民族衣装の特徴を表現するのが普通である。また顔のつくり即ち目・鼻・口等解剖学的要素の表現は、省略や象徴化されることもあり精粗様々であるが、一般に平凡ないし普通の人間的顔つきの形をとり、解剖学的に特に異常ないし極端な表現はみあたらない。これは狩猟採集民の伝統的玩具人形の社会的機能からみて当然のことといえる。つまり彼等の人形は、文明社会のそれと違って、単なる娯楽や趣味の道具ではなく、大人の真似事をして遊びながら学ぶ教育の手段であって、弓矢や掘り棒等他の玩具と同様に、人形もまた実物のミニアチュアとして作られ与えられるものなのである。つまり彼等の人形は教育的機能をもつ。従って彼等の子供用人形は、自らの社会の人々の身なりや顔つきからかけ離れた異様なものではあり得ないし、またあってはならないといえる。このような事情からみて、狩猟採集民の子供用人形が前述のような共通特徴即ち写実性ないし非怪異性を示すことは当然といわねばならない。

(ⅱ) ヒト形偶像の特徴

(a) 祖先像の特徴

　本章-3-(A)に挙げた祖先像の実例を整理すると、その容姿は、(a)できるだけ死者に似せて作る(トンプスン・インディアン、リルーエト・インディアン)、(b)祖先の功績や偉大さを表現する(トリンギット・インディアン、沿岸セリッシュ・インディアン)、(c)衣服を着せてビーズ等の飾りを着ける(ティパイ族、エニセイ族)等、いずれも写実的といえる。同様の傾向はシベリヤの牧畜民ヤクートにも見られる。彼等は死んだ娘やシャーマンの霊が移り住むための人形を拵えたが、それは写実的であることが要求されたという(甲野　1964：171)。祖先像の顔つきは普通人間的(馴鹿コリヤーク族その他)であって、特徴が誇張される場合はあっても、怪異というべき

ものは見当らない。リルーエト族の実例（図41）について祖先像と自然神像を比較してみると、祖先像の上記の特徴がよくわかる。

　(b)　神像の特徴

　祖先像以外のヒト形偶像を神像として一括し、これを単に神像と略称することは先に述べた（本章-3-B）。

　狩猟採集民のヒト形神像は、精粗の差はあるが一般に衣装よりも顔面に特徴がある。それは即ち顔つきが、人間として解剖学的に突飛あるいは異常で、奇怪ないし半人間的としかいいようのないものがめずらしくないことである[9]。いいかえると、ヒト形神像の顔つきの特徴といえるのは、玩具人形と共通するような平凡あるいは素朴な顔つきのものもないことはないが、それよりも玩具人形にはみることのできないような怪物的な顔つき、あるいは人間といえないような半人間的顔つきが一般的なことである。これには理由があり、それは彼等の信仰——宗教的背景から理解することができる。

　狩猟採集民の社会では2種類の神が認められている。それは善神 benevolent beings と魔神 malevolent beings である。後者は常に恐るべき神であって、これは防ぐか撃退するほかはない。前者は適正な儀礼をもって礼遇する限り彼等に恩恵を与え彼等の難儀を助けてくれる慈悲深い神である。しかしこのような善神も、一旦取り扱いを誤り粗末にすれば、彼等に報復する恐ろしい神になる[10]。神々のこの二面性に対する深い信仰が北方狩猟採集民の儀礼システムの根底をなしているといえる（Watanabe 1991：20-21）。彼等の神像の異様性ないし奇怪性は、以上のような魔神の凶悪性あるいは善神の恐ろしい一面を含めて神々の超人的性格を表わしたものに他ならない。つまり北方狩猟民の神々の異形性（外観の異様性）はその超人性の表現にほかならない。

　要するに狩猟採集民の子供用人形の場合は、顔つきや体形の表現は、省略や象徴化が行われることはあっても、異様性が強調されたり誇張されるようなことはない。それに対して人間の解剖学的基準からはずれた異常性の強調や誇張は、狩猟採集民では神像にしかみられない一大特徴といえる。これは既述の玩具人形（本章-2）と神像類（本章-3）を比較しながら概観すれば自明であるが、同じ社会の両者を比較してみると上記の特徴が更に判然とする。両者を比較できる報告例は乏しいが、その好例がホピ族の人形（図13）と神像（図47）である。異様性の強調ないし誇張は、神像の中でも特に祖先像ないし死者像以外の神像、即ち狭義の神像（自然神像）の特徴である。特に死者像の場合は、生前の容姿に似るように作られる傾向が一般的なことは既述の具体例をみるとわかる。祖先（死者）像と自然神像の差異は先述の具体例を比較・概観しても容易に気づかれるが、同一社会の両者を比較するとそれが更に明白になる。その好例としてリルーエト族をあげることができる（図41-1〜3及び4〜6）。

　狩猟採集民の神像の表現にみられるそのような怪奇性の強調は、一般に肖像よりも仮面に発達しているが、これには理由があるようにみえる。その大きい理由としては、神面が一般に儀式の舞い dances ——神話の神々の演技——の道具となっていてドラマ性が強いことが挙げられる。例えば北西海岸の神面の多くは、成人だけでなく特に子供達の神々への恐れと畏敬の念を涵養す

る意図で使われた（Goddard 1924：147）。その他各地の北方系狩猟採集民でも怪奇的神面が同様の目的で使われていることがわかる[11]。

　神像の顔の表現には、以上のような怪異性の強いものばかりでなく、それほど怪奇性が強調されていない場合もある。肖像型神像の場合特にその傾向がみえる。先述の2面性のどちらをどのように表現するかはそれぞれの社会や製作者個人によるが、しかし後者の場合でも、顔つきは単なる玩具人形とは違った様相を呈することが珍しくない。これは神像というものが、いずれにしても神――超人的な存在であり崇拝の対象――を表わす偶像である点からみて当然といえる。

(B) 縄文土偶即神像

　以上の分析（本章-1～4A）によって、狩猟採集民の玩具人形とヒト形神像との間の形態的差異が明らかになった。それは、ヒト形神像には怪異なものが少なくないが、玩具人形にはそのようなものがないという簡単な事実である。

　これは偶然の事実ではなく、既に述べたように理由がある。無文字の狩猟採集社会では、人形もまた子供（特に女子）の生活学習用教材（情報源）にほかならず、彼等自身の姿の小型模型 miniature として作り与えられる。彼等の子供用人形の蒐集品が、民族衣裳の研究に役立つといわれるのはその所為である。つまり彼等の人形は、形の上で省略化・象徴化されることはあっても、異常な誇張や歪曲化は教育効果上許されないことになる。この造形原理は、ホピ族の例をみれば明らかであろう。この典型的農耕インディアンは、普通の子供用人形（図13）の他に宗教教育のための特別の子供用人形（カチナ人形）（図47）をもつ珍しい例であるが、この両者を較べてみると明らかなように、後者は、子供達を彼等の複雑な神事に幼い頃から馴染ませる意図から作られるもので、仮面を着けた異様な神々即ち超人達の小型模型であるが、前者即ち普通の人形は、普通人間の小型模型 miniature であって、そのような怪異性が表現されていない。

　怪異性の表現は、狩猟採集民の神像に特徴的なものであって、彼等の玩具人形には見られないという上記の原理（事実）を判断の目安として縄文土偶をみると、それが神像であることは一目瞭然といえる。その証拠は形態の怪異性である。この怪異性は、縄文土偶の顔つきと頭形だけでなく、手足に至るまで殆ど全身各部に認められる点に注意したい。

(ｉ)　縄文土偶の形態的怪異性

(a)　縄文土偶の怪異性――既往の解釈――

　縄文土偶の形がいかに異様・怪異であるかは、その容貌を一覧すれば明らかである。しかしここで学史的にも注意すべき点は、この容貌の怪異性が、これまでの土偶研究では、殆ど専ら型式分類の目安及び風俗研究の対象としてしか取りあげられなかった点である。

　土偶の容貌の怪異性を主題としてとりあげた論考の嚆矢は、坪井正五郎博士の「貝塚土偶の面貌の奇異なる所以を説明す」（坪井　1894）であろう。これによって、中央に横線がはいった巨大な眼で特徴づけられる土偶の奇怪な面貌は、極北地方住民のものと同類の遮光器（筆者註、雪めがね goggle）を被った形を表わしたものと説明された。この論文は真っ向から怪異性を論じ

たものではあるが、問題になったのは所謂遮光器土偶だけであって、しかもその怪異性は「神とか鬼とか何か想像上の者」によると考えるのは誤りだとし、土偶の超自然的側面あるいは宗教的意味を否定した。これは縄文土偶研究史上特筆すべき出来事というべきであって、その後土偶面貌の研究は、それが変化に富むところから、いかなるパターンがあるかという型式（編年）研究の流れと、各パターンが何を表わしたものかという由来（風俗）研究の流れとに転化されるに至った（中谷　1948：378）。いいかえると、縄文考古学における土偶研究は、筆者がこの論文で提起したような、「縄文土偶は何故かくも異様—怪異なのか」という、土偶全体の属性としての異様性—怪異性を問題にする代りに、異様（怪異的）表現の様式（種類）を問題にし、その分類——型式編年研究への道を選んで歩いてきたことになる。そのようにして、遮光器土偶をはじめ、みみずく土偶、ハート形土偶、山形土偶、河童形土偶、有髯土偶等次々に新しい怪異面貌土偶の新種が命名・追加されて、今日の土偶分類の基礎となっているのである。このアプローチでは、型式編年だけでなく、それと並行して個別の怪異型式（遮光器形、みみずく形、有髯形等）が一体何を意味するのか——それぞれのデザインの解釈が試みられてきた。この線に沿う研究の流れは、坪井博士等明治の研究者達以来の伝統（中谷　1948：376）であって、この種の視点によると、縄文土偶の怪異な風貌は、身につけている服装（衣服、雪めがね等）、身体装飾品（耳飾等）、髪型、文身、身体の特徴（髯、妊娠線等）によって説明できることになる。しかしこのような解釈には、はじめから理論的に多分の危険性がある。何故なら土偶が当時の人々の風俗をそのまま写したものという保証あるいは証拠がないからである。また研究の実例についても、解釈の危険性と実際的な誤りを指摘することができる。

　例えば前述の所謂「遮光器」土偶（図66-8）がその好例である。この名称の起源は周知のとおり坪井博士のエスキモー民俗例にもとづく「遮光器」説（坪井　1894）にあるが、これと同じタイプの眼の表現が、例えば雪氷生活とは縁の薄いカリフォルニア南部の狩猟採集民の土偶や粘土人形にも認められるからである。それはサンディエゴ郡に15～16世紀に到達したとされるハカタヤ（Hakataya）文化の土偶（図63-a）（Heizer and Elsasser 1980：Fig. 111）とティパイ・イパイ族（南カリフォルニア）の人形（図63-b）（Luomala 1978：Fig. 8）である。ティパイ・イパイ族をみると、当地の気候は冬雨期・夏乾期の地中海型で、冬は山が雪になるので、彼等は雪の降る頃になると、良く保護された低地の冬村に帰り、蓄えた保存食で春まで過ごした（Luomala 1978：593, 597, 599）。このような条件下で、彼等の土偶や人形の眼形を、エスキモー等の遮光器（雪めがね）で説明するのは難しい。カリフォルニアでは、所謂「遮光器」形の眼形は「コーヒー豆」形 "coffee bean" eye （Heizer and Elsasser 1980：190）とよばれている。ギリシアの農耕開始時代の土偶にも「コーヒー豆形の眼」(coffee bean eyes) が認められ、同様の例が南西アジアにも多くあると指摘されている（Clark 1977：123）。分類用語としては、特定の用途・機能を意味しない名称（例えば「コーヒー豆形」）の方が適切である。

　土偶デザインの類推的解釈が危険なことを示す例は他にもある。それは山梨県御坂町上黒駒出土の有名な「鬼気迫る」（八幡　1963：22）と形容される「野獣的面貌」の土偶（図64-A）である。これは眼がつりあがり口が三ツ口（頂点を上にした三角形）のところから「オオヤマネコ」

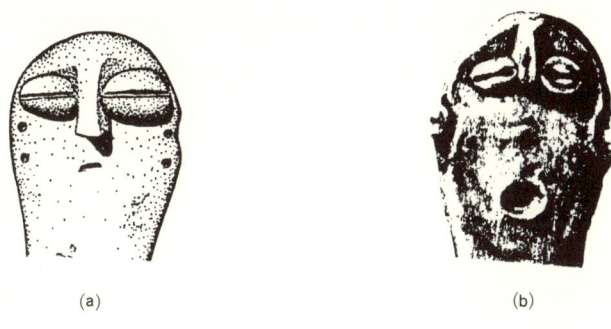

4. 狩猟採集民のヒト形製作物の比較 51

(a) (b)

図63 南カリフォルニア・インディアンの土偶の"コーヒー豆"形眼形
(a)先史土偶（Heizer and Elsasser 1980）、(b)子供用人形
（Luomala 1978）

(A)

(1) (2) (3) (4)

(5) (6) (7) (8)

(B)

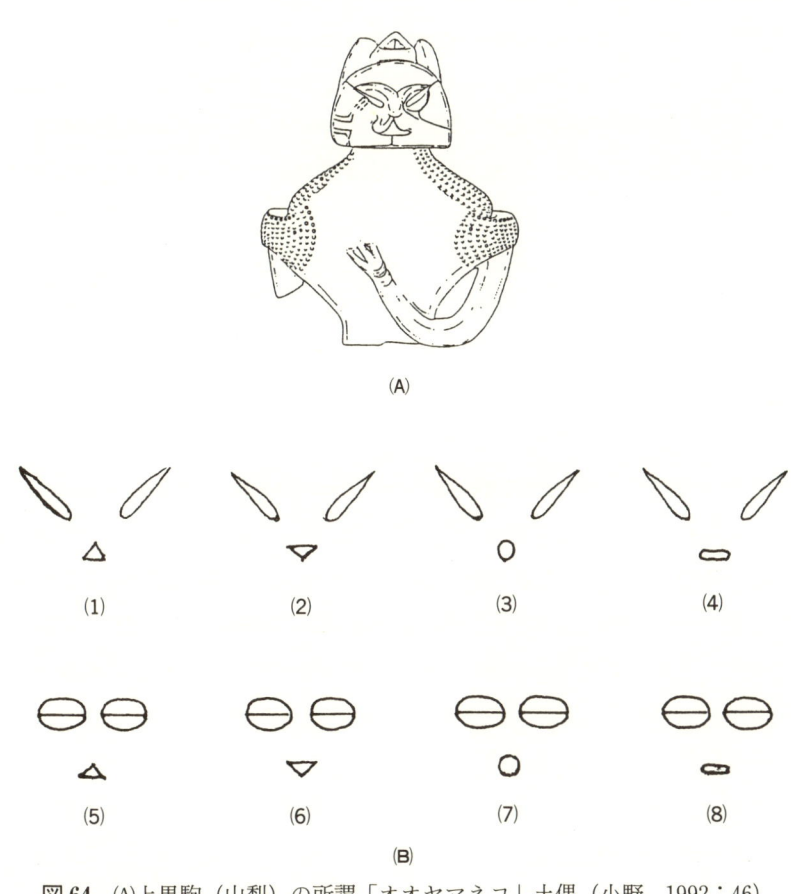

図64 (A)上黒駒（山梨）の所謂「オオヤマネコ」土偶（小野 1992：46）
(B)縄文土偶の目と口の形の関係（組み合わせの変異）

(B)各型代表例：(1)山梨県上黒駒（八幡 1963：図58）、(2)山梨県坂井（サントリー美術館 1969：図278）、(3)長野県棚畑（江坂 1990：図145）、(4)神奈川県天神台（鈴木(保) 1992：図1～5）、青森県是川（原田 1990：口絵）、(4)山梨県坂井（サントリー美術館 1969：図344）、青森県是川（原田 1990：口絵）、(5)函館女名沢（サントリー美術館 1969：図33）、出土地不詳（甲野 1964：図20）、(6)出土地不詳（甲野 1964：図6）、(7)秋田県藤株（サントリー美術館 1969：図106）、岩手県二子（サントリー美術館 1969：図107）、(8)宮城県鍛冶沢（サントリー美術館 1969：図115）

を表わしたものかもしれないとされている（江坂　1990：53, 140）。しかし「あがり目」型土偶は他にも同県内や他県にみられるが、「三ツ口」ないし「兎口」型（頂点を上にした三角形）の口つきを伴うものは珍しく、問題の上黒駒土偶の1例以外既知例はなさそうである。問題の「オオヤマネコ」型土偶以外の「あがり眼」型土偶は、円形から一文字形あるいは稀に逆「三ツ口（兎口）」形（頂点が下向きの三角形）の口を伴っている（図64-B-2～4）。

　上記の上黒駒の「あがり目」土偶を「オオヤマネコ」的たらしめている重要特徴は、三角形の「三ツ口」ないし「兎口」形の口であるが、上に述べた事実からみると、それは各地にみられる「あがり目」土偶の変異の一端（一例）を示すにすぎないことがわかる。つまり上黒駒の「三ツ口」例は、たまたまその製作者が、「あがり目」土偶の口の表現としては珍しく三角形の頂点を上にしたために、我々にオオヤマネコの印象を与えることになっただけであって、彼等が特別の野獣をモデルにしたためとはみえない。要するに、その場合作者は、「あがり目」や「三ツ口」という異様要素の組合せによって、土偶神の超人的性格（神性）を表現しただけであってそれ以外の意図は考え難い。「三ツ口」形の口の表現がオオヤマネコ等動物の口（兎口）を表わすものではなく、単なる土偶の口の異様表現の一種にすぎないことは、それが所謂「遮光器」土偶（実例、甲野　1964：日本原始美術2、図20）の口の表現にさえ利用されている点をみてもうなずけよう。遮光器土偶の場合も、口は大抵は丸形か一文字形だが、時として「三ツ口」形（三角形）や逆三角形も使われている（図64-B-5～6）。この変異傾向も「あがり目」土偶のそれと同じである。

　この「オオヤマネコ的」土偶の事例は、形態またはデザインの解釈には変異系列全体の中で要素の関係を分析することが肝要かつ必須なことを示している。この場合我々にオオヤマネコ的印象を与えるのは、つりあがった眼に「三ツ口（兎口）」が伴っているためであるが、文化的に重要で注目すべきは、全体的にみて異例即ち製作者の個人的表現にすぎない「三ツ口」ではなくて、類例が隣接各地に分布する「つりあがり」型眼形（所謂あがり目）といえる。それは国立歴史民俗博物館研究報告第37集「土偶とその情報」を一覧して、筆者の眼に触れただけでも関東から中部地方にかけて縄文土偶24例（栃木1、東京3、神奈川3、静岡1、山梨11、長野4、奈良1）と縄文土器人面把手8例（東京1、神奈川2、山梨3、長野2）がある。これからみても明らかなように、「三ツ口」（兎口）は縄文人の土偶・土面用口形表現の変異例中の例外的ケース即ち製作者個人の好みないし考案の偶発的表現ともいえるが、「あがり目」はそうではなく、各地で反復的に表現されている点からみて、むしろ彼等縄文人の眼形表現の一類型（伝統）とみることができよう。このタイプの眼（あがり目）が、不思議なことに、日本海を距てた極東の一角アムール下流の新石器時代人（紀元前4000～3000年紀）の土偶（Okladnikov 1981：Pls. 16, 26）（図65）の特徴となっていることに注意したい。この「あがり目」はアムール方面の土偶では蒙古人種特有の「斜眼」slant eyes を表わすものと解釈されている（Okladnikov 1981：Pls. 16, 18）

　以上の他にも、土偶容貌の異様性を縄文人自身の髪型や文身、身体装飾品を写したものと解釈し、土偶を縄文人の風俗研究の資料とする風潮がある。これは明治の先史学者坪井博士等に端を発して現今に至っているが、この考え方によると、土偶外観の異様特徴は縄文人の風俗として説

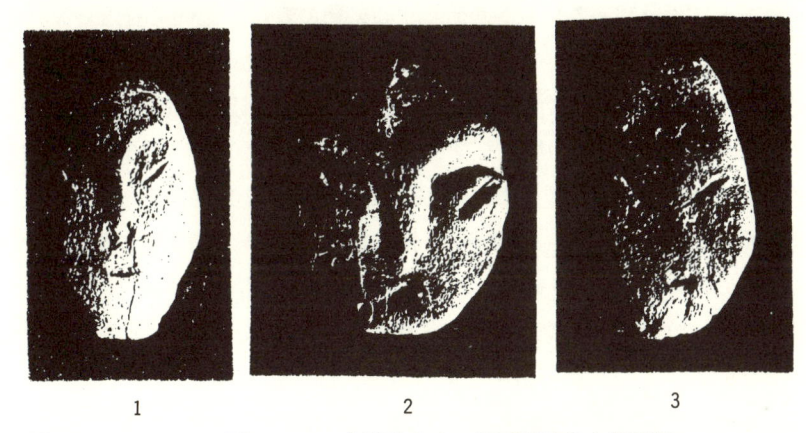

図65 アムール河下流スーチュ島遺跡出土の新石器時代土偶頭部
B.C.4000～3000年紀　1～3（4.6、3.6、3.4cm）（Okladnikov 1981）

明され得ることになる。先述したように、縄文土偶の形態的異様性は、縄文土偶とは何かその本性にかかわる重要な特徴であるにもかかわらず、これまで殆ど追及されてこなかったが、これは少なくとも部分的には以上のような風俗的解釈の風潮によるものではないかと思われる。しかしこの風俗的解釈も、これまでのような無条件の解釈に基づくならば危険というより誤りといわねばならない。何故なら、狩猟採集民の実例をみれば明らかなように、彼等は神々の形を人間的に表現する場合、その超人性——その偉大さ、恐ろしさ等——を表わすために、彼等自身のものにはみられない全く別の表現をとるか、彼等自身のものを誇張・歪曲・巨大化等によって変形した表現をとることが稀ではないからである。例えばチラカワ族（北米）の神面（図46）には複雑な頭飾りがついているが、これは山の神を表わす独特の飾りであって、彼等自身の飾りではない。またベーリング海エスキモーの例をとると、彼等の神面には口の両隅に奇妙な形のラブレット-ペンダントがつけられたもの（図27-18）や、顔の両側に木彫りの奇妙な耳飾りがつるされたもの（Nelson 1983：Pl. CIII）等があるが、これらのラブレットや耳飾りは彼等自身のラブレットや耳飾りにはみられない異様なものである。このように、神像ないし神面に表現された身体装飾は必ずしもその製作者達自身の身体装飾の写しではない。これからみていえることは、土偶のデザインがその製作者の社会の風俗をそのまま写したという保証がないということである。縄文土偶のデザインの風俗的解釈は、この点を考慮に入れないと危険である。要するに、これまでのようにこの点を配慮しない無条件解釈は正しいとはいえないことになる。具体的にいえば、これまでに縄文人の風俗の反映（写し）とされてきた実例のうち、比較的それらしくみえるのは、みみずく土偶の輪鼓状"耳飾り"（江坂　1990：146）だけであって、上記の要注意事項（条件）を考慮すると、他にはそれらしいといえるものがない。なおこの"耳飾り"さえも確実とはいえない。何故ならこれと同様の輪状ないし環状デザインが眼と口のデザインにも共用されていて、三者の形態的区別が難しいからである（実例、甲野　1964：日本原始美術2、土偶・装飾具、図版IV、V、27-31、34、43）。それが"耳飾り"でなく、単なる眼や口と同様のデザインにすぎない可能性を暗示する証拠は他にもある。それは、縄文人の身体装飾品とみなされる遺物が耳飾りだけで

はなく、他にも腕輪、櫛等があるにもかかわらずこの種の表現が土偶に見当らないことである（江坂　1990：149）。

　土偶の頭頂部にも奇異な造形デザインが目立つ。特にみみずく土偶や遮光器土偶等にそれが著しい。これらが当時の人々の頭髪の髪型を写したものではないかという見解や、所謂有髯土偶の顔面にみられる複雑な細線文様を髯ではなく文身ではないかという見解等もあるが、これらはいずれも根拠が薄く憶測の域を出ない。所謂有髯土偶には、まぶた（眉と目の間）を含む目のまわりまで隈なく細線でおおわれた例さえ珍しくないが、少なくともこれらは髯でも文身でもあり得ない（標本例（上野　1992：図9-95、栃木県後藤遺跡）、（堀越　1992：図2-8、千葉県池花南遺跡）、（宮下　1992：図11-1，長野県小諸市氷遺跡、11-18、同望月町春日遺跡、図11-21、同上伊那郡内））。頭髪に関しても、狩猟採集民の神像の頭頂部デザインは必ずしも人間ないし作者所属社会の人々のそれを反映せず、それどころか人間にはみられない異様ないし超人的デザインをとることが珍しくない（頭頂部の非人間的デザイン例：図25-1、26、27、28、35、37、41-4、46、47、55-5）。先史人の場合には、このような非人間的ないし超人的デザインと土偶作者の社会の人々のデザインとの区別も不可能である。従って、土偶頭頂部の風俗的解釈も決め手即ち確かな実証的な判断の拠り所がなく、敢えて解釈すれば単なる憶測か推理小説になる。

　以上のように縄文土偶の伝統的研究路線は、土偶の形の多様性にひきつけられて分岐し、容姿の風俗的研究路線と型式の分類的研究路線を辿ってきた。土偶容姿の風俗的研究は、容姿的特徴を縄文人自身の風俗の写しとして解釈しようとするアプローチであって、これによると土偶の奇異な形はすべて縄文人自身の身なりの反映として説明できることになる[12)]。しかし上述したとおり、今までのところこのアプローチは成功していないだけでなく、既述の危険性からみて明らかに方法論的な無理（矛盾）がある。この事実は、土偶の怪異性が縄文人すなわち製作者自身の風俗では解釈できない別の意味をもつことを示している。

　土偶風俗論に懐疑の目を向けた先蹤者として谷川（大場）磐雄氏がある。同氏は土偶の風貌の怪異性を、縄文人の風俗の表示としてではなく、彼等の「信仰心」（谷川　1926：52）のあらわれ即ち「神秘的の力を得る為めの表現」（谷川　1926：56）とみなし、その怪異な風貌とその他の特徴から、縄文土偶を「呪物」と判定した（谷川　1926：54, 56）。同氏の「呪物」は「宗教物」に対立する概念で、後者が「宗教の対象」であるのに対し前者は「呪法の対象」である（谷川　1926：52）。つまり谷川氏の縄文土偶「呪物」論は、既存の縄文土偶「神像」論（大野1910；　鳥居　1922）と真っ向から対立する考え方（解釈）を提供したことになる。それは土偶風貌の怪異性を風俗の視点から信仰の視点に転換した点で学史上特筆すべき試みであったが、それを呪力を得るための表現（谷川　1926：56）と解し、縄文土偶を「呪物」と判定する基準の一つとしたことには同意し難い。つまり谷川氏の「呪物」説（谷川　1926）は、土偶の怪異性を信仰のあらわれとしてみようとする着眼は画期的であったが、それがいかなる信仰か——宗教か呪術か、即ち土偶が神像か呪物か——その解釈を誤ったのである。同氏は当時の原始宗教研究の成果を踏まえ、超自然的信仰を宗教 religion（超自然的生物に関する信仰・儀礼）と呪術 magic（超自然的力に関する信仰・儀礼）という2大対立カテゴリーに分け、両者の特徴の差異を検出

し、それを目安として縄文土偶を「呪物」と判定したわけであるが、その目安——両者を区別する基準となる特徴——のとり方が間違っていたことになる。その誤りの根源は、土偶形態の怪異性を「呪物」の特徴と見做したことにある。

　この誤認の原因は、同氏が土偶判定の目安とした宗教と呪術の特徴の差異が、氏自らによる民族誌データの比較・分析から得られたものではなく、西欧学者等（引用例：フレーザー、キング、リヴァース、キッド、デュルケム、ラボック）の所説や結論の総合的比較から導きだされたものであったことにあるといえる。また同時に彼等が引用した民族誌的情報自体が、今に較べて乏しく貧弱であったことにも原因があったと考えられる。この学者等の時代の民族誌的情報源は、原始（未開）社会といっても無文字農耕・牧畜社会が中心で、狩猟採集民についての組織的情報は乏しく、恐らく後者の神像等についての情報や知識は殆ど皆無だったのではないかとさえ思われる。従って谷川氏が上述の判定基準に利用した上記西欧学者等の次のような所論——(1)原始民族の宗教が社会的公共的なものであるに対し呪法（呪術）は個人的ないし秘儀的なものであり、(2)発生的にみて宗教より呪術が先、あるいは初め呪法と宗教は未分化（一体）であったとか、(3)呪物には形の奇異なもの顕著なものが用いられる等（谷川　1926：53-55)——が、現代の人類学的知識からみると、少なくとも狩猟採集民に関しては、そのままでは当てはまらないのが当然ともいえる。

　上記(1)についていえば、狩猟採集民でも特に北方群では、宗教の個人化家族化が発達（渡辺 1990a：162；Watanabe 1994：47）し、特に北太平洋沿岸の北西海岸では、公共儀礼だけでなく個人（家族）儀礼の秘儀化さえ起こっている（Drucker 1955：142, 153）。従って個人的あるいは秘儀的儀礼が必ずしも呪術だけの特徴とはいえない。つまり上記(1)は呪術または呪物の判定基準にはなり得ない。(2)の件についてみると、少なくとも現今既知の狩猟採集民には、先宗教的呪術社会とか宗教と呪術が未分化で一体の社会の例等は見当らない。つまりそのような社会は民族誌的根拠もない憶測（想像）の産物にすぎないから、それを呪術ないし呪物の判別の目安とするには、それに先だって、そのような社会が果たして存在し得たかどうかの理論的証明が必須である。そこでそのような証明なしに直ちに(2)を呪物の判別用目安として採用することはできないことになる。(3)の怪異性も呪物判定の基準にはならない。なぜならそれは呪物だけの特徴とはいえないことが明らかだからである。狩猟採集民が作るヒト形造形物は多くはないが、先述したとおり、大別すると玩具人形と神像の2種類があり、神像には祖先を表わすものと自然神を表わすものがある。このうち玩具人形と祖先神像には、奇怪なものがなく、またあり得ない事情があるが、自然神像には奇怪なものが珍しくない（本章-4 A参照）。従って、怪異性を示すのは呪物だけではないことになる。そこで(3)も呪物の判別基準（目安）にはなり得ない。それどころか、狩猟採集民のヒト形造形物で、神像ではなく呪物と明確に断定できるものが少なくとも筆者の調査範囲では見当らなかった。これはもしあったとしても稀か例外的である可能性を示唆している。単なるヒト形ではなく「怪異」なヒト形の呪物となるとさらに可能性は限られるとみてよい。現実に信仰関係のヒト形造形物が発達した代表的民族——極東の古アジア語系民ギリヤーク（ニブフ）族とツングース語系民オロッコ（ウイルタ）族——の神像と呪物を一覧してみると、その実

況がよくわかる。彼等の信仰に関するヒト形偶像には、神像はあるが呪物はない。呪術用の真正呪物はあるがヒト形のものはない。シャーマン関係のヒト形偶像にも神像はあるが、呪物と断定できるものはない（注3）、4）参照）。要するに狩猟採集民に関する限り、「怪異」なヒト形呪物は見当らない。

　そこで上記(3)の怪異性は、呪物だけの特徴といえないどころか、狩猟採集民に関する限り呪物の特徴ともいえないことがわかる。そこで(3)も呪物の判定基準（目安）にはなり得ないことになる。

　以上のとおり、谷川氏が縄文土偶「呪物」説の拠りどころとした西欧原始宗教学者等の所説（上記(1)～(3)）は、いずれも現代の知識に照らしてみると、最早「呪物」判別の目安にはならないことがわかる。要するに同氏の「呪物」説は、土偶の怪異性に着目した点で画期的だったが、それを呪物の特色と解釈したのが間違いであって、その原因は、上述のとおり「呪物」判定の目安（基準）の採り方を誤ったからに他ならない。

　谷川説以後の「呪物」論は、その関心が専ら土偶の「高破損率」という出土状況の特徴に向けられることになり、最近では坪井正五郎氏の発案による「故意破壊」説（即ち儀礼的破壊説）（坪井　1895：31）が殆ど無批判的に受け入れられ、多数研究者等の先入観とさえなっている様子である。この経緯については改めて後章（第6章-4項）で詳述することにする。要するに最近は「神像」論の代わりに「呪物」論が支配的となり、「怪奇性」という形態の謎に対する関心が失われたことが学史的に重要といえる。

　怪異性以外にも問題となる土偶の形態的特徴がある。それは既に歴代の研究者達（古典例（大野　1910）、（鳥居　1922）、最近例（中島　1943）、（浜野　1990））が問題にしてきたとおり、女性表現が支配的な事実である。中島寿雄氏は夙にその事実から、土偶が呪物ならば、何故女性像が圧倒的なのかという疑問と反論（中島　1943：294）を提出しているが、さらにその疑問を増幅するのが怪異性の事実である。つまり、何故土偶が女性でしかも怪異でなければならないのか——その意味は「呪物」説では説明し難い。「呪物」とは呪術に用いられる物的手段であって、宗教に用いられる物的手段としての神像即ち神秘的（超自然的）生物即ち個体化された精霊や神を表わすものではなく、不思議（超自然的）な力（power, potency）を付与された物体（人間、人首ないし人像、動植物、岩石、鉱物）にすぎないからである。そこで土偶が何故怪異な女性像なのか——この意味を探ることが縄文土偶の本性を明かす第1の鍵と考えることができる。特にその怪異性の意味は、縄文土偶の考古学的研究史上最も未開拓のまま取り残されてきた分野でもある。

　以上のような土偶風俗論や土偶「呪物」論ないし「祭祀」論と並んで、土偶型式の分類研究が絶えず続けられ、再分類や新型式の追加の結果、現今では縄文土偶が約10主要型式に分類されていることは周知のとおりである。即ち容貌ないし頭部形態にもとづく型式として、遮光器形、みみずく形、ハート形、山形、河童形、有髻形等が分類され、また姿態にもとづく型式として十字形、X形、筒形、出尻形、屈折形等が認められている（季刊考古学第30号雄山閣出版、東京、特輯、縄文土偶の世界（1990）、（江坂　1990）、国立歴史民俗博物館研究報告第37集、土偶とその情報（1992））。この分類結果は、上記の型式名称からみても明らかなように、はからずも縄文

図66　大野雲外氏の土偶形式分類図（大野　1910）

土偶が、全体的にみていかに奇怪な形をしているか——ヒト形にしてヒトに非ざる異様性あるいは怪異性を端的に示す結果となっている。これから見ると、これまでの縄文土偶研究は、その怪異性の意味の探求には失敗したかわりに、はからずもその怪異性の事実の鮮明化に成功したといえる。つまり本来は分布と編年を目的としてきた型式研究によって、縄文土偶がいかに怪異な形をしているかの事実が益々具体的に明らかにされてきたということになる。ここでもまた、縄文土偶の風貌の怪異性の意味というものが残された重大な研究課題であることがわかる。

(b)　縄文土偶の怪異性——神像としての意味——
(1)　顔の怪異性

　縄文土偶の容貌の怪異性は、土偶研究の初期に大野雲外が試みた分類カテゴリー15種（大野1910：55）（図66）を一見しただけで明らかといえる。これは東日本の土偶287点の分類にすぎないが、15型式中ヒト形として写実的で異様でないもの——表現の誇張・歪曲がめだたないもの——は僅か（図66-11、14）しかない。その後、出土例数も増え、新型式も追加されて、現今では、山形土偶、遮光器土偶、ハート形土偶、みみずく土偶、河童形土偶、有髯土偶、三角形土偶、X字状土偶、十字形土偶、筒形土偶等（1990年現在既知の土偶面貌の種類（図示）と分布の一覧用として江坂（1990）の附図（中期-27頁、後期-61頁、晩期-97頁）参照）が知られているが、土偶の容貌が怪異であるという事実は前記の大野氏の分類当時から変わっていないようにみえる。例えば最近刊行された全国の土偶に関する情報資料（図版類）（国立歴史民俗博物館研究報告第

表1 縄文土偶の容貌の怪異性を示すデータ

都道府県別	顔表現を伴う土偶	顔表現が写実的ないし非怪異的な例	図版番号（国立歴史民俗博物館研究報告37集 1992）
北海道	40	4	図3 (18)、図4 (40)(45)、図5 (47)
青 森	21	2	図1 (10)(11)
岩 手	35	1	図13
宮 城	30	2	図6 (60)(63)
秋 田	34	3	図6 (44)(47)、図8 (58)
福 島	27	3	図9 (7)(12)、図10(1)
茨 城	12	0	
栃 木	12	4	図5 (25)(26)、図7 (74)、図9 (99)
群 馬	図（欠）		
埼 玉	10	0	
千 葉	21	2	図1 (6)、図2 (4)
東 京	36	5	図2 (10)、図5 (53)(54)(56)、図6 (8)
神奈川	24	1	図4 (2)
新 潟	22	5	図4 (25)(26)、図5 (28)(31)(32)
北 陸	33	4	図4 (31)、図10(90)(97)、図11(99)
山 梨	61	4	図1 (22)(37)(40)、図4 (14)
長 野	114	19	図2 (4)、図3 (1)(3)(9)、図4 (5)、図5 (19)(21)、図6 (21)(22)(31)、図7 (6)(20)、図8 (11)(24)(26)、図10(2)(3)(5)(12)
岐 阜	12	0	
静 岡	図（欠）		
愛 知	4	0	
香 川	0	0	
九 州	5	0	
計	553	59	

（都道府県別及び図版番号は国立歴史民俗博物館 1992による）

37集、土偶とその情報（1992））をみても、容貌の怪異性ないし異様性が縄文土偶一般の通有特徴であることは明らかといえる。因みに同報告に掲載された全国都道府県別土偶図版から顔の表現を伴う標本を抽出し、その中から顔表現が解剖学的に写実的ないし異様でない標本を選びだしてみると、表1のように、前者に対する後者の割合は一割強程度に過ぎない。この図版は既存出土標本の総てを含むわけではないが、この結果は縄文土偶の容貌（顔つき）が一般にいかに普通でなく異様であるかを示すに足るものと思われる。

(2) 手（上肢）の怪異性

縄文土偶の形態的異様性は顔つきだけではない。従来殆ど無視されてきたが手（上肢）の表現の異様性にも注目しなければならない[13]。

狩猟採集民の玩具人形の手（解剖学的には上肢 upper limb）は、図版（図1〜16）を一覧すれば明らかなように、その表現が写実的というよりむしろ形が単純化（省略化）されたり、象徴化されているのが普通にみえる。単純化（省略化）とは上下肢を完全に省略したり、手足（先端

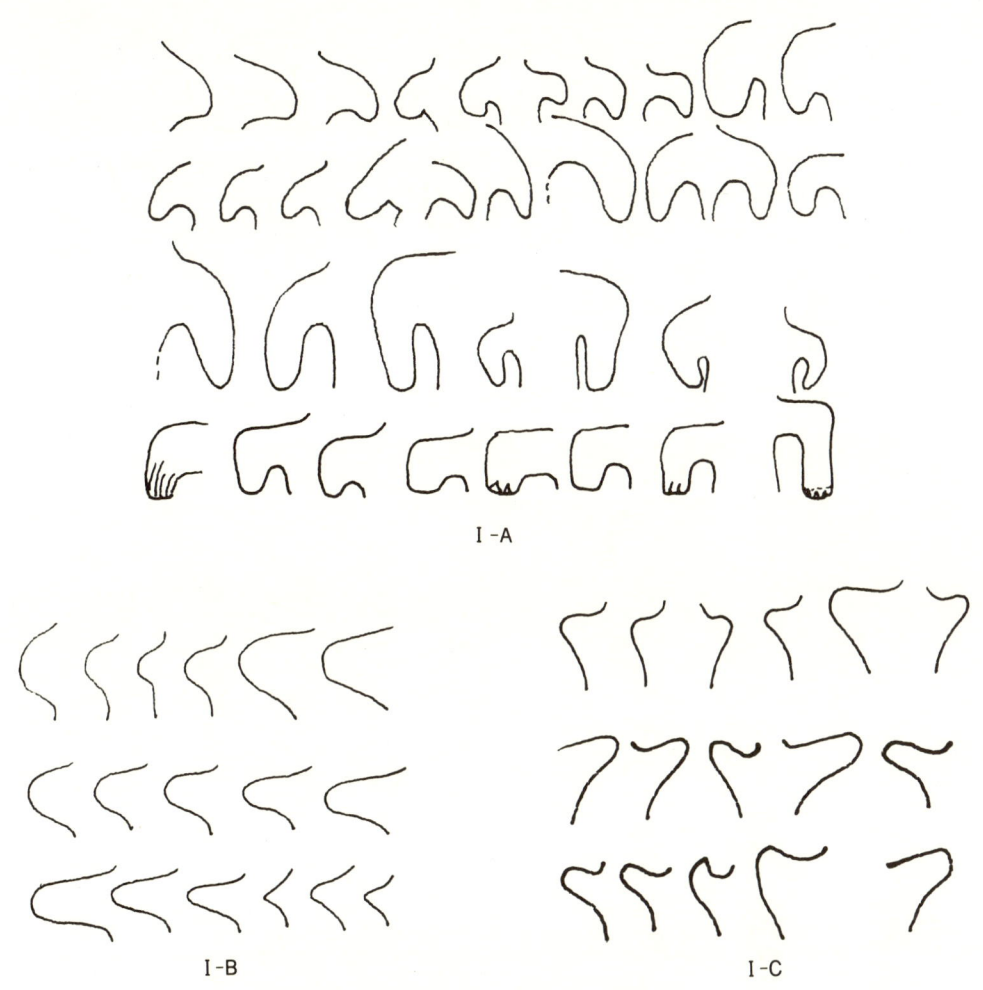

図 67 縄文土偶の手（上肢）の表現形式(1)
Ⅰ：単純型（A、B、C）

部）を省いて腕部分だけを表現したりすることである。また象徴化とは、例えば北米パイユート族（図10）が腕の付け根の部分の単純な隆起で上肢の存在を表現しているような場合を意味する。

以上のように、狩猟採集民の子供の玩具としての人形の手（上肢）には形の単純化（省略化）ないし象徴化は普通にみられるが、誇張表現や歪曲表現による異様形態（怪異性）はみとめられない。そのような表現は、先述（本章-4A）のとおり、無文字社会の教育玩具としての子供の人形には馴染まないからである。

それとは対照的に、縄文土偶は、上述の顔つきだけでなく、手（上肢）もまた形態的に異様性が顕著である。つまり手（上肢）の形態的表現も顔のそれと連関性があるといえる。その根拠は次のとおりである。

縄文土偶の手（上肢）の形は様々だが、全国的視野から大別すると、単純型（Ⅰ）、切断型（Ⅱ）、鰭脚型（Ⅲ）、ロボット・ハンド型（Ⅳ）、指過不足型（Ⅴ）、中間型（Ⅵ）の6類に大別できる（図67〜68。この分類の資料には国立歴史民俗博物館研究報告第37集所載の土偶図版を利

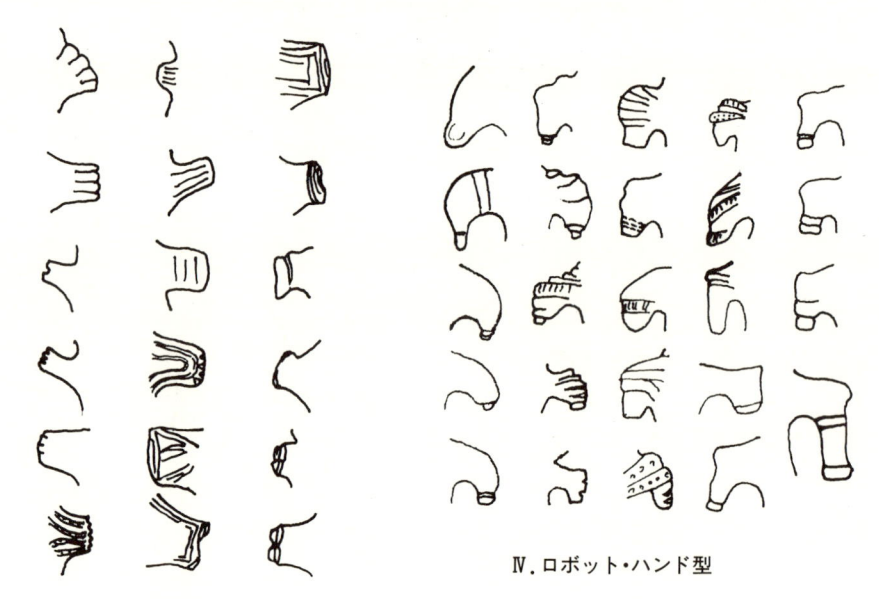

Ⅲ. 鰭脚型

Ⅱ. 切断型   Ⅳ. ロボット・ハンド型

Ⅵ. 中間型

図68　縄文土偶の手（上肢）の表現形式(2)
　　　Ⅱ：切断（切株）型　Ⅲ：鰭脚型　Ⅳ：ロボット・ハンド型
　　　Ⅵ：中間型

用した）。
　単純型（Ⅰ）とは単純に上肢を上下に伸ばしたり左右に拡げた形を表わしたものである。手首から先の部分の表現は省略され欠けている。この類は手を上に伸ばした形のもの、下に伸ばした形のもの、横に拡げた形のものに亜区分することができる（図67）。

切断型（II）は外科手術で切断 amputation された腕のように先端が切り落された形を呈するものである。断面は円形から板状のものまである（図68、II型）。

鰭脚型（III）は上肢が比較的短く先端が外反していて、陸上を移動するときの鰭脚類（アザラシ、オットセイ、セイウチ）の前肢（前鰭）を想わせる形を呈するものである（図68、III型）。

ロボット・ハンド型（IV）とは、上肢がそのつけ根付近や手首に当たる所で接ぎ足された形を呈し、ロボットハンド（機械の手）を想わせるものである（図68、IV型）。

指過不足型（V）とは、手指の形は以上の諸形式と違って人間的であるが、指の数が正常でなく、多過ぎたり少な過ぎたりするものである。その実例としては、3本指（山梨県上黒駒遺跡（小野　1992：図2-46）（図64-A））、4本指（山梨県勝沼町宮之上遺跡（小野　1992：図1-43））、5本以上（石川県上山田貝塚（小島・神保　1992：図1-10））がある。

指の過不足は足指の表現にも認められる。足指の実例としては、4本指（東京都木曽遺跡（安孫子・山崎　1992：図3-26））、6本指（東京都楢原遺跡（安孫子・山崎　1992：図3-25)、神奈川県東正院遺跡（鈴木(保)　1992：図4-12））がある。

甲野勇氏は、縄文時代中期に変わった土偶が多いと指摘し、その一例として土偶の3本指、6本指を挙げ、3本指デザインが土器にも伴うことを注意している（甲野　1964：130）。また安孫子昭二・山崎和巳両氏は、東京都の上記土偶の足指の数の異常性が縄文人の数理観念によるものではないかとの疑問を提出している（安孫子・山崎　1992：264）。

中間型（VI）とは、上記の諸型式（I〜V）のうちいずれかの2型式の間で相互に共通点があり、そのどちらとも断定し難いものである。さし当たって挙げることができるのは、単純型（I）とロボット・ハンド型（IV）の中間型である（図68、VI型）。

以上の6類のうち、解剖学的自然（正常）形態にそぐう単純な表現型といえるのは第I類（単純型）だけであって、それ以外即ち第II類以下（切断型、鰭脚型、ロボット・ハンド型、指過不足型）は、いずれも解剖学的自然（正常）形態にそぐわない異様（怪異）な表現型といわねばならない。単純型は狩猟採集民の子供用人形とも共通するが、それ以外の型は彼等の子供用人形には実際上全く認められず、また理論的にもその可能性は考え難い（本章-4A参照）。

第I類（単純型）が北海道から九州まで広く分布することは明らかで、発生的にもこの類が最古にみえるが、第II類以下の異様上肢も、縄文中期以降に、北海道・東北から関東・甲信越にかけて各地の土偶にみられるタイプであって、その意味で上肢の異様性（怪異性）は顔つきの異様性（怪異性）に匹敵する縄文土偶の形態的特質ということができる。問題は西日本の分布を確かめることである。

(3) 首なし（無頭型）土偶

縄文土偶の中には首なし（無頭型）土偶が存在する。これも縄文土偶の怪異性を示す形態的特徴の一つである。これは人間を象徴する何等かの形態的特徴（少なくとも乳房）をもつ点でヒト形の一種といえるが、首（頭部）の造形的表現がない土偶のことである。この型の既知例には形（輪郭）が方形、逆三角形、「奴凧」形、あるいは「分銅」形等のものが含まれている。実例は次

のとおりである。

縄文時代早期例：

　大阪府東大阪市神並遺跡。2例（極小形、高さ3㎝及び2.6cm)、板状方形、乳房突出（江坂　1990：16、図5）

縄文時代中期例：

　新潟県十日町市城倉遺跡。2例、逆三角形、1例乳房剥離、1例乳房突出（江坂　1990：55、図45、左上及び左中）

　富山県滑川市不水掛遺跡。1例、「奴凧」形、乳房突出（小島・神保　1992：318、図6-51）

　富山県大山町稗田遺跡。1例、「奴凧」形（下端欠失）、乳房突出（小島・神保　1992：318、図6-53）

縄文時代後期例：

　秋田県増田町八木遺跡。1例、「奴凧」形、乳房突出（富樫・武藤　1992：144、147、148、図5-31）

　秋田県鷹巣町藤株遺跡。1例、腕下垂・有脚形（但し両腕両脚共欠失）、乳房突出、腹部膨隆（富樫・武藤　1992：147、148、図5-33）

　愛知県西尾市八王子貝塚。（出土土偶26点中約半数は板状「分銅」形、そのうち多数例に乳房及び所謂「妊娠線」（腹部正中線文様）を伴う）（安達　1992：418）。代表例。「分銅」形、乳房突出（江坂　1990：90、図82、下右；安達　1992：図3）

　狩猟採集民が子供に与える人形（玩具）の場合は、先述したように（本章-2）、教育用ミニアチュアとしての意味があるので、形の簡略化・象徴化は珍しくないが、首（頭）が省略されるということ即ち異様性の強調は理論的にあり得ず、また実際にも見当らない（本章-2参照）。彼等の子供用人形としては、「首なし」だけでなく、いかなる異様（怪異）性も表現の理由は考えられないし、また彼等には成人用の単なる愛玩用人形もない。

　縄文土偶の「首なし」ヒト形表現は、それだけをみても、狩猟採集民の人形としてはあり得ないほど異様なことは確かだが、それ以外に何か特別の意味があり得るかどうかの疑問に対しては、北米原住民（エスキモー及びインディアン）の描いた絵と図形の集大成（Mellery 1972）が示唆に満ちた情報を与えてくれる。それからヒト形の表現例を抽出してみると、「首なし」表現が極めて異例なこと、そしてそれは「殺された人」（Mellery 1972：519、556、576、579、660、704）か「神秘的な生き物」（精霊）または「神話の女性」（男性は有頭）（Mellery 1972：223、253）を表わす場合に限られている。つまりそれらの狩猟採集民にとって、「首なし」ヒト形は、首を失った死者か神格のような極めて特異な存在ないし生き物の象徴となっている。縄文土偶の「首なし」表現の意味の可能性も、恐らくそれと似た狭い範囲に限られているのではないかと考えられ、下記の条件からみると、それは特に後者即ち神格の表現である可能性が高い。即ち「首なし」型縄文土偶に特有の形態的特徴は、首（頭）の表現がないということだけであって、その他の形態的要素は無頭型以外の土偶と共通し、特に乳房が強調されるにかかわらず性器表現が一貫

して欠ける点では、通常の縄文土偶と変わる所がない。そこで無頭型土偶は、形態的ないし系統的に孤立的な土偶ではなく、形態的にも系統的にも相互に関連した一連の縄文土偶複合体の一員とみなすことができる。このような事情を考慮すると、首の省略は、顔や手の奇形化と同様に、異常死を表わすものではなく、神性（超人性）を強調する象徴的手段とみることができる。いいかえると首なし型土偶もまた、他の土偶と同様に、同一の神の神像といえる。つまり同じ土偶神の像でも姿即ち表現型は様々であったということになる。

(ii) 縄文土偶の怪異性——神像の証拠——

以上（本章-4 B-(i)）に示したように、縄文土偶には、普通の人間とは違った体形の奇異なものが圧倒的に多い事実がある。これが縄文土偶の形に関する最大の特徴であり、また最大の問題でもある。山形、みみずく形、遮光器形などと呼ばれてきた顔の形（前記(i)-(b)-1）とか、鰭脚型やロボット・ハンド型のような上肢の形（(i)-(b)-2）だけでなく、多指型や欠指型のような指の奇形から首無し型（(i)-(b)-3）に至るまで、土偶の奇形・異形の型（種類）は多種多様であって、しかも奇形・異形の度が強いことが特に問題である。これまでの伝統的な形態研究（冒頭の「問題設定」参照）では、山形土偶とか遮光器土偶等と分類された個別の形（型式）の意味即ち地域的・時代的分布、系統的関係、風俗的解釈の探求が目標となっているが、土偶の象徴的な意味を追及するこの研究では、奇形性・異形性という一般的（共通）特徴に注目する。即ち、縄文土偶が、ヒト形でありながら普通の人間の形とは違う点、ヒトに似てヒトに非ざる異様性・怪奇性を強調している点に問題の鍵があるとみる。つまりそれが神像の証拠と考えられるからである。その理由（根拠）は次のとおりである。

狩猟採集民の社会で作られ使われたヒト形の像には、大別すると子供用玩具としての人形と信仰の対象ないし用具としての神像（祖先像を含む）がある（本章-1参照）。その両者を比較すると、彼等の玩具人形とヒト形神像との間の形態的差異は明らかであって、その差異は、ヒト形神像には怪異なものが少なくないが、玩具人形にはそのようなものがないという点である。彼等が子供に作って与えてきた遊び用人形に奇形・異形など奇怪なものがないということは、偶然ではなく理由がある。文字のない狩猟採集民は、幼年時代からの日常生活を通して成人に必要な知識と実技を身につける。彼等の玩具は現代社会と違って単なる遊び道具ではなく、そのような学習の補助手段として重要な役割を果たしてきた。従ってそれは成人社会で使われている実用品のミニアチュアであって、小形化・簡易化や省略は許されても、実物の形と基本的ないし原理的に異なるものは、そのような役割には適さないというよりむしろ有害無益ということになる。彼等の子供の玩具人形の場合も同様で、彼等自身のからだや身なりのミニアチュアの域を出ない。いずれにしても、敢えてそれを怪異化する必要も理由も狩猟採集社会には存在しないといえる。以上は現生狩猟採集民の社会生態的実情であるが、縄文社会も学習による文化継承プロセス（enculturation, socialization）が現生狩猟採集民と基本的に異なるとは考えられないから、上述の原理は縄文社会にも共通すると考えられる。この原理からみると、先述したような縄文土偶の容貌や体形の怪異性即ち怪奇的表現は、ヒトにしてヒトに非ざる生きものとしての神の超人間性あるいは神威ないし神格を表わすものと解することができる。つまり縄文土偶は形態的特徴から明

らかに神像といえる[14]。

　そこで次の手続きとして、この土偶によって象徴される神──土偶神──はいかなる神か、できればその正体をつきとめる必要がある。その鍵は形の上からはまず第1に乳房であり、次に不在特徴即ち表現されない特徴（不在要素）である。次章の前半（第2章-1〜2）はこれについて述べる。

第2章　縄文土偶即産の女神像

1. 縄文土偶即女神像

　第1章では、狩猟採集民が使う偶像類の形態の普遍的特性を目安に縄文土偶の形態を分析し、それが神像であることを解明した。そこで次の問題はそれが一体いかなる神であったか——縄文人が信仰した土偶神なるものの正体をつきとめることであって、その第1の鍵は乳房である。

　乳房が、地域と時代を問わず縄文土偶全体を通じて、形の上で最も普遍的な共通特徴といえることは周知のとおりであるが、中島寿雄氏によると、縄文土偶の乳房に関する記述の嚆矢は明治の先学八木奘三郎氏であり、次いで佐藤傳蔵氏であった。また乳房を縄文土偶の分類基準として取り上げた嚆矢は大野延太郎（雲外）氏であった（中島　1943：295）。大野氏はその開拓的論文（大野　1910）において、「今土偶総数287点の中、男子とみるべきものが47点、女子とみるべきものが213点、其中男女不明のものが27点、此の比較によって見るときは、女子が多くして男子が少ないのが事実である。また女子と男子とは女子の方が四倍半多き割合である」と述べている。これによって、少なくとも東日本の縄文土偶に乳房のあるものが圧倒的に多いことが初めて数値的に明らかにされたことになる[15]。

　しかし大野氏の女性土偶の分類基準には、乳房の突起と腹の膨れ以外に口辺の細点模様までもが婦女子の特徴（黥）として含まれている。これを主観的とした中島寿雄氏は、大野氏から30年以上後に、解剖人類学的な視点からそれを見直し補正する論文（中島　1943）を発表した。そこで同氏は、性別判定には外陰が最適と考えたが、その表現例が縄文土偶では極めて稀であるために、実際には現実に即した示標として乳房と下腹部膨隆を採りあげ、その存否による土偶（東京人類学教室所蔵標本411個中偽物42個を除く東日本出土土偶369個）の分類を行った。その結果、「偽作を除ける土偶の胸腹部を検し得たる110点中、乳房ある50点、乳房剥離せる14点、肩より胸にかけ隆起帯あり且つ下腹部膨隆せる7点、胸部平坦なれど下腹部膨隆せる3点、胸部不明なるも下腹部膨隆せる10点及び胸部不明にして下腹部膨隆剥離せし4点、合計88点が女性」（中島　1943：296-297）と認められるとし、また自余の22点も「必ずしも男性と看做し得るというわけではない。男性と断定し得るものは一個もないのである」（中島　1943：297）という結果を得た。同氏は、下腹部膨隆が「常に妊娠を表はすとなすは主観的な判定たるを免れない憾はあるが、妊娠の象徴として性の鑑別に用ひることは乳房と関聯して殆ど謬りなきものと信ぜられる」（中島　1943：297）という視点から、土偶の下腹部膨隆を乳房と並ぶ女性示標とみなし、「乳房及び下腹

表2 乳房の表現を伴う土偶（乳房土偶）の頻度

地域（県）別	北海道	青森	岩手	宮城	秋田	福島	茨城	栃木	埼玉	千葉	東京	神奈川	新潟	北陸	山梨	長野	岐阜	静岡	愛知	九州	総計
胸部保有例	57	18	22	58	30	45	14	42	11	10	47	32	24	52	34	92	24	2	7	34	655
乳房表現例	22	14	18	37	23	29	10	38	8	7	29	25	20	40	23	55	19	2	4	28	451
乳房土偶%	39	78	82	64	77	64	71	90	72	70	62	78	83	77	68	60	79	100	57	82	69

（国立歴史民俗博物館（1992）より抽出）

部の膨隆により女性と判定すべきもの甚だ多く、男性と断定し得るものは一個もなきを知り得た」（中島 1943：299）と結論した。

　縄文土偶に女性を表現したものが多いということはこれまでしばしば言われてきたが、実際にその頻度を明示したデータが上記論文以降見当らないのは、この問題への積極的な関心や真剣な取りくみが欠けている結果のようにみえる。

　最近のデータ（国立歴史民俗博物館　1992）によると現時点で既知の全国各地出土土偶例は、破片まで入れると膨大な数にのぼっていることがわかる[16]。しかし女性土偶の頻度が地域的にどの程度かを知る手掛かりもないので、試しに図版からでも判別できる「乳房」土偶（乳房の表現を伴う土偶）の頻度を、全国土偶のデータ・ブックとして刊行された国立歴史民俗博物館研究報告（1992）の各県別報告の付図に示された土偶例について調べてみた。その結果は次のとおりである（表2）。

　上記の統計に使用し得た土偶（図版）例は既知の標本すべてを含むわけではないが、乳房に関して特別に偏った資料ともみえないので、上記の頻度データは、全国的にみて縄文土偶に乳房土偶が多いことをある程度数量的に裏づけるものではないかと思う。これからみて、乳房土偶が地域と時代を問わず一般に目立って多いことは確かであろう。土偶標本に精通した現今の縄文考古学者達のこれまでに発表している経験的な推測もこれを裏づけているようにみえる。

　ところで縄文土偶が女神を表わすものであることは既に大野（1910）、鳥居（1922）両氏の説くところとして有名であるが、それらの所説はいずれも乳房を第一指標、下腹部膨隆を補助的指標とし、その両特徴から直ちに女性即女神とするかなり直観的な解釈であった。これに対して筆者は、先ず土偶が神像であることを確かめ（第1章）、次にそれが女性を表わすこと、即ち女神像であることを確かめる論法をとることとし、女性性徴の再吟味をした。その結果が上述のとおりである。つまり、標本が増加した現今においても、乳房土偶が目立って多い事情は大野・鳥居両氏の時代と基本的に変わらず、従って両氏の縄文土偶女神像説は、直観的ではあるが依然として成り立つことになる。

　縄文土偶が女神像であるとの解釈は、現生狩猟採集民の実情から見ても、最も妥当で矛盾のない解釈といえる。彼等のヒト形像を概観（第1章-1～3）すると、人形（玩具）には性徴の表示を伴う場合もある（実例：ベーリング海エスキモー（Nelson 1983：342-345）、コッツェビュー・エスキモー（Burch 1984：Fig. 18））。しかしその場合の性徴表示は、男女の区別を表わすためのもので、男女いずれか一方に統一されることはない。また偶像類で性別が表示される場

合もある(実例:カリフォルニア、ポモ族、懐妊祈願用)。しかしこの場合も、欲する子の男女別を区別するためのものであって、上記例と同様に、男女いずれかに統一されることはない。このような点からみても、縄文土偶の性徴表示の統一性(女性に限られていること)は神像でしかも女神像を表わすものと解せざるを得ない。

2. 縄文土偶即母性女神像

縄文土偶が女性神像であること、その性別の判定基準としての示標が第1に乳房、第2に下腹部膨隆であることは本章-1で説明した。しかしここに大きな疑問が残る。それは夙に中島寿雄氏(中島 1943)によって指摘されたように、最も確実な性別の表徴は第1次性徴としての性器であるのに、土偶にそれが表現されなかったのは何故かという疑問である。この疑問は中島氏以降放置され、今まで未解答のまま残されてきたが、実はこの点にこそ土偶形態の象徴的意味を解く重大な鍵がかくされていたのである。その理由を以下に説明する。

縄文土偶に表現された豊かな乳房や妊娠を表わす膨らんだ腹部を女性の象徴とみなす考え方は、上述の大野・鳥居両氏のような神像説を唱える先駆者だけでなく、その後も日本考古学者によって広く支持されてきたようにみえる(八幡 1963:20;江坂 1990:178;浜野 1990:21)。それらの第2次性徴(secondary sexual character)が女性を表わす代表的な形態的特徴であることは論をまたない。しかし、そのような表現特徴(土偶に表現された体形的特徴)だけに目を奪われていては片手落ちと言わなければならない。これまでの縄文土偶本性論に欠け落ちていたのが不在特徴(表現不在の特徴)の象徴的意味についての考察である。その不在特徴とは、男女の性別を表わす基本的特徴(第1次性徴)としての性器(生殖器)である。不在特徴としての性器は直接眼には見えないが、不在の事実は眼に見えるから、それは負(マイナス)の表現要素といえる。そこで性器表現不在の象徴的意味を読みとることによって、はじめて乳房や腹の膨らみ(表現特徴)の意味が明確になり、縄文土偶の本性がはっきり見えてくる。つまり不在特徴は、表現特徴が単なる女性の象徴ではなく特に母性の象徴であることを限定・明示する示標にほかならない。性器の表現不在が、縄文人の土偶造形理念の上でいかに重大な意味をもっていたかは、次の事実即ちそれが地域と時代を問わず縄文人の全土偶を通じての共通の特徴となり、彼等の土偶に不可欠の基本的要素となっている事実をみれば明らかである。この場合性器は不在 absent即ち負 negative の要素ではあるが、顕在要素の乳房より普遍的で基本的な象徴的要素ないし造形要素といえる。そこで縄文土偶に関する性器表現不在の実情について概観すると次のとおりである。

先ず男性性器の形を具えた土偶例としては、東京都練馬区三菱レイヨン遺跡出土例(桜井・和田 1958:66)を挙げることができる。この遺跡は縄文中期の竪穴住居址で、問題の土偶(無紋)は、頭部、両手、両足を欠損しているが、写実的な体軀(現存高さ7.5cm)をしていて、股間に男根と思われるもの(長さ約7mm)(桜井・和田 1958:図5)がみられ、「数多い土偶の中では数例の少ないものである」と記されている。他に素性の確かな例としては、長野県富士見町大花遺跡(後期)の出土品があり、「本土偶には男性性器を表現した突起が認められる」という

（宮下　1992：381及び図9－4）。既報例としてはその他に北海道（千歳市蘭越遺跡）出土の板状土偶（高さ14.5cm）がある（大場　1965）。これには乳房や腹部膨隆ないし突起がなく、男性性器とみとめられるもの（長さ1.2cm、幅1.3cm、突出部長さ0.5cm）（大場　1965：図1）が股間についていて「全国的にも類例がない珍しい資料」として報告されている（大場　1965：62）。ただしこの例は伴出物も明確でない採集品で時代が明らかでなく、縄文中期から擦文時代まで幅広い可能性があるとされている点に注意したい。野口義麿氏の指摘によると「僅かではあるが本例（三菱レイヨン標本）のように男根を表わしたものが、この時期（中期）に知られている」（桜井・和田　1958：66）とのことであるが、それにしても、縄文土偶の既知例総数が1万点を超える事実（国立歴史民俗博物館　1992：484、全国集計データ）からみれば、男性性器表現土偶の数ないし割合がいかに徴々たるものかがわかるであろう。まさにそれは例外といえる。

　女性性器の表現についても事情は同様にみえる。女性性器の明確な表現例としては、中島寿雄氏によって報告された亀ケ岡遺跡発見の土偶がある（中島　1943：295及び図1）。これは東京大学理学部人類学教室所蔵東日本土偶369例中の1例であって、恐らく、いわゆる遮光器形とみられる土偶の腹部以下の部分に当り、股間に明確な女性性器の表現が認められる（中島　1943：図1）。これについて同氏は、「土偶に外陰を表現せる例は極めて稀で、人類学教室所蔵品として確実なるは標本番号561亀ケ岡出土のもの（図1）のみ」であり、「（その）亀ケ岡土偶の如き女陰を表現せるものは当時に於ても既に注目に価する例外事」とした（中島　1943：295-296）。現在それ以外に青森県八戸市八幡遺跡（晩期）の出土例が報告されている。それは首、両腕と片脚が失われた乳房を伴う板状土偶で、股間に刻まれた切れ目が「女性の陰部」を表わすものと解釈されている（江坂　1990：126及び図127）。

　要するに男女を問わず客観的に明確な性器の表現を伴う縄文土偶例は、最近の土偶専門書（江坂　1990；季刊考古学第30号、雄山閣、東京　1990；国立歴史民俗博物館　1992等）にも全く記載が見当らず、また国立歴史民俗博物館の土偶調査カード（国立歴史民俗博物館　1992：14、図2(a)土偶データ台帳）にも、乳房や腹部の記載項目はあるが性器に関する特別の項目はない[17]。この事実もまた性器表現を伴う縄文土偶の稀少性を示唆するものといえる。以上の事実をみても、性器表現土偶が縄文人の世界でいかに稀有ないし例外であるかが理解できよう。性器表現が稀にあるという事実の報告は見受けられるが、性器表現が欠けるという通有性――縄文土偶の一大特徴の象徴的意味についてはこれまで論じられた形跡がない。しかし実はこの不在特徴が、表現された特徴の象徴性を活かすために欠かせない相互補完的な象徴的意味をもち、表現特徴に劣らぬ重要な象徴的役割をはたしていることを認識することが肝要である。これまでの土偶論につきまとう曖昧さの一因はこの点の見逃しにあったのではないかと思われる。

　性器表現不在の意味。

　上述のように縄文土偶には性器表現が欠けるという通有性がある。この表現不在は単なる偶然や作者の気まぐれではない。土偶に性器を表現しないというこの行動パターン（造形原則）は、草創期から晩期に至るまで数千年の縄文全期を通じて、しかも北海道から九州まで全国を通じて、頑なに守られた驚くべき強固な伝統であった。この厳格な伝統は縄文人の土偶思想の基本性を表

わし、土偶造形の基本的枠組を示している。その思想の基本線とは、土偶が性器ないし性交とは直接関係がないということであり、その造形の基本枠とは性器（性交器・生殖器）を表現しない即ち排除するということである。この伝統的な思想的基本線と造形的基本枠を遵守することによって、乳房の意味即ち母性の象徴性がはじめて明確に浮き彫りにされ得たのである。乳房や腹部には表現の自由が認められたが、性器にはそれが許されなかった。つまり縄文人の土偶に関する性器削除の伝統には、一貫して表現を許さない、即ち乳房のような変異を許さない厳格さが維持されたことになる。そしてこれには深い意味が読みとれる。もし性器表現が禁止されなければ、その表現の存否という変異が起こり、乳房の存否と相まって種々の組合せが生じ、生理的機能も象徴的意味も異なる両特徴——性器（性交器、生殖器、男性あるいは女性象徴）と乳房（哺乳器、母性象徴）——が相伴って表現される付随表現や、性器あるいは乳房だけが表現される独立表現が起こることになり、両者それぞれの象徴的意味が曖昧になるばかりかそれぞれの意味の特殊性もはっきりしなくなるからである。縄文人が性器表現を一方的に厳格に抑えたのは、それを避けるための手段（方策）だったことがわかる。そのような手段行使の目的は、つまり乳房の象徴性を浮き彫りにすること、即ち土偶女神の母性（motherhood）を強調・明示することにあったと考えられる。彼等の厳格な性器表現禁止伝統は、その目的達成のために見事な効果を発揮したといえる。

　男性性器の欠如は土偶が女神であれば当然である。しかし女神を表わすものならば、最も確実な性別特徴（中島　1943：295）である女性性器を表現しないのは何故か——それを意図的に排除（抑止）したのは、母性を前面に押し出そうとした縄文人の造形理念によると解せざるを得ない。彼等のこのような正負両特徴を併用した2段構えの表現法を読みとることが、縄文土偶の本性を理解する鍵のようにみえる。要するに縄文土偶は女神像であるが単なる女性神像ではなく、母なる女神即ち母性女神mother goddessの神像といえる。ただし、これは東地中海古代文明のthe Mother Goddes（the Great Mother, Earth Mother）のような大地につながる特定の母性女神を指し、あるいはそれとの関連を意味するのではなく、縄文社会の神としての母性象徴女神を意味する。

　縄文土偶が女性神像であるという考え方は先述のとおり古くからあった。しかしそれが単なる女神像であるならばそれほど乳房に拘泥する必要はない。性別表現ならばむしろ第1次性徴である性器の方が簡明直截であるのに、縄文人が先述したようにその表現をかたくなに拒み、第2次性徴である乳房の表現に執心したのは何故か。彼等が、主要表現要素として、性器を排し乳房を選んだのは、母性を明確化するための極めて計算された造形理念によるとみることができる。つまり縄文土偶の乳房は女神の母性を表わすものに他ならない。これが上述（本章-1前段）の論議の帰結であったが、その母性を象徴する表現要素は乳房だけではなく、その他にも幾つかの関連要素が認められる。腹部膨隆と赤子がそれである。「腹部膨隆」は、既に中島寿雄氏が土偶の性別に関する希少価値の高い人類学的論文で、「妊娠の象徴」と解釈すれば土偶の女性鑑識用指標として「乳房と関聯して殆ど謬りなきもの」（中島　1943：297）と述べているが、この両者は中島氏が指摘したとおり女性指標であると同時に、性器とは違ってどちらも明らかに母性指標と

いうことができる。即ち「腹部膨隆」が「懐妊」の象徴であるのに対して、「乳房」は「授乳」の象徴とみなすことができるからである。このように縄文土偶の「乳房」と「腹部膨隆」は母性を象徴する代表的シンボルということができる。なおまた縄文土偶にはその他にいま一つ明らかな母性象徴要素の表現がある。それは「赤子」babyであって、母親としての基本的機能である「出産」を象徴する。以上のように縄文人の土偶は、「乳房」「腹部膨隆」「赤子」という3種の表現要素（プラス因子）と「性器排除」という表現禁止要素（マイナス因子）（本章-1参照）の組み合わせによって象徴された母性像にほかならないことがわかる。縄文土偶神の母性を象徴する上記4要素とそれらの要素間の関係を図示すると下図のとおりである（図69）。

　これらの3表現要素（プラス因子）は、個別に切り離して論ずべきものではなく、図69に示したような母性をめぐって機能的に関連する要素群の複合体 element complex として取り扱われるべきものと考えられる[18]。個々の土偶についてみると、それらの3要素は、(1)いずれかが単独で採用されている場合もあるが、(2)いずれかの2要素を選択的に組み合わせて採用されている場合もあり、(3)3要素すべてが一括採用されている場合もあるが、(4)3要素すべてが採用されず表現されていない場合もある。以上の3表現要素の採用頻度は、乳房が比較的高く、下腹部膨隆がそれに次ぎ[19]、赤子の表現頻度は特に低いようである[20]。これは中島氏の土偶性別判定調査（中島　1943）のデータを筆者が再整理した結果（表3）と筆者の経験からの所感に拠る。今回は中島氏のデータを再整理して転用するほかはなかったが、上記の3種の母性表現要素の選択的組合せによって個々の縄文土偶の母性表現に大きい変異がみられるということは、同氏のデータだけからでも明らかといえよう。

　以上のように土偶製作に際して選択・採用された母性表現要素の種類の変異の他に、採用された各要素の表現様式と表現強度がまた、個々の土偶によって千差万別の観を呈している点も問題である。これほど土偶の母性表現が個別にまちまちなこと即ち個体変異が大きいことは、各土偶の作られた時代の違いと、地域あるいは社会による伝統の違いの他に、各作者の個性（好み、癖、技量等）による違いが大きい役割を果たした結果のようにみえる。またサイズと作りの精巧度の個体変異も大きいが、これには使用者の身分差・階層差が関係している可能性も考慮の余地がある（渡辺　1990a：95、111）。性器表現が先述したように強固な伝統によって厳禁されたのとは対照的に、母性表現には大きい自由度が与えられていたことが窺える。このような変異の性状は、また彼等の土偶に表わされた母性女神信仰の性格やそれにかかわる土偶芸術の神髄を探る手掛かりの一つかと思われる。ただしここで重要なことは、この多様性に目を奪

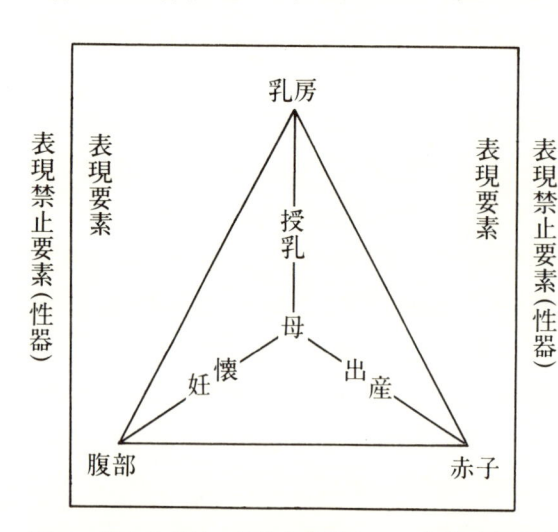

図69　縄文土偶神の母性を象徴する3表現要素及び1表現禁止（不在）要素とそれら要素間の関係

表3 縄文土偶における母性表現要素（乳房と下腹部膨隆）の間の関係

			下腹部（存）					下腹部（欠）		総計
			膨隆	（膨隆）剝離	下腹膨隆土偶（計）	平坦	下腹部存標本（計）	下腹部不明標本（計）	其他	
胸部（存）	乳房	皿形	8		8	7	15	8	3	26
		半球形						2	1	3
		梨子形	4	2	6	3	9	6	1	16
		山羊乳房形	4		4		4	1		5
		剝離	2		2		2	12		14
	乳房土偶		18	2	(20)	10	30	29	5	64
	肩～胸隆起帯		7		7	1	8	4		12
	平坦		3		3	2	5	5	2	12
	胸部存標本（計）		28	2	30	13	(43)	38	7	88
胸部（欠）	胸部不明標本（計）		10	4	14	6	20		2	22
総計			38	6	44	19	63	38	9	(110)

（中島　1943のデータの再編成）

われてはならないこと、つまり表現の統一性にも目を向けて両者の関係に注目すべきことである。

　縄文土偶の母性表現の以上のような多様性は一見すると種々雑多のようにみえるが、注意すればそれは無制限無秩序な変異ではなく、統一された一定枠内の変異であることがわかる。その枠とは前述の母性表現要素の構造枠（図69）にほかならない。縄文土偶の表現形は様々だがその神髄のコンセプトはただ一つ——それが母性女神信仰であった。いいかえると、個々の土偶は、母性女神信仰という統一的主題をめぐって作られた変奏曲のようなもので、それは時代により地域により、また遺跡により作者により様々に変奏（表現）されたが、その主題（信仰）は縄文時代を通じ本邦全土を通じて不変であったとみることができる。要するに土偶の表現は多様にもかかわらず関連性があり、一つの主題ないしコンセプトで統一されていることが明らかであって、これが縄文人の土偶造形原理の神髄を表わすものではないかと筆者は考えている[21]。

　縄文土偶研究は最新刊の報告（例えば国立歴史民俗博物館　1992）をみても、編年に役立つ地域差と時代差の示標となる形態の探求には熱心だが、土偶の体形の一貫した体系的研究には殆ど

関心がなく、例えば最近の土偶女性論をみても、女性を象徴する身体形質的要素の首尾一貫した記載や分析が見当たらず、統計的あるいは数量的データも使われていない。このような土偶体形への無関心ないし体形の軽視は、その意味と重要性の認識が欠けていたことを示しているが、その根本原因は、冒頭に指摘したとおり、象徴としての土偶の本性の探求がなおざりにされてきたことにある。これは縄文土器についてもいえることであって、本邦先史考古学の将来を考える上でも由々しい問題ではないかと思う。これはひとえに、手段であるはずの型式の分類と編年が殆ど目的であるかの如くになっている当今の日本考古学界の風潮によるところが大きいように思う。上述のとおり、母性象徴要素としての土偶体形の構造的意味が明らかに浮かびあがった以上、縄文土偶研究は、路線を修正して本格的研究即ち本性探求を目的とする体系的な形態研究を進めるべきであろう。つまり記述的研究から理論的研究への転換である。それには何よりも先ず必要なことは、調査報告書の段階あるいは資料記載の段階で、先述の線に沿った理論的研究に有効な体系的データが整備・提供されなければならない。これは今後の縄文考古学に課された重要な基本課題である。

　以上は筆者の縄文土偶即母性女神像論であるが、これに関して最後に触れなければならないのが鳥居龍蔵氏の地母神説である。

　縄文土偶神像論の先駆者として先述（本章-1）した大野（1910）・鳥居（1922）両氏の所論は、その神が女神という点までは共通だが、いかなる女神かの解釈の点で大きく分かれている。即ち大野氏が、土偶は女子の方が圧倒的に多いとして、「其理由は何故なるやは疑問であるけれどもこれを以て全く判断すれば女神即妊婦の崇拝する安産の守神とでも云うような訳であろうと推察が下される」（大野　1910：60）と解釈したのに対し、鳥居氏は縄文土偶即女神――地母神説を唱えた。その所説は大略次のとおりである。

　鳥居説は要約すると、(1)縄文土偶には女性が多いが、その多くは玩具でなく宗教上のもので、殊に乳房が突起し腹部が出張っているような土偶は、当時の女神信仰上の神像、殊に母神像である（鳥居　1922：371-373）。また(2)女神信仰は地母（Earth mother）信仰に関係があるから、「我が日本石器時代の民衆にも地母の信仰があったものと思われる」（鳥居　1922：381-382）というものであった。以上の解釈の根拠は、先ず(1)に関しては、地中海から西アジア方面の古代文明に女神信仰があり（クレタ島、エジプト、アナトリア、トルキスタン（アナウ））、それには女神像が伴っていて（クレタ島、アナウ）、発表されたアナウの女神土偶が日本石器時代の土偶とよく似ている（鳥居　1922：379及び同頁写真）という事実が第1の根拠となっている。その他に補助的根拠として「欧州の学者は、以上の地方（筆者註（鳥居　1992：380）「アナウから其以西の地中海及び欧州の或る地方（巨石遺跡存在地方）」）で女神信仰の行はるる所には、必ず之に伴って螺旋紋様と彩色せる土器（筆者註（鳥居　1992：380）「赤色に彩色した土器」）とが存在し、此の三者は互に離る可からざる関係を有すると申して居りますが、日本にも此の三者が伴って居ります」（鳥居　1922：381）という点をとりあげている。

　上記の第1根拠も補助的根拠も、ともに地中海を中心とする欧州―西アジア方面の新石器時代ないし古代文明時代の女人像あるいは女神像と女神信仰を引き合いに出しているが、それらはい

ずれも農耕社会の文化要素であるから、農耕社会とはいえない縄文文化の要素を直ちにそれと比較したり、類似するからといってただちに同等視することは慎まなければならない。民族誌的類推 ethnographic analogy（民族誌的相似 ethnographic parallel）を利用する場合には、問題の文化要素をもつ人々の集団が少なくとも社会・文化的レベルが同じか生計様式が同等でなければならないからである（Hole and Heizer 1973：312）。鳥居氏の上記神像説が、生計様式の異なる社会（欧亜の古代農耕文明社会）との比較にもとづく点の矛盾については既に八幡一郎氏の批判がある（八幡　1939：7-8）。第1根拠についての難点は他にもある。それは縄文土偶と欧亜土偶との類似の問題である。鳥居氏は欧州－西アジアの女性土偶をすべて女神像と記しているが、そのうち実際に女神信仰の裏づけのある女神像としてはクレタ島とアナウの古代文明関係のものだけであって、巨石遺跡あるいは新石器時代関係の女性像は、学者によって「女神」と解釈（推測）されているだけで女神信仰の裏づけがあるわけではない。従って確実な即ち実在の女神像として比較に利用できるのは古代文明関係のものだけである。しかも形が直接観察比較されたのは1例（アナウ例、前記写真）にすぎないだけでなく、その1例のデザインが極めて単純なので、鳥居氏は「日本石器時代の女神と、偶然よく似て居るではありませんか」と類似を強調されているが、たとえ縄文土偶にこれに似たものがあるとしても、この1例との類似を根拠に縄文女性土偶を神像と解釈することには無理がある。このように単なる1例の類似にもとづく類推（the single parallel）は危険というより過ちであって、現今においてさえ「考古学者があまりにも陥り易い罠」（Orme 1981：27）だと警告されている。鳥居氏の引用例とは別に、最近の地中海方面（欧州）先史学で問題となっている新石器時代－青銅ないし銅器時代の小女人像（土偶・骨像）（Renfrew 1979：58-63, pl. 2-7；117-120, pls. 1-4）や近東方面の新石器時代の女性土偶（Mellaart 1975：Figs.20, 27, 39, 54, 56, 57, 65, 101, 161）をみても、縄文土偶の特徴的諸形態や怪異性に通じるものは何もない。強いて共通性を求めれば、それは人像即ちヒト形あるいは女人像即ちヒトの女性を表わす像としての一般的な形の類似性だけといえる。このような単純で基本的な形の類似は、ゴールデンワイザーの「可能性制限の原理」principle of limited possibilities（ゴールデンワイザー　1943：43）による偶然の類似とみなすことができ、文化－歴史的関係による類似とは認め難い。いずれにしても、女神像と解釈されている西欧の土偶に似ているから縄文土偶も女神像だとする鳥居氏の論説は、単に西欧流の解釈（推測）を真似た（アイディアを借用した）だけであって、論拠を欠くといわざるを得ない。

　なおまた鳥居氏は、先述したように補助的根拠として、西欧の先史"女人信仰"（女人像）が螺旋紋様及び赤彩土器と密接不離の分布関係にあり、これと同じ関係が日本にも認められる（鳥居　1922：381）と述べているが、西欧の問題の紋様は螺旋 spiral（参照：Renfrew 1979：57, pl. 1；59, pl. 3）であって、縄文の渦巻文や唐草模様風のものとは基本的に違う。この一事をみても上記の比較に無理があることは明らかである。

　次に鳥居仮説の第(2)点即ち地母神説についての吟味であるが、これにも問題がある。何故なら地母 earth mother（鳥居　1922：38）という観念ないし信仰は狩猟採集民には馴染まないからである。その理由は以下のとおりである。

地母神信仰の確実例として最古の典型例は地中海東部地域の古代文明諸国の場合である。この地域の伝統的母性女神 mother goddess にはエジプトの Isis、フェニキアの Astarte、フリギアの Cybele、ギリシアの Demeter があった。この女神は農耕生産の後援者 patroness としての役割をはたした（Winick 1970：236）。地中海西部地域（バルカン半島、マルタ、サルディニア、イベリヤ半島）の新石器-青銅器時代の諸文化にも女性を表わす土偶・骨偶があって、それが母性女神 mother goddess と解釈されている（Renfrew 1979：58, 60-62）。しかし地母神の概念は、上記のような農耕文化の女性像だけでなく農耕以前の先史女人像の解釈にまで延長して適用されている。それが欧州からロシアの後期旧石器時代に伴う象牙・石ないし骨製の彫像（所謂"ヴィーナス"像）である。これが膨隆した腹部（妊娠形跡）と誇張された乳房をもつ女人像であるところから地母神 earth goddess 崇拝の証拠とみなす解釈もある（Cottrell 1960：164）。

　しかし以上でわかるように、鳥居氏の前記地母神論に引用された地母神信仰で実在が確実に判明しているのは、地中海方面の古代農耕文明社会のものだけであって、その他は旧石器時代については勿論、欧州新石器時代即ち先史農耕社会についても何等明確な証拠はない。現生狩猟採集民についても同様である。アメリカ・インディアンの一部には地母神 earth goddess、mother earth の神話ないし信仰がみとめられる（南米ではコロンビアの Cágabá 族、マト・グロッソの Paressi 族、アンデス―メキシコの高度農耕インディアン、北米北東部の玉蜀黍栽培インディアン Fox 族、Delaware 族等）（Hultkratz 1979：53-54）という。しかしこれらはいずれも農耕実施の猟漁民か純農耕民である。農耕を伴わない現生狩猟漁撈採集民には大地の豊饒性ないし生産性崇拝即ち地母神信仰の伝統はない。

　狩猟採集民には、大地ないし土 earth の生産性や生命力などに対する認識や信仰はない。彼等のアニミズム的思想によると、野生動植物はそれ自身が精霊ないし神々であって、大地はその住みかにすぎない。野生動植物に依存する彼等にとって、資源的価値があるのは大地ないし土の上に生存（存在）する動植物であって大地や土そのものではない。従って彼等が主張するのも、価値ある動植物が存在する土地のナワバリであって、土地そのものではない。土地そのものの所有権に結びつく大地（土）の生産性（生命力）ないし経済的価値の認識や信仰は農耕民のものであって、狩猟採集民のものではないのである。要するに土地（land）は、農耕民にとっては生産の手段（means）であるが、狩猟採集民にとっては生産の目的（object）そのものに他ならない（Bender 1990：253）。従って大地の産出力ないし生殖力（earth fertility）を象徴し農耕を左右する女神即ち地母神の信仰（Gimbutas 1982：201）は、農耕民にとってこそ価値があるが、狩猟採集民にとっては意味がないことがわかる（狩猟採集民にとっての土地の価値観については（Herskovits 1952：340-343）参照）。

　要するに狩猟採集民の信仰と思想では、獲物の豊凶と生物の生殖力（fertility）との間には何の関係もなく、獲物の豊富さは生殖（reproduction）によってではなく、超自然力によって支配される（Chard 1975：183）。北方系狩猟採集民の考え方では、獲物の豊凶は獲物の神（族長ないし君主）の意志によるものであって、その豊かさは獲物神との正規の社交的儀礼によってはじめて確保される（Watanabe 1994：56-59）。獲物が乏しいのは獲物神への不敬のむくいであるか

ら、豊猟ないし豊漁を願うには獲物神との友好関係をとり戻して再び獲物を送ってくれるように頼む以外にない。

　要するに農耕民の思想としての収穫の豊かさは栽培種の繁殖的成育によるものであって、その生育を祈願するのが彼等の生産儀礼である。従ってその儀礼に地母神信仰が伴ったり、性交擬態が伴う場合がありうることは理解できる。しかし狩猟採集民の思想としての収穫の豊かさは自然種の周期的出現ないし規則的回帰によるものであって、その出現ないし回帰を祈願するのが彼等の生産儀礼である（参考：Watanabe 1994；渡辺　1993b）。従ってその儀礼はその出現ないし回帰を祈願するものであって、原理的に前者とは全く異なり、地母神信仰や性器信仰などが入り込む余地はない。また彼等の家族や個人の安全と開運を祈願する信仰・儀礼の場合も同様で、病気と事故あるいは猟漁の不運は、一般に超自然的な力や神の作用と信じられていて、その対策は儀礼的にそれを防ぎ鎮めること以外にない。このような予測不可能の事態の儀礼的処理に特殊能力をもつ人々が狩猟採集社会のシャーマン（shaman）ないしメディシンマン（medicine man）である。以上のような対策の場合にも、原理的にみて地母神や性器崇拝などの信仰が入りこむ余地はなく、またそのような実例も見当らない。要するに地母神信仰や性器崇拝は狩猟採集社会である縄文社会にはそぐわないといえる。それらは農耕社会の思想なのである。

　以上のような諸事情から、縄文社会（即ち先史猟漁採集社会）の女性土偶を地母神像とし、あるいは地母神信仰に結びつけることは、根拠がなく無謀といわざるを得ない。

　以上のように鳥居氏の「女神即地母神」説が、学史的には著名ではあるが、論拠のない憶説にすぎないとなると、既存の土偶神像論として残るのは、僅かに大野氏の「女神即安産の守神」説だけということになる。これは果たしていかなるものであろうか。同氏は縄文土偶を「女神即妊婦の崇拝する安産の守神とでも云うような譯であらう」（大野　1910：60）と推察したが、その判断の手がかりは、縄文土偶には女性の方が圧倒的に多いという一事実にすぎない。大野氏自身も、何故女性が多いのかその理由はよくわからない。とにかくこの事実から判断するとこういう推察が下される（大野　1910：60）と述べている通り、氏の所説もまた然るべき拠り所にもとづく論理的な帰結ではなく、大きな飛躍を伴う直感的推測の域を出なかった。しかしこれは縄文土偶産神論の皮切りとして学史的な意義は大きい。次節に示すとおり、民族誌的証拠にもとづく筆者の解釈がはからずも大野氏の直感的推測とほぼ一致することとなり、それを論理的―土俗考古学的に説明する結果となった。この結果が示すとおり、筆者は同氏の「女神即安産の守神」説に賛同の立場をとり、その推測も妥当と考える次第である。筆者の論考は次のとおりである。

3. 縄文土偶即産の女神像

　縄文土偶が母性女神像と解さるべきことは、以上で説明したとおりであるが、そこで最後に大きい疑問が残る。それは、何故に母性女神なのかという疑問——縄文人の時代と地域を通じて一貫した土偶神即母性女神の信仰は一体何のためかという疑問である。これに対する第1の鍵は現生狩猟採集民によって与えられる。先に説明したとおり、民族誌的情報によると、狩猟採集民に「土地（大地）の生産性（産出力）」という思想はなく、獲物の豊凶を「生殖力」（繁殖力）（fertility）に結びつける思想もない。この点からみても明らかなように、狩猟採集民に関する限り、生殖力（fertility）あるいは多産性（fecundity）を象徴する母性女神の信仰の目的（用途）は、人間（狩猟採集民）自身の生殖力ないし多産性の確保以外には考えられない。これからみて縄文人が信仰した土偶神即母性女神は彼等自身の産の守護神にほかならなかったと推定できる。

第2の鍵は狩猟採集社会における産行動の実態である。これを明らかにすることによって、生殖活動が狩猟採集生活上の普遍的必要（universal needs）の一種であること、つまり彼等にとって、いかに子が必要であり、そのためにいかに安産の確保即ち出産のリスクの回避が必要であるかが理解できる。南方系狩猟採集民のように自らの体以外に移動手段をもたない社会では、一般に遊動的生活のため、出産間隔が短かすぎると子は足枷になる（Lee 1979：312-313）。また極北の狩猟採集民では、経済的に子の数が制限され、間引きが必須になる（Weyer 1969：132）。このような苛酷な条件にもかかわらず、すべての狩猟採集民にとって子は必須という一般的生態的事情がある。縄文土偶即母性女神像の信仰は、このような社会環境への適応行動としてはじめて理解が可能にみえる。以下はその詳細である。

（A）　縄文土偶即産の女神像

縄文土偶は前述（第2章-2）のとおり母性女神像と認められるが、その姿勢には、乳房をはじめとして下腹部膨隆や赤子等の母性特徴の表現が顕著である。このように彼等の土偶の示す母性特徴は、心理的ないし抽象的な特徴ではなく、妊娠、出産、哺育に関係する具体的な母性行動——即ち生殖（子孫の産出 reproduction）行動である（第2章-2、図69参照）。この事実は、彼等の土偶神が生殖即ち産の象徴であること、つまりそれが産の女神であることを示唆している。

縄文土偶が母性女神であることは既に前節（第2章-2）で明らかにしたが、その女神は、以上のように、抽象的で漠然とした母性を象徴する女神ではなく、具体的で限定的な母性機能を表わす「産の女神」（生殖の女神）であることが形態的特徴の分析から明らかといえる。そこで先述した縄文土偶信仰即母性女神信仰の全国的普及という事実（第2章-2、図69及び表3）は、さらに具体的に縄文時代における「産の女神」信仰の全国的普及と読み替えることができる。ここで我々は、そのような土偶信仰が、縄文時代を通してそれほど長く、また縄文社会の津々浦々までそれほど広く栄えたのは何故か——その驚くべき広汎で強固な信仰のポピュラリティーの理由は一体何かという疑問に改めて直面することになる。この解答を得るためには縄文人の社会的背景ないし生活上の必要 needs を理解することが必須になる。そこで次に縄文「産の女神」信仰普及の背景としての生活事情を考察する。

縄文社会で土偶信仰即ち産の女神（生殖の女神）の信仰が時代を越えて広くゆきわたったことには深い理由がある。それには狩猟採集社会の生活事情即ち生態的要素がかかわっていたと考えられる。縄文土偶の意義と存在理由は、そのような社会的-生態的コンテクストの中ではじめて理解の糸口をみいだすことができると考えられる。そこで彼等の生活事情を推察する手だてとして、先ず初めに狩猟採集民の産行動の実態を概観し、彼等が生殖（子孫産出）行動に対していかなる関心を抱きいかなる態度をとってきたかを見てみよう。

(B) 狩猟採集社会における産神信仰の実態

(i) 子持ち願望と産儀礼

狩猟採集民の民族誌的情報を精査すると、彼等の伝統的社会では一般に不妊と難産がいかに重大な社会的関心事であるか、また不妊者の懐妊と妊婦の安産がいかに望まれ祈願されてきたかが明らかになる。

狩猟採集社会だけでなく耨耕社会も含めた未開社会では、子のない女の社会的評価は低く、笑いものにされたり、軽蔑あるいはあわれみの対象にされている。それに対して妊娠や出産には無形の社会的報償 rewards が与えられる。そこで各地で妊娠・出産を確保し不妊を防ぐ慣習がみとめられる（Ford 1945：36-37）。特に狩猟採集民の生活は体力（特に歩行・走行力等）への依存度（渡辺 1977a、1981a）が高いので、老後は子に頼るほかはないから、子の有無は各人の生存にかかわる重大問題である（後述「子の必要性」参照）。上記 Ford の調査は農耕社会が中心で狩猟採集民のデータが僅かしか含まれていないので、後者について筆者の集めたデータを概観すると次のとおりである。狩猟採集社会と農耕・牧畜社会とでは子の必要理由に相異点があるが、子が願望される点は両者共通である。

(a) 不妊と懐妊祈願儀礼

ワルビリ族（オーストラリア）

砂漠の原住民であるが、大抵の夫婦が大家族を欲しがり、子を持てない夫婦は両人ともその性生活上の怠慢を非難される（Meggitt 1965：273）。

ムルンギン族（北部豪州、アーネムランド）

子の無い夫婦の夫は、妻が妊娠を告げるまで幾多の食物禁忌を守らねばならない（Warner 1969：57）。女の不妊は、全男性があらゆる努力をして避ける事態であって、妻が不妊であったり、子を生む前に死んだりした場合は、別の妻が与えられる（Warner 1969：83, 120）。

アンダマン島民（ベンガル湾）

北部部族では、子が欲しい女は、干潮時に珊瑚礁の特定地点まで歩いてゆき、そこにある石の群の上に立つ。その石はかつては子供だったという伝説があって、妊娠希望の女性が通う場所とされている（Radcliffe-Brown 1964：90）。

ポモ族（カリフォルニア）

女性が懐妊の目的で使用する粗製の土偶があった。この粘土製ヒト形は彼等の造形芸術の唯一の実例である（Loeb 1926：191）。

この懐妊祈願用人形は、幽霊舞い（儀式）ghost dance (ceremony) 挙行者の一人[22]によって、その儀礼場である竪穴式家屋 Ghost House の屋内で、儀式の前に作られた。人形は白色粘土と木で作られ、頭はあるが手足がなく、鼻と口は粘土のくぼみで表現された。像は平坦だが、女の子を望むときは乳房をつけた。出来上がると壁に掛けて乾燥し、乾燥中に司祭長 head priest（yomta）がその人形に祈願した。それによって人形がマナ mana（超自然力）を付与さ

れ神聖物となった。懐妊を望む女の家の男達がその聖人形を持ち帰り、女がそれを受取って自分の寝床へ持ってゆき、子供同様に養育した（Loeb 1926：246）。

またポモ族には、樹木（北部）や岩石（北部、東部）を信仰対象にした懐妊祈願も行われた。東部ポモ族で行われた最も一般的な方法は野外の特定自然石（"子供石" children rocks）への祈願である。この岩石は2カ所にあって、第1はある丘の斜面に露出した暗灰色花崗岩漂礫 boulder である。子が欲しい女は、日が暮れかけてから僅かの粥 mush を摂るだけで4日間断食し、5日目に独りで明け方に小形フリント製ナイフを持ってその岩のところに行き、岩のまわりで定められた儀礼を行って、その岩に子を祈願した。この儀礼は終始他人に見られないよう秘密で行われた（Loeb 1926：246）。

モドック族（カリフォルニア、北東端）

妊娠を望む時、女性は貝殻を細かく砕き、湯に混ぜて飲み込んだ。これは月経の5日目の早暁に東に向いて行われた。貝殻の入手法は様々で、男の子を望む時はピット河の人々から入手した貝ビーズが好まれた。女の子の妊娠を誘発するには、外洋性貝殻の内層が用いられた（Ray 1963：97）。

ヌートカ族（北米、北西海岸）

子がないことは最も一般的な離婚原因であった。夫が死んだり離婚した場合、子の配分が大きな問題になった。夫婦の双方の家族達がその子を欲しがったが、父方の請求権が強いのが普通だった。遺された子が何人もあれば、年上が父の側に年下が母の側にとどまった（Drucker 1951：302, 303）。特権類を主とする財産の相続制が発達していたので、その相続者としても子は必須であった。

ピュージェット・サウンド・インディアン（北米、北西海岸）

彼等の生殖力 reproductive power は白人より小さい。不妊がかなり多く、これは若い頃に各種の弊害によって惹き起こされる（Castile 1985：32）。

クヮキゥトル族（北米、北西海岸）

子が欲しい女は、夫とともに双子が生まれた場所に行き、そこにしゃがんで、ある初魚（食用油用 candle fish）4匹を食べる。また夫とともにある鳥の巣を卵とともに持ち帰り、その卵を食べ、巣の材料を寝具の下に撒き散らす。最善の方法は夫が1カ所に長らく坐っている蛙をみつけて、その場所に妻がしゃがむ。これらはすべて夫婦協同行動である（Boas 1966：358）。

クラマス族（北米、オレゴン内陸）

子のない夫婦は軽べつと憐憫（レンビン）の情をもって見くだされる。不妊は時々離婚の原因とみなされる。人は多くの息子を持ちたいと望むが、不可避なことは哲学的に容認する（Pearsall 1950：399）。

サンポイル族（北米コロンビア河上流）

子のない女は冬祭 winter dance の時にシャーマンに頼んで子宝祈願をした（Ray 1932：125）。

クテナイ族（北米、コロンビア高原）

彼等は子を欲しがったので、子のない夫婦は子沢山の家族に申し込むことがしばしばあった。

両親は、子を売ることは決してしなかったが、子のない夫婦へ与えることが時々あった。これは子沢山の圧力によるものではなく、その夫婦への同情による行為であった（Turney-High 1941：115）。

アサパスカン語族（北米、北方森林帯）

すべてのアサパスカン語系群の間で、子を持つことが大いに望まれ、Bear Lake 群の例を除いて嬰児殺し infanticide の証拠はない（Vanstone 1974：76）。

カスカ族（北米、北方森林帯）

アサパスカン語族のカスカ族では、不妊は女の恥で、その両親の恥でもあった。それを治すために、シャーマンが彼の援助神 animal sponcer を表わす一片の毛皮を不妊女に授け、それを彼女が外帯として身に着けた（Honigmann 1954：118）。

タナイナ族（アラスカ、クック湾岸）

タナイナ族はアサパスカン語族の一派で、北太平洋岸に進出した定住的猟漁民である。彼等は子を欲しがり、間引き習慣の証拠もない。男児の墓には副葬品は不必要とされるが、女児の墓には母親の手による副葬が必須であって、そうしないと彼女はそれ以上子が持てなくなると信じられている（Osgood 1937：160, 167）。

ミスタシニ族（カナダ、ラブラドール半島）

彼等は子を欲しがる。昔はこれが一夫多妻の一因でもあった。男の年寄りが、最初の妻が妊娠可能年齢を過ぎた後に2番目の妻を持つことが時々あった。現今では一夫多妻は最早みられないが、妻を亡くした老年の男は、続けて子が持てるように若い女と結婚するのが通常である（Rogers and Rogers 1960：16）。

グリーンランド・エスキモー

西部グリーンランドでは産まず女は不評で、男子が授かるよう祈願した（Birket-Smith 1924：407）。

北アラスカ・エスキモー

赤子が歓迎されたことは疑いの余地がない。子のない女性が悩んだことは殆ど確実である。出産用呪術はすべて分娩を楽にする目的であった（Spencer 1959：232, 234）。

ベーリング海エスキモー

既婚女性は概して男子を持つことを切望した。長期不妊の場合、シャーマンに診てもらうと、普通は彼が人形のような小像を作り（夫に作らせる場合もある）、その像についてある秘密儀礼を執り行い、その女性にその像を自分の枕の下に入れて眠るよう指示した（Nelson 1983：435）。

ネルソンの調査報告書には多数のヒト形彫像（牙偶、木偶）が一括して人形 dolls として分類・記載されているが、これに対しフィッヒュー等は、それらが必ずしも人形ではなく、人形に似た人像で玩具以外の目的のために彫られたものもあるとして、後者を次の3類に区別した。(1)懐妊祈願用。夫婦に長らく子ができない時、夫が人形 doll を彫り、それに食物を供えて世話をする。(2)猟漁祈願用。猟漁祈願祭 Doll Festival 用の木偶、(3)祭礼時に村を離れる時の留守中の

図70 ベーリング海エスキモーの懐妊祈願人形
(a)セントローレンス島（Ray 1984）
(b)ノートン湾（Nelson 1983）

本人の代りとなる人形（Fitzhugh and Kaplan 1982：156）。

懐妊祈願用人形の実例はどこにも図示されていないが、それらしいものはある。図70(a)はセントローレンス島エスキモーの木偶で、ひざまづき両手で赤子を抱きあげている女性を表わす。これは不妊の女に与えられたものと推定されている。1920年代作、高さ14.4cm（Ray 1984：Fig. 59）。

図70(b)はネルソンによって人形 dolls として一括記載された一群の標本の一例（Nelson 1983：Fig. 6, Pl. xciii）であるが、他例（単身）と違って両手で子供を抱く女性立像（ノートン湾、ウナラクリト族製、牙偶）である。これもその姿態からみて懐妊祈願用ではないかと思われる。ネルソンによると毛皮コートの頭巾の中の子供（当地の幼児運搬風習）を表現した類似の人形も時としてみられるという（Nelson 1983：344）。

チュクチ族（アラスカ対岸、チュクチ半島）

甲野氏によって引用された W. ボゴラスの報告によると、チュクチ族では、妊娠祈願用の人形が女子の嫁入り道具になっていて、子宝にめぐまれるようこれを常に床辺に置いたという（甲野 1964：171）。

アイヌ族（北海道）

子供を熱望し、子のないことは神の立腹のあらわれとみなされた（Murdock 1934：178）。子無きは神々からの特別の罰と考えられた（Batchelor 1971：199）。男は男子を切望した。それは家族のカムイノミ儀礼司祭者の後継ぎ、家宝・家伝の相続者が必要だったからである。女は1～2人の女子を欲したが、それは特に老後の面倒をみてもらうためであった（Batchelor 1971：200）。

ギリヤーク（ニブフ）族（アムール下流及び樺太）

ニブフ族はアムール下流から樺太にかけて分布した古アジア語系民族で、北太平洋沿岸を特徴

づけた定住的猟漁民の西端群に当る。彼等は子供を熱望した。多産は特に父親の威信の源であったから、人々は子沢山を願った。女の不妊は離婚原因となり、男が第2の妻をとる理由ともなった。第2の妻が子に恵まれると第1の妻はその座を追われることになった。不妊の女性は各種の方法でその事態の改善を求め、それに最もよく効くとされたのは、子の多い夫の兄弟から贈られた帯であった。女性はまた不妊の難を避けるために雌犬の牙を身に着けた（Black 1973：57）。

以上は狩猟採集民の例であるが、農耕社会（男子主耕作者）では、子供も労働力として役立つので、その経済的・社会的評価は狩猟採集民のそれを凌ぐ傾向がある。次例はその一端を示している。

アシャンティ族（西アフリカ、黄金海岸）

アフリカの黒人王国の一つとして知られるアシャンティ族は、散在する村落と若干の町に住み、鍬を使ってバナナ、ヤム、マニオク等を主作物とする農耕民である。そこでは子が無いことは、男女双方にとって最大の個人的悲劇であり最大の恥辱でもあって、多産が名誉とされた。10人の子の母はその手柄を自慢し、また公的祝賀式が与えられる（Fortes 1950：262）。

古代エジプト人社会（北アフリカ）

彼等が信仰したナイルの河の女神イシスは生産（農耕）の神であると同時に産の神であって、祭の時僧侶達がその黄金の神像を街へ運び出すと、女性が子を授かるようにそれに嘆願した（Budge 1977：166）。

日本民俗にも子を持ちたいと願う気持ちから様々の妊娠祈願習俗がみられる。霊験あらたかな神仏に祈る他に各種の子宝祈願が行われている（文化庁文化財保護部　1969：302）。

文明社会になって不妊女性に対する社会的評価は変わっても、その懐妊願望は依然として根強いものがあることを上記の情報は物語っている。

(b)　難産ないし異常出産と安産祈願儀礼

狩猟採集社会だけでなく未開社会一般の女性の間には、明らかに難産や異常出産へのおそれが漂っている。それは大抵の未開社会で妊婦の安産を確保し、出産の苦痛を軽減・回避する方法が講じられている事実から明らかである（Ford 1945：50）。難産や分娩の苦痛への懸念がすべての原始（狩猟採集民、未開農耕民）社会の女性達を妊娠中厳格な諸規則に従わせる動機となっている（Ford 1945：62）。フォードの調査（1945）に挙げられた民族誌データには狩猟採集民の例が比較的少ないので、以下にそれを補うデータを挙げてみよう。

アウェン族（南アフリカ、ブッシュマンの部族）

難産または分娩時の病気の時は分娩軽減のため魔術師を呼ぶ。難産は時として起こり、重病の時は母子ともに死ぬ（Shapera 1930：114）。

アルンタ族（オーストラリア中央部）

妊娠初期の食物制限が厳しく、妊婦が肉を食べると胎児が怒って病気になると信じられている。それ故妊婦は初め野菜だけしか食べない。さらに初めの3〜4カ月間その夫は槍やブーメランを必要とする大形獣を殺さず、ネズミ等の小動物しか獲らない。未生の子の精霊が彼の後をつけま

わして、彼が大形獣に近づくのを警告するという。もし彼が獲物に武器を投げようとすれば、その精霊が武器のコースを曲げるだろう。そして彼は彼の狩猟技術が失われたこと、胎児が彼に怒っていることを知るだろう。この警告にもかかわらずなおも夫が大形獣を殺そうとすれば、母親の病と苦しみが極めて増大するだろう。しかし他人が殺した動物を食べることは差し支えない（Spencer and Gillen 1899：471）。この習慣はトーテミズムとは関係ないらしいとされている。難産の時は、夫が身につけた一切の装身具をとりはずし、小物袋の中身を空にして、未生の子を誘い出すべく妻の産所の附近を往き来する（Spencer and Gillen 1899：466）。

ワルビリ族（中部オーストラリア）

妊娠しても日常生活は殆ど変らず、出産直前まで採集活動に従事するが、妊婦には食物規制が課され、子が2、3年後に離乳するまで継続する（Meggitt 1965：274）。

死産児は儀式なしに近所の藪に捨てる。奇形児は、母親か産婆役が、頭を打つか砂の中に顔を下に向けて窒息させて殺し、直ちに埋める。難産は稀だが、その時は強いマッサージで促進し、呪文は使わない。妊婦に対する食物制限がきびしいが、それは死産や奇形など産児の異常を避けるためである。そのような食事制限は夫には課されない（Meggitt 1965：274-275, 276-277）。

ネグリート族（フィリッピン）

一般に子が熱望される結果、妊婦とその関係者は妊娠期間中極めて用心深く、食事その他の行動が制限される。しかしそれにも拘らず流産・死産等が多い（Garven 1963：131）。

妊婦とその夫に課せられた禁止行為としては11種が報告されている。この行為を守らないと早産、流産、難産あるいは産児の病気が起こると考えられている（Garven 1963：112）。難産の場合は、真っ先に妊婦の母が、ひも（糸）に通した自分用装身具やしばるものを取りはずす。それでも出ないと、分娩が達成されるまで、親戚の者が次々に同じ手続きを実行する。極めて困難な場合はシャーマンが招かれる（Garven 1963：118）。

ヤーガン族（南米、ティエラ・デル・フェゴ）

夫婦は子を熱望したので、普通は産児制限をしなかった。そして出産の前後に、夫婦はともにある期間いくつかの食物禁忌を遵守した（Service 1958：36）。

キュベオ族（南米、北西アマゾン）

女性のマニオク農耕を伴う猟漁採集民である。出産は危険な時期で、母親も子も超自然的危難にさらされるのでそれを払いのけなければならないが、産婦の保護は殆どできないと彼等は信じている。しかし生まれる子のための魔術的安全対策は念入りである（Goldman 1963：167）。

南カリフォルニア・インディアン

彼等は出産前の若い母親を大事にした。妊婦が醜いものを見たり悪いことを考えたりすると赤子がそのように運命づけられると考えられていたので、彼等は妊婦を平和にしておいた（Underhill 1941：36）。

ヨクート族（カリフォルニア）

テュレア湖のヨクート族では、難産は邪悪なシャーマンの力によるものとされ、必要ならシャーマンが招かれた。彼は妊婦の頭に彼の神聖な護符を押し当て、また同様にその腹を押した。そ

こで出産するとそれは彼の護符の力によるものとされた（Gayton 1948：29）。

モドック族（北東カリフォルニア）

妊婦に課された行動制限と行動要求は、生理学的に健全な考えと魔術的な考えの結合したもので、その習慣は、母親の福祉に関するものと子の健康・性状にかかわるものとに2大別できる。母を保護するタブーは主に食物より活動に関係がある。最も重要なのは出入口での各種の禁忌活動であった。例えば出入口に立って外を見たり出るのをためらうとか、出入口から出発して帰るあるいは後戻りする等の禁止がそれであって、それを犯すと前者の場合は産児が同様の行動をすることになり、後者の場合は胎児が逆転すると信じられた。また妊婦のベルトはゆるめなければならない。子宮の中での狭窄が起こってはならないからであった。また妊娠は多くの食物タブーを課されたが、それらは未生の子を保護するためのものであった。分娩が長びく時の最後の手段として、夫がシャーマンを招いた。シャーマンの診断によってその原因は妊娠タブーの破戒に帰された（Ray 1963：95-96, 99-100）。

フパ族（北西カリフォルニア）

妊婦は妊娠のはじめ4カ月間自らまじない（祈り）をし（"make medicine"）、食物とその食べ方についてある諸事を守った。これらの実行は、産児が小さくて強いことを目的とした（Goddard 1903：50）。

北部沿岸セリッシュ族（北米北西海岸）

妊娠と出産は食事や夫婦特に母親の行動を制限するタブーにとり囲まれていた。後産についても子と母の双方を保護する儀式があった（Kennedy and Bouchard 1990：477）。

クィノールト族（北米北西海岸）

これは南西部沿岸セリッシュ族の一派である。妊婦は、子に生まれつきの痣ができないように3種の漿果を食することが禁じられたが、それ以外の食物制限はなかった。父母ともに、特定の異様なものあるいは怖いものを見ることや、物を盗る習性の小動物（ネズミ、カラス等）に手をふれることが禁じられた。それを犯すと子に報いが来ると信じられたからである。父母は子の福祉を願ってくり返し神に祈った。重い難産にはシャーマンが招かれた（Olson 1936：99-100）。

ヌートカ族（北米北西海岸）

女が妊娠すると母か年上の親戚の女性に告げ、その女性から必要な行動の教示をうける。この時から妊婦の行動を規制する諸規則は、すべて安産 easy delivery と健全な産児を確保する目的に向けられた。食物規制は少ないが、残り物はいかなるものも禁じられた。これは分娩を長びかせるからである。その他にも見ることとすることの禁があったが、それらはいずれも母体か子を守るべくデザインされていた。初産が女性にとって最も困難で危険とされ、難産にはシャーマンが招かれた。多くの家族が家伝として分娩を楽にするための呪術的手段（通常薬草類）をもっていた（Drucker 1951：119, 121）。

クヮキゥトル族（北西海岸）

妊婦は多種多様の行動規制を遵守する。それらはいずれも安産と健全な子の出産を目的とする。規制される妊婦の行動としては、食の禁止（サケ卵、クジラ、イカ、心臓を射ぬかれた動物）、

見ることの禁止（カエル、イカ、醜いもの、奇形のもの、病める者、ヒザラガイ科のある軟体動物）、仕事の禁止（重労働、籠編み、ロープ撚りあわせ、カヌー縫いあわせ、スギ皮裂き、魚裂き）、強制行動・動作の禁止（早起き―戸口開き、家屋厚板方向の臥位、身につけた輪状のもの（rings）と耳飾りの取りはずし）等がある。妊婦の夫もまた若干の行動制限を受ける。以上の他に次のような各種の儀礼行動がある（Boas 1966：358-360）。

　妊婦が初産の時は、海岸で4個の石を拾い着物の下に入れたのを落としながら「このようであるように」と祈る。これは安産 easy delivery 確保のためである。妊婦は安産を求めてツガの若木4本の先端に対して祈る。彼女は妊娠中4日目ごとに村落の後の池で水浴し、ツガの枝で身体をこすって双子出産を防ぐ。妊娠最後の月には、屋外に出て月に安産を祈る。出産直前には腕輪をはずし、編んだ髪を解き、各種混ぜもの（イカの足の灰―胎児が妊婦にしがみつくのを防ぐ効果、シカの尾の灰―シカのように子をとび出させる効果）を飲んで、安産を確保する。子が出てくるのを恐れないように、分娩の間は誰もが皆静かにしなければならなかった（Boas 1966：358-359）。

　ハイダ族（北西海岸）

　妊婦は、その夫とともに、多数のタブーを課せられるが、それは胎児保護のためであった。さらに妊婦は安産を確保するため幾つかの儀礼を行った（Blackman 1990：253）。妊婦は醜いものや死んだ動物を見てはならず、干潮時に採れた海産物を食べてはならない。誰でも家の出入口から出て引き返してはならない。さもないと難産になる（Murdock 1934：248）。

　ベラ・クーラ族（北西海岸）

　妊婦は多数の行動制約とタブーを課せられる。彼女はビーバーが作ったダムの上を歩いたりその池に頭を浸したりしてはならない。その禁を犯せばビーバー・ダムのように子の出産もふさがれるからである。妊婦はできる限り小動物や爬虫類に驚かされる機会を避けねばならない。なぜなら、たとえその刺激が僅かで彼女自身の精神を害することがなくても、未生の子の精神は傷つけられるからである。妊婦の夫も何等かの行動禁止を受ける。夫がビーバー肉を食すると、その妻の出産が難しくなる（McIlwraith 1953：34）。

　トンプスン・インディアン（北米、ブリティッシュ・コロンビア内陸）

　妊婦が初産の時は、夫婦である儀礼を経なければならず、さもないと悪い結果が多発するとされた。その儀礼とは、夫婦でしばしば冷水浴と発汗浴 sweat bathe をしながら、妊婦が暁の神 Dawn of the Day に安産を祈ることであった。

　妊婦には次のように多くの行動制限が課せられた（括弧内は破戒時の報い）。禁制食物にはヤマアラシ（それに似た子が生まれる）、ウサギ（三つ口の子）、クマ（不妊）、ネズミなどが喰った食物（早産）、サケの頭（初産婦）（難産）、接触禁止の対象にはサケ（初産婦）（難産）、踏みつけ禁止対象としてオオカミまたはカワウソの足跡（死産または出生直後死亡）（シャーマンが処置すれば死なずにすむ）、見ることが禁じられたものとして埋葬準備中の死体（産児への臍帯巻きつき）があった。難産の場合は、夫が河で水を浴び、裸で家に帰り、その周りを4回まわってから家に入り、産婦の枕元に立つ。こうすると子が早く生まれるという（Teit 1900：303, 305）。

リルーエト族(北米、ブリティッシュ・コロンビア内陸)

妊婦とその夫は、早暁に互いにみえないように川で水浴し、暁の神 Dawn of the Day に母親の安産、子の健康と彼等自身の無病・長寿を祈願した。出産には最大限の静粛が守られた。多勢の人が居たり騒いだりすると難産になると信じられたからである (Teit 1906：260)。

ワショー族(北米大盆地)

子が生まれる直前に安産祈願が行われた。それは産児の健康、生命と速やかな分娩を願うものであった。妻が分娩中夫はその場から離れていなければならず、また家の戸口に坐ってはならなかった。そうしないと赤子が楽に生まれないとされたからである (Price 1963：97)。

東部ショショニ族(北米大盆地)

ウインドリバー群(野牛狩猟者)では難産が稀ではなかった。死産の時は、産婆役が3人がかりで胎児を曳きだすことも時々あった。薬材による鎮痛法もあった。死産の子は山に埋めたが、特別の埋葬法はなかった。女性は双生児の懐妊を恐れた。難産だからである。それを避けるため彼等は双児を妊娠している動物を食することを避け、従って動物が子を持つ春には特に彼等は用心しなければならなかった。妊婦に対する各種タブーだけでなく、その夫に対しても数々の制約が課せられた。例えば妻が産小屋に居る間、夫は家に居て、しかも子が生まれてから臍の緒が落ちるまで完全に断食しなければならなかった (Shimkin 1947：299-300)。

サンポイル族(北米コロンビア河上流)

出産時の両親の行動が生まれる子の性質と運命を決める重大要因と考えられた。殊に母の行動が父のそれより重要とみられ、出産タブーの大部分は母に課せられたが、父の行動もかなり制限された。初産のタブーは2回目以降の場合よりきびしかった。若い女性は、母親を含む年上の女達から、それらのタブーを破れば死ぬとくり返し警告された。食物タブーは一般に妊婦とその夫の双方に課せられた。その他にも、妊婦か夫かその双方に関する、見てはならないタブー、してはならないタブーがあった。難産の時はシャーマンに頼った。彼はその原因をさぐって対処した (Ray 1932：124, 126)。

タールタン族(北米北方森林帯)

難産の時は産婆が手助けし、極端に重い時はシャーマンを呼ぶ。シャーマンは毛皮片など魔力をもつと信じられる物体を手にかくし持って、妊婦の頭に触れた後速やかに姿を消す。こうすると子が驚いて速やかに出るという (Emmons 1911：100)。

クチン族(北米北方森林帯)

妊婦に対する食物禁忌が多かった。それを守れば出産が容易になるだけでなく、産児の健康も良くなると信じられた。妊婦の夫にも多くのタブーが課せられ、それらには産児の健康と幸運がかかっていた (McKennan 1965：57)。

タナイナ族(アラスカ、クック湾)

出産が危険になると、家族がシャーマンをよぶ。これはその専門的手段で母体の生命を救うためである。しかしそのようなケースは稀である (Osgood 1937：160)。

ワラパイ族(アリゾナ北西部)

ユマ語族の一派で、南西部インディアンに属するが、土地不適のため殆ど農耕をしない遊動群である。妊婦には一連の禁忌が課され、夫もある程度その影響を受けた。それらすべての規制を守れば、援助なしにまた何の困難もなく出産できるとされた（Mekeel 1935：129）。

　アパッチ族（北米南西部）

　アパッチ族はナバホ族とともにアサパスカン語族の南方群に属する。その一派のチリカワ族では、難産用各種儀礼や出産による疾患に用いる各種薬剤があって、子を生むことが必ずしも容易でないことを暗示している（Opler 1941：9）。

　非常の場合以外、夫は出産の場に居てはいけないので、分娩が近づくと家を出る（Opler 1941：7）。出産が極めて困難か長びく場合、また特に呪い sorcery の疑いがある時は、年寄り等に助けを求めて儀礼を行う（Opler 1941：9）。

　ミスタッシニ族（カナダ、ラブラドール半島）

　子の欠陥は母親の妊娠中の行為の失敗に帰される。例えば幼女の湿疹は母親の妊娠中の洗濯のし過ぎと言われた。また赤子の傷跡様の痣は母親が妊娠中に何か激しいことをして自分と子の双方を傷つけたからだという。妊婦は過激な仕事が禁じられる。また女が再度妊娠した時に、年上の子に授乳すると、生まれる子に必要な質と量の乳が出ないと用心された（Rogers and Rogers 1960：16）。

　ネツリック・エスキモー（カナダ北極洋岸）

　セントラル・エスキモーの一派であるネツリック族では、厳格な禁忌体制が宗教生活の基礎となっていて、その中心が猟漁関係とライフサイクル関係であった。就中出産タブーが殊のほか多く、妊婦は出産が近づくと別の雪小屋で4〜5日間独りで過ごし、独力で出産した。妊婦は極めて不浄で何人も触れることが許されなかったから、産んだ子の臍帯も母親が自らの石ナイフで切断した。難産にはシャーマンが招かれた（Balikci 1970：220）。

　北アラスカ・エスキモー（北西アラスカ、北極海斜面）

　妊婦に対する一連の禁忌があって、それに従わないと母か子のどちらかが害を受けると信じられた。例えば、妊婦はひも類を作ってはならない。さもないと、出産が遅れ、産児の首が臍帯で締まる結果になる。父親は網や結び目 knots を作ってはならなかったが、それ以外の特別の制限はなかったようにみえる（Spencer 1959：230）。シャーマンによる産児の性別決定用慣行以外すべての出産用呪術 birth magic は安産を目的とした（Spencer 1959：232）。産婦にも多くの制限が課せられたが、それは一般に母と子の双方を保護するものと考えられていた（Spencer 1959：233）。

　アラスカ・エスキモー（アラスカ全域）

　個人に対する行動規制としては、妊婦に対するものが最も多かった。それらは安産と胎児の成熟を確保するようもくろまれていた（Oswalt 1967：193）。

　ギリヤーク（ニブフ）族（アムール河下流域）

　妊婦は産小屋（渡辺　1984：409-410）で出産する。その間、夫は家を去ることが許されず、仕事も禁忌であった。Schrenk によると、分娩を楽にするために、夫が木の人形（出産中の女

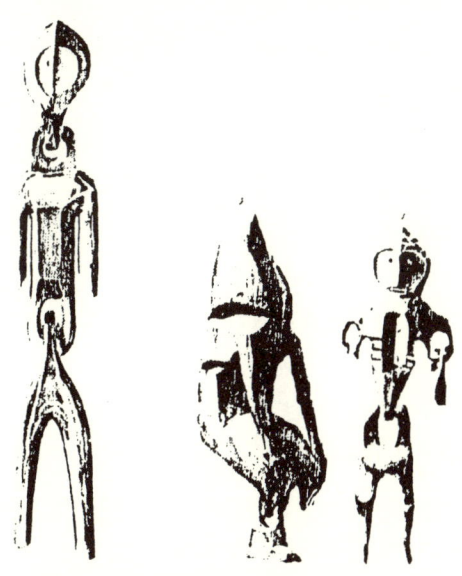

図71 ギリヤーク（ニブフ）族
の安産祈願人形
（Black 1973、Shrenk 原図）

性の像）を彫り、妊婦の産小屋にそれを置いた（Black 1973：60, Fig. 24）（図71）。

妊婦の日課は平素と全く変らず、必要なら薪割りから夫の舟の櫂漕ぎまでどんなに重い家事でもした。統計はないが、流産が多いのはそのせいだとされ、流産防止用の魔術的予防策があった（Black 1973：57）。

アイヌ族（北海道、樺太）

北海道では、出産時、夫が火の神に安産祈願のカムイノミ儀礼をする。産が重い時は主人が懸命に祈りをつづける（金田一 1944：図版第14、写真）。沙流では、産が終わったら、主人が木幣を作り炉の上手に立てて火の神に感謝する。出産のあった家の主人はしばらくの間、10日も15日も猟に行かない。熊の神がとがめるからだという（渡辺他 1988：36, 37）。二風谷（沙流川筋）では、出産の一週間程前に、老人が笹や蓬で手草（たくさ）を作り、火の神に頼んでから便所の神のところに行き、妊婦に悪いものが憑いていたら、その手草で魔物を払ってくれるように祈願する（更科 1968：105）。白老では難産等の場合は火の神、家の神、子供の守護神（屋内祭神）に祈願した（満岡 1941：112）。マンロー博士が遺した民族誌的調査情報の中には、難産時の神頼みの祈り言葉 inonno itak の実例13例がある。難産は悪神の仕業と信じられていて、これを駆逐するための各種の神 kamui に祈禱して安産を祈願したことがわかる（Munro 1962：164-168）。

樺太アイヌでも火の神が安産の神である（葛西 1975：21）。また安産の護符として、クマの腸の乾かした一片を腹帯の中に包み込む習慣もある（葛西 1975：20）。

以上は狩猟採集民の例であるが、参考のため男性農耕社会・牧畜社会の安産祈願例若干をあげておく。

サモア族（ポリネシア、藷・果実栽培民）

子は重荷であるよりも神の恵みと考えられ、平均的母親は4〜5人の子をもつ。妊婦には多くのタブーが課され、出産は老若男女20〜30人の環視の場で行われる。出産には、祈りと供物が、父親の家族の神々に、また難産の場合にはさらに母親の家族の神々にもささげられる（Murdock 1934：67）。

ピマ族（北米、南西部地方）

男性が耕作に従事する定住的な玉蜀黍栽培インディアンである。子供の数12人を数える家族も知られ、双子がよろこばれた。男の子が好まれたのは、成長すればアパッチ族と戦うだろうからである。奇形に対する反感が強く、奇形児は両親の同意を得て、産婆役女性がとりあげ、遺棄して栄養不足で死ぬまで見とどけた。妊婦だけでなくその夫にも産児の健全を確保するためのタブーが課せられた（Russel 1980：185）。

ハヴァスパイ族（北米、グランド・キャニオン）

出産前の1カ月間、妊婦は夫とともに肉食を絶ち、妊婦だけはさらに塩気の食物を絶つ。これらのタブーは分娩の1カ月後出血が止んだ時に解かれた。これを守らないと出産は面倒なことになるとされた（Spier 1928：300）。

ヤクート族（シベリア、牧畜民）

彼等の善神中の最重要神は産の女神'Ayyysyt'であって、出産中その神に供物を奉献する。この神は妊婦の産後3日間その家屋内に滞留し、3日目に女達だけで家から送り出しの儀礼をする。この女神は女に受胎力を授け、分娩を助け、母達に子を授ける（Tokarev and Gurvich 1964：280）。

ダホメ族（西アフリカの農耕民）の安産祈願は祈り詞と供犠からなる（Murdock 1934：578）。

日本民族

出産の前段階に安産祈願などが行われる。陣痛が始まると山の神、ほうき神、便所神というような産の神を迎える所もある（文化庁文化財保護部　1969：300）。

以上の事実は、狩猟採集民の女性にとって出産が安易なことではないことを示している。この点は狩猟採集民だけでなく未開社会一般に共通であって、最近では「未開社会の女性は出産が楽だという通説が誤りであり、また家畜化が動物の出産を難しくするように、人間も文明化すると出産が重くなると人類学で言われてきたが、これも証拠が乏しく、それとは逆に、未開社会の女性がしばしば難産に苦しむという証拠が多い」（Hoebel and Frost 1976：156）と指摘されている。

(c)　産褥死と母子合葬

出産に伴う事故としての最悪事態は産褥死即ち出産時の母体の死亡である。これはいかなる社会でも起こり得るが、衛生・医療条件の劣悪な未開社会では近代社会よりその危険性は大きい。この点も彼等の安産祈願の背景として重要にみえる。Ford（1945：72）は、汎世界的な調査結

果から「妊娠中の用心や分娩中の死の恐怖が未開社会で表現されていることは、致命的な分娩がしばしば起ったことを示している。彼等のどの社会でも、女性が時々に出産で死んだことはまちがいない」といっている。またさらに新石器時代以前の人骨資料がそれを実証している。ヴァロアの調査（349例）によると、ネアンデルタール人は勿論、後期旧石器時代から中石器時代の現代人においても、女性の死亡率が男性のそれより高く、大抵の男性が30歳以後まで生きたのに対して、女性の大部分は30歳以前に死亡した。これは疑いもなく妊娠と出産による事故死の結果と指摘されている（Vallois 1961：222）。特に集団が小さく不安定で、育ての親をみつけ難い狩猟採集社会では、遺された子の哺育が重大問題であって、そのために生まれた子も殺して母子合葬することが多い。注目すべきは、最も単純なエスキモー社会でも高度文明で知られる中米インディアンのアズテック社会でも、いずれも産褥死が女性の最高の死に方とされたことである。これは子を生むことが、未開社会の女性にとっていかに重要な務めであり、彼等自身にとっていかに社会的意義の大きい行為であるかを如実に示す事実といえよう。狩猟採集社会における産褥死のデータは前記Fordの報告にも乏しいので挙げてみると次のとおりで、手元にある例数は多くはないが、その分布はほぼ汎世界的といえる。

　ウイトト族（南米、北西アマゾン流域）

　女性の玉蜀黍・甘藷農耕を伴う猟漁採集民である。出産で母親が死に、生まれた子を引きとる別の女性がいない場合は、森林に捨てるか、その母親の墓に生き埋めにされた（Murdock 1934：464）。

　ヒューロン族（北米、北東部）

　女性の玉蜀黍農耕を伴う猟漁採集民である。出産は安易なことではなく、かなりの数の女性が産褥死した。女達は出産で泣き叫ばないようにした。臆病と思われることを恐れたからである。男が戦いでその勇気を立証したように、女は出産でその勇気を証明したらしい（Trigger 1969：64）。

　イロクォイ族（ニューヨーク州北部）

　女性の玉蜀黍農耕を伴う猟漁採集民。母親が子に乳を与える期間は2～3年である。この期間中に母親が死ぬと、その子は殺される。子育ては全面的に母親依存で、父親はそれに殆ど何の権威も関心ももたなかったからである（Murdock 1934：311）。

　マイドゥ族（カリフォルニア）

　北部マイドゥ族では、母親が幼い子を残して死ぬと、その子は原則として、あたかも授乳しているように母の胸の上に横たえられて生き埋めにされた。母体が火葬される場合も同様に、その子は母の胸の上に置かれて彼女と一緒に焼かれた（Dixon 1971：502）。

　モドック族（カリフォルニア北東隅）

　出産時か授乳期間中に母親が死んだ時、あるいは母が授乳不能の場合には、縁者を探して乳母にする。母乳以外の育て方はなかった（Ray 1963：101）。

　アウエン族（南アフリカ、ブッシュメン）

　時に難産が起こる。難産や分娩時の病気の時は分娩軽減のため呪術師magicianを呼ぶが、最悪の場合は母子ともに死ぬ。出産後間もなく母親が死んだ時、その子が生きていれば別の女性が

授乳して育てることもあるが、特に未開のバンドでは、母と共に生き埋めにする方が多い (Shapera 1930：114)。

タスマニア原住民（タスマニア島）

彼等は同一場所に1、2日以上滞在することのない遊動群である。母親が産褥死するとその子は母と一緒に生き埋めにされることがしばしばであった（Murdock 1934：8）。

ヴェッダ族（セイロン島）

セリグマンの調査によると、出産期間の女性の死は稀らしいが、少数例が記録されたという (Seligmann and Seligmann 1969：102)。

サカイ族（マレー半島）

母親が出産中に死ぬと、その子は死産にせよ直後の死にせよ、一緒に包んで一つの墓に葬る。その際、子は母の胸の上に顔を下向きに置かれる（Skeat and Blagden 1966：11）。

ネグリトー族（フィリッピン）

ある首長の言によると、母親が出産で死んだ場合、その子はいずれ死ぬから保有（keep）しても無駄だ。だからその子は母と一緒に埋葬する。しかし出産で死ぬ母は極めて少ない（Garvan 1963：127）。

ワルビリ族（中央オーストラリア）

母親が出産で死んだ場合、その遺体は他の遺体同様に扱われる。その子が生きている場合は、死んだ女の同僚妻 co-wife か姉妹が育てる（Meggitt 1965：276）。

キュベオ族（北西アマゾン流域）

難産は悪魔のしわざとされ、医術師 medicine man の助けを要する。女性の産褥死は彼女の畑で大蛇 boa と交接したことに因るとされる。それは大蛇が、生まれた子を連れもどしに来て見ると人間の子だとわかり、怒ってその母を連れ去るのだという（Goldman 1963：167）。

サンポイル族（北米、コロンビア河中流）

母親が産褥死すると、その子は授乳期の間一時的に他家にあずけられる。その養家は必ずしも縁者ではない。授乳期間が終るとその子の祖父母に返す。子のない夫婦がその子を養育することもある（Ray 1932：127）。

トンプスン・インディアン（北米、ブリティッシュ・コロンビア）

母親が嬰児を残して死ぬと、その子は着物にくるまれ、樺皮等の子供用ベッド cradle に入れて、母の傍に生き埋めにされた。その理由は、子はいずれ死ぬものとされ、また実際上乳母をみつけることはしばしば難しかったからだという（Teit 1900：329）。

東部ショショニ族（北米大盆地）

ウィンドリバー群は、死産児を山に持って行って埋めたが、その場合もまた母が産褥死した場合も何等特別の型式の埋葬は行われなかった。彼等はそのような母と子が死後の特別の運命をもつとは信じていなかった（Shimkin 1947：300）。

カスカ族（北米北方森林帯）

母が産褥死すると、生まれた子は授乳期間中は養母 foster mother として母親の姉妹等にあず

けられるが、授乳期が済むとその子の父親に返される。その時父親は何等かの養育料を支払う（Honigmann 1954：119）。

ラブラドール・エスキモー（カナダ）

殺された者、自殺者と産褥死した女性は、その報いで、オーロラの中にある最高の天にのぼり、そこでセイウチの頭で蹴球技を楽しむ。普通の死者は地下界に下りて、単調だが地上の寒さと難儀から解放された生活を送る（Hawkes 1916：137）。

極地エスキモー（グリーンランド）

夫が死ぬと妻は幼児の扶養手段がないので絞め殺す。乳児の母が死んだ場合は、そのコミュニティーに授乳できる別の女性が見つからないと、父親はその子を母と共に埋める（Murdock 1934：211）。

グリーンランド・エスキモー（エゲデスミンデ地方）

女性の死亡率は男性のそれより低いが、それでもなおかなりの率である。特に比較的若い女性の多くが産褥死する。その原因のうち最も頻度が高いのは失血死である（Birket-Smith 1924：427）。

アラスカ・エスキモー

嬰児の母親が死ぬとその子も生き埋めにされた（Oswalt 1967：194）。

エスキモー（一般）

母親が出産後間もなく死んだ場合はその子も死ぬ運命にある。主な理由は、母親があの世で子と共に居たいからというよりも、赤子に授乳するすべがないからである（Weyer 1969：132）。

北米インディアン及びエスキモー（一般）

嬰児殺し infanticide は、個々の社会まで普遍的ではなかったが、北米全文化領域から報告されている。人口稀薄で居住単位が小さい地域（極地、亜極地、大盆地及び北東メキシコ領域）では、母親が産褥死した時に乳母をみつけることが難しく、この原因による嬰児殺しの頻度が最も高い。乳母がみつからないと、その子は母と共に埋葬されることが最も多い（Driver 1961：435）。

アイヌ族（北海道）

白老コタン（集落）では、妊婦が難産のため死亡した場合、その葬儀は一般と同じであったが、違うのは、墓地で埋葬の直前に老婆独りだけが残り、一般会葬者を遠ざけて死体の包みを解き、鎌（和人から導入）で腹を裂いて嬰児を取り出し、母の屍体に抱かせて再び元通り包みなおして埋葬した。この役は部落中の老婆から選ばれ、その時着ていた着物は術後切り裂いて捨てられた（満岡　1941：116）。

以上は狩猟採集民の事例であるが、次に参考のため牧畜民と農耕民（男子農耕社会）の若干例をあげておく。

ホッテントット族（南アフリカ、遊牧社会）

ナマ族は現今では嬰児殺しはしないが、かつては産褥死した母の子、不具の子と双生児の片方

（双方男子の場合を除く）は、埋めるか捨てられたという有力な証拠がある（Murdock 1934：494）。

アシャンティ族（西アフリカ、農耕社会）

彼等は産褥死を恥ずべき不名誉 shameful disgrace と考える。Rattray の記述によると、それは大不名誉で、それが起こると、村の全妊婦が芽の出たバナナの葉を切りとって死者の所に行き、その芽で死体を指しながら、「お前の災厄 evil とともに立ち去れ。云々」という（Ford 1945：72）。

アズテク族（メキシコ、農耕社会）

女性が母になること motherhood は男性の戦いに相当する行為とみなされ、新生児は戦利品の捕虜にたとえられた。そして産褥死した女性は戦死した戦士同様の名誉を与えられた（Murdock 1934：382）。

ピマ族（アリゾナ、ギラ河流域）

分娩で死ぬ者もあり、その場合に、子が生きていれば母方の祖母がひきとった（Russel 1980：186）。

マリコパ族（アリゾナ、ギラ河流域）

今はそうではないが、昔はかなりの数の女性が出産で死んだといわれる（Spier 1978：311）。

北方ツングース族（外バイカル―沿海州―満州）

馴鹿飼育を伴う狩猟民であって円錐形棒組天幕に住む。分娩異常はあまり数多くはないが、出血多量及び正常な時期に分娩できなかったための死亡は知られている（シロコゴロフ　1941：533）。哺乳は母親の義務であって、もし母親が分娩の際、もしくはその直後に死ねば、母乳がないため嬰児は死ぬ。満州族の風習とは反対で、ツングースでは、他の女性がその子に乳を呑ませてはならないからである（シロコゴロフ　1941：55）。

（ⅱ）　子持ち願望の理由――子の必要性――

前節（ⅰ）-a、b、c）に列記したデータを一覧すれば、狩猟採集社会ではどこでも一般に不妊が忌み嫌われ、懐妊と安産が祝福され喜ばれたことが明らかといえる。要するに狩猟採集民には子を欲しがる願望が一般的であったことがうかがえる。そこで問題は、何故彼等が子を欲しがるか――子持ち願望の理由が問題である。それについては、単なる母性愛などではなかろうという推測が成り立つ理論的根拠もある。何故なら彼等は生活上の利害に聰い現実主義者であり、生活上の価値を第1とする実用主義者といえるからである[23]。そこで実際にはどうか――各地の現生狩猟採集民からできるだけ広くデータを集めてみると次のとおりであって、子を持ちたがる彼等の理由ないし動機として共通しているのは老後の生存問題であることがわかる。彼等の生存は野生の動植物の猟漁採集に依存しているから、老化による体力と心理的能力の低下は生存上不可避のハンディキャップであって、男は40歳にもなると、大形獣猟の第一線から退かざるを得なくなる（渡辺　1981a；1981b）。そして男女ともいずれは野外採集活動による自活は困難になる。これを助け支えるのが子ないし若い世代である。

オーストラリア原住民では、年寄りの扶養とその世話がバンド（遊動的小地縁集団）形成の一大要因だという報告（Tonkinson 1978：83）がある。これは老人に対する支援の負担が集団によっても分担されていることを示している。また同様の記述例が各地の狩猟採集民からもみいだされる[24]。

以上のような事情から狩猟採集民では、居住地の南北差や住居の安定度にかかわらず、どこでも老後の支えとして子が必要とされてきたのである。これは年寄りのエゴイズムないし一方的な要求ではなく、彼等のような無文字社会では子（若い世代）もまた老年の親（年寄り）に依存する利点があったのである[25]。狩猟採集民が一般になぜ子をもちたがるか――要するにそれは本能的欲望というよりも、老後の支えとして生存上の必要があったからにほかならない。その具体的情況は下記のとおりである。

ニァエニァエ族（南アフリカ）
カラハリ砂漠のブッシュマンでクン族の一群であるニァエニァエ族では、老化か身障のため扶助を受ける身になると近親者の世話になる。焚き木が運ばれ、肉が与えられ、誰かが採集してくれる。その生活の第１責任者は次のカテゴリーの縁者である――配偶者、親、子、義理の親、義理の息子か娘、または兄弟姉妹。Marshall が記述した老人（男）のすべては妻か娘が彼等のために採集していた（Marshall 1976：97）。

グウィ族（南アフリカ、カラハリ砂漠）
これも上記の例と同様にクン族の一群である。40歳以上で夫は老人となり体力と視力が落ち、もはや大形獣猟に大きい成功の望みをもてなくなり、次第に手工芸や子守りに転じなければならない。その代りに若い狩猟者から肉の贈りものを受ける。世帯が小さくなり、平年ならば妻が家計をやりくりできるが、旱魃の年には困窮する。年配の夫婦が子に支援を求め、娘か息子の世帯に所属するようになるのは正にこの段階においてである（Silberbauer 1981：161）。

ピグミー族（西アフリカ、コンゴ）
ピグミー族の一群であるムブチ族の年寄りはバンドの成員によって扶養され、個人的にできる狩猟採集は自由に行ってよい。狩猟のきびしさについてゆけない病人や身障者も同様の身分を享受する（Turnbull 1965：152）。

セマン族（マレー半島）
家族の縁が老年における保証を与えた。Schebesta が記述した１人の盲目で身障の妻を亡くした老人は、彼の息子の家の後の小屋に住み、彼の援助を受けていた。別の老人で白髪の半盲の男は独り住まいで、その隣の家に住む彼の未婚の娘の世話を受けていた。年寄りの女たちは彼等の子供や孫と同居していた（Simmons 1945：192、原典：Schebesta 1926）。

マルデュジャラ族（オーストラリア、西部砂漠）
ライフサイクルによる役割の変化に応じて年長者は若い縁者から、食料の形での物質的援助を期待することができる。これは老人は子供達を育てた返しとして養われ世話されねばならないという至上命令への彼等の自発的反応である（Tonkinson 1978：82）。

アンダマン島民（インド、ベンガル湾）

息子は結婚後も両親を助けつづけ、彼等に食物を与え面倒をみる。息子か娘が両親とは別のローカル・グループに住んでいる場合はしばしば両親を訪問する。男女の結婚後の親に対する義務は、すべての若者の男女が年長の男女に対する義務と同種である（Radcliffe-Brown 1964：79）。

ショショニ族（北米、ワイオミング）

男が善良な義理の息子を持てば、彼の妻と彼自身は老年になってから扶養されて幸せに生活した。それほどよくあることではないが、離婚した息子がやもめの父を連れて彼の義理の母と一緒に住むこともある。これは両者の扶養をより容易にするためである（Shimkin 1947：295）。

セリ族（カリフォルニア湾東岸）

老年の女性は家族内で多大の権威を行使した。若い男は彼の妻の世帯で生活し、彼の家族（親がかりの子、身障者、年寄り等を含む）の扶養者となるべく期待される（Simmons 1945：184, McGee 1898より引用）。

東部ポモ族（カリフォルニア）

少年の訓練・教育は父かおじ（uncle）によって行われた。その際特に重きを置かれたのは老人を助ける義務、それを自ら進んでする義務についてであった（Loeb 1926：271）。

クリーク族（北米南東部）

女性達は家を所有し、家族の若いメンバーの尊敬と支援を享受しながら、死ぬまでそこに居住した（Simmons 1945：184, Swanton 1925より引用）。

クロー族（北米、大草原）

所謂平原インディアンの一群であるクロー族には、「年老いた時面倒をみてくれる子供を沢山もつ者は幸せ」という諺があった。彼等の子供達とその他の親類は老人を最善の食物で養うものと期待されていた（Simmons 1945：184, Curtis 1909及びLinderman 1932より引用）。

オマハ族（北米、大草原）

老人は働く必要がなく親族によって扶養された（Simmons 1945：183, Dorsey 1881-82より引用）。

オジブァ族（北米、五大湖北方）

祖先から子孫につながる生命線をそのまま維持することが女の義務である。つまり家族、氏族、全人類 whole human race が滅亡しないように子を産むことが女性の義務とされた。それ故ペリー島民にとって、強力な生命線の保全がコミュニティーの全男女の第1の関心事だった（Jenness 1935：90）。

ミスタッシニ族（北米、ラブラドル半島）

老人の親族はその経済的必要物を供給し、自分の子を祖父母の恒久的援助者に指定するくらいである（Rogers and Rogers 1960：34）。

クワキゥトル族（北米、北西海岸）

老人達は家事における名士で、その子供達によってよく世話された（Simmons 1945：189, Boas 1895及びCurtis 1915より引用）。

ハイダ族（北米、北西海岸）

彼等は男の子より女の子を好んだ。それは系統の存続を保証（確保）したのは後者だったからである（Blackman 1990：253；Murdock 1934）。ハイダの老人は男も女も偉大な権威と尊敬を享受し、彼等の親戚によってよく世話された。年寄りの両親の面倒をみることは女の義務であり、その夫は、慣習によって、彼等を扶養する責任をとることが要求された（Simmons 1945：183；Murdock 1934その他から引用）。

ヌートカ族（北米北西海岸）

バンクーバー島の太平洋岸に位置し、捕鯨と航海カヌーで有名な部族で、その定住的社会生活については詳しい民族誌的情報がある。それによると、彼等の習慣では子が親の死ぬ前にその財産を相続する。その手続きは極めて公式化され、その最も単純な形は両親によって子のために挙行されるポトラッチ儀式である（Drucker 1951：266）。また結婚の際にも相続に関する2種の譲渡が行われた。その一つは、新婦が夫の家に連れてこられた時に、夫の所有する特権のすべてを彼女に授与することであった。これは彼女の子供達がその財産を継ぐことの公式承認であるが、これには彼女が子を産むという条件がつけられた。また新婦の婚姻持参金 dowry として彼女の父からも特権が与えられるが、これにも同様の条件がつけられた（Drucker 1951：267）。大形獣猟（海獣、陸獣）と木工（カヌー作りと彫刻）は特殊技術で、実地技術とともに儀礼の教育が重視され父子相伝の秘技となっていた（Drucker 1951：273）。以上のように財産の相続という点からも親にとって子は不可欠だったことがわかる。

ラブラドール・エスキモー族（カナダ、ラブラドール半島）

彼等の結婚生活で最も必要な事実は子供を持たねばならないということである。男子即ち未来の狩猟者が最も望まれたが、先で食物と皮革をこしらえるであろう女の子も喜ばれなくもない（Hawkes 1916：116）。

セントラル・エスキモー族（カナダ）

男の仕事の主要部分は、彼の家族即ち妻と子供と食物供給者をもたない縁者達を狩猟によって扶養することである。夫婦の子以外に養育された子や老人達も家族の一部とみなされる（Boas 1964：171, 172）。

コッパー・エスキモー族（カナダ、コロネーション湾地域）

彼等はセントラル・エスキモーの中でも隣接のネツリック・エスキモーと同様に、生活が夏（陸上）と冬（海氷上）で完全に変わることで有名である。彼等は双生児が生まれると少なくともそのうちの1人は殺すか他人にひき渡す。それは1人の女性が2人の子を同時に育てることがたぶんできないと考えてのことである。男女の双子であれば犠牲になるのは不可避的に女児である。男児達は実際に滅多に捨てられることはない。彼等は成人してから両親を扶養するだろうからである（Jenness 1922：166）。

ベーリング海峡エスキモー族（アラスカ、ノートン・サウンド周辺）

子に対する態度にさらに影響を与えているのは、老年になってから面倒をみてくれる者を持ちたいという両親の側の願望である。この願いには彼等の死後の生活までがこめられている。それ

は彼等の間では、死者を供養するのはその子孫ということになっているからである（Weyer 1969：133；Nelson 1983より引用）。

　ユカギール族（北東シベリア）

　子のある者なら、年とって猟漁ができなくなっても、その家族の長として子の家に住み、保護され尊敬される老年を享受できる。彼等が子供達を熱愛する理由の一つはこれである。子のない者は、老年を親類と一緒に暮らさなければならず、その地位は望ましいものでなく、家事における権威もない。子のない者は養子をとることがよくあった。若い女達は、あらゆる家事について老女達の忠告と指導を求め、また忠実に彼女等の世話をした。子をもつことの利益は死後にまで及ぶといわれた。それはあの世でも人はこの世と同じ家族の中で暮らすと信じられていたからである（Simmons 1945：195, Jochelson 1926より引用）。

　アイヌ族（日本）

　十勝川等大河川上流地方を除く大抵の地方では、小規模な女性の粟稗耨耕を伴った定住的猟漁採集民である。

　昔の家族では父親が大きい権威を持ち、老年や盲目であっても彼はその子等によって全面的に扶養された。老齢の女性はそれほど影響力をもたず、一般にそれほどもてなされはしなかった（Simmons 1945：192, Bird 1821及びBatchelor 1927より引用）。男は息子を大層もちたがった。その主な理由は、第1に父親が死んだ時彼が家族の司祭 family priest をつとめることができ、第2には、彼が先祖伝来の主な物と家族の宝を相続し、保存し、子孫に伝えることができ、また第3に、家族の長をつとめ、若い成員に対して父親の代りになることができるからである。女達は1人か2人の娘を欲しがった。つまり誰か炊事、水汲み、薪採り、畑仕事を助ける人がいることを願った。しかし特に彼女等が娘を望んだのは、誰か老後の世話をしてくれる者を持ちたかったからである（Batchelor 1971：200）。

　お産が終ったら、2本の木幣（cihorkakep）を削り、炉の上手に立てて火の神に感謝した。また男の子が生まれたらイナウサンテク（跡継ぎ）が生まれたと言い、「お産の神」に喜びの報告をした（渡辺他　1988：36）。

　以上は狩猟採集民の例であるが、参考のため牧畜民と未開農耕民の例を次に記すこととする。

　馴鹿飼育チュクチ族（シベリア、チュクチ半島）

　かなりの数の男の老人が存し、時には4世代が同一家族内に住み曽祖父が70ないし75歳の例もある。その老人達は大層の配慮を要求し、また受けた。それは彼等が非常に年とるまで、通常は死ぬまで馴鹿群を持ちつづけ、家族を監督しつづけたからである。老年女性の地位は老年男性にくらべて遥かに劣った。すべての家族が親族関係で結ばれ、身寄りのない哀れな家族は殆ど生存不可能で、いかに遠くても殆ど必ず何等かの身寄りが彼等をそのキャンプに連れてゆき生計の資を与える（Simmons 1945：194, Bogoras 1904より引用）。

　馴鹿飼育ツングース族（北部トランスバイカリア）

　ツングース語族の中でも馴鹿飼育依存度が高いのが北方ツングース族である。この人々は常に

自分達の氏族 clans のサイズを増大させたがっていた。なぜなら氏族の強さはその成員の安全と直接関係していたからである。女が妊娠すると氏族メンバーは大きな歓びを示した。男児なら氏族領地の住人のままだが、氏族は結婚のため領地に入ってくる者と交換するために女児も必要とした（Service 1958：100）。

ヤクート族（南部シベリア）

ヤクート族はレナ河中流を主要住地とする牛馬牧畜民であった。老衰してもはや働けなくなった年寄りの立場は困難だった。彼等は殆ど気にかけられず、衣食も殆ど与えられなかった（Tokarev and Gurvich 1964：277）。老人用の最大の安全性は、男女ともに、結婚してできるだけ多くの息子と娘を持つことであった。彼等は子のないことを恐れ、老年になって見知らぬ者や遠い親戚の世話になることを非常に恐れた（Simmons 1945：197, Sieroshevski 1901 より引用）。

インカ族（南米、ペルー）

両親は経済的援助用として子供を大層持ちたがった。その結果間引き（嬰児殺し）は極めて稀であった（Murdock 1934：435）。

ホピ族（北米、南西部）

プエブロの名で知られる粘土製集団住居に住む玉蜀黍栽培インディアンである。子は老年の両親を扶養し、その死後は彼等を適切に葬るのが当然と考えられていた。老女達は娘達と共にとどまり何等かの権威を保留した。「昔は親戚が老人に親切だった。彼等は我々に依存していることを認識していたから」と年寄りはよく言ったが、近年は悲惨な軽視の例や老人搾取のケースさえ報道されている。しかし殆どすべての老人が男女ともに、依然として、身寄り特に姉妹や娘に支援を頼る習慣を維持している（Simmons 1945：186）。

ナバホ族（北米、南西部）

ホピ族に隣接し、ホピ族同様に玉蜀黍栽培中心の生計を営むインディアンである。老齢の親族を扶養することは遠い親戚でさえ義務とされた。その責任をとるのは習慣的に娘か孫娘であったが、娘か孫娘がない場合は、姉妹の娘が当てにされた（Simmons 1945：185, Reichard 1928 から引用）。

ムンダ族（インド）

仕事に不適のごく年寄りの男は家で坐居する以外何もしないが、絶対的に家族を支配した。息子のない男が年老いた時は、息子の代りに選ばれたいとこ、甥、甥か姪の息子のいずれかの1人が彼を世話し彼の財産を相続する（Simmons 1945：194, Belcher 1867 から引用）。

キウィ島パプア族（メラネシア）

息子と娘が両親の仕事を助け、彼等が病気の時や老いた時には彼等の面倒をみた。父親が年をとって畑仕事ができなくなった時は息子がそれを引き継ぎ、彼が死ぬまで扶養した（Simmons 1945：191, Landtman 1927 から引用）。

ナマ族（南アフリカ、南西部）

伝統文化が人類学者によって調査されるまで残存した唯一のホッテントット・グループとされる遊牧民である。彼等は、氏族の強さを増強するという理由で子特に男児を歓迎し、不妊の女性

を叱責する（Murdock 1934：493）。

(C) 縄文社会における土偶（産神）信仰——子の必要性の反映——

縄文土偶は、縄文時代のほぼ全般を通じて各地から出土し、その造形美術的レベルも高く文化要素としても複雑な部類に入る（甲野　1964；江坂　1990：時期別分布図）。このような意味での縄文土偶の発達は、装飾土器の発達とならんで、縄文文化を代表する特殊的現象とみることができる。この現象をみると直ちに人類学的な疑問が起こる。その発達は何故か——何を意味するのかという疑問である。縄文文化における装飾土器の発達の意味については既に別の論文（渡辺　1990a）で詳述した。ここでは土偶の発達の意味が問題である[26]。両者の発達が相伴うことは偶然とはみえない。その構造的連関性は以下の説明で明らかになるであろう。

縄文土偶は、前述のとおり、単なる人形ではなく人間的な形をした神像であり（第1章）、その神は女神でしかも産神である（第2章）。従って上記の土偶の発達は、「産の女神」信仰ないし「産神」儀礼の発達と解することができる。そこで土偶発達の意味を解く鍵は、縄文社会における「産の神」信仰ないし儀礼の発達の意味を探ることにあることがわかる。

文化が社会の生態（環境適応）問題を解決する手段であり、社会的必要を充足する方策であるという機能的視点（Radcliffe-Brown 1964：ixi；Malinowski 1944：150；Linton 1936：85参照）から見ると、縄文社会における土偶の発達という可視的事実は、その社会に「産神儀礼」の発達を許容し、誘いあるいはうながすような社会的条件ないし環境条件が存したこと、いいかえると、縄文社会には「産儀礼」をはぐくむに適した社会的土壌があったことを示唆するものといえる。そこでそのような社会的土壌とは何かを探ることが、縄文土偶の発達の意味を理解する鍵となることがわかる。

現生狩猟採集民一般についてみると、既に詳述したとおり、「産儀礼」—「子持ち願望」—「子の必要性」の3者間には密接不離の機能的関連性が認められ（詳述は第2章-3-(B)参照）、「産儀礼」は「子持ち願望」に関係、後者はさらに「子の必要性」と結びついている。これからみると、「産儀礼」を育てる社会的土壌として最も直接に問題になるのは「子の必要性」といえる。そこで縄文社会における「子の必要性」を考察することにする。

かつて甲野勇氏は、縄文土偶の用途に関してチュクチ族の土俗例を引用したが、「ただ縄文時代の女性がチュクチ族のように、子供を欲しがったかどうか、今となっては知るすべもない」（甲野　1964：171）として、民族誌的参照をその一例だけで打ち切った[27]。しかし土俗考古学（渡辺　1993a）的根拠によると、縄文人には子が必要だったことが明らかである。以下にその根拠を説明する。

第1根拠。前節（第2章-3-(B)-(ⅱ)）で詳述したように、狩猟採集民社会では、広く一般に、夫婦の子持ち願望が強い。最も一般的なその理由は、老後の支えとして子が必要ということである。この必要性は、先述したとおり、技術—経済レベルが最も低く単純とされるオーストラリア原住民から、それが最も高く複雑とされる北米北西海岸インディアンまで、また南方群から北方群まで、広く一般に認められる。つまり老後の支えとしての子の必要性は、狩猟採集民一般に共

通の社会的特性の一つといえる。以上の事実から、その必要性は縄文社会にも共通すると考えられる。即ち縄文社会の人々も老後の支えとして子を必要とし子を持ちたがったということである。老人の世話という仕事が人間家族の殆ど普遍的な機能（Linton 1936：157）となっていることも以上の推論を裏づける。

　第2根拠。上記の必要性は狩猟採集民一般に共通のものであるが、縄文社会は狩猟採集民には稀な高度社会で、技術―経済レベルだけでなく宗教―芸術的レベルも狩猟採集民としては最高度の発達を遂げ、階層化社会[28]の様相を呈している。狩猟採集民の階層化社会では、技術・宗教・芸術各方面の特殊化に伴ってその高度化が起こり、そのような高度文化を維持するために、各種伝統や財産（権利・宝物等）の相続制度が発達して特定の跡継ぎが必要とされる。そこで縄文社会の場合には、前述（根拠1）の必要性の他に、一般狩猟採集社会には不在の附加的ニーズの存在が推定される。それが所有権等の財産と伝統ないし制度の後継者としての子の必要性である。狩猟採集民としての縄文社会の特殊性については次に説明する。

　縄文社会は、地理的に北太平洋沿岸 northern Pacific rim の西端に位置する。北太平洋沿岸という環境帯は、狩猟採集民の社会経済的進化史上極めて重要な役割を果たしてきた。それは既に筆者が指適したように、この地帯が、狩猟採集社会としては最高で稀有の階層化社会を生みだした確証のある既知の唯一の地域だからである（渡辺　1988, 1992：80-91）。狩猟採集という社会経済体制 socioeconomic system をもつ人々が、熱帯から極地まで地球上の殆どあらゆる環境帯（environmental zone or habitat）に拡がったという事実は、この体制が、歴史的にそれより新しい他の体制（農耕・牧畜等）に較べて、遥かに単純にもかかわらず遥かに適応性に富んでいたことを示している。この場合の適応とは新環境に対する旧体制の再適応 readaptation（または再順応 readjustment）にほかならない。狩猟採集民がこれをくり返して各種環境への社会経済体制の適応放散が起こったのである。現生狩猟採集民の食性の地理的変異（渡辺　1978）がそれを示す一つの具体的事例といえる。北太平洋沿岸狩猟採集民を特色づける階層化社会も、野生食物資源が多様かつ豊富な点で特異な環境帯――北太平洋沿岸――に進出した北方系一般型狩猟採集民（即ち万人（全成人男子）大形獣猟制狩猟採集民）が、環境に再適応した結果にほかならない（Watanabe 1983, 1988, 1990；渡辺　1988, 1989, 1992）。

　つまりこの特異環境帯に適応した狩猟採集民の社会では、少なくとも民族誌的時点で見る限り、どこでももはや大形獣猟が、全成人男子の義務ではなくなり、特殊化して一部の家族の生業となった結果、非大形獣猟者家族との貧富差ならびに貴賤差（身分の上下）が生じ階層が形成された。貧富差は、程度の差こそあれ狩猟採集民一般、特に北方系社会ではどこでもみられる現象である。しかし貴賤差は狩猟採集民でも階層化社会にしか認めることができない特異現象なのである（渡辺　1992）。換言すると、この北太平洋沿岸帯に進入し再適応した狩猟採集民すべては、歴史や言語の違いにかかわらず各地でどこでも階層化したことになるが、これには第1に脱大形獣猟型生計即ち「安易な暮らし」がすればできるという生態的誘因（incentive）があったからである。この条件下では、狩猟採集民の一般社会の男子をしばりつけてきた万人大形獣猟制の意味がなくなり、その規制枠がはずされて、代りに古来の大形獣猟は、一部の家族の男の生業となって特殊

化された（渡辺　1989；Watanabe 1990）。要するに北太平洋沿岸帯狩猟採集民の階層化社会とは、文明社会の通念とは違って、誇りや威信よりも安易な暮らしをとる者（非大形獣猟者家族、平民）と困難でも誇り高い伝統的暮らしをとる者（大形獣猟者家族、富者——エリートないし貴族）と二つの暮らし方を許容し包容する二重制の社会ということができる。この階層化即ち男の生業分化の特色は、機械的な家系相続ではなく、基本的には幼少時からの選択的教育・訓練にもとづいている点である（渡辺　1992：81, 85；1990a：58-60、註(3)〜(8)、第1表）。

　狩猟採集社会の階層化を文明との接触の結果に帰そうとする意見即ちポスト・コンタクト論（Bender and Morris 1988）もあるが、これはあまりにも安易で表層的な見解である。彼等の階層は単なる経済的格差ではない（渡辺　1990a：第1表；1992：80-91）。交易が経済的分化を助長し、威信物品（prestige goods）の輸入品化を促進したことは確か（渡辺　1990a：39, 52）だが、交易と物流の発達が彼等の階層化をもたらしたわけではなく、逆に階層化社会があったから交易と物流の発展が可能だったのである。これは交易と物流の発展が彼等の定住化をもたらしたのではなく、定住的社会があったから交易と物流の発達が可能だったのと同じ原理である（渡辺　1992：73）。即ち高度の交易と物流は、第1に定住的生活、第2に階層化社会という2大条件があってはじめて存在し得たのであって、その逆ではない。そしてそれらの社会的条件が成立するためには次のような生態的条件が必須だったのである。

　即ち彼等の定住的階層化社会は自然的要因としての資源環境要因と人間的要因としての技術的条件という二つのキー・ファクターによって支えられていて、そのうちのどちらが欠けても成り立たないようにみえる。第1の環境条件とは、そのような暮らし方の選択ないし二重制を許容するに足る食物資源——獲り難い大形獣、特に猛獣・猛魚の類から、獲り易い魚介・その他の小動物の類までを含む、豊かで幅広い動植物資源——の存在である。第2の技術条件とは、民族誌的時点の北洋岸狩猟採集民の技術水準即ち少なくとも欧州 Mesolithic かそれ以上の技術水準（特に必要にみえるのは、弓矢の他に欧州 Mesolithic で初めて利用可能になった水産資源開発専用具 fish hook, basket trap, net, canoe（Clark 1980：57）の類）である。このような技術的条件をそなえた狩猟採集民は、上記のような環境条件を伴う北太平洋沿岸帯に入りこむと、民族の如何を問わず何処でもすべて階層化したことを民族誌的事実が示唆している（渡辺　1992）。階層化社会と分類できるこの環境帯の狩猟採集民の民族誌的実例は、東から順に北西カリフォルニア・インディアン、北西海岸インディアン、太平洋エスキモー、アリュート族、カムチャダール（イテルメン）族、ギリヤーク（ニブフ）族、アイヌ族である（Watanabe 1983, 1988, 1990；渡辺　1990a：21-36, 1992：80-91）。縄文人も、その地理的位置と遺物から見て上記2条件即ち環境条件と技術的条件の双方を充たしているので、上述の階層化原理から、北太平洋沿岸の現生狩猟採集民と同様に、同じ経過（process）によって万人大形獣猟制を脱し、階層化したと推論することができる。比較民族誌的理論にもとづくこの推論は、また考古学的証拠と相俟って、土俗考古学的（渡辺　1993a）にも裏づけられる。つまり中期以降の縄文人の物質文化構造自身もまた階層化社会型（階層化狩猟採集民社会の物質文化構造の類型）を示すからである。その概要を次に説明する。

縄文人（中期以降）の物質文化を代表する特徴的な諸様相（遺跡・遺物情報）として下記の(1)―(9)を挙げることができる。それらの諸様相を彼等の物質文化の特徴とみなす理由ないし根拠は、各様相の後に付記した解釈（括弧内）にもとづいている。その解釈はいずれも、北太平洋沿岸現生狩猟採集民の物質文化に対応する類似の特徴的様相の社会的あるいは生態的意味ないし機能に照らして類推したものである（北太平洋岸現生群の対応的文化様相とその意味は下記の縄文文化様相のリストの次に述べる）。

縄文式物質文化（中期以降）の特徴的諸様相（括弧内は北洋沿岸モデル（渡辺　1990a：63-71）による土俗考古学的解釈）

(1) 竪穴式住居（住居の恒久性）（渡辺　1966, 1982；Watanabe 1986：230-234, 1992）
(2) 集落分布パターン：水辺集中性（定住性と水産経済の重要性）（渡辺　1954, 1964a, 1977a：398-400；Watanabe 1986：235-242, 1992）
(3) 小動物食の普及（脱大形獣猟型生計の可能性）（Watanabe 1985：8 - 9, 1986：243-245, 1990；渡辺　1978：127-129, 135, 1988：333-350, 1989；1990a：68-69, 75-80, 156-157；佐藤　1993；安斎・佐藤　1993：24-25）
(4) 漁具―釣具、突き具、網（石錘）類、簗類、丸木舟（水産経済の重要性）（渡辺　1954, 1963, 1986, 1988：319-332, 1992：74-75）
(5) 規則的クマ猟とメカジキ突き（大形獣猟の特殊化）（渡辺　1964b, 1990a：28-32, 72-74, 77-78, 80-88；1992：80-81）
(6) 遠位環境開発―クマ猟、メカジキ突き、航海（行動域の分化）（渡辺　1964a, 1977b：398-399, 1990a：88-94, 1992：84-86；林　1986）間接的開発（奢侈品交易）（(8)参照）
(7) 巨木製材・建設技術・大形環状公共施設・装飾土器（技術・儀礼・美術の連関的高度発達）（渡辺　1990a：37-56, 66-68, 94-135；1992：89-91）
(8) 身装品差―奢侈的稀少品（玉製品、南海産貝製品、漆塗り製品等）の存在（貧富差と身分（貴賤）差）（渡辺　1990a：64-68, 99-103；1992：81-84）及び遠距離奢侈品交易（渡辺　1990a：50-60）
(9) 埋葬型式差―稀少複雑様式（環状列石墓等）の存在（貧富差と身分（貴賤）差）（渡辺　1990a：113-117）

以上は中期以降の縄文人の物質文化を特徴づける諸様相であるが、それらの各様相に対応する類似の様相が、北太平洋沿岸現生狩猟採集民の物質文化にも認められる。北洋沿岸群のこれらの諸様相は、彼等の階層化社会を支える構造的な文化要素である。それらを列記すると下記のとおりである。

北太平洋沿岸現生狩猟採集民に共通の特徴的諸様相（番号は前記縄文文化の特徴的様相の番号に対応。括弧内は各様相の社会的あるいは生態的意味。文献は前記縄文文化関係参照）

(1) 竪穴式住居（住居の恒久性）
(2) 集落分布パターン：水辺集中性（定住性と水産経済の重要性）

(3) 小動物食の普及（脱大形獣型生計の可能性）
(4) 漁具：釣具、突き具、網類、筌、簗、丸木舟（水産経済の重要性）
(5) 規則的山猟（クマを含む）と捕鯨（大形獣猟の特殊化）
(6) 遠位環境開発：山猟、沖猟（海獣猟）、航海（行動域の分化）
(7) 巨木製材―建築技術・会員制集団儀礼・装飾木器（技術・儀礼・美術の関連的高度発達）
(8) 服飾品差―奢侈的稀少品（衣服・装飾品）の存在（貧富差と身分（貴賤）差）
(9) 埋葬型式差―墓地差と墓標差（貧富差と身分（貴賤）差）

　以上に述べた縄文人の物質文化（中期以降）の諸特徴と北太平洋岸現生狩猟採集民のそれとの比較で重要なことは、個々の特徴（要素）の類似よりも、それら全体の組み合わせ即ち構造（機能的相互関係）の類似である[29]。縄文人の物質文化の構造（前記特徴(1)～(9)の組み合わせ）をみると、このような物質文化構造は、一見しただけで狩猟採集民には稀有のものとわかる。詳しく比較すると、それに類似のものは北太平洋沿岸帯（カリフォルニア北西部―極東）にしか見出すことができないこともわかる。つまり中期以降の縄文人の物質文化構造は、北太平洋沿岸現生狩猟採集民にしか類例がないといえる。北太平洋沿岸現生狩猟採集民の物質文化構造（構成特徴：前記(1)～(9)）は階層化社会の特徴を表わす文化要素複合体であるから、それに似た物質文化構造（構成特徴：前記(1)～(9)）を顕示する縄文人（中期以降）もそれに類する階層化狩猟採集社会を形成したであろうという解釈（推論）が成り立つ。この場合に重要なのは、個別的な文化要素ないし様相の単独類似（single parallel）ではなくて、社会構造を代表するような文化要素ないし様相の組み合わせの類似即ち複合的ないし構造的類似（complex or structural parallel）が認められることである（単独要素比較法の危険性及び構造的比較法の精細については注2参照）。
　以上のように縄文社会は、狩猟採集民としては稀な生業分化即ち大形獣猟の特殊化にもとづく階層化社会と推定されるが、その場合は階層未分化の一般的狩猟採集民の場合よりも子の必要性が大きかったといえる。現生狩猟採集民の階層化社会では、一般社会同様の子の必要性―老後の支えとしての必要性だけでなく、階層化社会特有の必要性即ち高度伝統（高度技術、家宝、家伝、特権等、高度文化のソフトウェア）の跡継ぎ（維持者）としての子の必要性が加わる。これは先述（第2章-3-(B)-(ⅱ)）の事例（ハイダ族、ヌートカ族、アイヌ族）でも明らかである。以上に述べたような子の社会的必要性の原理は縄文社会にも当てはまるものと考えられる。要するに高度に組織化され階層化した縄文社会では、一般の狩猟採集社会以上に子が望まれ必要とされたと考えられる。土偶の普及と発展によって象徴される彼等の産神信仰の普及と発展は、そのような社会的背景ないしニーズに対する文化的反応の一種と解することができるようにみえる。
　以上のように縄文土偶が、女性の妊娠・出産に関係する女神の神像であることは疑問の余地がないが、果たしてそれは子孫の生産（reproduction）だけのための信仰を表わすものと言いきれるであろうか。なぜかというと、現代の狩猟採集民を見渡しても、産の神として特殊化（専門化）した神像信仰をもつ社会は見当らないからである。それに対して、家とその家族の守護神としての家神像の信仰が、本邦とそれに隣接する極東の狩猟採集民に広く認められるだけでなく、

少なくとも本邦とアムール下流方面の両地では、新石器時代の土偶の流れを汲む歴とした母性女神像信仰の伝統が現代狩猟民の民俗に認められ、しかもそれが両地域ともに、産神を兼ねた家神即ち家族の守護神となっている事実があるからである。これら両地域の母性女神像を祀る家神信仰の伝統の流れは、神像と信仰の性質の両面の相似性からみて共通起源が考えられ、その根源は、ユーラシアの後期旧石器時代に拡がった母性女神像信仰にまで遡る。この旧石器時代女人像は古くから産神とされてきたが、最近では主として出土状況から家神とみられるようになってきた。このような世界史の枠組からみると、縄文土偶はこれまで考えられたような単なる日本史的現象即ち特異で孤立的な先史現象ではなく、ユーラシアの母性女神ないし家神像信仰の歴史の流れを汲む極東の一分派的現象として位置づけることができる。以上のような根拠から、縄文土偶も単なる産神像ではなく、一種の家神像であった可能性が考えられる。次の第3章は、そのような新理論の根拠としての歴史的枠組の論考である。

第3章　縄文土偶神即家神の可能性

1. 縄文土偶神とマタギの山の神（母性女神）――伝統の連続性――

　土偶は縄文文化ないし社会を代表する遺物の一種であって、全国各地から知られる出土品（国立歴史民俗博物館　1992）は１万点を超えているが、弥生時代になると激減し、遅い地域（山梨県）（小野　1992：361）でも同時代後期には姿を消した。これは一体何を意味するのか――型式、編年を中心とするこれまでの土偶研究では、この消滅時点で追究の手を引くのが常道となっているが、文化・社会・生態を眼目とする理論考古学の立場からは、それは由々しい問題である。何故なら、土偶とは土製（焼きもの）ヒト形、つまり素材による道具分類カテゴリーにすぎないのであって、それが使われなくなったということ（廃用）によって、そのようなヒト形を手段（偶像）として利用してきた信仰・儀礼（祭祀）活動の伝統までもが廃れたり消滅するとは限らないからである[30]。信仰そのものと信仰媒体とは別物であって、端的にいえば、土偶が姿を消しても、土偶を神像として利用した信仰までが同時に消滅したと考えるのは早計といわねばならない。縄文人にとって肝心なのは、神像が土製かどうかよりも、土偶が彼らの信仰する神をあらわす神像であるということであった筈だからである。

　いいかえると、縄文土偶の消滅は単なる神像の素材の変化――焼き物から非焼き物（草木・日乾し粘土等）への変化を意味するにすぎないのではないかという疑念を打ち消せないのである。その根拠は、縄文土偶神とマタギの山の神の間に基本的な性質の完全な相似 parallel が認められる点にある。これは単なる偶然の一致とは認め難い。何故なら両者は(1)役割（機能）が一致するだけでなく、(2)分布域が一致し、さらに(3)両者をつなぐ鍵としての複雑な形態的類似も認められるからである。つまり縄文人とマタギとの文化的連続性を示唆する証拠があるといえる。そこで、結論から先にいえば、マタギの山の神は縄文土偶信仰の末裔（伝統の流れを汲むもの）ではないか――縄文土偶信仰はマタギの山の神信仰の源流ないし原点ではないかという考えが成り立つことになる。縄文土偶の問題は、これまでのような型式研究では、その消滅を以て終ることになるが、文化-社会的研究の視点に立つと、土偶消滅の時点を超えた問題になることがわかる。ここに提出する新仮説が縄文時代と現代をつなぐ一本の糸となり、その問題の全体像解明の手がかりとなることを期待したい[31]。以下にその要点を説明する。

(A) 役割（機能）の相似性 parallelism

　縄文土偶が産の女神像と解さるべきことは既に詳述したとおりであるが、マタギの山の神もまた女性で産の守り神とされ、両者の役割（機能）の相似は明らかである。

　日本民俗の山の神は、「一般農民の間では、春は里に下って田の神となり、秋の収穫後は再び山に帰る」（文化庁文化財保護部　1969：366）と信じられていて、この信仰は全国的にほぼ一致（文化庁文化財保護部　1969：243）しているという。それに対して、山村の人々（猟師・炭焼き・木樵など）の信じる山の神は、山の動物その他山のものすべての支配神（文化庁文化財保護部　1969：131）あるいは狩猟と森林の繁栄を守る神（文化庁文化財保護部　1973：123）で、山の獲物はすべて山の神からのさずかり物と信じられている（太田・高橋　1978：81）。

　以上のように、山の神は、日本文化の基盤ともいうべき農山村民俗と深いかかわりをもつ自然神の一種であって、農村では稲作の神として、山村では狩猟の神として、いずれも生業者の守護神として信仰されてきたが、この生業の神が、他方では産の神としても信仰されてきたのである。山村民の中でも特にクマ猟中心の狩猟を生業とする東北地方の猟師、マタギの信仰する山の神は女神（文化庁文化財保護部　1973：18　秋田県、103, 123, 162　山形県；文化庁文化財保護部　1978：158, 250　新潟県、269　宮崎県；1969：366；高橋1991：1, 75, 83）であって、男には猟（山仕事）の守り神として、女には産の守り神として信仰されてきた。マタギの山の神は明らかに1人2役である（高橋　1991：81-82）[32]。山の神を女神とする信仰は九州にまで及んでいる（文化庁文化財保護部　1978：269）。

　マタギの元祖が山中で山の神の出産を助けたことにより、その恩寵を受けることになったという伝承（文化庁文化財保護部　1969：366）があり、また山の神は女性で1年に12人の子を生むというので十二さまともよばれている（文化庁文化財保護部　1969：366）。山の神を産の神とする信仰は、それが女神であり、出産に関する信仰があるからであろう（文化庁文化財保護部　1969：302）とされている。

　マタギの山の神は、猟の獲物の解体現場で祀る時は神像は用いない（文化庁文化財保護部　1969：131；1973：42, 45, 116, 123）。しかし阿仁（秋田）のマタギは狩小屋で神棚を作り、木を削った即席の山神を置くか「山神様」と書いたはり紙をし、あるいは御幣をそこに飾って、毎朝出猟の時に拝む（文化庁文化財保護部　1973：33）。また大白川や秋成郷（新潟）のマタギも狩小屋の最奥部に山神を祭る（文化庁文化財保護部　1978：208, 235）。またマタギの山の神は、木彫りの神像の形で、神社や祠に祀られるだけでなく、民家の神棚（新潟、大白川、文化庁文化財保護部　1978：188；秋田、阿仁町打当、高橋　1991：19；岩手、沢内村、太田・高橋　1978：95）や床の間（秋田、阿仁町打当、高橋　1991：19）にも祀られている。山の神がマタギの家に家神として祀られてきたという報告は他にもある（秋田、阿仁地方、文化庁文化財保護部　1973：28、新潟、赤谷郷、文化庁文化財保護部　1978：158）。秋成郷大赤沢（新潟）の各家では、「十二神」（山の神の別名）と書いた札を貼って祀っていた（文化庁文化財保護部　1978：250）。マタギが、「山神」と書かれた守り札を袋に入れ、首から下げて狩をしたという記載もある（太

田・高橋　1978：71）。東北地方では各地に、山の神が特に産の神として祀られているところがある（高橋　1991：81-83）という。

　要するに、以上のようにマタギの山の神と縄文土偶信仰は、機能（役割）に関して、いずれも産の女神である点で相似する。

（B）　分布域の一致

　考古学的資料の解釈に民族誌的情報を利用する場合には、後者が、問題の考古学的資料の出土地域と同じ地域の情報か、あるいは全く異なる地域の情報かによって、その効用が違ってくる。考古学的資料と民族誌的情報の地域が相互に異なる場合には、両者間の相似が認められてもそれは機能の類推以上には利用し難い。しかし両者の地域が同一の場合には、機能の類推以上に両者間の歴史的関係まで問題にすることができる（渡辺　1981c：116-122）。縄文土偶とマタギの山の神の関係はまさにこの場合に相当する[33]。両者の分布がかけ離れていないで、いずれも日本という比較的狭い地域に一致しているので、両者間の相似関係は空似ではなく、歴史-文化的関係によるものと解することができる。つまり文化（伝統）の連続性が考えられる。またその相似度が高いほど歴史-文化的関係は深いと考えられる。

（C）　形態の相似性

　縄文土偶神とマタギの山の神の間には、先述の機能的類似の他に、次の四点についての形態的類似も認められる。
　（ⅰ）　女性の表現
　（ⅱ）　容貌の怪異性ないし醜悪性
　（ⅲ）　産行動の表現
　（ⅳ）　筒形（こけし形）神像の存在[34]
以下その各項について説明する。

（ⅰ）　女性の表現

　縄文土偶が女性の象徴であることは、既に土偶研究の初めから指摘され、本稿でも新たな視点から論証したとおりである。また一貫して性器の表現を欠く伝統からみて、ことさらに母性を強調する造形思想が縄文社会に存在したことも前章（第2章-2）で明らかにした。このように縄文土偶は性器表現を欠く女性神像ということができる。

　それに対してマタギの山の神もまた彼らの信仰によると、女性（文化庁文化財保護部　1969：366；1973：18, 103；1978：269；高橋　1991：1, 75, 83；太田・高橋　1978）であって、その神像には性器の表現が見当たらない。東北各地の山の神の神像の集大成といえる高橋氏の著書（高橋　1991）には、現地にあるがままの姿で撮影された山神像の写真が71枚掲載されている。その中には神像の上半部しか確認できないものや、祠が暗くて内部の神像が判別し難い例なども若干はあるが、全体像が識別できる神像が約120体ある。少なくともこれらに関する限り男女神[35]と

もに性器の表現はまったく見当たらない。それらは衣服をまとったものが多いが、そうでないものにも一貫して性器表現はない。以上のように、縄文土偶とマタギの山の神は、性器表現を拒否ないし排除する女神である点で、縄文土偶との完全な共通性を示している。

　（ⅱ）　容貌の怪異性ないし醜悪性
　縄文土偶の顔つきが、普通のヒトの顔や狩猟採集民の子供の玩具としての人形の顔つきと較べて、一般にいかに異様であるか、そしてその怪異性は、狩猟採集民の自然神信仰からみて、縄文人の神の超人性（神威）の表現にほかならないことは第１章で説明した（第１章-４）。要するに、容貌の怪異性は縄文人の土偶のトレードマークといってもよい。
　マタギの山の神もそれに対応する類似を示す。彼等の山の神も、彼等の信じるところでは、醜女（文化庁文化財保護部　1973：19；高橋　1991：1, 75, 80, 83）であり、醜い顔だち（太田・高橋　1978：62）とされていて、神像としては、片目の下まぶたがめくれ、他方の目が十字になっている女神の例（高橋　1991：21、秋田県阿仁町根方）とか、片目がつぶれている女神の例（高橋　1991：51、岩手県湯田町野々宿）がそれを表わしている。この他にまた日本民俗には、「山の神を、一眼一本足の恐ろしい神、あるいは魔物・怪物と考えたり、天狗と同一視する考えもある」（文化庁文化財保護部　1969：366）という。いずれにしても山の神は醜悪ないし怪異な様相の神といわねばならない。この点で山の神は縄文人の土偶神と相通じることになる。

　（ⅲ）　産行動の表現
　マタギの山の神が産の神として信仰されていることは前項（機能の相似性）で説明したが、産の神であるにもかかわらず神像の形の上で産行動ないしその関連行動を表現したものは少ないのが特徴である。東北の山神像の集大成ともいうべき高橋氏の著書には、着衣の腹部が膨れた「臨月の女神」と記載された山神像（岩手県北上市口内町、高橋　1991：6、カラー写真）以外に、子孕み山神像といえるものは一体しかない。それは、写真からみて上記の口内町例と腹部膨隆の状態が類似の女神像（秋田県雄勝郡三内村三俣、高橋　1991：2、カラー写真）である。産行動ないしその関連行動を表現した山神像で上記の子孕み像以外のものとしては、高橋氏によると、子抱き女神像が岩手県に一体（和賀郡沢内村猿橋、高橋　1991：7、カラー写真）あるが、同類は東北地方では他に見当らず、僅かに群馬県片品村の花咲と越本に各一体あるだけらしい（高橋1991：82）。以上のように山神像には、産の神であるにもかかわらず、産行動を直接示唆するような身体的表現は殆どみられず、まれに腹部の膨隆（妊娠）や赤子の抱擁（授乳）の表現がみられるにすぎない。このような山の神神像の造形パターンは、縄文土偶の造形パターンと全く軌を一にするものといえる。産神像必ずしも産行動の表現を要しないのである。山の神の実例では、その手の表現はむしろ稀でさえある。つまり子を孕んだり子を抱いたりする産行動の直接的表現は、産神像としての必須条件ではないということである。これは縄文考古学では、そのような産行動を表わす土偶を「産育土偶」として分類する風潮があるが、「産育土偶」だけが産育関係の土偶と考える必要のないことを示している。

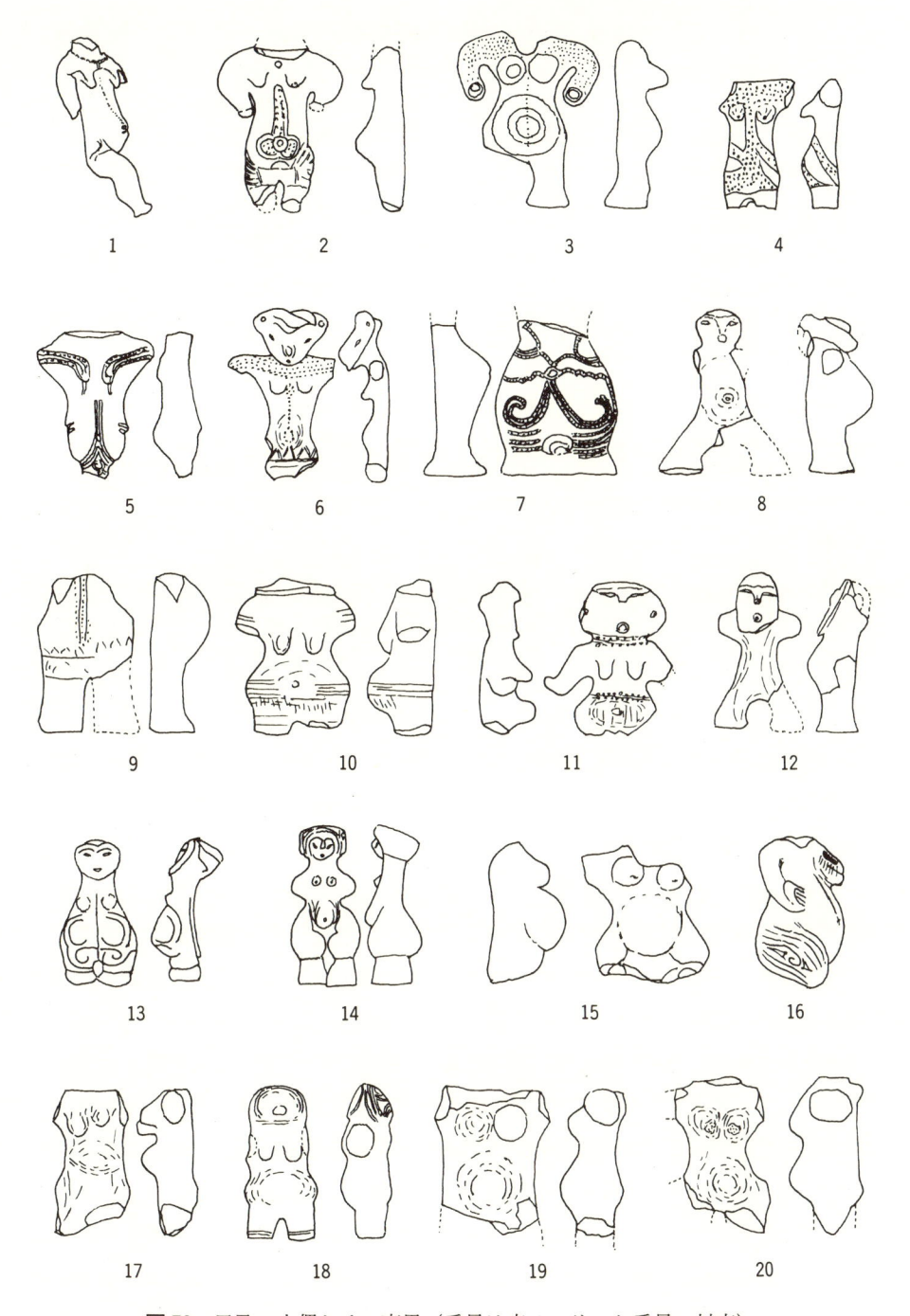

1. 縄文土偶神とマタギの山の神（母性女神） 109

図72 子孕み土偶とその変異（番号は表4のリスト番号に対応）

　縄文土偶を概観すると、子抱き土偶と子負い土偶は各1例知られているにすぎない。前者は乳児を授乳の姿態で横抱きにし、横座りした女性像（東京都八王子市宮田遺跡出土、縄文時代中期、首欠失、現存部高さ7.1cm）（江坂　1990：図29）である。後者は、片手を背にまわして子を背負った形の筒形土偶（石川県宇ノ気町上山田貝塚出土、縄文時代中期、首欠失？、現存部高さ10cm）（江坂　1990：図30）である。後者の乳房の存否は記述がないのでわからないが、子を背負

表4　子孕み土偶の典型例（図72参照）

1,	青森県木造町亀ヶ岡遺跡	（晩期）	（甲野　　1964）
2,	岩手県盛岡市萪内遺跡	（後―晩期）	（稲野・金子・熊谷・中村　1992、図5-6）
3,	秋田県増田町八木遺跡	（後期）	（富樫・武藤　1992、図5-29）
4,	秋田県鷹巣町藤株遺跡	（後期）	（富樫・武藤　1992、図5-33）
5,	宮城県七ヶ宿町小梁川遺跡	（中期）	（藤沼　1992、図3-32）
6,	宮城県河南町宝ヶ峰遺跡	（後期）	（藤沼　1992、図6-67）
7,	福島県石川町七郎内C遺跡	（中期）	（山内　1992、図3-11）
8,	福島県盤城市愛谷遺跡	（後期）	（山内　1992、図8-6）
9,	新潟県金塚村金塚遺跡	（後期）	（駒形　1992、図5-29）
10,	栃木県藤岡町後藤遺跡	（後―晩期）	（上野　1992、図5-34）
11,	栃木県藤岡町後藤遺跡	（後―晩期）	（上野　1992、図5-36）
12,	東京都板橋区赤塚城址貝塚	（後期）	（安孫子・山崎　1992、図5-53）
13,	長野県飯山市深沢遺跡	（中期）	（宮下　1992、図3-1）
14,	長野県茅野市棚畑遺跡	（中期）	（宮下　1992、図5-3）
15,	長野県伊那市月見松遺跡	（中期）	（宮下　1992、図6-8）
16,	長野県茅野市尖石遺跡	（中期）	（江坂　1990、図31写真に拠る）
17,	大分県中津市高畑遺跡	（後期）	（富田　1992、図1-7）
18,	熊本県熊本市竹ノ後遺跡	（後―晩期）	（富田　1992、図5-1）
19,	熊本県熊本市上南部遺跡	（後―晩期）	（富田　1992、図7-1）
20,	熊本県熊本市上南部遺跡	（後―晩期）	（富田　1992、図7-7）

っているので母子像とされている（小島・神保　1992：315、図1-10）。既に報告されている縄文土偶で明らかに子連れの例は、いまのところ以上の2例しかないようである。

　産行動ないしその関連行動を表わす土偶としては、上記の子連れ土偶以外に子孕み土偶がある。これは、ここでは腹部が臨月を思わせるほどの目立った膨隆状態を示す土偶のこととする[36]。このような子孕み土偶は、前記の子連れ土偶ほど稀有ではなく、全国的に点在するようにみえるが、それでも既知土偶全体の数からみれば、その数はとるにたりないといえよう。既刊出版物からその典型例を探し出してみると図72のとおりである。

　ここで子孕み土偶としたものは、図72に示したように、腹部膨隆が臨月を思わせるほど著しい場合に限られ、その数は多くないようにみえるが、その膨隆がそれほど著しくない例や、腹部に突起上の隆起を伴う例なども少なくないようであって、これらも妊娠を表わしたものかもしれない[37]。しかしそれにしても妊娠表現が多数ないし全土偶に及んでいないことは確かといえよう。いずれにしても、縄文土偶の場合にも、マタギの山の神の場合と同様に、産神像でありながら個体によって必ずしも産行動の表現（子孕み、子抱き等）がみられないといえる。要するに、母性を強調する女神像である縄文土偶にも、時として子孕み像や子抱き像があるが、この造形パターンはマタギの産神（山の神）像と軌を一にするものである。

　以上のように縄文土偶とマタギの山の神との間には、産の女神としての造形原理にも共通性が認められる。

（iv）　筒形（こけし形）神像の存在

1. 縄文土偶神とマタギの山の神（母性女神）　111

　縄文土偶神とマタギの山の神の間には神像形態即ち造形デザインに共通性がある。それは縄文土偶にもマタギの山の神像にも歴とした伝統として筒形（こけし形）像が存在するからである。この事実は、先述の（ⅰ）～（ⅲ）の事実とならんで、両者の伝統の繋がりを示す最も重要な証拠である。

　マタギの山の神の神像は、後に詳しく述べるように多種多様で、仏像のような複雑な形のものから、木塊の一部を削ったにすぎないような単純な形のものまで様々である。ここで問題にするのはそのうち最も単純な筒形ないしこけし形木偶である（図73-1～5）。これは木の枝あるいは細い幹の一部を切断し、その円筒形木塊の上部を削って人面を作りだしたものである。その第1類としての巣郷の山の神（岩手県和賀郡湯田町巣郷）（図73-2）は、「高さ20cmばかりの小丸太（筆者注；小丸太とは木の皮を剝いだだけの細目の材木のこと、写真によると径約10cm）に目鼻の切れ目を入れただけのもの」（高橋　1991：85）で、原著者が「山の神の原形」（高橋　1991：52）とみなしているものである。同氏の集大成された写真を検討すると、東北の山神像にはその他にも形が幾分違った同類の円筒形ないしこけし形木偶が認められる。その一つ即ち第2類が三滝（山形県最上郡真室川町）の山の神（図73-3～4）である。その神を祀る室内には、写真（高橋　1991：67）でみると18体の木偶が板壁の裾に立てかけて並べてあるが、すべてこのタイプで、大きさも形も大同小異である。特徴は円筒形の体部が樹皮つきのままであること、頭頂部が二又の枝を斜めに切って耳ないし角のような形になっていることと、その二又の真下の樹皮を少し削って人面を彫りつけていることである。今一つの同類即ち第3類は釜淵（山形県真室川町）の山の神（図73-5）である。これは写真（高橋　1991：66）でみると、1本の筒状で樹皮が剝いである点で上記の三滝タイプと違い、前記の巣郷タイプに似ているが、こちらは顎から上の顔面が区別して彫りだされている点で巣郷タイプより複雑である。釜淵の山の神の祠には、写真（高橋　1991：66）によると仏像風の石像1体（図73-14）を中心として、全部で5タイプ6体の山神像（図73-5～8、14）が祀られていて、その中の最単純型が上記の筒形（図73-5タイプ2体）である。東北の「筒形」山の神は、高橋氏の写真から判別できる限り、少なくとも現今では真室川方面（山形）に分布中心があるらしくみえる。上小又（真室川）の山の神の祠の神像も、写真（高橋　1991：68）でみる限り前記の三滝の山神の祠と同様に、単純な円筒状ないし丸棒状のものばかりらしいが、祠の内部が暗く写真も小さいので、それ以上のことは判らない。東北の筒形山神像は以上のとおりであるが、それよりも単純といえるようなものが長野県にみられる。それは上田地方の山の神（文化庁文化財保護部　1969：243、写真253）である。この記載（写真）には4体の神像が示されている。すべて形・大きさともに殆ど同じであって、完全に同一タイプといえる。この第4類は、太い樹枝か細い樹幹の上下を軸に直角に切り落とした樹皮つきの円筒状木材を用い、その一端の片面を樹皮ともに削って人面を作ったものである。木偶として最も簡単な形のものといえる（図73-1）。

　以上でわかるように山の神の神像が多種多様である中で、最も単純・古風なのが筒形ないしこけし形の神像である。これらは、頭部ないし顔部のつくりと素材の樹皮の存否の違いで、上述のように4類に分けることができるが、いずれも胴部断面が円形で、四肢のない点が特徴である。

112　第3章　縄文土偶神即家神の可能性

図73 マタギの山の神。神像の多様性
1．長野県上田、2．岩手県湯田町巣郷、3〜4．山形県真室川町三滝、5〜8、14．同町釜淵、9．岩手県安代町田山、10〜11．山形県真室川町赤倉、12．岩手県沢内村内の沢、13．同県湯田町芦ケ沢（原典写真よりトレース、縮尺不同）
1．（文化庁文化財保護部　1969）、2〜14．（高橋　1991）

　この筒形ないしこけし形神像の伝統は、縄文土偶神とマタギの山の神を繋ぐ最も具体的かつ直接的な環（link）といえる。それは縄文土偶神の中にも、マタギの山神像の筒形ないしこけし形木偶と相似の筒形（こけし形）土偶が、造形パターンとして即ち伝統としてあるからである。両者の間に木偶と土偶の違い即ち素材の違いはあるが、それは両者の繋がりを否定する証拠にはならない[38]。肝心なのは形態——筒形デザインの共通性であって、道具の素材は、社会的、経済的、技術的あるいは環境的事情に応じて可変的 variable であり融通性 versatility があるからである。

これは民族誌だけでなく人類の先史によっても明らかな事実である。

　この点からみると、上述したマタギの筒形（こけし形）木偶と縄文人の筒形（こけし形）土偶との形態的相似は、次のような可能性を暗示する。つまり縄文筒形（こけし形）焼成土偶と並んで筒形（こけし形）木偶や日干しないし陰干し土偶が併存して使い分けられたのではないか、そして前者は後者のコピーとして起源したのではないかという可能性である。この可能性には縄文土偶自体が提供する証拠がある。

　第1には縄文筒形岩偶の存在である。既知の縄文式筒形（こけし形）人像は殆どすべて土偶（図74及び表5）であって、土以外の素材で作られたものはこれまでのところ1点しか見当らない。それが筒形岩偶（秋田県湯出野遺跡出土、縄文晩期、高さ7.8cmほぼ完全）（富樫・武藤 1992：図6-47）（表5-35、図74-35）である。これは「全体がこけしのような形状を呈し、顔がしっかり表現されている」（富樫・武藤　1992：148）。またこのほかにも縄文社会では、土偶や岩偶と並んで骨偶さえも作られていた明らかな証拠（長沼　1996：17、編年表）がある。このように土偶以外に岩偶・骨偶が実在した事実からみると、木偶もあったことが考えられ、また筒形土偶以外に筒形岩偶が実在する点からみると、筒形木偶があったとしてもおかしくはない。木偶の手軽さからみれば、むしろあって当然と考えられよう。これを否定する理由も論拠もない。岩手県萪内遺跡（縄文後・晩期）の木工技術（岩手県立博物館　1984）などをみれば、筒形土偶製作者達にとって、マタギの山神像にみられる程度の筒形ないしこけし形木偶を作るのに何の技術的制約もなかったことは確かといえる。それにまた事実として萪内遺跡からは、奇怪な人面らしきものを彫刻した棒状の大形木偶（縄文時代後期、現存部分：長さ65.5cm、径（最大）約10cm）（岩手県立博物館　1984：68、図D-258）（図75-(a)）が出土している。これは上下端がささくれて欠損しているので、現品だけで筒形ないしこけし形木偶とは断定できないが、棒状ないし筒形の木材の上端近くに顔を彫刻し、胸に当たるところに手がなく、下端は欠損しているが足を彫り出した気配もないところからみると、造形原理上明らかに筒形ないしこけし形木偶の系統をひくものといえる[39]。

　以上のように、一方には紛れもない筒形（こけし形）岩偶──筒形土偶とは素材が違うだけの同一神の神像──の存在があり、他方にはまた上記のようなこけし形（筒形）木偶の系統を引く歴とした木偶が出土している事実は、筒形（こけし形）土偶に対応する木偶──その祖先ともいうべき木偶──いま一つの素材ちがいの神像──が存在した可能性を証明する間接的証拠といえよう。

　第2の根拠は筒形土偶自身の系統的孤立性である。鈴木氏によると、筒形土偶の出自・系統については、これまでに二つの考え方があり、その第1は円錐状土偶（鈴木　1990：図1〜2）を祖源とみなすものであるが、両者の間に埋めることのできない時間的なギャップがあるとか、両者は形態的に無関係で互いに独立発生であるとか、両者は分布域が明らかに別でつながりが薄い等の反論があるという（鈴木　1990：30）。第2の考え方は細長い丸棒状土偶（鈴木　1990：図3〜4）をその祖形とみなすものであるが、これにも反論があり、筒形は座りがよく安定的で顔が斜め上向きに作られているが、棒状の方は細く不安定で顔面が横向きに作られている点で異な

114　第3章　縄文土偶神即家神の可能性

1　2　3　4

5　6　7　8

9　10　11　12

13　14　15　16

17　18　19　20

21　22　23　24

1. 縄文土偶神とマタギの山の神（母性女神） 115

図74 縄文式こけし形（筒形）土偶とその変異（配列順序は地域的。番号は表5の番号に対応）縮尺不同

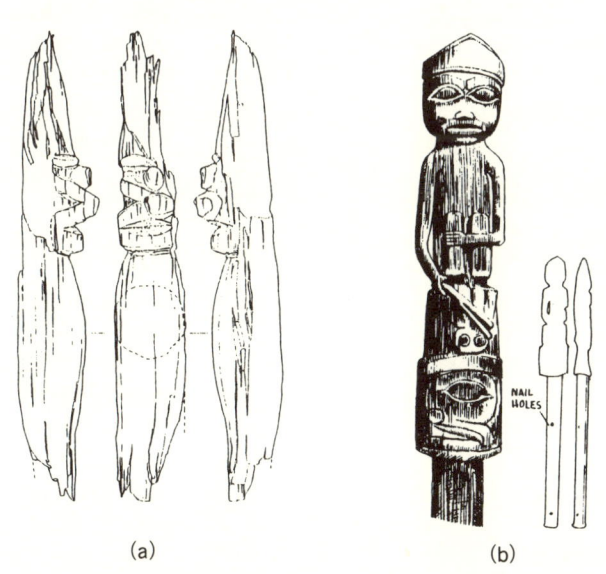

図75 (a)岩手県萪内遺跡出土木偶（岩手県立博物館　1984）
(b)北米北西海岸トリンギット族のサケ漁施設用木偶
（Stewart　1977）

第3章 縄文土偶神即家神の可能性

表5 こけし形土偶（筒形等を含む）[40] その変異と分布

（番号は図74の番号に対応）（＊印：写真原図からトレース）

（出土地）	（胴部外形）	（乳房存否）	（出典及びその記述）
1, 福島県いわき市寺脇貝塚	○	－	江坂　1990：図125（後期）「こけし形土偶＊」H：5.8cm
2, 茨城県那珂町戸立石（戸小屋の内）遺跡	△	＋	瓦吹　1992：図3-7（後期）「筒形土偶」 江坂　1990：図70（後期）「筒形土偶」H：19.2cm
3, 茨城県東村福田貝塚	□	＋	植木　1995：図7（後期）「筒形土偶」
4, 千葉県千葉市小金沢貝塚	（？）	＋	堀越　1992：図1-8（後期）「筒形土偶」
5, 千葉県市原市堰ノ台	□	＋	「土偶とその情報」研究会　1995：千葉・図版6-1（後期）＊
6, 東京都八王子市楢原遺跡	△	＋	安孫子・山崎　1992：図3-28（中期）「円錐形」 鈴木　1990：図2（「円錐状」土偶）（「筒形」図5～12と区別） 江坂　1990：53（中期）（「こけし形」「鈴状」小土偶）H：11cm
7, 東京都三鷹市ICU 3遺跡	□	＋	ICUMuseum 1993：表紙写真 安孫子・山崎　1992：図5-54（後期）「筒形」土偶　ほぼ　完形H：11cm
8, 埼玉県児玉町飯倉遺跡	□	－	植木　1992：図4-6（後期）「筒形土偶」H：約12cm（縮尺準拠）
9, 埼玉県川越市賀ヶ良遺跡	□	？	植木　1995：図24（後期）（胴＝分断、首不接合）
10, 埼玉県嵐山町大野田西遺跡	△	＋	植木　1995：図30（後期）（胴下端欠）
11, 埼玉県川越市上組II遺跡	□	＋	植木　1992：図4-7（後期）「筒形土偶」（頭部欠失）
12, 埼玉県飯能市中橋場	□	＋	「土偶とその情報」研究会　1995：埼玉・図版4-5（後期）
13, 栃木県藤岡町後藤遺跡	□	－	上野　1992：図5-25（後期）「筒形土偶」（下端欠失）
14, 栃木県宇都宮市御城田遺跡	□	－	鈴木　1990：図4（後期）「丸棒状土偶」（「筒形」図5～12と区別）
15, 群馬県中之条町壁谷（名久田）遺跡	□	－	江坂　1990：図69（後期）「筒形土偶」H：8.8cm 「土偶とその情報」研究会　1995：群馬・図版1-4
16, 群馬県前橋市上川久保	□	＋	鈴木　1990：図3「丸棒状土偶」（「筒形」図5～12と区別）（下端欠失） 「土偶とその情報」研究会　1995：群馬・図版10-10（後期）
17, 群馬県新田町木崎遺跡	△	－	「土偶とその情報」研究会　1995：群馬・図版11-6（後期）
18, 神奈川県相模原市橋本遺跡	□	＋	鈴木　1992：図2-5（中期）「手足省略円筒形、こけし状」
19, 神奈川県横浜市稲荷山貝塚	⬡	＋	鈴木　1992：図3-2（後期）「円形土偶」 江坂　1990：図68（後期）「筒形土偶」ほぼ完形H：20.4cm

1. 縄文土偶神とマタギの山の神（母性女神）　117

20，神奈川県横浜市三ツ沢貝塚	△	+	鈴木　1992：図3-3「筒形土偶」	
			甲野　1964：図280（後期）完形 H：15.5cm	
21，神奈川県藤沢市川名仲丸（手広）遺跡	△	+	鈴木　1992：図3-4（後期）「筒形土偶」	
			西田　1993：図2-3「筒形土偶」（胴部下半及び顔面一部欠損）	
22，神奈川県鎌倉市東正院遺跡	△		鈴木　1992：図3-1「筒形土偶」（胸部欠失）	
			鈴木　1990：図9「筒形土偶」	
23，山梨県韮崎市坂井南遺跡	⬡	−	小野　1992：図2-52（中期）（縮尺準拠約8.5cm）	
			江坂　1990：図81（中期）「高さ10cm未満の小筒形土偶」	
24，山梨県勝沼町宮之上遺跡	△	−	小野　1992：図1-43（中期）「中空円錐形土偶」	
25，山梨県小淵沢付近発見品	△	−	鈴木　1990：図2「円錐状」土偶（「筒形」図5〜12と区別）	
			江坂　1990：図32（頭部欠失、現存部H：7.9cm）	
26，山梨県敷島町松島団地遺跡	△	−	「土偶とその情報」研究会　1996a：山梨・図版107-13（中期）	
27，山梨県櫛形町鋳物師屋遺跡	△	−	「土偶とその情報」研究会　1996a：山梨・図版111（中期）	
28，山梨県一宮町国分寺遺跡	△	−	小野　1992：図3-73（中期）「鳴る土偶（楢原遺跡）近似」	
29，山梨県一宮町釈迦堂遺跡群塚越北A地区	△	−	「土偶とその情報」研究会　1996a：山梨・図版14-4（中期）	
30，長野県明科町北村遺跡	□	−	宮下　1992：図8-6（後期）「筒形土偶」（首・下端欠失、筆者註）	
31，長野県望月町天神反遺跡	△	−	宮下　1992：図8-3（後期）「筒形土偶」（胸腹部X字状隆帯）	
32，長野県立科町下屋敷遺跡	△	−	宮下　1992：図8-9（後期）「筒形土偶」（首欠失、筆者註）	
33，石川県宇ノ気町上山田貝塚	△		小島・神保　1992：図1-10（中期）「中空胴円錐形土偶」	
			江坂　1990：図30（中期）「円筒形土偶」（頭部欠失、現存部H：10cm）	
34，新潟県長岡市岩野原遺跡	□	+	駒形　1992：図5-34（後期）「筒形土偶」（頭部欠失）	
			植木　1995：図68「筒形土偶」（首及び胴正面下半欠）	
35，秋田県東由利町湯出野遺跡（岩偶）	□	−	富樫・武藤　1992：図6-47（晩期）「コケシのような形状」（現存部H：10cm）	

胴部形態：△ 円錐形（裁頭）
　　　　　□ 円筒形
　　　　　⬡ なつめ形
　　　　　○ 球形

り、この違いが両者の性格ないし使用法を考える上で重要なポイントであって、この点から考えると両者は区別されるべきものでつながらないことになるという（鈴木　1990：31）。あるいはまた、それはヒト形の造形パターンから逸脱した、土偶様式の中で最も変則的なもので、型式上の系譜が不明（能登　1988：83）とも見られている。それに対して、筒形土偶を集大成した最近の報告で植木弘氏は、上川久保タイプの棒状土偶を典型的筒形土偶の先行形態とみなす見解に賛意を表し、両者の間には型式的にも系統的にも一貫性があるとして、前者を筒形土偶の最古段階と位置付けている（植木　1995：33）。

　以上のように筒形土偶のこれまでの起源論には、型式上の系統が不明とする見解と、棒状土偶が先行形態で、それが最古型式とする見解があるが、いずれにしてもその論議は、焼成土偶即ち遺物として残存するヒト形の枠内に限られている。つまりそれは視野が「土偶」に限られているために、起源論はせいぜい「上川久保タイプないし棒状土偶」を最古段階として頭打ちにならざるを得ない。しかし発想――理論的枠組みを転換して、それを筒形「土偶」ではなく筒形「女人（女神）像」の視点からみると、その起源は「上川久保タイプないし棒状土偶」を超えて、さらに遡る可能性がでてくることになる。なぜなら女人（女神）像は土偶以外にもあり得るからである。

　要するに、この筒形土偶の起源問題は、以上のように、縄文考古学の方法論にもかかわる問題である。「土偶」とは、考古学者が分類の便宜上素材をもとに設定した一つの枠組みにすぎない。これを解釈する時には、この考古学者の枠組み即ち素材枠とは別の枠組み――土偶を作り使った人々の生活ないし社会という枠組みが要る。この縄文人自身の主体的枠組みを考慮しないで、土偶を土偶の枠内だけで考察（解釈）すると、それは真実とはほど遠い独断的解釈ないし小説的虚構におちいる危険がある[41]。縄文人の主体的枠組み、即ち「我々の」（考古学者の）ではなくて「彼等の」（縄文人の）分類枠組みや理論的枠組みが簡単に手に入るわけではないが、それをある程度類推することはできる。またその方法の論理性と（社会科学的）科学性を高めることによって、類推の程度を向上させることができる。その一方法が土俗考古学 ethnoarchaeology（渡辺　1993a）である。先述したマタギの山の神が手近なその好例といえる。彼等の山の神には木像もあれば石像や粘土像（焼物）だけでなく、画像まである（図73）。また図示されてはいないが、わら人形の山神像もある（文化庁文化財保護部　1978：18）。マタギの人々にとって重要なのは、彼等の信仰する「山の神」であって、その神像の形や素材は融通無碍といえる。彼等の思想にあるのは「山の神」という概念枠であって、土偶か岩偶かの違いは大した意味をもたないのである。従って彼等には、素材別による山の神の分類名称などというものもない。女神像の素材の可変性と融通性を示す代表例が、後期旧石器時代の所謂「ヴィーナス」像である。いずれにしても、土偶を解釈するに当たっては、少なくともそれを縄文人の道具（渡辺　1993a：7-8；1996）として扱うことが必須の第一歩といえる。それによって初めて、例えば前述のように、道具の素材の可変性（variability）あるいは融通性（versatility）という原理の導入が可能になり、視野が拡がるだけでなく、当事者達の世界に一歩近づくことができることになる。

(D) 伝統の連続性

　以上の(A)～(C)項で説明したように、縄文土偶神とマタギの山の神との間には、分布域の一致をはじめとして、役割（機能）と形態の相似性が認められるところから、伝統の繋がりがあると解することができる。これは、その繋がりを通して、縄文文化と日本民俗の間に伝統の連続性があることを意味している。このように同じ地域の新石器時代社会と現代社会との間に信仰の連続性が認められることは異常でも驚くべきことでもない。それと同じ事態が、後述するように、日本の対岸のアムール下流地方やヨーロッパにも認められるからである。

　縄文人の文化即ち伝統複合体は、社会の農耕化に伴って構造的変化を蒙ったが、精神文化の基盤は必ずしもそうでなかったようにみえる。縄文土偶信仰の流れを汲むマタギの山神信仰はその証拠の一つといえよう。要するに以上の根拠から、縄文土偶はマタギの山の神の祖元ないし原形とみなすことができる（第5章-2-(C)参照）。

(E) 家神としてのマタギの山の神

　マタギの山の神と縄文土偶神の間には役割の上でも形の上でも明らかに相似性が認められ、しかも複雑な共通性（相似性）をもつこと、またそれからみて、両者の間には伝統上の相関関係即ち伝統の連続性があると解釈できること、縄文土偶はマタギの山の神の源流ないし祖元に当たるとみてよいことは以上（第3章-1-A～D）に詳述した。しかし、縄文土偶の神聖に関して今一つの疑問が残る。それは単なる産の守り神だったのかどうかの疑問である。先述したように、マタギの山の神が縄文土偶神の流れを汲むものであり、逆にいえば縄文土偶神がマタギの山の神の祖元ないし源流にあたるものとすると、その疑念はさらに深まることになる。何故なら、マタギの山の神は先述のとおり、狩猟と産の双方の守り神を兼ねた1人2役の神で、しかも家に安置してまつられる家神である点からみて、縄文土偶神も単なる産の守り神ではなく、当時から既にそのような役柄兼任の家神であったのではないかという疑問が起こる。

　マタギの山の神が1人2役というのは、女の産を守る役と男の狩猟（山仕事）を守る役の2役である。狩猟（山仕事）も出産もともに他の仕事に比べてリスクが大きい。そこで、狩猟（山仕事）が男の生業となっているマタギ社会では、それと女の出産の安全と成功の確保が家族の福祉の根本であって、その両者の安全と成功を守護するのが彼らの山の神である。つまり男の狩猟（山仕事）と女の出産を助ける山の神とは家族の守護神即ち一種の家の神にほかならない。それはマタギの山の神が、神社や祠だけでなく、民家の神棚や床の間（高橋　1991：19, 34；文化庁文化財保護部　1973：28, 77）にもまつられていることをみても明らかである。そこで縄文土偶神がマタギの山の神の源流にあたるとすると、それは家族の守り神即ち家の神としての役割（山仕事の神と産の神の兼任）の起源にもかかわることになる。

　従って縄文土偶神の本質ともいえる宗教的役割を真剣に探求するとなると、(a)それが単なる産の守り専一の「産神」だったのか、それとも(b)産の守りだけでなく、もっと広く家族の安全や幸運を守る「家神」だったのか、この2通りの可能性を考慮して検討しなければならない（128頁、

注52：アイヌのシランパカムイ参照）。(a)の可能性については、現在筆者の手許にはそれを裏付けたり暗示するような資料がないが、(b)の可能性については、それを裏付けあるいは示唆する次のような民族誌的あるいは考古学的な根拠がある。それは要約すると、

1．縄文土偶とマタギの山の神の間には母性女神信仰の連続性が認められる（上述第3章-1）。そこで前者は後者の源流ないし祖元と考えられる。ところで山の神は家神であるから、その祖元に当たる縄文土偶も家神の可能性がある。その可能性を裏付ける根拠は他にもある。

2．我が国の北につながる極東北太平洋岸の原住猟漁民には、家神信仰の連続分布が認められ、その地域に一種の家神信仰圏が形成された事実がある。マタギの山神像信仰が、基本的性格の共通性からみて、その信仰圏の一端に繋がることは明らかである。この点から、それは隣接北方民の家神像信仰と深いかかわりをもつ根の深い伝統と考えられる。そこで、形態的にも機能的にも山の神と共通する縄文土偶が、その家神像信仰の伝統の根即ち源流である可能性も否定できない。

3．アムール新石器時代の土偶と同地現生民との間にも、縄文土偶とマタギの関係に似た女神像信仰の連続性が認められる。しかもアムール現生民の女神像が母性女神の家神であるところから、同地の土偶もその伝統の根即ち源流である可能性が考えられる。

4．以上のように、日本とその対岸のアムールの現生民には、母性女神像を家にまつる相似の家神像信仰が認められる。またその両地には、いずれもその家神像と伝統上で繋がる新石器時代土偶が存在する。つまり日本とアムールには家神（母性信仰）像信仰の並行発展があった。

5．その並行発展は歴史的偶然の結果ではなく、起源の共通性によるものと考えられる。それは家神の可能性を示す母性女神像の信仰が、それより古い旧石器時代後期のユーラシアに広く行われた証拠があるからである。このように、日本とアムールの現生民によって代表される極東の母性女神即ち家神信仰の流れの源は、ユーラシアの後期旧石器時代に栄えた所謂「ヴィーナス」像信仰にまで遡ることがわかる。

このような母性女神信仰の流れの中で、その神像の素材と表面的な形は、地域と時代によって様々の変化を受けたが、その形の基本（神髄）だけは時代と地域を通じて一貫して維持された。それが「腕なし」ないし「筒形」の造形パターンである。

以上のような母性女神（家神）信仰の系譜からみると、縄文土偶は、単なる産神像というよりも家神像の可能性が高く、北方ユーラシアにおける母性女神（家神）像信仰の流れの東端に位置する一分流的現象にみえる。

以上は、縄文土偶神が家神であった可能性を裏付ける証拠の要約である。根拠1については既に本章-1（A～D）で詳述したので、根拠2～4について以下に詳述する（番号は上記番号に対応）。根拠5については章をあらためて詳述する。

2．極東北太平洋岸猟漁民の家神像信仰

筆者は1966年にシカゴ大学で開かれた第1回狩猟採集民国際シンポジウムで、狩猟採集民の南北比較研究の必要性を指摘・提唱し自らもそれを実行してきた（Watanabe 1968：345；1971：272-5；渡辺　1978；1981）。彼等の技術・経済に関する生態的原理の探求には、住んでいる土

地の緯度の差即ち低緯度帯（熱帯）か高緯度帯（寒帯）かの差違が無視できないことはいうまでもないが、この差は彼等の信仰・儀礼即ち超自然への適応行動に関してさえも重大な問題になる。彼らの信仰・儀礼（宗教的行動）のパターンにも南北差が存し、その差が経済的生活を通して深く環境差に根ざしていることは、既に1991年の北方民の宗教と生態に関する国際会議で発表した通りである（Watanabe 1994；渡辺　1993b）。そのうち最も基本的な差は、北方群の日常生活が南方のそれに比べて謹厳で宗教色に満ちている点である。それは動植物の各個体がそれぞれ人間的な形質の超自然的生きもの即ち神（spirits, deities）であって、日々の生業活動（猟漁採集）が神々との出会いであり社交であるという独特の世界観にもとづいているからである（渡辺 1993b）。そのために、彼等の生業活動特に主食獲得のための猟漁活動は技術と儀礼が一体化した行動システムとなっていた（渡辺　1971：87-88、図1；1979：81-82、図2）。

　そこで猟漁活動を日課とする彼等の日常生活は、儀礼と不可分の関係にあって、その儀礼には、集団儀礼と並んで個人（家族）儀礼が普及・発達した。この個人（私的）儀礼の発達が北方系狩猟採集民の一大特徴といえる（Watanabe 1991：1～8）。この個人（家族）儀礼の最も発達した形がここで取りあげる家神神像信仰である。これは家神 home spirit 即ち家ないし家族 household, family の守護神 tutelary spirit, guardian, protecter の神像を家に安置して家人が日常的に礼拝・祈願する風習である。この家神像礼拝は、筆者の調査では北方系狩猟採集民の中でも何故かアジア側だけに認められ、北米側には見当たらない[42]。この家神像信仰は、祖先をまつるもの即ち祖先系と、祖先以外の神あるいは自然神を祀るもの即ち非祖先系ないし自然神系に大別することができる。前者即ち祖先系家神像信仰は、少なくとも筆者の手許には情報が乏しく、僅かに馴鹿飼育コリヤーク族とエニセイ（ケト）族の例があるにすぎない（第1章-3-A参照）[43]。後者即ち非祖先系ないし自然神系家神像信仰は、北太平洋の極東側につらなる列島弧とその鎖につながる諸地域の原住民に広く連続的に分布し、一種の信仰圏を形成する。その原住民群は、東からアリュート族、海岸コリヤーク族、カムチャダール（イテリメン）族、アイヌ族、ウイルタ（オロッコ）族、ギリヤーク（ニブフ）族の諸族である。なおこの他に、シベリアの北極海沿岸にも家神像信仰の分布が認められるが、その確実例は今のところタイミール半島のヌガナサン族しかあげることができない。いずれにしてもこの分布は、太平洋岸の分布とはかけ離れて孤立的であるばかりでなく、神像の形態が極東北太平洋岸群のそれとは本質的に異なる点で、後者と同一視することはできない[44]。

　以上のように北方民の家神像信仰には、祖先を祀る祖先系家神像信仰と非祖先系ないし自然神系家神像信仰の2派があるが、縄文土偶は、既述（第1章-1～4）のとおり祖先像とは関係がないので、後者について次に説明する。

（A）　家神像信仰の分布

以下の記述では家神とは非祖先系ないし自然神系家神をさす。
（a）北太平洋沿岸極東域（アリュート族、海岸コリヤーク族、カムチャダール（イテリメン）族、アイヌ族、ウイルタ（オロッコ）族、ギリヤーク（ニブフ）族）。

(b)　タイミール半島付近（ヌガナサン族）（参考：ネンチ族）。

　一見してわかるように、この型の信仰の分布（生成・発展）の中心は北洋岸の極東地域にあったといえる。しかも興味深いのは、それが定住か半定住的な猟漁採集民という点である。オロッコ（ウイルタ）族だけは飼育トナカイを持っていたが、それは運搬（橇曳き）用に限られ、生計上は猟漁採集民でしかも半定住的であった。それらの猟漁民と基本的に共通の家神像信仰が、彼等の家神像信仰分布帯の西端につながる日本の本土（マタギ）に分布することが、ここでは特に重要である。以下上記(a)(b)の順に説明する。

　(a)　北太平洋沿岸極東域

アリュート族（アリューシャン列島）

　高度猟漁文化によって特色づけられる北太平洋沿岸地域文化圏（渡辺　1988；1992）の諸族中、太平洋岸エスキモーとならぶ異色のエスキモー系言語・文化群であって、海獣猟中心社会であった。彼等の竪穴住居には天井の梁（beam）から小形牙偶（通常6インチ以下、既述、図49）が吊りさげられていて、海への出猟前に猟者がこの神像に祈願した。その名はカーサガーサ（kaathaagaathagh）である。彼が神像に言葉をかけると、神像が天候と海獣猟についての役立つ情報を教えてくれるという。この牙偶の特徴は頭を囲む吊りさげ用の帯 girdle である。約4000年前の古代アリュートから現代アリュートの時代まで存続し、使われなくなった今でも彼等の間では丁重に扱われているという。既知例はすべて住居址等からの発掘品であって、素材は石、骨、セイウチ牙が使われた。供物をさしこむ孔を伴う例もある（Laughlin 1980：110-111）（図49参照）[45]。

海岸コリヤーク族（カムチャッカ半島基部付近）

　海岸コリヤーク族の家には、玄関（porch）の戸口に近い左側に、木製の守護神（guardians）や護符（charms）の類が地面に立てたり壁に寄せかけて安置された聖所（shrine）がある。それらの守護神については既に第1章（35〜39頁及び図51）で詳述したが、ここではそのうちの家神について説明する。

　彼等の家神には、(1)家の主（master）としての儀礼用火鑽板、(2)竪穴住居の出入口の守り神としての丸太梯子、(3)住居の副守護神としての特別神像の3種がある。

(1)　家の主（神聖火鑽板）、（図51-j、k）

　儀礼専用の火起し道具としての神聖火鑽板（sacred fire-board）が、家の火（household fire）の神、家族の炉（family hearth）の守り神兼家の主（master）であると同時に海獣猟の助っ人（helper）でもあって、彼等から「父」とよばれる男神である。これは家の聖所に置かれている神像中最重要神とみなされ、また全家神中の主家神である。この家神即ち火鑽板は各家族の福祉に関係していて、年下の息子に伝えられ、2〜3代あるいはそれ以上長続きしている例もしばしば見られる。

　使いきられた神聖火鑽板は、退役軍人のように聖所に遺しておく。冬家から海岸近くの夏家に移る時には神聖火鑽板も運ぶ。しかし双方のそれぞれに別の神聖火鑽板を持つ家もある。この家

神(火の神)は、すべての家族的宗教儀礼の折に、その口に獣脂を塗りつける供食(feeding)儀礼が行われる。またこの神像は、衣服代わりのスゲ草のカラーで飾られている(Jochelson 1905-1908：34, 36)。

(2) 出入口の守り神(丸太梯子)(図51-i)

冬家(竪穴住居)の出入に使われる丸太梯子も家の守り神で、老婆(Old Woman)と呼ばれている。この女神はいかなる魔神の侵入をも許さないと考えられていて、例えば夏家に移る時など一時的に冬家を空ける時には、見知らぬ者を入りこませないよう、この梯子に祈願する(Jochelson 1905-1908：42)。

(3) 住居の副守護神(ヒト形神像)(図51-l、m)

先に述べた火の神即ち神聖火鑽板が家の主即ち第一守護神であるが、その他にも住居の守り神とされる特別の家神("House-Kamak-Face")がある。それは住居の補助的守護者(supplementary protector of the dwelling)ではあるが、前記の火鑽板即ち火の神と違って、炉の守り神ではない。この神像は家の聖所に安置され、いろいろの折に食物が供される(Jochelson 1905-1908：43)。

カムチャダール(イテリメン)族(カムチャッカ半島)

北部群と南部群があるが、両群ともに彼等の冬家(竪穴住居)の内部には、上端に人頭を彫刻した小円柱 small column ないし杭 peg が立っていた。これはアザシャク azhashak, azhulunach とよばれる神像であって、冬家の家具を統べ森林の悪神も彼等によせつけない守護神とみなされた[46]。そのため彼等は毎日これに食物を供え、煮たサラナの根か魚をこすりつけた(Krasheninnikov 1972：211-212；渡辺 1982：43-44)。クラシェンニニコフの原図(渡辺 1982：図28)を見ると、竪穴住居内部の図の向かって右奥(壁際？)にその神像がみえるが、高さは1m前後か(？)前面の人影からみてかなり大きいようで、形は正に頭が球形の円筒形即ち「こけし」形であることがわかる。

北部群ではその神像の他にハンタイ Khantai とよばれる神像(人魚的木彫像)が炉の近くに置かれていた。これに対しては年一度の儀礼(「罪の浄化」儀礼)が行われ、その時新品を作り古いものの傍に置いた。彼等はそれを数えてその家の年数を知った。この神像は南部には欠けるという(Krasheninnikov 1972：212)。この神像は図示されていない。

ギリヤーク(ニブフ)族(アムール河下流──樺太)

アムール河下流方面から樺太にかけての定住的猟漁民を代表する古アジア語系群で、仔熊飼育型熊祭をもつ点でアイヌと近い関係にある(渡辺 1964b)。夏家(地上式木造小屋、サケ漁期用)と冬家(竪穴住居、越冬用)を季節的に住み変える生活様式(渡辺 1990a：17-20)をもち、冬家には次のような3種の家神が伴っていた。下記情報は L. von Schrenck と Ch. M. Taksami の原著諸論文をまとめた L. Black の報告(1973)に拠る。

(1) 火の神。炉の火に住む炉火の主(神)Master and/or Mistress of the hearth and fire で、住居の守り神 protecting spirit of the dwelling である。冬家の新築完成儀礼("feeding of the house" 家への供食儀礼)の一部として炉火に食物を投げ入れて、火の神に子供達の健康と幸福

を祈り、また狩猟の幸運を祈願した（Black 1973：9,13）。ビーハンによるとギリヤークでは火の神の偶像も作られ、「家の守護神」として示されたこけし形の木偶（Byhan 1923：Abb. 202-6）（図53-6）がそれであるという（Byhan 1923：318）。

(2) 敷居神。冬家入口の敷居近くの床に埋めこまれた2個の石の下あるいは中に住む家神 house spirit で、入口の守り神 guardian spirit である（Black 1973：13）。

(3) 家の主（神）（図53）。「家の主」"tyv yz"[47] Master of the House とよばれる家神の総帥であって、一家の全住人の安全と幸福 well being を守る守り神 gurdian とされた。この「家の主」"tyv yz" は木彫りの神像に作られ、住居の奥 back の特製の棚か特別の箱に安置して礼拝された。この家神に対しては定期的な供食儀礼 ritual of "feeding"（食物を供する儀礼）が行われた。それは毎年秋に冬家に移り住む前に、屋根から床までの大掃除をして、それが済んでから実施された。家の主神のための供食儀礼は、家長の主導によって、その時以外にも行われた（Black 1973：13, 16）。Schrenk と Taksami によって図示された "tyv yz" 神像（図53-1～5）をみると、その形に2種があることがわかる。即ち筒形ないしこけし形（胴体が円筒形で、体外に突出した手（上肢）がなく、下端が体軸に垂直に断ち切られた面となっている）（タイプ1、同図-2）と、それに両脚をつけた形（タイプ2、同図-1、3～5）がそれである。

オクラドニコフによると、ニブフ（ギリヤーク）及びそれと同類（漁撈中心型生計）のアムール下流猟漁民（ナナイ（ゴルド）族、オルチャ（ウリチ）族）の伝統的「腕なし」（armless）木彫像は「セボン」（sevons）と「ヅーリン」（dzhulins）の2類があって、前者は、病気の神（spirits）とシャーマンの儀礼用援助神（helper spirits）を表わす像であるが、後者は、女神で、住居の守護神（gurdians of dwellings）であり、またそこに住む家族の母性女神（守り神）（Mother goddess）を表わす像である（Okladnikov 1981：16）。この後者（dzhulins）が、本論文でとりあげた「家神」に相当する。これによって、アムール下流群の家神が、マタギの家神と同様に女神しかも母性女神であることがわかる。

図53-7は樺太ギリヤークの家神像である（以上の詳細は第1章-3-(B)、「ギリヤーク族」の項、39頁を参照）。マタギの山神像（図73-1）と全く同一タイプである。

ウイルタ（オロッコ）族（樺太）

ウイルタ族はオロッコ族としても知られる樺太の馴鹿飼育民であるが、彼等の飼育トナカイ群は小さく（世帯あたり20頭以下）、その用途は橇曳きと荷駄用であって食用ではなく、全年の食物は殆ど、夏の漁撈でまかなわれた（Ivanov et al. 1964a：762）。即ち、トナカイ飼育はしても、食物経済的には狩猟採集民だったのである。夏はトナカイをタイガ（北方森林地帯）に放牧し、恒久集落に住んで漁撈を主とする定住生活を営み、冬はタイガで円錐形テントに住み、狩猟しながらトナカイと共に遊動生活を営んだが、トナカイ飼育民としては珍しく仔熊飼育型（ギリヤーク-オロチ-ウリチ-アイヌ型）熊祭を実施した。夏家には高床式のクマ檻があり、冬の住居移動時には仔熊を橇にのせた（Ivanov et al. 1964a：763, 765）。

彼等は4種の神像を使い分けた。第1類は巫者（シャーマン）の儀礼用神像（siiwura）（図57）で、巫者が神おろしの儀礼の時に手に持って操る。第2類は病気（患部）の治療用神像

(səwəni)（図59-1～4）で、病気（患部）の違いによって異なる部品（頭の痛みにはある動物の頭の形のもの、腰の痛みにはある動物の脊椎骨等）をくくりつけた木偶である。第3類は子供用のお守り（図59-5）である。第4類が屋内祈願用神像（家神像）（səwə）（図58）である。

　この家神像（səwə）は、幕末に現地調査をした松浦武四郎の「北蝦夷余誌」によると、木彫りの人形で、熊の皮を着せ削り花（筆者注、アイヌのinau kike）で包んであり、大きさは3～7・8寸とある（池上　1979：44及び図X 3）（図58）。本論文の図58及び別図（池上　1979：図IX AB12）からみて、このセワ神像の中身即ち衣装を除いた木偶本体は、身体から分離された、立体的な手のないこけし形（円筒形）胴体に両足をつけた木偶であることがわかる。これは衣装を除いた木偶そのものの型としてはギリヤークの家神像タイプ2（図53-1、3～5）と基本的に同じである。

　この家神像（セワ）の屋内安置状況については、松浦武四郎の「按北扈従」に次のような記述がある。それによると、家の隅の方に「エナオ」（筆者注：木幣）を立てて、その上に図示したような神霊（筆者注：セワ像）が祭ってあった。またその上にはセルタとよぶ玉製首飾りがかけてあった。病気の時には必ずこの神に祈るとのことであったという（池上　1979：74）。セワ像の安置場所がこれでは明確でないが、別の資料（池上　1983：63；川村秀弥氏採録；昭和初期のスケッチ）（図76-a）によると、円錐形棒組天幕住居（冬家）の入口から正面奥の左隅即ち炉の正面に当たる客席（マロ）の左側（マロ・チョノー）の壁際に「神様」と記されているのがその場所に違いなく思われる。川村氏の記述によると、「マロ・チョノーには銃、猟具、馴鹿の道具、宝物、神様等を置く」とある（池上　1983：16）。山本祐弘氏による冬家（アウンダウ）の記述をみると、その位置がさらに明らかになる。それによると、天幕入口の正面奥にある客席をマロといい、元来神の座であるから常にあけてあって、「その背後にはセワ（seŭa）という神々の偶像が吊るされている」（山本　1979：173、図2・27）（図76-b）。また元来客座の背後はつねに閉ざしてあるが、神の入口であるので入口同様に開けられるようにしておくのがしきたりであって、この神の入口は山手の方へ向けるのが定法であった（山本　1979：173）。

　彼等は冬家（アウンダウ）を本来の住居と考えていて、夏家（カウラ、恒久的樹皮葺き小屋）は漁小屋であり仕事小屋とみなされた（山本　1979：166）。夏小屋の家神像については記載情報が見当たらない。

アイヌ族（北海道、樺太）

　アイヌ族の伝統的宗教には祖先をまつるシヌラッパ儀礼と自然神（カムイ）をまつるカムイノミ儀礼の別があり、後者の祭神には屋外に住む神々と屋内に住む神々の別があった。屋内に住む神々としてよく知られているものを列挙すると(1)火の神、(2)家の神、(3)戸口の神、(4)内庭（土間）の神、(5)神窓を守る神がある。そのうち特に各地から報告があるのは火の神と家の神である（渡辺他　1986：153）。この2神は各地で一般に夫婦神とみなされていて、この夫婦神によってアイヌの家は守護されている（山本　1943：130；更級　1968：97）という。Batchelorはその2神を広義の家神（household gods）とみなしている（Batchelor 1971：175）。そのうち手作りの神像として祀られたのは家の神である。

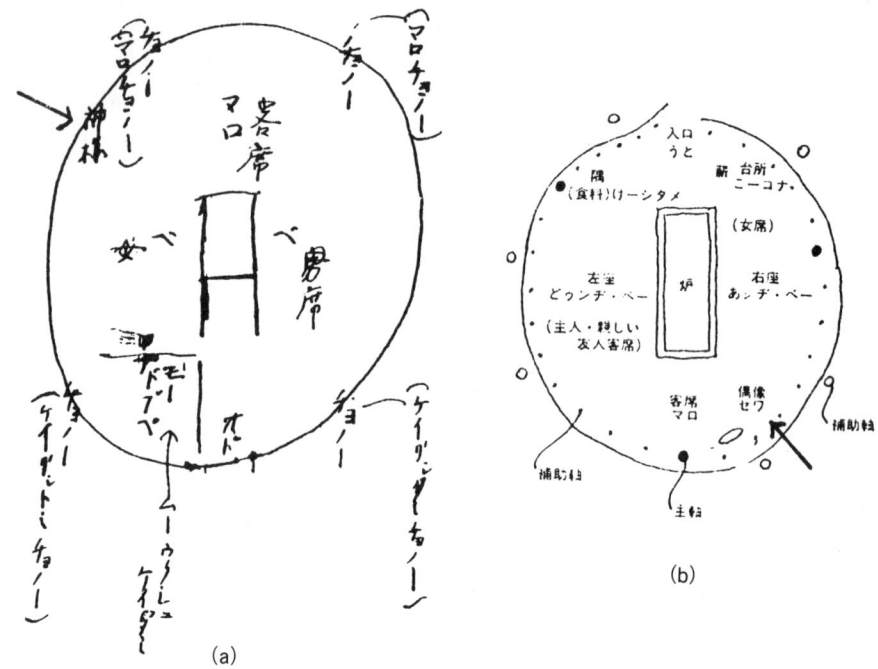

図76 ウイルタ（オロッコ）族の棒組円錐形テント（冬家）の平面図と家神像の位置
(a)川村秀弥原図（池上　1983）、(b)山本祐弘原図（山本　1943）。（矢印、筆者記入）

（1）火の神。各家の炉の火をすみかとし、その家人を育む姥神（iresu huchi）で、人間の言葉を他のあらゆる神に伝える通辞でもあるところから、すべてのカムイノミ儀礼の始めに祈願された彼等の最も身近で親しまれた神（金田一　1944：249；山本　1943：130；Batchelor 1971：175）であり、最も頼られ尊敬された神（Munro 1962：17）でもあった。この神はまたアイヌの神々の中で最も多機能（出産、病気、葬式はじめ生活万般）の神（Batchelor 1971：179；Munro 1962：17；金田一　1944：249-259）といえる。日々の炊事を通して女性（主婦）とも関係の深い神である。屋内に住む神だがこの神の神像はなく、直接火の神（炉の火）に向かって祈願した。

（2）家の神（図77）。チセコロカムイ（家（chise）を持つ神）、ロッタカムイエカシ（上座の神翁）、ソパウンカムイ（座頭の神）、マカンカムイ（虹別、犬飼・名取　1940；106）マックワカムイ（屈斜路、更科　1942：41-42）などとよばれ、各地で一般に上記の火の神と夫婦ないし一対と考えられているが、その性別についての情報は乏しい。これは、家全体（家とその内容）を守護する神（Munro 1962：47）、火の神と共同して家族の福祉の面倒をみる神（Batchelor 1971：176）、家の鎮めの神であり家族の子供等の守り神（金田一　1944：260）、火の神の補助役として家の中の事を守る神（名取　1941：39）、火の神が家人を育む女神なのに対し家の神は家全体を守護する神（西鶴　1974：121）であった。この神は、人体を象徴する木の棒（枝不可・幹必須、Munro 1962：45；太い木、渡辺他　1988：56；1991：88、口と心臓を伴う、Batchelor 1971：177；Munro 1962：45）に削りかけ（wood shavings）の衣を着せた、一見木幣のような棒状神像（図77A、B）に作られ、居室の奥（炉の上座即ちカムイノミ儀礼の場兼賓客の席）の向かって左隅（宝物壇の前、所謂座頭）（図78-4）[48]に立てて祀られていた。しかし時にはその

図77 アイヌ族の家神像
A. (Batchelor 1971)、B. (Munro 1962)、C.北海道（渡辺他 1984）、D.樺太（山本 1943）（A1、B1：中心部（身体）；A2、B2：外観（着装））、（C1、D1：家神；C2、B2、D3：随神）

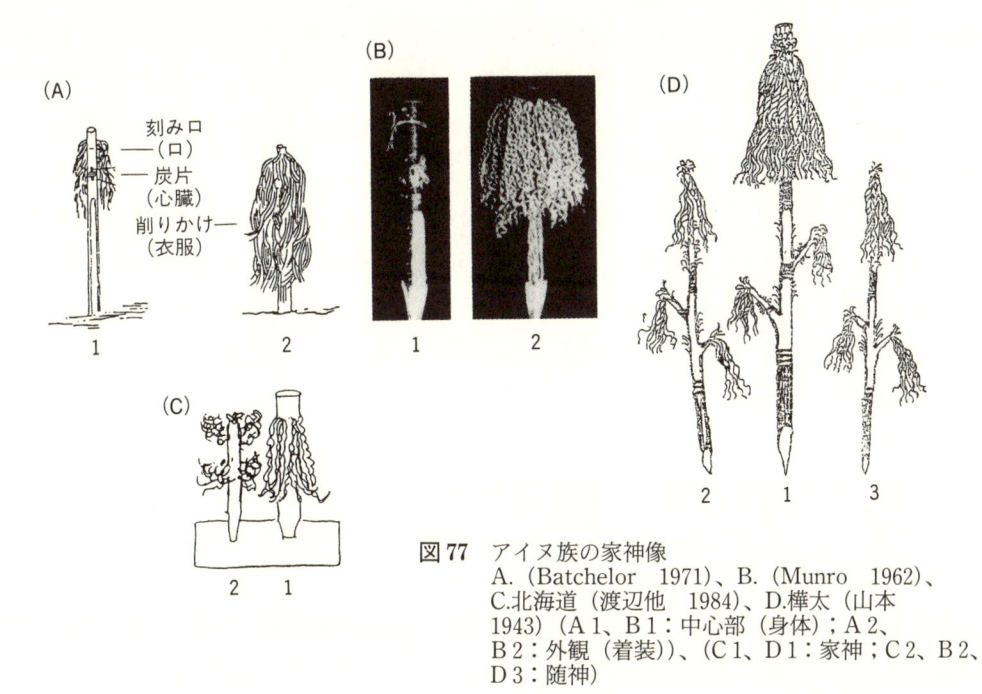

図78 アイヌ住居平面図（宝壇及び家神像の位置）（渡辺 1980）
1．炉、2．神窓、3．儀礼場兼貴賓席、4．家神像、5．宝壇（儀礼用具等）、6．シソ、7．家長座、8．主婦座、9．ハルキソ（息子等座臥）、10．ウサラ（娘達座臥、女性仕事場）、11．食器棚、水桶、12．女性用具置場、14．シェム（玄関、物置）

	産の守護	山仕事の守護
1.	山の神	

	産の守護	山仕事の守護
2.	火の神・家の神	山の神(シランパカムイ)

図79 出産関係の守護神と山仕事関係の守護神との比較
1．マタギ型：山の神による兼任例
2．アイヌ型：火の神・家の神（シランパカムイの代理）と山の神（シランパカムイ）による分掌制

場から炉辺(火の神の傍)に移して火の神と一緒に祈願(Batchelor 1971：177)されたり、あるいは儀式の時神窓(神々の出入口)直下に移して拝された(渡辺他　1984：84)。彼等が作った神像は他にもあるが[49]、家神の神像はそのうち最も一般的かつ恒常的(全戸常時祭祀)で最も重要なものであった(Batchelor 1971：176)[50]。

家神の儀礼には定期のものと不定期(臨時)のものがあって、両者ともその度毎に神像(利別、渡辺他　1988：119；伏古、渡辺他　1987：59；鵡川、渡辺他　1989：65)あるいは神像の象徴的衣服(削りかけ inau kike, inaul)(千歳、渡辺他　1991：88；白老、満岡　1941：51；金田一　1944：260；西鶴　1942：125)が新調され追加された。従ってその神像安置所(上座左隅)には旧品が蓄積されていたが、古くなると処分し(伏古、渡辺他　1987：59)、あるいは屋外幣場(inau chipa)に置いた(千歳、渡辺他　1991：88)。また家長が死んだ場合は、屋外幣場で儀礼的に処分された(沙流—イナウを添えて儀礼的に解体、Munro 1962：46；利別—子孫に祖印(ekashi itokpa)を残すため1体だけ残して他は「送り」儀礼(opunika)、渡辺他　1988：119)。

家神関係の定期的儀礼としては年2回(春秋)(利別、渡辺他　1988：119；伏古、渡辺他　1987：59)、または年1回(正月)(樺太、山本　1943：129；千歳、渡辺他　1991：88；鵡川、渡辺他　1991：64)の季節カムイノミと毎冬の熊祭(屈斜路、更科　1942：128, 135；白老、満岡　1941：51, 174；沙流、伊福部　1969：28, 46, 107)があり、臨時儀礼としては新築家屋の入居儀礼(Munro 1962：74；満岡　1941：51)、葬式(渡辺他　1985：108；Munro 1962：130；満岡　1941：126)、難時(Munro 1962：47(難事)；満岡　1941：112(難産)、70(疫病神払い))、クマ猟の成功時(更科　1942：42)等があった。

特筆すべき点は、樺太アイヌでは家神(チィコロカムイ cje kor kamuj)を表わすソパイナウに対して供食(feeding)儀礼(食物を口に塗り付ける供犠)(和田　1958：229)が行われた情報があることである。ソパイナウ(図77-D)は、北海道アイヌ同様に、居室の奥座の神窓左手隅の宝壇(sopa)に安置された、両手状の2本の枝のついた木幣形で、幹の前面に縦に平削り部分(コトル即ち胸面)があり、その上下に水平の刻み目(コトル・イトクパ)がつけられている(名取　1959：86, 95)。食物はこの刻み目に塗りつけられる(和田　1958：229)。

チセコロカムイは屋内に鎮座する内神だが、外神であるシランパカムイ(立木の神々の頭領)と関係が深くその代理人(deputy)と信じられていた証拠がある(Munro 1962：46)。チセコロカムイは住居の新築儀礼の筆頭対象であって、シランパカムイの代理として、家とその中のものすべての守護が祈願された(Munro 1962：78)。シランパカムイは「森の神」(金田一　1937：120；1944：245, 264)あるいは「山の神」(金田一　1937：120)と訳され[51]、チセコロカムイが家を守る神(家内の安全・福祉を司る守り神)であるのに対して、山を守る神(山仕事——狩猟や木材の伐採等——の安全と成功を守り助ける女神)として大切にされ、特に山での危機の時に祈願される切り札的有力神であった[52]。つまりアイヌの家の神はシランパカムイの代理として機能的にも系統発生的にも彼等の山(森)の神(シランパカムイ)につながっていることになる。

(b) タイミール半島付近

ヌガナサン族。タイミール半島（シベリア、北極沿岸）の馴鹿飼育猟漁民である。しかし先述のウイルタ族（樺太）と同様に飼育トナカイは殆ど運搬専用で年中橇曳きに使われる。食用に供するのは例外的ケースで、例えば春先の食物欠乏時に限られる。彼等は家（テント）神（spirit of the house）を祀っているが、それは、(1)石、鹿角、その他の異様形態物か、(2)木製または金属製の動物像かヒト形像（図52）であって、特製の護符をつけた神聖トナカイの曳く特別の橇にのせて運ばれた。各家（テント）ではこの神像に対し、毎月トナカイの脂の香で燻す儀礼を行い、また狩猟行が首尾よく終わった時は脂か肉が供えられる（Popov 1964：578）。図示（図52）された神像は棒状で脚はないが、双頭でしかも両腕のつけ根のような突起があり、明らかに太平洋岸の家神像とは異質的にみえる。性別も記載されていない。供食（feeding）儀礼が行われる点からみて、それは単なる呪物でなく明らかに神像ないし物神である。

ネンツィ族。ヌガナサン族と同じサモエード語系馴鹿飼育民で、ヌガナサン族より西の北極海沿岸に分布する。後者との違いは飼育トナカイを常食（全食餌の85％）とする点である。彼等も住居（テント）の守護神の神像を持っていて、それに食物を供えて祈願した（Prokof'yeva 1964：556, 564）。彼等はヌガナサンと同一語系群であり隣接群であることからみて、その家神もおそらく似たようなものと思われるが、筆者の手許に確証はない。参考のため付記する次第である。

以上が北太平洋沿岸極東アジア側の狩猟採集民のそれぞれにおける家神像信仰の実態である。ここで特筆すべき点は、上記の極東沿岸狩猟民の家神像信仰が先述したマタギの家神としての山の神信仰と基本的に共通する事実である。これを要約すると下記のとおりである。

(B) 家神像信仰圏
——マタギと極東北洋岸猟漁民の基本的共通性——

マタギの家神としての山の神の神像をめぐる家神像信仰と極東北太平洋岸猟漁民に連続分布する家神像信仰との間には、下記のような基本的共通点が認められる（図80）。
(a) 非祖先系（ないし自然神系）家神
(b) 家族の安全と幸運の守り神
(c) 筒形ないし腕無し神像
(d) 住居内安置
(e) 供食儀礼
(f) 母性女神
(g) 家神の構成

次にこれらの各共通点について要点を説明する（詳細については第1章-3-B、本章-2-Aの各民族別記述を参照）。

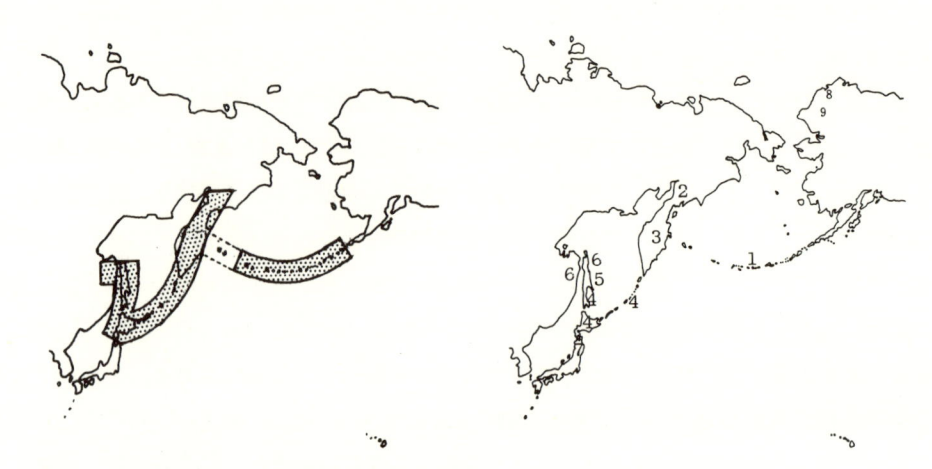

図80 非祖先系ないし自然神系家神像信仰圏
　　　　1：アリュート族　2：コリヤーク族　3：カムチャダール（イテリメン）族
　　　　4：アイヌ族　5：オロッコ（ウイルタ）族　6：ギリヤーク（ニブフ）族
　　　　7：マタギ（和人）

(a) 非祖先系（ないし自然神系）家神

　シベリアとその太平洋岸には、家神像を祀る猟漁民あるいはトナカイ飼育民がある。その家神には、祖先系と非祖先系とがあって、極東北太平洋岸猟漁民のそれは前者でなく後者である。

(b) 家族の安全と幸運の守り神

　マタギと前記極東猟漁民の家神は、いずれも家とその住人即ち家族の守り神であって、その役割の内訳は安全と福祉の守護である。

(c) 筒形ないし腕無し神像

　マタギとその隣接（極東北洋岸）猟漁民の家神信仰の特色は、家神が神像として祀られることである。その神像の形は、民族間だけでなく各民族内部でも多少の変異があるが、一般共通の形式がある。それが最も単純で基本的な型としての筒形ないしこけし形である[53]。オクラドニコフがアムール下流現生猟漁民の家神の特徴として挙げている「腕無し」（armless）形（Okladnikov 1981：17）はここで述べる筒形ないしこけし形に相当する。

(d) 住居内安置

　彼等の家神の共通特性は、家神像として彼等の住居の内部の一定場所に安置され、一時的でなく常時祀られていることである。安置の仕方は、立てる、壁に寄せかける、壁に掛ける、天井から吊す等、民族間であるいは同一民族内部でも様々であるが、その場所は一般に居室の奥が当てられている。北方系原住民の伝統的住居には囲炉裏が付き物であって、居室内空間がそれを中心に位置付けられ、それをめぐる家人や客人の座席の配分にも伝統的パターンがある。シベリアから北米にかけて共通の一般的パターンは、客席を入口からみて炉の奥側、つまり奥の壁寄りに指定する座席配列である。この奥側の席は、北方民では名誉の席とされる場合が多く、その場合は

(e) 供食儀礼

定期と不定期を問わず、儀礼の際には家神像に食物を食べさせる供食（feeding）儀礼が行われる。これは一般に神像の口部に直接に食物をなすりつけることである。マタギに関しても、山神像の口に小正月の餅をなすりつけて食べさせる風習が残っている（高橋 1991：15、山形県真室川町乃位）。

(f) 母性女神

マタギとアムール下流猟漁民――ギリヤーク（ニブフ）族、ゴルド（ナナイ）族、オルチャ（ウルチ）族の主家神は明らかに母性女神である。コリヤーク族では、火の神（火鑽板）が主で男神[55]、出入口の守神が老女神で、第2の家神の性別は不明である。その他の諸族の家神の性別は、筆者の手許にあるデータによる限り不詳である。

(g) 家神の構成

家神の詳細についての情報が得られた諸族では、各家の家神（家を守る神）はただ独りではなく、役割の異なる数種の神々からなる。少なくともコリヤーク族、ギリヤーク族、アイヌ族の家神は、火の神、家の神、入口の神からなる3神構成である。そのうちの一柱が主神であって、それは火の神（海岸コリヤーク）か家全体の主（ギリヤーク、アイヌ）である。

以上からわかるように、マタギとそれに隣接する極東北太平洋岸猟漁民は、上記(a)〜(f)の諸特徴を共有する一種の家神像信仰圏を形成した（図80）。

日本を含む極東北太平洋岸の原住諸民族をつなぐこの「家神像信仰圏」は、マタギの山の神信仰が孤立的な民族要素ではなく、隣接の北洋岸猟漁民と共通の伝統であり、特に対岸シベリア即ちアムール下流地方の家神信仰と関係の深い歴史的現象であることを明示している。つまりこの「家神像信仰圏」は、日本の家神像信仰とアムールのそれとを結ぶ文化の架け橋であって、両者の間の文化的連鎖関係（cultural linkage）を示す証拠といえる。そしてこの橋の両側で、腕無し形、筒形ないしこけし形の母性女神像を祀る家神信仰の歴史が展開したことになる。日本側の歴史即ち縄文土偶神とマタギの山の神の祖元-末裔関係即ち伝統の連続性については既に先述した（本章-1）。縄文社会からのこの伝統の流れは、農耕化による構造的変化（渡辺 1990a：135-155）に伴って変化はした。しかしそれは断絶することなく、現代に至るまで日本民俗の中に連綿と続いてきた。その証拠がマタギの家神としての山神像信仰にほかならない。そこで次項（本章-3）では、日本側での家神像信仰の歴史に対応するアムール側の家神像信仰の歴史を吟味する。ここでも、土偶（新石器時代神像遺物の主役）から木偶（現代神像の主役）へと主要素材は変わっても、伝統の連続性が認められる。

3. アムール新石器時代土偶神と同地現生猟漁民の家神（母性女神）像信仰
　　　　——伝統の連続性——

　アムール下流地方は、民族誌的にも考古学的にも、つまり過去と現在を通じて、シベリアの中でも特異な地域であることに注目しなければならない。歴史的舞台としてのこの地の最大特徴は漁撈と定住社会の発展である。

　アムール下流方面から樺太とカムチャッカを含む極東北太平洋岸領域は、夙にヨヘルソンによって、シベリアの中でオビ河流域とならんで、漁撈型生活様式を持つ特異な狩猟採集民の分布地域として分類された（Jochelson 1928：Map 9）。またこの地帯は、高度の漁撈経済（鮭鱒中心）と大形獣猟の特殊化を基盤とする階層化猟漁採集社会で特色づけられた「北太平洋沿岸文化圏」（渡辺　1988；1990a；1992）の西端に当たる。

　現代のアムール下流原住民を特徴づける漁撈型生計の伝統は新石器時代以来のものであることが考古学的に証明されつつある。例えば既にオクラドニコフは、新石器時代のシベリア原住民を生活様式から分類して、(1)平野の狩猟民――後に遊牧民、(2)バイカリア及び蒙古の狩猟民、(3)ウラルの漁撈民、(4)アムール及び極東の漁撈民（カムチャッカを含む）の4タイプに分けた（Rudenko 1961：18）。チャードはその後の新資料も加えた分析の結果、シベリアの太平洋岸即ちロシアの極東地方が、人類史の始めから内陸とは全く違った世界を形成し、新石器時代になると特にそれが明らかだと述べている（Chard 1974：82）。

　以上の事実は、アムール地方原住民の定住的猟漁生活が新石器時代からの伝統であることを示している。これからみて、先に説明したギリヤーク族等のアムール下流猟漁民を特徴づける家神像信仰は、新石器時代に根ざすその猟漁生活の歴史の中で育まれたものと理解することができる。この家神像伝統の流れの源流に土偶が存在する。この事情が日本の場合と似ていることは意味深長である。

　以上のような重要性にもかかわらず、アムール方面の考古学的調査研究が未だ広く進展していないのは残念だが、幸いにも若干の重要な竪穴集落遺跡が発掘調査され、そこから貴重な宗教関係遺物が報告されている（Okladnikov 1964：29-42；オクラドニコフ　1982）。そのうちここで直接問題になるのは土偶である。

　アムール地方では、新石器時代を代表するヒト形土偶が2例ある。第1標本はハバロフスク地方コンドン出土品、第2標本は同地方のアムール河スーチュ島出土品である。

　第1例、コンドン（Kondon）出土土偶（図81-a）。焼成された頭付き胴体像（torso schemetic）で、高さ12cmである。コンドン遺跡はアムール下流の漁撈集落で、その住居址の一つの床から土器片などとともに発掘された。1965年発見当時は新石器時代アムール地方で唯一のヒト形偶像であった。精巧な作りで、顔の表現は現実的である。当地では今でもこのタイプの顔つきの少女に会うことができるとされ、この土偶は単に一般化された女性像を表わすものではなく、むしろ一肖像（portrait）とみなされている。特徴は腕表現がないこと（no arms）である。当標本の愛称は「アムール河の女王ネフェルティティ」（Nefertiti、エジプトの女王、ツタンカーメンの伯

図81　アムール新石器時代の土偶（Okladnikiv　1981）
a. Kondon　出土、b. Suchu Island　出土

母）、その年代は紀元前4000～3000年紀とされている（Okladnikov 1981：15, 16；図27）。

第2例、スーチュ島（Suchu Island）出土土偶（図81-b）。アムール河下流にあるスーチュ島の新石器時代遺跡の竪穴住居から出土した土偶で、高さ6.6cmの「腕なし」胴体像（図81-b）であって、時代は第1例と同時代（紀元前3000～4000年紀）とされる。顔つきが、「斜眼」(narrow slant eyes）のような「まぎれもないモンゴロイド的様相」[56]を伴っている。これも女性とみなされ、プーシュキンの作品に因み「スペードの女王」（Queen of Spedes）の愛称でよばれている（Okladnikov 1981：16, 24）。

この遺跡には貝殻層の他に魚骨、魚鱗の層も認められ、その人々の主生業は漁撈とされている。遺物は土器・石器の他に装身具も出土した（Okladnikov 1964：38）。

アムール下流の新石器時代と現代を結ぶ連結環（links）

上記の2土偶──「アムール河の女王ネフェルティティ」と「スペードの女王」は、顔つきが違うが、いずれも「腕の不在」（absence of arms）で特徴づけられる。オクラドニコフは、これが古代と現代を結ぶ連結環（links）であり、その両文化の連続性（continuity）を示す証拠と解した。その根拠は民族誌的資料との類似（共通性）である。そこで彼は、その根拠として、彼等の民族誌博物館にアムール下流地方猟漁民──ギリヤーク（ニブフ）族、ナナイ（ゴルド）族、オルチャ（ウリチ）族によって作られた「腕なし」のヒト形彫像が多くあること、それらには、(A)病気の神とシャーマンの儀礼用援助神を表わす神像（sevon）と、(B)家の守護神兼その家に住む家族の母なる女神（Mother goddess）を表わす神像（dzhulin）の2種が含まれていることを挙げている（Okladnikov 1981：10, 17）。

「腕なし」という特徴は上記2種のヒト形神像の双方に共通であるから、その特徴だけでは、アムール新石器時代の前述「腕なし」土偶が、現代のヒト形神像(A)(B)のどちらに関係するものかまでは類推できない。しかし、オクラドニコフの言うようにそれらの土偶が「女性」であるとすると、それらは「腕なし」でしかも「女性」として特徴づけられることになり、アムールの現代ヒト形神像即ち上記の(A)(B)の中でも(B)類と相通じることになる。これはアムール新石器時代の土

偶の伝統が、同地の現代猟漁民のヒト形神像中、特に母性女神である家神像（dzhulin）の伝統につながることを意味している。これによって、アムール下流地方の新石器時代土偶が、同地の現生民の家神像（dzhulin）の祖先（原型）であり、その伝統の源流にあたるとする解釈が可能になる。

　この解釈、即ち Kondon-Suchu の「腕なし」型土偶が、アムール下流現生猟漁民の家神像（dzhulins）の祖元にあたるとする解釈は、次に述べる証拠によってさらに裏付けられる。それは同じアムール下流（Sikachi-Alian）の新石器時代岩石彫刻群（petroglyphs）（紀元前3000-4000年紀、即ち5000-6000年前）の中に見出された1例の「腕なし」ヒト形彫刻（Okladnikov 1981：pl. 25）である。Sikachi-Alian のヒト形彫刻は単なる顔面だけを沈線彫りにした人面（masks）が殆どすべてであるが、この1例だけは胴体（body）を伴っているので注目されている。その1群の人面類は、「開いた巨大な両眼」と「頭のまわりの輻射線」等の怪異な様相で特徴づけられ、形の上でアムール下流現生民のシャーマン儀礼用人面との関係が指摘される。なかでも特にウデヘ族やナナイ族のシャーマン用人面（参考例：Okladnikov 1981：pls. 20, 21）は、それら新石器時代人面のパターンと外観を全体に再現している（Okladnikov 1981：16）という。それに対してその特例即ち胴体つきヒト形彫刻は、「腕なし」でしかも顔面の彫り方が3次元（立体）的なのが特徴であって、この点から特にナナイ族の sevon 神像に属する狩猟神像（hunting spirit, Girki-Ayami）に似ているという（Okladnikov 1981：17）（第1章-3-(B)、ゴルド（ナナイ）族の項参照）。

　以上の事実によって、アムール下流新石器時代の「腕なし」ヒト形像には、同地現生民の「dzhulin」神（家神）に関係するもの即ち「土偶」（Kondon-Suchu 出土）と、「sevon」神（シャーマン用）に関係の深いもの即ち「石彫面/像」（Sikachi-Alian 遺跡）の2類があることがわかる。つまりこれは、アムール下流現生民の「腕なし」ヒト形彫刻の2大伝統——Sevon 神像と dzhulin 神像——の源流が、ともに新石器時代に遡ることを示唆している。いいかえると、アムール下流現生民のヒト形神像の2大カテゴリーそれぞれの原型（祖型）が既に新石器時代に出揃っていたということである。

　オクラドニコフは、ヒト形像に関する芸術的伝統を通じての新石器時代と現代との繋がり（links）と連続性（continuity）を強調しているが、それは単に芸術的伝統だけを意味するものではなく、宗教的伝統と一体化した神像伝統の繋がりと解釈するのが適切と考えられる。アムールに関する限り、ヒト形造形芸術だけが先に出現して、そのヒト形が後に神像化（宗教化）したとは理論的に考え難い。第1に、狩猟採集民の芸術活動は宗教活動に伴うのが普通であって、芸術のための芸術というものがない。つまり彼等のヒト形像は子供用玩具か、そうでなければ宗教儀礼用具である（第1章-1参照）。第2に、アムール新石器時代のヒト形像は玩具人形とはみえない。石彫人面（像）（Sikachi-Alian）が存在場所と形状の特殊性とシャーマン用具との類似性から玩具でないことは明らかであり、また土偶（Kondon-Suchu）もデザインの洗練度ないし高度性（腕無し様式化）からみて、狩猟採集民の子供用玩具（第1章-2、第1章-4-A）の域を超えるものと判定できる。第3の根拠は、Sikachi-Alian の石彫ヒト形人面（像）、Suchu 島の

怪奇ヒト形文つき高度装飾土器（赤色研磨）と Kondon-Suchu のヒト形土偶が、同じ思いつき (ideas) と同じ生活概念で結ばれた統合的全一体 (integral whole) を形成するというオクラドニコフの指摘である (Okladnikov 1981：11)。この点からみても、上記土偶は、アムール新石器文化を形づくった宗教芸術複合体の構成要素の一部であって、単なる玩具人形のようなものではないといえる。

以上の土俗考古学的分析の結論として、コンドン及びスーチュ出土品で代表されるアムール下流新石器時代土偶は神像であって、しかも同地現生住民の家神像 (dzhulin) の原型即ちその伝統の祖元に当たるという解釈が成り立つ。つまり、アムール下流地方の家神（母性女神）像信仰の起源が、同地新石器時代の土偶にまで遡ることになる。

これによって、アムール地方にも日本と同様に、新石器時代から現代にかけての家神（母性女神）像信仰の流れがあったことがわかる。

ア・ペ・ヂェレヴァンコ (Derevyanko, A. P.) は、アムール流域考古学の成果の結論として、この豊穣な地域が既に遠古の時代から、現代の土着諸民族——ナナイ族、ウリチ族、ニブフ族——の祖先達によって支配されていたことが明らかであると述べている（ヂェレヴァンコ　1982：158）。遠古から現代につながる、アムール下流の「腕無し女神」を祀る家神像信仰の流れも、そのような文化の連続性のあらわれにほかならない。

4．アムールと日本における家神（母性女神）像信仰の並行発展

アムール下流を西端とし、日本とカムチャッカを含み、アリューシャンを東端とする極東太平洋岸地帯の原住民の間には、類似の家神像信仰が発達して、一種の家神像信仰圏を形成した（本章-2）。そのうちアムール下流（ギリヤーク族等）と日本（マタギ）の家神は明らかに母性女神 (mother goddess) であって、この両地ではいずれも家神としての母性女神像信仰の流れの源を新石器時代の土偶にまで遡ることができる（図82）。日本では家神としての母性女神像の伝統即ち山の神の源流が縄文土偶に遡ることは先に述べた（本章-1）。またアムール下流において、家神としての母性女神像の伝統即ち dzhulin 神の伝統が同地新石器時代土偶に遡ることは上述した（本章-3）。以上のように、アムールと日本の両地には、家神像信仰圏を架け橋として、土偶信仰を源流とする母性女神（家神）像信仰の並行的発展が認められる（図80）。この事実は、類似した両地の伝統の流れがそれぞれ歴史を異にする孤立的な流れではなく、源を共にし同じ流れを

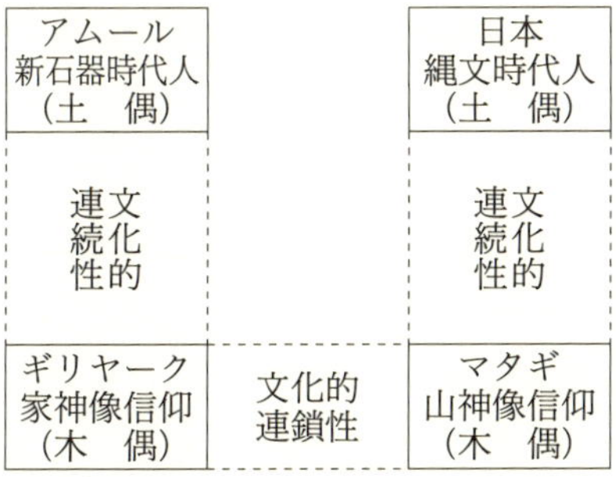

図82 マタギの山神像信仰とギリヤークの家神像信仰との文化的連鎖性 (cultural linkage) 並びにマタギの山神像（木偶）と縄文人の土偶との文化的連続性及びギリヤークの家神像（木偶）とアムール新石器時代の土偶の文化的連続性 (cultural continuity) との相互関係

汲む証拠と考えられる[57]）。

　上記の並行的発展が実際に跡づけられるのは今のところ新石器時代までであるが、この時代の女神像は両地とも土偶で代表されている。この土偶の発達は、土器工芸の発展と相伴っており、その両者の発達は定住生活と切り離せない。また狩猟採集民の定住生活は一般に水産資源の活用ないし漁撈の発達に伴っている。因みに現生狩猟採集民で定住生活を営む人々は北太平洋沿岸の鮭鱒分布地帯に限られている（渡辺　1990a：18、68）。

　アムールと日本の新石器時代を特徴づける、土偶を神像とする女神信仰は、考古学的証拠（Okladnikov 1964：39；Rudenko 1961：18；Chard 1974：92；渡辺　1990a：75；Watanabe 1986：230-243）からみて、土器と漁撈の発達した定住社会という歴史的―生態的条件の下で育まれたことが明らかである。女神神像の素材は、アムールでも日本でも現代は木材中心となって土偶は影をひそめたが、その形の基本は、アムールでも日本でも時代を通じて変わらず、「腕なし形」あるいは「筒形」ないし「こけし形」が固守された。これはその基本形が女神像の本性にかかわる伝統的要素であることを示唆している。またこのように女神像の基本形即ち造形原理が、アムールと日本で共通し、新石器時代の土偶についても現代の木偶についても共通していることは、両地の女神像信仰の伝統が共通起源であることを示す証拠と考えられる。いいかえると、それは両地の土偶伝統が、共通の女神像信仰の流れを汲む分流であることを示す証拠にほかならないと考えられる。

　両地域の土偶の形は一見違ってみえるが、細部の表現や素材の違い（変異）は地域が変われば変わるのがむしろ当然と考えられ大した問題ではない。特に粘土の場合は可塑性が大きいから変異の開きが増幅されることもあり得る。それよりもここで重要なのは、両地の土偶が、その形と本性にかかわる基本的特徴を共有しているという点である。その共有特徴とは、(1)全体形が「腕なし」（armless）あるいは「こけし形」ないし「筒形」（cylindrical）であること、(2)性器表現を欠く女性ヒト形像であること、(3)頭部ないし顔の強調と蒙古人種的顔つきの表現が伝統的造形要素となっていることの3点である。極東北太平洋岸の新石器時代に発展した、この3要素で特徴づけられるヒト形立体像の伝統は、後期旧石器時代のバイカル方面に起源した明らかな証拠があるからである。しかもそれら旧石器時代女人像が単なる産神でなく家神の可能性を示していることは見のがせない事実である。これらの証拠は、アムールと日本の新石器時代の土偶で表わされる女神信仰の起源が旧石器時代に遡ることを示すだけでなく、両地の現代の家神（母性女神）像信仰の起源さえもが、新石器時代土偶を通して、ユーラシアの旧石器時代に遡ることを示している。これについては次章に述べる。

第4章　旧石器時代における母性女神像信仰と縄文土偶の起源

　極東の新石器時代に、少なくとも日本とアムール下流の両地で、土偶に代表される母性女神信仰が流布していたこと、そしてそれは両地のいずれでも現代民俗としての母性女神（即家神）信仰につながること、つまり両地には新石器時代から現代まで連続する女神信仰の流れが認められることは先に説明した（第3章-1〜4）。この女神信仰の伝統は、しかし、新石器時代に突然起こったものではなく、その先駆あるいは原型（prototype）というべき母性女神信仰が、旧石器時代後期のヨーロッパからシベリアにかけて北方ユーラシアに広く拡がっていた確証がある。先に述べた、「腕なし」「筒形」ないし「こけし形」女神像で代表されるアムール下流と日本の母性女神信仰の伝統は、明らかにそのような旧石器時代からの流れを汲むものと考えられる。その事情を明らかにするためには、その根源としての旧石器時代の理解が必須である。

1. 後期旧石器時代の女人彫塑像

　旧石器時代後期[58]には、周知のように、人類最古の芸術的活動の考古学的証拠が存在する。それは芸術の性質によって、絵画系のもの即ち「図画芸術」graphic art と彫塑系のもの即ち「彫塑芸術」plastic art に大別される。またその出土遺跡の性質によって、洞窟暗所（非住居）から出土するものと岩陰ないし露天遺跡（住居）から出土するものを区別し、前者を「洞窟芸術」cave art、後者を「住居芸術」home art とよんでいる。以上の2つの分類システムの各分類カテゴリーは、互いに他の分類システムの両分類カテゴリーを含む関係即ち互いに切り合う関係にあって、「洞窟芸術」と「住居芸術」の双方とも、いずれも「図画芸術」と「造形芸術」を含んでいるが、両者の割合ないしウェイトに違いがみえる（Burkitt 1963：167-209 ; Chard 1975：180-187）。例えば、「洞窟芸術」は「図画芸術」（動物を主とする洞窟壁画）が中心なのに対して「住居芸術」は「彫塑芸術」（人像、動物像）が中心という特色がある。旧石器時代の彫塑像にはヒト形（anthropomorphic）と動物形（zoomorphic）があるが、作品の数量から見るとヒト形が主で、動物形は少なく（Powell 1966：12 ; Roe 1970：77）、また動物形の彫塑像は、絵画同様に、洞窟（暗い所）にも住居（明るい所）にも見いだされるが、ここで特に問題になるヒト形の彫塑像は、絵画や動物形彫塑像とちがって、人の住まない洞窟（暗所）には見当たらず、人の住む所即ち住居（岩陰遺跡、露天遺跡）に限られているのが特色である。つまりヒト形彫塑像は「洞窟芸術」ではなく「住居芸術」に属するものといえる（Burkitt 1963：172 ; Maringer 1960：111 ; Chard 1975：181 ; Sieveking 1979：78 ; Gamble 1986：326）。これが後に説明する

ように、所謂「ヴィーナス」として知られる旧石器時代母性女神像が家神即ち家で祀る神、家族の守護神という解釈を許容する有力な証拠になる。旧石器時代後期のヒト形彫塑像（丸彫り即ち三次元の立体像）は女性像が普通であって、女性像以外のヒト形像は比較的稀で、明らかに男性といえるものは稀有である（Maringer 1960：110；Burkitt 1963：172；Clark 1967：86；Roe 1970：30；Forman and Poulik n.d.：15）。以下はこの女性彫塑像、通称「ヴィーナス」像の様相と特徴の概観である。

（A） 女性彫塑像の分布

旧石器時代後期遺跡から出土する女性彫塑像、所謂「ヴィーナス」像の既知例の分布域は北方ユーラシアに拡がり、西はヨーロッパから東はシベリアまで5,000マイルの距離に亘っている（Boule and Vallois 1957：315）。この分布域は、ウクライナから西へモラヴィア、オーストリア、ドイツ、ベルギー、フランス、イタリーに及ぶヨーロッパ圏と、東はバイカル湖周辺を中心とするシベリア圏に分かれている。シベリアの分布は今のところバイカル湖付近に限られているが、この分布は、前記のヨーロッパ分布圏の東への延長、即ちウクライナの黄土地帯からウラル山脈を越えての延長とみなされている（Powell 1966：12, 258-259（遺跡リスト及び分布図）；Clark 1967：55；1977：Fig. 36（分布図）；Maringer 1960：108-109；Gamble 1986：Table 7-11及び分布図（Fig. 7-2）；Lambert 1987：167（分布図）；Whitehouse 1975：46-47（分布図）、45）。ウクライナからシベリアまでの間には今なお大きい分布の空白があるが、この理由には第1に調査精度の不均等性（Clark 1967：67）が考えられ、また他に木材等植物性素材や粘土（天日干し等）など消滅性素材が利用された可能性も問題になる。

ヨーロッパからシベリアまでの遺跡から既に知られている女人彫塑像即ち所謂「ヴィーナス」像の数は60例を超える（Powell 1966：12；Clark 1967：56）。そのうち多数例がまとまって出土した遺跡は、ヨーロッパ圏ではウクライナに集中（Clark 1977：Fig. 36；Gamble 1986：Fig. 7-2）していることが明らかで、「ヴィーナス」像の分布の中心は西ヨーロッパより東ヨーロッパにあるとみられている（Burkitt 1963：174；Clark 1967：67；Whitehouse and Whitehouse 1975：45）。そこでこの伝統の起源に関して、ヨーロッパ・ロシアを起源地としてそこから西と東に拡がったとする説（Sieveking 1979：78）や中・東欧に起源したとする説（Powell 1966：11；Clark and Piggott 1968：71）等が提出されている。

（B） 「ヴィーナス」像伝統とグラヴェット文化

後期旧石器時代女人像即ち「ヴィーナス」像の伝統はグラヴェット文化（Gravettian）[59]と密接不可分の関係にある。ヨーロッパの後期旧石器時代文化でグラヴェット文化より古く起こった文化（オーリニャック文化、シャテルペロン文化、葉形尖頭器文化）[60]はあるが、それらに属することが明らかな女人像の例は未だ知られていない。後期ペリゴール文化所属とされる例（注61参照）はあるが、この文化は南西フランスの局地的文化としての名称であって、内容的にはグラヴェット文化に等しく、その地方名にすぎない。つまりグラヴェット文化がフランスでは後期ペ

リゴール文化とよばれているということである（Whitehouse 1983：194；Lambert 1987：158；Oakley 1972：61）。また西ヨーロッパではグラヴェット文化以降の後期旧石器時代文化に伴う女人像もあるが、その出土例は稀少である[61]。以上のように旧石器時代女人彫塑像ないし「ヴィーナス」像の出土例の大多数はグラヴェット文化に属している。

要するに、後期旧石器時代女性彫像の伝統は、グラヴェット文化に乗って、西はフランス領ピレネー山地から東はウクライナまで、北の氷河作用地域を除くヨーロッパの大半部に拡がり、東欧からウクライナにかけてのグラヴェット文化（東グラヴェット文化）[62]の女人彫像伝統の流れの東端は、西シベリアのバイカル地方にまで達した（Powell 1966：12；Roe 1970：77）。その証拠がマリタ及びブレティの両遺跡である[63]。

以上のように所謂「ヴィーナス」像は、グラヴェット文化との関連性が極めて強く密接なところから、その文化の指標的石器（グラヴェット尖頭器など）に匹敵する特徴的要素とみなされ（Clark 1967：55；Watson 1968：67；Whitehouse 1983：194）、またその文化の単一（斉一）性（unity）を表わす最善の証拠とみなされている（Roe 1970：77, 84；Otte 1994：212）。

なおまた特筆すべきことは、グラヴェット文化がヨーロッパの西と東でその寿命に大差を生じ、東では西より10,000年も長く旧石器時代末まで残存し、これが女人彫像伝統の歴史の流れに大きい影響を与えたことである。グラヴェット文化の年代は、西ヨーロッパでは約29,000～20,000年前の期間（Phillips 1980：67, 82；Lambert 1987：158；Otte 1994：Table 7）であって、20,000年前頃を境にソリュートレ文化に変わり、さらにその後はマドレーヌ文化に変わった。つまりグラヴェット文化は西ヨーロッパではヴュルム氷期の途中で終わったが、東ヨーロッパではそれより10,000年も遅いヴュルム氷期の終り（旧石器時代の終り）まで存続した（Phillips 1980：67, 82；Whitehouse 1983：194；Otte 1994：214, Maps 15～18；Jones *et al*. 1992：356, 466）。即ち西欧のグラヴェット文化よりも東欧のグラヴェット文化の方が寿命（起源から消滅までの期間）が遥かに長かったことになる。この存続期間の東西差が、次に述べるように、「ヴィーナス」像伝統の盛衰に関係している点が重要である。

「ヴィーナス」像の最古例としては、例えば南ドイツのマウエルン遺跡（Mauern）（C層、グラヴェット文化、C14年代：29,000年前）（Gamble 1986：183, Table 7.11；Whitehouse 1983：309）がある。また新しい例として、東欧ではウクライナのエリゼーヴィチ遺跡（Elissevichi）（グラヴェット文化、C14年代：12,970±140～17,340±170）（Soffer 1987b：335, Fig. 1；Gamble 1986：183, Table 7.11）があり、西欧では南西ドイツのペテルスフェルス遺跡（Petersfels）（後期マドレーヌ文化、C14年代：12,900～12,100年前）（Clark 1977：Fig. 43；Gamble 1986：205）がある。これでわかるように、ヨーロッパのこの丸彫り女人像の伝統は、グラヴェット文化の初めから後期旧石器時代の終りまで19,000年間も続いたが、興味深いのは、西ヨーロッパではグラヴェット文化が終わると、女人彫像の出土例の激減（Maringer 1960：112；Clark 1977：105）即ちその伝統の凋落が起こったのに、東ヨーロッパでは、その伝統が同文化とともに旧石器時代末まで存続しただけでなく、後述するように新石器時代までもその名残りをとどめ、さらに古代ヨーロッパ（Old Europe）（東欧-バルカン）の女神信仰（Gimbutas 1982）にまでつ

ながったことである。またそれ以上興味深いのは、ウクライナからウラルを越えてシベリアのバイカル湖方面にまで進出した「ヴィーナス」像伝統の東への流れ即ちユーラシアのアジア側への流れが、アムール下流から日本にかけての極東太平洋岸狩猟民の女神像信仰の発展につながることである。東ヨーロッパの新石器時代における「ヴィーナス」像伝統の残存については、既にMaringer（1960）やGimbutas（1982）等による開拓的研究がある。しかし極東の新石器時代における上記のような女人彫塑像伝統の継承については未だ研究の先例をきかない。北方ユーラシアの旧石器時代女人像の伝統がどのようにしてアムールや日本の新石器時代文化につながり、さらに両地の現代民俗にまでつながるのか——この筋道を理解するには、上記のような極東からの視点にもとづく旧石器時代女人像の形態的再分析が必須である。その形態の特徴はサイズと意匠にあるので、以下その順に検討する。

2. 後期旧石器時代女人彫像の形態

（A） 形態的特徴——サイズの微小性——

　北方ユーラシアの後期旧石器時代を特徴づける丸彫りの女性像——所謂「ヴィーナス」像が小形であることは教科書的知識となっているが、その小形とは具体的にどの程度の大きさかは、これまでの研究では問題にされていないようである。まとまった数値的ないし統計的資料も見当たらないが、この種の彫像の用途・機能とも関係があり、また伝統形態の一要素としても重要と考えられるので、筆者の眼に触れた既刊の個別資料からそのサイズを概観することとした。

　旧石器時代の丸彫り女人像の特徴の一つはサイズの類似（Gamble 1986：324）即ち形が小さいことである。この特徴は既に古くから注意されてきた（Osborn 1922：322）。クラークによると、それらは「僅かに数インチの長さ」（Clark 1977：105）であり、マリンガーによると、これら小形像（little statues）の高さの変異の幅は「2ないし10インチ」（5〜25cm）である（Maringer 1960：108）。シーヴェキングは、女人像に限らず、それを含めて旧石器時代の「家庭ないし可搬芸術」（domestic or portable art）の作品全般が小形であって、それは移動生活者（nomad）にとってはすべての持ち物が負担になるからだと説明している（Sieveking 1979：22）。またマリンガーは、マドレーヌ期の女人像が稀有の点について、その理由は彼らが特に移動性の強いトナカイ狩猟民であって長期の滞在地がなかったことによるとした（Maringer 1960：112）（マドレーヌ人の遊動的生活様式についてはOtte 1994：214参照）。

　筆者の眼に触れた著名標本（寸法ないし縮尺の記載を伴う図あるいは写真）が約30例あるが、そのうち全長の推定可能な標本で高さ20cmを超えるものはサヴィグナノ（北イタリー）出土の1例（蛇紋岩製、完形、9インチ弱あるいは22cm）（Boule and Vallois 1957；Maringer 1960：109；Powell 1966）にすぎず、その他は20cm以下である。またそのうちの極小例としてはペテルスフェルス（南ドイツ）の2例（黒玉（堅緻質石炭）（jet, coal）1.2インチ及び1.6インチ）があるが、これらは一般の「ヴィーナス」像とは異なり、サイズも極端に小さく上端の穿孔からペンダントとみなされている。形も極端に単純化ないし様式化されているが、臀部の強調（膨隆）

によって女性像と認められている（Boule and Vallois 1957, Fig. 226；Clark 1977：Fig. 43）。それに次ぐ小形例として高さ4cm弱の「こけし」形のものが1例（ベルギー、ポン・タ・ルス遺跡、トナカイ角製）（Sollas 1924：Fig. 242-C）あるが、前者同様にマドレーヌ文化期に属する。それら以外は一般に5cm前後ないし以上である。因みに「ヴィーナス」像として著名なものをみると、ヴィーナス像中の傑作といわれる「ウィレンドルフのヴィーナス」（オーストリア、石灰岩製、略完形）は高さ約4.5インチ（Boule and Vallois 1957）または11cm（Osborn 1922）、ヴィーナス中の女王といわれる「レスピューグのヴィーナス」（フランス、マンモス牙製、腹部突出部欠）は高さ約6インチ（Boule and Vallois 1957）または$5\frac{3}{4}$インチ（Maringer 1960）、粘土製で注目される「ヴェストニス・ヴィーナス（I）」（モラヴィア、骨粉混入・軽度焼成粘土製、脚部下端欠）は高さ11cm（Bhattacharya 1977：264）あるいは11.5cm（Forman and Poulik n.d.：pl. 6）である。以上のように概説書の記載例でみる限り、後期旧石器時代の丸彫り「ヴィーナス」は一般に20cm以下5cm前後以上であって、この範囲のサイズ（高さ）の変異は、同じ遺跡の同期地層の標本の間でも期待できそうにみえる。これは次の事実にもとづく推論である。

　後期旧石器時代の丸彫り女人像のサイズ（全体の高さ）に地域差や時代差があるかどうかは、統計的データがないのでわからないが、複数例を出土している遺跡がいくつかあるので、それらについて同遺跡の同一地層から出た標本間でのサイズ（高さ）の変異をみると、グリマルディ遺跡（イタリー）（5例、ステアタイト製）（Boule and Vallois 1957：Fig. 221、実大写真から計測）では最小約4.5cm（足先欠）から最大約6.4cm（足先欠）まで、ガガリノ遺跡（ウクライナ）（3例、マンモス牙製）（Bhattacharya 1977：292）では最大7.1cm、他の2例は6.0cm以下、コスティンキ遺跡（ウクライナ）（4例、マンモス牙製）（Boule and Vallois 1957：1例；Clark and Piggott 1968：1例；Phillips 1980：2例、縮尺換算）では最小約8cm（頭及び足先欠）から最大約18cm（頭頂及び足先欠）まで、アヴデーヴォ遺跡（ウクライナ）（2例、象牙製）（Klein 1973、縮尺換算）では最小13.3cm（足先欠）から最大約17.2cm（完形）まで（Bhattacharya 1977：294によると出土数4例、13cmから15cmまで）、マリタ遺跡（バイカル湖付近）（6例、骨製—3例足先欠、3例完形）（Chard 1975：Fig. 1・7、縮尺換算）では最小約4.6cm（足先欠）から最大約13cm（完形）まで変異が認められる。

　正確なことは統計的データがないのでわからないが、以上のような概観の結果からみて、旧石器時代の丸彫り女人像のサイズ（高さ）は、5cm以下の極小例や20cm以上の極大例は例外として、5cm前後からせいぜい20cmまでが普通にみえる[64]。旧石器時代の女人彫塑像が女性の「ミニアチュア」（Maringer 1960：108）とか女性の「小型モデル」（Osborn 1922：322；Sieveking 1979：78）とかよばれる所以は以上のような状況から推察できる。

(B) 　形態的特徴——裸体女人彫塑像——

ⅰ） 伝統的形態論
（ⅰ） 人種論——ステアトピギー問題等——
　ステアトピギー（steatopygy）とはホッテントット族（南アフリカ）の女子に典型的な臀部

脂肪蓄積の術語である。旧石器時代女人像の中にはこの形状に似た形を呈するものがあり、その解釈をめぐって、その製作者とモデルの人種に関する議論がある。これが「ヴィーナス」像形態論の先がけにみえる。

　ステアトピギーの表現例として早くから知られているのは、イタリアのバルマ・グランデ洞窟（Barma Grande cave）（グリマルディ洞窟群の一つ）から出土した凍石製女人像中の1例（Boule and Vallois 1957：310, Fig. 221-6）である。これら女人像群の発見報告は1898年（L'Anthropologie IX、Boule and Vallois 1957：310）であるが、既にそれより数年前（1892-1894、Daniel 1950：131）にブラッセンプーイ洞窟（南フランス）から一連のマンモス牙製女人像が発見され、その報告（L'Anthropologie VI, 1895）の中で E. Piette は女人像の人種的分類を試み、人種の同定困難なものとブッシュマン、ホッテントット、アッカ族の人種的特徴を表わすものの2群に分けた（Sollas 1924：443）。この人種論は、その後間もなく1901年にグリマルディ洞窟群の一つ、グロット・デ・ザンファン（Grotte des Enfants、小児洞）で黒人型の後期旧石器時代人化石が発見されるに及んで本格化した。この洞窟遺跡は、最下層(L)がムスティエ文化層で、問題の人骨はそれに近い後期旧石器時代層(I)から出土した。それは寄り添うように埋葬された老女と青年で、いずれも顕著な黒人的特徴を示すことから黒人（negroids）に分類され、グリマルディ人種（Grimeldi race）とよばれている。前記のバルマ・グランデ洞窟出土のステアトピギー型女人像はこのグリマルディ人種を模したものという見解もあった（Osborn 1922：321, Fig. 158）。

　この黒人的グリマルディ人の発見は、後期旧石器時代人の起源だけではなく、それがもたらした芸術の起源に関しても大きな問題を投げかけた。旧石器時代芸術の科学的研究の開拓者ブルイユ（H. Breuil）は、洞窟芸術（Cave art、壁画）と家庭芸術（home art、女人丸彫り等）が同一人種の作品であり、ヨーロッパの後期旧石器時代を通じての芸術の発展が単一人種即ちクロマニョン人種（Cro-Magnon race）かグリマルディ人種かどちらかによるものと考えた。それに対してオズボーンは、後者が生き残った証拠はないから、その発展はクロマニョン人種に帰して間違いなかろうとした（Osborn 1922：316, 321-322）。

　以上のように、グリマルディ女人像の臀部の後方突出が果たして南アフリカ系黒人のステアトピギーを表わすものかどうかの問題は、グリマルディ洞窟出土の老女と青年が果たして当時のヨーロッパに生息した黒人系グリマルディ人種の代表なのかどうかの問題と関係するが、両者とも難点は考古学的証拠が乏しいことである。グリマルディ人の類例はグロット・デ・ザンファン以外のヨーロッパの何処にもないことから、問題の老女と青年は「偶然の移住者」（chance emigrants）だったのではないかという見方（Burkitt 1963：155）さえある。しかし後期旧石器時代及びそれ以降のヨーロッパ人の骨格に各種のグリマルディ黒人的要素が認められるというヴェルノー（R. Verneau）の説（Boule and Vallois 1957：289-292）もあり、グリマルディ人種問題は未だかたづいてはいない（参考：Day 1977：41）。

　また一方、真正のステアトピギーを表わすといえる女人像の例も乏しく、既存例は数例を数えうるにすぎないらしい。ブールとヴァロワ（Boule and Vallois 1957：315-318）はその実例とし

て先述のグリマルディ（バルマ・グランデ）とガガリノ（ウクライナ）の出土例のほかに、シル イユ（フランス）とサヴィグナーノ（イタリー）の出土品を挙げている（Breuil and Lantier 1965：Pl. I-1 (Sireuil 標本)；Boule and Vallois 1957：Fig. 226 (Savignano 標本)）。

　上述のステアトピギーと区別すべきものにステアトメリア（steatomeria）即ち腰部脂肪の側方発達と単なる肥満（obesity）とがあって、女人像の大部分に見られるのはステアトメリアであるという（Boule and Vallois 1957：318）。オズボーンは、後期旧石器時代女人像に真正ステアトピギーと認め得る例が当時1例しかなく、他は単なる肥満例であって、これは脂肪と骨髄の大量摂取による栄養学的現象とみなした（Osborn 1922：323）。

　文献に示された旧石器時代女人彫塑像の写真や図を概観した筆者の印象では、真正ステアトピギーとみられる臀部の後方突出表現は、その他のステアトメリアや単純肥満にみえる表現と一連のものであって、その極端例にすぎないようにみえる（後述、図89関係の説明参照）。このような変異の連続性からみると、それは特定人種（南アフリカ黒人系）の特徴を表わしたものではない可能性が考えられるのではないかと思う。後に女人像の再（新）分類の項で詳述するが、腰部を強調した女人像即ち胴部最大幅が腰の位置にくる台形胴の女人像がヨーロッパ系女人像の特徴となっていて、これには腹部と臀部の強調を伴っている（図89）。問題の「ステアトピギー」は、このようなヨーロッパ型女人像デザインの変異の一端を示すものにすぎないのではないかと考えられるのである。そこでこの女人像人種論に関しては、腰部と臀部の脂肪蓄積ないし肥満度の変異幅（変異スペクトル）を明らかにすることが肝要といえる。

（ⅱ）　芸術論――裸体女性像をめぐる造形美術的解釈――

　旧石器時代後期に出現する彫塑像（丸彫りないし立体像）にはヒト形のものがあるが、それは通常女性を表わすものであって、女性像以外のヒト形像は比較的稀でしかも明らかに男性と認められるものは稀有である（Maringer 1960：110；Burkitt 1963：172；Clark 1967：86）。またグラヴェット文化のヒト形像は、ブルノ（Brno）（モラヴィア）の黄土層の埋葬男性に副葬された象牙製男性像の1例以外は、すべて女性（Clark and Piggot 1968：82）とさえいわれている。しかもそれらの女性像は一般に裸体であって、全裸像でないものは稀である（Maringer 1960：109；Clark 1967：58；Whitehouse and Whitehouse 1975：47）。シベリア（ブレティ遺跡、Buret'）には「フードつき毛皮衣着用」と解されている象牙製女人像があるが、ヨーロッパ出土の女人像は、コスティエンキ遺跡（Kostienki）（ウクライナ）出土の「腰帯（girdle）着用」と解される1例と、レスピューグ遺跡（Lespugue）（フランス）出土の「ふさ飾り（fringe）着用」と解される1例を除いて、他はすべて全裸である（Clark 1977：105）（参考：ブレティ標本、Chard 1974：Fig. 1, 13；コスティエンキ標本、Chard 1975：Fig. 48；レスピューグ標本、Boule and Vallois 1957：Fig. 225）。旧石器時代女人像のこの特徴は、既に早くから注目されていて、その開拓的研究者の1人ソラスは、当時の人々が「小像の彫刻を楽しんだらしく、そしてそれは殆ど不変的に裸体の女性をあらわしている」と述べている（Sollas 1924：439）。またメントン（グリマルディ）女人像の報告（1898）で知られるライナッハ（S. Reinach）は、当時の既知女

人像中少なくとも2例がそのリアリズムと女性の形の知的表現によって、エーゲ文明国やバビロニアの芸術的作品のすべてより優れているとさえ批評した（Sollas 1924：439）。マリンガーによると、氷河時代女人像論で最も通俗的なのは、それらが何等かのエロス的理想を表わす、色情的かつ審美的な創作物（erotic-cum-esthetic creations）であったとする説であって、それら女人像が「ヴィーナス」と名づけられたのはそのためであるという（Maringer 1960：110）。

以上のような初期の美術鑑賞的—評論的解釈から出発した芸術論的解釈は、後には先史学的に体系化されるようになり、近年は女人像をめぐる造形芸術が、単なる個人の心理的ないし精神的現象としてではなく、文化の一部あるいは社会的現象として扱われるようになった（Burkitt 1963：172-173）。この傾向ないしアプローチを反映する好例がパウエル、ルロア=グーラン、シーヴェキング等の研究である（Powell 1966；Leroi-Gourhan 1972；Sieveking 1979）。

旧石器時代女人像の芸術的解釈に関する現代的課題の主なものは、自然的ないし写実的表現と様式的ないし図式的表現という対照的な2大表現様式間の関係に集約できるようにみえる。

クラークとピゴット（Clark and Piggot 1968：82）は夙に、後期旧石器時代女人彫塑像の大部分が、少なくとも胴体に関する限り、表現が自然的（naturalistic）であるのに対し、その一部は高度に象徴的（symbolic）であることを指摘し、その代表例としてウクライナのメジン遺跡（Mezine）（東グラヴェット文化、後期旧石器時代後期、Gamble 1986：211）とモラヴィアのパブロフ遺跡（Pavlov）（東グラヴェット文化、後期旧石器時代前期、Gamble 1986：181）をあげた。

所謂「ヴィーナス」像の表現型式に時代差があることは古くから注意され、マドレーヌ文化の「ヴィーナス」は、それ以前のものに較べて「細身」（slender）（Osborn 1922：434；Burkitt 1963：182；Boule and Vallois 1957：321；Whitehouse 1983：536）で「腹部が張り出していない」（hollow stomached）（Whitehouse 1983：536）といわれてきた。このようなマドレーヌ文化の「ヴィーナス」の「痩身」に対して、マドレーヌ文化以前即ちグラヴェット文化期の「ヴィーナス」を「肥満」（obesity/corpulence）とする体形の時代差論が、現今では、後者の自然的ないし現実的（naturalistic/realistic）表現から前者の様式的、抽象的ないし象徴的（stylized/abstract/symbolic）表現への変化という芸術的表現型式（pattern of artistic representation）の時代差論に変わってきた。バーキットは様式化（conventionalizations）の頻度がマドレーヌ文化の終り頃に高くなったことに言及した（Burkitt 1963：182）。マリンガーは、女人像に関して氷河時代の芸術が何千年にわたって絶えず写実主義（realism）から様式化（stylization）と抽象化（abstraction）の方向に動いたと指摘し、マドレーヌ文化にも女人像はあるが稀でしかもそれは常に極端な様式化を示すと述べている（Maringer 1960：109, 110）。

「ヴィーナス」像形態論では地域差も問題になっている。マリンガーは、上記の時代的変化のプロセスが最も明らかに示されるのが東ヨーロッパ諸地域であるとして、ウクライナのメジン遺跡（Mezine）出土の所謂鳥のような形をした図式化された女人像の例をあげている（Maringer 1960：105, fig. 32）。パウエルも、証拠がまだ少ないとしながらも、女人像分布域の西側では自然主義（naturalism）への好みが強いのと対照的に、その東端では図式的意匠と幾何学的意匠の

2. 後期旧石器時代女人彫像の形態

方が人気が高かったと考えている (Powell 1966：13)。

　以上でわかるように、旧石器時代女人像に関する現行の芸術論の中心課題は、自然的ないし写実的表現型式と様式的ないし抽象的表現型式との対照的な関係の時代差と地域差である。それについての議論と見解の概要は上述のとおりであるが、時代差論と地域差論の双方ともに曖昧さと割り切れなさという批判をまぬがれ得ない。この原因は主としてその分類法にあると筆者は考える。旧石器時代女人像芸術論にこれまで行われている形態の分類法は、「肥満対やせ形」か「自然ないし写実的対様式ないし図式的」という2分法 (dichotomy) である。「肥満形」と「やせ形」を分ける2分法は、所謂「ヴィーナス」類の分類にはある程度役立つが、それ以外の女人像のすべてをカバーできない欠点がある。何故なら後者には脂肪や筋肉の多少では区別できない超ヒト形的な幾何学的表現の女人像（例：ウクライナのメジン遺跡、ドイツのペテルスフェルス遺跡）なども含まれているからである。

　それに対して「自然（写実）的」か「様式（象徴）的」かを分ける2分法は、前者の2分法ではカバーできない超ヒト形的ないし幾何学的な形態をも「様式（象徴）的」カテゴリーの一部として一括分類できる。しかしこの分類枠は、超ヒト形のものだけでなくヒト形の部類をも包括する極めて幅の広い枠であって、後者には「肥満形」から「やせ形」まで実に多種多様の女人像が含まれることになり、内容的に極めて雑多である上に、対照的分類枠である「自然（写実）的」カテゴリーの女人像との区別が実際上必ずしも容易ではない点が特に難点である。これでは分類が主観的にならざるを得ず、従って論議の曖昧さや不正確さも避けられないことになる。先に述べた旧石器時代女人像芸術論の不備は、基本的に以上のような2分法的分類法の欠点によるものと考えられる。その実情の一端を次に説明しよう。

　例えばレスピューグ（フランス）の「ヴィーナス」像は後期旧石器時代「ヴィーナス」像中の「女皇」(Boule and Vallois 1957：313) とされ、フランス出土「ヴィーナス」像中の最優品の一例 (Clark 1967：57) とさえいわれる典型的「ヴィーナス」像であって、これが「様式的」(extremely stylized) (Leroi-Gourhan 1957：106) と記載されている（参考図：Boule and Vallois 1957：Fig. 225；Clark 1967：Fig. 43）。またアヴデーヴォ遺跡（ウクライナ）出土の女人像2例も「図式的」(highly schematic) (Klein 1973：85) と記載されている。「様式的」と「図式的」は旧石器時代女人像論では同義語として使われている。これは例えばゲナスドルフ遺跡（ドイツ）の鹿角製象徴的女人像 (Phillips 1980：Fig. 31；Gamble 1986：Fig. 7-5) とプシェドモスト遺跡（チェコスロヴァキア）のマンモス象牙線刻女人像 (Clark 1967：58, 59) の記述をみれば明らかである。そこで「様式（図式）的」という用語の定義が問題になるが、筆者の知る限りその記述はどこにも見当たらないので、実際の使用例を概観すると、それは「自然（写実）的」(naturalistic, realistic) の反対語として使われていることがわかる。これは具体的にいえば、解剖学的プロポーション、その他の形態学的事実を無視した非写実的あるいは非客観的表現のありさまを示す女人像を指す語として使われている。この視点から見ると、旧石器時代丸彫り女人像は、ブラッセンプーイ遺跡（フランス）出土の有名な象牙製女人像頭部破片 (Sollas 1924：Fig. 239(A)) と同遺跡出土の象牙製女人像胴部断片 (Sollas 1924：Fig. 234(B)、Venus innominata) のような、真に「自然（写実）的」な稀少例は別として、他は一般に何等かの程度に非自然（非写実）的であって、その意味で「様式（図式）的」の範疇に入るように見える。旧石器時代女人像が、一般に(1)顔だちを略した円塊状頭部、(2)融合して先細りの下肢、(3)省略されるか胴体に浮彫りされた上肢、(4)極小化された頭と足など身体各部の非写実的表現を伴っていることは周知のとおりで、それらが特にヨーロッパ系旧石器時代「ヴィーナス」像の特徴となっていることはどの関係概説書にも明記されている。

　以上のように、問題の女人像には、真に「自然（写実）的」なものはあっても稀であって、既知の女人像は程度の差こそあれすべてが少なくとも部分的にあるいは軽度に「様式（図式）的」であるという上述の実情に照らしてみると、これまで「様式（図式）的」と特記されている場合（先述のレスピューグ及びアヴデーヴォ遺跡）は、様式（図式）化の度合が特に顕著なものを指していることがわかる。その記述が原文で「極度に様式的」(extremely stylized)（レスピューグの場合：Leroi-Gourhan 1957：106）、あるいは「高度に図式的」(highly shematic)（アヴデーヴォの場合：Klein 1973：85）となっているのがその証拠である。他方ドルニ・ヴェストニス遺跡（チェコスロヴァキア）出土の有名な粘土製「ヴィーナス」は、同遺跡出土の象徴的棒状女人像とは対照的に「比較的自然的」(comparatively naturalistic)（Clark 1967：58）と説明されている。

　以上の具体例でわかるように、現行の旧石器時代女人芸術論にみられる「自然（写実）的」か否（即ち「様式ないし図式的」）かの2分法的分類では、（Ⅰ）真にあるいは完全に「自然（写実）的」といえるものと、（Ⅲ）真にあるいは完全に「様式（図式）的」といえるものは、いずれも極めて稀であって、それらの両極端を除く大多数の一般女人像は、その中間の部類（Ⅱ）に属することになり、これには(A)比較的高度に「自然（写実）的」なものから(B)比較的高度に「様式（図式）的」なものまでの変異形態が含まれる。前期のドルニ・ヴェストニスの「ヴィーナス」像などは(A)に該当し、前記のレスピューグの「ヴィーナス」像やアヴデーヴォの女人像などは(B)の部類に入るが、(A)(B)両極端群所属の例は少なく、（Ⅱ）類の大半は(A)と(B)の中間に相当するようにみえる。

　第（Ⅱ）類に見られる以上のような造形的表現パターンの変異は、各女人像がそれぞれ形態的に「自然（写実）的」な部分と「非自然（写実）的」即ち「様式（図式）的」な部分とを併せもっていて、その両者の割合がそれぞれ異なることによるものと考えることができる。

　そこで以上の分析結果からいえることは、女人像の大多数を占めるこの第（Ⅱ）類の女人像は、程度（割合）の差はあるがいずれも「自然（写実）的」部分と「様式（図式）的」部分を併せもっているから、2分法的にそのどちらかに明確に分けることはできない。もし両用語によって客観的に分類するとすれば、「自然（写実的）」あるいは「様式（図式）的」な度合の強弱によって相対的に区別する以外にないが、この強弱判定は実際上容易ではなく、その際主観を排除することも難しいようにみえる。

　このような理由から、「自然（写実）的」かさもなければ「様式（図式）的」かという、2用語によって女人像表現パターンを2分する現行の2分法的分類は、大雑把でしかも曖昧なものに

ならざるを得ない。つまりこのような写実（自然）か非写実（非自然）かの観点にもとづく芸術的表現パターンの分類は、女人像のような複雑な形態の詳細で明確な客観的分類、あるいはシステマティックな科学的分類には向いていないということになる。筆者の上述の分類コンセプトによって分析すると、初めに紹介した女人像芸術論にみられる表現型式の時代差論や地域差論の欠陥がみえてくるが、これは主として先に説明したような単純な2分法的分類法の欠陥にもとづくものといえる。後述するルロア=グーランの分類コンセプトやソファーの形態属性論は、上記のような自然（写実）的か否かというような、客観的判断が必ずしも容易ではない分類基準に依存する女人像芸術論の欠点の克服という点からも意義深いといえよう。

(iii) 宗教論――産神論から家神論へ――

後期旧石器時代に人類史上初めてヒト形立体像が作られたこと、そしてそれらが、稀少例を除いて、すべて女人像と認められることは既に述べた。それらの女人像の特色は原則的に裸体であること（Sollas 1924：439；Maringer 1960：109；Clark 1967：58；Whitehouse and Whitehouse 1975：45）と、殆ど例外なく成熟女性あるいは母親女性の性的特徴が強調されている点にあるとされている（Osborn 1922：322；Maringer 1960：109；Clark and Piggott 1968：82）。それらに関係する性的特徴としては、乳房（breasts）、腹（belly, stomach）、腰（hips）、臀（buttocks）、恥骨部三角（pubic triangle）が含まれる（Boule and Vallois 1957：318；Clark 1967：58；Clark and Piggott 1968：82；Sieveking 1979：78；Whitehouse 1983：536；Otte 1994：212；Forman and Poulik n.d.：15）。またこの下半身発達型女人像には、しばしば腹部突出（妊娠兆候）が認められる（Burkitt 1963：173；Clark and Piggott 1968：82；Whitehouse and Whitehouse 1975：45）。また上記の諸部分とは対照的に表現が軽視ないし無視された部分もある。つまり顔の表現即ち目鼻立ち（feature）がないことも上記タイプの女人像に共通する重要特徴の一つと指摘されている（Boule and Vallois 1957：318；Maringer 1960：109；Clark and Piggott 1968：82；Sieveking 1979：78；Powell 1966：14；Otte 1994：212；Whitehouse 1983：536）[65]。

以上のように、後期旧石器時代の立体的女人彫塑像は、殆ど必ず次のような、裸体の年輩女性あるいは母性的女性の特徴――強調された乳房、腹、腰、臀部、恥骨部三角（pubic triangle）（Mons pubis 陰阜）（335頁、注80参照）、妊娠兆候――の一部ないし全体を表示しているのが特色である。つまり生殖関係器官の強調が特徴といえる。この点からそれらの女人像は、豊饒あるいは繁殖力（fertility）の象徴（Clark 1967：56；Lambert 1987：166；Sieveking 1979：78；Davies 1972：82）であったとみられ、豊饒ないし繁殖を祈願する信仰儀礼（fertility cult）に関係があったと一般に解されている（Burkitt 1963：173；Whitehouse and Whitehouse 1975：47；Davies 1972：82）。またマリンガーによると、大抵の学者はそれらを母性女神（Mother Goddess）あるいは繁殖信仰の偶像（fertility idol）とみなす傾きがあるという（Maringer 1960：110）。

ただし繁殖儀礼あるいは母性女神とはいっても、後期旧石器時代人のそれは農耕・牧畜民のそ

れと混同されてはならない[66]。何故なら農耕・牧畜民の繁殖儀礼（Davies 1972：82）あるいは母性女神（Winick 1970：236）は、彼等自身の同族メンバーの繁殖の確保・促進と、彼等の家畜や作物のそれと、双方の機能を兼ねているのに対して、後期旧石器時代人の場合は、獲物や収穫の豊富さを願う生産儀礼とは無縁（無関係）とみなさるべき根拠があるからである。その根拠は、チャードが説いているように、狩猟採集民には、獲物あるいは収穫の豊かさを母体の繁殖力（fertility）に結びつける考え方がなく、従ってそのような生産信仰・儀礼もないという点（Chard 1974：183）（74頁参照）である[67]。そこで旧石器時代人の女人像信仰は、母性女神信仰であり繁殖信仰ではあるが、獲物の豊かさ即ち動物の繁殖確保・促進とは無関係とすると、残る機能として考えられるのは彼等自身の繁殖の確保・促進以外にないことになる。彼等の女人像信仰を安産祈願とみなし、旧石器時代人の女人像信仰を身性の進化に帰するのはトリンカウス（E. Trinkaus）である。それはネアンデルタール人からクロマニョン人への変遷に伴う産道サイズの減少によって、出産が複雑化したために安産確保の儀礼が求められたとする説である（Pfeiffer 1982：204）。

　またチャードは、上述のように生産儀礼と無関係という視点から、後期旧石器時代女人像祭祀は共同体の集団儀礼ではなく、厳密に家族的行事（family affair）であったと指摘した（Chard 1974：183）。この解釈は次のような証拠からも裏づけられる。第1の証拠は、それらの立体的女人像がすべて居住場所（living sites）——露天あるいは岩陰の住居址——から出土し、洞窟壁画等を伴う暗黒洞窟（「聖所」sanctuariesともよばれる）や墓地のような非居住地には伴わないという事実である（Sieveking 1979：78；Gamble 1986：326；Bandi 1994：187）。つまりそれらの女人像は、「先史時代の家庭（prehistoric homes）に見出される」のが特色であって、その点から「家庭芸術」（home art）（Burkitt 1963：167）の範疇に入れられている（137頁参照）。第2の証拠は、それらの女人像が、各地で実際に屋内から発見される事実である。マリンガーは、それらの女人像が住居層（occupation layers）から出土することは今や決定的な定説となっているとし、それらが常に竪穴式住居（sunken huts）の壁近くに見出されると述べて、ドン河（ウクライナ）の露天遺跡ガガリノの例をあげている。この遺跡では、7個の女人像が1住居の2側壁の際に立っているのが見出され、時には明らかにそれらの小像を容れるために意匠された特別の壁龕（niches）ないしくぼみ（depressions）さえ判別され得たという。また女人像の足がしばしば先細になっているのは特別の台に刺しこまれていたことを示唆しているとも指摘（Maringer 1960：111）されているが、これには極東の民族誌例もある（図60-5、6；図61；図51-e）。ウクライナの露天遺跡コスティエンキ第Ⅰ遺跡第1層でも、女人像の6例が楕円形住居址に伴って発見されている（Bhattacharya 1977：283）。モラヴィアの露天遺跡ドルニ・ヴェストニスでは、骨粉混り粘土製の女人像が住居址の炉の中から焼かれた状態で発見された（Bhattacharya 1977：264）。また時代が以上の諸例（EUP）より新しく、形もそれらと違って極度に抽象化されてはいるが、ウクライナのメジン遺跡（ドニエプル河支流域、LUP）の女人像も、マンモス下顎骨造りの円形住居内で発見されている（Alexeef 1994：228）。

　マリンガーは、旧石器時代女人像が、以上のように、彼等のすまいと密接に結びついていると

ころから、それらが彼等の家庭の守護神 (domestic tutelary spirits) 即ち家神――偉大な母親 (Great Mother) ――の偶像とみなした。この解釈に当たって彼は、北アジア狩猟民のある部族（詳細不明）が家神として祀っているという女神の小形木偶 (Dzuli) の情報を援用している (Maringer 1960：111)。シーヴェキングもまたそれらの女人像が、先に列挙したような形態的特徴から見て繁殖の象徴 (fertility symbol) であり、また露天の家にせよ岩陰のすまいにせよ居所 (living sites) に伴っていることは、それらが家族ないし部族に繁殖を授け、あるいは人々ないし家を守護する役割を果たしたことを示唆すると解している (Sieveking 1979：78)。コンウォールもまた、後期旧石器時代人が、槍投器の動物像あるいは女人像を彫った理由は、狩猟の幸運あるいは出産の幸運が得られること以外考えられないといっている (Cornwall 1968：82)。これも前記の家神の解釈と相通じるものといえる。

　彼等の小形女人彫像が、個人用ないし家族用偶像であったことを示唆する証拠は、以上のような出土状況以外にもある。それは紐通し用とみられる「小貫通孔」を伴う例が散在する事実である。後期旧石器時代前期とされる例はフランスのシルイユ遺跡（ドルドーニュ地方）出土の方解石製女人像（図86-4）であって、「吊りさげ孔」(suspension-hole) を伴っているところから、身に着けたと解されている (Breuil and Lantier 1965：153)。次の2例はドイツの遺跡で、マドレーヌ文化期に属する。ペテルスフェルス（洞窟）遺跡（コンスタンス湖付近）の女人像は黒玉 (jet)（石炭 coal の一種）製であって、写真（図93-6）から明らかなように、一端に貫通孔がある (Clark 1977：106, Fig. 43)。ゲナスドルフ遺跡（ライン河中流）からは角製または象牙製女人像が13例発掘されているが、そのうちのあるものには、「腰のすぐ上のところ」に貫通孔を伴っている（ボジンスキー 1991：171）。それら両遺跡の女人像は、いずれも極度に様式化されていて、臀部を表わす突起の存在によってかろうじて女性像と判別されている。そのような孔の存在から、それらは「ペンダント」とみなされている[68]。

　要するに旧石器時代小形立体的女人彫像の宗教的解釈は、以前の単なる産の女神 (fertility goddess) のイメージから、安産や狩運まで含めた家族の安泰の守護神即ち家神とみなす風潮に変わってきたといえる。これは明らかに、中欧からウクライナにかけての近年の発掘の進展によって、女人像の出土状況に関する情報が増加したことに起因するところが大きいようにみえる。

　いずれにせよ、肥満で紋切り型のヴィーナス像に伴う信仰・儀礼が、グラヴェット文化圏内のヨーロッパ一円に伝達されたことは明らかな事実とされている (Otte 1994：212)。

ii) 現代的形態論
(iv) 社会論――女人像形態の斉一性をめぐる社会的解釈――

　これは後期旧石器時代女人像の広域分布に認められる形の斉一性 (unity) を社会的ネットワークの反映として捉えるアプローチである。

　所謂「ヴィーナス」像の斉一性をその保持者達に結びつけ、それとの社会的関連において理解しようとするこのアプローチは、先述の人種論や芸術論、宗教論よりも新しいようにみえるが、その兆しは既に1960年代にみえる。例えばマリンガーが、氷河時代小形女人立像の汎ユーラシア

的分布に関して、その外形の斉一性はまぎれもないとし、それをユーラシア住民の側の態度（attitude）の斉一性にもとづくものと述べている（Maringer 1960：110）。

　ロゥは、いわゆる「ヴィーナス」像の分布をさらに石器主要型式の分布と重ね合わせて、両者の一貫出土（consistent occurrence）を指標とする東西グラヴェット文化の斉一性を指摘し、「ヴィーナス」像の分布を、当時の東西ヨーロッパを結ぶ架け橋とみなした（Roe 1970：72, 84）。クラークは、女人像が東西ヨーロッパ各地から出土ししかもその大半がグラヴェット文化期に属するところから、当時の東ヨーロッパと西ヨーロッパの間に、心理的ならびに技術的分野における広域コミュニティー（a broad community）が存在したとみなした（Clark 1977：105）。このように、所謂「ヴィーナス」像の斉一性を汎ヨーロッパ的広域コミュニティーの証拠とみなす考え方は、旧石器時代女人像形態論の新しい流れになってきたようにみえる。

　しかし以上のような女人像斉一論の説く「斉一性」（unity）の根拠は、その分布域のどこでもすべてそれが小形女性立像（female figurine）であるという極めて曖昧で大摑みのマクロな形態的特徴の共通性ないし普遍的分布であって、この形態的カテゴリーには、先に芸術論の項でみたように、肥満型からやせ型まで、あるいは写実的なものから様式的なものまで、幅の広い変異が含まれている。そこでこの多様性を問題にすると、女人像がそれほど簡単に「斉一」とはいえなくなる。これが上記の女人像斉一論の難点である。これに対し、その難点を克服し、多様性対斉一性の問題の解決に役立つ画期的な考え方が、ルロア=グーラン（Leroi-Gourhan, A.）によって提出された。それが「ダイアモンド形枠」（diamond-shaped frame）（Pfeiffer 1982：202；Gamble 1986：Fig. 7-3）のコンセプトである。それは、大抵の女人像即ち何等かの意味で比較的写実的な一般の女人像（所謂「ヴィーナス」像）は、頭が小さく、肩幅が狭い割りに腰幅が広く、両脚が密着し足先に向けて先細りになっていて、頭頂と足先及び胴体の最大幅を示す位置にある左右両側の点の4点を直線で結ぶと、その線で囲まれた部分がトランプのダイアモンド形（即ち縦菱形）になるという考え方である（後出図86-21〜22）。いいかえると、所謂「ヴィーナス」像はダイアモンド形の枠にあてはまるようにデザインされているという考え方である。このコンセプトによると、「ヴィーナス」像にみられる肥満型からやせ型までの変異が、その形枠の長幅示数（長さと幅の割合）の変異として説明できる。つまり太ったのも痩せたのもあって様々だが、基本形は共通であって、それが「ダイアモンド（菱）形」ということになる。このように「ヴィーナス」像の多様性は「ダイアモンド形枠」の単なるプロポーションの変化とみなすことができるから、多様にもかかわらず「ヴィーナス」像には、その「形枠」の共通性を通じて明らかな斉一性を認めることができる。以上のようにルロア=グーランの「ダイアモンド形枠」コンセプトは、それまで曖昧であった「ヴィーナス」像の形の汎ヨーロッパ的「斉一性」なるものを、客観的に定義し判定するための一つの手段を提供した点で画期的といえる。

　この「ダイアモンド形枠」の考え方による女人像斉一論をとりいれた社会論がギャンブルの「広域情報網」論（Gamble 1983；1986）である。ギャンブルは、後期旧石器時代の比較的古い時期に認められる、石器や身装品など多数の文化要素の比較的連続的な汎ヨーロッパ的分布の事実が、広域情報伝達網（broad communication network）の一事態を示唆するものとみなし、

それらの広域分布要素の代表格として「ヴィーナス」像を挙げている。彼によると、極めて類似した形の「ヴィーナス」像がヨーロッパのそのような広域に見出されるのは、そのデザインを支配したスタイルのしきたり（stylistic conventions）が極めて厳格であった結果であるという。このスタイルの類似の説明に彼はルロア゠グーランの上記の革新的形枠コンセプトを利用したのである（Gamble 1983：209, 217；1986：248, Fig. 7‐3）。この「広域情報網」理論の最大の欠陥は、ダイアモンド形枠で割り切れないシベリアが説明もなく切り捨てられていることである。

（v）　文化論——女人像形態の多様性をめぐる文化的解釈（地域差・機能差論）——

　上述の社会論は、いずれも女人像形態の類似ないし斉一性に根拠を置く解釈であって、その類似ないし斉一性の判定基準の曖昧さを一応解決したのがルロア゠グーラン（Leroi-Gourhan, A）の「ダイアモンド形枠」の考え方であった。しかし実際には、この形枠に完全に適合するのは、女人像の中でも特に頭と足が極小で、体の最大幅の位置が明らかに腰部にある形の女人像即ち典型的「ヴィーナス」像（代表例はヴィレンドルフ、レスピューグ、ドルニ・ヴェストニス出土品）だけであって、それ以外のものは説明もなく切り捨てられあるいは無視されている。つまりダイア形だけが意義あるものとして選び出され、その他のものは無意義のものとして却下された（Soffer 1987b：336）。またそのためこの理論では、シベリアは完全に視野の外に置かれている。これが「ダイアモンド形枠」コンセプトの弱点であって、従ってこれにもとづく女人像「斉一性」論もその点が弱みといえる。

　この観点から旧石器時代女人像の「斉一性」を否定したのがソファー（O. Soffer）である。彼女は専攻分野のウクライナから実例（Soffer 1987b：Fig. 1）を挙げて、いかにその変異即ち差異が大きいかを示し、女人像が「単元的現象（unitary phenomenon）を反映するとは期待され得ない」（Soffer 1987b：339）と述べている。要するに前記のギャンブルをはじめ多くの女人像研究者が、殆ど排他的に斉一性あるいは等質性（homogeneity）を強調して多様性（diversity）を無視してきたのに対して、ソファーは斉一性ないし等質性より多様性を強調して前者を否定する立場をとっている。

　ソファーが展開した女人像の「多様性」論は、「斉一性」論への反論として形態的変異を強調するもので、その根拠とするデータは、旧ソ連邦学者（M. D. Gvozdover）による後期旧石器時代女人像の分類的研究の成果である。後者は、女人像を多数の形態的属性の組合わせによって分類した結果、大陸的地域差としてヨーロッパ女人像（裸体/腹部強調）とシベリア女人像（着衣/顔面描写）の差異を指摘し、またヨーロッパ内部の地域差として西ヨーロッパ女人像（腰と腿及び往々乳房の強調）と中・東欧女人像（乳房と腹の強調）の区別を指摘した。なおまたヨーロッパ・ロシアの女人像が3型式（コスティンキ型（Kostenki type）（2亜型）、アヴデーヴォ型（Avdeevo type）、ガガリノ゠コーティレヴォⅡ型（Gagarino-Khotylevo II type）（2亜型））に分類されるとし、これらの型式差が、イデオロギーにおける女人像の役割の違いを反映するとみなした（Soffer 1987b：337）。これは要するに、斉一性どころか、型式差が機能差にまでつながるという反斉一性論にほかならない。いいかえると、差異を強調するあまり基本的な類似ないし

共通性を見逃す結果となっている。形の差がどこまでイデオロギー（信仰あるいは神）の差に関連するかが疑問である。例えば日本のマタギの家神である山神像（図73）を一覧するだけでもそれは明らかであろう。彼等の神像の形は様々だが、表わす神は同じ山の神ただ一つである。ヨーロッパの旧石器時代「ヴィーナス」像の形態変異の程度ないし幅はマタギの山神像のそれを超えるとはみえない。以上の視点から、その多様性は神や信仰の種類の多様性を表わすものとは考え難い。

(vi) 統合論——斉一性と多様性を統合する二元論的解釈（本論文の新仮説）——

　上述したように旧石器時代女人像の現代的形態論は、斉一性を主張する広域社会論と多様性を主張する地域文化論との二律背反的論議のようにみえるが、実はこれはコインの裏と表のどちらをとるかによる違いないし矛盾にほかならない。つまり女人像の広域分布という同一の現象を対象にしながら、両者はそれぞれ異なる面ないし視点からそれを論じていることになる。その実情を分析すると次のとおりである。

　先述したように、女人像形態をめぐる社会論は、いずれもその形態の斉一性即ち類似を主張するものであるが、後者の定義・内容が一般に曖昧であった。この欠点は一応ルロア＝グーランの「ダイアモンド形枠」コンセプトの出現で克服された。それは、この形枠に適合する例が、グラヴェット文化の分布域と略一致して、東西ヨーロッパ全域に見出されるからである。この共通形枠の存在をギャンブルは「斉一」論の根拠とした。しかしこの形枠にすんなりと適合するのは、女人像の中でも特に西・中欧に発達した肥満型「ヴィーナス」像だけにすぎず、それ以外の女人像は首尾一貫した説明もなく見捨てられた感がある。しかしこれは女人像が後期旧石器時代文化、就中その精神的側面についての重要要素である点からみて由々しい問題といわねばならない。その重要性は、例えば、この「ダイアモンド形枠」不適合群即ち非「ダイアモンド形」女人像が、女人像の多様性を説明するための次のような鍵を秘めていることからも明らかといえる。それは(1)非「ダイアモンド形」女人像の例数が、探せばヨーロッパだけでも決して無視できるほど乏しくないこと、(2)それらは一見形がまちまちで、とりとめがないようにみえるが、一括して比較分析すると、「ダイアモンド形枠」とは別の一定の共通形枠に適合すること、(3)この別枠（後述の「矩形胴タイプ」形枠（図84-B）こそがヨーロッパからシベリアまでの全地域即ち後期旧石器時代女人像分布域の全域に共通する唯一の形枠であること、(4)既存の「ダイアモンド形枠」（筆者の再定義による「台形胴タイプ」（図84-A）に概当）の他にこの新しい形枠コンセプトを追加・導入することによって、シベリアまで含めた一連の旧石器時代女人像の一貫した全体的説明が可能になること等である。

　以上のような実情から展望すると、前述のギャンブル等の類似に重点を置く「斉一」論は、「ダイアモンド形枠」を通しての類似が目立ち、その視点からの斉一性がきわだって見える、西側からの主張であり、ソファー等の差異に重点を置く「多様」論は、「ダイアモンド形」との差異が目立ち、多様性がきわだって見える、東側からの主張であることが明らかになる。「斉一」論と「多様」論の対立を、先にコインの表と裏の関係に喩えたのは、両者が以上のような関係に

あるからである。「ダイアモンド形枠」で斉一性を論じる「斉一」論と、それを否定する「多様」論との、このような矛盾と対立には根本的な原因が潜んでいる。それはこの論争が、唯一の形枠で斉一性の可否を論じる一元論であることである。筆者は、これを克服する方法、即ちコインの両面を統合的に1体のものとして説明する方法として、上記のような2種（1対）の形枠コンセプトにもとづく二元論（dualism）を提出する次第である。この理論の利点は、北方ユーラシアに広く分布する旧石器時代女人像の形態が全体的かつ統合的に説明できるだけでなく、同地域における新石器時代及びそれ以降の女人像との系譜的関係をも併せて説明できることにある。以下はその二元論的説明である。

(a) 旧石器時代北方ユーラシアにおける女人像用3造形パターン（形枠）の分布

従来の女人像形態論で汎ヨーロッパ的共通パターン（形枠）としてとりあげられたのは先述の「ダイアモンド形」だけであった。しかし「ダイアモンド形」以外の女人像も、一見種々雑多でとりとめがないようにみえながら、注意深くみると、それらを一貫する造形原理の規則性がみとめられる。それは前から見た胴体の平面形即ち「胴形」の規則性であって、この「胴形」からみると、「ダイアモンド形」は「台形胴型」（A型）であり、「ダイアモンド形」以外のヨーロッパの女人像は、それとは別の「矩形胴型」（B型）にあてはまる。つまりヨーロッパには「ダイアモンド形」以外にさらに一つの女人像造形パターン（形枠）が存在したことになる。このB型形枠はヨーロッパ圏外のシベリアにまで共通し、シベリアではこの型の形枠の他に、A型にとって代わる新形枠（C型：逆台形胴タイプ）が存在した。このように、ヨーロッパの女人像はA、B2種の共通形枠の存在、シベリア女人像は B、C2種の共通形枠の存在で説明できることになる。これがここに提出する二元論的作業仮説のあらましである（図83参照）。

北方ユーラシアの後期旧石器時代には、女人像製作用として伝統的な3種の基本的形枠 A、B、C型が存在した。そのうちヨーロッパで使われたのはA型とB型の2種類であり、シベリアではB型とC型の2種が使われた。両地域とも、2種の形枠の中の一種（B型）は両地域に共通の形枠であるが、他の一種はヨーロッパとシベリアのそれぞれに独自の地域的形枠であった。A型とC型がそれである。その事情の詳細は次のとおりである。

(1) ギャンブルの旧石器時代女人像に関する汎ヨーロッパ的「斉一」論は、先述したとおり、ルロア=グーランの「ダイアモンド形枠」の共通性を拠り所としているが、それら女人像のすべてがこの形枠にあてはまるわけではない。

(2) 「ダイアモンド形枠」不適合群即ち非「ダイアモンド形」女人像は、一見すると形の多様性が目立つために、ソファー等の「斉一性」否定論の拠り所となっていることは既に述べたとおりである。

(3) しかしソファー等とは反対に、共通性ないし類似性に眼を向けて吟味すると、それらの非ダイアモンド形女人像にも、広域にわたって共通する形枠の存在が明らかになる。

(4) 旧石器時代女人像には、共通の一般的造形原理が認められる。それは、全身像の形の大枠が前面から見た胴部の輪郭に依存すること、その輪郭を決める決定要因は胴部最大幅の位置

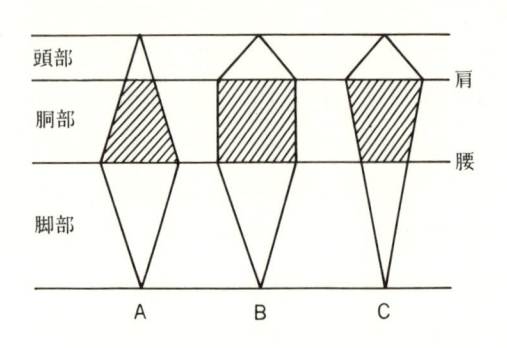

154　第4章　旧石器時代における母性女神像信仰と縄文土偶の起源

図83 旧石器時代女人像輪郭（前面観）の模式図（形枠）
A、B、Cは胴部の形による分類

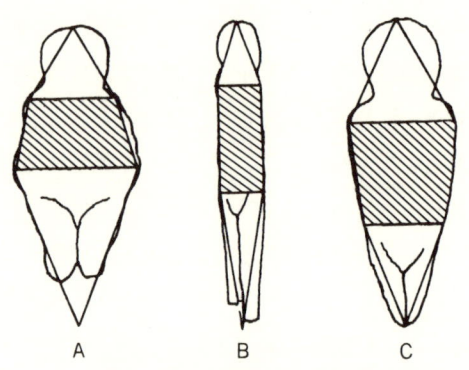

図84 女人像形枠の3型式
A型：台形胴タイプ(代表例：ヴィレンドルフ、図86-12)、B型：矩形胴タイプ(代表例：ブラッセンプーイ、図86-3)、C型：逆台形胴タイプ(代表例：マリタ、図86-34)

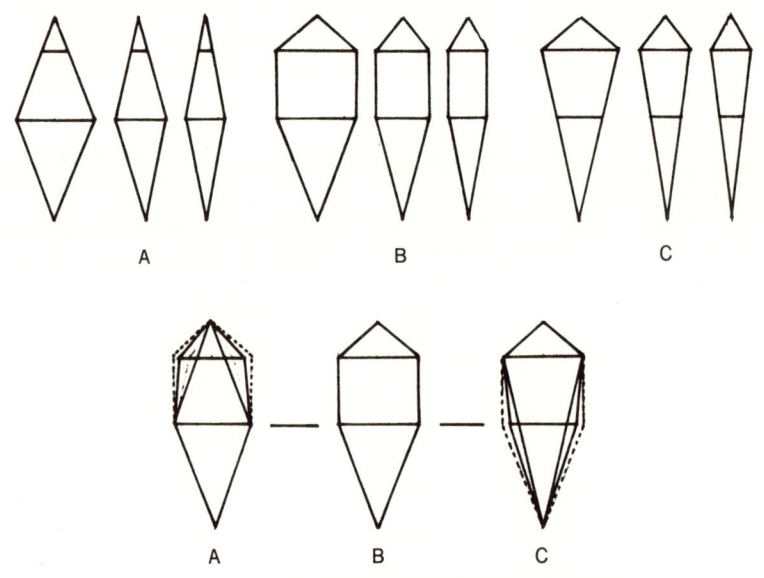

図85 A、B、C型女人像各類内部の形の変異（上段）と
A、B、C各類間の形の移行的関係（下段）

(level) にあるということである。この位置を基準にしてそれらの女人像を分類すると、(A)腰幅が最大のもの、(B)腰幅と肩幅の差がないもの、(C)肩幅が最大のものに大別できる。ここで「腰」とはくびれた部分（waist）ではなく、腰骨上端付近の高さで左右両側に張り出した部分（hips）を意味する[69]。以上の A、B、Cの区別を図形化すると次のようになる。

　(5) 旧石器時代女人像の完形品は、全身を表わす立像であって、頭部、胴部、脚部から構成されている。この3部構成を、胴部最大幅の位置の違い——上記のA、B、C——を中心に表わした女人像正面観（front view）の模式図が図83である。この図は胴部の形（輪郭）が女人像の全体形を支配していることを示している。特に関係が深いのは、同図で明らかなように、胴形と頭部の大きさの関係であって、腰幅が大きい台形胴（全体形はダイアモンド形）のA型では、頭

部が比較的小さく、腰幅と肩幅が等しい矩形胴のB型と肩幅が大きい逆台形胴のC型では、頭部が比較的大きい傾向がみえる。そこで旧石器時代女人像は、前から見た胴部輪郭の形によって、次のように分類かつ定義ができる。

　A類：A型形枠適合女人像（台形胴タイプ　trapezoidal trunk type）（腰位置最大幅：腰部強調型）（代表例：オーストリア、ヴィレンドルフ出土女人像、図84-A）

　B類：B型形枠適合女人像（矩形胴タイプ　rectangular trunk type）（腰―肩等幅：基本型）（代表例：フランス、ブラッセンプーイ出土女人像、図84-B）

　C類：C型形枠適合女人像（逆台形胴タイプ　inverted-trapezoidal trunk type）（肩位置最大幅：頭―胸部強調型）（代表例：シベリア、マリタ出土女人像、図84-C）

　以上のA、B、C類女人像は、各類ともに、太身（肥満）のものから細身（痩身）のものまで、胴部の長幅指数（length-breadth index）の変異による形の移行的変異を含んでいる（図85上段）[70]。また肩幅と腰幅の差が縮まるにつれて、台形が矩形に近づき、Bに近いA類あるいはAに近いB類ともいうべき移行（中間）形即ちA-B移行形が生じている。そのためA-B両類間の区別が必ずしも容易ではない。B-C両類間には、今のところ資料も少なく、区別困難な例は見当たらないが、この両者の場合も、肩幅と腰幅の差は微妙な変異が可能であって、B-C両類間の関係もまた移行的と考えられる。以上のように、A、B、C 3類の間には、A-B-Cの順序で形態的変異の連続性が認められ、B類がその変異のスペクトルの中心を占める（図85下段）。これは、台形胴のヨーロッパ型「ヴィーナス」も、逆台形胴のマリタ型「ヴィーナス」も、ともに矩形胴型女人像（棒状（rod-like）ないし筒型（cylindrical）女人像を含む）を基本型（原型）とする一連の変異形態の一部であることを示している。つまり一見したところ複雑多岐にみえる氷河時代北方ユーラシアの女人像群も、以上のような視点からみると、全体として、「斉一」ではないが系統的に関連性のある、一連の彫塑像群であることがわかる。先述のA、B、C各類女人像の定義の項でB類を「基本型」と説明したのはこのような意味からである。

　(6)　上述の「胴形」分類基準（図84）によって旧石器時代女人像を分類し、それを地域別に整理して配列したのが図86である。図示した標本（シベリアを除く）を、ギャンブルの2期区分によって、後期旧石器時代前期（Early Upper Palaeolithic, EUP）と後期（Late Upper Palaeolithic, LUP）に分けると、後期に属するのは僅か2例（オストラヴァ・ペトゥルコヴィスとエリゼーヴィチ）（図86-16, 18）にすぎず、残りは問題のシルイユとサヴィグナーノの両遺跡採集品2例（図86-4, 11）[71]を含めて、すべて前期に属する（シベリアについては330頁注63参照）。なおマドレーヌ文化の女人像は、便宜上ここでは触れないこととし、まとめて別項（168頁c項）で詳述する[72]。

　文化的内容の画期的変化を指標とするこの2期区分は、今では普通のこととされ、ギャンブルによると、細石器的要素（microlithic elements）の増量を指標としてそれ以前を前期、それ以後を後期とし、C14による絶対年代では、20,000年前を境として、前期が35,000～25,000年前、後期が20,000～10,000年前の期間に相当するとされている（Gamble 1986：136, 179, Table 4. 8）。そこでこの編年基準で女人像の各類を比較すると、A、B、C各類の間で下記のとおり分布

図86 旧石器時代女人像の分類と地域的配列
（マドレーヌ文化の女人像は除外。別図に一括）
最上段：A型、第2段：A-B中間型、第3段：B型、最下段：C型
後期旧石器時代女人（女神）像の型式的並びに地域的分類（マドレーヌ文化関係女人像については図93参照）

1．ブラッセンプーイ、フランス（Sollas 1924）
2．ブラッセンプーイ、フランス（Sollas 1924）
3．ブラッセンプーイ、フランス（Sollas 1924）
4．シルイユ、フランス（Breuil and Lantier 1965）
5．レスピューグ、フランス（Boule and Vallois 1957）
6．ポン・タルス、ベルギー（Sollas 1924）
7．グリマルディ、イタリー（Maringer 1960）
8．グリマルディ、イタリー（Sollas 1924）
9．グリマルディ、イタリー（Boule and Vallois 1957）
10．グリマルディ、イタリー（Maringer 1960）
11．サヴィグナーノ、イタリー（Boule and Vallois 1957）
12．ヴィレンドルフ、オーストリア（Bandi 1994）
13．ドルニ・ヴェストニス、チェコスロヴァキア（Bhattacharya 1977）
14．ドルニ・ヴェストニス、チェコスロヴァキア（Bhattacharya 1977）
15．パヴロフ、チェコスロヴァキア（Bhattacharya 1977）
16．ペトルコヴィス、チェコスロヴァキア（Clark 1957）
17．コーティレヴォ、ウクライナ（Soffer 1987b）
18．エリゼーヴィチ、ウクライナ（Klein 1973）
19．アヴデヴォー、ウクライナ（Klein 1973）
20．アヴデヴォー、ウクライナ（Klein 1973）
21．ガガリノ、ウクライナ（Gamble 1986）
22．ガガリノ、ウクライナ（Gamble 1986）
23．コスティエンキ、ウクライナ（Clark and Piggott 1968）
24．コスティエンキ、ウクライナ（Bandi 1994）
25．コスティエンキ、ウクライナ（Sulimirski 1970）
26．コスティエンキ、ウクライナ（Boule and Vallois 1957）
27．コスティエンキ、ウクライナ（Phillips 1980）
28．コスティエンキ、ウクライナ（Phillips 1980）
29．マリタ、シベリア（Chard 1974）
30．マリタ、シベリア（Chard 1974）
31．マリタ、シベリア（Chard 1974）
32．マリタ、シベリア（Chard 1974）
33．マリタ、シベリア（Chard 1974）
34．マリタ、シベリア（Chard 1974）
35．ブレティ、シベリア（Chard 1974）

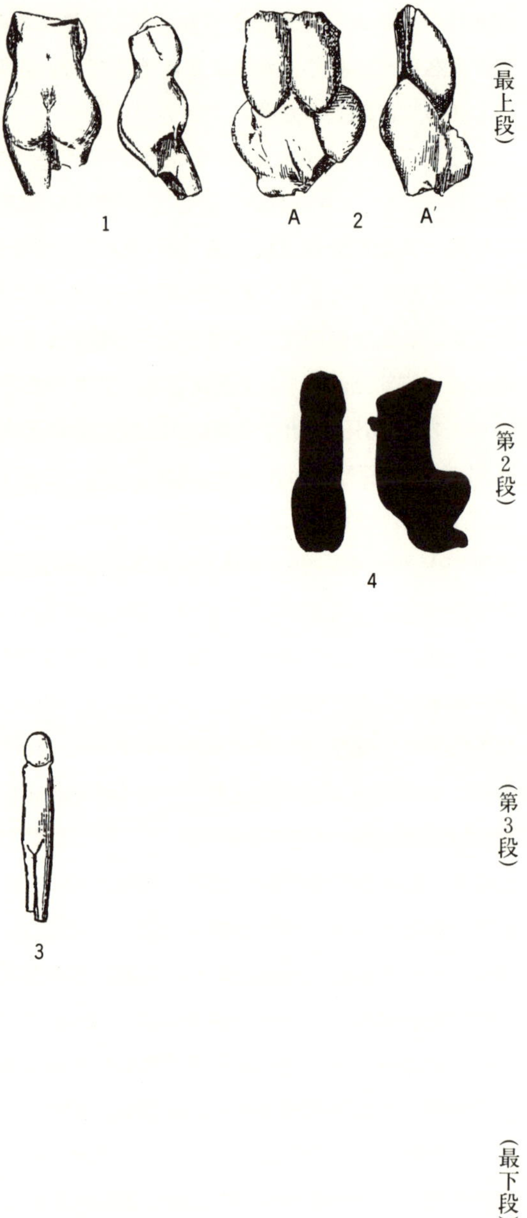

2. 後期旧石器時代女人彫像の形態　157

（最上段）

5　　　7　　　8　　　12　　　13

（第2段）

6　　　9　　　15

（第3段）

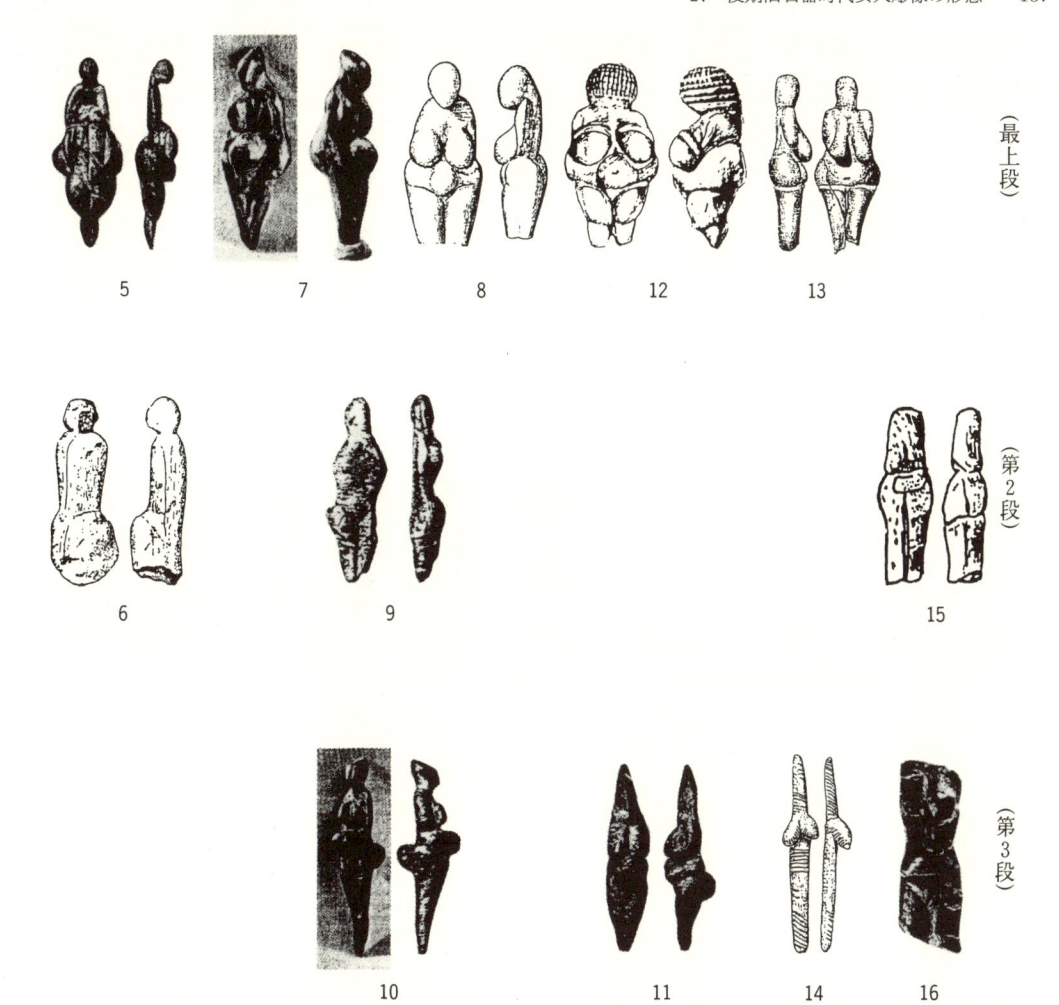

10　　　11　　　14　　　16

（最下段）

158　第4章　旧石器時代における母性女神像信仰と縄文土偶の起源

17　21　23　24　（最上段）

18　25　26　27　（第2段）

19　20　22　28　（第3段）

（最下段）

2. 後期旧石器時代女人彫像の形態　159

（最上段）

（第2段）

29　30　31　32　33　35

（第3段）

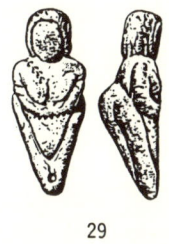

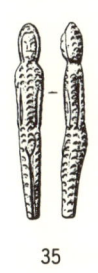

34

（最下段）

の地域差が認められる。

　A類即ちA型枠に準拠した台形胴タイプ女人像はルロア=グーランの「ダイアモンド形」(Gamble 1986：Fig. 7.3) に相当し、典型的「ヴィーナス」像を包括する[73]。その分布は西及び中央ヨーロッパからウクライナに及ぶ、これがギャンブルの汎ヨーロッパ的広域情報網理論の有力な一根拠になっている。

　A類とB類の間には移行（中間）型の標本が存在し、両類の移行的関係を示している。このA-B移行（中間）型は、図86に示された実例を見れば明らかなように、(1)腰部（hip）が、台形胴のA類ほどではないが矩形胴のB類ともいいきれないような、軽微な側方発達（張り出し）を伴っている場合（図87　A-B移行型(1)）と、(2)胸部と腰部の側方発達（張り出し）が同程度で両者の間にくびれ（waist）を伴う場合（図87　A-B移行型(2)）の2通りが認められる。この移行型女人像の分布はA類の分布と重なる。

　B類即ちB型枠に適合した矩形胴タイプ女人像の分布はA類のそれより広く、西ヨーロッパからウクライナを経てシベリアに及んでいる。つまりそれは、グラヴェット文化圏即ちヨーロッパ圏を遥かに超えて、氷河時代女人像分布域の全域にわたっている。A類あるいは「ダイアモンド形」女人像がヨーロッパの女人像の「斉一性」を示す証拠とすると、これは北方ユーラシア圏を通じての女人像の「斉一性」を示す証拠といえよう。

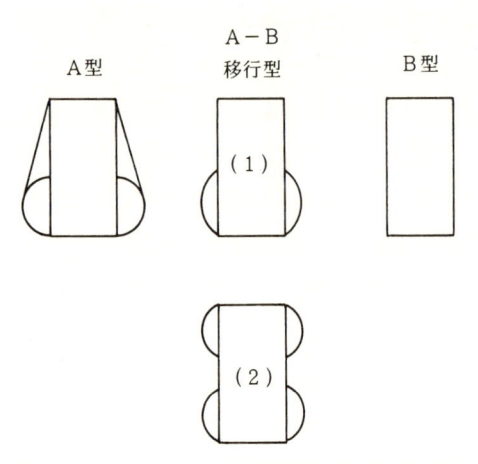

図87　A型とB型の移行的関係（胴体正面観）

　以上に対してC類は、後期旧石器時代の既知例でみる限り、分布がシベリア（マリタ）に限られているようにみえる。ただし新石器時代のアムールの女人像（土偶）にはこのタイプがある（図81）。また日本の縄文文化の女人像（土偶・岩偶）にもこの類が発展している（図74）。このような事実からみて、C型造形パターンは、B型からの変異として北方ユーラシアのアジア側で生育した地域的伝統にみえる[74]。

　上記のA、B、Cの各類とA-B間移行型の女人像の地理的分布の関係を図示すると図88のよう

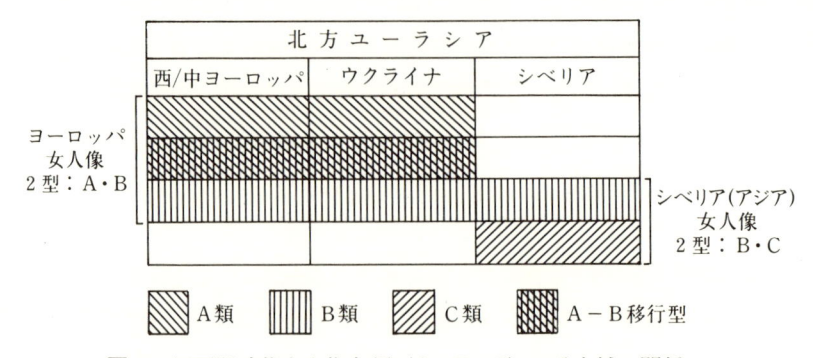

図88　旧石器時代女人像各類（A、B、C）の分布域の関係

になる。

　この図でわかるように、ヨーロッパの女人像は、B型（矩形胴型）とA型（台形胴型）の2型式の形枠を両極としてその範囲（枠内）で製作されたのに対し、シベリアではB型とC型（逆台形胴型）の2型式形枠を両極としてその範囲（枠内）で製作されたことがわかる。B型枠は全北方ユーラシアに共通であるが、A型枠はヨーロッパに限られ、C型枠はシベリアに限られている。この分布実態は、B型を原型として、ヨーロッパではA型が、そしてシベリアではC型が、それから派生した可能性を示唆するものではないかと考えられる。この可能性は、その地域差が旧石器時代以降の女人像の地域差と一致する事実によって、さらに強化される（第5章参照）。

　(7)　以上は、正面からみた胴形を基準として設定された女人像形枠の型式分類であるが、側面から見た女人像の胴体の形ないし輪郭にも変異がありそれによる分類が可能である。そのうち特に顕著なのが腹部（belly）と臀部（buttock）の発達（即ち突出）の度合の差であって、これによって、腹か臀あるいはその双方が、前後方向に顕著に発達（突出）した場合と、その発達（突出）が顕著でない場合に大別できる。前者を発達（突出）型（X）、後者を非発達（非突出）型（y）とよぶことにする。X型にはさらに腹部発達（突出）型（X_1）、臀部発達（突出）型（X_2）、双方発達（突出）型（$X_{1/2}$）を区別することができる（図89）。この側面観（side view）の形（X、y）を前述(6)の正面観（front view）の形（A、B、C）と組み合わせると、旧石器時代女人像の形を立体的に分類することができる。この分類システムの概要は下図のとおりである（図90）[75]。

　前項(6)で、シベリア（マリタ）にはA型（台形胴タイプ）の女人像が欠けること、A型とそれに関係のあるA-B移行形女人像はヨーロッパに限定されること、それに対してB型（矩形胴タイプ）女人像は、ヨーロッパからシベリアまで、旧石器時代女人像分布域の全域に分布し、女人像の全域的斉一性（unity）を裏づける重要証拠の一つであることは既に説明した[76]。以上は女人像の正面観（front view）の形の特徴による平面的（2次元的）分類であるが、ここで新たにとりあげた女人像の側面観（side view）の形の特徴による分類基準（上記 X、y）を織り込んだ立体的（3次元的）分類の結果（図90）によると、B型にも2種類（Bx、By）あることがわかる。両者の違いは、Bx型が前後方向の突起（projection）――突き出た腹ないし臀――を伴うのに対しBy型にはそれが伴わない点である。この側面観の違いによって、正面観では同じB型（矩形胴）でも立体的には顕著な違いがあって、真正の円筒形（cylindrical）ないし棒状（stick-like）のBy型と、その前面、後面あるいは両面に突き出た、腹か臀を表わす突起を伴うBx型に分かれている。このBx型に属するのがグリマルディ（図86-10）、サヴィグナーノ（同11）、コスティンキ（同28）及びマリタ（同29）出土の女人像である。By型女人像としてはブラッセンプーイ（同3）、ドルニ・ヴェストニス（同14）、アヴデーヴォ（同19、20）マリタ（同30～34）ブレティ（同35）出土品がある。Bx型とBy型は分布の地域差がなく、いずれも西及び中央ヨーロッパ、ウクライナ、シベリアの各地域にみいだすことができる[77]。Bx型はBy型から分化した可能性が考えられる（図91）。その根拠はサヴィグナーノ標本（図86-11）に関する

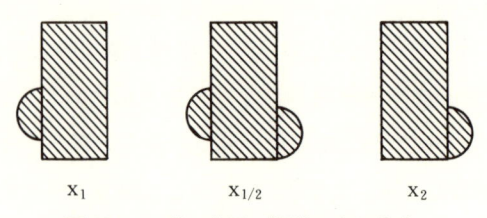

図89　x 型の変異（胴体の側面観）

			x			y		
			西/中ヨーロッパ	ウクライナ	シベリア	西/中ヨーロッパ	ウクライナ	シベリア
A	A_x	x_1		㉓㉔		A_y		
		x_2						
		$x_{1/2}$	①⑤⑦⑧⑫⑬	⑰				
A–B	$A–B_x$	x_1	⑥⑨	㉖		$A–B_y$	⑮	
		x_2	④	⑱				
		$x_{1/2}$		㉕㉗				
B	B_x	x_1		㉘		B_y	③⑭	⑲⑳	㉚㉛㉜㉝㉟
		x_2			㉙			
		$x_{1/2}$	⑩⑪					
C	C_x	x_1				C_y		㉞
		x_2						
		$x_{1/2}$						

（本図番号：図86標本番号に該当）

図90　後期旧石器時代女人像の正面観の形と側面観の形の組み合わせによる立体的分類と分布

		B_x型	B_y型
西―中央ヨーロッパ		グリマルディ⑩ サヴィグナーノ⑪	ブラッセンプーイ③ ドルニーヴェストニス⑭
ウクライナ		コスティエンキ㉘	アヴデーヴォ⑲⑳
シベリア		マリタ㉙	マリタ㉚㉛㉜㉝㉞ ブレティ㉟

（本図番号：図86標本番号に該当）

図91　B型女人像の分化：B_x型とB_y型の関係

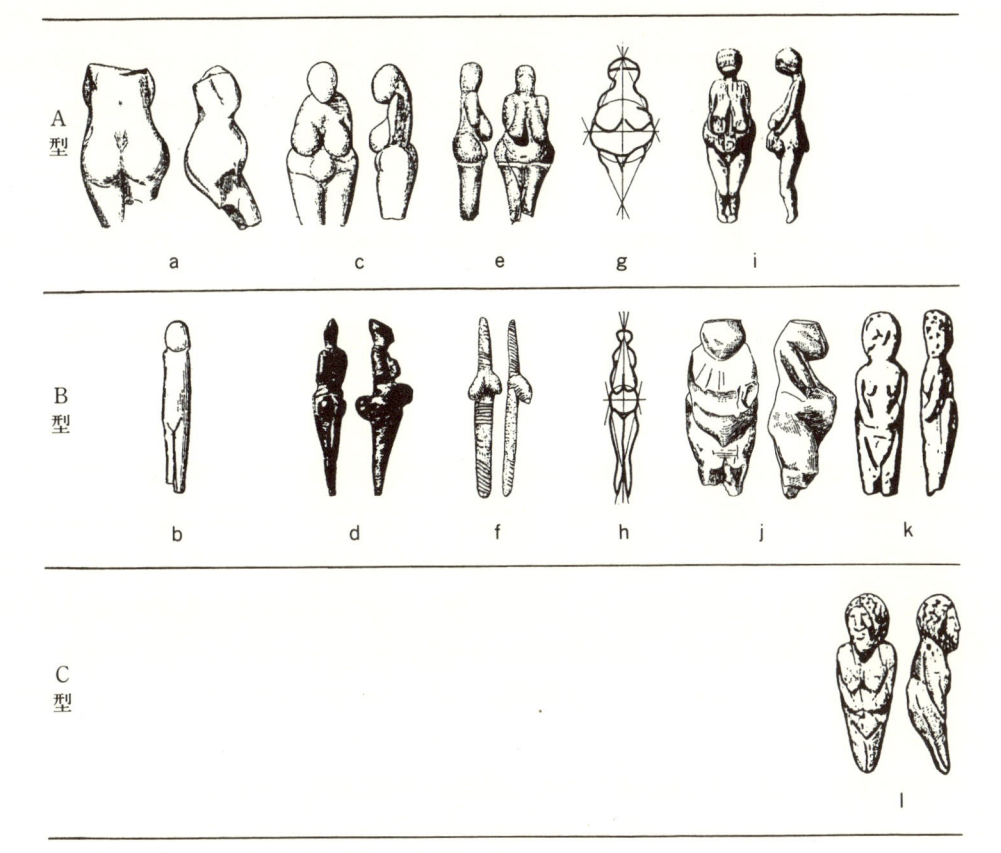

図 92 2型式女人像の伴出（社会内共存）関係
ヨーロッパ遺跡：A 型及び B 型，シベリア遺跡：B 型及び C 型
a, b ブラッセンプーイ（フランス）　c, d グリマルディ（イタリー）　e, f ドルニ・ヴェストニス（モラヴィア）　g, h ガガリノ（ウクライナ）　i, j コスティエンキ（ウクライナ）　k, l マリタ（シベリア）

パウエルの指摘である。彼はその標本が、両端の尖った紡錘形（spindle shape）を呈することに注目し、この形が両端を削った木の棒の原型（prototype）から由来したのではないかという仮説を提出している（Powell 1966：15, 16）。By 型は明らかに棒状ないし円筒形であって、パウエルの上記の原型ないしそれに近いものと考えられる。パウエルの「木の棒原型」仮説はサヴィグナーノ以外の Bx 型女人像にもあてはまる。そこで Bx 型と By 型の分化の可能性が考えられることになる。要するに旧石器北方ユーラシアの東部特にシベリアでは、B 型の中でも By 型即ち真正筒型ないし棒状女人像が圧倒的であって、これが極東のアムール及び日本の土偶や民俗信仰の筒形ないし棒状女人像の伝統の源流に当たるものと考えられる。

(b)　2 型式女人像の伴出——造形伝統の 2 形枠構成（図92）——

旧石器時代ヨーロッパの女人像デザインには、伝統的な 2 形枠の A 型（台形胴タイプ）と B 型（矩形胴タイプ）が、また同時代のシベリア女人像のデザインには、伝統的な 2 形枠即ち B 型（前記）と C 型（逆台形胴タイプ）が存したことは既に前項(6)で詳述した。そこで見逃せない次の問題は、B 型女人像と A 型女人像がヨーロッパ各地で同一遺跡の同一文化層から伴出す

る事実である。シベリアの既知の女人像出土遺跡にはマリタとブレティがあるが、マリタでもB型とC型の女人像が伴出している。これは、少なくともそれらの伴出遺跡では、同地の当時の社会の人々が女人像のデザインの形枠を一つではなく1対保有し、両形枠の範囲内で各種の女人像を作り出したことを示している。いいかえると、各社会が伝統的な2型式（1対）の女人像用形枠を保有したことになる。このようにA型とB型あるいはB型とC型の2型式（1対）の女人像を伴出する遺跡の実例は、筆者がさしあたって確認し得た例だけでも、後に詳述するように6遺跡がある。そのうちの1遺跡はシベリアのマリタであって、これは今のところシベリアでは数少ない女人像出土遺跡の一つであると同時に、それを多数出土したことでも知られた遺跡である。その他の5遺跡はヨーロッパの遺跡で、いずれも多数の立体的女人像を出土した遺跡である点が重要である。ヨーロッパで多数の立体女人像（完形及び破片）を出土した遺跡としては、7遺跡（Gamble 1986：Fig. 7.2及び Table 7.11）が挙げられているが、A、B両型式の女人像を伴出する上記5遺跡は、そのうちの5遺跡に該当する[78]。つまりA、B両型式伴出遺跡は多数女人像出土遺跡に限られていて、しかも既知の多数女人像出土遺跡の大多数がA、B両型式を伴出していることになる。これからみると、A、B両型式の伴出は、女人像多出遺跡と密接な関係があることがわかる[79]。以下にA、B両型式伴出遺跡を列挙して解説する。

　第1例。フランス、ブラッセンプーイ洞窟遺跡。ペリゴール文化後期、EUP（Gamble 1986：198, Table 7.11）（図92-a、b）。

　この遺跡から出土した一連の象牙製女人像（詳細は Breuil and Lantier 1965：152-153参照）の中の胴部残存例3例（Sollas 1924：Fig. 242, A；Fig. 243, A, B；Boule and Vallois 1957：Fig. 220（写真）、上段右、下段左及び中央）はいずれも乳房と腰部が強調された典型的な「ヴィーナス」型で、特に残存状態が良く胴部の形の識別可能な2例（Sollas 1924：Fig. 243, A, B）（図86-1、2及び図92-a）は明らかにA型即ち台形胴タイプを示している。これと極めて対照的なものがそれと伴出したB型の象牙製棒状女人像（Sollas 1924：Fig. 243, C）（図86-3及び図92-b）である。女性の性別の表現は恥骨部三角形（pubic triangle）以外にない[80]。これはソラスによって図示された1例であるが、ブールとヴァロワが同遺跡出土の象牙彫像中の「最重要品」として図示した5例（Boule and Vallois 1957：Fig. 220）中には含まれていない。これは、A型あるいは「ダイアモンド形」以外の女人像が、西ヨーロッパでは、いかに無視ないし軽視され議論の外におかれてきたかを象徴する事実ともいえよう。しかし実はこの遺跡には、上記の1例以外にも同様の棒状B型像が1例出土していることが確からしい。なぜなら、ブルイユとランティエールの記述（Breuil and Lantier 1965：153）によると、棒状彫像は2例あって、1例は頭・胸（bust）・腰（loin）・脚部の最小限表現を伴うが、他の1例は表現がそれより原初的（rudimentary）であるという記述があるからである。前者が恐らくソラスによって図示された標本ではないかと推察される。

　第2例。イタリー、バルマ・グランデ洞窟遺跡。グラヴェット文化（Gamble 1986：202, Table 5.12）、EUP（Gamble 1986：Table 7.11）（図92-c、d）。

　これは、モナコの東にあるグリマルディ洞窟群中のバルマ・グランデ洞窟（Grotte Barma

Grande) から、ある採集家によって時を異にして採集された一連の女人彫像であって、完形に近いものが5例ある。その素性の信憑性が久しい間論争されたが、現今では専門家のすべてがそれを受け入れている (Boule and Vallois 1957：310, Fig. 221-1～3, 5, 6)。

5体のほぼ完全な女人像は、バルマ・グランデ洞窟のグリマルディ文化層 (有背石刃 backed blades 等が混在するオーリニャック文化) から出土したものとされている (Bhattacharya 1977：316)。この洞窟の石器文化は、最近の研究ではグラヴェット文化と同定されている (Gamble 1986：202, Table 5.12)。これらの女人像の特徴は、ブルイユ等によると、(1)象牙ではなく塊状滑石 (steatite) 製であることと、(2)左右が平坦で(a)臀部が後ろに突出したタイプ (脂肪により臀部が後ろ方向に発達したステアトピギー型) と、(b)前後が平坦で、腰が横方向に張り出したタイプ (脂肪により腰部が横方向に発達したステアトメリア型) に2分され得ることである (Breuil and Lantier 1965：156)。(b)が筆者のA型即ち台形胴タイプ (図84-A) に相当し、(a)が筆者のB型即ち矩形胴タイプ (図84-B) に相当することは、ブール等によって示されたグリマルディのほぼ完形の女人像5例の写真 (Boule and Vallois 1957：Fig. 221, 1～3, 5, 6) を見較べれば明らかであろう。筆者の分類では明らかにA型が2例 (図86-7, 8；図92-c) あり、B型が少なくとも1例 (図86-10；図92-d) ある[81]。つまりここでもA型とB型の伴出即ち社会内共存が認められる。

第3例。チェコスロヴァキア (モラヴィア)、ドルニ・ヴェストニス遺跡 (Dolní Věstonice)。グラヴェット文化 (Phillips 1980：83)、東グラヴェット文化、EUP (Gamble 1986：181, 183, 186)。

この遺跡は、骨粉混じりの粘土で作られ、高熱の炉灰による火熱で固化 (Powell 1966：12) した1体の「ヴィーナス」像の出土で有名である[82]。この標本 (図86-13；図92-e) は、半円形で面積約35平方メートルの巨大な炉址から、同じく粘土製の若干の動物頭像その他多数の焼けた石器等と共に出土した (Bhattacharya 1977：264)。これは典型的なA型 (台形胴タイプ) (図84-A) である。この標本は、パウエルによると、炉の高熱の灰の熱で固められた粘土製モデル中の最良品の一つであって、女人像芸術全体の基本的諸特徴を、一部作品にみられるような極端な誇張なしに具現していると評されている (Powell 1966：Pl. 1, 14)。これとまったく対照的なのが同遺跡出土のマンモス象牙製棒状女人像 (図86-14；図92-f) である。これは全体が1本の丸棒状で、頭部と胴部、胴部と脚部の区別がつかないが、上端から約3分の1の高さに垂れさがっている1対の小瘤 (nodules) を乳房として、その上方と下方の位置に肩と腰を想定すると、腰幅と肩幅の差は殆どとるにたりないので、胴形は矩形即ちB型 (矩形胴タイプ) の範疇に入る。

ドルニ・ヴェストニスにおいても、以上のように、A、B両型の女人像が伴出することによって、A、B両形枠が、同一社会内に1対の女人像形枠として共存したことが確かである。このA、B両型女人像の伴出の事実は、これまで別の意味で注目されてきた。即ち粘土製女人像の方は自然主義的表現によるものであるのに対し、棒状女人像の方は象徴的表現によるものであって、それらの対照的な2表現手法による作品が相互に排他的でなく、同一遺跡に伴出することは、両表

現手法が同一社会に共存した証拠とみなされ、両手法のどちらが先かという起源の問題、あるいは西は自然主義好みに対し東は象徴的表現好みの傾向という地域差の問題にからむ話題となっている (Powell 1966：13)[83]。

第4例。ウクライナ、ガガリノ (Gagarino) 遺跡。グラヴェット文化 (Bhattacharya 1977：292)。EUP (Gamble 1986：Table 7.11)。

ガガリノ遺跡はドン河上流河岸にある露天遺跡で、文化遺物は地表下1.2mのローム層から出土した。発掘によって円形住居址 (5.5×4.5m) の他多数の遺物が発見された (Bhattacharya 1977：291)。

この遺跡からは6例の「ヴィーナス」像が出土し、そのうち少なくとも3例は完形で作りが精巧だが、残りは粗雑で未成品にみえるという (Bhattacharya 1977：292)。その3例中の第1例は両脚が股下から欠損、腹と乳房が不釣合に大きく、頭のまわりに溝があるという。これがルロア=グーランの「ヴィーナス」像分析図 (Gamble 1986：Fig. 7.3) にガガリノ出土女人像として図示されている2例中の1例 (左側図) (図86-21) に当たることは明らかである。これは図で明らかなようにヴィレンドルフ的で、典型的なA型 (台形胴タイプ) である。

上記3例中の第2例も、第1例と同様に腹と乳房が不釣合に大きいと記載されている点と、ブール等 (Boule and Vallois 1957：316) が、ガガリノ出土女人像6例中少なくとも2例はヴィレンドルフ及びメントン (グリマルディ) 出土女人像を非常に想起させると述べている点からみて、ヴィレンドルフ型即ちA型と推察されるが、今は図も写真も手許になく確かめることはできない。

以上の2例と対照的なのが上記3例中の第3例 (Bhattacharya 1977：292) である。これは、3例中「最も背が高く、細身 (slender) で、両脚が足くびまであらわだが、膝から上は閉じている」という記述からみて、ルロア=グーランの図で上記のA型像と並んで示された、細身の女人像 (右図) (図86-22) を指すことは明らかである。この標本はルロア=グーランの分析では「ダイアモンド形枠」適合例とされている (Gamble 1986：Fig. 7.3) が、筆者の分類では、それは「ダイアモンド形枠」即ちA型 (台形胴タイプ) とするよりも、B型 (矩形胴タイプ) とみなす方が適切と考えられる。その理由は、図でみる限り、この標本の肩幅と腰幅の差が小さく、しかも胴部が比較的細長いので、その平面形は、台形というより短冊形 (細長い矩形) に近いからである。この標本は、細身で棒状である点と、正面中央部 (胴部) の幅が上下均等で矩形を呈し、その上下部分がそれぞれ先細りに作られている点からみて、北イタリーのサヴィグナーノ遺跡出土の棒状 (紡錘形) 女人像 (図86-11) (Boule and Vallois 1957：Fig. 226) と一脈通じるものがあり、いずれも矩形胴タイプのB型枠による製品にみえる。このイタリー産標本は、蛇紋岩製であるが、垂れた乳房、膨らんだ腹、下腹部三角ゾーン、閉じられた両脚の表現を伴い、両端が先細りで中央部正面観が矩形を呈する点で、ガガリノの上記細身標本と基本的に同類といえる。パウエルが、サヴィグナーノ標本について、この異常な形は、棒の両端を削り減らして (pared) 作った木製原型 (wooden prototype) から由来したのではないかと指摘 (Powell 1966：15, 16) していることは、それが筆者の分類ではB型即ち矩形胴タイプに相当することと

関連して意味深長である。これからみて、上述のガガリノの細身女人像は、単なる偶然の異例ではなく、サヴィグナーノの棒状女人像等と同類即ち同じ伝統的形枠から由来したB類の女人像と考えられる。

以上のように、ガガリノ遺跡でも、A、B両型の女人像が伴出する事実があり、両形枠の伝統が同一社会に共存した証拠がある。これは次の証拠でさらに強化される。

マリンガーによると、ガガリノでは、すべての女人像が、同一住居址の側壁（lateral wall）に立ってみいだされ、それを容れるためにデザインされたとわかる特別の窪みないし壁龕（niches）も時として見つけられ得たという（Maringer 1960：111）。

第5例。ウクライナ、コスティエンキ第Ⅰ遺跡（第1層）（Kostienki Ⅰ/1）。グラヴェット文化（Bhattacharya 1977：336）。放射性炭素年代：21,300-24,100B.P.（Gamble 1986：Table 7.11）。14,020±60-24,100±500B.P.（Soffer 1987b：335）。東グラヴェット文化、EUP（Gamble 1986：181, 183-187）。

ドン河中流河岸の露天遺跡で、コスティエンキ村付近の17遺跡の中で遺物が最も豊富なことで知られている。5文化層のうち最上層の第1層（Kostienki Ⅰ-1）がこの遺跡で最も重要な遺物群を出土した（Bhattacharya 1977：282）。その一つは、中心軸上に9個の炉址を伴う巨大住居址（35×約16m、楕円形）で、周縁に16個の大形穴（pits）があり、そのうち4個は寝所（sleeping areas）、12箇は貯蔵所（caches）と解釈されている[84]（Phillips 1980：Fig. 28）。この住居址の床の残り部分にも、一面に貯蔵所と解釈された小形穴（little pits）が認められた。この住居址に伴って6体の女人像（マンモス牙製か珪質石灰岩製）が発掘された（Phillips 1980：98-100）。

コスティエンキ第Ⅰ遺跡第1層の女人像は完形品が6体と破片が約47点ある（Gamble 1986：Table 7.11）。この遺跡の一連の女人像はすべて肥満形であって、細身のものが見当たらないが、胴の形にはA型からB型までの変異がみられる（参照：図86）。A型は典型的なものが2例（図86-23、24）あるが、明らかにB型といえるものは1例（図86-28）しか見あたらない。残りの3例（図86-25〜27）は、腰の張り出しはあるが比較的弱いのに対し、肩幅が比較的広く、腰幅との差が縮まって、胴形が矩形に近づきB型への移行形を呈している。いずれにしても、ここでもまたA型（台形胴タイプ）の伝統とB型（矩形胴タイプ）の伝統の同一社会内共存が示唆される。

第6例。シベリア、マリタ遺跡。オーリニャック的文化（Aurignacoid tradition）（Chard 1975：149-152, Fig. 12-6、同伝統の分布図；1974：20, 26, 27）。後期旧石器時代（Chard 1975：27；Bhattacharya 1977：342；Alexeef 1994：231）。

これはバイカル湖南端のイルクーツクに近いエニセイ河支流河岸の露天遺跡である。女人像は遺跡の所謂マリタ文化層とよばれる主要文化層から発掘された。1928年から1957年までの数次の発掘によって、この層から6戸の竪穴住居址をはじめ、トナカイを主とし多毛犀、マンモス等を含む多数の獣骨と、石器の他に女人像を含む各種の芸術的彫刻品が出土した（Bhattacharya 1977：303）。

マリタ出土の骨偶は約10点で、大多数は細身（Boule and Vallois 1957：316）と記されている

が、それには図も写真もない。当遺跡の女人像の既刊図版（Chard 1974：Fig. 1, 7, Abramovaの原著から転載）によると、頭、胴、脚部のそなわった女人像が6例ある（図86-29〜34）。注意すべき事実は、これだけの数がまとまった資料中にヨーロッパではありきたりのA型（台形胴タイプ）標本が見当たらないことと、C型（逆台形胴タイプ）（図86-34）の1例を除き他の5例がすべてB型（矩形胴タイプ）に属することである。B型はヨーロッパ女人像にもみられる共通型式であるが、マリタではその割合がヨーロッパに較べて圧倒的にみえる点が特色である。これは夙にブール等によって、別の言葉で指摘されている。即ちマリタの女人像の大多数が細長形で外観がヨーロッパのそれと大層異なるというのが彼等の見解である（Boule and Vallois 1957：316）。

　C型は極めて特異であって、手許の既刊図版を概観した限りでは、旧石器時代標本には他に類例が見当たらないが、新石器時代のアムール河上流域出土の女性土偶には類例が2例ある（Okladnikov 1981：Pls. 26, 27）（図81-a、b）。またC型は、日本の縄文土偶の造形パターンとしてもB型とならんで極めて重要な役割を果たしている（213頁）。このような事実からみると、C型は女人像形枠として、北方ユーラシアのアジア側で生育した独自の伝統である可能性がありそうにみえる（334頁注74参照）。C型が形の上でB型に近く、B型からの変異に由来することは、同遺跡のB型の5例と比較すれば明確といえよう。特にその2例（図86-29、31）は、一見C型にみえるが、これは胴部（腰から上部）が矩形でも短く脚部が長いために起こる錯覚であって、胴部をよく見るとB型である。これらは当遺跡のB型女人像の中で最もC型に近い例であって、B型の他の3例とC型例とを結ぶ形態的変異の鎖の鐶としての位置を占めていることがわかる。マリタ遺跡はヨーロッパ圏外の北方アジアに属する遺跡である。しかし以上のように、ここにもまた、ヨーロッパ圏即ちグラヴェット文化圏と共通する同じ女人像形枠（B型）が存在し、この汎北方ユーラシア的形枠と、ヨーロッパには見馴れない新型の形枠（C型）の2形枠が、同一社会内に共存して使い分けられた証拠が存在する。

　以上列挙した第1ないし第6の実例は、北方ユーラシア各地の旧石器時代女人像出土遺跡で、ヨーロッパではA型とB型の女人像あるいはA型あるいはB型と両者の移行形（中間形）の女人像が、シベリアではB型とC型の2類の女人像が伴出する事実を示している。これは同じ社会の人々が、ヨーロッパではA、B両形枠を、シベリアではB、C両形枠を使って女人像を製作していた証拠にほかならない。

　(c)　マドレーヌ文化の丸彫り女人像
　以上の女人像論（本章-2-B-vi）では、マドレーヌ文化期の女人像には触れなかったが、それには理由がある。第1には、これまでの旧石器時代女人像論は、問題点が所謂「ヴィーナス」類即ち分布が広くしかも出土頻度が比較的高い具象的ないし自然的な女性形態の彫塑像に集約されていて、それらの問題点の解明が先決だったからである。また縄文土偶の視点からも、シベリアにまで拡がったグラヴェット文化系の女人像の素性を洗い直すことが先決で、西欧の地域的現

象にすぎないマドレーヌ文化の女人像の問題は、分析の単純化のため一応除外せざるを得なかった。第2には、マドレーヌ文化期の女人像（参照：Rosenfeld 1977）は、写実的なヒト形丸彫り像が稀（Boule and Vallois 1957：Fig. 228）であって、その殆どすべてが、臀部の表現と解釈される突起の存在によってかろうじて女人像と認められている、線刻像（engravings）か丸彫り像（carved figurines in the round）である。つまり丸彫り女人像とは言え、それらはあまりにも様式化されすぎていて、解釈なしには女性ヒト形像とは分類し難い。そこで混乱と煩雑化を避けるために、マドレーヌ文化の女人像は、「ヴィーナス」類ないし写実的ヒト形女人像中心のユーラシア（広域）分布論からは除外し、ここにまとめて議論することとした。

　マドレーヌ文化は、フランスから中部ヨーロッパにかけての西ヨーロッパの環境条件に適応した高度のトナカイ狩猟文化として知られている。この文化とマンモス狩猟文化としての先行文化即ちグラヴェット文化との生業上の対照性は、マドレーヌ文化の分布の東端に当たるペルカナ（チェコスロヴァキア）の洞窟遺跡においてさえも、層序的に確認できる（Forman and Poulik n.d.：15）。この時期は、日用品の装飾（各種骨器の動物彫刻等）や洞窟壁画の高度化（多色画法、陰影画法）で代表されるように、後期旧石器時代の芸術活動が頂点に達した時代であったことは周知のとおりである。しかしこの時期の丸彫り女人像は、骨製、石製ともに単純化し極度に様式化（stylized）するとともに細身（slender）になり、オッテによると、グラヴェット文化の肥満形女人像とは容易に区別できるとされている（Otte 1994：215）。

　マドレーヌ期女人像は、以上のように、グラヴェット文化期のそれとは単に「様式化」あるいは「細身」という特徴で区別され、これまでの所謂「ヴィーナス」中心の旧石器時代女人像論では殆ど無視されてきた。しかし旧石器時代女人像論としては、マドレーヌ期の女人像を排除する理由はあり得ず、当然ながらそれを包含した旧石器時代女人像の統合的ないし体系的分類と形態的比較・分析が必要と考えられる。またマドレーヌ文化の抽象的女人像ほどではないにせよ、著しく様式化された女人像あるいは細身の丸彫り女人像は、マドレーヌ文化に限られたものではなく、グラヴェット文化にも各地に散在することを忘れてはならない（図86参照）。これらは、これまでの女人像論では、異例として取りあげられることはあっても、グラヴェット系女人像の一部として統合的ないし体系的に位置づけられた様子もみえない。この点からみても、これまでのようなグラヴェット文化期の女人像イコール「肥満」「ヴィーナス」に対して、マドレーヌ文化期の女人像イコール「細身」「様式化」女人像という単純な2分法的公式論は、既に説明した一元論的見解にもとづくものであって、矛盾を胎んでいることがわかる。この矛盾もまた、前述の二元論即ちA、B 1対の形枠コンセプトの導入によって、一貫した説明が可能である。以下はその説明—マドレーヌ文化期の超様式化女人像類の二元的説明即ちA、B 2形枠論である。

　マドレーヌ文化の特徴的遺物には、極度に様式化された女性を表わすと解釈されているマンモス牙ないし鹿角製あるいは軟質岩石製の像類がある（図93-12〜15）。この類は、一面が平坦で凹湾か凸湾し、他面の中央か一端に腹か臀を思わせる顕著な一つの突起を伴う小形の立体像である。これと同類のものが僅かだがグラヴェット文化にも存在する。それらは、いずれにしてもヒト形の頭部や手足が見当たらず、一見ヒト形とはみえないので、本文のヒト形女人像の議論からは除

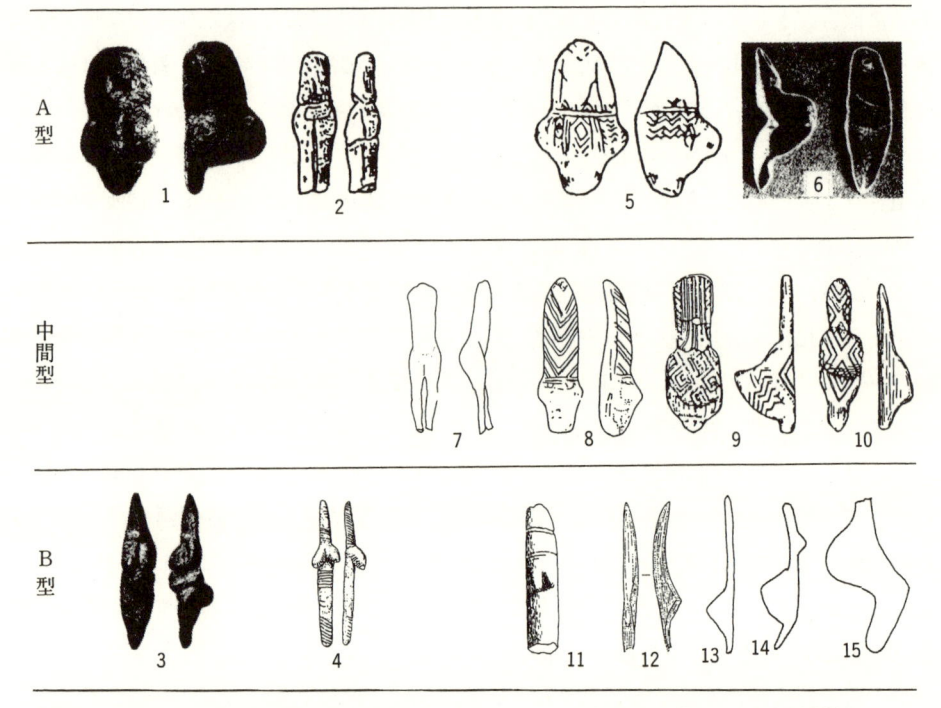

図93 マドレーヌ文化の様式化女人像、グラヴェット文化の女人像との形態的関係
　　　グラヴェット文化（1〜5，8〜10）、マドレーヌ文化（6〜7,11〜14）
　　　(1) マウエルン、ドイツ（Rosenfeld 1977）、(2) パヴロフ、チェコスロヴァキア（Bhattacharya 1977）、(3) サヴィグナーノ、イタリー（Boule and Vallois 1957）、(4) ドルニ・ヴェストニス、チェコスロヴァキア（Bhattacharya 1977）、(5) メジン、ウクライナ（Boriskovsky 1958）、(6) ペテルスフェルス、ドイツ（Clark 1977）、(7) ロージュリー・バス、フランス（Rosenfeld 1977）、(8〜10) メジン、ウクライナ（Boriskovsky 1958）、(11) ゲナスドルフ、ドイツ（Rosenfeld 1977）、(12) ゲナスドルフ、ドイツ（Phillips 1980）、(13) ネブラ、ドイツ（Rosenfeld 1977）、(14) エルクニッツ、ドイツ（Rosenfeld 1977）、(15) ペカルナ、チェコスロヴァキア（Rosenfeld 1977）

外したが、これらを一応女人像として組み入れ、本文で定義した具象的女人像の分類型式（図84）にあてはめてみると、極度に様式化された抽象的A型（台形胴タイプ）即ちA型の変種に属するものと、極度に様式化された抽象的B型（矩形胴タイプ）即ちB型に属するものの2類に大別できる。この種の極度様式化ないし抽象化女人像は、グラヴェット文化遺跡とマドレーヌ文化遺跡のどちらからも出土しているが、いずれにしても既知の分布が中欧ないし東欧に限られている点が興味深い。上記のA型所属例は、グラヴェット文化の遺跡ではマウエルン（ドイツ）（図93-1）とメジン（ウクライナ）（同図-5、8〜10）があり、マドレーヌ文化関係ではペテルスフェルス（ドイツ）（同図-6）がある。B型所属例は、グラヴェット文化関係ではドルニ・ヴェストニス（チェコスロヴァキア）（同図-4）、マドレーヌ文化関係ではゲナスドルフ（ドイツ）（同図-11、12）、ネブラ（ドイツ）（同図-13）、エルクニッツ（同図-14）をあげることができる。ネブラとエルクニッツの女人像については、正面観の輪郭を示す図が手許にないが、記述によると、それは両側が平行の棒状（a parallel sided bar）（Rosenfeld 1977：103）とされ、ゲナスドルフのそれ（同図-12）と同じであることがわかる。この証拠からそれら女人像の胴形も矩形胴

型即ちB型と判定できる。ペカルナ出土標本（図93-15）については、側面観を知るに足る情報源が手許にないので、胴形による分類（図84）はさし当たって不可能である（上記各遺跡とその女人像の詳細は後述）。

　ロージュリー・バス（フランス）（マドレーヌ文化）とメジン（ウクライナ）（グラヴェット文化）には、A-B中間形が存在する。前者（図93-7）は矩形胴（B型）ではあるが腰（hip）の張り出し（側方膨らみ）がA型的である。完全に分離した左右両脚を伴う点で旧石器時代女人像として異例であるが、臀部の突出と陰阜（Mons venus）上の縦の切れ目の状態から女性と解されている。首がなく、腰が膨らみ、臀部が突出したこの女人像の胴体の正面観と側面観は、いずれもメジンの女人像のそれと基本的に類似し、またその側面観はゲナスドルフ等のそれに類似していて、3者間にはマドレーヌ文化の女人像としての造形原理の共通性が認められる。メジンのA-B中間形は、陰茎のシンボル（同図-8）あるいは鳥形（同図-9、10）とよばれているもので、胴とみなされる部分は矩形でB型（矩形胴型）といえるが、腰部の側方張りだしはA型（台形胴型）的である。つまりそれらはA、B両形枠の影響を反映するものと考えられる。

　次に前記の各遺跡について抽象的女人像の出土例を吟味し、それらの分類的位置を確かめることにする。

ゲナスドルフ遺跡（Göennersdorf）

　ドイツのライン河中流河岸（ケルン付近）にあるマドレーヌ文化の露天遺跡である。住居址（複数）を伴うこの集落遺跡からは、多数の彫刻像（線彫りと丸彫り）が発見された。線彫り像（engravings）は、床張りに使われたスレートの板石に彫られた高度に図化（schematized）された、頭と足のない人体の表現であって、これらは一般に女性の横姿（profile figure）と解釈されている。また当遺跡の丸彫り像も、横から見た輪郭がそれらの線彫り像と類似し、また類似の側面観を伴う丸彫り骨偶がペテルスフェルス、エルクニッツ、ネブラから出土していることが指摘されている（Rosenfeld 1977：103；Gamble 1986：205, 217, 265, Fig. 7.5）。

　当遺跡からは、象牙（ivory）ないし鹿角（antler）製の丸彫り女性像が13例と、これに似た若干の岩偶が出土（ボジンスキー 1991：17）しているが、正面図が図示されている例は、筆者の手許には1例しかない（Phillips 1980：Fig. 31-A）。その図示例（図93-12）は鹿角製で、正面からみると両側が平行で両端が尖った棒状であるところから、B型（矩形胴型）（図84-B）に該当することがわかる。また側面からみると、臀部に当たる前後方向の突起がある点でBx型（図89参照）といえる。この標本以外の骨偶も、それと同様の正面観及び側面観の伴うこと即ちBx型であることは次の記述から明らかである。即ちローゼンフェルドによると、ゲナスドルフ—ネブラ—エルクニッツの骨偶の輪郭（outline）は共通で、正面観は「両側の平行な1本の棒」状であり、側面観は「三角形の突起を伴う細い棒」状を呈している（Rosenfeld 1977：103）。

　ゲナスドルフ出土の臀部突出型女人像の1例（象牙製）は乳房の突起を伴う点で注目すべきである（ボジンスキー 1991：図86-（上）b）。これと類似の乳房つき骨偶がネブラ遺跡（後述）からも報告されている（図93-13）。岩偶は、剥離と研磨の加工による粘板岩製であって、骨偶に較

べて遥かに単純・粗雑であるが、臀部に当たる顕著な突起を伴う点で骨偶と共通点があり、女性像とみなされる（ボジンスキー 1991：176、図97（下））。

ゲナスドルフの骨製女人像には穴をあけたものがあり、それらはペンダントとして使われたと考えられている（ボジンスキー 1991：171）。しかしローゼンフェルドによると、ゲナスドルフで貫通孔があるものは唯一例であって、大抵の女人像に貫通孔が伴うペテルスフェルスの場合とは状況が違うという（Rosenfeld 1977：105）。

ペテルスフェルス遺跡（Petersfels）

ドイツのコンスタンス湖西岸付近にあるマドレーヌ文化期の洞窟遺跡である。この遺跡から見いだされた一群の女人像は、黒玉（jet, coal）製で単純化されているが、凸湾面中央の突起が、強調された女性臀部を表わすものとみられている（Breuil and Lantier 1965：155）。サイズは小さく、高さ1.5～4.4㎝、厚さ0.3～1.0㎝である（Rosenfeld 1977：104）。それらは一端に貫通孔があるところからペンダントとみなされている（図93-6）。図示された写真（Clark 1977：Fig. 43）によると、前面観の外形は、最大幅が中央位置にある長楕円形ないし角のとれたダイアモンド（菱）形であって、女人像形枠型式（図84）にあてはめるとA型即ち台形胴型とみなすことができる。つまり所謂「ヴィーナス」型女人像の極度様式化の1例といえる。その側面観は、前後方向の突起を伴う点でX型（図89参照）であって、女人像としての総体的な形はAx型である。側面観ではゲナスドルフ等の同類（X型）であるが、前面観ではそれらの遺跡の女人像とは造形パターンが違うことになる。

ネブラ遺跡（Nebra）及びエルクニッツ遺跡（Ölknitz）

両者ともにエルベ河の支流ザーレ川（中部ドイツ）の上流にある後期マドレーヌ文化の大遺跡である（Weniger 1987：Fig. 2）。ネブラ遺跡からは女人像3例が、エルクニッツ遺跡からは女人像7例が出土している。その素材は象牙（両遺跡）と鹿角（エルクニッツ遺跡）である。それらの女人像は、いずれも前面観の輪郭が、両側が平行する棒（bar）の形で、側面観の輪郭は、三角形の突起を伴う細い棒（narrow bar）の形をしている（図93-13、象牙製、高さ6.7㎝）。なおエルクニッツ出土のこのタイプの女人像には、乳房の突起を伴うものもある（図93-14、象牙製、高さ4.7㎝、両遺跡全女人像中の最小例）（Rosenfeld 1977：103）。

以上のようにこれら両遺跡の女人像（計9例）は、グラヴェット文化の女人像分類基準にあてはめると、いずれも胴部の輪郭が、前面からみると両側が平行する矩形胴型即ちB型（図84参照）であり、また側面からみると、前後方向の突起を伴う点でX型（図89参照）であって、全体的（立体的）にはBx型に分類できる。要するに両遺跡ではB型の伝統が圧倒的である。これはゲナスドルフでも同様であって、A型の傾向が強いメジン（後述）とは対照的にみえる。

マウエルン遺跡（Mauern）

南ドイツ（バヴァリア）のドナウ河支流谷にある洞窟遺跡で、ムスティエ文化層の上に、厚さ数フィートの無遺物層を挟んで後期旧石器文化層があり、この層から女人像（図93-1、岩石製、高さ7㎝）が出土した（Whitehouse 1983：309；Coles and Higgs 1969：305）。これは、ローゼンフェルドによると、はじめ（1951年）にマドレーヌ文化所属と報告され、後（1955年）に同報

告者によってグラヴェット文化所属と改められたが、一般には依然として旧報告通りマドレーヌ文化のものとされているという（Rosenfeld 1977：106）。この遺跡の標本の重要性は、正面観の輪郭がグラヴェット文化の女人像の特徴（胴部最大幅が腰の位置、両脚が融合して短い先細りの突起化）を示すのに対し、側面観の輪郭がマドレーヌ文化の女人像の特徴（片側が平坦、他の側の下端が山形に突起）を示すことによって、両文化の特徴を併せもつ点にある。いいかえるとこの標本は、見かけではかけ離れた両文化の女人像を、形態的に繋ぐ環の意味をもつことになる。マウエルンの女人像が、「解剖学的に詳細で 3 次元的なグラヴェット文化のヴィーナス型女人像から形式化（formalized）されたマドレーヌ文化の女人像への様式化プロセス（process of stylization）における中間段階（intermediate stage）をあらわす」という見解が既に発表されている（Rosenfeld 1977：106）。以上のような意味から、特にここで、マドレーヌ文化の女人像とならべて解説することにした。

ペカルナ遺跡（Pekárna）

　チェコスロヴァキアのダニューブ河支流（ブルノ付近）に位置する洞窟遺跡であって、上部 2 層がマドレーヌ文化層、下部 2 層がグラヴェット文化層である（Bhattacharya 1977：260）。この遺跡の女人像（図93-15）は高さ4.5cmの骨偶で、マドレーヌ文化に属し側面観の輪郭ではペテルスフェルスの女人像の中によく似たもの（marked parallels）があるという（Rosenfeld 1977：105）。前面観についての確かな情報は手許にないので、さし当たって胴形（図84参照）の判定はできないが、便宜上ドイツのマドレーヌ文化の女人像の側面図とならべて図示することとした。

メジン遺跡（Mezin）

　ウクライナのデスナ河（ドニエプル河の支流）右岸の黄土層中にある東グラヴェット文化の露天遺跡である。時期は後期旧石器時代後期（LUP）で、マドレーヌ文化と同時代である（Gamble 1986：212）。遺物はマンモスの下顎で建てた円形住居址のほか1000点以上の石器、マンモス（100体以上）その他の獣骨、女人像その他の骨角製品を含む。女人像はマンモス牙製で、グラヴェット文化の一般的女人像と違って極度に抽象化されている上に形もかなり変異があり、しかも幾何学的線彫り文様を伴う点が特異である（Beriskovsky 1958：Fig. 144；Bhattacharya 1977：295-297）。それらの女人像は住居内部から発見された（Alexeef 1994：228）。図93-8 は陰茎象徴（Phallic symble）（Klein 1973：Fig. 15, No. 2）、同図 9 及び10は鳥形（birdlike forms）（Maringer 1960：109, Fig. 32）と記されている。クラーク等の実物大図版（Clark and Piggott 1968：Fig. 19）によると、鳥形の前者は高さ約42mm、後者は約45mmである。

　この遺跡の女人像も、基本的な形の枠はグラヴェット文化の女人像一般の形枠と共通にみえる。正面からみた形に対して女人像形枠の分類法式（図84）を適用すると、それらは最大幅が中央付近にあり、両端方向に先細りの点で A 型に該当する例（図93-5）と、腰に当たる部分が前後左右方向の突起（膨らみ）を伴う点から見ると A 型的といえるが、上半部が B 型のように、両側が平行的で矩形状を呈する点で A-B 中間形（図86参照）とみなすべき例（図93-8～10）の 2 類に分けることができる。また横から見ると、すべての標本が前後方向の突起を伴っている点で

X型(図89参照)である。これらの標本は極度の様式化のため一見異様で形も様々であるが、造形の基本は一貫してグラヴェット文化の女人像パターン(A型及びB型)の伝統を踏襲していることがわかる。なおこの遺跡の女人像について見のがせないことは、それらが住居内で発見されたことである。その住居は、マンモスの下顎骨で建てられた円形住居で、中央に炉がある(Alexeef 1994：228)。

グラヴェット文化の女人像とマドレーヌ文化のそれとの関係

　以上の分析結果を綜合すると、マドレーヌ文化の女人像は、グラヴェット文化の女人像(図86)と共通の形枠伝統(A型とB型)によって造形されていたことがわかる(図93)。

　両者は一見かけ離れてみえるが、基本的な形の造形パターン(形枠)は両者に共通であって、これからみると、マドレーヌ文化人は、グラヴェット文化の女人像の基本形の伝統を守りながら、極度の様式化を試み、それが外形を大きく変えたにすぎないようにみえる。つまりグラヴェット文化の女人像とマドレーヌ文化のそれとの間には、様式化による外形の変化はあったが、基本的造形パターンの変化はなかったといえる。

　マドレーヌ文化の女人像がグラヴェット文化のそれに由来するという以上のような関係は、グラヴェット文化の女人像の中に、マドレーヌ文化の女人像の原型ともいうべき中間的形態の標本が存在する事実によって、さらに裏づけられる。その代表例が、A型関係ではメジン出土品

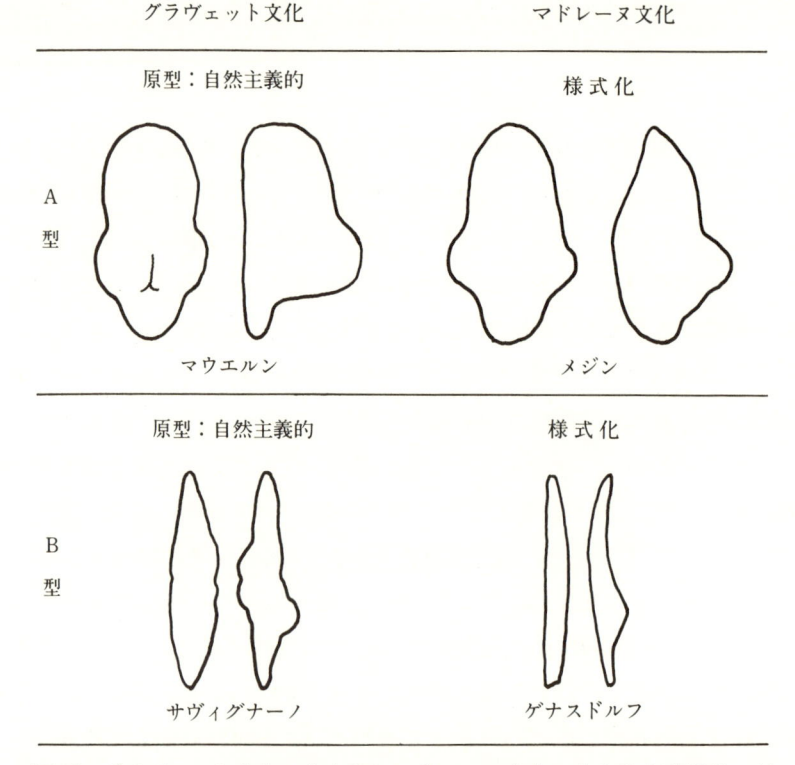

図94　グラヴェット文化の女人像とマドレーヌ文化の女人像を形態的に結びつける連結環的標本。グラヴェット文化所属の原型的標本とそれに対応するマドレーヌ文化所属の様式化標本。

（図93-5）とマウエルン出土品（図93-1）であり、B型関係ではサヴィグナーノ出土例（図93-3）である。

マウエルン出土品が、具象的なグラヴェット文化の女人像から抽象化されたマドレーヌ文化の女人像への様式化プロセス（process of stylization）における中間段階（intermediate stage）を表わすという考え方は既に提出されている（Rosenfeld 1977：106）。しかしこの考え方は側面観（profile view）の輪郭しか問題にしていないので、横姿（profile figure）の研究には有効かもしれないが、立体的な丸彫り女人像の様式化の研究には不適である。何故ならグラヴェット文化の女人像は丸彫り像が中心であり、しかも前面観（front view）の輪郭が造形原理上基本的な重要性をもつからである（第4章-2-B-vi-(a)-(4)参照、153頁）。

そこでマドレーヌ文化の女人像の造形パターン（形枠）を、後期旧石器時代の丸彫り（in the round）女人像の視点から分析すると、側面観では臀部突出型即ちX型（図89参照）に統一されているが、前面観ではA型（ペテルスフェルス）とB型（ゲナスドルフ、ネブラ、エルクニッツ）の2系統が認められる。従ってマドレーヌ文化の丸彫り女人像の様式化の由来を解くためには、この2型式即ち2系統の造形パターンの由来が説明されなければならない。そこで前記のA型系中間形態とB型系中間形態の実在が重大な意味を持つことになる。

この中間形態を考慮に入れると、グラヴェット文化の女人像からマドレーヌ文化のそれへの様式化プロセスは下記のとおり、A型系女人像の様式化プロセスとB型系女人像の様式化プロセスの2通りに分けて図式化することができる（図94）。

A型系の様式化プロセス：
グリマルディA型（図86-7）→マウエルン→メジンA型→ペテルスフェルス（図93-6）

B型系の様式化プロセス：
グリマルディB型（図86-10）→サヴィグナーノ→ゲナスドルフ/ネブラ/エルクニッツ（図93-12〜14）

以上は既存の考古学的証拠にもとづいて構成された、グラヴェット文化の具象的女人像からマドレーヌ文化の抽象的女人像への様式化の漸進的発展の順序（sequence）を示すモデルであって、編年的証拠を追加した今後の検証が必要である。しかしいずれにしても、マドレーヌ文化の丸彫り女人像は解剖学的にヒト形[85]といえるものが殆どなく、解釈によって辛うじて女人像とみなし得るものが殆ど大部分であるが、これらは先行文化即ちグラヴェット文化の女人像と無縁であるどころか、上述のようにその基本的造形パターンをそのまま受け継いでいることが立証できる。

(d) 二元論的作業仮説――要約と結論――
(1) ヨーロッパの後期旧石器時代遺跡では、A型、B型及びA-B移行形の女人像が広く分布していて、それらの各分布域がグラヴェット文化及びそれと同時期異相の後期ペリゴール文化の文化圏と一致する事実がある（図88）。

（2） 後期旧石器時代の各地の遺跡で、同一アセンブレッジ（assemblage）内に、2型式の女人像がくりかえし伴出する事実がある。その伴出型式は、ヨーロッパではA型とB型、シベリアではB型とC型である（図92）。

（3） 後期旧石器時代女人像の一般的傾向として、ヨーロッパではA型がB型より優勢なのに対し、シベリアではA型が欠け、B型がC型を凌ぎ圧倒的である（図86）。

（4） 以上の事実は、女人像を伴う後期旧石器文化には文化要素（伝統的観念）として2種（1対）の女人像用形枠（造形パターン）が保有されていて、各社会はその2種の形枠を選択的に使い分けたことを示唆している。つまり具体的にいえば、ヨーロッパのグラヴェット文化及び後期ペリゴール文化にはA型とB型の2形枠、シベリアのマリタ文化にはB型とC型の2形枠が文化要素として維持され、各社会はそれぞれの文化の保有する1対の形枠を選択的に利用して女人像を製作したことが示唆される。後期旧石器時代の考古学的遺物にみられる女人像の多様性と斉一性（図86、図88）は、そのような活動の結果を反映するものと考えられる。

（5） 要するに、出土遺物によって示されるそれらの女人像の複雑・多様性は、以上のように、各社会における2つの形枠の使い分けによって生じた変異としてはじめて理解できる。「斉一」か「多様」かという二律背反的なこれまでの女人像論争の主因は、その形枠として、単一の「ダイアモンド形」ないし下半身強調型形枠しか考慮されてこなかったことにあるといえる。このような一元論的パラダイムに支配されてきたこれまでの旧石器時代女人像論では、ヨーロッパの「斉一性」だけが取りあげられ、ウラルを越えたシベリアは、その枠に入らない規格外れとみなされ、度外視されてきた。それに対して、2型式の形枠コンセプト（台形胴のA型及び矩形胴のB型）を導入することによって、ヨーロッパとシベリアを含む全域の旧石器時代女人像の統合的かつ体系的分類が可能になり、B型の全域的共通性にもとづいて、シベリアを含む北方ユーラシア全域の女人像伝統の「斉一性」が立証できることになる。

（6） 「胴形」の変異（A、B、C型）にもとづくこの分類法は、以上のようにB型の存在を明らかにすることによって、後期旧石器時代のヨーロッパからシベリアにかけての全域にわたる女人像の形態的斉一性を証明するのに役立つだけでなく、同時にまたA型とC型の存在を明らかにすることによって、ヨーロッパとシベリアの間の形態的ギャップ即ち地域差の説明をも可能にする。以上のように胴形分類システムは、一見では矛盾するかにみえる旧石器時代女人像の多様性と斉一性の両面を統合的に説明するのに役立つ。

（7） 旧石器時代女人像の斉一性（全分布域を通じての共通性）を示す属性は「胴形」以外にも認められる。それが腕と脚の形態である。

「胴形」には上述のように3型式の基本的変異があって、全女人像に共通即ち斉一のパターンはB型に限られる。しかし「腕形」と「脚形」にはそのような変異がなく、それぞれ全女人像に共通の唯一のパターンで統一されている。旧石器時代全女人像の「腕形」と「脚形」を統一するこの造形パターン（形枠）とは、「腕なし」ないし「腕・胴融合型」兼「脚なし」ないし「両脚融合」型である。

「腕なし」（armless）というのは、造形原理として、腕は形として全く表現されない方式のこ

とである（図86-3、6、15）。このような本格的腕なしの例は少なくとも既知例としては少ないが、表現するとしても、胴体の上に線彫り（engraving）か浮き彫り（relief）にする程度であって、胴体から遊離ないし突出した写実的（3次元的）な形はとらない方式である。つまり腕は表現されても胴体と融合して一体化されていることになる。これが「腕・胴融合」型（arms and trunk fused together）である。後期旧石器時代の丸彫りないし3次元的女人像はすべて、以上のような「腕なし」型か「腕・胴融合」型かそのいずれかである。要するにそれらの女人像の「腕形」の特徴は、胴体から遊離ないし突出した形の腕がないということである。

旧石器時代女人像の共通特徴は、以上のような「腕なし」ないし「腕・胴融合」型であると同時に「脚なし」ないし「両脚融合」型であるという点にある。それらの女人像には、脚が全く形として表現されない場合がある。これが「脚なし」型である（例：図86-6、14）。脚が造形的に表現される場合は、両脚が左右に切り離されることなく、両者が融合して、1体となった形をとる。これが「両脚融合」型（legs fused together）である（例：図86-1、3、5、7、9～11、13、19、29、34、35）。脚の一部即ち膝から下ないし足先が左右に切り離された例（図86-20、22、25、27）があるが、これは特にウクライナの女人像にしばしばみいだされる特徴である[86]。要するに旧石器時代女人像では腕と胴ならびに左右両脚の融合・一体化傾向が強く、新石器時代には珍しくない腕や脚の完全遊離例が見当たらない。

以上のように後期旧石器時代の丸彫り女人像は、胴形はまちまちでも、腕形と脚形は基本的に統一されていて、この点でも形即ち造形パターンの斉一性が認められる。

(8) 旧石器時代シベリアの女人（女神）像が、ヨーロッパのそれと造形パターン（形枠）を共通にする事実は、極東の先史考古学にとって重大な意味がある。つまり胴形分類システムの導入によって、極東の女人（女神）像伝統の系譜を、北方ユーラシアの旧石器時代にまで辿ることが可能になった。その系譜の詳細は次に述べる。

(e) 女人（女神）像の宗教構造的分析

以上で明らかなように、旧石器時代の女人像は、ヨーロッパからシベリアにかけて5,000マイルにわたる北方ユーラシアの広大な世界に、一定のスタイルを維持して広く普及ししかも20,000年近い長期の間厳格な伝統として存続した。この事実は、それが単なる芸術品や玩弄物ではなく、社会的・宗教的に欠くことのできない重要性をもつものであったことを示している。既に前述の宗教論（2-(B)-ⅰ)-(ⅲ))）の項で述べたとおり、それらの女人像は女神像であり、その形態的特徴と出土状態から産神であり同時に家神（147頁）を表わすものと解されているが、それらを個人的ないし家族的信仰（崇拝）（domestic cult）の対象とみなし得る根拠は他にもある。その一つは懸垂用と見られる小貫通孔を伴う例が存在することであって、シルイユ遺跡（フランス）の1例（Breuil and Lantier 1965：153)(図86-4)がそれである。シベリアのマリタ遺跡の女人像にも、融合した両足の近くに単孔を伴う例（複数）がある（Bhattacharya 1977：304)。またマドレーヌ文化の象徴的小形女人像の中にも、ペテルスフェルスとゲナスドルフの両遺跡の諸例のように、貫通孔を伴うものがあって、これらはペンダント（垂飾）とみなされている（172頁、

各遺跡説明参照)。以上のような小形神像の懸垂的使用は、いずれにしても、ゴルド族のように個人用（ペンダント）（図56）か、樺太アイヌ（図60-2～3）のように家族用（住居内吊り下げ用）の神像を示唆している。またマリタ遺跡の1例は、トナカイ脊椎骨の中に収容（encased）された状態で住居址から発見されている（Bhattacharya 1977：304）。これも上記の例と同様に、個人ないし家族の用途を暗示している。

　後期旧石器時代の女人像が、宗教的行動あるいは超自然的観念にもとづく行動に関係する物品であることは、既に述べたとおり、最早殆ど定説となっているが、彼等がそのような行動の手段として使った物品はそれだけではない。彼等は葬礼にも各種の物品を用いた。死者に対する葬礼の創始者は、周知のように、ネアンデルタール人であった。しかし彼等の埋葬は単純で、副葬品（grave goods）には動物の骨角（ウズベキスタンのテシク・タシュ洞窟では山羊の角、パレスタインのスフール洞窟では大形野猪の下顎骨）あるいは石（フランスのラ・フェラシー洞窟では埋葬場所の上に石積み）の他に草花（花粉分析による検出。イラクのシャニダール洞窟シャニダール4号人骨）の例さえあるが、いずれも自然物にすぎなかった（Clark 1957：43；Solecki 1971b：246-250；Breuil and Lantier 1965：236-237；Clark 1967：41-42；Clark and Piggott 1968：61-63）。それが後期旧石器時代人即ち現代人になると、副葬品として人工物（主にビーズや首飾り等の身装品）が使われるようになり、さらに赭土（red ochre）（天然赤色顔料）で死者を彩る風習も普及した[87]。また槍先のような武器や石ナイフのような道具を副葬する場合もある（Breuil and Lantier 1965：237-250；Clark and Piggott 1968：77-79；Clark 1983：21-23；Lambert 1987：150；Valoch 1994：113）。これらの事実は、彼等の死者と死に対する超自然的観念ないし宗教的態度が、ネアンデルタール人に較べて格段に複雑・高度化したことを示す証拠にほかならない。そこで考えられることは、死者あるいは死に対する信仰・儀礼が、このように現代人的レベルにまで発達した社会で、生者ないし生に対する信仰・儀礼は一体どうなっていたのかという疑問である。

　狩猟採集民の民族誌的情報を概観すると、彼等の祭祀体系（cult system）には、人間世界に関する祭祀と人間以外の世界（動植物及び無機界）に関する祭祀が含まれていて、前者には、彼等自身の死に関する信仰・儀礼と生に関する信仰・儀礼とが、密接不離の関係で存在するのが通則である。この両者は、人類学や社会学では一般に一括して「通過儀礼」（rites of passage）（Van Gennep 1960）として扱われている。以上の点からみると、現代人の出現とともに現れた女人（女神）像祭祀は、正にそれまで証拠が欠けていた、人間自身の生に関する信仰・儀礼の考古学的証拠の嚆矢を示唆するようにみえる。後期旧石器時代の女人像が女神像であり、家族（生者）の安全と福祉を守る家神である可能性は、それが常に住居に伴って見いだされ、動物像と違って墓地（埋葬地）には伴わない事実（Gamble 1986：326）だけでなく、上述のような宗教構造上の理論的根拠からも裏づけられる。

　いずれにしても、直接・間接の証拠を勘案すると、女人像即女神（家神）像信仰の出現によって、ネアンデルタール人以来の既存の、死に対処する超自然的儀礼システム（死者の福祉の確保用）の他に、新しく生に対処する超自然的儀礼システム（生者の安全と福祉の確保用）が追加さ

れたことになる。この2大サブシステム——儀礼と女人（女神）像信仰——が出揃ったことは、人生問題特にライフサイクルに対処する宗教体系の現代人的構造の基礎ないし原型が、後期旧石器時代即ち現代人の段階になってはじめて出来上ったことを意味する。

3. 後期旧石器時代人の宗教における女人（女神）像の構造的位置

　以上のようにみてくると、女人彫像の出現は葬礼の発展と構造的に関連して起こった進化的現象とみることができる。つまり女人彫像の突発的出現とその広域普及は、単なる歴史の偶然ではなく、宗教の構造的進化の一段階を表わす重大な社会的現象であったことがわかる。

　文化も社会も生活も構造がある（Malinowski 1944；Radcliffe-Brown 1952；渡辺　1979）。その各部分が機能的に相互に関連しあって全体構造が維持されている。女人像とは何かを考えるとき、それが死者埋葬などと同様に、その当事者達の生活や社会の構造の一部として存在し機能していたことを我々は忘れてはならない。その本来の意味はその構造の中でしか理解し得ないのである。先史社会の宗教の構造的分析には理論的枠組みが要るが、それは人類学的・民族誌的情報にもとづいて設定できる。そこでこの枠組みをガイドラインとして先史遺物を分析することになる。宗教関連遺物のこのような構造的分析は、欧米の先史学でも未だ実践の例を聞かないが、本研究によってその可能性の一端が示せれば幸甚である。

　死者の世界に関する信仰・儀礼の創始者は、周知のように、ネアンデルタール人である。彼等はそれによって死に対処する象徴的技術を開発した[88]。それに対して現代人の祖先達は、ネアンデルタール人の宗教体系に欠けていた生者の世界に関する信仰・儀礼を創始することによって、彼等自身の生に対処する象徴的技術を開発したことになる。そのあらわれ——具体的証拠が女人像といえる。彼等の女人像祭祀は現代社会においてさえ今なお重要性を失わず、我々自身の福祉即ち安全と幸運の確保のために使われている各種の象徴的技術——宗教的信仰・儀礼（家神信仰、ライフサイクル儀礼等）の先駆だったと考えられる。そこで問題になるのは、ヒトの死に関する信仰・儀礼（葬礼）が、既に10万年前のネアンデルタール人の時代に出現したのに、ヒトの生に関する信仰・儀礼の形跡（女人（家神）像の発現）が、何故現代人の祖先の時代（3万5千年前）まで遅れたのかということである。これは未開発の大きな研究課題であるが、現段階で言えることは、動物界の死と生に関係する信仰・儀礼の考古学証拠が出現した順序と平行関係ないし関連性があるようにみえるということである（図95）。これまでの旧石器時代研究では、ネアンデルタール人の死者埋葬とクマ（骨）儀礼、ならびに後期旧石器時代人（現代人）の女神像と動物壁画は、それぞれ別個の事象として扱われ、切り離して考えられてきた。しかし宗教体系の構造という視点

信仰儀礼＼対象	死に関する信仰・儀礼	生に関する信仰・儀礼
ヒト	死者埋葬	女人（家神）像
動物	クマ（骨）儀礼	洞窟壁画*
＼創始者	ネアンデルタール人	現代人

＊南西フランスのニオー洞窟（Niaux）では動物壁画を伴う洞窟暗室内に旧石器時代人の足跡が多数発見され、そこが集団儀礼場とみなされている（Gamble 1986：Fig.5-31）（参考：De Laet 1994：367）。

図95 生と死に関する最古の信仰儀礼の考古学的証拠とその出現順序

から分析すると、それらの現象の間には図95に示されるような構造的関係があることがわかる。

図解（図95）で明らかなように、動物に関わる信仰・儀礼の場合にも、上記のヒトの場合と同様に、死にかかわる信仰・儀礼の証拠（クマ儀礼）は、早くも中期旧石器時代即ちネアンデルタール人の時代からみいだされるのに、生にかかわる信仰・儀礼の形跡（洞窟壁画。137頁参照）[89]は、後期旧石器時代即ち現代人の時代まで具体的な証拠がない。つまりこの図解は、ヒトにせよ動物にせよ、生に関する信仰・儀礼の考古学的証拠の出現が、死に関するそれの出現より遥かに新しいこと、またこの変化は、ネアンデルタール人から現代人への進化的変化に伴うことを示している。これはいいかえると、死の世界の認識を表わす行動の考古学的証拠は、ネアンデルタール人の段階で認められるが、生の世界の認識を明示する行動の考古学的証拠は、現代人の段階まで認められないことを意味している。しかもこの順序（sequence）は、芸術（art）の起源と切り離せない関係にあることがわかる（図95）。

死の世界の認識を表わす行動は、死体の処理の仕方から直接に知ることができるが、生の世界の認識を明示する行動の考古学的（具体的）証拠は、文字か絵画・彫刻のような人工的かつ可視的な媒体による表現を伴う場合に限られる。従ってそのような証拠の出現は芸術特に造形美術の出現までは期待できない。それ故、芸術的表現によって捉えられた最古の考古学的証拠が、必ずしも生の世界の認識の起源を示すとは限らない[90]。しかしそれは、少なくともその時点（後期旧石器時代）で、既にその種の認識が存在した証拠であることは確かであり、またたとえそのような認識の萌芽（起源）がネアンデルタール人にあったとしても、芸術的表現を伴う後期旧石器時代人の認識の方が、ネアンデルタール人のそれより遥かに高度であったことも確かといえよう。

旧石器時代芸術研究の第一人者A. ルロア＝グーランは、彼等の洞窟壁画を「神話記」（mythogram）と呼び、「宇宙の動的認識（dynamic perception）の表現」とみなしている（Sieveking 1979：66, 209）。この「宇宙」は、絵画の内容（Breuil and Lantier 1965：chap. 14；Leroi-Gourhan 1972；Sieveking 1979）からみて、実際には生きている動物中心の世界である。そこで彼の考え方を借りて表現すると、洞窟壁画は「動物界の動的認識の表現」にほかならない。生きている動物の世界についてのこのような高度の認識が、後期旧石器時代人に発展あるいは開花したのは、狩猟システムの高度化と切り離しては考えられない。何故なら、前代のネアンデルタール人に較べて、後期旧石器時代人の狩猟システムが遥かに高度化したことは周知の事実（Bordes 1960：110；Lambert 1987：160-161）であり、また狩猟動物生態への適応的行動であって、その高度化は動物生態の認識の高度化と相関関係にあるからである（Washburn and Lancaster 1969；Laughlin 1980）。

今まで女人像と洞窟壁画は、旧石器時代芸術として一括されてはいるが、研究上の取り扱いでは切り離されている。また宗教と芸術の関係も、前者の証拠の出現が後者のそれより早いという編年上の関係以外殆ど解明されていない状態といえる。しかし土俗考古学的に分析すると以上のように、女人（家神）像は単なる家庭芸術（home art）の代表ではなく、洞窟芸術（cave art）の代表である洞窟壁画と宗教構造的に関係が認められ、前者が、人間界の生に関する信仰・儀礼で、個人ないし家族の福祉のための信仰・儀礼に関係するのに対し、後者は動物界の生に関する

信仰・儀礼で、集団（commiunity）の福祉のための儀礼に関係する点で、両者は後期旧石器時代人の宗教構造の中で相互補完的な関係にあったとみることができる。縄文社会についてみると、土偶と大形環状施設（構築物）（ストーン・サークル等）（渡辺　1990a：117-135）の両者が、ヨーロッパ旧石器時代社会における女人像と洞窟壁画の両者と同様の宗教構造的関係にあったのではないかと推定される。ヨーロッパの旧石器女人像の場合でも、宗教構造的な考え方は未開拓で、洞窟壁画などとは切り離して取りあつかわれているが、土俗考古学的方法を適用すればそのような構造的アプローチが可能に見える。以上の分析はその口あけにすぎない。洞窟も洞窟壁画も存在しない地域があるのは何を意味するのか——調査不充分なためか、あるいは実際に不在なのか、不在とすれば、洞窟壁画ないし洞窟儀礼に相当する信仰・儀礼はそこではどうなっていたのか——このような問題も今後の解決を待つことになる。

　要するに上述のとおり、動物の洞窟壁画と女人の彫塑像で代表される芸術の出現は、実は生の世界に関する信仰・儀礼に関する考古学的証拠の出現にほかならない。つまり旧石器時代の女人彫塑像は、ヒトの生に関する信仰・儀礼を表わす最古の考古学的証拠といえる。いいかえると、それは北方ユーラシアの後期旧石器時代人が、彼等自身の生命の確保と維持に腐心し努力したことを示す証拠にほかならない。女人（女神）像祭祀の伝統は、氷河時代末の北方ユーラシアの東西にわたって広く流布し、その流れは氷河時代が終わっても止むことがなく、極東（先述）と南東ヨーロッパ（後述）では、新石器時代から後までも連綿と継続した事実がある。女人（女神）像伝統のこのような驚くべき安定性と連続性は、上述したように、それが北方民の生活上の基本的かつ普遍的必要（needs）と深く結びついていることによると考えられる。ホモ・サピエンスの出現に伴う女人像の出現は、洞窟壁画の出現と同様に、単なる歴史上の偶然とはみえないのである。縄文人の精神文化を代表する土偶即ち女人（女神）像信仰の正体も、以上のような伝統の流れを辿ることによってはじめてみえてくることになる。狩猟採集民の社会は狭い。しかし伝統即ち文化要素の流れには境界がないことを銘記しなければならない。次章は、旧石器時代以降に西（南東ヨーロッパ）と東（極東北太平洋岸）の2派となって発展した女神像信仰の系譜を明らかにし、その伝統の流れの中で縄文土偶の位置を探ることにする。

第5章　母性女神像信仰の系譜──縄文土偶の位置──

　旧石器時代後期に、小形の立体的女人像が、北方ユーラシアの西欧からシベリアにかけて、5,000マイルにわたる広大な地帯に、確固とした伝統として広がり、20,000年近い長期間にわたって存続したことは既に説明した。これらの女人像は、各地とも一定の形枠即ち造形パターンに従って作られていて、その形枠にはヨーロッパ共通形枠（A型）、シベリア共通形枠（C型）、ヨーロッパ-シベリア全域共通形枠（B型）の3種類があった。またそれらの女人像は、出土場所が、岩陰住居や露天住居等彼等の住まいに限られ、洞窟壁画等が存在する地下洞窟ないし洞窟暗所や、墓地のような人の住まない所には伴わないことがわかってきた。つまり女人像は、家庭芸術（home art）とよばれているように、洞窟芸術（cave art）や埋葬（burial）とは用途の上で切り離された、別個の伝統である。

　以上のように旧石器時代女人像には、広大な空間と時間を通じて、形と用途の斉一性あるいは恒常性が認められるが、これは一体何を意味するのであろうか。第1に考えられることは、その製作者・使用者達──後期旧石器時代人の生活上の必要（needs）の共通性である。狩猟採集民一般に共通の最も基本的な必要性は、生物レベルのそれであって、個体維持（栄養、危険防御）の必要性と種族維持（生殖）の必要性である（Watanabe 1972：2）。後期旧石器時代人の場合は、特にヴュルム氷期下の環境の悪条件と、狩猟に依存せざるを得ない北方寒帯の生態的条件（Watanabe 1978：Fig. 4；Watanabe 1971）が加わったから、個体維持と種族維持は双方ともに、その達成には、南方狩猟採集民以上のハンディキャップが課せられたことは当然と考えられる。これは以上のような現生狩猟採集民の生態情報と、ユーラシア後期旧石器時代人の骨格遺骸からみた寿命の短さ（Wenke 1984：130；Vallois 1961：220-224）とにかんがみて明らかである[91]。そこで問題の女人像は、このような生存上の基本的必要の充足と、共通問題の解決に関係する象徴的手段ではなかったかという考え方が成り立つ[92]。絵画と彫刻で代表される人類最古の芸術が、マンモスやトナカイのような季節的集団移動性の大形獣類の狩猟に長じ、生活条件のきびしい北方ユーラシアの周氷域（periglacial area）（Zeuner 1959：81-132；West 1968：195-196）の全般的植民に初めて成功した人類──後期旧石器時代人──によって創り出されたという事実は、まさに上述の事情を暗示する何よりの具体的証拠といえよう。

　旧石器時代女人像は、母性維持あるいは妊娠出産に関係深い身体的特徴例が目立つところから、産出力信仰（fertility cult）の関係品とみなすのがこれまでの一般的傾向であった。しかし近年は、発掘調査の進展から、出土場所が住まいに限られることがわかってきた結果、それは家庭的

184   第5章 母性女神像信仰の系譜

```
                              ユーラシア
              ┌──────────────────┴──────────────────┐
           ヨーロッパ                              シベリア
          旧石器時代後期                          旧石器時代後期
       西欧・東欧・ウクライナ遺跡                  バイカル地方遺跡
        牙偶・骨偶・石偶・土偶                       牙偶・骨偶
        母性女神(家神)信仰                      母性女神(家神)信仰
     (Burkitt;Maringer;Sieveking)           (Okladnikov;Maringer;Chard)
              │                                     │
              │                        ┌────────────┴────────────┐
              │                              北太平洋岸極東部
              │                        ┌────────────┬────────────┐
         南東ヨーロッパ                 アムール下流              日本
          新石器時代                    新石器時代              新石器時代
       ダニューブ農耕文化遺跡         コンドン及びスーチュ遺跡      縄文遺跡
          土偶・骨偶                       土偶                土偶・石偶
        母性女神(家神)信仰               母性女神信仰           母性女神信仰
     (Maringer;Gimbutas;Tringham)       (Okladnikov)            (渡辺)

                                       アムール下流              日本
                                         現代                   現代
                                     ニブフ族・ナナイ族           マタギ
                                       木偶・金偶            木偶・石偶・土偶
                                     母性女神(家神)信仰       母性女神(家神)信仰
                                      (Okladnikov)             (渡辺)
```

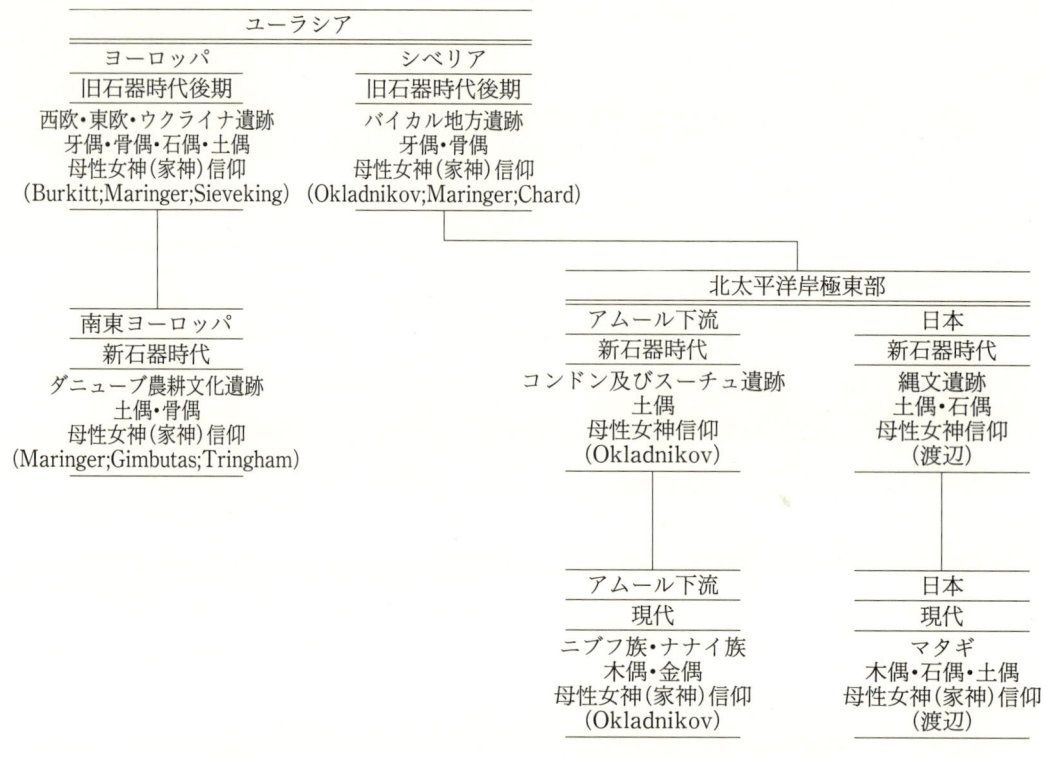

図96 北方ユーラシアにおける母性女神(家神)像信仰の系譜

信仰・儀礼に関係する偶像、即ち家あるいは家族を守る守護神とみなす解釈が可能になってきた。これは女人像の宗教的機能を生殖関係に限らず、人々の福祉関係(安全と幸運)にまで拡げる考え方である。例えば、シーヴェキングは、それが家族に繁殖力(fertility)を授け、あるいは人々ないし家の安全を守る家神的役割を果たしたとみなし(Sieveking 1979：78)、またマリンガーは、それを家庭守護神(domestic tutelary spirits)(Maringer 1960：111)とみなしている(第4章-2-(B)-(iii)宗教論の項参照)。以上のようにそれらの女人像を一種の家神とみなすのは、先に述べた後期旧石器時代人の生活ないし生存上の基本的かつ共通的必要性(needs)という視点からみると、最も自然で最も妥当な解釈のようにみえる。

　この解釈が可能になったことによって、北方ユーラシアの後期旧石器時代女人像が、形態と機能の両面を通じて、極東現生狩猟採集民の女人像とつながることになる(第3章-4参照)。そして縄文人の土偶は、アムール新石器時代人の土偶とならんで、その系譜の中間に位置付けられる。これは北方ユーラシアのアジア側の歴史的現象であるが、これと類似の現象がそのヨーロッパ側にも起こっている(図96)。これをみると縄文土偶は単なる日本の歴史や文化に特有の偶発的事象ではなく、北方ユーラシアを舞台にした大きな歴史の流れ即ち狩猟採集民の生態史の流れ──女神像信仰の系譜につながる、根の深い世界史的現象であることがわかる。図96はこの系譜関係を図示したものである。次にその概要を説明する。

　後期旧石器時代の北方ユーラシアに、ヨーロッパからシベリアにかけて広く流布した女神像信仰は、ヨーロッパ・ロシアで起こって東西に拡がったという新説がある(Sieveking 1979：78)。

それはまだ定まったわけではないが、ウクライナ方面がその中心だったらしいことは、女神像自体の分布の様子からもうかがえる（Gamble 1986：table 7-11, Fig. 7-2）。ヨーロッパで培われたその伝統の流れは、ヨーロッパ文明の揺籃地とされる南東ヨーロッパの新石器時代に、ダニューブ農耕民社会の女神像信仰となって発展し、さらにその後のヨーロッパ文明にまで影響を及ぼした（Tringham 1971；Gimbutas 1982）。また他方その女神像分布の東端は、ウラルを越えてシベリアに達した。その証拠がバイカル湖に近いマリタ及びブレティの女人像群である（図86-25～34）。中部シベリア南部で発達したこの伝統の流れは、極東の新石器時代に、海を距てた両岸のアムール狩猟採集民社会と縄文狩猟採集民社会の女神像信仰となって発展し、その流れはさらにそれぞれの地域で、現代の猟漁民の信仰にまで受け継がれた（図96、図82）。

1. 南東ヨーロッパ新石器時代の女神像信仰——旧石器時代との連続性——

(A) A型（台形胴型）及びB型（矩形胴型）造形パターン
——ヨーロッパ的形枠構成の継承——

　ヨーロッパの新石器時代生活様式即ち農耕文化が、アナトリア（アジア方面）から輸入され、世紀前6000年紀に初めて南東ヨーロッパに根をおろし、そこから徐々にヨーロッパの残余の各地に拡がったことは既に周知の事実である（Phillips 1980：Fig. 4-3、C14年代による初期農耕の遠心的拡散状況の追跡図；Sherratt 1980：Figs. 15-5, 20-5, ギリシアからダニューブ河にかけてのダニューブ新石器時代集落の分布ゾーン）。その意味で南東ヨーロッパはヨーロッパにおける農耕社会発祥の地とみなされている。南東ヨーロッパの新石器時代（農耕を基盤とする生活様式の開始から金属製利器の使用までの期間）は放射性炭素年代によると紀元前6000-4000年紀（Whittle 1985：35）であるが、紀元前4000年紀はイギリスで新石器時代が始まった時であって、その間に約2000年の隔たりがある。その南東ヨーロッパでは、新石器時代の初めから広く女人像の分布が認められる。

　マリンガー（Maringer 1960）によると、広大なダニューブの新石器時代を通じて、多数の小形のヒト形及び動物形像が出土しているが、その大部分は土偶であって、しかもヒト形像は概して裸体女人像で、一般に立像である。獣骨製や岩石製（大理石）もあるが僅少である（Maringer 1960：142；Gimbutas 1982：39）。また、男性像と母子像はいずれも稀少である（Maringer 1960：147）。マリンガーによると、ダニューブ地方の新石器時代小形像は墓の中に見出されたことがない（注96参照）。それ故それらが副葬品であるという説は放棄できる。またヒト形像が一般に性的特徴を強調した女性裸体像である点からみて、それらが子供の玩具ではないかとする説も否定される（Maringer 1960：145）。以上のような見地から、同地方の新石器時代小形女人像が、産出力信仰（fertility cult）の偶像（idols）であったことは殆ど疑うことができないという（Maringer 1960：146, 147）。

　マリンガーはそれらの女人像を、(a)顕著（prominent）な腰（hips）と臀（buttocks）を伴う

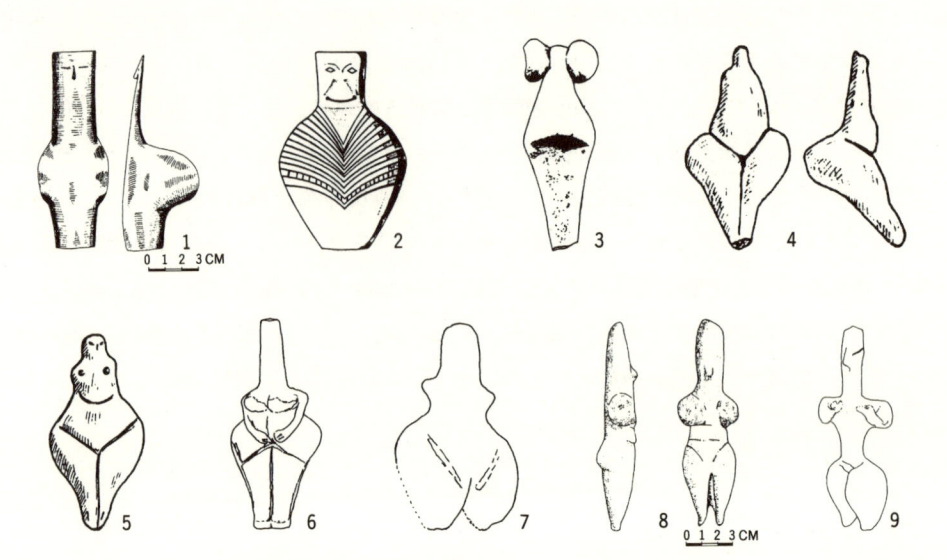

図 97 南東ヨーロッパの新石器時代女人（女神）像
1. ブルガリア出土、東部バルカン新石器時代、前6000年紀前葉（Gimbutas 1982：Fig. 63）
2. マケドニア出土、ヴィンチャ文化前期、前5300-5000年頃（Gimbutas 1982：Fig.95）
*3. ルーマニア出土、前6000年紀後葉（Gimbutas 1982：Pl.6）骨偶
4. モルダヴィア出土、ククテニ文化前期（Gimbutas 1982：Fig.26）
5. モルダヴィア出土、ククテニ文化前期（Gimbutas 1982：Fig.26）
*6. ルーマニア出土、東部バルカン金石併用時代、前5000年頃（Gimbutas 1982：Pl.199）
*7. ブルガリア出土、前6000年紀前葉（Gimbutas 1982：Fig. Pl.144）大理石偶
8. キクラデス諸島出土、前6000年頃ないし以前（Gimbutas 1982：Fig. 100）大理石偶
*9. ギリシア出土、前6200年ないし以降（Gimbutas 1982：Pl.138）
（*写真原図よりトレース）

女人像と、細長い（slender）円筒形（cylindrical forms）の女人像に大別した。後者は、単なる点か穴で示される眼、殆ど表示のない頭と胴、切株状突起で表わされる腕、極めて簡略化された脚を伴った円筒同然の形をしているが、女性の二次的性徴が強調されている（Maringer 1960：142）。

　マリンガーは、後期旧石器時代の女神信仰が新石器時代に発展した女神信仰の先駆（precursor）と考えられる（Maringer 1960：114）といっているが、両者の伝統のつながりについてはそれ以上に言及はしていない。しかし上述の女人像の分類記述をみると、ダニューブ地方の女人像の形態は、明らかに後期旧石器時代のヨーロッパの女人像の伝統の流れを汲んでいることがわかる。何故なら、マリンガーによるとダニューブ新石器時代女人像の2大型式——（Ⅰ）腰・臀顕著型と（Ⅱ）円筒型——は、概念的に明らかに、筆者の分類によるヨーロッパ旧石器時代女人像の2大型式——A（台形胴）型とB（矩形胴）型（参照：図84）に対応するからである。つまりこれは、ヨーロッパ旧石器時代女人像を代表する2大形枠の伝統が、ダニューブ新石器時代女人像に受け継がれている証拠にほかならない。この伝統の連続性を示す証拠が他にもある。それは土偶の脚部の特徴である。ダニューブ地方の女人像は、腰が左右に張り出し、両脚が融合して

1. 南東ヨーロッパ新石器時代の女人（女神）像信仰　187

先細り（taper）になったもの、あるいはそれがさらに下端にまで及んで足先が尖ったもの、即ち前から見て腰から下が逆三角形を呈する女人像が少なくないようにみえる（Renfrew 1979：図版；Gimbutas 1982：図版）。これは明らかにヨーロッパ旧石器時代女人像の A 型と共通する形態的特徴であるが、南東ヨーロッパからアナトリアにかけての地域の新石器時代後葉以降の女人像には、A 型（図97-3～6、8）以外の女人像にもしばしば見うけられる（図97-9）（Gimbutas 1982：pls. 15, 9, 13, 15, 131, 146, 151, 154, 204, Figs. 98, 99, 105, 109, 110；Renfrew 1979：pl. 2 -a, b, pl. 6 -a, b）。この様相が、ヨーロッパ旧石器時代女人像を特徴づける主要形態的要素の一つであることは、既に指摘されている事実である（Clark 1967：58；Clark and Piggott 1968：82）。なおまたソファー（Soffer 1987b：338）は、中東ヨーロッパ（central and eastern Europe）の旧石器時代女人像の 2 型式——乳房（breasts）と腹部（stomachs）を強調する「ヴィーナス」型と抽象的な「鳥女神」（Bird Goddess）型——が相伴って南東ヨーロッパの新石器時代女人像に再現する事実に注目し、それから両者間の文化的連続性を指摘している。これは見逃せない卓見である。

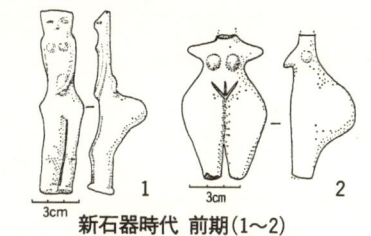

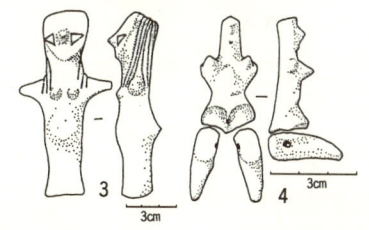

図98　南東ヨーロッパの新石器時代を代表する土偶型式
（Tringham 1971：Fig. 13 及び Fig. 19 より抜粋、再配列）

　マリンガーが分類した上記の主要 2 タイプの実測図は見当たらないが、トリンガムが南東ヨーロッパの新石器時代女人像の代表例として示した図が、その主要 2 タイプを表わしている。それは次のとおりである。同地の新石器時代前期のヒト形像の一覧図（Tringham 1971：Fig. 13）に示された計 6 例中の 1 例（e）は土器（pot）（女性下半身を表現、臀部突出）、2 例（c, f）は土偶頭部破片（円筒型）、1 例（d）は女性土偶（側面図）（頭部円筒形、臀部突出）、残る 2 例（a、b）（図98-1、2）が正面図と側面図を伴う全身完備の女性土偶である。前期を代表するその完形土偶 2 例中の 1 例（b）（図98-2）は、両腕を表わす切株状突起を伴っているが、明らかに台形胴タイプ即ち A 型（図84参照）であって、マリンガーの前記型式（Ⅰ）に相当し、他の 1 例（a）（図98-1）は、矩形胴型タイプ即ち B 型（図84参照）であって、マリンガーの前記型式（Ⅱ）に相当する。また同地の新石器時代中期のヒト形像の一覧図に示された計 4 例（Tringham 1971：Fig. 19）をみると、1 例（a）が土器（pot）（両手と耳を伴う）、1 例（d）は性別不詳の板状土偶（両腕表現、脚部欠損）、残り 2 例（b、c）（図98-3、4）が完形の女性土偶である。中期を代表するその 2 例の女性土偶のうち、1 例（c）（図98-4）は、腕を表わす切株状突起を伴うが、これも明らかに台形胴タイプ即ち A 型（図84参照）であって、マリンガーの前記型式（Ⅰ）に相当し、他の 1 例（b）（図98-3）は、切株状突起で表わされた両腕を伴うが、これは明らかに矩形胴型タイプ即ち B 型（図84参照）であって、マリンガーの前記型式（Ⅱ）に相当する。

以上で明らかなように、南東ヨーロッパ（ダニューブ地方）の新石器時代女人像には、前期と中期を通じての主要型式として、ヨーロッパ旧石器時代女人像の主要型式と共通の2型式即ち台形胴タイプ（A型）と矩形胴型（B型）の存在が認められる[93]。ダニューブの新石器時代女人像には、旧石器時代女人像（丸彫り）に見当たらない両腕の表現（切株状突起）や両脚の分離を示す標本が少ないが、両者間のこのような造形的表現の差異は、土器工芸の発達の新生活様式への変化（農耕化）等の影響によるものと考えられる。中石器時代の女人像の証拠に欠ける点が問題であるが、これは南東ヨーロッパに限らず全ユーラシアを通じての今後の課題であって、ヨーロッパ旧石器時代の女人像で象徴される女神信仰の伝統と南東ヨーロッパの女人像で象徴される女神信仰の伝統との連続性を否定する決定的証拠とはならない（説明後述、190頁）。中石器時代の空隙問題は別として、この連続性についてはギンブタスの本格的研究がある（Gimbutas 1982）。その概要は次のとおりである。

ヨーロッパ文明の原郷とされる南東ヨーロッパでは、旧石器時代の女神像伝統が新石器時代に引きつがれ、農耕文化の中で変貌をとげながらも、さらに後代まで存続した。ギンブタス（M. Gimbutas）は、この地域の新石器-金石併用時代の諸文化群を一括して古代ヨーロッパ文明（Civilization of Old Europe）（紀元前7000〜3500年）と名づけた。この古代ヨーロッパとは、ダニューブ河流域を中心として、エーゲ海とアドリア海の諸島から、北はチェコスロヴァキア、ポーランド南部及びウクライナ（ドニエストル河流域及びそれ以南）にかけての南東ヨーロッパ地域を指す（Gimbutas 1982：17）。この文明の女神像に関するギンブタスの所論を要約すると次のとおりである。

(1) 古代ヨーロッパ文明の彫塑像の分析の結果、後期旧石器時代の宗教とヨーロッパ諸文化の先インド・ヨーロッパ的基層の宗教との間の繋がり（link）が再構成された。

(2) 古代ヨーロッパの証拠を考慮せずには、旧石器時代のイデオロギー構造も古代ギリシアその他のヨーロッパのそれも良く理解することはできない。

(3) 旧石器時代から新石器時代及びそれ以降に至る20,000年以上もの間の女神信仰の存続が、様式化された一連の各種神像の連続性によって示される。

(4) 古代ヨーロッパの新石器時代の殆どすべての女神[94]は、農耕時代以前からの要素と農耕時代になってからの要素の蓄積によってできた混成的神像（composite images）であって、農耕時代のはじめに農耕民が新しく創り出した宗教ないし神像の如きものは何もなかった。

(5) 古代ヨーロッパの絵画と彫刻の伝統は、旧石器時代から伝えられたもので、それらについて旧石器時代と新石器時代の間に一線を画することは不可能である。つまり古代ヨーロッパ初期農耕民のシンボリズムは、多分にその伝統の流れを受けている（Gimbutas 1982：9〜11, 237）。

(B) ヨーロッパ新石器時代女人像の出土状況と女神説の現況

ヨーロッパの新石器時代女人像に関するこれまでの諸説の中で、一般的なのは、それが繁殖女神（fertility goddess）あるいは母性女神（Mother Goddess）を表わし、その信仰・儀礼の存在の証拠であるとする説である（De Laet 1994：497；Doumas 1994：508）。しかしこれには賛否

両論がある。

その反論の代表格はアッコー等（P. J. Ucko, G. Chourmougiadis）の多機能説（multiple function interpretation）である。彼等の原著を手にすることができないので、ドウマス（Doumas 1994：508）の説明によると、主として肥満かつ臀部突出型（steatopygous）の女性を表わす、エーゲ海方面の新石器時代ヒト形小彫塑像（anthropomorphic figurines）は、「母性女神」ではなく、玩具、人形、成人式用小像、共感呪術用具（呪い具）など多角的機能を果したというのがその説である。この反論の根拠としては、(1)墓から出土するものが極めて僅かしかないこと、(2)儀礼（rites）ないし祭祀（cult）を示唆する状況で出土するものが殆どないこと、(3)それとは反対に、集落内で家庭的環境（domestic contexts）の中に見出されていること——つまりごみ穴あるいはごみ溜め（middens）からの出土がしばしばあり、また儀礼的意味が想定できない物品（石器、食物残滓など）と伴出することが多いことが挙げられている。これは一言でいえば、それらのヒト形像には神格や祭祀を示唆する証拠が認められないということになる。トリンガムも、南東ヨーロッパの女人像をめぐる先史繁殖儀礼（prehistoric fertility rites）や大地母神（Great mother, Earth Goddess）の仮説に対して、前期新石器時代の集落遺跡にはそれを支持する出土状態の証拠がないと述べている（Tringham 1971：83）。

以上のように女神説否定論に対して肯定論が依然根強い。これについてはド・ラエット（De Laet 1994：497）が見解をまとめている。それによると、ギリシア及びバルカン諸国を中心とするヨーロッパ新石器時代の小形彫塑像は、大抵のものが女性を表わし、しかもそれらはしばしば肥満ないし妊娠状態を示し、性的特徴（腿、臀、恥骨部）の強調を伴い、時には幼児授乳像もあることから、繁殖女神（fertility goddess）を表わすものと考えられていて、上述の反論は間違いだとしている。この肯定的解釈では、それらの彫塑像がしばしば家庭的環境（domestic contexts）にみいだされるということは、この女神偶像祭祀が、少なくとも初めには依然として私的性格をもつものであったことを意味するのではないかと考える。この解釈の拠りどころは次のような出土状況にある。1例はゼレニコヴォ遺跡（Zelenikovo）（旧ユーゴスラヴィア）で、ここでは各家が2部屋からなり、1室には炉と大形祭壇がある。これと対照的なのがネア・ニコメデイア遺跡（Nea Nikomedeia）（ギリシア）である。これは新石器時代の初めにさかのぼる遺跡で、他より大きい1戸の建物から若干の女人像が見出され、それは聖所（sacred place）であったと考えられているが、村おさ（village chief）の家だった可能性もあるという。ド・ラエットはまた、マルタの大神殿（large Maltese temples）[95]も繁殖女神に捧げられたものではないかと述べている。

ダニューブ地方の新石器時代小形ヒト形像が全く墓から出土したことがないことは、夙にマリンガーが指摘（Maringer 1960：145）[96]しているところであり、またトリンガムも、南東ヨーロッパの小形ヒト形像が一般にごみ穴（rubbish pits）か地表から破損状態で見いだされることを指摘している（Tringham 1971：82）。

以上で明らかなように、南東ヨーロッパないしダニューブ方面の新石器時代女人（女神）像は、後期ないし金石併用期の遺跡は別として、墓とは無関係であり、集落内のごみ溜めのような家事

関係の状況下に出土することがよくあることがわかる。このような出土状態が、女神像否定派にとってはその否定の根拠となっていることは前に述べたとおりである。しかし土俗考古学的視点からみると、それは否定の根拠にはならない。解釈が間違っているからである。否定論の根拠は、要するに儀礼ないし祭祀を示唆する状況の出土例が殆どなく、反対に家事（俗事）を示唆する状況下の出土例が多い点にある。しかし極東北太平洋の狩猟採集民の家神像信仰（第3章-2）の実態を概観すれば明らかなように、彼等の神像の信仰・儀礼には、文明社会と違って、何等特別の祭壇や祭場、祭具などを要しない。即ち彼等の家神像祭祀には、神像自体以外には殆ど何等特別の場所も用具も使われない。つまりこの祭祀関係の用具で考古学的遺物となり得るものは神像自体以外になく、またその神像が、ごみ捨て場その他家庭生活関係の場に、実用品（非儀礼用具）とともに出土したとしても、それは当然あり得ること（土俗考古学的証拠については第6章-1～2参照）であって、神像否定あるいは神像祭祀否定の証拠にはなり得ない。このように北方からの民族誌的証拠に照らしてみると、ヨーロッパ新石器時代女人像の出土状況は、女神像説や女神像祭祀説を否定するどころか反対にそれを裏づける有力な証拠といえる。これからみると、ヨーロッパ新石器時代女人像についての、家庭的環境（domestic contexts）を示唆する出土状況を、女神像信仰の私的性格即ち家庭的祭祀（domestic cult）を表わす証拠とみなしたド・ラエットの解釈が妥当にみえる。旧石器時代女人像が家庭祭祀の証拠を示すことは既に詳述した。

　あらゆる証拠からみて、ヨーロッパの新石器時代女人像は、ヨーロッパの旧石器時代女人像の伝統的造形パターンを受けつぎ、北方ユーラシアの狩猟採集民に広く浸透した家神祭祀の流れを汲むものといえる。このような系譜を辿ることによって、はじめて南東ヨーロッパないしダニューブ流域の女人（女神）像の形態的ならびに機能的意味がようやく解けてくることになる。それが後述する極東北太平洋岸方面と特に違う点は、農耕社会化に伴って自然環境との適応関係が変わり、女神ないし母性女神の機能的分化が起こったことである。即ちギンブタス（Gimbutas 1982：152, 196, 201）が既に説いているように、ヨーロッパの新石器時代女神には、旧石器時代以来の伝統的な女神である産の女神（Fertirity Goddess）ないし家神としての母性女神（Mother Goddess）の他に、農耕生活に伴う大地の神（earth spirit）としての地母神（Earth Goddess）が加わったことになる（注94参照）。この両者の異なる機能――個人ないし家族の守護と生産の制御――を、古代エジプト人の女神イシス（Budge 1977：166）のように同一女神が兼ねたか、または別の女神が分担したかは、難しいが興味深い問題である。

（C）　女人像分布の時代的空隙の説明

　旧石器時代的女神像が、特にバルカン諸地域で中東の新石器時代から金石併用期にかけてに限って再出現することは既に早くから注目されてきた（Breuil and Lantier 1965：156）。この両者の間の類似は、単なる表層的な、あるいは単純ないし漠然とした類似ではなく、上述したとおり明確な伝統的形枠とその他の造形的特徴の類似であって、女人像伝統の連続性を示している。そこで問題なのは、明らかな形態ないし造形パターンの連続性にもかかわらず、両者間には、未だ女人像遺物の存在が認められない時代――中石器時代が介在するという事実である。この事情は、

既に以前にチャイルドによって指摘されて以来変わっていない（Childe 1951：80）。このように、形態的に類似の女神像が、時代をとびこえて再出現する現象即ちソファーの「異時的再現」（Soffer 1987b：338-339：diachronic fidelity）は、これまでの南東ヨーロッパ新石器時代研究では、とりたてて問題にされないどころか、新石器時代（農耕）文化の西漸問題（近東起源説）と絡んで殆ど無視された形となっているようにみえる。その事情は次のとおりである。

　南東ヨーロッパの農耕起源については今なお諸説がある。その一つで、最も古く有力なのが近東からの移住説である。紀元前6000年紀に始まった南東ヨーロッパの最初の農耕集落は、ギリシアあるいはアナトリアからの移住民に属したとする説（Whitehouse and Whitehouse 1975：137）はその一例である。それによれば、同地の最初の農耕民は、その地の狩猟採集民とは何の関係もない人々であって、彼等が近東出身であることは彩色土器、押捺印章（stamp seal）、小像類（figurines）に反映されているという。このように移住民説では、問題の女人（女神）像は、旧石器時代のそれとは何の関係もなく、東方からの移住民がもたらした新石器時代（農耕）文化の一要素として突如出現したことになる。

　しかしトリンガムの分析によると、アナトリアとギリシアのヒト形土偶と北バルカンのそれとの間には何らの類似も認められないという（Tringham 1971：82）。さらにその後の研究によれば、南東ヨーロッパ新石器時代の物質文化の近東起源説を疑問視する説も出てきた。例えばホイットルは、それらの東方からの直接植民説に異を唱え、年代的に早いことが必ずしも源泉地を意味しないこと、南東ヨーロッパと近東との間の物質文化の類似は漠として曖昧なこと、またさらに、世紀前6000年より前に、前者で穀類が用いられた証拠、牛と豚が家畜化された証拠さえあることを指摘している（Whittle 1985：65）。ド・ラエットによると、移住説に対する反論の極端例は、新石器時代の殆どすべての革新が完全に自生的性質のものであるとする自生説であって、植民者の数は僅かで、土着の中石器時代民に較べてその役割は大きくなかったとする考え方である。このような現況に対して彼は、真実は恐らくそれら両極端説の中間にあるという。そして彼はまた、ヨーロッパにおける新石器時代の発展に関して、中石器時代民の貢献を過小評価することはいずれにせよ間違いであろうとも指摘している（De Laet 1994：370, 491）。

　ところで以上のようなヨーロッパ新石器時代論のどれをみても、その時代の精神文化を代表する要素ともいえる女人像の起源については論議が乏しく、ギンブタスの業績以外にみるべきものがないようにみえる。それは何故か。その主要因は、中石器時代に女人像の具体的証拠即ち出土例が欠けている所以とおもわれる。しかし、近東と南東ヨーロッパとの新石器時代開始の年代差が必ずしも近東から移住-伝播を意味するとは限らない（Whittle 1985：65）のと同様に、中石器時代における女人像分布の空白が必ずしも旧石器時代と新石器時代の間の女人像伝統の断絶を意味するとはいえない。何故なら、その中間時代に女人像が見つからないという事態の裏には、旧石器時代即ち氷河時代から中石器時代即ち後氷期への環境変化とそれに対する生活の再順応に伴う女人像の素材の変化が問題となるからである。

　トリンガムが指摘しているように、土偶の突然の出現という説明には、次のような可能性——(1)その土地での進化、(2)他地域からの伝播、(3)消滅性素材で作られた旧伝統の像からの改作（耐

久性新素材の採用）――を勘案する必要があるからである（Tringham 1971：191）。他地域からの伝播(2)については、先に述べた通り、南東ヨーロッパ新石器時代の革新的要素は、すべて東即ちギリシア-アナトリア方面から来たとする移住-伝播説もあるがその反論もあって定説はない。それどころか新石器時代女人像については、トリンガムによると、両地域間での形の類似が認められないという（Tringham 1971：82）。またホイットルは、新石器時代の開始が近東よりも南東ヨーロッパの方が新しいという年代の傾斜は、必ずしも前者から後者への移住-伝播の理由にはならないとした上に、新石器時代の物質文化全体についても両地域間の類似は曖昧で、移住-伝播の明白な根拠にはならないとしている（Whittle 1985：65）。そこで先に説明した、南東ヨーロッパ新石器時代女人像とヨーロッパ旧石器時代女人像との形態的類似（2型枠の共通性）の事実（186頁参照）が、重大な意味を伴って浮上する。このように根本的でしかも具体的な造形形枠の類似ないし共通性は、伝統の連続性を示す証拠にほかならないからである。いいかえるとそれは南東ヨーロッパ新石器時代女人像が他地域からの伝播ではなく、当地での前代からの進化を示唆する証拠といえる。この点からみると、当地域における中石器時代女人像の不在は、伝統の断続によるものではなく、何等かの他の要因（事情）によって説明されなければならない。その可能性が上記のトリンガムの第3の可能性――素材の変化である。

　旧石器時代（ヴュルム氷期）以降の大形獣猟の衰退と後氷期の新環境への生活様式の再適応という事実（Dolukanov 1979；Phillips 1980；De Leat 1994）を考えあわせると、女人像の主要素材が、マンモス等大形獣の牙や角のような硬質素材から新生活条件に即した軟質素材に変化したことは、充分に考えられるだけでなく、むしろ当然とみなしてよかろう。そこで中石器時代の生活に即した素材として考えられるのが粘土と木材である。粘土は既に、モラヴィアの後期旧石器時代人が、女人像だけでく動物像の製作にも利用した素材である。粘土製女人像の代表は、周知のドルニ・ヴェストニス出土標本（図86-13）である。ここでは、住居跡の炉から、灰の熱で固化した状態で発見された。粘土には獣骨粉が混じている（Powell 1966：12）。焼かれていない粘土（unbaked clay）製の女人像の実例も、ギリシアの新石器時代前期遺跡ニア・ニコメディア（Nea Nikomedeia）の集落の家の聖所（shrine）とみられる場所から2例出土している。無土器（aceramic）新石器時代のジャルモ遺跡（Jarmo）（イラク、ザグロス山地）でも、非焼成粘土（unbaked clay）製の母性女人像と動物像が多数作られていた証拠がある。これは定住農耕村落で、家屋の壁も天日干しの泥壁（touf）でできている（Braidwood 1951：128及び129図）。非焼成（日干し）土偶の場合は、以上のような特別の条件に恵まれない限り長期の地中保存に耐えることは難しいと思われる。

　以上のように、造形パターン（形枠）の共通する粘土製女人像が、中石器時代を挟みその前後の時代に作られていたことは明らかであって、しかも旧石器時代土偶は、火熱による本格的焼成ではなく、非焼成土偶は新石器時代にもある。天日干し土偶は現生狩猟採集民の子供用人形にもみられる（図1-1）。このような証拠からみて、南東ヨーロッパの中石器時代に粘土製女人像が作られたことは否定できず、その実物が未発見なのは、焼成不充分あるいは単なる非焼成ないし天日干しのため、遺物として遺り難いことによるという解釈がなりたつ。これは今後発見の可能

1. 南東ヨーロッパ新石器時代の女人（女神）像信仰　　193

性があり得るということである。

　中石器時代女人像の素材として上述の粘土以外に考えられるのが木材である。これには次のような理由ないし事情がある。北方ユーラシアの後期旧石器時代人は、衣住食に関する殆どすべての生活用具の素材を大形獣に依存する生活様式を発展させた。しかし後氷期の森林環境に適応した中石器時代人は、イギリスのスター・カー遺跡（Star Carr）（Clark 1954）やサマーセット・レベルス（Somerset Levels）（Coles and Orme 1980：24）の遺物で示されるような木材の伐採・建築技術をはじめ、丸木舟と櫂や弓矢等の生活用具を対象とする木工技術を発展させ、原料資源の範囲を、前時代の石と骨から大きく木材へと拡げることに成功した。この時代の木製芸術品の遺物は未だ見当たらないが、彼等の技術水準からみて、女人像の素材として木材が使われた可能性は否定し難い。その可能性を裏付ける根拠となるのが、ダニューブ地方の新石器時代土偶の一種で「木くぎ偶像」（peg idols）（Maringer 1960：143a 及び Fig. 41）と呼ばれるものである。これは粘土塊に木くぎをさしこんで頭とした単純極まりない人像であって、同地ではそれ以前から木材がヒト形像の素材に使われた可能性を証明するのに充分の証拠である。また同様の例がイギリスの新石器時代遺跡（ca.3000B.C.）からも見出される。これはサマーセット・レベルス出土の小形木偶（Coles and Orme 1980：38, 39（写真））であって、この場合は頭部はあるが手足のない丸彫りである[97]。ダニューブ地方に隣接するエーゲ海の新石器時代に関しても、木彫（wood carving）の形跡のないことが問題になっているが、その理由は種々の間接的証拠からみて、木材の腐朽性（perishability）によることが確実とみられている（Doumas 1994：506）。

　女人像は、新環境での新しい狩猟採集生活に再適応中の中石器時代人にとっても、恐らく旧石器時代人のそれに劣らぬ生存確保用の必要品としての伝統的役割を果たしたにちがいない。つまり中石器時代になって変わったのは女人像の素材だけであったと考えられる。しかしその素材が粘土や木材のため保存が悪く、女人像自体は地中で消滅したが、その伝統だけは、人眼にふれることもなく伏流のように流れつづけて新石器時代に受けつがれたとみるのが最も妥当な解釈であろう。新石器時代の南東ヨーロッパには、東方（アナトリア方面）からの伝播によって、農耕文化とともに土器焼成（firing）技術がもたらされた。その技術の応用の結果、本格的焼成土偶が作られるようになったのである。先述したように、同地の新石器時代前期・中期の女性土偶の主要型式（造形形枠）が、旧石器時代ヨーロッパの女性彫像のそれと一致することは、上記の事情を暗示しているようにみえる。つまり南東ヨーロッパの新石器時代女人像は、農耕文化の西漸につれて東方からもたらされたものではなく、土着の女人像伝統が外来の新石器（農耕）文化の影響で変化を蒙ったのである。その変化の一つが土器焼成技術の女人像への応用——本格的焼成土偶の製作であったとみることができる。焼き物のヒト形土偶は、南東ヨーロッパの新石器時代の特徴的文化要素の一つとして知られているが、近東及びギリシアでは新石器時代・金石併用時代の遺跡を通じて恒常的（constant）に分布するのに対し、南東ヨーロッパの前期新石器時代遺跡でそれを出土するのは20％を越えず、地域によってはその分布が散発的で１～２遺跡から出土しているにすぎないとされている（Tringham 1971：82）。ヒト形焼成土偶の初期における出土頻度のこのような低さは、必ずしも女人像の普及度の低さを示すとは限らない。先に説明したよう

な消滅し易い非焼成土偶の伝統が旧石器時代以来存続していた可能性を考慮すると、その率が低いことは、火で焼いた本格的焼成土偶の普及度の低さを示唆するのにすぎないのではないかと考えられる。いいかえると、新石器時代前半は、未だ焼成土偶が普及せず、中石器時代以来の非焼成土偶や木偶のような消滅性素材の女人像が、依然として一般的だったという解釈が成立するようにみえる。

　以上のように、中石器時代に女人像の遺物が見当たらないという事実は、女人像伝統の断絶を意味するのではなく、氷河時代から後氷期への環境変化と、それに応じた生活様式の変化から女人像の素材の変化を来たし、そのため残存率が極めて低く、従って発見の確率が極端に低いのではないかと考えられる。その証拠は極めて稀ではあるが、炉で固化した女性土偶が後期旧石器時代遺跡（モラヴィア、ドルニ・ヴェストニス）から発見されており、またヒト形小木偶が新石器時代遺跡（イギリス、サマーセット・レベルス）から出土しているからである。つまり中石器時代に女人像がみつからないのは、その伝統が断絶したのでなく素材変化のため残存し難いことによると考えるほかはない。そうでないと、南東ヨーロッパの後期旧石器時代の抽象的「鳥形女神」像が同地の新石器時代に再現する「異時的再現」現象（diachronic fidelity）（Soffer 1987b：338）や、同地域における旧石器時代女人像と新石器時代女人像との明らかな造形パターン（形枠）の一致（前述）と、新石器時代女人像に関する南東ヨーロッパとギリシア及びアナトリアとの非類似性（Tringham 1971：82）が説明できないことになる。また石器文化（石刃インダストリー）には、先土器時代から新石器時代にかけての連続性が認められる（Whittle 1985：42）、南東ヨーロッパの中石器時代における女人（女神）像遺物の不在ないし未出土問題の考究には、この事実をも念頭におくことを忘れてはならない。

　要するに理論的根拠からみると、南東ヨーロッパにおける中石器時代女人像伝統の中断はあり得ない。その出土遺物が欠けることは、伝統の断絶を意味するものではなく、未だ見つからないことを意味するにすぎない。つまり発見の可能性は理論的に充分にあるといえる。これについて今後の課題は、この不在要素の組織的追求──(1)真に不在なのか、(2)素材の消滅性によるものなのか、(3)分布の稀少性ないし偏在性によるものかを徹底的に検討することである。これには土俗考古学（ethnoarchaeology）が戦略上の手引きとして有効性を発揮できると期待される[98]。

2. 極東北太平洋岸における新石器時代及びそれ以降の女神像信仰
　　　　──北方ユーラシア旧石器時代との連続性──

　前項で述べたように、南東ヨーロッパ特にダニューブ河流域方面では、旧石器時代北方ユーラシアに流布した女神像信仰即ち産神ないし家神信仰の伝統が、農耕化が始まった新石器時代に入ってからも生きつづけた証拠がある。それは、少なくとも新石器時代中頃までの焼成土偶の形態が、基本的には旧石器時代ヨーロッパの女人（女神）像信仰の伝統的形枠を踏襲している事実として明白だからである。

　これと同様の現象が、北方ユーラシアの東端に当たる極東方面においても認められる。即ちシベリア方面では、北太平洋岸のアムール下流の新石器時代遺跡（コンドン及びスーチュ）から女

人像（図81）が発見されていて、それらの土偶は、いずれもその形がシベリアの後期旧石器時代に属するバイカル湖周辺遺跡（マルタ及びブレティ）の女人（女神）像の伝統の流れを汲んでいる。さらにその流れは、同地の現生猟漁採集民にまで及び、ニブフ族などの家神として、現代にまで受けつがれてきた証拠がある。

他方シベリアを経由した北方ユーラシアの女神像信仰の流れは、アムールの対岸の日本にまで及び、新石器時代（縄文時代）の土偶岩偶を発展させた後、山村民俗即ちマタギの家神兼産神として現代にまで受け継がれてきた証拠がある。以下は、北方ユーラシアのアジア側における、その伝統の流れ即ち女神像信仰の系譜の概要である。

（A）アムール新石器時代女人（女神）像
——バイカル旧石器時代女人像との基本的共通（類似）性——

(a) 「腕なし」ないし「腕・胴融合」型兼「脚なし」ないし「両脚融合」型造形パターン
　　　——ユーラシア全域共通型——

後期旧石器時代ユーラシアの女人（女神）像に共通する特徴的造形パターン（形枠）は、「腕なし」ないし「腕・胴融合」型であると同時に「脚なし」ないし「両脚融合」型である。このパターンが、ユーラシアの旧石器時代女人像のすべてに共通するということは、いいかえると、それらの女人像が、「胴」の形に関しては3種の造形パターン（形枠）（A、B、C型）によって律せられたが、その「腕」と「脚」に関しては、上述のような共通パターンによって全体的に統一されていたということである。

アムール地方（コンドン及びスーチュ）の土偶（図81）は、「腕なし」であると同時に「脚なし」である点において、まさにそのような旧石器時代的伝統の流れを汲むものであるといえる。オクラドニコフは、それらの土偶の「腕なし」特徴に注目し、この伝統が同地の新石器時代文化と現生猟漁採集民文化を繋ぐ「環」（link）であると指摘している（Okladnikov 1981：10, 17）（133、134頁）

(b) C型（逆台形胴型）造形パターン
　　　——シベリア（バイカル）型胴形枠の継承——

この造形パターン（形枠）（図84-c）は、後期旧石器時代女人像に関してはシベリア（マリタ）に認められるが、隣接の広大なウクライナに見当たらないようなので、恐らくこれはシベリア起源の北方アジア的要素ではないかと考えられる。これが汎ユーラシア的要素である「矩形胴」型（B型）から移行的に由来したことは間違いなかろう（図85参照）。

アムール地方の新石器時代土偶で「胴形」の判定に利用できる例は、今のところ手元に2例（図81）しかないが、出土地の異なるこの2例がいずれもこのパターン（C型）に属することは、アムールのこのパターンが単なる気まぐれではなく伝統的なものであることを示唆している。アムールの新石器時代土偶には、今のところC型女人像しか見当たらないが、今後発掘調査の進展につれて矩形胴型即ちB型女人像も発見される可能性が充分でしかも大きい。その根拠は、

シベリアの後期旧石器時代女人像出土遺跡では、C型よりB型が圧倒的に優勢であり、アムールの現生猟漁民その他極東北太平洋狩猟民の女人像その他の神像類においてもB型が圧倒的にみえるからである。またそれだけではなく、隣の日本では、B型がC型とならんで新石器（縄文）時代土偶の基本的形枠となっていた事実（図74及び図99）があるからである。

(c) A型（台形胴型）造形パターンの欠如
　　　──シベリア（バイカル）型造形伝統の継承──

後期旧石器時代の北方ユーラシアに広く分布した小形女人彫塑像には、胴形に関して3タイプ──A型（台形胴型）、B型（矩形胴型）、C型（逆台形胴型）──が区別され、それらの造形パターンには地域的分化が認められることは既に詳述した。即ちB型が全域共通の形枠であるのに対して、A型はヨーロッパに、C型はシベリアに特徴的な伝統的形枠となっている。しかも重要な点は、ヨーロッパの女人像造形伝統がA、B両型パターン（形枠）からなりC型の伝統を欠くのに対し、シベリアのそれはB、C両型パターン（形枠）からなる構成でA型の伝統が欠けることである（図88及びその説明参照）。

アムール地方の新石器時代女人像（土偶）にはA型造形パターンを示す実例が見当たらない。これはA形枠の伝統が欠けていること、いいかえると旧石器時代シベリアの伝統的形枠構成が維持された結果と考えられる。既存資料が極めて乏しい現状ではそれ以上のことがいえないが、間接的な状況証拠──例えば、同地の現生猟漁民をはじめ隣接の先史あるいは現生猟漁民の神像類に関する一貫したA型の欠如──からみて、アムール新石器時代女人像に関するA型の欠如は恐らく間違いないと思われる。この点についてはさらに今後の精査に待ちたい。

(d) 頭部及び顔面の強調
　　　──シベリア（バイカル）的造形理念の継承──

後期旧石器時代女人像のうち、ヨーロッパの標本（図86-1～28参照）は、一般に頭が小さく結球状（knob-like, cablage head）で目鼻立ちがない。それに較べてシベリアの既知標本（図86-30～35）は、一般に頭が比較的大きいだけでなく、頭髪か頭巾のような彫刻デザインが施され、しかも顔の輪郭や目鼻だちが表現されている。以上の点からシベリアの旧石器時代女人像は、ヨーロッパとは対照的に、上半身ないし頭顔部強調型である。アムールの新石器時代女人像（土偶）は、まさにその伝統の流れを汲むものといえる。2例（図81）は胴部を伴っていて、頭部が相対的に大きいことが明らかであり、特にそのうちの1例（同図b）の頭部は、旧石器時代標本にはみられないほどの大きさである。また顔面についてみると、それら2例以外の頭部破片3例（図65）を含め計5例ともに、目鼻だちが歴然と造形されていることがわかる。

(e) 蒙古人種的顔つきの表現
　　　──シベリア（バイカル）的造形理念の継承──

アムールの新石器時代土偶（図65及び図81）には、すべて目と口あるいは目、鼻、口が歴然と

造形され、なかには眉まで表現された例（図65b、図81b）さえあるが、就中特徴的なのは、吊りあがった細い眼（narrow slautling eyes）と突きでた頬骨（prominent cheekbones）である。これらの特徴から、オクラドニコフは、アムール土偶が「蒙古人種型顔つき」（Mongoloid face type）をよく表わしていると指摘した（Okladnikov 1981：22）。この眼と頬骨の特徴は、頭部破片（図65）だけでなく他の既知例（図81）にも認められ、明らかにアムール土偶の伝統的造形要素の一部であったことがわかる。しかしさらに重要なことは、類似の特徴が、マリタ遺跡の後期旧石器時代女人像にも存在する事実である。即ちアレクセーフは、マリタ出土女人像の一例（図86-34）が極めて彫りの良い顔をしていて、その顔だち（features）が「蒙古人種的」である点に注意を喚起している（Alexeef 1994：231）。これからみるとアムール新石器時代女人像の「蒙古人型顔つき」は、シベリアの後期旧石器時代女人像以来の古い伝統らしい。いいかえるとマリタ女人像のうち1例にみえる「蒙古人種的顔つき」は、単なる1遺跡の1回性の偶発的現象ではなく、後にアムールの新石器時代女人像に普及した同様の顔形造形パターン（蒙古人型顔つき）の祖元ないし原型ではないかと考えられる。

　アムールのヒト形像が蒙古人種的特徴を示しても不思議はないが、マリタのヒト形像がその特徴を示すことは、文化的・歴史的視点から見のがせない問題である。つまりそれはマリタ遺跡の後期旧石器文化には、東グラヴェット文化系要素とムスティエ文化系要素の混在という問題があって、その解釈に関係があるからである。マリタ文化における上記両文化要素の混在問題への答としてクラークは、南ロシア平原から東進したグラヴェット人達と、ウズベキスタン方面から北進したムスティエ人の子孫達の接触という見解を提出した（Clark 1972：62）（330頁注63参照）。これはヨーロッパ系文化とアジア系文化との接触にかかわる問題であって、マリタの女人像が、既に説明したとおり、ヨーロッパの延長でありながらヨーロッパとは一味違った様相を呈し、極東北太平洋（アムール及び日本）の新石器時代及びそれ以降の女人像の伝統につながっているアジア的特徴（蒙古人種的顔つき）を伴っている点と考えあわせると、尚更意味深長にみえる（日本の新石器時代女人像の顔つきとの関係に就いては事項(g)参照）。

(B) 日本新石器（縄文）時代女人（女神）像
　　　　──バイカル旧石器時代及びアムール新石器時代女人像との基本的共通（類似）性──

(a)　「腕なし」ないし「腕・胴融合」型兼「脚なし」ないし「両脚融合」型造形パターン
　　　　──汎北方ユーラシア的旧石器時代女人像形枠の継承──

　この造形パターンが、「胴形」（A、B、C型）の違いを問わず、北方ユーラシア後期旧石器時代女人像のすべてに共通の特徴であるだけでなく、アムール新石器時代女人像にも共通する特徴となっていることは前述のとおりである。この伝統が、海を越えて日本の新石器時代即ち縄文時代の土偶ならびに岩偶の基本的形枠として受け継がれている事実がある。縄文時代の「腕なし」兼「脚なし」土偶及び岩偶がその証拠である。それには次の4群が含まれる。

「腕なし」兼「脚なし」土偶及び岩偶
　第1群：こけし形土偶（いわゆる「筒型」土偶、図99-1）

胴部が円筒形のもの以外に円錐形や棗形のもの等を含む。土偶の他に岩偶もある。円形の横断面が共通特徴である（図74及び表5の注「こけし形」の定義参照）。

　第2群：長方形板状の抽象的ヒト形土偶ないし土版類岩偶岩版を含む（図99-2）。
　第3群：所謂「肩パッド形」の抽象的ヒト形岩偶（図101-1）
　第4群：逆三角形板状ないし球面状の抽象的ヒト形土偶類（図101-2）

　以上の4群を通覧すると、縄文土偶及び岩偶のうち、後期旧石器時代ユーラシア女人（女神）像の伝統的形枠を継承する「腕なし」兼「脚なし」型のものは、形態的に最も単純で未分化の部類であることがわかる。これは、この部類が縄文土偶ならびに岩偶の中で、欧亜の後期旧石器時代女人像に通じる最も古い型式であることを意味している。これからみると、「腕なし」兼「脚なし」型に属する上記4群以外の縄文土偶及び岩偶即ち「腕つき」ないし「脚つき」の縄文ヒト形像は、後期旧石器時代以降に生まれた比較的新しい形態と考えられる。つまり「腕つき」即ち胴体から分離ないし突出した形の腕を伴う型のヒト形像、ならびに「脚つき」即ち左右に切り離された両脚を伴うヒト形像は起源が比較的新しく、既存の証拠からみる限り、それらは旧石器時代的伝統の「腕なし」兼「脚なし」造形パターン（形枠）からの変異として進化的に発生したと推定できる。

　上記の「腕なし」兼「脚なし」型縄文土偶・岩偶の各群（第1群～第4群）の「胴形」（胴体正面観の輪郭）は、ユーラシア後期旧石器時代女人像の造形パターン（形枠）（図84）に適合する。即ち第1群中の円筒形土偶（狭義の「筒型」土偶）（図99-1）と第2群（図99-2）はB型（矩形胴型）、第3群（図101-1）と第4群（図101-2）はC型（逆台形胴型）に適合する。これは、上記の縄文土偶・岩偶が、後期旧石器時代の北方ユーラシアに流布した女人（女神）像の全般を律した「腕」と「脚」の統一的形枠だけでなく、東西に分化した「胴」の形枠までも踏襲していることを意味する。

　以下は、旧石器時代以来の古式伝統（腕なし/脚なし）である上記のB型及びC型と、後にそれから進化した新式（腕つき/脚つき）のB型系及びC型系の説明である。記述順序ははじめにB型（B型及びB型系）、次にC型（C型及びC型系）とする。

　縄文土偶全体からみると、B型及びB型系あるいはC型及びC型系に分離できる例即ち北方ユーラシア旧石器時代起源の古式伝統を継承した例よりも、それらのカテゴリーに該当しないものの方が多いようにさえみえる。これらは比較的単純なものから極めて複雑なものまで形態的変異に富み、一見して極めて雑多にみえるが、胴形からみると統一的であって、それらの殆どすべては腰部ないし脚部と肩の双方が強調された「くびれ胴形」を呈していることがわかる。この胴形デザイン（D型）は土器焼成技術に伴って発生・発展した縄文社会特有のものといえる。この点については後の項（225頁、2-(B)-(e)項）で詳述する。

(b)　B型（矩形胴型）造形パターン
　　　──ヨーロッパ・シベリア（北方ユーラシア）胴形枠の継承──
　先に説明したとおり、B型即ち矩形胴型は旧石器時代北方ユーラシアの女人（女神）像造形パ

ターンとして、全域的に共用され特にシベリアで発達した胴形用形枠である。この造形パターンを継承したのがB型縄文土偶・岩偶類であって、これは次のように大別することができる。その第ⅰ類は、旧石器時代女人（女神）像に共通する「腕」と「脚」の形枠をも併せて継承した「腕なし」・「脚なし」型B型土偶・岩偶であり、第ⅱ類は、旧石器時代以後に、第ⅰ類から進化的に出現したと考えられる「腕つき」ないし「脚つき」型B型系土偶である。

（ⅰ）縄文式B型土偶（図99-1、2及び表6）

胴形がB型で腕も脚もない土偶をB型土偶とする。

このパターン即ち「腕なし」・「脚なし」B（矩形胴）型に該当する縄文土偶・岩偶類には次の2種類がある。第1類は、前記第1群「こけし形」ないし広義の「筒形」中の円筒形土偶・岩偶（狭義の「筒形」土偶・岩偶）であり、第2類は、前記第2群即ち長方形板状の抽象的ヒト形土偶・土版・岩版類である[99]。

第1類：円筒形土偶・岩偶類（図99-1及び表6）

この類は、首はあるが手足がなく、円筒状（cylindrical）の胴体が特徴である。既知出土例の分布は、関東地方を中心に信越方面にまで延びている。数量的に多くはないが、地域的にまとまった分布からみても、このパターンが確固とした伝統であることがわかる。その出土例の時代は、縄文時代後期を中心に中期から晩期にわたっているが、早・前期の例は見当たらない。

第2類：長方形板状ヒト形土偶・土版類（図99-2及び表6）。

土偶と土版は、これまで別枠で扱われているが、ここでは同じ外形の造形パターン（「腕なし」・「脚なし」B型板状ヒト形）を踏襲している点から同類とみなされる。つまり両者は、同じB型形枠の伝統から生まれた仲間（同胞）にほかならない。土偶か土版かは単なる外形ないし表現様式の違いであって、両者の間に造形理念の違いは認められない。分布（表6）をみれば明らかなように、関東から西の縄文社会では土偶タイプが優勢であり、それから東の縄文社会では土版タイプが圧倒的にみえるが、これは単なる人々の好みと選択の違いによる地方差にすぎないと考えられる。

土偶と土版・岩版の関係については諸説があり、両者が無関係とする説に対して関係ありとする説もあるが、いずれにせよこれまで問題とされてきた両者の関係とは、発生的にどちらが先（祖先）かという編年的ないし系統的関係にほかならない（参考：野口　1964；稲野(彰)　1990）。しかしそれは、縄文文化内部の問題であって、縄文文化を超えた起源と進化の観点からは二義的な事柄にすぎない。ここで重要なのは、長方形板状土偶と長方形土版・岩版が、前項で述べた円筒形土偶・岩偶とともに、北方ユーラシアに共通する同じ伝統的女人（女神）像形枠即ちB（矩形胴）型造形伝統から生まれたきょうだい（同胞）の間柄にあるという事実である。

（ⅱ）　縄文式B型系土偶（図100及び表7）

胴形がB型で、腕か脚のいずれかまたは双方を伴う土偶をB型系土偶とする。即ちB型系土偶とは手足分化型のB型女人像である。旧石器時代のB型女人像は「腕なし」（armless）すな

第 5 章　母性女神像信仰の系譜

表6　B型縄文土偶（番号は図99の番号に対応）
表6-1　第1類　円筒形土偶・岩偶類（図99-1）

	出土遺跡	出　典	時期	高さ（現存）
1	茨城県那珂町戸立石	瓦吹　1992：図3-7	後期	
2	茨城県東村福田貝塚	植木　1995：図7	後期	
3	千葉県市原市堰ノ台	「土偶とその情報」研究会　1995：千葉・図版6-1	後期	
4	東京都三鷹市ICU 3	安孫子・山崎　1992：図5-54	後期	11cm
5	埼玉県児玉町飯倉	植木　1992：図4-6	後期	縮尺準拠、約12cm
6	埼玉県川越市賀ヶ良	植木　1995：図24	後期	
7	埼玉県川越市上組II	植木　1992：図4-7	後期	
8	埼玉県飯能市中橋場	「土偶とその情報」研究会　1995：埼玉・図版4-5	後期	
9	栃木県藤岡町後藤	上野　1992：図5-25	後期	
10	栃木県宇都宮市御城田	鈴木　1990：図4	後期	
11	群馬県中之条町壁谷	「土偶とその情報」研究会　1995：群馬・図版1-4	後期	8.8cm
12	群馬県前橋市上川久保	「土偶とその情報」研究会　1995：群馬・図版10-10	後期	
13	神奈川県相模原市橋本	鈴木　1992：図2-5	中期	
14	長野県明科町北村	宮下　1992：図8-6	後期	
15	新潟県長岡市岩野原	駒形　1992：図5-34	後期	
16	秋田県東由利町湯出野	富樫・武藤　1992：図6-47（岩偶）	晩期	10cm

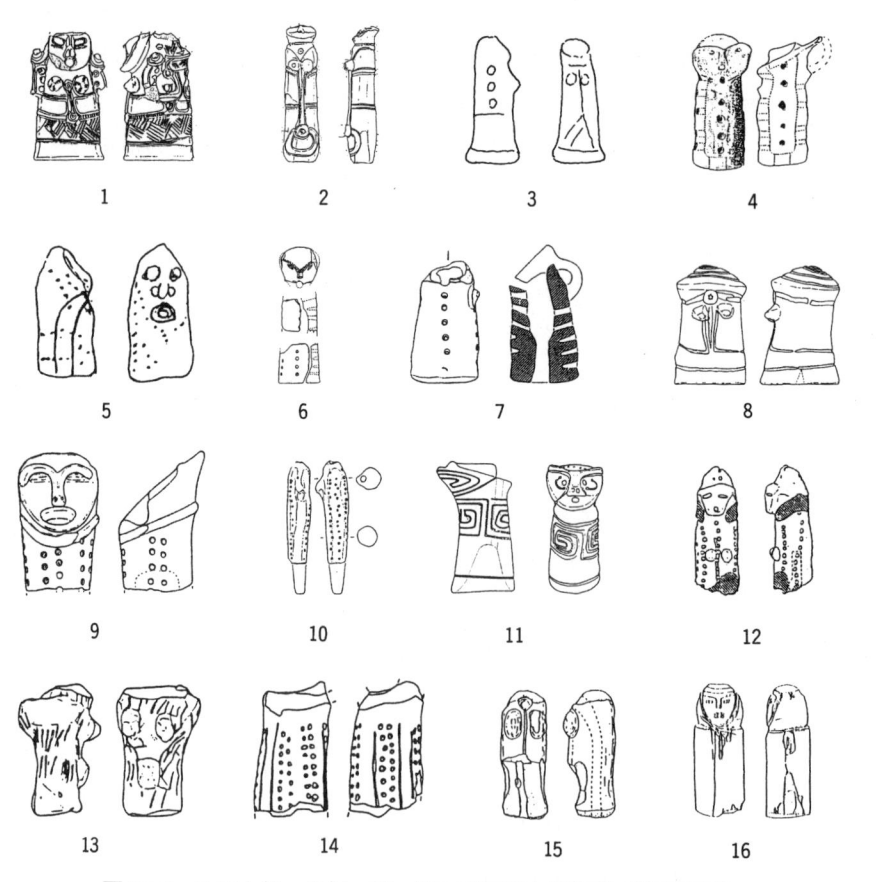

図99-1　B型土偶・岩偶、第一類：円筒形人型像類（縮尺不同）
　　　　出土遺跡名及び出典一覧表（表6-1）参照

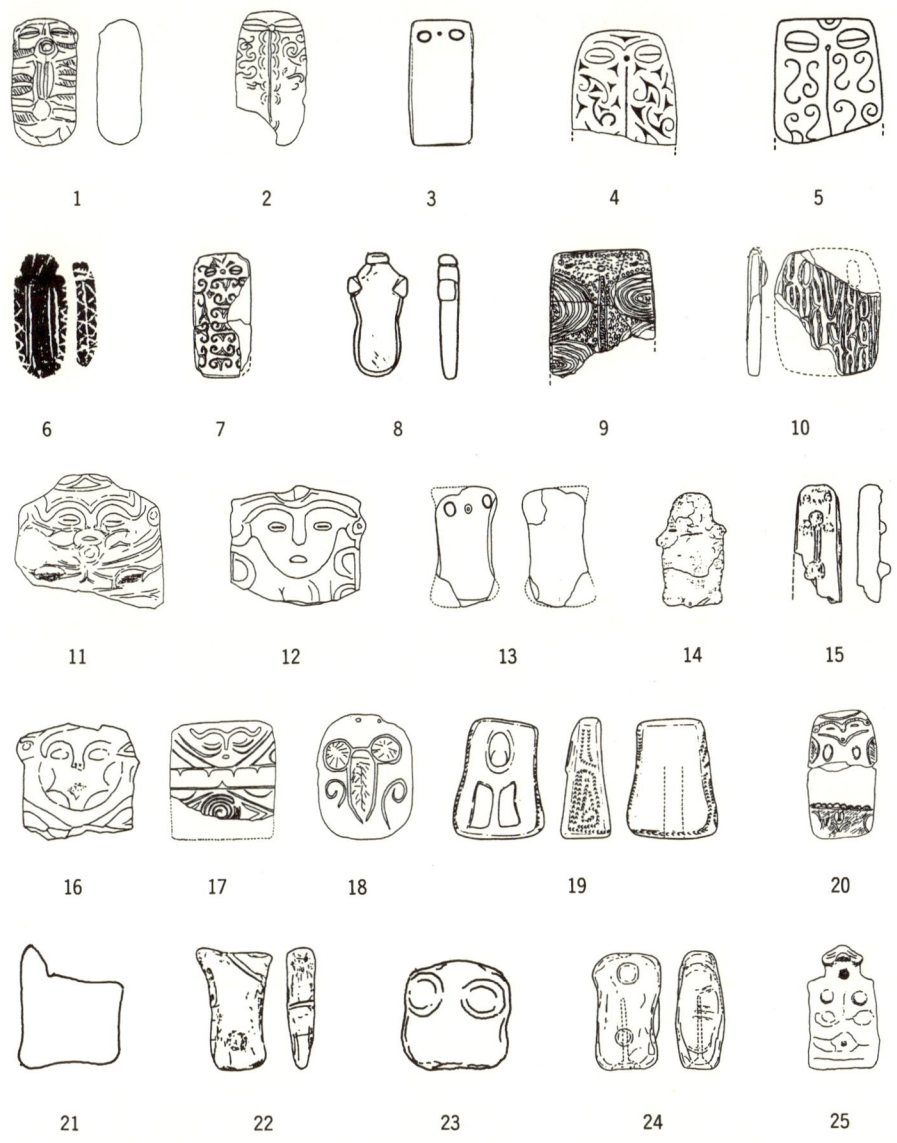

2. 極東北太平洋岸における新石器時代及びそれ以降の女神像信仰　201

図 99-2　B 型土偶・岩偶及び土版・岩版類，第 2 類：長方形板状（非円筒形）ヒト型像類（縮尺不同）
出土遺跡名及び出典一覧表（表 6-2）参照

わち腕の表現が欠けるか、あるいは腕が表現されても線彫り（engraving）か浮き彫り（relief）であって、胴体から分離せずそれと一体化されているのが原則である。また旧石器時代のB型は、「腕なし」であると同時に、両脚が分離せず、融合して一体化されているのが原則である。前述の縄文式B型土偶は、この原則即ちユーラシア旧石器時代の伝統的形枠を踏襲した典型的な「B型」女人像である。

それに対して、「胴形」はB型即ち矩形胴型であるが、伝統的なB型にはない新しい形態的要素を伴う縄文式女人像群がある。これがつまり、胴体から分離ないし突出した手（腕）や、左右に分離した2本の脚を伴う「B型系」女人像である。これらは旧石器時代以降に、旧石器時代型のB型からの変異によって生まれたB型より新しいタイプである。つまりB型が古式で、B型

第 5 章　母性女神像信仰の系譜

表6-2　第2類：板状土偶・岩偶・土版・岩板類（図99-2）（＊印は写真原図からトレース）

	出土遺跡	種類	時期		出典及びその記載
1	青森県弘前市十腰内	土版	後期	甲野　1964：図版121＊	中空土版、最大幅9.8cm、厚さ平均6.5cm
2	青森県名川町平	岩版	晩期	サントリー美術館　1969：図版314＊	高さ8.3cm　人面表現
3	青森県田子町野面平	岩版	晩期	稲野　1990：図1-5	人面表現　約8cm高
4	青森県八戸市是川中居	岩版	晩期	甲野　1964：付表3	
5	青森県碇ヶ関村程ノ森	岩版	晩期	甲野　1964：付表3	
6	秋田県田代町茂屋下岱	岩偶	前期	稲野　1993：図1-17	高さ6cm
7	岩手県二戸市雨滝	岩版	晩期	稲野　1990：図1-1	人面表現　約9cm高
8	岩手県北上市蟹沢館	岩偶	前期	「土偶とその情報」研究会　1994：岩偶集成図4-5	
9	岩手県北上市九年橋	土版	晩期	稲野　1990：図1-6	人面表現
10	岩手県北上市九年橋	土版	晩期	稲野　1990：図1-9	人体（乳房）表現
11	茨城県結城市矢畑	土版	晩期	甲野　1964：図版XII＊	推定長方形（筆者注：1対の乳房状突起存）
12	茨城県岩井町駒寄	土版	晩期	甲野　1964：図版122＊	推定長方形
13	千葉県白井町一本桜	土偶	前期	堀越　1992：図1-3	四隅稍突出の長方形、厚さ2.5cm、上方左右浅いくぼみ（径1cm）中央くぼみ
14	東京都板橋区四枚畑	土偶	前期	江坂　1990：19（図14）	顔表現欠、両腕僅かに瘤状突出断面かまぼこ形、高さ7.2cm
15	東京都町田市田端東	土偶	後期	安孫子・山崎　1992：図5-52	土版類似、筒形土偶省略形態顔（目・口・鼻孔）、乳房、臍表現
16	東京都大田区下沼部貝塚	土版	晩期	江坂　1990：図172＊	人面付土版、高さ9.8cm
17	埼玉県川口市大塚	土版	晩期	サントリー美術館　1969：図版322＊	顔面付長方形土版、高さ13.8cm
18	神奈川県横浜市三沢町貝塚	土版	晩期	甲野　1964：図版339＊	高さ11cm
19	山梨県勝沼町釈迦堂遺跡群三口神平地区	土偶	中期	「土偶とその情報」研究会　1996a：山梨・図版29-10	
20	長野県松本市エリ穴	土版	晩期	文化庁　1996＊	
21	長野県北相木村栃原岩陰	土偶	早期	宮下　1992：図1-2＊	板状土偶、半分欠損、楕円形押型文付、2.5×2.5cm
22	新潟県栃尾市栃倉	土偶	中期	「土偶とその情報」研究会　1996a：新潟・図版16-3	
23	大阪府東大阪市神並	土偶	早期	江坂　1990：11（図5）	板状方形、乳房突出、2.6×2.7cm
24	熊本県大津町ワクド石	土偶	後期	富田　1992：図3-3	四角柱状、上端及び上部表裏と下部片面に窪み、下端に窪みと刺突孔
25	出土地不詳	土版	晩期	サントリー美術館　1969：図版335＊	

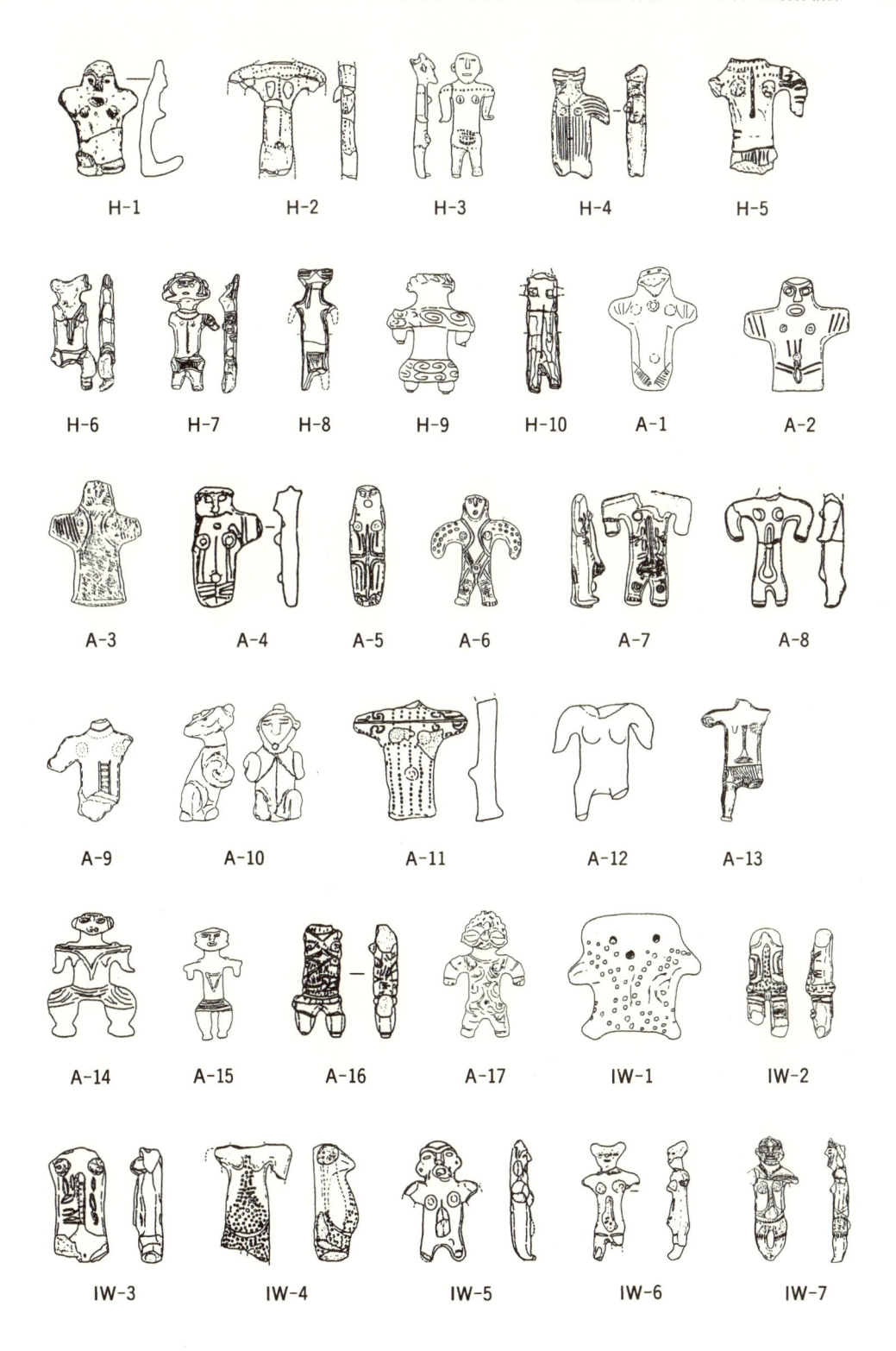

2. 極東北太平洋岸における新石器時代及びそれ以降の女神像信仰　203

H-1　H-2　H-3　H-4　H-5

H-6　H-7　H-8　H-9　H-10　A-1　A-2

A-3　A-4　A-5　A-6　A-7　A-8

A-9　A-10　A-11　A-12　A-13

A-14　A-15　A-16　A-17　IW-1　IW-2

IW-3　IW-4　IW-5　IW-6　IW-7

図100　B型系縄文土偶─(1)（縮尺不同）
　　　　出土遺跡名及び出典一覧表（表7）参照

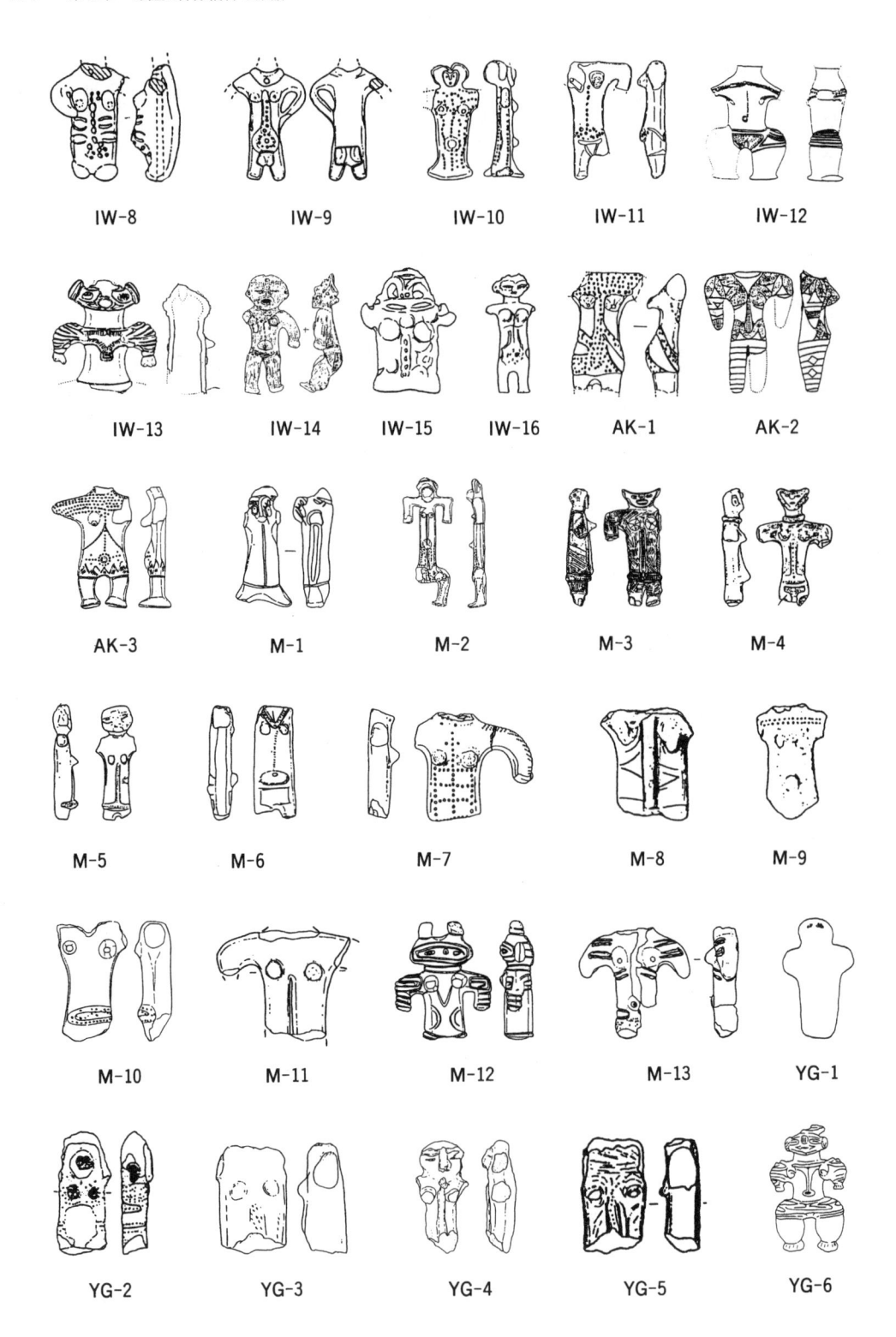

204　第5章　母性女神像信仰の系譜

IW-8　　IW-9　　IW-10　　IW-11　　IW-12

IW-13　　IW-14　　IW-15　　IW-16　　AK-1　　AK-2

AK-3　　M-1　　M-2　　M-3　　M-4

M-5　　M-6　　M-7　　M-8　　M-9

M-10　　M-11　　M-12　　M-13　　YG-1

YG-2　　YG-3　　YG-4　　YG-5　　YG-6

図100　B型系縄文土偶―（2）

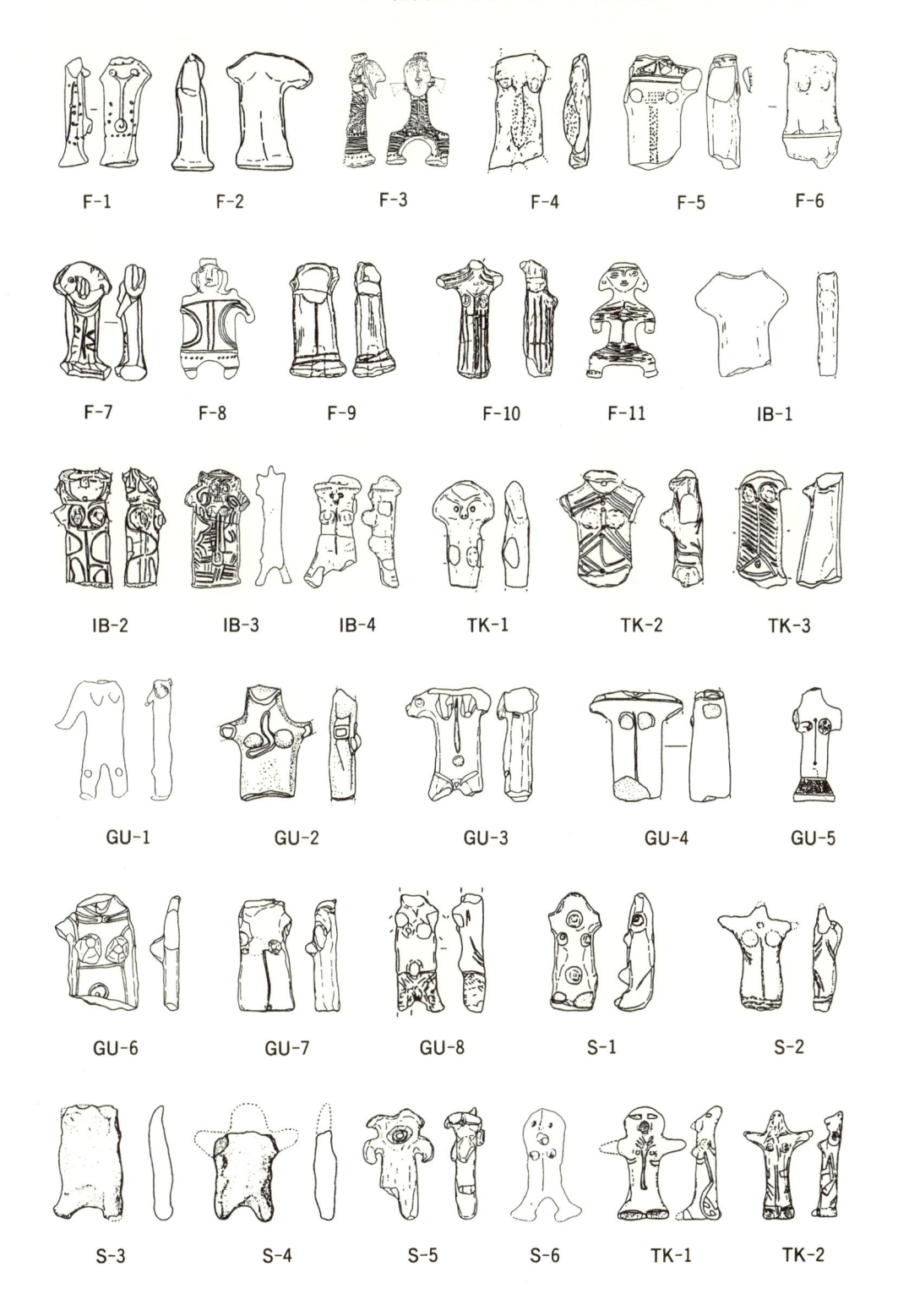

2. 極東北太平洋岸における新石器時代及びそれ以降の女神像信仰　　205

| F-1 | F-2 | F-3 | F-4 | F-5 | F-6 |

| F-7 | F-8 | F-9 | F-10 | F-11 | IB-1 |

| IB-2 | IB-3 | IB-4 | TK-1 | TK-2 | TK-3 |

| GU-1 | GU-2 | GU-3 | GU-4 | GU-5 |

| GU-6 | GU-7 | GU-8 | S-1 | S-2 |

| S-3 | S-4 | S-5 | S-6 | TK-1 | TK-2 |

図100　B型系縄文土偶―(3)

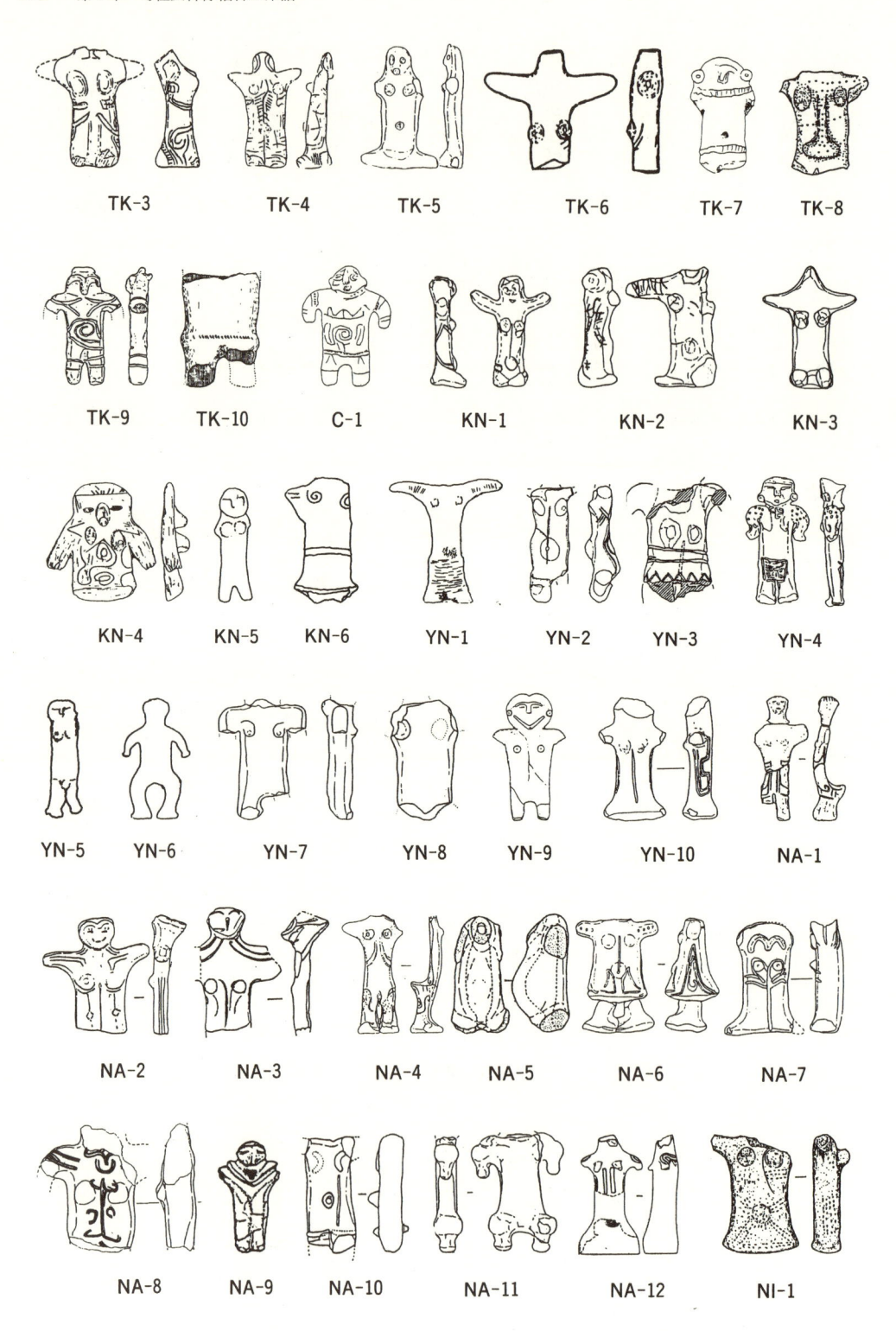

206 第5章 母性女神像信仰の系譜

TK-3　TK-4　TK-5　TK-6　TK-7　TK-8

TK-9　TK-10　C-1　KN-1　KN-2　KN-3

KN-4　KN-5　KN-6　YN-1　YN-2　YN-3　YN-4

YN-5　YN-6　YN-7　YN-8　YN-9　YN-10　NA-1

NA-2　NA-3　NA-4　NA-5　NA-6　NA-7

NA-8　NA-9　NA-10　NA-11　NA-12　NI-1

図100　B型系縄文土偶─(4)

2. 極東北太平洋岸における新石器時代及びそれ以降の女神像信仰　207

NI-2　NI-3　TY-1　TY-2　TY-3　TY-4

TY-5　TY-6　GI-1　GI-2　GI-3　SZ-1

AI-1　AI-2　AI-3　AI-4　AI-5　MI-1　MI-2

NR-1　NR-2　NR-3　NR-4　NR-5　NR-6

NR-7　NR-8　O-1　O-2　W-1　KG-1

KU-1　KU-2　KU-3　MZ-1　KS-1

図100　B型系縄文土偶―（5）

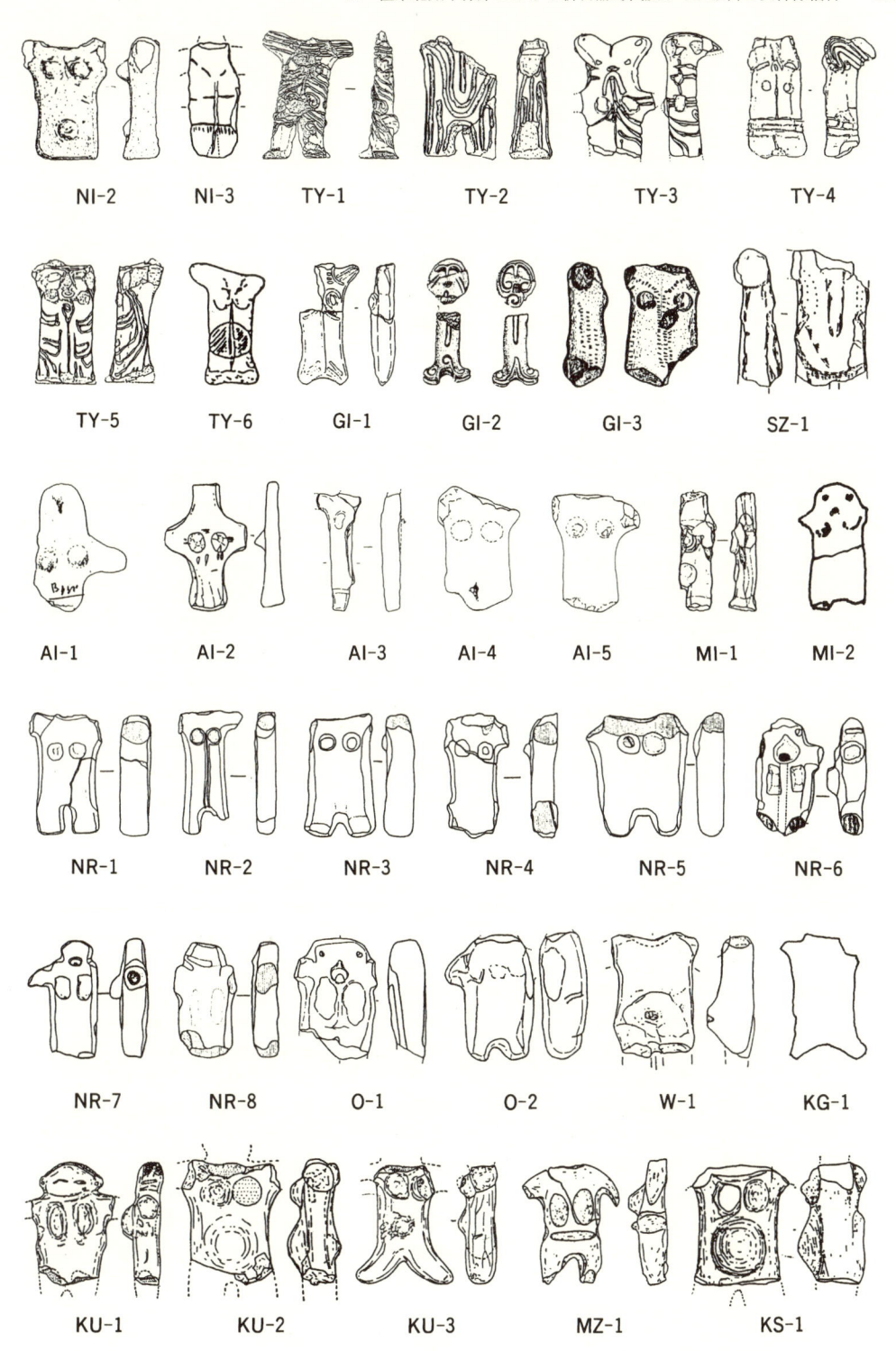

表7 縄文式B型系女人(女神)像(番号は図100の番号と共通)

(＊印は写真原図よりトレース)

地域名	図版番号	遺跡名	縄文時代文化期	図版出典
H．北海道	1	函館市サイベ沢貝塚	中期	長沼　1992：図3-12
	2	恵庭市柏木B	後期末-晩期	長沼　1992：図4-41
	3	千歳市美々4	晩期	長沼　1992：図5-47
	4	木古内町札苅	晩期	長沼　1992：図6-61
	5	木古内町札苅	晩期	長沼　1992：図6-65
	6	木古内町新道4	晩期	長沼　1992：図6-70
	7	木古内町新道4	晩期	長沼　1992：図6-76
	8	上磯町添山	晩期	長沼　1992：図6-69
	9	室蘭市富士製鉄構内貝塚	晩期	江坂　1990：図114＊
	10	七飯町峠下聖山	晩期	山本　1990：図1-1
A．青森県	1	森田村石神	前期	サントリー美術館　1969：図版48＊
	2	森田村石神	中期	サントリー美術館　1969：図版49＊
	3	青森市三内	中期	鈴木(克)　1992：図1-8
	4	青森市三内丸山	中期	三宅　1990：図16
	5	五戸町陣場	中期	三宅　1990：図7
	6	平賀町堀合II	中期	鈴木(克)　1992：図1-10
	7	八戸市風張(1)	後期	金子　1994：第6図-2
	8	八戸市風張(1)	後期	金子　1994：第6図-16
	9	十和田市高谷	後期	鈴木(克)　1992：図1-18
	10	南部町湯浅館	後期	江坂　1990：図62＊
	11	六ヶ所村千歳(13)	後期	中村　1995：資料3-5
	12	名川町剣吉荒町	晩期	江坂　1990：図123＊
	13	八戸市八幡	晩期	江坂　1990：図127＊
	14	青森市床舞	晩期	甲野　1964：図版297＊
	15	木造町亀ヶ岡	晩期	甲野　1964：図版298＊
	16	横浜町檜木	晩期	金子　1994：第7図-13
	17	弘前市猿ヶ森	晩期	サントリー美術館　1969：図版83＊
IW．岩手県	1	大船渡市細浦上の山貝塚	中期	岩手県立博物館　1984：D-11＊
	2	軽米町大日向II	後期	金子　1994：第5図-5
	3	軽米町大日向II	後期	金子　1994：第6図-4
	4	大迫町板橋	後期	金子　1994：第5図-4
	5	大迫町板橋	後期	金子　1994：第6図-19
	6	軽米町馬場野II	後期	稲野他　1992：図3-1
	7	盛岡市萪内	後期	稲野他　1992：図5-7
	8	盛岡市萪内	後期	金子　1994：第5図-15
	9	盛岡市萪内	後期	金子　1994：第5図-18
	10	東和町内	後期	中村　1995：資料3-12
	11	平泉町新山権現社	後期	中村　1995：資料5-18
	12	北上市九年橋	晩期	稲野他　1992：図12-左上
	13	北上市九年橋	晩期	稲野他　1992：図12-左中
	14	衣川村東裏	晩期	稲野他　1992：図13
	15	岩手町豊岡	晩期	岩手県立博物館　1984：D-30＊
	16	二戸市雨滝	晩期	野口　1964：図版55＊

AK.秋田県	1	鷹巣町藤株	後期	富樫・武藤 1992：図5-33	
	2	矢島町下山寺	後期	富樫・武藤 1992：図5-37	
	3	鹿角市大湯D5地区	後期	磯村 1994：図5-10	
M.宮城県	1	蔵王町二屋敷	後期	藤沼 1992：図6-57	
	2	仙台市伊古田	後期	藤沼 1992：図7-68	
	3	田尻町中沢目貝塚	後期	藤沼 1992：図7-77	
	4	河南町宝ヶ峯	後期	手塚 1994：図4-12	
	5	河南町宝ヶ峯	後期	手塚 1994：図4-13	
	6	河南町宝ヶ峯	後期	手塚 1994：図4-14	
	7	河南町宝ヶ峯	後期	浜野 1995：図6-28	
	8	丸森町小斉清水	後期	浜野 1995：図4-7	
	9	角田市老ヶ崎	後期	浜野 1995：図4-3	
	10	角田市梁瀬浦	後期	浜野 1995：図4-6	
	11	村田町東足立	後期	浜野 1995：図4-17	
	12	大和町摺萩	晩期	藤沼 1992：図9-90	
	13	一迫町青木畑	弥生時代	藤沼 1992：図9-93	
F.福島県	1	高郷村博毛	中期	山内 1992：図5-15	
	2	郡山市鴨打A	中／後期	押山・日塔 1995：鴨打A-11	
	3	郡山市荒小路	後期	山内 1992：図6-1	
	4	飯館村日向南	後期	山内 1992：図9-9	
	5	飯館村羽白C	後期	浜野 1995：変遷図2-48	
	6	新地町新地貝塚	後期	浜野 1995：変遷図2-49	
	7	新地町三貫地	後期	「土偶とその情報」研究会 1995：図版1-15	
	8	会津若松市御山	後期	サントリー美術館 1969：図版348*	
	9	浪江町仲平	後期	植木 1995：変遷図1	
	10	三春町柴原A	後期	「土偶とその情報」研究会 1995：図版17-12	
	11	三島町小和瀬	晩期	山内 1992：図11-3 *	
YG.山形県	1	天童市上荒谷	前期	「土偶とその情報」研究会 1994：山形県追加分・写真5 *	
	2	高畠町石ヶ森	後期	手塚 1994：図4-8	
	3	山形市大森B	後期	浜野 1995：図7-8	
	4	村山市作野	後期	浜野 1995：図7-10	
	5	朝日町砂川A	後期	浜野 1995：図7-30	
	6	遊佐町杉沢	晩期	サントリー美術館 1969：図版113*	
IB.茨城県	1	鹿島町内畑	前期	瓦吹 1992：図2-3	
	2	龍ヶ崎市廻り地A	後期	瓦吹 1992：図3-8	
	3	五霞村冬木A貝塚	後期	瓦吹 1992：図3-9	
	4	五霞村冬木A貝塚	後期	山崎 1995：第2図-26	
TK.栃木県	1	藤岡町後藤	後期～晩期	上野 1992：図3-16	
	2	藤岡町後藤	後期～晩期	上野 1992：図4-22	
	3	烏山町鳴井上	晩期	上野 1992：図4-18	
GU.群馬県	1	鬼石町譲原	後期	「土偶とその情報」研究会 1995：群馬・図版7-2	
	2	赤堀町五目牛洞山	後期	「土偶とその情報」研究会 1995：群馬・図版10-13	

		3	藤岡市谷地	後期	「土偶とその情報」研究会 1995：群馬・図版5-15
		4	富岡市内匠上ノ宿	後期	「土偶とその情報」研究会 1995：群馬・図版4-10
		5	富岡市内匠上ノ宿	後期	「土偶とその情報」研究会 1995：群馬・図版4-9
		6	前橋市大道	後期	「土偶とその情報」研究会 1995：群馬・図版8-7
		7	前橋市大道	後期	「土偶とその情報」研究会 1995：群馬・図版8-8
		8	安中市天神原	後期	「土偶とその情報」研究会 1995：群馬・図版2-8
S. 埼玉県		1	嵐山町行司免	中期	植木 1992：図4-5
		2	狭山市宮地	中期	「土偶とその情報」研究会 1996a：図版1-6
		3	桶川市高井東	後期	「土偶とその情報」研究会 1995：図版8-7
		4	桶川市高井東	後期	「土偶とその情報」研究会 1995：図版9-6
		5	大宮市小深作	後期	「土偶とその情報」研究会 1995：図版9-10
		6	大宮市氷川神社境内	晩期	サントリー美術館 1969：図版396*
C. 千葉県		1	本埜村龍腹寺	晩期	江坂 1990：図135*
TK. 東京都		1	八王子市椚田Ⅳ	中期	安孫子・山崎 1992：図4-36
		2	八王子市楢原	中期	安孫子・山崎 1992：図4-37
		3	町田市忠生	中期	安孫子・山崎 1992：図4-39
		4	町田市御嶽堂	中期	安孫子・山崎 1992：図4-48
		5	調布市原山	中期	「土偶とその情報」研究会 1996a：東京・図版24-1
		6	町田市鶴川J地点	中期	「土偶とその情報」研究会 1996a：東京・図版25-4
		7	町田市綾部原	後／晩期	江坂 1990：図89*
		8	五日市町五日市高校	後期	安孫子・山崎 1992：図5-66
		9	町田市なすな原	晩期	安孫子・山崎 1992：図6-76
		10	町田市なすな原	晩期	安孫子・山崎 1992：図6-88
KN. 神奈川県		1	相模原市橋本	中期	鈴木(保) 1992：図2-1
		2	相模原市橋本	中期	鈴木(保) 1992：図2-2
		3	川崎市宮添	中期	鈴木(保) 1992：図2-3
		4	藤沢市西富貝塚	後期	鈴木(保) 1992：図4-7
		5	横浜市原出口	後期	鈴木(保) 1992：図3-7*
		6	城山町川尻	後期	「土偶とその情報」研究会 1995：図版2-6*
YN. 山梨県		1	山梨市立石	中期	「土偶とその情報」研究会 1996a：山梨・図版91-2*
		2	市川大門町宮の前	中期	「土偶とその情報」研究会 1996a：山梨・図版112-10
		3	高根町青木	後期	小野 1992：図6-184

2. 極東北太平洋岸における新石器時代及びそれ以降の女神像信仰　　211

	4	高根町石堂	後期	「土偶とその情報」研究会　1995：図版 2-1
	5	高根町石堂	後期	「土偶とその情報」研究会　1995：図版 2-13*
	6	小淵沢町岩窟	後期	「土偶とその情報」研究会　1995：図版 6-7*
	7	大泉町金生	後期	「土偶とその情報」研究会　1995：図版 4-5
	8	大泉町金生	晩期	小野　1992：図 7-206
	9	都留市中谷	晩期	小野　1992：図 7-212
	10	敷島町金の尾	弥生時代	小野　1992：図 9-239
NA. 長野県	1	高森町増野新切	中期	宮下　1992：図 7-20
	2	飯山市深沢	中期	宮下　1992：図 3-5
	3	喬木村伊久間原	中期	宮下　1992：図 7-13
	4	喬木村地の神	中期	「土偶とその情報」研究会　1996a：図版92-8
	5	松本市林山腰	中期	宮下　1992：図 4-9
	6	松本市坪ノ内	中期	宮下　1992：図 4-3
	7	宮田村中越	中期	「土偶とその情報」研究会　1996a：図版74-15
	8	宮田村中越	後期	「土偶とその情報」研究会　1995：図版13-8
	9	富士見町大花	後期	宮下　1992：図 9-3
	10	望月町浦谷 B	後期	宮下　1992：図 9-20
	11	塩尻市福沢	晩期	宮下　1992：図11-26
	12	丸子町腰越	弥生時代	宮下　1992：図12-9
NI. 新潟県	1	長岡市馬高	中期	駒形　1992：図 2-8
	2	長岡市岩野原	中期	駒形　1992：図 2-10
	3	小千谷市城之腰	後期	「土偶とその情報」研究会　1995：図版 3-12
TY. 富山県	1	大山町東黒牧	中期	小島・神保　1992：図 4-26
	2	福光町竹林 I	中期	小島・神保　1992：図 4-27
	3	庄川町松原	中期	小島・神保　1992：図 5-33
	4	大沢野町直坂	中期	小島・神保　1992：図 5-34
	5	婦中町長沢	中期	小島・神保　1992：図 5-36
	6	婦中町各願寺前	中期	「土偶とその情報」研究会　1996a：富山・図版11-26
GI. 岐阜県	1	古河町岡前	中期	「土偶とその情報」研究会　1996a：岐阜・図版 6-83
	2	清見村門端	中期	「土偶とその情報」研究会　1996a：岐阜・図版 7-97
	3	可児市北裏	後期	「土偶とその情報」研究会　1995：図版 2-11
SZ. 静岡県	1	浜松市蜆塚	後期	「土偶とその情報」研究会　1995：図版 1-11
AI. 愛知県	1	南知多町天神山	早期	サントリー美術館　1969：図版298*
	2	知多市二股貝塚	早期	安達　1992：図 1-左

	3	東海市菩薩	後期	「土偶とその情報」研究会　1995：図版1-5
	4	一宮市馬見塚	晩期	サントリー美術館　1969：図版356*
	5	一宮市馬見塚	晩期	サントリー美術館　1969：図版357*
MI. 三重県	1	嬉野町天白	後期	「土偶とその情報」研究会　1995：図版1-9
	2	嬉野町下沖	後期	「土偶とその情報」研究会　1995：図版5-12*
NR. 奈良県	1	橿原市橿原	後期～晩期	「土偶とその情報」研究会　1995：図版1-1
	2	橿原市橿原	後期～晩期	「土偶とその情報」研究会　1995：図版1-10
	3	橿原市橿原	後期～晩期	「土偶とその情報」研究会　1995：図版1-11
	4	橿原市橿原	後期～晩期	「土偶とその情報」研究会　1995：図版1-12
	5	橿原市橿原	後期～晩期	「土偶とその情報」研究会　1995：図版1-15
	6	橿原市橿原	後期～晩期	「土偶とその情報」研究会　1995：図版2-5
	7	橿原市橿原	後期～晩期	「土偶とその情報」研究会　1995：図版2-7
	8	橿原市橿原	後期～晩期	「土偶とその情報」研究会　1995：図版2-8
O. 大阪府	1	四条畷市更良岡山	後-晩期	「土偶とその情報」研究会　1995：大阪・図版1-6
	2	四条畷市更良岡山	後-晩期	「土偶とその情報」研究会　1995：大阪・図版1-7
W. 和歌山県	1	海南市溝ノ口	後期	岡崎　1995：15
KG. 香川県	1	詫間町大浜	後期	丹羽　1992：写真1-7*
KU. 熊本県	1	北部町四方寄	後期～晩期	富田　1992：図4-7
	2	熊本市上南部	後期～晩期	富田　1992：図7-1
	3	熊本市新南部	後期～晩期	富田　1992：図10-8
MZ. 宮崎県	1	高千穂町陣内	後期	富田　1992：図1-9
KS. 鹿児島県	1	加世田市上加世田	後期～晩期	富田　1992：図1-10

系はその流れを汲む新式ということになる。このB型系縄文土偶の実例を示すと表7及び図100のとおりである。

(c) C型（逆台形胴型）造形パターン
　　　——シベリア（北方アジア）型胴形枠の継承——
　女人（女神）像造形パターンのC型即ち逆台形胴型（図83-c）は、後期旧石器時代にシベリア（バイカル方面）で創始・確立された形枠（図88）であって、その伝統の流れが極東方面のアムール流域で新石器時代に継承されたことは前項で説明した。この流れが、日本の新石器時代にも女人（女神）像の基本的造形パターンとして継承され、縄文社会を通じ終始一貫して前述のB型とならぶ主導的役割を演じた証拠がある。それが次に述べるC型及びC型系縄文土偶・岩偶である。

（i）縄文式C型土偶（図101-1、2及び表8-1、2）
　胴形がC型でしかも腕も脚もない土偶をC型土偶とする。
　女人（女神）像造形パターン（形枠）のC型は、マリタ遺跡の証拠からみて、B型からの変異（図85）として、後期旧石器時代に恐らくバイカル湖方面で生起したと考えられる北方アジア的要素である。極東（アムール-日本）のC型は、その流れを汲むシベリア（バイカル）起源の女人像造形パターン（形枠）と解することができる。
　縄文土偶・岩偶のうちこのC型の形枠に適合するものが次の2類——前記（198頁）の「腕なし」・「脚なし」型第3群即ち所謂「肩パッド形」岩偶と同第4群即ち「逆三角形」土偶である。

第1類。所謂「肩パッド形」岩偶（図101-1及び表8-1）
　所謂「肩パッド形」岩偶とは、肩が張り出した「怒り肩」のヒト形像であって、それを洋服の肩に詰めもの（pad）を入れた形にみたてた名称である。稲野裕介氏によると、これは円筒土器に伴って、北海道から東北北部にかけて分布する岩偶で、縄文時代前期ないし中期に属する。大は高さ25㎝以上30㎝未満のものから小は5㎝未満のものまである。正面からみた胴部の最大幅が、中央より遥かに高い肩の位置にあり、その位置の左右両側端に、折りまげた短い腕のようにみえる形の浮き彫り（relief）が施され、また肩から頭部に当たる部分にも浮き彫りあるいは線彫りの意匠が施されているものが多い（稲野　1994：36-37）。江坂氏は、後者を「左右に垂らした長い頭髪」と解し、この手の岩偶を「女性を表わす」としている（江坂　1990：139及び図143）。頭に当たる部分は台形ないし山形の単なる突起となっている。
　稲野氏によると、この岩偶の分布範囲は北海道渡島半島から津軽地方と秋田県米代川流域に限られ、この分布地域には土偶が出土していないので、土偶とは分布圏が異なるという（稲野　1994：36）。そうだとするとこれは、素材の違いに応じた形の変異を示唆することになり、土偶とは形は違ってもそれと同じ信仰の神像であるということを示す格好の証拠となる。
　このタイプの岩偶の出土例（稲野　1993：図1；1994：34）を概観すると、肩から下の胴部の

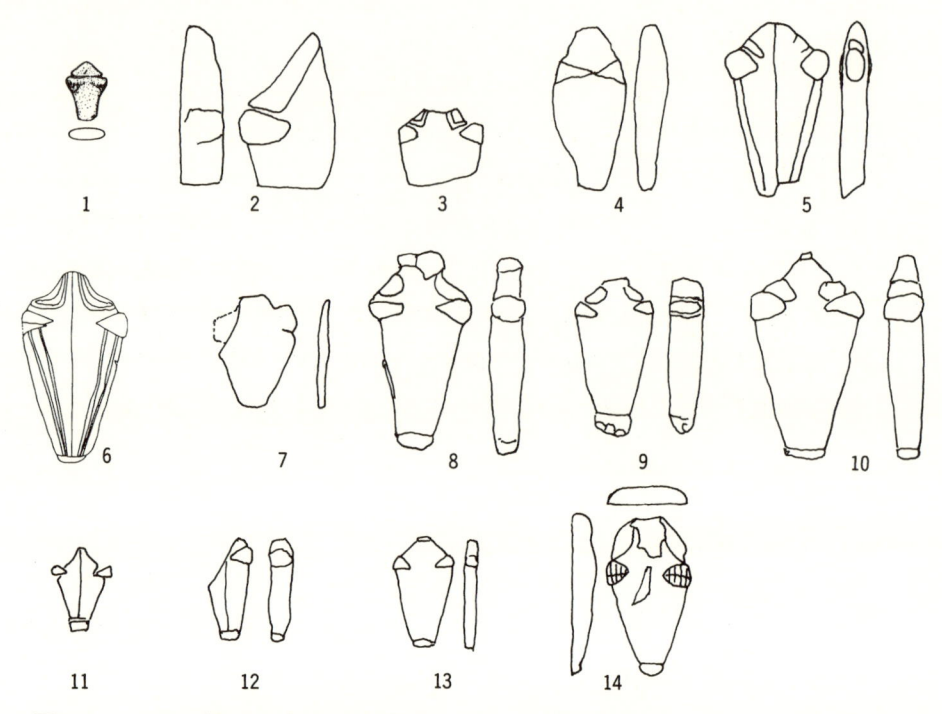

214　第5章　母性女神像信仰の系譜

図101-1　C型土偶、第1類：所謂「肩パッド形」岩偶（原図からトレース、縮尺不同）
　　　　　出土遺跡名及び出典一覧表（表8-1）参照

表8-1　C型第1類：肩パッド形岩偶（番号は図101-1の番号と共通）

標本番号	遺跡名	図版出典	縄文時代 文化期
北海道			
1	函館市サイベ沢	長沼　1992：図3-2	前期
2	函館市函館空港第4地点	長沼　1992：図3-4	前期
3	函館市函館空港第4地点	稲野　1994：岩偶集成図1-2	前期
青森県			
4	深浦町寅平	稲野　1994：岩偶集成図3-1	前期
5	大鰐町大平	稲野　1994：岩偶集成図2-1	前期
6	青森市熊沢	稲野　1994：岩偶集成図1-10	前中期
7	黒石市板留	稲野　1994：岩偶集成図3-3	前中期
秋田県			
8	小坂町内岱	稲野　1994：岩偶集成図3-5	前期
9	小坂町はりま館	稲野　1994：岩偶集成図3-6	前期
10	小坂町大岱	稲野　1994：岩偶集成図3-8	前期
11	田代町茂屋下岱	稲野　1994：岩偶集成図4-4	前期
12	大館市上ノ山I	稲野　1994：岩偶集成図3-7	前期
13	大館市萩ノ台II	稲野　1994：岩偶集成図4-2	前中期
14	大館市狼穴	稲野　1994：岩偶集成図4-1	前期

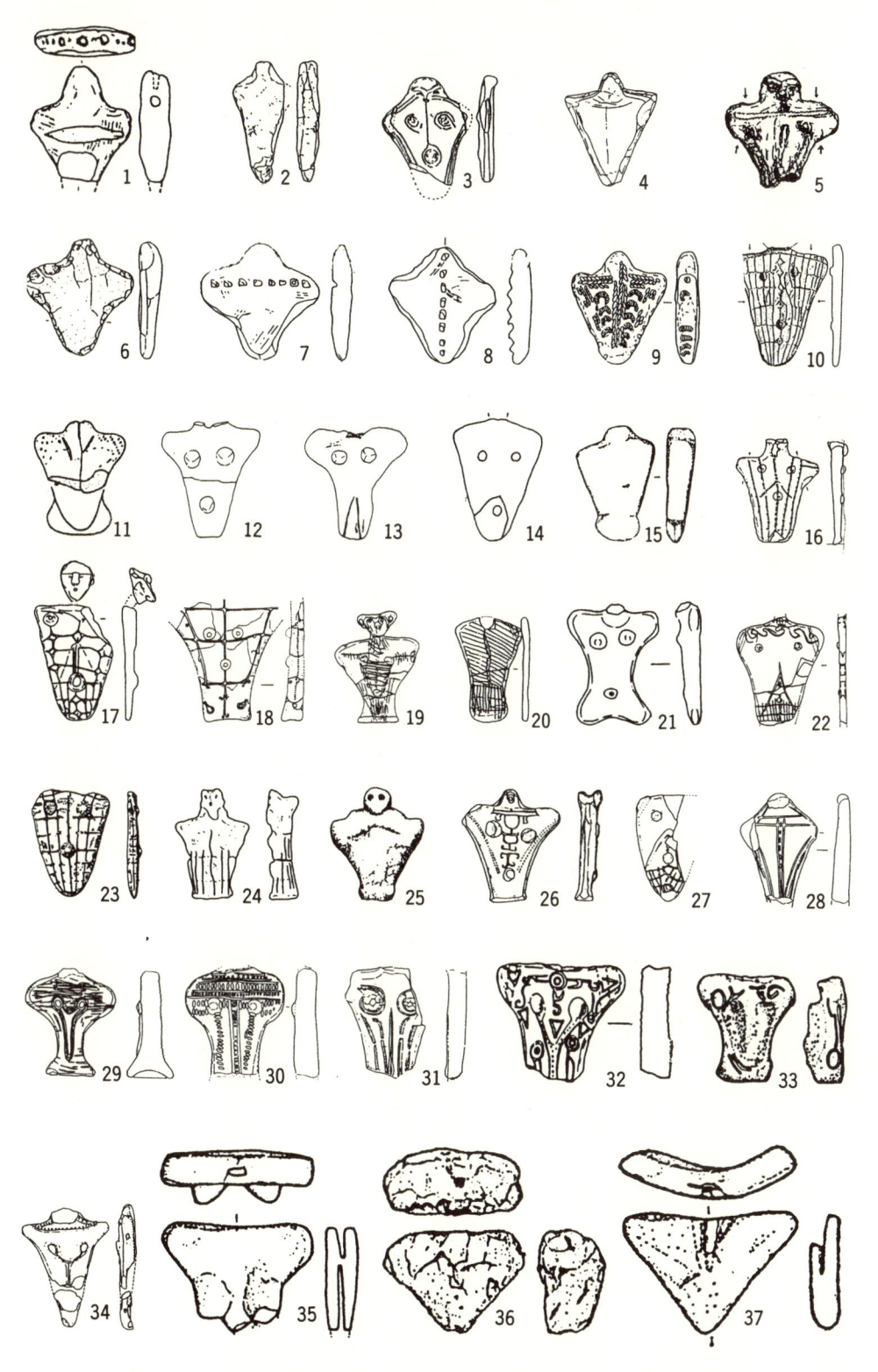

2. 極東北太平洋岸における新石器時代及びそれ以降の女神像信仰   215

図101-2 Ｃ型土偶、第２類：逆三角形土偶・岩偶類―（1）（縮尺不同）
出土遺跡名及び出典一覧表（表8-2）参照

図101-2　C型土偶、第2類：逆三角形土偶・岩偶類―（2）

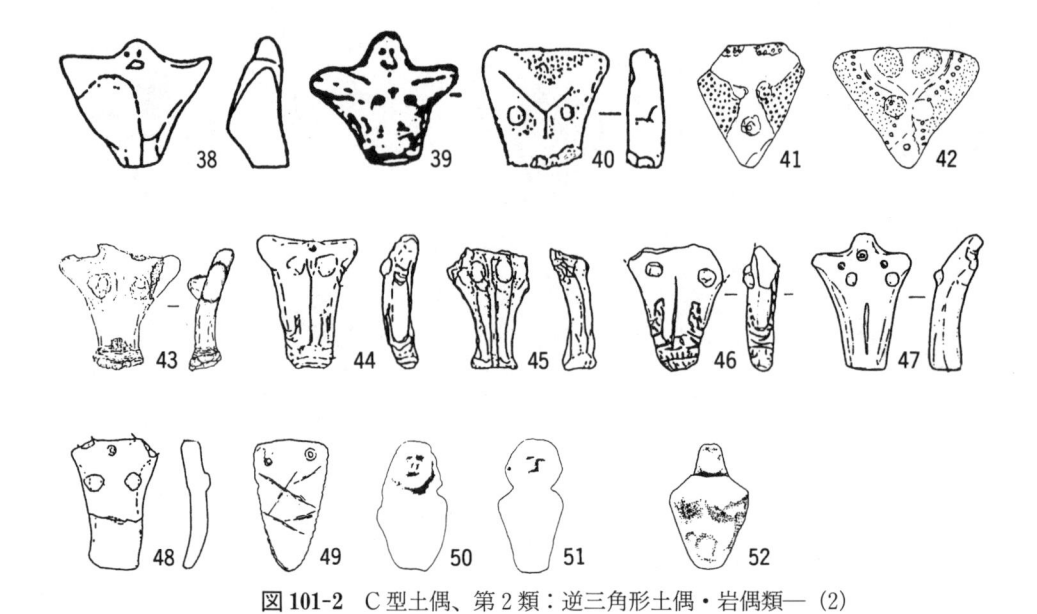

表8-2　C形第2類：逆三角形土偶・岩偶類（番号は図101-2の番号と共通）

地域名	標本番号	遺跡名	図版出典	縄文時代文化期
I　北海道	1	泊村ヘロカルウス	長沼　1992：図3-19	中期
	2	泊村ヘロカルウス	長沼　1992：図3-25	中期
	3	八雲町栄浜1	長沼　1992：図3-10	中期
	4	南茅部町臼尻B	長沼　1992：図3-29（岩偶）	中期
	5	函館市サイベ沢	長沼　1992：図3-13	中期
	6	福島町館崎	長沼　1992：図3-27（岩偶）	中期
	7	松前町白坂	長沼　1992：図3-7	中期
	8	松前町白坂	長沼　1992：図3-8	中期
	9	松前町白坂	長沼　1992：図3-9	中期
	10	松前町内	長沼　1992：図4-30	後期
II　青森県	11	三沢市根井沼(1)	鈴木（克）　1992：図1-1	早期
	12	八戸市是川一王子貝塚	江坂　1990：図10	前期
	13	青森市稲荷山	江坂　1990：図11	前期
	14	青森市三内	三宅　1990：図2	前期
	15	森田村石神	稲野　1994：岩偶集成図1-9	前・中期
	16	三沢市小田内沼(1)	中村　1994：図1-6	後期
	17	福地村館野	中村　1995：資料3-4	後期
	18	六ヶ所村千歳(13)	中村　1995：資料3-2	後期
	19	青森市四戸橋	鈴木（克）　1992：図1-12	後期
	20	青森市近野	中村　1994：図1-7	後期
	21	青森市近野	中村　1994：図1-9	後期
	22	青森市三内	中村　1995：資料3-7	後期
	23	弘前市十腰内	中村　1995：資料3-3	後期

岩手県	24	軽米町君成田IV	稲野他　1992：図3-7	中・後期
	25	藤沢町十文字	稲野　1994：岩偶集成図4-6	不詳
秋田県	26	比内町本道端	富樫・武藤　1992：図3-14	中期
	27	鹿角市大湯	中村　1995：資料3-6	後期
宮城県	28	大衡村上深沢	藤沼　1992：図4-40	中期
	29	七ヶ宿町大梁川	藤沼　1992：図5-45	中期
	30	涌谷町長根貝塚	藤沼　1992：図5-51	中期
	31	白石町菅生田	阿部　1995：図1-1	後期
福島県	32	福島市月崎	山内　1992：図5-1	中期
	33	福島市月崎	山内　1992：図5-4	中期
	34	浪江町仲平	植木　1995：分類図右下	後期
千葉県	35	成田市木の根	堀越　1992：図1-1	早期
	36	富里町両国沖III	浜野　1990：図3	早期
	37	成田市木の根	浜野　1990：図6	早期
東京都	38	国分寺市恋ヶ窪	安孫子・山崎　1992：図4-41	中期
長野県	39	岡谷市海戸	宮下　1992：図5-9	中期
	40	富士見町九兵衛尾根	宮下　1992：図5-23	中期
新潟県	41	十日町市城倉	江坂　1990：図45左上	中期
	42	十日町市城倉	江坂　1990：図45左中	中期
富山県	43	朝日町下山新	小島・神保　1992：図6-40	中期
	44	滑川市不水掛	小島・神保　1992：図6-51	中期
	45	城端町西原	小島・神保　1992：図6-41	中期
	46	立山町二ツ塚	小島・神保　1992：図6-45	中期
	47	立山町二ツ塚	小島・神保　1992：図6-47	中期
	48	大門町串田新	「土偶とその情報」研究会　1996a：富山・図版11-34	中期
愛媛県	49	美川村上黒岩岩陰	江坂　1990：図174	草創期
鹿児島県	50	大根占町馬場山の口	サントリー美術館　1969：図版391*	弥生時代
	51	大根占町馬場山の口	サントリー美術館　1969：図版392*	弥生時代
三重県	52	飯南町粥見井尻	朝日新聞　1996年10月4日付朝刊*	草創期

両脇線が比較的直線的でしかも下方に向けて収斂する逆三角形の二辺を形成する場合（図101-1：1、5、6〜14）が一般的であるが、中にはその二辺が外湾する場合（同図-4）がある。またその二辺がほぼ平行的でB（矩形胴）型への移行形を示す例（図99-2：6、8）さえあることは興味深い。一方逆三角形で抽象的なヒト形の頭部を伴う例（図101-2：25）があり、この場合は次に述べるC型第2類（逆三角形土偶）への移行形を示している。要するに「肩パッド形」岩偶も造形パターン（形枠）からみると、孤立的な一型式ではなく、B型及びC型の土偶類との

連続性ないし関連性が認められる。即ち両者間の本質的な差異は素材だけにすぎない。
　第2類。逆三角形土偶（図101-2及び表8-2）
　この類は、両手両脚（四肢）がなく全体の輪郭が底辺を上にした逆三角形にみえる土偶である。1対の乳房の位置が二等辺三角形の底辺寄りにあるところから、底辺が肩を表わすものと解することができるところから、胴の最大幅が肩幅に相当するＣ型即ち逆台形胴型（図83-C参照）に適合する。この類にはＶ字形の土偶の両脇線（逆三角形の左右二辺）が、直線的な場合の他に、やや外湾する場合や内湾する場合も含まれる。その内湾が顕著になると、腕状の突起を形成することになり、「腕つき」のＣ型土偶即ちＣ型系土偶あるいは「腕つき」のＢ型土偶即ちＢ型系土偶に移行することがある[100]。
　この類には、頭部に当たる部分がない「無頭」型（図101-2：42、51）や、顔の造作を伴う「目鼻つき」型（同図3、5、19、25）もある。
　このＣ（逆台形胴）型土偶第2類即ち「逆三角形」土偶には、Ⅰ.「平板状」土偶とⅡ.「球面状」土偶が含まれる。

　Ⅰ．平板状土偶（図101-2及び表8-2）
　これは輪郭が逆三角形を呈し、背腹両面が平坦で、薄く全体として板状を呈する土偶であって、旧来の分類による次のような種類を一括統合した新分類範疇である。(1)縄文早期の逆三角形板状土偶（浜野　1990）（図101-2：35～37）、(2)単に板状土偶と記載（江坂　1990：図10-11）されたり、十字形土偶として一括（三宅　1990：図2）されている逆三角形板状土偶類（図101-2：12～14）、(3)台形基端（平面が円形ないし楕円形で幾分裾広がりの平坦な基部）を伴う逆三角形板状土偶類（図101-2：29、43）。
　Ⅱ．球面状土偶（図101-2及び表8-2）
　乳房に相当する1対の突起ないしその剥離痕が三角形の底辺寄りに付いていて、逆三角形を呈する点は第Ⅰ類と同じであるが、その表面が湾曲している点で第Ⅰ類と異なり、「三角形球面状土製品」（甲野　1964：145）とか「逆三角形面略化立体土偶」（江坂　1990：54）あるいは「三角形土偶」（田辺　1990）等とよばれ、立体土偶の一種とみなされてきた。図示した標本（図101-2：41、42）には乳房を表わす突起が伴っているが、その他に乳房状突起を伴わないものもある（江坂　1990：図45、46）（参考：阿部　1994：49及三角土製品6～15頁）。

（ⅱ）　縄文式Ｃ型系土偶（図103及び表9）
　胴形がＣ型で、腕と脚のいずれかあるいは双方を伴う土偶をＣ型系土偶とする。即ちＣ型系土偶とは、手足分化型のＣ型土偶である。
　上述の「肩パッド形」岩偶や「逆三角形」土偶は、両手がなく、両脚の表現もない「腕なし」・「脚なし」のＣ型ヒト形像であって、後期旧石器時代のＣ型女人（女神）像の造形パターン（形枠）をそのまま伝えたものといえる。この基本型に「腕」や「脚」が附加されて、変化に富む各種の「腕つき」ないし「脚つき」Ｃ型土偶が創りだされた。これが縄文式Ｃ型系土偶で

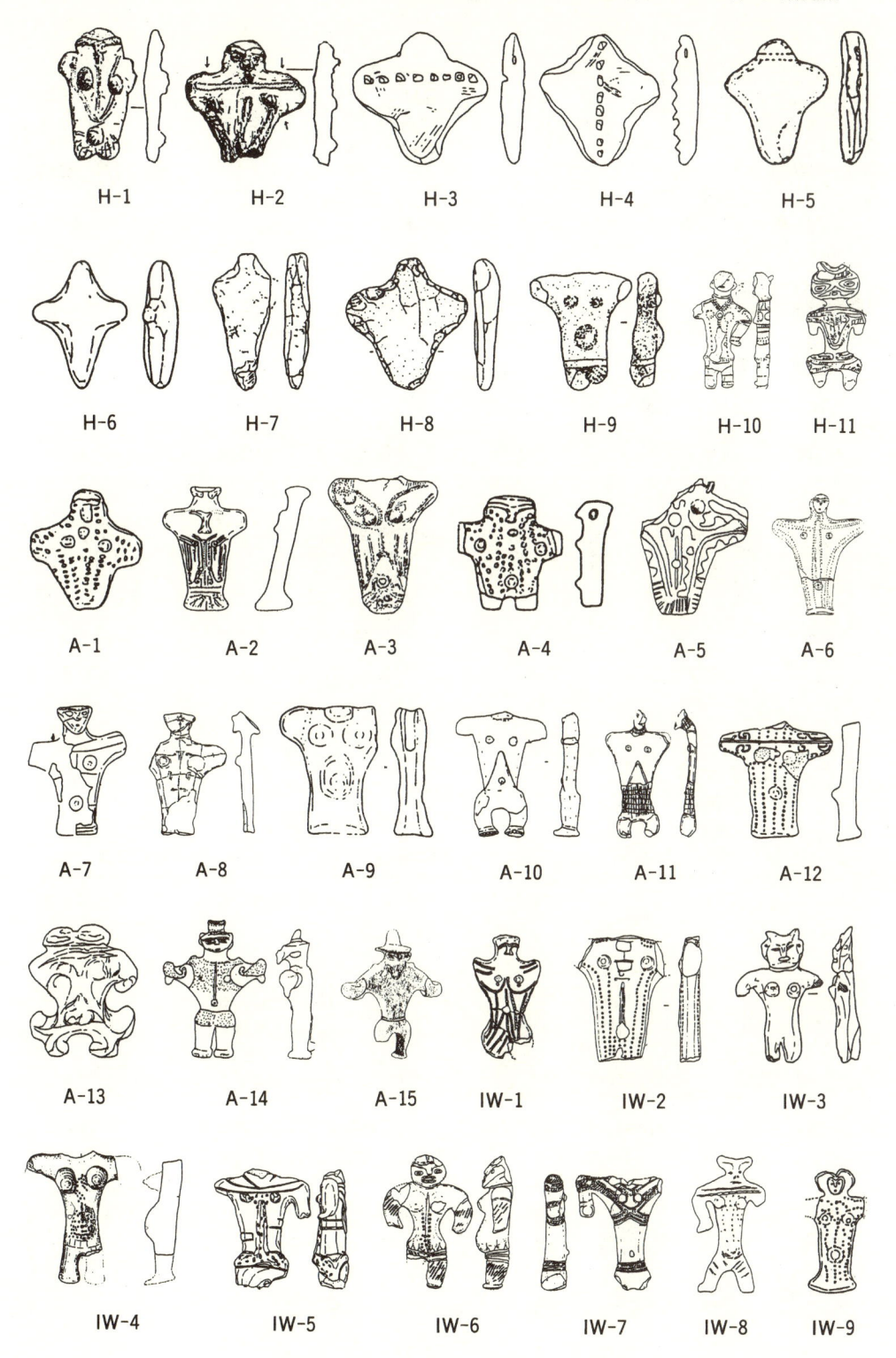

2. 極東北太平洋岸における新石器時代及びそれ以降の女神像信仰　　219

図103　C型系土偶―(1)
　　　　出土遺跡名及び出典（表9）参照

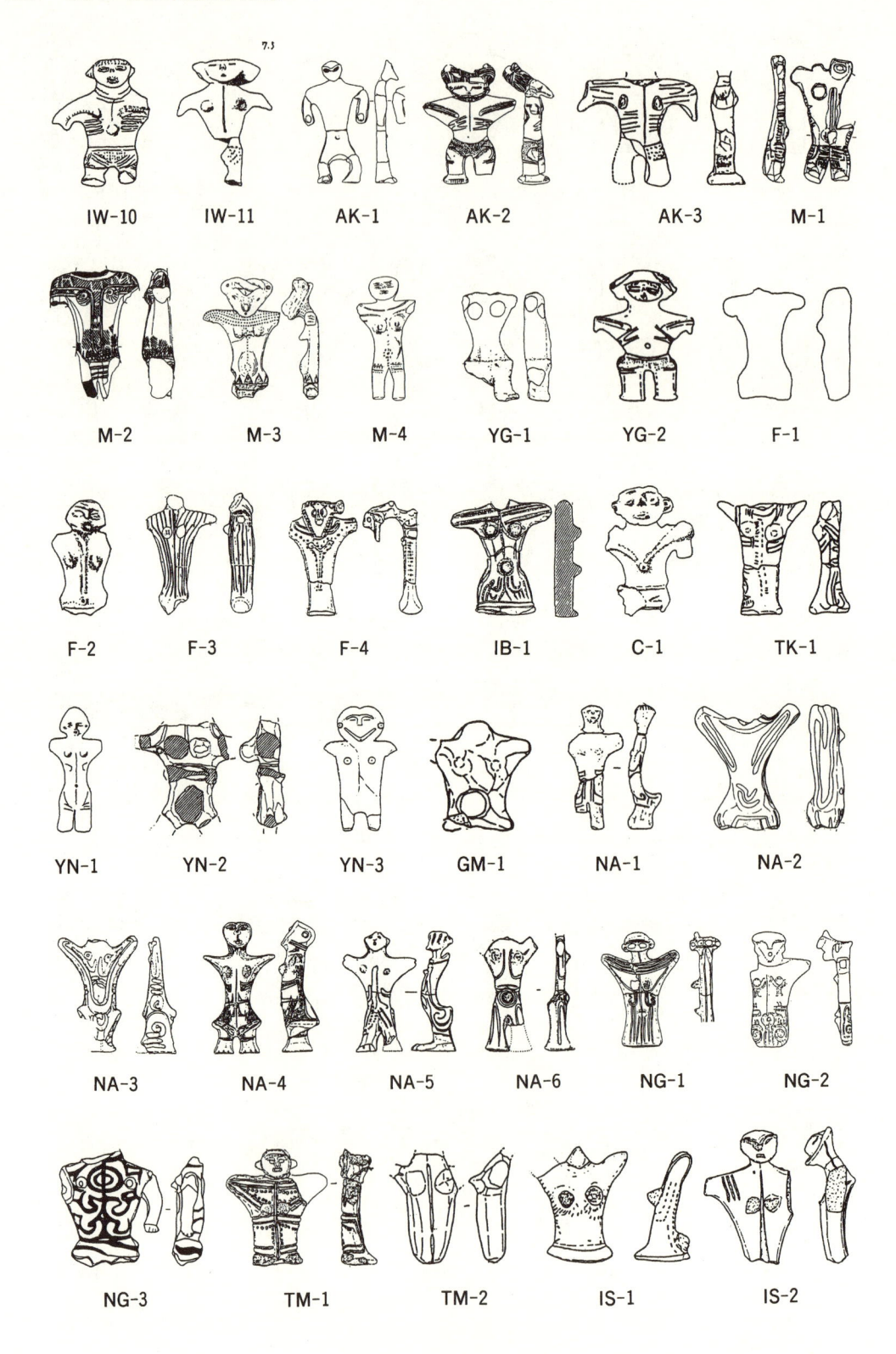

220　第5章　母性女神像信仰の系譜

図103　C型系土偶―(2)

GF-1　　　GF-2　　　GF-3　　　GF-4

図103　C型系土偶—（3）

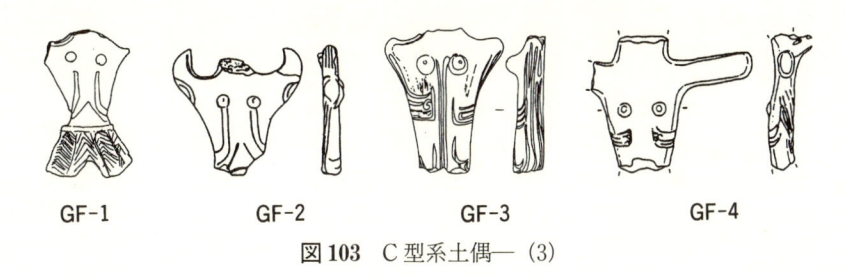

表9　C型系土偶（番号は図103の番号と共通）

（＊印：写真原図よりトレース）

標本番号	遺跡名	図版出典	縄文時代文化期
H.北海道			
1	函館市サイベ沢	長沼　1992：図3-11	中期
2	函館市サイベ沢	長沼　1992：図3-13	中期
3	松前町白坂	長沼　1992：図3-7	中期
4	松前町白坂	長沼　1992：図3-8	中期
5	八雲町栄浜1	長沼　1992：図3-23	中期
6	泊村ヘロカルウス	長沼　1992：図3-24	中期
7	泊村ヘロカルウス	長沼　1992：図3-25	中期
8	福島町館崎	長沼　1992：図3-27	中期
9	函館市日吉	長沼　1992：図4-32	後期
10	静内町御殿山	長沼　1992：図4-45	後期
11	七飯町大中山10	長沼　1992：図6-75	晩期
A.青森県			
1	森田村石神	江坂　1990：19頁（付図）	前期
2	青森市小三内	鈴木　1992：図1-3	前期
3	青森市三内	サントリー美術館　1969：図版58＊	中期
4	青森市三内	三宅　1990：図14	中期
5	八戸市一王子貝塚	江坂　1990：図21＊	中期
6	深浦町一本松	鈴木　1992：図1-11	後期
7	八戸市赤坂	中村　1994：図1-5	後期
8	階上町野場(5)	中村　1994：図1-3	後期
9	青森市近野	中村　1994：図1-10	後期
10	青森市近野	中村　1994：図1-13	後期
11	六ヶ所村大石平	中村　1994：図1-12	後期
12	六ヶ所村千歳(13)	中村　1995：資料3-5	後期
13	木造町亀ヶ岡	サントリー美術館　1969：図版86＊	晩期
14	碇ヶ関村無沢（程森）	江坂　1990：図119＊	晩期
15	鰺ヶ沢村建石	野口　1964：図版84＊	晩期
IW 岩手県			
1	雫石町塩ヶ森II	近藤・阿部　1996：図27	中期
2	盛岡市湯沢	近藤・阿部　1996：図52	中期
3	軽米町馬場野II	金子　1994：図2-24	後期

222 第5章 母性女神像信仰の系譜

	4	花泉町鵜貝塚	金子 1994：図6-10	後期
	5	軽米町大日向II	金子 1994：図1-9	後期
	6	滝沢村湯舟沢	金子 1994：図3-13	後期
	7	大迫町立石	中村 1994：図1-32	後期
	8	松尾村長者屋敷	サントリー美術館 1969：図版77*	後期
	9	東和町内	中村 1995：資料3-12	後期
	10	種市町いくつなみ貝塚	江坂 1990：図117*	晩期
	11	種市町いくつなみ貝塚	岩手県立博物館 1984：D-39	晩期

AK 秋田県

	1	大館市塚ノ下	富樫・武藤 1992：図4-21	後期
	2	湯沢市鐙田	富樫・武藤 1992：図8-58	晩期
	3	湯沢市鐙田	富樫・武藤 1992：図8-59	晩期

M. 宮城県

	1	気仙沼市田柄貝塚	藤沼 1992：図7-70	後期
	2	気仙沼市田柄貝塚	藤沼 1992：図7-69	後期
	3	河南町宝ヶ峯	藤沼 1992：図6-67	後期
	4	石巻市南境貝塚	サントリー美術館 1969：図版350*	後期

YG 山形県

	1	高畠町石ヶ森	浜野 1995：変遷図3-68	後期
	2	真室川町釜淵	江坂 1990：97頁（付図）	晩期

F. 福島県

	1	二本松市原瀬上原	「土偶とその情報」研究会 1995：図版16-4*	後期
	2	二本松市原瀬上原	手塚 1994：図4-9*	後期
	3	いわき市愛谷	山内 1992：図8-9	後期
	4	安達町金田	上野 1992：資料1-1	後期

IB 茨城県

	1	大宮町諏訪台	瓦吹 1992：図3-5	中期

C. 千葉県

	1	成田市荒海貝塚	江坂 1990：図136*	晩期

TK 東京都

	1	稲城市多摩ニュータウンNo.9	「土偶とその情報」研究会 1996a：図版11-29	中期

YN 山梨県

	1	山梨市七日子	「土偶とその情報」研究会 1996a：図版91-3*	中期
	2	高根町青木	「土偶とその情報」研究会 1995：図版1-4	後期
	3	都留市中谷	小野 1992：図7-212	晩期

GM 群馬県

	1	高崎市下佐野	「土偶とその情報」研究会 1996：図版1-1	中期

NA 長野県

	1	高森町増野新切	宮下 1992：図7-20	中期
	2	松本市蟻ヶ崎	「土偶とその情報」研究会 1996a：図版37-5	中期
	3	松本市坪ノ内	「土偶とその情報」研究会 1996a：図版46-3	中期
	4	富士見町坂上	「土偶とその情報」研究会 1996a：図版59-4	中期
	5	駒ヶ根市日向坂	「土偶とその情報」研究会 1996a：図版76-4	中期

	6	戸倉町円光坊	「土偶とその情報」研究会　1996a：図版4-7	中期
NG 新潟県				
	1	安田町ツベタ	「土偶とその情報」研究会　1996a：図版4-1	中期
	2	長岡市中道	「土偶とその情報」研究会　1996a：図版13-2	中期
	3	村松町矢津	駒形　1992：図6-36	晩期
TM 富山県				
	1	大山町東黒牧	小島・神保　1992：図4-31	中期
	2	立山町二ツ塚	「土偶とその情報」研究会　1996a：図版11-13	中期
IS 石川県				
	1	加賀市藤ノ木	小島・神保　1992：図6-39	中期
	2	宇ノ気町気屋	小島・神保　1992：図7-55	後期
GF 岐阜県				
	1	丹生川村桐山広殿	石原　1992：図3-24	中期
	2	朝日村森ノ下	石原　1992：図3-26	中期
	3	朝日村がうろう	「土偶とその情報」研究会　1996a：図版7-94	中期
	4	可児市宮之脇	「土偶とその情報」研究会　1996a：図版10-2	中期

ある。C型系土偶の変異種について若干の実例をあげると次のとおりである。図103のA-11は、「腕なし」の伝統を維持しながら「脚」を附加した変異形態である。同図H-1は、手足の分化の萌芽的段階を示している。同図M-1、GF-1は、「腕」は未発達であるが「脚」が発達した変種である。

　逆三角形土偶のデザインは、C型即ち「腕なし」「逆台形胴」型であって、元来体形的に肩強調型であるが、この傾向がC型系即ち「腕付き」逆三角形土偶になると特に顕著化する。即ち肩が左右に水平に延び、手が短く垂れ、胴がくびれて逆三角形を呈する所謂「遮光器土偶」の衰退形態（江坂　1990：113）等はその典型例といえる（図103A-14、YG-2）。このような逆三角形の「怒り肩」デザインは、C型系土偶では珍しくないといえる（図103IW-7、11、AK-3、C-1）。

　(d)　A型（台形胴型）造形パターン（形枠）の欠如
　　　　――シベリア（北方アジア）的形枠構成の継承――

　縄文土偶・岩偶即ちヒト形像の造形伝統には重大な不在特徴がある。それはA型（台形胴型）造形パターン（形枠）（図84-A）の欠如である。A型即ち台形胴型とは、腰（hip）が両側方に張り出していて胴体中最も幅の広い部分となっている「腰張り」型であって、肩幅より腰幅が広いために、正面から見た胴部の輪郭が台形を呈することになる。

　このA型は、旧石器時代ヨーロッパの女人（女神）像の造形パターン（形枠）として発達し、同地域ではこの伝統が新石器時代の土偶にも継承されている。しかしシベリアの旧石器時代女人（女神）像にはその伝統の流れは認められない。アムールの新石器時代土偶にもその証拠がない

ことは既に述べたが、縄文土偶の場合も同様である。縄文土偶に「腰張り」型が珍しくないことは確かであるが、それらは明らかにA型ではない。

　縄文土偶の「腰張り」型については、既に以下のような指摘がある。例えば八幡一郎氏は、腰部を幅広くした「腰張り」型を縄文中期土偶に一貫する地域差を超えた特徴と指摘している（八幡　1963：20及び図版58、図34-35）。山内幹夫氏も、福島県出土の中期土偶の基本形態として2型式の「腰張り」型の存在を指摘している（山内　1992：155及び図1）。また小島俊彰氏と神保孝造氏は、北陸の縄文後期から晩期にかけての時期に出土例の多い特徴的な土偶として、「板状作りの腰張り土偶」を挙げている（小島・神保　1992：322及び図8-71〜75、図9-76〜79）。

　しかし縄文時代のこのような「腰張り」型を、ヨーロッパ旧石器時代の所謂「ヴィーナス」像によって代表される「腰張り」型即ちA型（台形胴型）と同一視することはできない。その理由は下記のとおりである。

　ヨーロッパの旧石器時代女人（女神）像を代表する「ヴィーナス」像の造形パターン（形枠）は、胴体の形からみると、その最大幅は腰（hip）の位置にある台形胴型即ちA型（図83-A）であるが、これは全身の形からみると、腰から上と下の双方に向けて先細りの体形即ちルロア＝グーランによって明らかにされた「ダイアモンド（菱）形」である（150頁及び図86-21）。このパターンは、台形胴と小頭を含む腰から上の三角形部分と、先細りの脚を含む腰から下の逆三角形部分との上下2部分から構成される。つまりそれは、身体の上下両脚部が極小化され、腰部が集中的に強調された造形パターンにほかならない。

　それに対して先述のような縄文女人（女神）像の「腰張り」型は、「非ダイアモンド形」であって、腰から上と下の双方に向けて先細りの体形になっていないのが通例である。即ち腰から上に関しては、腰幅に劣らずあるいはそれ以上に肩幅が大きく、また腰から下に関しては、腰幅に劣らずあるいはそれ以上に両脚（足）幅（両脚（足）最外側点間の間隔）が大きい。つまりそれは、「腰張り」であるが同時に「肩張り」であり、あるいは「腰張り」であると同時に「脚（足）張り」であって、肩と脚の幅が広いために旧石器時代ヨーロッパ型即ちA型のような「肩すぼみ」で同時に「足すぼみ」のダイアモンド（菱）形体形にはならない。要するに旧石器時代ヨーロッパの女人（女神）像で代表されるA型は集中的な腰部強調型であるのに対して、縄文土偶の「腰張り」型は、腰部だけでなく、それと同時に肩あるいは足（脚）あるいはその双方の強調を伴う点で前者とは根本的に違う。つまり両者の間には造形理念の本質的な相違が読みとれる。即ち両者は腰の張り出しという点で一見似てはいるが、体形全体から見ると、両者間には構造的な差異があるということがわかる[101]。

　「腰張り」型縄文土偶にも、旧石器時代「ヴィーナス」像のような腰幅より狭い肩とそれよりさらに狭い頭を伴う、上半身が三角形を呈する例が全くないわけではない。しかしそのような例外の実例（宮下　1992：図3-1、図6-2）の場合でも、左右分離型の幅広い足（脚）を伴っていて、下半身は逆三角形を呈していない。つまりその全体形はダイアモンド（菱）形とはいえない。要するに縄文土偶には、A型パターン（ダイアモンド形枠）の存在を示す根拠が見当たらないといえる。これは、B型及びC型パターンに準拠した土偶・岩偶が、先述したように、縄

文時代を通じ殆ど全国的に分布するのに較べて、極めて対照的な事実といわねばならない。

　以上のように縄文土偶と旧石器時代女人（女神）像の「腰張り」現象は、似て非なるものであって両者間に造形伝統上のつながりは認められない。従って単なる「腰張り」表現を根拠に縄文土偶の起源を旧石器時代ヨーロッパの女人（女神）像に求めることができないことがわかる。要するに、縄文女人（女神）像にも「腰張り」型の土偶はあるが、それは「ヴィーナス」像で代表されるＡ型「ダイアモンド形」の「腰張り」女人像とは造形理念が違う。つまり縄文土偶類にはＡ型が欠けている。

　Ａ型女人（女神）像の欠除は、縄文社会だけでなく、先に述べたようにその後の日本民俗にも、また対岸のアムール地方の新石器時代及び現生猟漁民をはじめバイカル方面の旧石器文化にも認められる北方アジア共通の特徴にみえる。このように広汎な地域で、しかも女人（女神）像の出現以来、時代を通じ現代まで一貫してＡ型女人（女神）像の形跡が見当たらないということは、Ａ型造形パターンの伝統の欠如を意味するものと解釈してよいと考えられる。以上の分析結果から判断して、縄文土偶の「腰張り」型は、旧石器時代ヨーロッパ起源の伝統的形枠であるＡ型から由来したものではなく、本邦での焼成土偶の出現後に生まれた、比較的新しいタイプ——恐らくは既存伝統のＢ型ないしＣ型造形パターン（形枠）からの変異種——とみなすことができよう。いずれにしても、既存の証拠から見る限り、それは縄文文化固有のものと考えられる。これについては次項(e)で詳述する。

(e)　腰張り土偶とＤ型女人（女神）像造形パターン
　　　——新胴形枠の発生と発展——

　前項(d)でとりあげた縄文社会の「腰張り」土偶の形態は多種多様で、一見では無秩序にみえるが、胴形（153頁及び図83）から見ると造形原理の異なる3群に大別できる。この事実は、縄文社会が土偶の胴形を規定する3種の造形パターン（形枠）を保持し、これを基本的理念として、時代と地域と家族ないし個人に応じた変化に富む各種の土偶を製作したことを示している。その3群中の2群は、北方ユーラシア的胴形伝統の流れを汲むＢ型及びＣ型の「腰張り」土偶であるが、それらを除外すると、残りの「腰張り」土偶は一般にそれらとは別の胴形を共有していることがわかる。この事実は、縄文社会が上記のユーラシア的胴形枠の他に、彼等独自の女人像造形パターン即ち胴形枠を保持していたことを示している。縄文社会に特有のこの造形パターン（形枠）は、胴が中央でくびれて狭くなった「くびれ胴形」である。これはつまり、上端部の肩と下端部の腰がともに幅広い「鼓形」ないし「分銅形」胴形であって、ヨーロッパの先史「腰張り」女人像の造形理念である台形即ち肩すぼみで腰広がりとは対照的である。縄文社会特有のこの形枠は、ユーラシア旧石器時代以来の伝統的2形枠（Ｂ型及びＣ型）とは別の第3の形枠ということができる。そこでこれをＤ型とよぶことにする。Ｂ型あるいはＣ型形枠準拠の土偶では、「腰張り」型のものはそれぞれの群の一部を占めるにすぎないが、Ｄ型形枠はそれ自身が「腰張り」型なので、その形枠に準拠した製品であるＤ型土偶はすべて「腰張り」型である。Ｂ型とＣ型以外の縄文土偶の大部分は、Ｄ型ないしＤ型系のようにみえる。以下は「腰張り」型

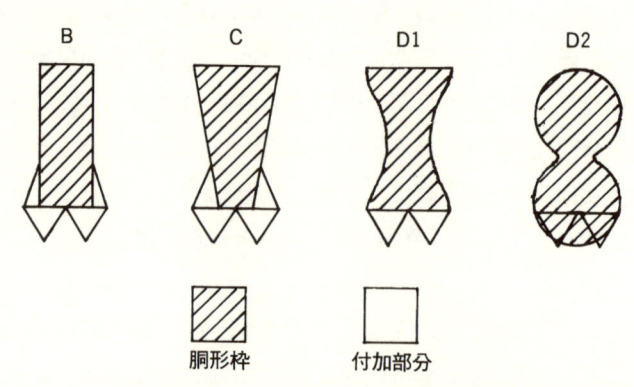

図104　B、C、D各胴形土偶の「腰張り」の性状と胴形原形との関係
　　　　　B型及びC型腰張り土偶：胴下端部の付加的張り出し
　　　　　D型腰張り土偶：胴下端部の原形の張り出し

縄文土偶の胴形による3群の分類である（図104）。

(1) B型系腰張り土偶（図104-B）

B型胴形枠準拠の土偶の一部。矩形胴の下端の幅が広がることによって腰の張り出しが形成されているタイプの土偶である。腕と脚のいずれかまたは双方の分化（発達）したB型系の腰張り土偶がある。実例は図105-Iのとおりである（表10参照）。

(2) C型及びC型系腰張り土偶（図105-II、III、表11、12）

C型形枠準拠土偶の一部。逆台形（C型）胴の下端の幅が拡がることによって腰の張り出しが形成されているタイプの土偶。腕と脚の双方が未分化のC型と、腕と脚のいずれかまたは双方の分化（発達）したC型系とがある。このタイプの土偶は、本来の胴形枠がC型即ち逆台形胴即ち「肩張り」胴であるものが、腰の広がりの附加によって、胴部の「くびれ」が生じたものにほかならない。つまりこのタイプの場合は、「肩張り」が本来の胴形の特徴であって、「腰張り」は附加的な様相である。従ってこれは、胴形枠自体が「くびれ」と「腰張り」様相を呈するD型腰張り土偶（次項第3群）とは由来が違う。この縄文腰張り土偶第2群は、胴の「くびれ」の最狭部の位置が、胴（首の付け根とまたの分岐点との間の部分）の中央より下にあること即ち「くびれ」の位置が低いことによって、次項の第3群と区別される。

(3) D型及びD型系土偶（図106及び図107、表13、14、15）

D型土偶

胴の「くびれ」の最狭部の位置がその中央かそれより上にあって、胴形が鼓形ないし分銅形を呈するタイプの土偶。腕・脚が未分化のD型と、それが分化したD型系がある。

前述の腰張り土偶第(1)(2)群は、北方ユーラシア系造形パターン（形枠）に基づく土偶の一部が、腰張り化したものであるが、この第(3)群は縄文社会特有の胴形枠（D型）に基づく土偶であって、その形枠自体が「肩張り兼腰張り」型なので、すべて「腰張り」型でありしかも同時に「肩張り」型でもある。B型及びC型関係以外の縄文土偶の大部分は、このD型関係のようにみえる。以下はその実例であるが、詳細は別紙にゆずることとし、ここでは一部の代表例をあげることにとどめる。

2. 極東北太平洋岸における新石器時代及びそれ以降の女神像信仰 227

I. B型系腰張り土偶

II. C型腰張り土偶

III. C型系腰張り土偶

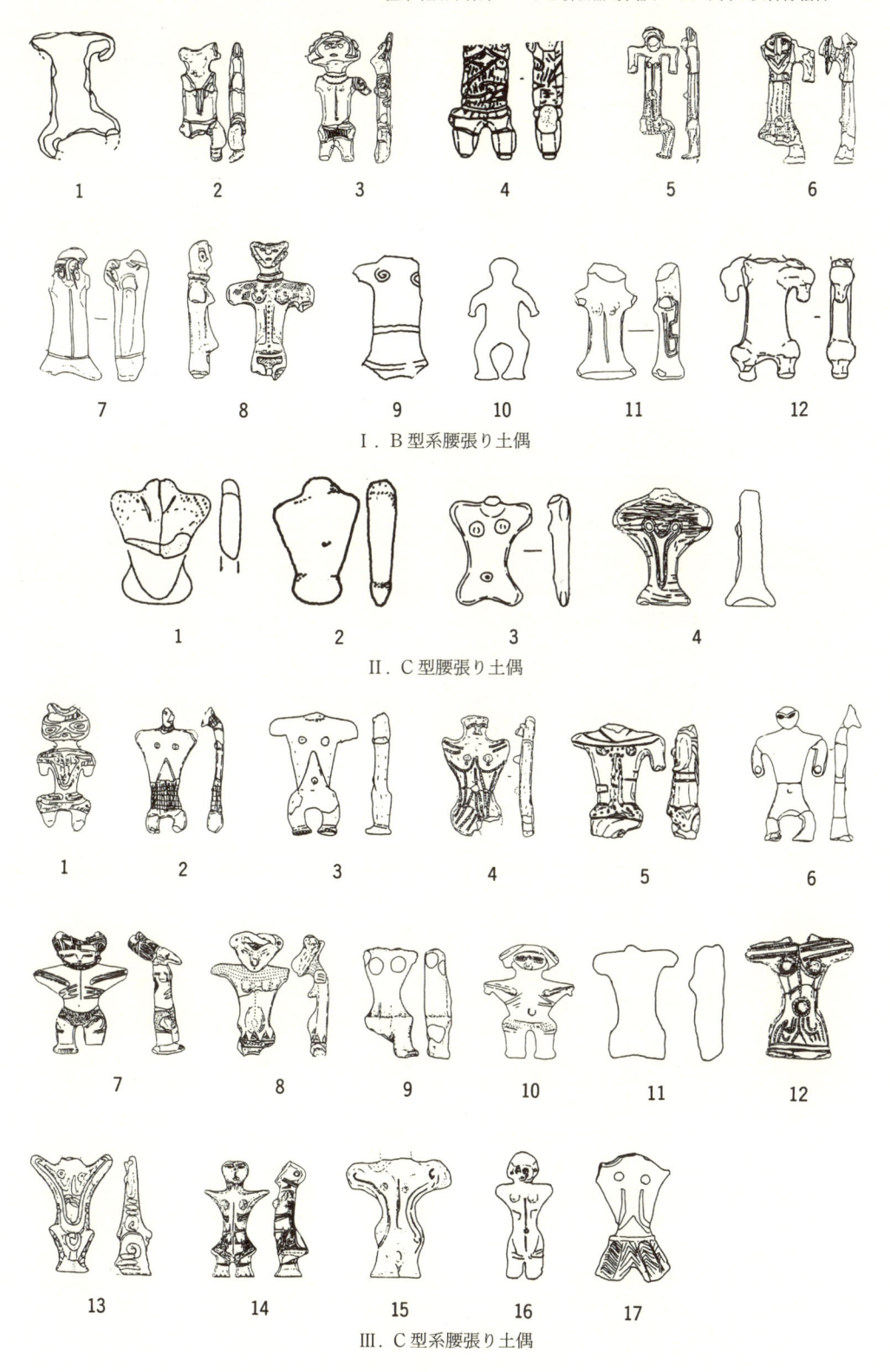

図105　B型並びにC型関係腰張り土偶
　　　　出土遺跡名及び出典一覧表（表10、11）参照

表10 B型系腰張り土偶（図105-Ⅰ遺跡名及び出典）

1) 北海道添山、長沼　1992：図6-66（晩期）
2) 北海道新道4、長沼　1992：図6-70（晩期）
3) 北海道新道4、長沼　1992：図6-76（晩期）
4) 青森県檜木、金子　1994：図7-13（晩期）
5) 宮城県伊古田、阿部　1995：図2-23（後期）
6) 宮城県伊古田、阿部　1995：図2-24（後期）
7) 宮城県二屋敷、藤沼　1992：図6-57（後期）
8) 宮城県宝ヶ峯、浜野　1995：図6-19（後期）
9) 神奈川県川尻、山崎　1995：資料1-7（後期）
10) 山梨県岩窟、「土偶とその情報」研究会　1995：図版6-7（後期）
11) 山梨県金の尾、小野　1992：図9-239（弥生時代）
12) 長野県福沢、宮下　1992：図11-26（晩期）

表11 C型腰張り土偶（図105-Ⅱ出土遺跡名及び出典）

1) 青森県根井沼(1)、鈴木　1992：図1-1（早期）
2) 青森県石神、稲野　1994：岩偶集成図1-9（前・中期）
3) 青森県近野、中村　1994：図1-9（後期）
4) 宮城県大梁川、藤沼　1992：図5-45（中期）

表12 C型系腰張り土偶（図105-Ⅲ出土遺跡名及び出典）

（＊印：写真原図よりトレース）

1) 北海道大中山10、長沼　1992：図6-75（晩期）
2) 青森県大石平、中村　1994：図1-12（後期）
3) 青森県近野、中村　1994：図1-13（後期）
4) 岩手県塩ヶ森Ⅱ、近藤・阿部　1994：図27（中期）
5) 岩手県大日向Ⅱ、金子　1994：図5-1（後期）
6) 秋田県塚ノ下、中村　1994：図1-15（後期）
7) 秋田県鐙田、富樫・武藤　1992：図8-58（晩期）
8) 宮城県宝ヶ峯、藤沼　1992：図6-67（後期）
9) 山形県石ヶ森、浜野　1995：変遷図3-68（後期）
10) 山形県釜淵、江坂　1990：図120＊（晩期）
11) 福島県原瀬上原、「土偶とその情報」研究会　1995：図版16-4＊（後期）
12) 茨城県諏訪台、「土偶とその情報」研究会　1996a：図版1-3（中期）
13) 長野県坪ノ内、「土偶とその情報」研究会　1996a：図版46-3（中期）
14) 長野県坂上、「土偶とその情報」研究会　1996a：図版59-4（中期）
15) 長野県辻沢南、「土偶とその情報」研究会　1996a：図版75-7（中期）
16) 山梨県七日子、「土偶とその情報」研究会　1996a：図版91-3＊（中期）
17) 岐阜県桐山広殿、石原　1992：図3-24（中期）

D型土偶の胴の「くびれ」が軽微で湾曲が浅い直線に近い場合は、B型（矩形胴）土偶との間に明確な一線が引き難く、両者のいずれにも分類が可能である（参考例：表13第7例及び図99-2、13）。

D型系土偶

腕と脚のいずれかまたは双方が分化したD型土偶がD型系土偶であるが、その分布の程度には著しい個体差があって、なかには辛うじて腕ないし脚と認め得る場合も少なくない。そこで一応ここでは、そのような分化程度の軽微なものを萌芽的D型系土偶と名づけ、充分に発達した腕ないし脚を伴うその他のD型系土偶と区別して記述することとした。

D型（くびれ胴型）造形パターン（形枠）

上記のようなD型及びD型系土偶即ち「くびれ胴」型縄文土偶の存在は、縄文社会における第3の胴形枠即ちD型形枠の発生と発展を示す証拠にほかならない。旧石器時代からの遺産である北方ユーラシア起源のB型・C型両形枠にこの新形枠を追加することによって、彼等は3種の形枠からなる女人像造形パターン複合体を維持し、それを時代と地域の製作者個人ないし家族によって使い分けていたことになる。つまりこれらの3種の基本的胴体形に各種の腕・脚形と頭・顔形を組み合わせることによって、縄文土偶の驚くべき多様が生みだされたわけである。千変万華の変異を示すその作品群の実態は、そのような事情を物語る証拠にほかならない。

ここで注目すべきは、この肩・腰対等強調型の新造形パターン即ちD型形枠が、単に他の2形枠より時代的に遅れて出現しただけではなく、焼成土偶の時代になって初めて出現した、縄文文化独自の自生的伝統であるという点である。そこでこの形枠は、女人（女神）像の製作技術と関連があるのではないかという疑問が起こる（図108）。

D型形枠即ち「くびれ胴」型ないし「肩張り・腰張り」型造形パターンは、他の形枠即ち旧石器時代起源のB型・C型両形枠に較べて、突出あるいは張り出しの度合いが複雑で著しい。従ってこのパターンは、可塑性が大きくてしかも硬度が高く壊れにくい、粘土の焼き物即ち焼成土

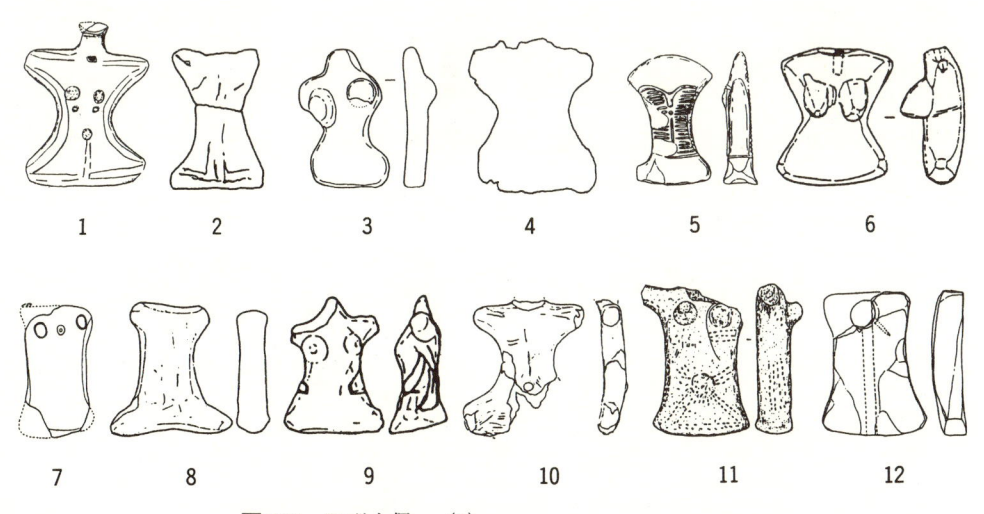

図106　D型土偶—（1）
出土遺跡名及び出典一覧表（表13）参照

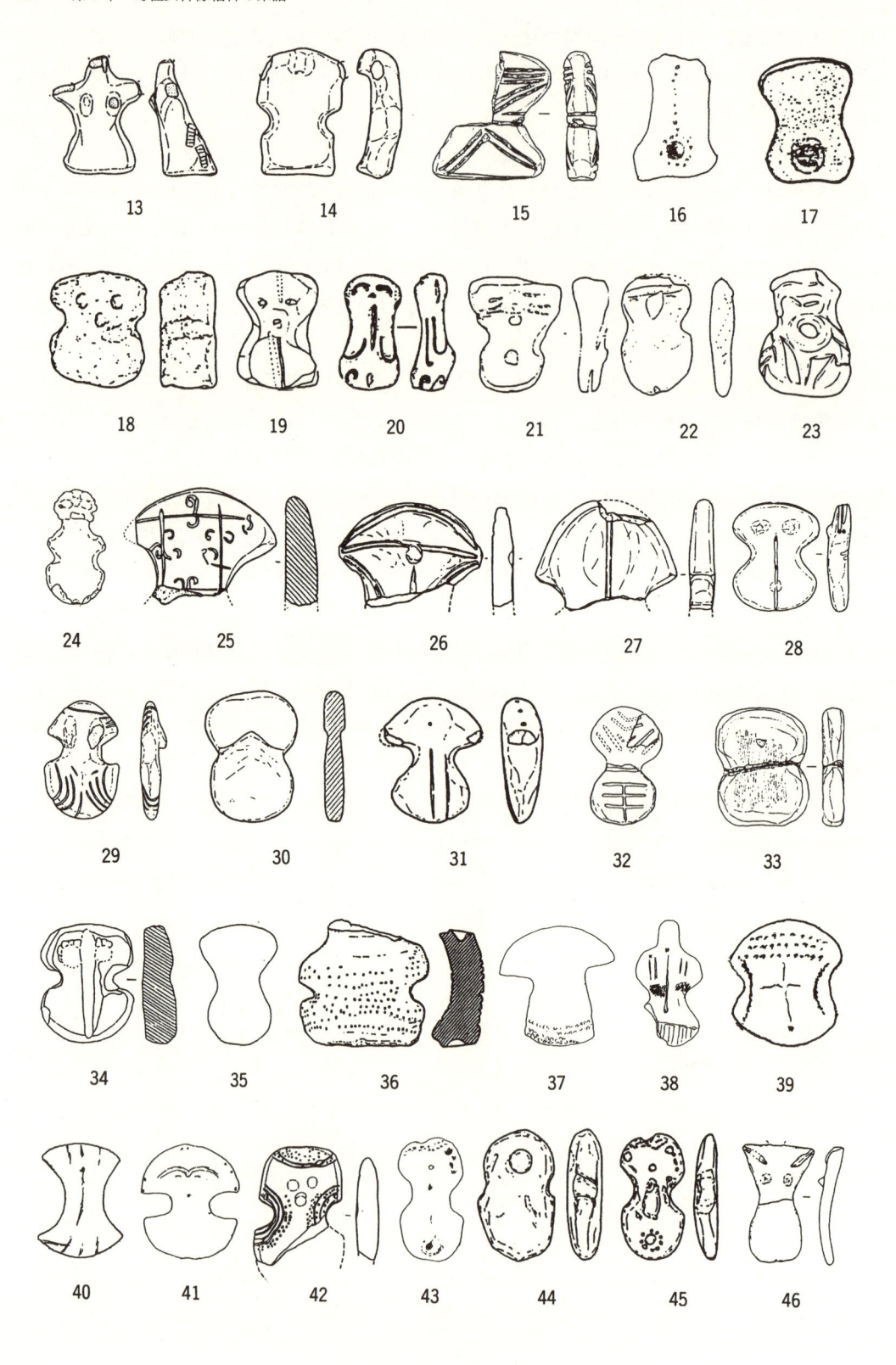

230 第5章 母性女神像信仰の系譜

図106 D型土偶—(2)

表13 D型土偶（図106出土遺跡名及び出典）（＊印：写真原図よりトレース）

1) 秋田県中杉沢、富樫・武藤　1992：図2-10（中期）
2) 福島県音坊、山内　1992：図2-3＊（中期）
3) 茨城県花輪台貝塚、瓦吹　1992：図2-1（早期）
4) 茨城県花輪台貝塚、甲野　1964：図版254＊（早期）
5) 茨城県三美、「土偶とその情報」研究会　1995：図版12-8（後期）
6) 千葉県上台、浜野　1990：図10（早期）
7) 千葉県一本桜、堀越　1992：図1-3（前期？）
8) 埼玉県池田、「土偶とその情報」研究会　1996a：図版1-1（中期）
9) 埼玉県坂東山、「土偶とその情報」研究会　1996a：図版1-11（中期）
10) 新潟県豊原、「土偶とその情報」研究会　1996a：図版5-18（中期）
11) 新潟県驕、「土偶とその情報」研究会　1996a：図版11-4（中期）
12) 長野県棚畑、「土偶とその情報」研究会　1996a：図版60-7（中期）
13) 長野県伴野原、「土偶とその情報」研究会　1996a：図版90-8（中期）
14) 愛知県八王子貝塚、「土偶とその情報」研究会　1995：図版2-5（後期）
15) 三重県天白、「土偶とその情報」研究会　1995：図版4-7（後期）
16) 香川県大浜、丹羽　1992：写真1-6＊（後期？）

(以上鼓型：D1)

17) 長野県海戸、宮下　1992：図1-1（早期）
18) 長野県棚畑、「土偶とその情報」研究会　1996a：図版63-7（中期）
19) 長野県棚畑、「土偶とその情報」研究会　1996a：図版61-8（中期）
20) 長野県塩倉貯水場西、宮下　1992：図4-10（中期）
21) 長野県一津、宮下　1992：図9-25（後期）
22) 長野県一津、宮下　1992：図9-26（後期）
23) 山梨県釈迦堂遺跡群三口神平地区、「土偶とその情報」研究会　1996：図版27-8（中期）
24) 富山県小二又、小島・神保　1992：図11-100（後・晩期）
25) 石川県赤浦、小島・神保　1992：図7-65（後期）
26) 石川県横北、小島・神保　1992：図7-66（後期）
27) 石川県横北、小島・神保　1992：図7-67（後期）
28) 愛知県八王子貝塚、「土偶とその情報」研究会　1995：図版2-6（後期）
29) 愛知県八王子貝塚、「土偶とその情報」研究会　1995：図版2-7（後期）
30) 愛知県八王子貝塚、「土偶とその情報」研究会　1995：図版2-8（後期）
31) 愛知県八王子貝塚、「土偶とその情報」研究会　1995：図版2-9（後期）
32) 愛知県八王子貝塚、「土偶とその情報」研究会　1995：図版2-11（後期）
33) 三重県天白、「土偶とその情報」研究会　1995：図版4-8（後期）
34) 京都府日野谷寺、「土偶とその情報」研究会　1995：図版1-1（後期）
35) 大阪府船橋、「土偶とその情報」研究会　1995：図版1-13＊（後期）
36) 大阪府鬼塚、「土偶とその情報」研究会　1995：図版1-11（後期）
37) 岡山県上東、サントリー美術館　1969：図版371＊（弥生時代）
38) 広島県柳津町、サントリー美術館　1969：図版369＊（後期）
39) 香川県ナカンダ浜、丹羽　1992：写真1-1＊（後期？）
40) 香川県ナカンダ浜、丹羽　1992：写真1-2＊（後期？）
41) 愛媛県御幸寺山東麓、サントリー美術館　1969：図版375＊（弥生時代）
42) 福岡県原井三ツ江、富田　1992：図1-1（後期）
43) 熊本県三万田東原、サントリー美術館　1969：図版378＊（後期）
44) 熊本県三万田、富田　1990：図1-4B（後・晩期）
45) 熊本県亀尾、富田　1992：図3-1（後・晩期）

(以上分銅型：D2)

46) 福島県刈摩山、山内　1992：図2-1（前期）

(以上D1とD2の中間形)

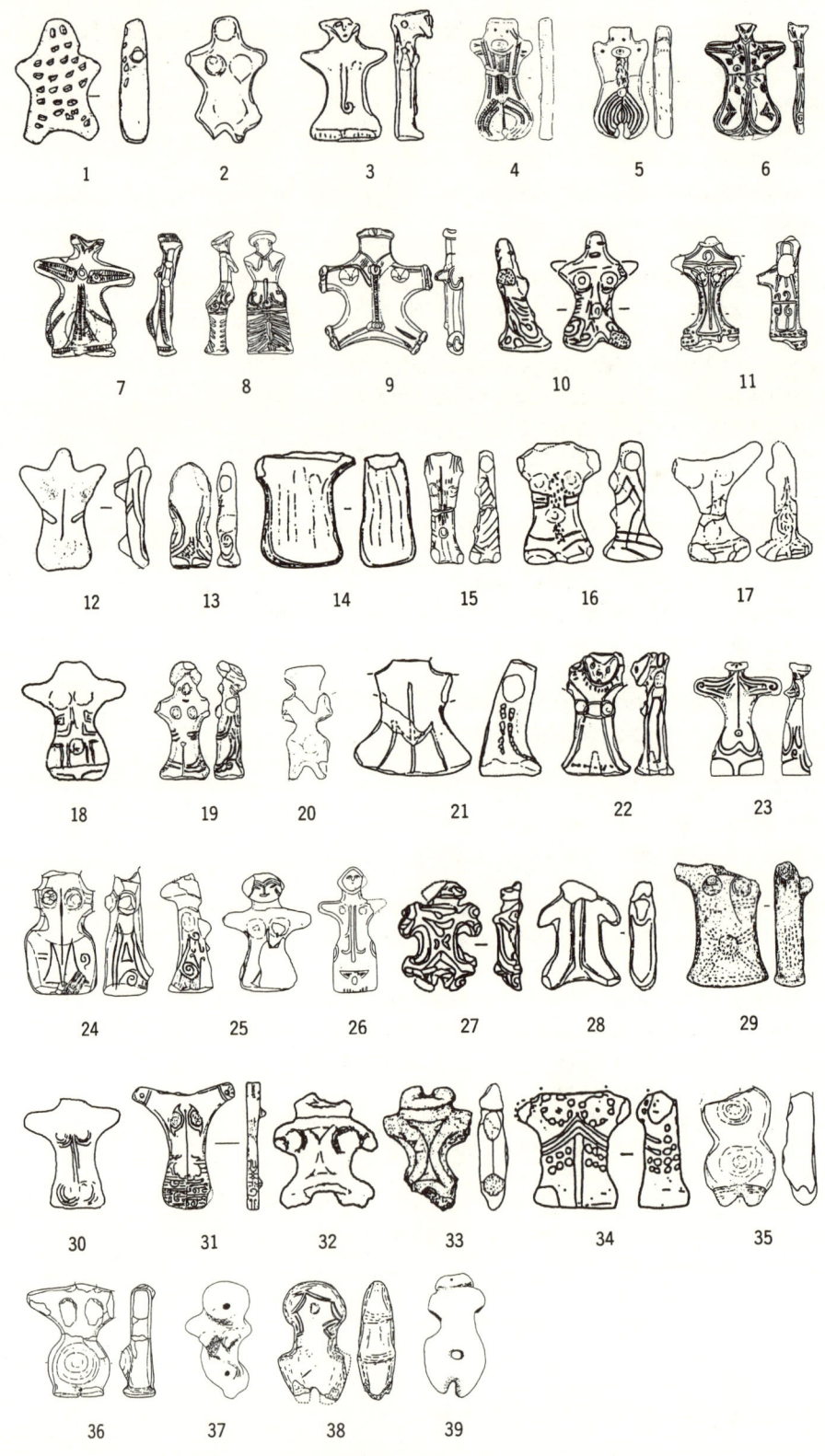

232 第5章　母性女神像信仰の系譜

図107-1　萌芽的D型土偶
　　　　　出土遺跡名及び出典一覧表（表14）参照

表14 萌芽的D型系土偶（図107-1出土遺跡名及び出典）

(＊印：写真原図よりトレース)

1) 北海道サイベ沢、長沼　1992：図3-17（中期）（脚）
2) 岩手県杉則（寺場）、江坂　1990：図13（前期）（脚）
3) 岩手県西田、近藤・阿部　1996：図2-40（中期）（腕・脚）
4) 岩手県塩ヶ森、稲野他　1992：図5-1（中期）（脚）
5) 岩手県塩ヶ森、稲野他　1992：図5-2（中期）（脚）
6) 秋田県黒倉B、富樫・武藤　1992：図2-6（中期）（腕・脚）
7) 秋田県坂ノ上F、富樫・武藤　1992：図2-8（中期）（腕・脚）
8) 宮城県中ノ内A、藤沼　1992：図3-33（中期）（脚）
9) 宮城県摺萩、藤沼　1992：図9-86（晩期）（腕・脚）
10) 群馬県大門、「土偶とその情報」研究会　1996a：図版1-6（中期）（脚）
11) 栃木県清水端、上野　1992：図2-4（後期）（脚）
12) 埼玉県膳棚、植木　1992：図4-4（中期）（腕）
13) 神奈川県田名花ヶ谷戸、「土偶とその情報」研究会　1996a：図版2-13（中期）（腕）
14) 東京都貫井、「土偶とその情報」研究会　1996a：図版20-7（中期）（腕）
15) 東京都多摩ニュータウンNo.9、「土偶とその情報」研究会　1996a：図版11-30（中期）（脚）
16) 東京都多摩ニュータウンNo.9、「土偶とその情報」研究会　1996a：図版11-34（中期）（腕・脚）
17) 東京都飛田給、「土偶とその情報」研究会　1996a：図版22-1（中期）（腕・脚）
18) 神奈川県大熊仲町、鈴木　1992：図1-8＊（中期）（腕）
19) 神奈川県田名花ヶ谷戸、「土偶とその情報」研究会　1996a：図版2-11（中期）（腕）
20) 山梨県釈迦堂遺跡群塚越北A地区、小野　1992：図1-1（前期）（脚）
21) 山梨県清水、「土偶とその情報」研究会　1996a：図版126-3（中期）（腕）
22) 山梨県上野原、「土偶とその情報」研究会　1995：図版8-4（後期）（腕）
23) 長野県八乙女五輪、宮下　1992：図6-16（中期）（腕）
24) 長野県棚畑、「土偶とその情報」研究会　1996a：図版62-7（中期）（腕）
25) 長野県坪ノ内、「土偶とその情報」研究会　1996a：図版44-2（中期）（腕）
26) 長野県刈谷原、宮下　1992：図6-31（中期）（腕）
27) 長野県館、宮下　1992：図10-30（晩期）（腕）
28) 長野県中島A、宮下　1992：図11-23（晩期）（腕・脚）
29) 新潟県馬高、駒形　1992：図2-8（中期）（腕）
30) 新潟県大蔵、駒形　1992：図2-4＊（中期）（腕）
31) 新潟県栃倉、駒形　1992：図2-6（中期）（腕）
32) 新潟県藤橋、駒形　1992：図7-42＊（晩期）（腕・脚）
33) 新潟県朝日、駒形　1992：図7-41（晩期）（腕・脚）
34) 富山県布尻、「土偶とその情報」研究会　1996a：図版10-5（中期）（腕）
35) 大阪府馬場川、「土偶とその情報」研究会　1995：図版2-12（後期）（脚）
36) 大阪府馬場川、「土偶とその情報」研究会　1995：図版2-1（後期）（腕・脚）
37) 熊本県四方寄、サントリー美術館　1969：図版383＊（後期）（腕）
38) 熊本県上南部、富田　1992：図9-15（晩期）（脚）
39) 鹿児島県上加世田、サントリー美術館　1969：図版175＊（岩偶）（晩期）（脚）

234 第5章 母性女神像信仰の系譜

第Ⅰ群

第Ⅱ群

図 107-2　D型系土偶―（1）
　　　　　出土遺跡名及び出典一覧表（表15）の番号参照

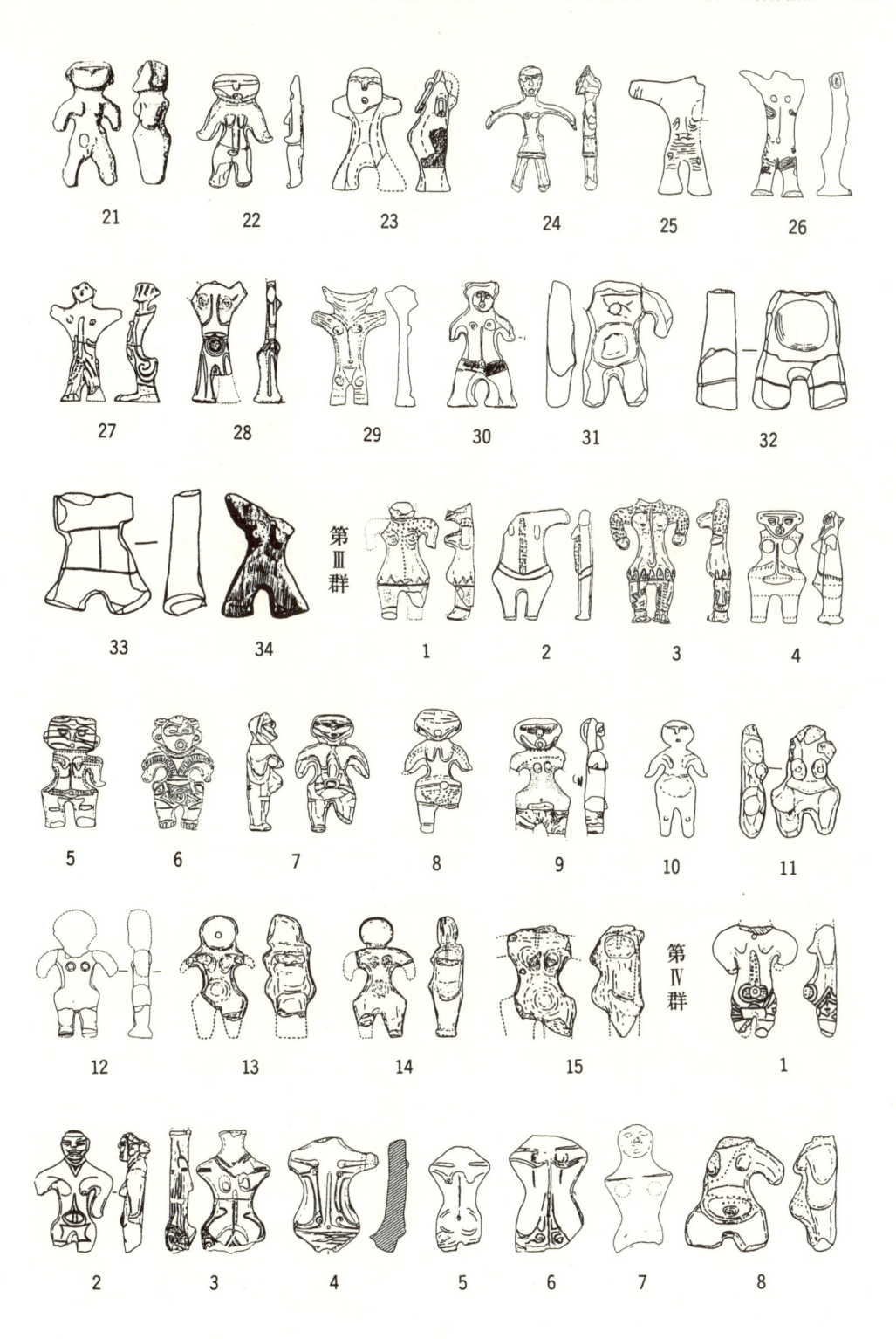

2. 極東北太平洋岸における新石器時代及びそれ以降の女神像信仰　　235

図107-2　D型系土偶—(2)

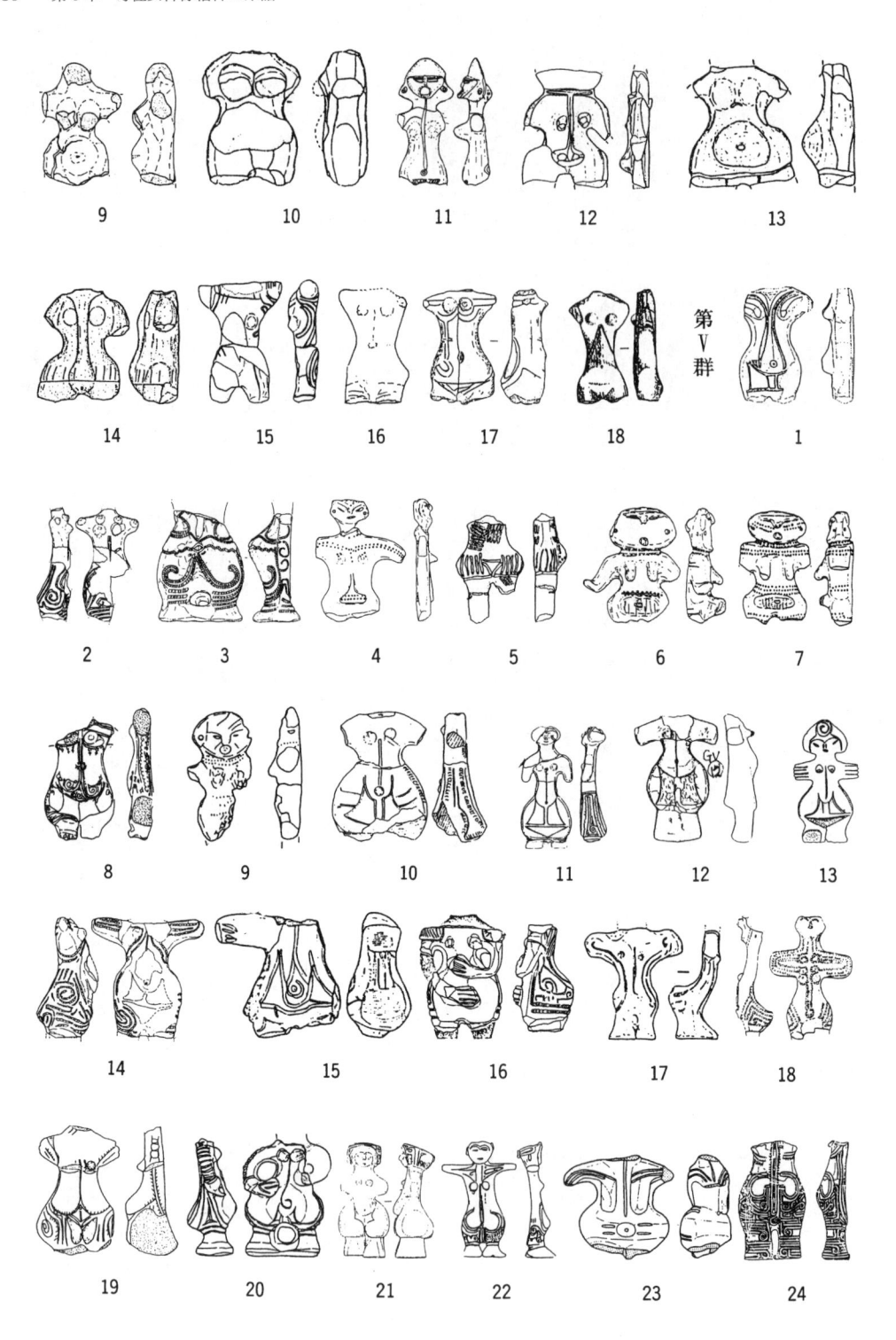

236　第5章　母性女神像信仰の系譜

図107-2　D型系土偶—(3)

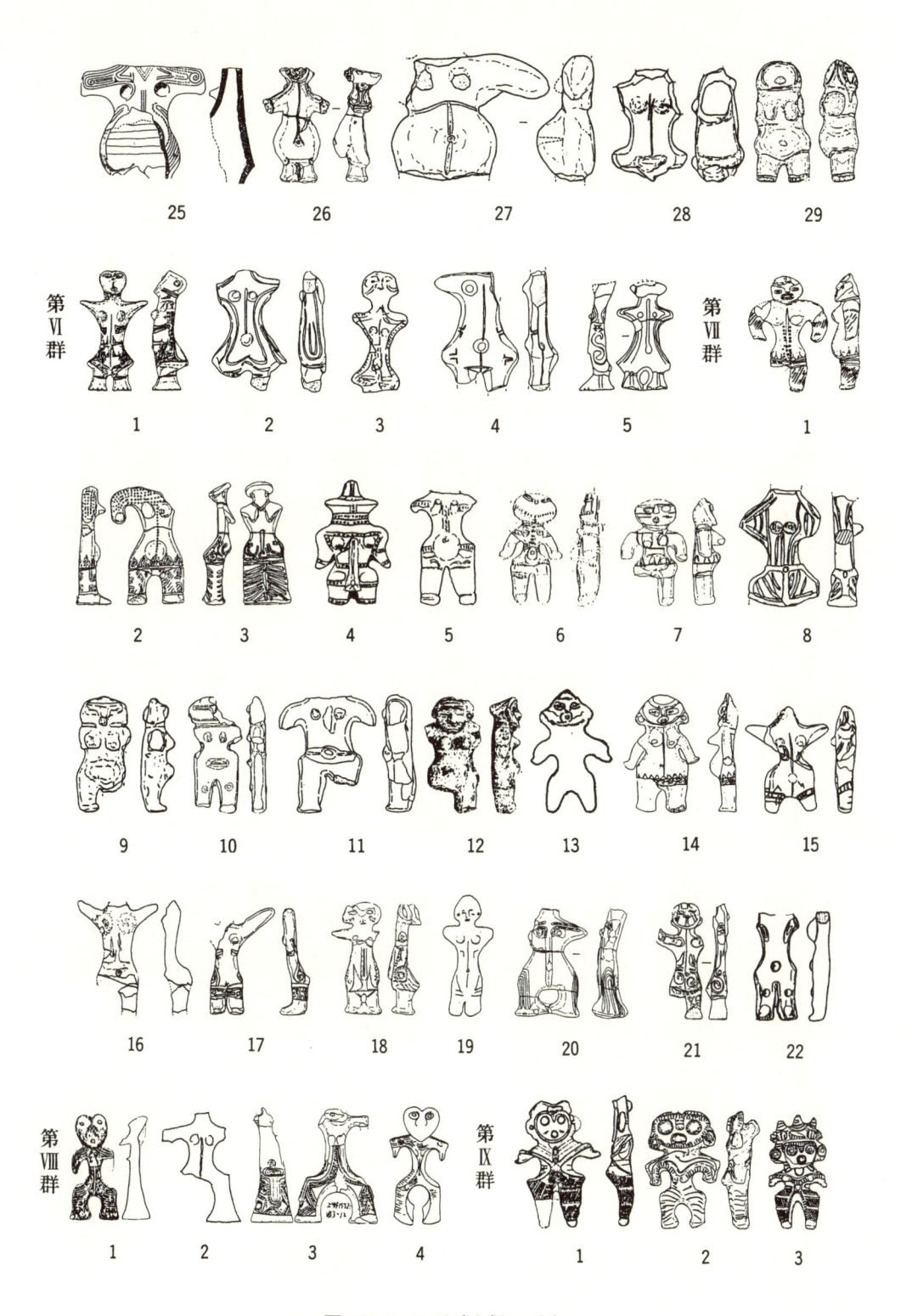

2. 極東北太平洋岸における新石器時代及びそれ以降の女神像信仰　237

25　26　27　28　29

第Ⅵ群　1　2　3　4　5　第Ⅶ群　1

2　3　4　5　6　7　8

9　10　11　12　13　14　15

16　17　18　19　20　21　22

第Ⅷ群　1　2　3　4　第Ⅸ群　1　2　3

図107-2　Ｄ型系土偶—(4)

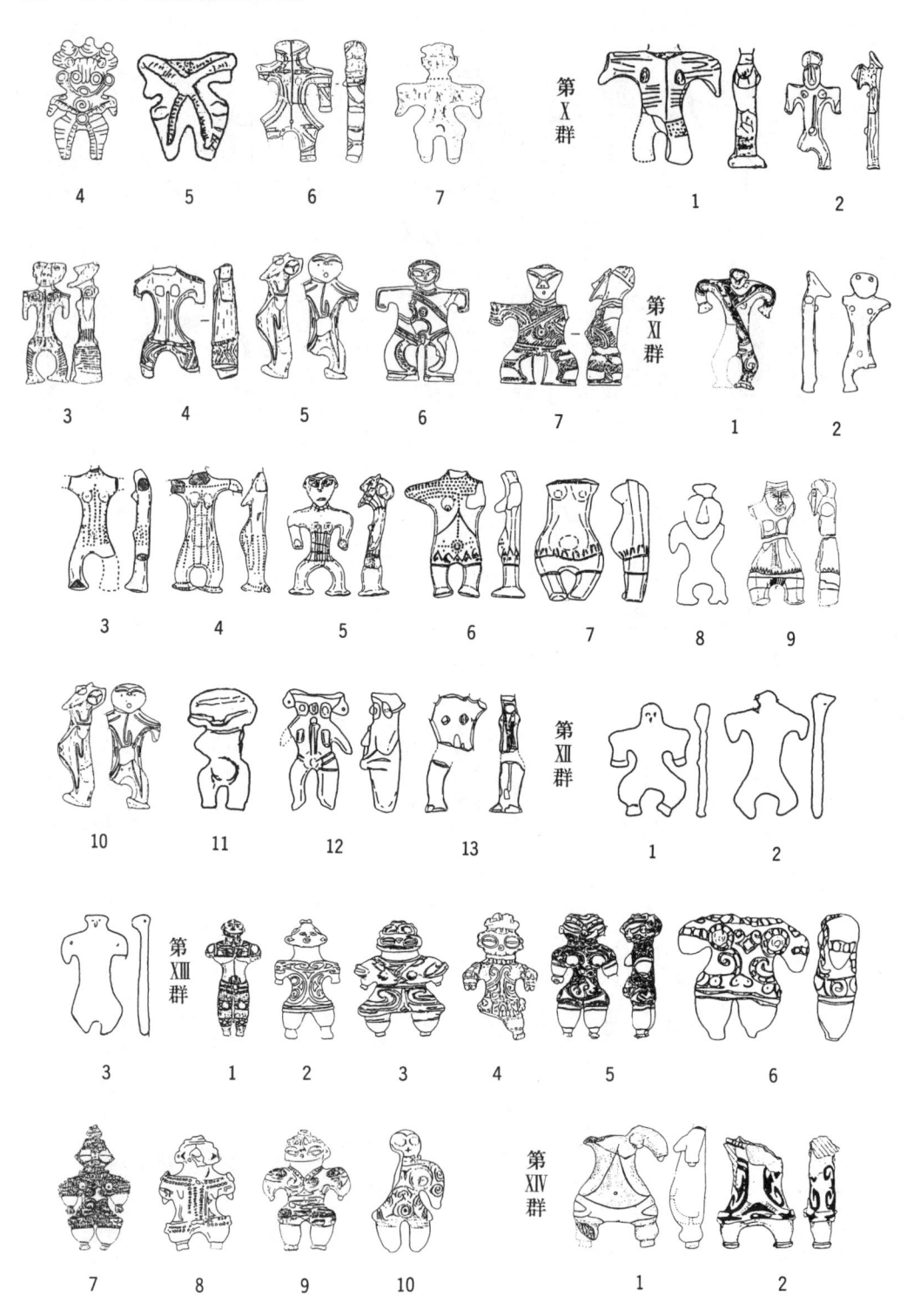

238　第5章　母性女神像信仰の系譜

図107-2　D型系土偶―(5)

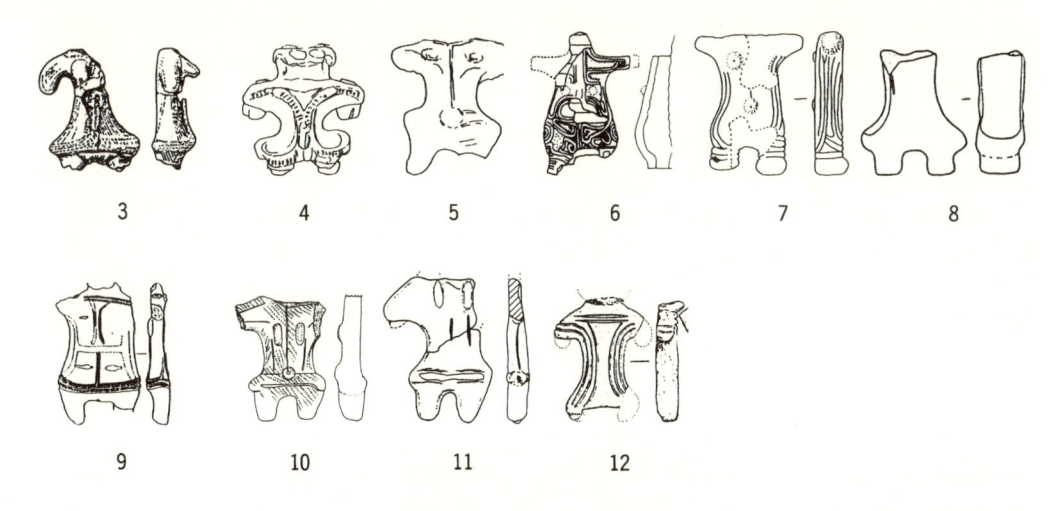

2. 極東北太平洋岸における新石器時代及びそれ以降の女神像信仰　239

図107-2　D型系土偶—(6)

表15　D型系土偶（図107-2出土遺跡名及び出典）（＊印：写真原図よりトレース）

第Ⅰ群

1	岩手県西田	近藤・阿部　1996：図2-39	中期
2	茨城県諏訪台	瓦吹　1992：図3-5	中期
3	福島県霊山武ノ内	「土偶とその情報」研究会　1995：図版14-10	後期
4	福島県三貫地	山内　1992：図10-5	晩期
5	栃木県後藤	上野　1992：図9-99	後・晩期
6	千葉県尾畑台	「土偶とその情報」研究会　1996a：図版1-12	中期
7	東京都多摩ニュータウンNo.9	「土偶とその情報」研究会　1996a：図版12-72	中期
8	東京都多摩ニュータウンNo.9	「土偶とその情報」研究会　1996a：図版12-65	中期
9	東京都椚田Ⅳ	安孫子・山崎　1992：図4-36	中期
10	東京都忠生	「土偶とその情報」研究会　1996a：図版25-15	中期
11	東京都原山	「土偶とその情報」研究会　1996a：図版23-2	中期
12	東京都多摩ニュータウンNo.9	「土偶とその情報」研究会　1996a：図版5-4	中期
13	神奈川県月出松	「土偶とその情報」研究会　1996a：図版3-7＊	中期
14	神奈川県上中丸	「土偶とその情報」研究会　1996a：図版4-4	中期
15	長野県茅野和田	「土偶とその情報」研究会　1996a：図版65-4	中期
16	岐阜県宮ノ前	「土偶とその情報」研究会　1996a：図版6-91	中期

第Ⅱ群

1	北海道初田牛20	長沼　1992：図4-44	後／晩期
2	岩手県立石	中村　1995：図2-18	後期
3	秋田県八木	富樫・武藤　1992：図5-29	後期
4	宮城県椿貝塚	阿部　1995：変遷図Ⅲ-41	後期
5	山形県山口	浜野　1995：図7-11	後期
6	福島県百間沢	甲野　1964：図版268＊	中期
7	福島県順礼堂	「土偶とその情報」研究会　1995：図版7-5	後期
8	福島県霊山武ノ内	「土偶とその情報」研究会　1995：図版14-9	後期

第5章　母性女神像信仰の系譜

9	福島県霊山根古屋	「土偶とその情報」研究会　1995：図版15-1*	後期
10	福島県西方前	「土偶とその情報」研究会　1995：図版20-19	後期
11	福島県一斗内	「土偶とその情報」研究会　1995：図版26-10	後期
12	福島県角間	「土偶とその情報」研究会　1995：図版27-12	後期
13	茨城県本米崎	「土偶とその情報」研究会　1995：図版6-16	後期
14	茨城県下土師	「土偶とその情報」研究会　1995：図版13-7	後期
15	茨城県阿波貝塚	「土偶とその情報」研究会　1995：図版15-19	後期
16	茨城県福田貝塚	甲野　1964：図版284*	後期
17	茨城県椎塚貝塚	「土偶とその情報」研究会　1995：図版17-1	後期
18	茨城県冬木Ａ・Ｂ貝塚	「土偶とその情報」研究会　1995：図版29-8	後期
19	栃木県後藤	「土偶とその情報」研究会　1995：図版8-16	後期
20	群馬県天神原	「土偶とその情報」研究会　1995：図版2-1	後期
21	埼玉県高井東	「土偶とその情報」研究会　1995：図版8-6	後期
22	東京都平尾№9	「土偶とその情報」研究会　1995：図版6-1	後期
23	東京都赤塚城址貝塚	「土偶とその情報」研究会　1995：図版5-1	後期
24	東京都東谷戸	「土偶とその情報」研究会　1995：図版1	後期
25	山梨県立石	「土偶とその情報」研究会　1996a：図版91-1*	中期
26	山梨県坂井	「土偶とその情報」研究会　1996a：図版115-1	中期
27	長野県日向坂	宮下　1992：図6-29	中期
28	長野県円光坊	宮下　1992：図8-20	後期
29	新潟県長者ヶ原	「土偶とその情報」研究会　1996a：図版19-1*	中期
30	静岡県杉田中村	「土偶とその情報」研究会　1995：図版1-7	後期
31	奈良県竹内	「土偶とその情報」研究会　1995：図版7-22	後期
32	奈良県橿原	「土偶とその情報」研究会　1995：図版1-6	後・晩期
33	奈良県橿原	「土偶とその情報」研究会　1995：図版1-9	後・晩期
34	大阪府縄手	「土偶とその情報」研究会　1995：図版1-1	後期

第Ⅲ群

1	青森県上牡丹森	浜野　1995：図8-青森1	後期
2	福島県霊山武ノ内	「土偶とその情報」研究会　1995：図版14-12	後期
3	福島県長久保	「土偶とその情報」研究会　1995：図版22-3	後期
4	茨城県三反田貝塚	「土偶とその情報」研究会　1995：図版7-17	後期
5	茨城県金洗沢	「土偶とその情報」研究会　1995：図版10-12	後期
6	茨城県御所内貝塚	瓦吹　1992：図4-17	晩期
7	栃木県常見	「土偶とその情報」研究会　1995：図版6-7	後期
8	群馬県猿田	「土偶とその情報」研究会　1995：図版4-12	後期
9	群馬県洞山	「土偶とその情報」研究会　1995：図版10-14	後期
10	埼玉県駒形	「土偶とその情報」研究会　1995：図版3-4*	後期
11	三重県天白	「土偶とその情報」研究会　1995：図版2-7	後期
12	奈良県橿原	「土偶とその情報」研究会　1995：図版1-2	後・晩期
13	熊本県太郎迫	富田　1992：図3-12	後・晩期
14	熊本県上南部	富田　1992：図6-1	後・晩期
15	熊本県上南部	富田　1992：図7-7	後・晩期

第Ⅳ群

1	岩手県蒔内	金子　1994：図6-25	後期
2	秋田県湯出野	金子　1994：図6-8	後期
3	宮城県小梁川	藤沼　1992：図3-28	中期
4	宮城県上野	藤沼　1992：図4-38	中期
5	福島県曲木沢	甲野　1964：図版274*	中期
6	福島県長老壇	山内　1992：図4-6*	中期

7	福島県二本松	サントリー美術館　1969：図版347*	中期
8	埼玉県附川	「土偶とその情報」研究会　1995：図版4-2	後期
9	埼玉県赤城	「土偶とその情報」研究会　1995：図版6-12	後期
10	埼玉県赤城	「土偶とその情報」研究会　1995：図版6-13	後期
11	千葉県中沢貝塚	「土偶とその情報」研究会　1995：図版3-5	後期
12	千葉県吉見台	「土偶とその情報」研究会　1995：図版13-1	後期
13	千葉県吉見台	「土偶とその情報」研究会　1995：図版13-3	後期
14	千葉県天神台貝塚	「土偶とその情報」研究会　1995：図版18-4	後期
15	東京都多摩ニュータウン No.9	「土偶とその情報」研究会　1996a：図版12-56	中期
16	山梨県安道寺	「土偶とその情報」研究会　1996a：図版101-11*	中期
17	長野県上の平	「土偶とその情報」研究会　1996a：図版73-17	中期
18	長野県隅田	宮下　1992：図3-23	中期

第V群

1	宮城県里浜貝塚	浜野　1995：図5-7	後期
2	宮城県小梁川	藤沼　1992：図3-30	中期
3	福島県七郎内C	山内　1992：図3-11	中期
4	福島県羽白C	「土偶とその情報」研究会　1995：図版5-1	後期
5	福島県角間	「土偶とその情報」研究会　1995：図版27-14	後期
6	栃木県後藤	「土偶とその情報」研究会　1995：図版7-6	後期
7	栃木県後藤	「土偶とその情報」研究会　1995：図版7-7	後期
8	群馬県三島台	「土偶とその情報」研究会　1996a：図版1-5	中期
9	群馬県天神原	「土偶とその情報」研究会　1995：図版2-3	後期
10	東京都多摩ニュータウン No.46	「土偶とその情報」研究会　1996a：図5-5	中期
11	東京都多摩ニュータウン No.471	安孫子・山崎　1992：図2-10	中期
12	東京都坂上	安孫子・山崎　1992：図3-16	中期
13	山梨県坂井	小野　1992：図1-45	中期
14	山梨県清水	「土偶とその情報」研究会　1996a：図版126-1	中期
15	山梨県釈迦堂遺跡群塚越北A地区	「土偶とその情報」研究会　1996a：図版11-7	中期
16	長野県珍部坂A	「土偶とその情報」研究会　1996a：図版63-12	中期
17	長野県辻沢南	「土偶とその情報」研究会　1996a：図版75-7	中期
18	長野県大明神平	「土偶とその情報」研究会　1996a：図版85-14	中期
19	長野県中原	「土偶とその情報」研究会　1996a：図版88-16	中期
20	長野県中原	「土偶とその情報」研究会　1996a：図版65-7	中期
21	長野県棚畑	宮下　1992：図5-3	中期
22	長野県姥ヶ沢	宮下　1992：図3-9	中期
23	長野県中村中平	「土偶とその情報」研究会　1995：図版14-12	後期
24	新潟県大沢	「土偶とその情報」研究会　1996a：図5-19	中期
25	新潟県上野	駒形　1992：図3-16	中期
26	富山県長山	小島・神保　1992：図2-11	中期
27	愛知県八王子貝塚	「土偶とその情報」研究会　1995：図版2-1	後期
28	大阪府馬場川	「土偶とその情報」研究会　1995：図版2-13	晩期
29	熊本県竹ノ後	富田　1992：図5-1	後・晩期

第VI群

| 1 | 長野県坂上 | 「土偶とその情報」研究会　1996a：図版59-4 | 中期 |
| 2 | 長野県葦原 | 「土偶とその情報」研究会　1996a：図版28-9 | 中期 |

3	長野県葦原	「土偶とその情報」研究会　1996a：図版28-1*	中期
4	長野県葦原	「土偶とその情報」研究会　1996a：図版28-10	中期
5	長野県中下原	宮下　1992：図4-13	中期

第Ⅶ群

1	岩手県湯舟沢	浜野　1995：図8-岩手9	後期
2	岩手県立石	浜野　1995：図8-岩手5	後期
3	宮城県中ノ内A	藤沼　1992：図3-33	中期
4	茨城県福田貝塚	江坂　1990：図版81*	後期
5	茨城県福田貝塚	「土偶とその情報」研究会　1995：図版19-11*	後期
6	茨城県福田貝塚	「土偶とその情報」研究会　1995：図版23-7	後期
7	茨城県金洗沢	「土偶とその情報」研究会　1995：図版9-5	後期
8	茨城県君ヶ台貝塚	「土偶とその情報」研究会　1995：図版8-5	後期
9	栃木県後藤	「土偶とその情報」研究会　1995：図版7-10	後期
10	群馬県谷地	「土偶とその情報」研究会　1995：図版5-1	後期
11	埼玉県原ヶ谷戸	新屋　1995：図4-11	後期
12	千葉県六通貝塚	「土偶とその情報」研究会　1995：図版3-13	後期
13	千葉県加曽利貝塚	「土偶とその情報」研究会　1995：図版4-2	後期
14	千葉県江原台	「土偶とその情報」研究会　1995：図版15-1	後期
15	東京都多摩ニュータウンNo.9	「土偶とその情報」研究会　1996a：図版12-55	中期
16	神奈川県松風台	「土偶とその情報」研究会　1996a：図版1-11*	中期
17	山梨県宮之上	「土偶とその情報」研究会　1996a：図版96-11	中期
18	山梨県釈迦堂遺跡群塚越北A地区	「土偶とその情報」研究会　1996a：図版10-1	中期
19	山梨県七日子	「土偶とその情報」研究会　1996a：図版91-3	中期
20	長野県南方	「土偶とその情報」研究会　1996a：図版81-1	中期
21	長野県葦原	宮下　1992：図4-12	中期
22	長野県離山	「土偶とその情報」研究会　1995：図版10-15	後期

第Ⅷ群

1	茨城県三反田貝塚	「土偶とその情報」研究会　1995：図版7-7	後期
2	茨城県上高津貝塚	「土偶とその情報」研究会　1995：図版15-7*	後期
3	栃木県八斗屋	上野　1992：図3-12	後期
4	群馬県郷原	八幡　1963：図版34*	後期

第Ⅸ群

1	茨城県上高井貝塚	瓦吹　1992：図4-13	後期
2	栃木県後藤	上野　1992：図8-84	後/晩期
3	埼玉県滝馬室	植木　1992：図5-12	後/晩期
4	千葉県長者山貝塚	サントリー美術館　1969：図版207*	後/晩期
5	神奈川県金子台	鈴木　1992：図4-11*	後/晩期
6	石川県米泉	小島・神保1992：図8-71	後期
7	宮城県玉造郡	野口　1964：図版96*（岩偶）	晩期

第Ⅹ群

1	秋田県鐙田	富樫・武藤　1992：図8-59	晩期
2	宮城県伊古田	阿部　1995：図2-25	後期
3	福島県柴原A	「土偶とその情報」研究会　1995：図版17-4	後期
4	福島県愛谷	山内　1992：図8-10	後期
5	茨城県島名	「土偶とその情報」研究会　1995：図版4-1	後期

6	山梨県後田	小野　1992：図6-179	後期
7	長野県新町	宮下　1992：図8-23	後期

第 XI 群

1	青森県近野	鈴木　1992：図1-14	後期
2	岩手県立石	中村　1994：図1-23	後期
3	岩手県萪内	中村　1994：図1-33	後期
4	岩手県萪内	中村　1995：資料4-10	後期
5	岩手県麦生Ⅲ	中村　1995：資料4-1	後期
6	秋田県大湯D5地区	中村　1994：図2-5	後期
7	秋田県大湯D5地区	「土偶とその情報」研究会　1994：図版5-7	後期
8	宮城県大野田	手塚　1994：図2-1*	後期
9	宮城県入大	藤沼　1992：図6-60	後期
10	茨城県島名	「土偶とその情報」研究会　1995：図版4-1	後期
11	千葉県江原台	「土偶とその情報」研究会　1995：図版15-8*	後期
12	千葉県内野第1	「土偶とその情報」研究会　1995：図版16-3	後期
13	長野県栗林	「土偶とその情報」研究会　1995：図版1-11	後期

第 XII 群

1	北海道柏原18	長沼　1992：図5-59*	晩期
2	北海道大麻3	長沼　1992：図5-58*	晩期
3	北海道大麻3	長沼　1992：図5-57*	晩期

第 XIII 群

1	北海道著保内野	長沼　1992：図4-39	後期
2	北海道大谷地貝塚	長沼　1992：図7*	晩期
3	青森県亀ヶ岡	サントリー美術館　1969：図版112*	晩期
4	青森県北中野	鈴木　1992：図1-20	晩期
5	岩手県浜岩泉Ⅱ	金子　1994：図7-17	晩期
6	秋田県中山	富樫・武藤　1992：図7-54	晩期
7	宮城県恵比須田	藤沼　1992：図8-82	晩期
8	千葉県野原台	堀越　1992：図2-3	晩期
9	静岡県上長尾	瀬川　1992：図3	晩期
10	青森県十腰内	甲野　1964：図版103*（岩偶）	晩期

第 XIV 群

1	北海道大船A	長沼　1992：図6-60	晩期
2	北海道札苅	長沼　1992：図6-68	晩期
3	青森県大森勝山	金子　1994：図6-24	後期
4	青森県寺下	サントリー美術館　1969：図版88*	晩期
5	埼玉県奈良瀬戸	「土偶とその情報」研究会　1995：図版10-1*	後期
6	長野県深沢	宮下　1992：図3-6	中期
7	長野県深沢	「土偶とその情報」研究会　1996a：図版1-17	中期
8	長野県五輪	宮下　1992：図11-28	晩期
9	長野県女鳥羽川	宮下　1992：図10-13	晩期
10	岐阜県千蔵寺	石原　1992：図4-42	後期
11	岐阜県垣内	石原　1992：図4-40	後期
12	岐阜県阿弥陀堂	石原　1992：図4-45	晩期

偶に適した形式といえる。縄文社会を特徴づけているD型及びD型系土偶の発生と発展は、以上の点から見ると、焼成技術ないし土器を含めた焼き物文化の発生と発展に関係があるのではないかと考えられる。縄文土偶のうち形態的に最も凸凹が多く、技術的に最も複雑・高度にみえる部類のものは、D型形枠準拠のものが多いようにみえる。この事実は、上記のような造形パターンと製作技術との相関関係のあらわれではないかと考えられる[102]。

旧石器社会	彫塑		B	C	
縄文社会	彫塑	焼成	B	C	D
	製作技術		造形形枠		

図108　縄文女人（女神）像の製作技術ならびに造形形枠の進化

　（f）　頭部及び顔の強調
　　　　——シベリア（北方アジア）的造形理念の継承——

　ヨーロッパの旧石器時代女人像が、「小頭、顔立ちなし」を特徴とするのに対し、シベリアの先史女人像は、バイカルでもアムールでも、頭が比較的大きく、しかも明確な顔立ちを伴うのが適例であることは既に詳述した。縄文の女人像もまた、このシベリア-極東的造形パターンを踏襲しているが、縄文社会では、頭部・顔部ともにシベリア-アムール地方より遥かに様式化（stylization）（形の非自然化ないし非現実化）が進み、様々な怪異な形態が創りだされた点が特異である（図66）（縄文土偶の怪異性については第1章-4-B参照）。その代表例として、古式を表わす「腕なし」兼「脚なし」女人像（B型及びC型土偶）では、(1)「無頭」土偶（図99-2：18、23；図99：1、3、10、15；図101-2：42、44）と、(2)頭部は表現されていても顔立ちの表現がない「顔なし」土偶（図99-1：6、8、14；図101-1：1、8；図101-2：1〜9、11、15、26、47、52）がある。この「顔なし」縄文土偶の頭部は極度に様式化され、ヒト形（頚部でくびれた結球状ないし団子形）を呈していないのが普通である。これから見ると、そのような顔立ち表現の省略はこの頭部の極度の様式化に伴う現象であることがわかる。つまり縄文土偶における「顔なし」現象は、このような極度様式化による頭形の非ヒト化（inhumanization）に伴って起こった変化であって、ヒト形で頭が丸いヨーロッパ系旧石器時代女人像（所謂「ヴィーナス像」）の「顔なし」特徴とは事情も意味も根本的に違う。縄文土偶では、頭がヒト形（頭部でくびれた結球形）を呈する場合は、「顔付き」であるのが普通である。これでわかるように、縄文土偶の「顔なし」と後者のそれとは似て非なる現象であって、従って縄文土偶の「顔なし」現象を旧石器時代ヨーロッパの女人（女神）像のそれと比較して前者の起源を後者に求めることはできない。前者の現象は、縄文社会内部の事情による内的発展の結果であって、縄文土偶全般の頭部ないし顔だちにみられる極度の様式化ないし怪異化のプロセスと切り離しては考え難い。つまりそれは、縄文土偶の一般的特徴というべき怪異性（第1章-4-B-i）の発展に関連する構造的現象とみなさざるを得ないのである。要するに縄文土偶の頭と顔の極度様式化は、頭と顔を強調する先史北方アジア的女人（女神）像造形伝統の日本における局地的発展の結果にほかならない。

(g) 蒙古人種的顔つきの表現
　　　――シベリア（北方アジア）的造形理念の継承――

　アムールの新石器時代土偶即ち女人像が、マリタ（バイカル地方）の後期旧石器時代女人像と、蒙古人種的顔つきを共有することの意味は先述した。アムールの土偶に関して、オクラドニコフが指摘した蒙古人種的顔つきとは、「吊りあがった細い眼」と「突きでた頬骨」(Okladnikov 1981：22)（図65及び図81）である。

　「吊り上がった細い眼」は、人類学的に蒙古人種（Mongoloid）の特徴とされていて、斜眼(slanting eyes) とよばれている (UNESCO 1952：43)。この眼形は日本人の顔の人種的特徴ともみなされ、しかもそこでは男性よりも女性に顕著な特徴とされている (Coles 1963：93)。

　この眼形が我が国では、「あがり目」あるいは「吊り目」と呼ばれ親しまれていることは説明を要しない。この特徴的眼形が、アムール方面だけではなく、縄文土偶の顔つきの構成要素としても重要な役割を演じている事実が認められる。この点もまたいままで全く見のがされてきたが、縄文土偶の形態の文化的象徴的意味と由来を考える上で見のがせない鍵といえる。

　縄文土偶の眼形 (eye forms)（眼裂 [eye slit] の形）は、実例を概観すると、(1)円形に表現される場合と、(2)横に細長く、裂け目 (slit) 形に表現される場合に大別できる。後者(2)はさらに、(a)左右とも水平に表現される場合、(b)左右対称的に外あがりに表現される場合（「あがり目」「吊り目」）と、(c)同じく外さがりに表現される場合（「さがり目」）の3型式に大別できる。(2)-(b)がここで問題の「斜眼」ないし「あがり目」の部類である。

　以上のような土偶の眼形についての研究報告の前例を知らないが、既刊の縄文土偶図版を通覧すると、「斜眼」ないし「あがり目」表現が縄文土偶にも珍しくないこと、つまりそれが縄文人の女人像造形パターンの一種として社会的に機能していたことがわかる。因みに既刊の最も包括的で信頼できる縄文土偶図版集成（国立歴史民俗博物館　1992）から、この眼形を伴う土偶の実例を抽出してみると表16のようになる。

　縄文土偶の眼形には先述したように3種類があるが、そのうちの「さがり目」というのは稀で、上記の図版集にも岐阜県に3例（中期―晩期）、石川県に1例（後―晩期）、新潟県と東京都に各1例（中期）が見当たる程度にすぎない。それに対して「あがり目」の類は、表16に示されるように、東日本各地の土偶に認められ、「あがり目」率（目の表現を伴う土偶の図示例総数に対する「あがり目」土偶の割合）が、東京都では29例中8例（3割弱）、山梨県では56例中20例（3割半以上）、神奈川県では12例中5例（4割強）に達していることは注目に値する。表16の数値は概数であって正確とはいえない。何故なら資料の図版の中には、小さすぎて、あるいは描写の仕方によって眼の表現の有無が確認し難いものや、眼形の判定が困難なもの等が僅かながら存在し、それらは除外されているからである。しかしそれにしても表16の数値は、アムールの土偶で問題の「あがり目」表現が、縄文土偶においても無視できない造形パターンとなっていることを示している。

表16　縄文土偶における「あがり目」の実例

出土地	図版番号	縄文文化期	目表現土偶例	出土地	図版番号	縄文文化期	目表現土偶例
岩手県	5-5	後晩期	27		-19	中期	
	7-1	後晩期			-20	中期	
	-2	後晩期			-22	中期	
宮城県	6-67	後期	27		-28	中期	
秋田県	2-6	中期	29		-31	中期	
	-8	中期			-45	中期	
	-9	中期			2-46	中期	
	-21	後期			-48	中期	
	4-21	後期			-54	中期	
	6-40	晩期			-56	中期	
福島県	8-5	後期	25		-59	中期	
	9-7	後期			-60	中期	
栃木県	5-33		38		-70	中期	
	7-68				3-72	中期	
	-69				-90	中期	
埼玉県	4-8	後期	8		-95	中期	
茨城県	3-7	後期	12		4-130	中期	
千葉県	1-4	中期	10		5-144	中期	
東京都	3-17	中期	29		-178	後期	
	-18	中期		長野県	4-5	中期	102
	-19	中期			-11	中期	
	-20	中期			-20	中期	
	-22	中期			-21	中期	
	5-55	後期			5-3	中期	
	-57	後期			-5	中期	
	6-82	晩期			-21	中期	
神奈川県	1-2	中期	12		6-4	中期	
	-4	中期			7-14	中期	
	-5	中期			8-5	後期	
	3-2	中期			-16	後期	
	-3	中期			-23	後期	
北陸（石川県）	7-55	後期	25		9-1	後期	
（富山県）	-59			静岡県	2-Ok	中期	6
山梨県	1-14	中期	56		-Se1	後期	
					-Se2	後期	

（図版抽出原典：国立歴史民俗博物館　1992）

　なおまた重要なことはこの「眼形」と眉の形即ち「眉形」との間に密接な相関が認められることである。上記の眼形の場合と同じ図版集成資料（国立歴史民俗博物館　1992）について縄文土偶の「眉形」を吟味してみると、別図（図109）のように17通りの基本的パターンに分類できることがわかる。そのパターンはさらに次の3類に大別することができる――（Ⅰ）左右の眉の連結部が折れ曲がっているタイプ（図109-1～6）、（Ⅱ）左右の眉が連結部の折れ目なしに1本となっているタイプ（図109-7～11）、（Ⅲ）左右の眉の外側端が長く延びて上方にまきあがるか、下方に巻きこむタイプ（図109-12～17）。「あがり目」に伴う「眉形」は、殆ど例外なく上記の第

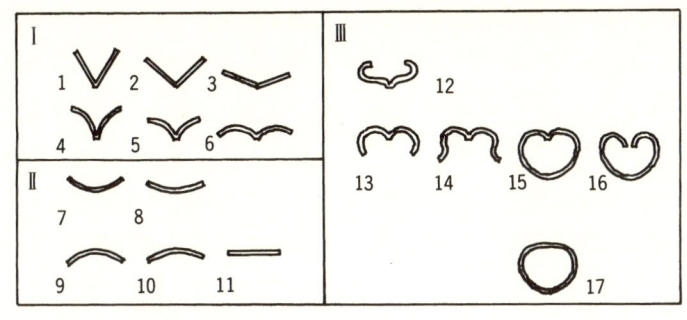

図109 縄文土偶の眉型の分類（模式図）：各型の実例
　1．稲野他　1992：図7-1（岩手）；2．宮下　1992：図8-23（長野）；小島・神保　1992：図10-89（石川）；4．山内　1992：図8-5（福島）；5．小野　1992：図5-178（山梨）；6．稲野他　1992：図5-7（岩手）；7．上野　1992：図7-69（栃木）；8．山内　1992：図9-1（福島）；9．石原　1992：図2-12（岐阜）；10．山内　1992：図11-3（福島）；11．富樫・武藤　1992：図8-60（秋田）；12．宮下　1992：図8-7（長野）；13．瓦吹　1992：図3-4（茨城）；14．小野　1992：図1-30（山梨）；15．小野　1992：図6-194（山梨）；16．駒形　1992：図3-19（新潟）；17．瓦吹　1992：図4-14（茨城）

Ⅰ類である。つまり第Ⅰ類にはⅤ字形から所謂三日月眉まで6通りの基本的パターンがあって、「あがり目」形の眼形に伴う「眉形」は、殆どすべてそのようなパターンの変異幅のなかに入るということになる。この「眼形」と「眉形」の関係即ち「あがり目」と「Ⅴ字形ないし三日月眉」との相関性は、アムール新石器時代土偶にも共通する特徴である。アムールのスーチュ島遺跡（新石器時代、紀元前4000年紀）から土偶4例が出土しているが、全例とも「眼形」は「あがり目」であって、そのうち眉を伴っているのは2例で、その「眉形」はいずれも第Ⅰ類である（図65-1～3及び図81）。アムールのコンドン遺跡（新石器時代、紀元前4000年紀）からも土偶が1例出土しているが、この女人像も「あがり目」でしかもその「眉形」は第Ⅰ類である（図81-a）。アムールの新石器時代の土偶は既知例がまだ少ないが、しかし少なくとも上記の全例を通じて「あがり目」であり、しかもその「眼形」と第Ⅰ類の「眉形」との相関は明らかである。

　縄文女人（女神）像の頭形や四肢形態は、アムール新石器時代のそれに比して、明らかに様式化が進んでいるが、その体形（「いかり肩」と「こけし形」の頭・胴形）や顔つき（「あがり目」と第Ⅰ類「眉形」の相関性）には、以上のように依然として極東共通の伝統的造形パターンが維持されていることが解る。なおまたこの特徴的顔つき即ち「あがり目」と「Ⅴ字形ないし三日月形眉」との組み合わせは、アムール新石器時代土偶（女神像）にも共有される特徴であると同時に、日本の山村民俗を代表するマタギの山の神（女神）にも再現され、その造形要素として、先述の「腕なし」体形とともに決定的な役割を演じているという事実がある（図73参照）。これからみると、先述の「腕なし」体形（本章-2）と同様に、「あがり目」と「Ⅴ字形眉」を強調するこの顔つきの特徴もまた、アムール新石器時代人、縄文人及びマタギの女人（女神）像伝統の連続性を示唆する根拠といえる。

(h)　縄文土偶の起源と分布の濃淡に関する消滅性素材モデル
　縄文土偶の起源と分布の濃淡を論ずる場合忘れてならないことは、それは陶器であるために遺

物として残存し得た偶像であって、彼等の偶像が土偶だけであったと考える理由はどこにもないということである。それどころか、岩偶や骨偶さえあるところからみると、それ以外の素材も使われていたことが考えられる。後期旧石器時代人でさえも、彼等の制御しうる殆どあらゆる天然素材を女人像の製作に利用した証拠がある。それにはマンモス象牙は勿論、各種岩石、石炭、鹿角の他に粘土もある。粘土使用の最古の確証は、周知のとおり、ドルニ・ヴェストニス（チェコスロバキア）出土の女人像（図86）であるが、これは炉の火（Clark 1967：56）が高熱の灰の中（Powell 1966：12）で焼き固められたために遺物として残り得た稀有の例である。このような焼成土偶の製作が、焼成土器の出現に先立った実例は、近東の先土器新石器時代（Pre-pottery Neolithic）には各地から知られている（Mellaart 1975：53,62）。また先土器新石器時代の土偶には焼成粘土（baked clay）製とならんで非焼成粘土（unbaked clay）製も存すること、女人像の製作には粘土の他にも石膏や白亜、獣骨と岩石が使われたことが知られている（Mellaart 1994：430）。またヨーロッパの新石器時代ヒト形像には木材も使われている（193頁参照）。

　以上のように旧石器時代人の「ヴィーナス」像やヨーロッパから近東にかけての新石器時代女人像には素材の多様性が認められ、木材や非焼成粘土のような消滅度の高い素材も使われた確証がある。これをみると、先史人の女人彫塑像の素材の幅は広く、彼等にとって入手可能で彫塑可能な殆どあらゆる天然資源（獣骨、岩石、粘土、木材等）にわたっていたことがわかる。それらの女人像は神像ないし宗教的偶像の一種と解釈されているが、宗教的偶像は一般に素材を選ばない。例えばマタギにとって、山の神が木偶か岩偶かあるいはまた画像かは素材の問題であって、信仰・儀礼の本質にかかわる問題ではない。彼等の山の神祭である十二講（年末と春の２回）には、わら人形の山神像（新潟、大白川、文化庁文化財保護部　1978：188）さえ使われているところをみると、神像の素材がいかに融通無碍であるかが解る。仏教徒にとっての仏像も同様であって、それが木像でも金仏でも仏像に変わりはないのである。キリスト教徒の聖像も同様であって、木像、石像、金属像のほかに画像（icon）もある。

　縄文土偶が、その形態的特徴即ち造形パターンから、玩具ではなく神像即ち彼等の宗教的偶像の１種と解すべきことは先に詳述した。そこで縄文土偶を宗教的偶像の１種として取り扱うことにすると、上記の考古学的ならびに民族誌的事実からみて、土偶の他にも素材の異なる同種の偶像（女神像）が存在した可能性を否定はできない。その実例として、縄文土偶のＢ型及びＣ型と形態的につながり、しかも分布の上から土偶に代わるそれと同機能の宗教的偶像と考えられる岩偶（肩パッド形）（213頁）やＢ型女人（女神）像の１種としての岩偶（筒形）（199頁）が存在することは既に述べたが、問題は消滅性素材の女神像の可能性である。そこで土偶・岩偶などだけでなく、遺物としては残り難い素材で作られた同種偶像類をも包含する、縄文人の神像体系のモデルが解釈理論上必要になる。

　焼成土偶不在の場合、消滅性素材の偶像がそれに代わる役割を果たした可能性は既に縄文考古学者によっても言及されたことがある。例えば谷川（大場）磐雄氏は、土偶を呪物とする解釈論の中で、「恐らく土偶・土版を出土せぬ石器時代遺跡に於いては、他の自然物或いは腐植し易い物質が呪物に役立っていたであろうと想像する」と述べている（谷川　1926：55）。また江坂輝

弥氏は、土偶の関連遺物についての記述の中で、「このように、土偶や石偶のほか角偶も存在することは、木製品もあったかと思われるが、まだそのような発見はない。しかし将来の発掘調査の中で、未焼成の粘土製品や木製品の発見はあり得ると考えられる」と述べている（江坂1990：196）。しかしそれらの見解は理論化されたりその後の研究に生かされた形跡がなく、残念ながらその場限りの単なるアイディアに終わっている。それは縄文考古学が、型式・編年中心の記載考古学に閉じこもり、機能的解釈論ないし理論考古学（渡辺　1996）への関心を欠いている証拠のようにみえる。

　縄文土偶とは、縄文人の「遺物」としてのヒト形彫塑像を素材の違いによって分けた分類範疇であって、記載考古学（descriptive archaeology）のコンセプトである。これを縄文人の「道具」として、その用途や機能（役割）を目安にして分けると「宗教的偶像」ないし「女神像」と分類される。この場合「女神像」あるいは「宗教的偶像」とは、理論考古学のコンセプトであって、「遺物」としての「土偶」を、その本来の持ち主の行動システムに組み入れて解釈する際に、そのシステム内部におけるその遺物の役割（機能）を表わす用語である。つまり縄文「土偶」は、記載の段階では独立範疇として意味をもつが、理論考古学のコンセプトとしては、「神像」とか「宗教的偶像」の範疇に入ることになり、その枠内では単なる素材の違い以外に大した意味を持たない。この考え方によると、縄文土偶は、素材や形の違いで区別されるが、機能（役割）的には同類と認められる各種の宗教的偶像ないし神像の中の１類として位置付けられることになる。即ち縄文土偶は、肩パッド形岩偶（図101-1及び213頁）や乳房つき土版（図99-2：18、20、25及び199頁）、乳房つき球面状逆三角形土偶（図101-2：41、42及び218頁）等と並んで彼等の神像システムを構成し、その構成要素の一部として理論的な意味をもつことになる。また同時に重要なことは、このコンセプト即ち「遺物」レベルではなく「道具」レベルのコンセプトを適用すると、「遺物」が「道具」として生きていた時点での神像システムが問題になるから、「遺物」として残っている「神像」類が果たしてそのような当時の即ち本来の神像システムの内容全体をそのまま表わしているかどうかの考慮が欠かせないのである。

　このような「遺物」と「道具」の区別ないし使い分け、あるいは「土偶」と「女神像」ないし「宗教的偶像」の区別ないし使い分け——即ち記載考古学と理論考古学の間のコンセプトや用語の区別の認識が、解釈のプロセスにおいては基本的に重要である。これまでの縄文土偶研究がこの点を看過し、現存の遺物だけしか眼中にない閉鎖的視野の中で行われてきたことは理論的に重大な誤りといわれなければならない。少なくとも遺物の分類・記載の域を超えた理論的解釈の分野に立ちいる場合には、道具系ないし物質文化系にかかわる必然的一要因として、前述のような素材の種類の可能性（variability）あるいは融通性（versatility）への考慮が必須である。

　トリンガムは南東ヨーロッパの土偶問題に関して、その出現の説明には次のような諸要因を考慮することが必要と述べている。それは、(1)その土地での進化、(2)他地域からの伝播、(3)消滅性素材で作られた旧伝統の像からの改作（耐久性新素材としての焼成粘土の採用）である（Tringham 1971：191）。

　縄文土偶についていえば、基本的造形パターン（腕なし/脚なし型のＢ型及びＣ型形枠）は北

方ユーラシアの旧石器時代女人像の伝統を受けついだものとみなすことができるから、これは伝播（トリンガムの第2要因）によって説明できる。しかしその基本的造形パターンの改変（遊離型の腕と左右分離型の脚の附加によるB型系及びC型系の発展と頭部の極度様式化）は、少なくとも既存の証拠からみる限り、現地（縄文社会）での進化（トリンガムの第1要因）の結果といえる（191頁参照）。

縄文神像体系の成立を説明するには、以上の2要因のほかにトリンガムの上記第3要因即ち消滅性素材の考慮も必要となる。それは特に起源問題と分布の不連続ないし濃淡の解釈に関して重要である。

ギンブタスは南東ヨーロッパの土器の起源に関して、土器製作の開始が考古学的記録の上ではっきりしないのは、最古の粘土製品（容器等）が非焼成（unbaked）であったため残存していないことによると述べている（Gimbutas 1982：39）。この考え方は、縄文土器と同様に焼成粘土製品である縄文土偶の起源についてもあてはまるようにみえる。先に述べた先土器時代の土偶の事情などを参考にすると、それが非焼成土偶から由来した可能性を否定することは難しい。またバンディは、旧石器時代の限られた洞窟に孤立的に出土している粘土像（clay figurines）[103]について、作品のすべてが保存されているとは限らず、中には長い年月の間に消滅したものや、後代の人たちによって故意か無意識的に壊されたものもあった可能性があると指摘している（Bandi 1994：187）。シーヴェキングもそれらの粘土像は湿度と温度の変化に極めて弱いので遺物は少ないが、元来はもっと数多くあったのではないかと述べている（Sieveking 1979：141）。これらの諸家の提言は、局地的な意味をもつにとどまらず、非焼成土偶の起源が古く旧石器時代に遡ること、従って焼成土偶の起源に関して、どこでも一般にその要因として非焼成土偶が問題になり得ることを示唆するものといえる。縄文土偶の起源に関しても、その前身として非焼成土偶の存在が否定できない。その理由として次のような具体的事情がある。

縄文土偶（女人ないし女神像）が、B型とC型の2形枠（造形パターン）の伝統によって、北方ユーラシアの後期旧石器時代骨偶（女人ないし女神）の伝統につながっていることは既に検証（197頁）したが、この系譜には、後期旧石器時代と新石器時代との間をつなぐ女人像の証拠が欠けている。この事情は日本だけではなく対岸のシベリア（アムール―バイカル方面）においても同様である。縄文女人像（土偶類）とユーラシア旧石器時代女人像（骨偶類）との文化的連続性が否定できない事実とすると、この両者間を結ぶ女人像の遺物の不在―時間的分布の不連続性は何故か、その理由が説明されなければならない。

その理由としては第1に野外調査の不行届きがあげられよう。特にシベリア側の地域の広大さと地理的条件の厳しさを考えると調査は容易ではなくその進展には時間がかかるであろう。しかし、その成果は期待できよう。またそれだけではなく第2の理由として、木材等植物性素材や非焼成粘土などの消滅性素材が利用された可能性もあげなければならない。この要因が否定できない理由は先述したとおりである（ヨーロッパの旧石器時代と新石器時代との間の女人像遺物分布の不連続性に関する消滅性素材の問題については190～194頁参照）。

日本とアムール地方を含む極東北太平洋岸の新石器時代女人（女神）像の起源と分布に関して

は、特に木材が消滅性素材として問題になる。その理由は次に述べる。

　歴史時代即ち金属器時代に属する民族誌的現在の極東北太平洋猟漁民の神像には、最早土偶類は見当たらず、海獣猟中心（クジラ、セイウチ、アザラシ主食系）の人々以外では、神像としては殆ど排他的ないし圧倒的に木像が使われている（図49～62）。狩猟採集文化の名残をとどめているマタギの民俗に関しても事情は同様である（図73）。極東北太平洋の人々の民俗に広く伝わる神像としての木偶が、土器時代即ち先史時代の終わりとともに一斉に土偶に代えるものとして初めて突如出現したとは考え難い。それよりも、それ以前から土偶、岩偶、骨偶などと相ならんで併用されてきた、根の深い神像伝統と考えるのが妥当にみえる。

　木材は、入手から加工に至るまで、簡易な取り扱いが可能なので、旧石器時代以来道具用素材として重要な役割を果たしてきた歴史がある。特に中石器時代の北方ユーラシアでは、森林資源への適応結果として木工が発達し、新石器時代になるとヨーロッパでは木材が小形ヒト形像のような芸術品の製作に使われた証拠さえもある（193頁）。日本のように土壌の酸性度が強い土地では、地層での木製品の残存率は特に低いとみなければならないが、萪内遺跡（縄文後期）から大形ヒト形像ともいえる人面彫刻木柱が出土している事実からみると、土偶に対応する小形木偶の発見もあり得ないことではないと考えられる。低湿地遺跡等の今後の精査が期待される所以である。

　次は土偶の空間的分布の濃淡ないし不連続性に関する消滅性素材の関係である。縄文土偶の分布についての情報を概観すると、全国的にもまた地域的にもその精粗ないし偏りがみられ、所によっては分布の空白地もあることがわかる。この空白地が岩偶の分布によってとって代わられているような場合（渡島半島-津軽地方-米代川流域、稲野　1994：36）もあるが、代わるべき遺物のない土偶分布空白地あるいは稀薄地もある。これには例えば、縄文土偶不在集落址が「無いといっても、過言ではない」地域（長野県諏訪地方）がある一方で、それが「珍しくない」地域（山梨県）もあるという報告がある（小野　1992：335）。また例えば港北ニュータウン（横浜市）のような小地域内でも大多数の縄文遺跡に土偶の出土がなく、その出土率は住居址105軒に土偶1点の割合であるという（鈴木(保)　1992：294）。「土偶を持つ遺跡」と「持たない遺跡」の存在は静岡県の縄文遺跡についても指摘され、前者が後者に比して数は少ないが時代差があって、中・後期に較べて晩期にはその割合がやや増大する傾向を示している。また当地域では前者が大遺跡とは限らないと指摘されている（瀬川　1992：412）。

　以上のように、縄文土偶の分布には空間的（地理的）偏在性がみられ、地域による出土数の濃淡と遺跡によるその濃淡が各地から報告されていて、極端な場合は土偶が欠け、その代わりに岩偶が分布する地域（前出）もある。遺跡単位でみると土偶不在の遺跡も珍しくない。最近の縄文考古学者の間には、そのような土偶分布の偏在性を信仰・儀礼の偏在の証拠と解釈する傾向がある。つまりそれは「土偶」の存否を直接に「土偶に関わる祭祀」の存否に結びつける考え方である。しかしこれは理論的に誤りといわねばならない。

　現行の縄文考古学では、「土偶に関わる祭祀」を「土偶祭祀」とよびならわし、土偶不在即土偶祭祀不在即土偶関係宗教ないし呪術欠如とする解釈の仕方が殆ど公式化しているようにみえる。

しかし理論的には「土偶に係わる祭祀」は、「土偶祭祀」ではなく、縄文人に即して呼べば「宗教的偶像祭祀」ないし「女神像信仰」である[104]。土偶は縄文人の「宗教的偶像」即ち「女神像」であって、この「女神像」が彼らの信仰・儀礼即ち祭祀の対象だったのである。従って彼等が信仰し祀ったのは「土偶」（粘土像）ではなく、それに象徴された偶像（image）としての「女神像」なのである。その女神像を表わす偶像は粘土製（土偶）でも岩石製（岩偶）でもよく、素材の種類が不定で可変的であったことは遺物が証明している。またこの素材の変異性と融通性（versatility）は、先述したとおりヨーロッパ先史時代人の女人像をはじめ、マタギの山神像や仏教徒の仏像にも共通する特性である。それらに共通する各種素材中、ここで特に注目すべきは先に述べた消滅性素材――木材、非焼成粘土など――である。縄文人も彼等の宗教的偶像ないし女神像の素材として手広く天然素材を利用したことは当然と考えられ、木偶や非焼成土偶の存在が推定できる。この理由から、土偶が不在でも、それに関わる祭祀――女神像信仰・儀礼がなかったとはいえない。即ち土偶が不在でも、それに代わる消滅性素材製神像――木偶や非燃成土偶――が同じ役割を演じていた可能性が否定できない。要するに土偶・岩偶などの分布の濃淡の解釈は、残存し得たそれらの遺物の存否だけでは解釈できないということである。そこで上述のような消滅性素材の偶像（女人像）の存在を考慮に入れれば、土偶不在や土偶分布の濃淡は、女神像信仰の不在や強弱ないし盛衰としてではなく、単なる神像の素材の問題――消滅性素材への依存度の強弱、あるいは逆の見方をすれば、焼成土偶の普及度の強弱――と解することができる。ここで注意すべき点は、製法と手間から見た場合焼成土偶よりも非焼成土偶や木偶の方が簡易で万人向きであり、手軽にいつでもどこでも利用できることである。これからみると焼成土偶は、縄文人の各種女神像の中でもっとも手のこんだ特製品あるいは贅沢品であったと考えることができる。縄文土偶即ち焼成土偶の分布の濃淡は、そのような経済的ないし社会的事情による焼成土偶の普及度の変異を表わす可能性もある。

　結語
　バイカル方面の旧石器時代後期の女人（女神）像と極東北太平洋岸（アムール及び日本）の新石器時代女人（女神）像との間には、まぎれもない造形伝統の流れ（系譜）が読みとれ、文化的連続性が認められる。しかしそれにもかかわらず、その両者間を結ぶ女人（女神）像の考古学的証拠が未発見即ち不在である。それは何故か――これに対する説明が要る。
　この事態にかかわる第1の要因は、考古学的調査の精度である。バイカルから極東北太平洋岸方面の旧石器時代末から新石器時代初めにかけての後氷期時代に関する考古学的調査は未だ極めて不行届きであって、これが資料欠如の第1要因といえる。しかし今後調査精度の向上につれて、獣骨（牙・角を含む）製あるいは軟石製等保存度の高い素材の女人（女神）像の場合は発見（出土）が期待できよう。問題は保存度の低い消滅しやすい素材（木材、非焼成粘土等）の場合である。それほど時代が古いとこの種の素材で作られた小形偶像類は、調査精度が向上しても発見（出土）の機会は殆どあり得ない。これは既知の先史学的事実によって示される結論である。そこで女人（女神）像の遺物の不在問題には、第2の要因として消滅性素材の製品の割合がかかわ

りをもつことがわかる。

　先に述べた第1要因即ち調査精度の条件が等しいとすると、上記の第2要因すなわち消滅性素材の製品の比率が、遺物として残る女人（女神）像の多寡を左右することになる。以上のようなtaphonomy的考え方を導入すると、土偶、その他の岩偶ないし骨偶等保存度の高い製品の遺物の多寡即ち分布の濃淡は、木偶や非焼成土偶のような消滅度の高い製品の比率が高い社会を反映するという推論が、一つの解釈として成り立ち得る。以下はこの考え方にもとづく、縄文土偶の起源と分布の濃淡についての具体的説明である。

　土偶のような宗教・芸術的製品（非実用品）の場合は、素材の理化学的あるいは機械的特性による制約が小さいから、選択の幅が大きく、時代と地域の如何を問わず、実際に無機質から有機質まで幅広い素材が使われている。この素材の条件が地層中での道具の保存度（preservability）を左右するから、それが考古学的遺物として残る残存率に大きく影響することになる。因みに先史偶像類の素材は先述したように、同一文化ないし社会即ち同じ人々の間でも様々であって、その範囲は広く無機質から有機質にまでわたっているが、遺物として通常残っているのは無機質製品では岩偶と焼成土偶、有機質製品では牙偶・骨（角）偶類に限られている。しかしこれは人為的選択の結果とは考えられず、比較的崩壊・消滅し難い素材の性質即ち自然的（理化学的）原因による残存の結果にすぎないと考えられる。つまりそれらの遺物は、比較的崩壊・消滅し易い素材の製品が、消滅によって自然淘汰的に除去された残りものとみなすことができる。この可能性は、第1に次のような先史人自身の証拠によって裏づけられる。その証拠とは、木材と粘土が旧石器時代から使われてきた歴史の長い道具用素材であることと、土偶は旧石器時代後期から、また木偶は新石器時代から稀ではあるが歴然とした考古学的証拠があることなどである。またその可能性は、歴史時代の極東北太平洋岸の土着民の次のような民俗的証拠によっても裏づけられる。彼等の神像類の素材範囲も広く、無機質から有機質にわたり、有機質素材では植物（主として木材、一部草本類）が一般的であって、それ以外での有機質素材（例えば獣骨類）は少なくとも筆者の眼にふれていない。極東北太平洋岸一帯の土着文化の神像として木像がこれほど一般化している事実とその造形パターンの広範な共通性からみると、彼等の神像素材としての木材の歴史は、新石器時代以降即ち歴史時代にはいってからの根の浅いものとは考え難い。

　以上のように先史的ならびに民族誌的証拠から総合的に眺めると、木偶や非焼成土偶の造形伝統が、少なくとも極東北太平洋岸方面では、旧石器時代以降にマンモス牙偶を主とする骨偶類に代わって支配的となり、新石器時代になってからその一部が焼成土偶化したというプロセスの再構成ができるようにみえる。その神像類が廃棄され、崩壊と消滅に耐えて地層中に残ったのが我々の手にし得る遺物としての縄文時代女人（女神）像群であって、それらの遺物の素材別構成は焼成土偶中心であり、他には僅かに岩偶・骨偶が残存するにすぎない。この焼成土偶化のプロセスは、実際の出土状況を概観すると急激なものではなく、縄文社会におけるその出現は早かったが、普及は一般的に中期以降のようにみえる。これは縄文文化全体——技術・経済・社会複合体の発達サイクル（渡辺　1990a）に同調していることになり、同文化の高度化に係わる一要因と考えられる。

縄文土偶の造形芸術的特徴の一つは精粗の差が著しい点である。これには発展段階としての時代差を表わす場合もあるが、ここで注目すべきは、同一社会内での変異としての精粗差の存在である[105]。縄文土偶の精巧品は単に宗教文化的水準の高さだけでなく、縄文装飾土器と同様に、高度の威信的即ち社会的価値をもっていたことが推理できる。

また出土標本の時代を全国的に通覧すると、C型よりもB型の方が、土偶化が一般に遅れたようにみえる（表7～12）。いいかえるとB型の方が焼成土偶に時間がかかったらしいということである。その理由は未詳であるが、ここで考えられることは、その遅れはB型の方が旧来（焼成土偶化以前）の素材の女神像への執着が強かったのではないかということである。この流れ（trend）が、B型木偶を日本民族（マタギ）の女神像信仰を代表する神像形態として現代にまで残存させた要因ではないかと考えられる。

以上で説明したとおり、縄文人の道具として使われた神像類と、その遺物として残った神像類は、数量ないし組成の上で必ずしも同じではないと考えなければならない理由がある。それは彼等に捨てられてから考古学者の手に入るまでに、数量的あるいは構成上のロス（loss）が起こり得るからである。神像類のように素材の物性の制約が少ない用具の場合は、それが殆ど岩石に限られる刃物類の場合と違って、解釈には上述のような事態の認識が必要かつ不可欠である。最近の風潮では、「遺物」としての土偶の存否あるいはその分布の濃淡から、ただちに「土偶祭祀」の存否あるいはその盛衰が論じられているが、これは以上のような化石化過程学的（taphonomic）な観点[106]からみて誤りといわねばならない。これまでの縄文考古学にこのタフォノミー的概念が完全にかけていたことは、理論考古学史の上からもみのがせない重要な事実である。

以上は消滅性素材と保存性（preservability）の概念をとりいれた、縄文土偶の起源と分布に関する一つの理論的モデルである。このタフォノミー的モデルは、縄文土偶の起源と分布の濃淡についての疑問に答えるだけではなく、遺物としての「土偶」から縄文人の道具としての「神像」体系を再構築するための一つの概念的手段（conceptual tool）としても必要かつ有効と確信する。

(C) 日本民俗の山神（女神）像

焼成土器工芸が栄えた狩猟採集時代が終わると、焼成土偶もすたり、骨偶類も姿を消して、女神像信仰の偶像は木偶中心となったと考えられる。現代のアムール及び日本を含む極東北太平洋岸の人々の民俗は、その伝統の末裔を表わすものと考えられる。このような木偶（木製彫像）の普及・発達は、木器ならびに木彫の普及・発達（渡辺　1990a：41-46；1992：97-100）と密接な関連があるようにみえるが、この点は本稿では触れないことにする。

日本民俗についていえば、先述（第3章-2）のように、「山の神」像の形態が縄文時代の女神像だけでなく、海を隔てたシベリアの新石器時代及び後期旧石器時代の女神像とも一貫して造形パターン（形枠）を共通にすることは、それが北方ユーラシアに発展した女神像信仰の大きな流れの末裔に当たることの証拠にほかならない。

ここで注目すべきは、日本民俗の農耕神である。日本の民間信仰では、田の耕作を助け、稲の

生育を守る農耕神としての「田の神」は「山の神」であって、それが春に里に下って「田の神」になり、稲田を守って秋に再び山へ帰るとされ、この信仰はほぼ全国的に一致しているという（文化庁文化財保護部　1969：243、366）[107]。他方、山稼ぎを主生業とする山村の人々にも「田の神」信仰があり、こちらは山仕事の安全と幸運を守る専任の女神となっている。山村の「山の神」は農村の「田の神」とは「性格を異にし」「関係がないらしい」（文化庁文化財保護部　1969：106、243）とされているが、ユーラシアにおける女神像信仰の系譜からみると、両者は同じ祖先（女神）から出た同胞の間柄にしかみえない。つまり、狩猟採集時代（縄文時代）の土偶で代表される母性女神が、狩猟採集から農耕に転じた農村では「田の神」に転化したのに対し、依然として山仕事を主生業として続けた山村では、その伝統が「山の神」として残ったのではないかと考えられる。その根拠として特に見逃せないのは、「田の神」が夏半期の田仕事が終わると、出張先の農村から「山に帰る」という点である（文化庁文化財保護部　1973：93、秋田県：162、山形県：158、新潟県）。これは、「田の神」が田と稲作の守護を専門（本職）とする神ではなくて、「山の神」のパートタイムの兼職の姿であることを示唆している。第２の根拠は農村においても山村におけると同様に、「山の神」が安産の神とされている事実である。マタギの「山の神」が産の神を兼ねることは先に述べたが、少なくとも東北地方では、農村でも「山の神」を産の神として迎える習俗がある（文化庁文化財保護部　1969：302；高橋　1991：80-83）。これからみて、農村民が「田の神」として迎える「山の神」も、山村民の「山の神」と同様に、産の神を兼ねていることがわかる。この事実も、両者が同一の神即ち狩猟採集時代の母性女神から分化した可能性を示唆している。ここで特に注目すべき点は、ヨーロッパでは農耕社会化に伴って、農耕生活に反応した新しい女神像即ち地母神像が出現したのに対し、日本の農村ではそのような農事専門の大地の女神が出現した形跡がなく、狩猟採集時代からの伝統的母性女神（山の神）が農耕神（田の神）を兼ねていることである。

　縄文土器時代が終わるにつれ土偶は廃ったが、女神像信仰の伝統が断絶したわけではない。それどころか、それは山村民俗の「山の神」信仰として根強く継承され、その「山の神」は「山仕事や狩猟生活には絶対的高神」（新潟、大白川、文化庁文化財保護部　1978：192）として今なお広く信仰されているのが現実である。先述のとおり、この神も縄文土偶神と同じく母性女神で、その神像は縄文時代とちがって木偶（図73-1〜13）が中心であるが、岩偶（図73-14）もあり、土偶（高橋　1991：19、ツツミ人形）さえある。また縄文遺物の偶像類には欠ける画像（高橋1991：34、岩手県口内；太田・高橋　1978：101、秋田県田沢湖町；文化庁文化財保護部1978：250、新潟県秋成郷）もある。

　これらの山神像は、（Ⅰ）単純型と（Ⅱ）複雑型の２類に大別することができる。（Ⅱ）類即ち複雑型は、全身に衣服をまとい、しばしば槍や斧・鎌・鍬あるいは宝珠のような持ち物を手にしている（図73-10〜14）。木彫の場合は、衣服の彩色が一般的に見える。これらは、腕や脚の発達に加えて衣裳が重厚なため体形が隠され、石器時代女人像の造形パターンが殆ど認められなくなっているが、縄文時代土偶の造形伝統の流れを汲むものも僅かながら認められる。臨月を表わすように腹が膨れた子孕み山神類（高橋　1991：2、秋田三俣；6、岩手口内；18、青森砂子沢；42、岩

手和佐内）とか、露出した腹部に赤子を抱く子抱き山神像（高橋　1991：7、岩手猿橋）はその代表例である（産行動の表現についての詳細は第3章-1-A-iii項参照）。腰の張り出し（腰張り）に似た「脚張り」（脚部特に大腿部の張り出し）表現による下半身の強調（高橋　1991：4右；12、13、18、28、31、32、45、46左、47左）も、先述したとおり縄文土偶と共通する一特徴といえる。ただし、山神像の場合は、その下半身の張り出しが明らかに衣服の裾の拡がりあるいは膨らみによって表現される点が縄文土偶と違う。

　この類の山神像には、衣服と顔つきの違いによる男神と女神の分化が明らかに認められ、男神と女神が一対で祀られている場合も少なくない。持ち物から見ると、「山の神が槍を持っている場合はほとんど女神（図73-13）であって、大石の山の神のように男神が槍を持っているのは珍しいケース」（高橋　1991：54）といわれている。男神とされている神像の持ち物は、高橋喜平氏の写真集（1991）で見る限り、一般に斧ないし鉞である[108]。

　以上のような(Ⅱ)類の山神像は、その持ち物の形式（鉞ないし斧、十文字形あるいは長穂の槍、鎌、鍬、宝珠）と、神官や僧侶のような衣服の様式からみて、明らかに農耕社会化以後あるいは歴史時代にはいってから生まれた型であって、次に述べる(Ⅰ)類より系統的に新しいといえよう。

　(Ⅰ)類即ち単純型（図73-1～9）は、衣服らしいものの表現が認められず、また原則として四肢を伴わない。この類はすべて木偶であって、縄文時代土偶で代表される女人像造形パターン（形枠）の真髄を継承している。その継承パターンは、(1)「腕なし」兼「脚なし」造形パターン（図73-1～7、9）、(2)Ｂ型（図73-1～5、9）及びＣ型ないしＤ型（図73-8）造形パターン（形枠）、(3)Ａ型の欠如、(4)頭部及び頭部意匠の強調（図73-1～7、9）、(5)蒙古人類的顔つき表現（あがり目とＶ字形眉）（図73-1～4、6～7）に要約することができる。筆者の眼にふれた単純型約20例に関する限り、Ｃ型ないしＤ型山神像の例が乏しくＢ型が一般的にみえるが、この点はさらに確かめる必要がある。

第6章　縄文土偶即産神ないし家神——出土状態の検証——

　北方ユーラシア旧石器時代女人（女神）像が、その形態と出土状態から産神ないし家神即ち家族の守護神とみなされていることは既に述べた。そこで次に、縄文土偶が対岸アムール方面の新石器時代土偶とならんで、それと造形パターン（形枠）を共通にするところから、その伝統の流れを汲むものであること、この女神像信仰の流れはさらに民族誌的現代にまで受け継がれ、極東北太平洋岸猟漁民の間に一大家神像信仰圏を形成したことを説明した。日本のマタギの家神兼産神である山神像はその流れの末裔にほかならない。つまり縄文土偶は、アムール方面の新石器時代土偶とならんで、北方ユーラシアの旧石器時代の女神（家神）像信仰と極東北太平洋岸の民族誌的現代のそれとを結ぶ環に当たる位置を占めるものといえる。

　縄文土偶は、造形パターン（形枠）からみて、以上のように北方ユーラシアの産神ないし家神信仰の流れを汲む女神像とみとめられるが、出土状態からみて果たしてこの解釈が妥当といえるであろうか。以下はその点についての検討であるが、結論としていえるのは、出土状態に照らしても、その解釈が不当・不適とすべき証拠は見当らないということである。即ち形態と出土状態のいずれからみても、縄文土偶即ち産神ないし家神像の解釈が成りたつことになる。

　検証方法と検定基準
　狩猟採集民の宗教儀礼は、(1)血縁あるいは地縁の集団が主体となってとり行われる集団ないし公共的祭儀と、(2)家族あるいは個人が主体となってとり行われる家族（個人）的ないし私的祭儀の2種に大別できる。前者の例としては、南方系狩猟採集民では成人式（渡辺　1990：126-129）、北方系群では各種の季節的祭儀が代表的である。後者の例としては、南北を問わず一般に死者埋葬を挙げることができる。狩猟採集民の宗教的儀礼システムは、一般に上記(1)(2)の両者から構成され、その意味で2本立て（dual system）であって、特に北方系社会では後者(2)の発達が顕著である。この点については既に別紙（Watanabe 1994：49）で指摘した。その発展の端的な現われが、先述した極東太平洋岸猟漁民の家神像信仰である。

　以上のような民族誌的見地から縄文社会を眺めると、環状列石（stone circles）、環状土籬（circular mounds）、環状巨木柱列で代表される大型環状建造物（渡辺　1990a：117-135）が上記の(1)に関係する遺物であり、土偶で代表される女神像類が上記の(2)に対応する遺物ではないかという解釈が可能になる。つまり縄文土偶は、彼らの2本建て宗教儀礼システムの一翼をになう家庭的-個人的儀礼、いいかえれば私的儀礼に関する偶像の一種とみることができるのである。

この解釈が正しいとすると、その遺物の出土状態もそれに相応しく矛盾しない状態、即ち家庭的ないし個人的即ち私的儀礼用の神像としておかしくない状態を呈示するはずである。そこで、これを前提として縄文土偶の出土状態を検討することにした。

それには、どのような出土状態ならば家族ないし個人用即ち私的儀礼用神像とみなすことができるのか、その判断の目安（基準）がなければならない。そこで現生狩猟採集民の神像類に関する既知の情報にもとづいて、以下のような出土状態の判断の目安（基準）を設定することにした。

遺物としての土偶の出土状態から得られる情報は、(1)出土の場所即ちどんな所から見出されるかという点と、(2)出土時の形状即ちどんな形状で見出されるかという点の2点にしぼることができる。土偶のそのような出土状態が、縄文人の手を離れて置き去られた時の状態をそのままとどめているものとすると、上記の(1)は縄文人による土偶の使用ないし保管の場所か最終処理の場所を示し、(2)はその使用ないし保管あるいは最終処理の仕方を示すことになる。そこで現生狩猟採集民の家族ないし個人用神像類の(1)使用ないし保管の場所ならびに最終処理の場所と、(2)使用ないし保管あるいは最終処理の仕方を、彼らの集団ないし公共用神像のそれらと比較することによって、両タイプの神像のそれぞれの一般的特徴即ち通性と両者間の差異の傾向を知る。その通性と傾向が、先史狩猟採集民にも共通すると考えられるような普遍的性質のものであれば、それを上記の判断の目安（基準）にすることができる。要するに、以上のように現生狩猟採集民のデータにもとづいて、縄文人の神像使用行動のモデルを作成し、縄文土偶類の出土状態がそれに適合するかどうかを吟味することによって、それらが家族ないし個人的神像として妥当か否かを判断することにした。その結果、縄文土偶の出土状態は、それらが家族ないし個人用神像の遺物として妥当な状態と認めることができる。以下はその精細である。

1. 現生狩猟採集民の偶像類の取扱い
　　　　──場所と仕方──

現生狩猟採集社会における偶像類の取り扱いについて、上記事項に関する実態を概観すると次のとおりである。

（A）　使用と保管の場所と仕方

公共儀礼用偶像類

(1)　ハント族及びマンシ族（Prokof'yeva 1964：533、536）

祖先像。各氏族が各自の氏族聖地（sacred clan site）をもち、そこで通常狩猟季節の始まる前に、定期的な祖先祭を行った。そこは祖先精霊の住み処とされ、祖先像と氏族宝（clan treasury）が保管（安置）されていた。

(2)　インガリック族（Osgood 1940：423）

神像。秋の村祭人形祭（doll ceremony）でシャーマンが使うヒト形像。衣服を着せた草製の男女一対の人形（7・8インチ～1フィート）で、シャーマンの操作によって村人の福祉に関する託宣をする[109]。使用場所は竪穴式公共儀式小屋（kashim）。卓上に立てた棒に縛りつけて使

う。使用時以外の保管場所は木立の中で、削りかけと樺皮で包んで木の枝の間に隠す。

(3) クワキゥトル族（Goddard 1924：31）

神面。彼らの住居（冬家）は、多家族（10家族程度まで）を収容する切妻型の大木造家屋であって、奥端が家の所有者とその家族の寝所、右手の奥が厚板壁で囲われた儀式用品保管所となっている。冬祭の踊りに使われる神面類もそこに保管されている。彼らの祭式場は冬家そのものである。

(4) ガブリエリノ族（Bean and Smith 1978：542）

神像。チンギチンギィッシ（Chingichingish）神の像。村長の家近くにある露天楕円形祭式場内の「聖域」（"temple"）に安置して礼拝。ここには首長と司祭シャーマン（priest-shaman）以外は入れない。

(5) デラウェア族（Goddard 1924：219）

神顔彫刻。村の儀式場であるビッグ・ハウス（Big House）は、丸太小屋スタイルの長屋（long house）であって、その中央柱と壁柱に彫り付けられた至上神をあらわす一連の神顔彫刻である。1例では中央柱の顔は高さ51cm、戸口柱のは22.4cm。ちなみに彼らは女性耕作制玉蜀黍栽培民である。

(6) ホピ族（Spencer et al. 1965：312）

神面。例年村の広場で行われる公共儀式のカチナ踊り（Kachina dance）に使用されるカチナ神の彩色木面。住居とは別の儀式場（kiva）に保管され、その間食物やタバコが供えられる。ただし、彼等は男子耕作制の玉蜀黍栽培インディアンである。

(7) ホピ族（Frigout 1979：570）

神像。村の儀式場（kiva）の祭壇の前の床上に置かれている物のうちに、天と地の神々の像がある。

(参考例) パパゴ族（Underhill 1940：31）

谷間の夏村で玉蜀黍農耕、山地の冬村で狩猟を営んだインディアン。首長は村有の神聖物を管理していて、それを容れたバスケットを集会小屋（council house）か、安全のために砂漠の岩の間に保管した。

私的儀礼用偶像類

(8) アイヌ族（北海道、樺太）（満岡　1941：51；更科　1942：39；山本　1943：38, 80；金田一　1944：260；伊福部　1969：16；渡辺他　1984：84；1985：135；1987：59, 98；1988：56, 119；1991：88；1992：67）

家神像。住居の奥（炉の上坐）の左隅に安置。保管と使用（礼拝）の場を兼ねる。樺太では家神像の切込み（notch）に食物を塗ることがある（和田　1958：229）。

(9) アイヌ族（樺太）（西鶴　1974：90；名取　1959：108；葛西　1975：29）

神像。イナオを衣服のようにまとわせたこけし形木偶。病弱児の息災祈願用。イナオの上端に紐をつけて居室の壁に掛け、あるいは下端を尖らせて壁にさしこみ、食事を供して終生大切に保

有。高さ20cm前後。子供の襟や帯に結びつけたり、首にかけることもある。

　⑽　アイヌ族（樺太）（Munro 1962：53）

　神像。富と幸運と赤子の保護を求めて、イナウに包まれた木偶（ニポポ）を作り、箱に入れて保管し、誰にも見せない。

　⑾　ウイルタ（オロッコ）族（山本　1979：173, 図2・27；池上　1979：図36）

　家神像。熊の皮を着せ、削り花で包まれた高さ3～7・8寸の木偶。円錐形天幕入口の正面奥に当る客席（マロ）の背後に吊るされている。

　⑿　ウイルタ（オロッコ）族（池上　1982：図165-168）

　シャーマン各人が、1体の木彫神像を所持し、儀礼の時は、その頸部に縛りつけて背中に垂らした紐を手に持って操作する。

　⒀　ギリヤーク（ニブフ）族（アムール）（Black 1973：13）

　家神像。住居の奥の神棚か特別の箱に安置。

　⒁　ギリヤーク（ニブフ）族（樺太）（和田　1958：223）

　神像。シャーマンの使用する偶像（ヌス）のうち、最も強力な神の宿る木像。シャーマンの家の隅の棚の上に置かれている。

　⒂　ゴルド（ナナイ）族（Lattimore 1933：59）

　神像。シャーマン用木偶各種。シャーマン家の奥の神棚に安置。

　⒃　ゴルド（ナナイ）族（Okladnikov 1981：pl. 24）

　オクラドニコフによって図示された例はシャーマンの援助神をあらわす青銅製のお守り（amulet）であって、頭頂に吊りさげ用の環がついている。高さ6cm。吊りさげ用で、このような穿孔（貫通孔）式は現生狩猟採集民では珍しい。

　⒄　アルタイ族（Potapov 1964：314）

　神像。住居入口の反対側即ち炉の奥は名与席で、その上方に神像（images of deities）が掛けられていた。

　⒅　カムチャダール（イテリメン）族（Krasheninnikov 1972：211-217）

　家神像。冬家（竪穴住居）の内部に安置された、小円柱状でこけし形の神像（アザシャク）。冬家の家具を統べ、森林の悪神を彼等に寄せ付けない彼等の守護神とされた。

　⒆　コリヤーク族（沿岸群）（Jochelson 1908：34）

　神像。沿岸コリヤーク族の家（竪穴住居）には、玄関の戸口に近い左側に聖所（shrine）があって、家族の守護神（guardians）やお守り（charms）の類がまとめてここに安置（保管）されていた。

　⒇　コリヤーク族（沿岸群）（Jochelson 1908：Fig.9-a, b）

　乳児の保護者神（special protector）の木偶。普通は下着の襟裏に縫いつけられる（Fig. 9-a）が、輪にした紐に吊るして首に懸ける場合もある（Fig. 9-b）。図でみると、いずれの場合も、吊るしは一旦衣服様のカバーで神像を包み、そのカバーの一端を吊るす間接的な吊るし方であって、この方式は樺太アイヌに類似例をみることができる（(8)参照）。

(21) アリュート族（Laughlin 1980：111）

家神像。猟者の守護神をあらわす牙偶。竪穴住居の天井の梁から吊りさげられていて、日常礼拝された。

(22) チュクチ族（Antropova and Kuznetsova 1964：820）

お守り。彼等はお守り（amulets）の類を悪神から守るために活用した。それらは衣服に結びつけたり、住居や猟漁具に吊るしたり、舟や家具に描かれたりした。

(23) エスキモー族（ラブラドール）（Hawkes 1916：Pl. 34）

彼等は狩猟等の危険な仕事の時には守り神に助けを求め、その神像を身につけあるいは首に懸けて携帯する。その神像は凍石（soapstone）製で、図示例によると、頭胸部か肩から上の頭部である（寸法不詳）。

(24) トリンギット族（Krause 1956：94, 96）

神面。シャーマンの儀礼用具の中に、各援助神を呼び出すのに使う特別の面がある。それらの用具は箱に入れて森の中に隠し、必要な時にしか持ち出さない。

(25) トリンギット族（De Laguna 1990：221, Fig. 14）

人々が首か衣服に吊るす、健康や豊猟のお守り（charms）。シャーマンが作って依頼者に与える。そのシャーマンの援助神（spirit helper）をあらわす神像（牙）であって、この写真の例ではタコ（octopus）が彫りだされている。高さ15cm。

(26) ハイダ族（Swanton 1925：46）

神像。銅板製の神像。欲しい富（財産）を送ってくれるよう祈願する個人用の秘仏型神像である。毛布・衣類箱の中に隠し、時折とりだして祈願する。

(27) 沿岸セリッシュ族（Suttles and Lane 1990：498、Fig. 11 ; Holm 1990a : Fig. 17, 621）

神像。生者の霊魂が死者に盗まれることがよくあるという信仰がある。その「霊魂回収式」（soul-recovery ceremony）にやとわれたシャーマン達が、死者の国への旅に使う守護神像。これをカヌーの形に並べて地面に立て、その中に立って杖を櫂にして漕ぐので、「精霊カヌー儀式」（spirit-canoe ceremony）とよばれる。使用時以外は森の中に秘蔵し、使用毎に彩色しなおす。

(28) クイノールト族（Olson 1936：148）

神像。沿岸セリッシュ族に属するクイノールト族のシャーマンが手に持って儀礼に使う「がらがら」（rattles）は、当人の援助神（spirit helper）の形をとっている。それらは住居内の暗い隅（dark corner）に保管された。

(参考) 日本民族（太田・高橋　1978：71, 写真）

伝統的猟民マタギが、身の安全を願って、肌身離さず首からさげていたお守りがある。山神と書かれた和紙の札であって、吊りさげ紐のついた守り袋に入れてある。

（B）　最終的処理（final disposal）の場所と仕方

(i) 用済みによる廃棄

毎回の儀礼の終了後に廃棄される場合と、所持者の死亡により、使われなくなって廃棄される

表17 狩猟採集民の神像類使用方式の変異とその範囲

(番号は本文の記載番号に対応)

公共儀礼用神像類

定置式	安置	据え置き	Ⅰ-(1)	ハント族及びマンシ族（氏族聖地）
			Ⅰ-(2)	インガリク族（卓上）
			Ⅰ-(3)	クワキゥトル族（床上）
			Ⅰ-(4)	ガブリエリノ族（地上）
			Ⅰ-(5)	デラウェア族（柱彫刻）
			Ⅰ-(6)(7)	ホピ族（床上）

私的儀礼用神像類

定置式	安置	据え置き	Ⅰ-(8)	アイヌ族、北海道（床上）
			Ⅰ-(18)	カムチャダール族（床上）
			Ⅰ-(19)	コリヤーク族、海岸（床上）
			Ⅰ-(27)	セリッシュ族、海岸（地上）
			Ⅰ-(28)	クイノールト族（床上）
			参考	日本民俗、マタギ（床の間）
		さしはさみ	Ⅰ-(9)	アイヌ族、樺太（壁）
		載せ置き	Ⅰ-(13)(14)	ギリヤーク族（棚）
			Ⅰ-(15)	ゴルド族（棚）
			参考	日本民俗、マタギ（棚）
		秘蔵	Ⅰ-(10)	アイヌ族、樺太（箱）
			Ⅰ-(13)	ギリヤーク族（特別箱）
			Ⅰ-(26)	ハイダ族（衣類箱）
	懸垂	吊りさげ	Ⅰ-(9)	アイヌ族、樺太（壁）
			Ⅰ-(11)	ウイルタ族（壁）
			Ⅰ-(17)	アルタイ族（壁）
			Ⅰ-(21)	チュクチ族（家、猟漁具）
			Ⅰ-(22)	アリュート族（天井）
移動式	携帯	吊りさげ	Ⅰ-(9)	アイヌ族、樺太（首）
			Ⅰ-(12)	ウイルタ族（手）
			Ⅰ-(16)	ゴルド族
			Ⅰ-(20)	コリヤーク族（首）
			Ⅰ-(23)	エスキモー族、ラブラドール（首）
			Ⅰ-(25)	トリンギット族（首、衣服）
			参考	日本民俗、マタギ（首）
		結びつけ 縫いつけ	Ⅰ-(9)	アイヌ族、樺太（衿、帯）
			Ⅰ-(20)	コリヤーク族（衿裏）
			Ⅰ-(21)	チュクチ族（衣服）

場合とが含まれる。それらの場合について、公共儀礼と私的儀礼に分けて記述することにする。

公共儀礼用偶像類

(1) アリュート族（Lantis 1984：178）

神像。冬祭（秘密結社による神話劇、女・小供の威嚇）の時に新作される木偶あるいは皮製ぬいぐるみ。祭の終了後に破壊して遺棄（実例：洞窟内放置）。

(2) アリュート族（鳥居　1976：292, 308）

木面。毎年12月に新作。儀式終了後に海中に投入。

(3) 海岸コリヤーク族（鳥居　1976：290, 292；ロット=ファルク　1980：図版 XV）

神面。冬月の初め、冬家の魔神（カラウ）追い出し儀式に使用する木面（若者がかぶって村の家々をまわる）。式終了後、村はずれの淋しい所に投棄。

(4) 海岸ミウォーク族（カリフォルニア）（Kelly 1978：421）

死者（縁者）像。少年成人式用土偶（約1フィート大）。例年新作し、式後に儀式小屋の屋外に放置し、崩壊に任せる。

(5) ティパイ・イパイ族（カリフォルニア）（Luomala 1978：603）

死者（氏族員）像。死者悼式（村の儀式小屋前で行われる氏族最大の年中行事）用に作られる迫真の草人形。式後は掘った穴または式場内に積みあげて焼却。

私的儀礼用偶像類

(6) 海岸チュクチ族（Antropova and Kuznetsova 1964：823）

神像。海神（全海獣の所有者）を祭る晩秋の屋内家族儀礼に使用する木製ケレトクン（海神）像。式終了後、神像はオイルランプで焼却、床も清掃して供物の残り等を集め海中に投入。

(7) ゴルド（ナナイ）族（Lattimore 1933：59）

神像。シャーマン用木偶。廃用品はシャーマン家附近の下生えの中に遺棄、または屋内の神棚に放置。

(8) アイヌ族（利別）（渡辺他　1988：119）

家神像。家長死亡の時、その家の屋外（神窓外側）の幣場（祭壇）に放置（「送り」儀礼、オプニカ）。

(9) ウイルタ（オロッコ）族（樺太）（和田　1958：230, 231）

お守り。病気の時に作られる木偶（セウュ）。ヒト形だけでなく超自然的動物形もあり、食物塗与が行われる例もある。病気が治った後も身につけて保存（amulet）。持ち主が死ぬと、割って副葬する[110]。

(10) トンプスン・インディアン族（Teit 1900：320, 328）

神体。所持者の守護神（guardian spirit）である動物の皮を入れた袋が、御守りとして持ち歩かれ、所有者が死ぬと、他の副葬品と同様に墓に埋めるか、墓の近くに吊りさげられた。

(11) エスキモー族（北アラスカ）（Spencer 1959：252, 253, 285）

お守り（charms）。各種の個人用お守りがあって、所持者が死んだ時は、縁者に希望者があれば譲り渡されるが、相続者がない場合はその死体とともに遺棄される。海岸群では、集落から幾らか隔った所まで死体を運び出して、身の回りの品とともに地上に放置した。棺や墓はヨーロッパ人との接触以降のものである。

(12) アイヌ族（樺太）（和田　1959：53, 54, 61）

神像。子供用守護神（セニステ・ニポポ）。赤子の病気が平癒すると、それにイナウや黒ユリの根等を添えて「神送り」した。「神送り」とは、上記のようにして、丁重に人気のない場所へ置いてくることである。

(ii) 古化による更新

使用中の偶像類が、年を経てあまりにも古くなると、新品を作って旧品と取りかえることがある。この時に旧品をどうするかその取り扱いが問題である。次にその実例をあげる。

(13) アイヌ族（千歳）（渡辺他　1991：88）

家神像。古くなると（5〜10年も経つと）新しく作り、旧品は屋外祭壇（イナウ・チパ）に置き去る（「送り」儀礼）。

(14) アイヌ族（樺太）（和田　1959：53, 60-61）

神像。子供用お守り（大形のセニステ・ニポポ）。成人後もその人の守り神として長く保存される傾向があった。10年20年も経つと、古いものを「神送り」し、同じ形のものを作りなおす。「神送り」とは、黒ユリの根や米にイナウを添えて、丁重に人気のない場所へ置いてくること。

(iii) 祈願無効による処分

(15) アイヌ族（樺太）（和田　1959：60）

神像。子供用お守り（守護像、セニステ・ニポポ）。病気があまり長引くと、古いセニステ・ニポポを人気のない山へ「神送り」し、新しいものを作る。

(16) ギリヤーク（ニブフ）族（加藤　1986：305, 306）

神像。魔除け用木偶で、食物が供された。重病にかかった人が病魔を追い払うため、治るまでこれを胸につけた。願いが叶わない時は、これを叩いたり、投げ捨てることもあった。

(17) ツングース族（オホーツク沿岸）（和田　1959：47）

神像。森の霊のヒト形像を空中に投げ、その顔が表を向くか裏をむくかによって猟運を占う。猟が成功するとそれに食物を供し、不成功の場合はその像を打擲する。

(18) ケット族（エニセイ河）（和田　1959：60）

偶像。何か失敗すると、彼等の偶像を打ったり、火に投げこむ。

(19) オスティアク族（オビ河）（和田　1958：60）

偶像。漁猟に成功したときは、偶像に赤い着物を着せ、不成功の時は、着物を剥がして罵る。

(20) ネンチ族（北西シベリア、北極海岸）（Prokof'yeva 1964：564）

家神像。家の守護神を持ち、食物を供えて祈願する。願いが叶わない時は、懲罰として供食を

停止する。

(21) シベリア諸民族（ロット=ファルク　1980：66）

神像類。彼等の偶像には、ヒト形、動物形、半人半獣形（木、金属、布製等）があり、それらの寿命は効力の度合による。相続されることもあるが、願いが叶わないと懲罰が加えられ、食事を絶つとか、罵ったり打つとか、破壊する。また像から霊がすっかり脱けてしまったら（効き目がなくなったら）、儀式も行わずに道端に投げ捨てたり、置き去りにして廃棄する。

(22) エスキモー族（北アラスカ）（Spencer 1959：285）

お守り。各種のお守り（charms. amulets を含む）がある。縁者なら誰でも相続できるが、効き目が疑わしいとか食物タブーが重すぎるとか、何等かの理由で相続者がない場合は、家の下に埋めて遺棄される。

(23) エスキモー族（ラブラドール）（Hawkes 1916：135-6）

神像。個人の守り神で、狩猟その他の冒険的事業（ventures）で、それに援助を求める。ヒト形で身につけて持ち歩く。不運が長続きすると、それが守り神像の所為にされる。それから逃れるため、気づかれないように他人に渡してしまう。その効き目は即効的でないので、再び幸運が授けられるまで、着物を脱がせたり、打擲したり、その他の強圧的手段で神像を懲らしめることがしばしばある。それでもいうことをきかない時は、先述のように他人に渡してしまう。

(iv) 凶兆による廃棄

(24) アイヌ族（北海道）（Munro 1962：45）

家神像。神像の破損あるいは腐朽の兆候や悪夢等の凶兆がみえた時は、それを魔神の活動の危険信号とみなして神像を更新し、旧品は儀礼的に捨てる。

(v) 病魔払いのための廃棄

(25) ゴリド族（和田　1959：60）

病魔像。胸痛に悩む者が出て、それがセッカという悪魔の所為であると決まると、草で等身大のセッカの像を作り、紐で病人とその像を結び付け、その紐を伝わって病魔が病人から像に移ると、斧や棒でその像を打ち壊す。

(26) シベリア諸族（和田　1978：735）

オンゴン像。病人の体内から追い出した病霊を、この偶像に閉じこめ、それを打擲、焼却、あるいは森に遺棄する慣行がシベリアに広く分布している。

偶像類の使用・保管ならびに最終的処理の場所——民族誌的情報の要約——

狩猟採集民の偶像類——神像・神面等を含む儀礼用具としてのヒト形像——の使用ないし保管場所と、それらの最終的処理——儀礼用具としての寿命の終りを意味する処分——の場所についての民族誌的情報を概観すると以上のとおりである。それを要約すると表18のようになる。

表18のデータをさらに整理し、各例に関する所与の場所を集落内と集落外の2範疇に大別して、

表18 狩猟採集民による偶像類の使用・保管ならびに最終的処理の場所と方法

（番号は本文の記載番号に対応）

	場 所 と 方 法	
	使用・保管	最終的処理
公共儀礼用偶像類	祖先像・氏族聖地（使用・保管）（Ⅰ-1） 神像・儀式小屋（集落）（使用）／立木（保管）（Ⅰ-2） 神像・集団住居（集落）（使用・保管）（Ⅰ-3） 神像・露天儀式場（集落）（使用・保管）（Ⅰ-4） 神面・広場（集落）（使用）／儀式場（集落）（保管）（Ⅰ-5） 神顔彫刻・儀式場（集落）（使用・保管）（Ⅰ-6） 神聖物・集落（使用）／砂漠（保管）（参考例）	神像・洞窟（破壊・遺棄）（Ⅱ-1） 木面・海（投棄）（Ⅱ-2） 神面・村外れ（投棄）（Ⅱ-3） 死者像（土偶）・儀式小屋外（放置による自然崩壊）（Ⅱ-4） 死者像（草人形）・儀式小屋内または外（焼却）（Ⅱ-5）
私的儀礼用偶像類	家神像・居室奥左隅（使用・保管）（Ⅰ-7） 神像・居室（使用・保管）（Ⅰ-8） 神像・居室（箱）（使用・保管）（Ⅰ-9） 家神像・住居（天幕）奥左隅（使用・保管）（Ⅰ-10） 家神像・住居奥（神棚・箱）（使用・保管）（Ⅰ-11） 神像・シャーマン儀礼（使用）／住居隅（神棚）（保管）（Ⅰ-12） 神像・シャーマン儀礼（使用）／住居奥（神棚）（保管）（Ⅰ-13） 神像・住居奥（懸垂）（使用・保管）（Ⅰ-14） 家神像・冬家（使用・保管）（Ⅰ-15） 神像・竪穴住居入口附近（聖所）（使用・保管）（Ⅰ-16） 家神像・竪穴住居（使用・保管）（Ⅰ-17） お守り・住居（吊りさげ）・家具（描画）（使用・保管）（Ⅰ-18） 神面・シャーマン儀礼（使用）／森の中（保管）（Ⅰ-19） 神像・健康と豊猟のお守り（吊りさげ）（使用）（Ⅰ-20） 神像・住居（毛布・衣類箱）（使用・保管）（Ⅰ-21） 神像・住居周辺（使用）／森の中（保管）（Ⅰ-22） 神像・シャーマン儀礼（使用）／住居暗隅（保管）（Ⅰ-23）	神像・住居内（焼却）（Ⅱ-6） 神像・住居周辺（遺棄）または住居内（神棚）（放置）（Ⅱ-7） 家神像・住居の外（祭壇）（儀礼的遺棄）（Ⅱ-8） お守り・墓（割って副葬）（Ⅱ-9） 神体・墓（副葬：埋めるか吊るす）（Ⅱ-10） お守り・墓（副葬：地上放置）（Ⅱ-11） 神像・人気なき場所（儀礼的遺棄）（Ⅱ-12） 家神像・住居の外（祭壇）（儀礼的遺棄）（Ⅱ-13） 神像・人気なき場所（儀礼的遺棄）（Ⅱ-14） 神像・人気なき山（儀礼的遺棄）（Ⅱ-15） 神像・随所（投げ捨て）（Ⅱ-16） 神像・焚き火（炉）（投げこみ）（Ⅱ-18） 神像・道端（投げ捨て・置き去り）（Ⅱ-21） お守り・家の床下（埋めて遺棄）（Ⅱ-22） 家神像・住居の外（儀礼的廃棄）（Ⅱ-24） 病魔像・打壊（廃棄）（Ⅱ-25） 病魔像・森の中（遺棄）または焼却（Ⅱ-26）

	使用・保管	最終処理
公共儀礼用偶像類	集落内：特定場所 　　　　（公共祭式場） 集落外	集落内：特定場所 　　　　（公共祭式場） 集落外
私的儀礼用偶像類	集落内：一般場所 　　　　（住居内外ないし周辺） 集落外	集落内：一般場所 　　　　（住居内外ないし周辺） 集落外

図110　狩猟採集民の偶像類の取扱い場所に関する比較

公共儀礼用偶像類と私的儀礼用偶像類を比較し、両者の使用と保管の場所に相違が認められるかどうか、また両者の最終処理の場所に相違が認められるかどうかを検定した。以下はその結果である。この分析の意図は、その結果に相違が認められれば、縄文土偶関係遺物の出土状態の解釈即ちそれらが私的儀礼用かどうかを判断する基準として役立つのではないかと考えたからである。つまりその状態が私的儀礼用と判定できれば、形態的分析から得られた既述の結論即ち縄文土偶即産神ないし家神の解釈が許容され裏づけられることになると考える。

　使用と保管の場所

　公共儀礼用偶像類の使用・保管の場所は、集落内の場合と集落外の場合（Ⅰ-1）がある。公共儀礼用神聖物に関しては、集落内で使用、集落外で保管の例もみえる（参考例）。集落内における使用・保管の場所は特定の公共用儀式場であって、従って場所が限られているのが特徴である。使用の場所は集落広場のような露天施設の場合もあるが、保管の場所は公共用建物の屋内に限られる。

　私的儀礼用偶像類[111]についてみると、使用・保管ともに、その場所は集落内（住居）が一般的である。しかし両者が分離し、集落内（住居）で使用、集落外（森の中）で保管の例もある（Ⅰ-19、21）。集落内における使用・保管の場所は、公共儀礼用偶像の場合と違って、特定場所に限られないのが特徴である。つまり一般住居がそれにかかわることになる。

　最終処分の場所

　公共儀礼用偶像類の最終処理の場所は、集落内の場合と集落外の場合がある。集落内の最終処理の例は、今のところ死者像に関するものしかないが、これらの場合は、いずれもその場所が集落内の特定場所即ち公共祭式小屋に限られるのが特徴といえる。

　私的儀礼用偶像類の最終処理の場所も、集落内の場合と集落外の場合（Ⅱ-9～12、14、15、26）がある。集落内における最終処理の場所は、公共儀礼用偶像の場合と違って、特定場所に限られないのが特徴である。つまり一般住居の内外ないし周辺がそれである。

　以上の比較分析結果を総括すると、図110の通りであって、集落内での使用・保管ならびに最終処理の場所が、公共儀礼用偶像の場合と私的儀礼用偶像の場合とでは明らかに違っていて、両者の間にずれがあることがわかる。つまり前者に関係する場所が、集落内の特別の場所即ち公共建物ないし施設に限られるのに対し、後者の関係する場所は、集落内の一般的場所即ち私的建物ないし施設とその周辺であって、つまり集落全域にわたる。

公共儀礼用偶像類と私的儀礼用偶像類との間に認められるこの特徴的な差異は、縄文土偶が産神ないし家神即ち私的儀礼用偶像であるとする形態的解釈の可否を確める一つの有効な基準となり得るものと考える。そこで次に、縄文土偶の出土実態が、上記の民族誌的モデルに適合するかどうか、即ち私的儀礼用偶像の取扱い場所の特徴的パターンを示すかどうかを検証する。

2. 土偶出土場所の検証

縄文土偶が、形態的分析から、産神ないし家神と解釈できることは既に説明したとおりである。そこでその土偶が、上記の判別基準によって、そのような私的儀礼用偶像と見做せるかどうかを検証するために、既刊の報告書から各地・各時期の縄文土偶の出土場所についての情報を抽出・整理すると次のようになる。

北海道（長沼　1990；1992）
早・前期土偶：情報欠（但岩偶存）
中期土偶：集落遺跡の包含層及び住居址出土
　　（住居址床面出土例：フゴッペ貝塚、白坂遺跡）
後期から晩期初頭土偶：土壙墓または墓域出土例多数（土壙墓出土：著保内野遺跡、美々4遺跡（壙底）、初田牛20遺跡、朱円環状土籬遺跡（壙底）。墓域出土：御殿山遺跡）
晩期土偶：土壙出土例（大麻3遺跡（傾斜壁面上）、高砂遺跡（環状配石墓覆土中））

青森県（鈴木克彦　1992）（一王子貝塚、江坂　1990）
早期土偶：唯一点、遺物包含層出土
前期土偶：僅少。遺物包含層出土例（一王子貝塚（C地区下層、土器伴出））
中期土偶：住居址及び土壙出土例（住居址出土：蛍沢遺跡（堆積土）（土器片伴出）、三内沢部遺跡、1号住居址（堆積土）（土器・石器類伴出）、35号住居址（堆積土）（石器各種及び土器片多量伴出）；土壙出土：泉山遺跡（堆積土）（土器多量、石器各種伴出））
後期土偶：住居址、土壙、屋外炉址、石組跡、環状列石から出土（韮窪遺跡、15号住居址（堆積土）（土器片伴出）、82号A住居址（床面）（磨石及び土器片伴出）；丹後谷地1・2遺跡、3号住居址（堆積土）（石鏃・石斧、敲石、土器伴出）；田面木平1遺跡、10号住居址（堆積土）（土器片伴出）、31号住居址（堆積土）（石鏃・石匕、土器片利用円板、鐸形土製品、土器伴出）；風張1遺跡、5号、7号、10号、16号、24号、及び40号住居址（堆積土）（土器及び石鏃・磨製石斧等石器類、土器片利用円板等土製品伴出）、15号住居址（床面）（土器、土器片利用円板等土製品及び磨製石斧等石器伴出）、20号住居址（床面）（土器及び石鏃伴出）、159号、201号、223号土壙（堆積土）；大湊近川遺跡、145号土壙（床面）（土器片、石鏃伴出）、147号土壙（床面）（土器伴出）、187号土壙（堆積土）；水木沢遺跡、5号住居址（堆積土）（土器伴出）、8号住居址（堆積土？）；蛍沢遺跡、18号住居址（土器、磨製石斧、くぼみ石伴出）；井沢遺、1号住居址（堆積土）（土器伴出）；花巻遺跡、6号土壙（堆積土）（土器伴出）；大曲遺

跡、ピット（堆積土）（住居址？）；一本松遺跡、石組跡（堆積土）（土器伴出）；上牡丹平遺跡、1号屋外炉（堆積土）（土器伴出）；小牧野遺跡、環状列石（石組の間））

晩期土偶：数量最多。通常（99％）遺構外（亀ヶ岡式遺物廃棄場を含む遺物包含層）出土（土壙出土例：亀ヶ岡遺跡9a号土壙（堆積土）（土器片、石錐、円板状石製品伴出）、11号土壙（堆積土）（土器片、石鏃伴出））

岩手県（稲野他 1992；岩手県立博物館 1984）（雨滝遺跡、野口 1964）

軽米遺跡群（縄文各期。主として中期末～後期初頭）出土土偶計56点。殆どすべて（55点）が住居址埋土か遺物包含層からの出土。住居址出土は唯一点（住居址出土：馬場野遺跡II-LIV-06住居址（出入口反対側壁面）（以上稲野他 1992）。

中期土偶：塩ヶ森遺跡（A土壙（底面、河原石下）出土例及びB土壙（覆土）出土例）

後期土偶：立石遺跡（配石遺構周辺から集中的出土）。（以上岩手県立博物館 1984：86-87）

後・晩期土偶：東北地方の縄文時代後～晩期遺跡で土偶がまとまって出土するのは住居内ではなく、貝塚やいわゆる捨て場。岩手県の後期から晩期の土偶の出土場所は一貫していて、捨て場が多く、次に住居址やピット覆土である。

晩期土偶：手代森遺跡（大部分「集落の広場にあたる場所」の遺物包含層出土。遺構伴出なし）。九年橋遺跡（土壙（覆土）出土例少数。他はすべて遺物包含層出土）。東裏遺跡（すべて遺物包含層出土）。小田遺跡（遺物包含層出土。焼土多量廃棄域に7割以上が集中。土器、石製及び土製円板、石剣等伴出）（以上稲野他 1992）。雨滝遺跡（半円形配石遺構、中央土器片下）

宮城県（阿部明彦 1994）（大野田遺跡、主浜 1995；伊古田、入大、田柄貝塚、手塚 1994）

縄文土偶：出土遺跡約155、出土点数約1,300。早期土偶欠、前期土偶 21遺跡 約150点、中期土偶 40遺跡 約270点、後期土偶 64遺跡 約610点、晩期土偶 46遺跡 約170点。

出土状況：遺構からの出土例少なく、殆どが遺物包含層や貝層からの出土品である。

後期土偶：遺物包含層、配石遺構及び土壙出土例（大野田遺跡、遺物包含層（捨て場）（全域的出土。土器・石器各種伴出）及び環状集石（包含層上部、径約12m）；伊古田遺跡、遺物包含層；入大遺跡、ピット（堆積土中、2点）及び遺物包含層（12点）；田柄貝塚、遺物包含層（52点））。

福島県（山内 1992）（仲平遺跡、法正尻遺跡、山内 1994）

縄文土偶：遺物包含層からの出土が多く、土壙や住居址などの遺構からの出土は僅少。

前期土偶：最古例。

中期土偶：遺物包含層、住居址及び土壙出土例（七郎内C遺跡、第1包含層（土器伴出）；羽白D遺跡、包含層（土器伴出）；法正尻遺跡、大木7a式期、55号住居址、大木7b式期、29号及び33号住居址、大木8a式期、23号住居址、大木8b式期、土坑242号、348号、687号、大木9式以降、71号住居址；仲平遺跡、2号及び3号住居址（大木9式以降））。

晩期土偶：遺物包含層及び土壙出土例（一斗内遺跡、包含層；西方前遺跡、94号土壙（土器多量伴出））。

群馬県（能登　1992）（郷原遺跡、江坂　1990）

前期土偶：僅少。遺物包含層出土例（城遺跡）。

後・晩期土偶：配石遺構出土例（郷原遺跡、石棺状蓋石付石囲い）、配石遺構出土例（深沢遺跡、11号配石（覆土）（土器片、石鏃、打製石斧、石皿等伴出）；20a号配石（覆土）（土器片、石器素材剝片その他各種遺物伴出））、住居址出土例（千網谷戸遺跡：1号A住居址（覆土）（土器伴出）；2号A及び2号B住居址（覆土）（土器、石鏃、石錘伴出））及び遺物包含層出土例（谷地遺跡：各種遺物伴出）。

埼玉県（植木　1992）

早期土偶：確実例1点。

前期土偶：唯一点。住居址出土（井沼方遺跡（覆土）（土器伴出））。

中期土偶：住居址出土例（膳棚遺跡（覆土）行司免遺跡（覆土））。

後期土偶：遺物包含層出土例（上組Ⅱ遺跡）；土壙出土例（高井東遺跡）。

晩期土偶：遺物包含層出土例（雅楽遺跡、ささらⅡ遺跡、赤城遺跡）。

東京都（安孫子・山崎　1992）

（土偶の出土状態に関するまとまった情報が得られなかった）

前期土偶：2遺跡3点。

中期土偶：出土数量急増。遺物包含層出土例（前田耕地遺跡（土器捨場））。遺構出土例（平尾3遺跡（埋甕を伴う屋外祭祀跡））。

後期土偶：住居址出土例（平尾9遺跡（床面）；田端東遺跡（覆土。環状積石遺構の東15m）（超大形土偶））。

神奈川県（鈴木　1992）

前期土偶：1遺跡1点（中期？）。

中期土偶：21遺跡79点。住居址出土例（橋本遺跡、31号住居址（床面直上）、37号住居址、40号住居址（同遺跡出土中期土偶35点中19点は住居址内出土）；尾崎遺跡、9号住居址；当麻遺跡、12号住居址、35号住居址）。

北陸3県（富山、石川、福井）（小島・神保　1992）

出土土偶総数599点、内訳は富山県418点、石川県174点、福井県7点。

早・前期土偶：1遺跡3点（破片）。

中期土偶：住居址出土例（富山県東黒牧遺跡、1号住居址（覆土）；同県不水掛遺跡、3号住居

址（覆土）（土器伴出）。

後期土偶：住居址出土例（石川県米泉遺跡、4号住居址（床面）（土器伴出））。

山梨県（小野　1992）（中谷遺跡、江坂　1990）

前期土偶：住居址、土壙及び遺物包含層出土例（釈迦堂遺跡群塚越北A地区、住居址SB-05, SB-27及び土壙SK227；獅子之前遺跡、17号住居址及びグリッド（遺物包含層））

中期土偶：住居址、遺物包含層及び土壙出土例（下向山遺跡、住居址；釈迦堂遺跡群塚越北A地区、五領ヶ台式期：住居址及びグリッド（遺物包含層）、新道式期：住居址S-Ⅳ区SB-53及び土壙S-Ⅲ区SK-60, 129, 291, 藤内式期：住居址SB-01, 04, 10, 29, 31, 40, 47, 51（同期全戸）；同三口神平地区、狢沢式期：住居址、新道式期：住居址S-Ⅳ区SB-53及び土壙S-Ⅲ区SK-60, 129, 291, 藤内式期：住居址S-Ⅲ区SB-49, 84, 100, S-Ⅳ区SB-32, 52, 井戸尻式期：住居址S-Ⅲ区SB-36, S-Ⅳ区SB-60, 及び土器捨て場S-Ⅲ区及びS-Ⅳ区（遺物包含層）、曽利式期：（Ⅰ群）住居址S-Ⅲ区SB-20, 55, 56, 105, （Ⅱ群）住居址S-Ⅲ区SB-37, 41, 43, （Ⅲ群）住居址S-Ⅲ区SB-05, 109, 113（埋甕内）、S-Ⅳ区SB-44, （Ⅳ群）S-Ⅲ区SB-46（出入口部埋甕附近）、93；同野呂原地区、藤内式期：13号住居址、井戸尻式期：10号住居址、曽利式期：6号住居址；〆木遺跡、竪穴状遺構（住居址？）；上野原遺跡、15号住居址；上の平遺跡、藤内式期：16号、24号、25号住居址、井戸尻式期：17号住居址（ピット）、20号住居址；村上遺跡、住居址；重郎原遺跡、住居址；安道寺遺跡、2号住居址（焼土内）、11号住居址；中溝遺跡、1号、2号、4号、6号住居址；一の沢西遺跡、4号住居址（床面）、5号、10号住居址及び41号土壙；一の沢遺跡、2号、4号住居址；柳坪A遺跡、2号、11号、16号住居址；頭無遺跡、1号、12号、14号住居址；姥神遺跡、16号、21号住居址；北堀遺跡、59号、61号住居址及び異時期の遺構並びにグリッド（遺物包含層）；法能遺跡、1号住居址；久保屋敷遺跡、5号土壙。

後期土偶：住居址及び遺構外（遺物包含層）出土例（金生遺跡、堀之内式期：12号住居址及び遺構外、加曽利B式期：37号住居址、後期後半：6号、7号、24号住居址及び住居址外、後期後半から晩期：住居址8号、20号、27号、38号。

晩期土偶：住居址、配石遺構及び土壙出土例（中谷遺跡、環状配石（土壙）；尾咲原遺跡、2号住居址；金生遺跡、晩期前半：11、14、18、22、30B号住居址、晩期後半：26、29号住居址、晩期前半〜後半：住居址30A号及び2号配石遺構；長坂上条遺跡、立石土壙。

長野県（宮下　1992）（棚畑遺跡、江坂　1990；与助尾根遺跡、野口　1964；尖石遺跡、桐原　1978）

早期土偶1点、前期土偶1点、中期土偶904点（74％）、後期土偶219点、晩期土偶77点。以上が1990年までに報告された長野県下出土土偶の時期別総数である。

前期岩偶：住居址出土例（中越遺跡、104号住居址（床面）（岩偶並びに磨製石斧、石鏃、石匙、石錐伴出））。

中期土偶：当期土偶の83％は住居址覆土からの出土品である。配石遺構及び土壙出土例（坪平遺跡、長方形石組（岩偶、内部北辺））；棚畑遺跡、土壙（集落中央広場）；与助尾根遺跡、住居址（台石上土器内）；尖石遺跡、環状配石（径1尺2・3寸）[112]。

岐阜県（石原　1992）
縄文土偶：住居址、配石遺構及び遺物包含層からの出土例（尾崎遺跡、配石遺構（中央の20cm大の石の下）（付近から中期土器出土）；門端遺跡、1号住居址（覆土）（中期後半）；森ノ下遺跡、遺物包含層（中期後葉住居址の上の層位。後期敷石住居面から約4m離れた集石部）；垣内遺跡、住居址（覆土）（中期後半）、住居址（覆土）（後期前半）。

静岡県（瀬川　1992）
縄文土偶：出土遺跡34、出土数66点（中期14点、後期11点、不明27点）。（地表採集品19遺跡22点、発掘出土品、15遺跡44点）。出土情況判明例僅少。住居址出土例（上山地遺跡、住居址（覆土）（中期）；千枚原遺跡、住居址（覆土）（後期））及び遺物包含層出土例（蜆塚、混土貝層（後～晩期））。

愛知県（安達　1992）
縄文土偶：県内出土数230余点（中部以西有数の土偶出土県）。
早期土偶：4遺跡7例、前期土偶：1遺跡3点、中期土偶：3遺跡、後期土偶：急増、晩期土偶：さらに顕著。遺構に伴う土偶は少ない。
後期土偶：環状配石遺構出土例（今朝平遺跡、多量注口土器伴出、土偶22点）。
晩期土偶：土壙出土例（麻生田大橋遺跡）。

九州（富田　1992）
縄文土偶：最古例は後期初頭。
後期土偶：包含層出土例（大矢崎遺跡）、遺構外出土例（上南部遺跡、発掘土偶112点、「遺構とはさして関係のない出土」）。

　縄文土偶の全国的編年の基礎を創った江坂輝弥氏は、その出土状況を概括して、「（土偶は）土器の破片などと同じように、場所を選定せず、住居の周辺、土器片の捨て場、貝塚などにも、無造作に投棄されている。」「このような製作地と思われる遺跡でも、分配されると思われる出土数の少ない遺跡でも、土偶は、遺跡一帯の場所を選ばずどこからでも、無造作に投げ捨てられたような状態で小破片となって発見されるといっても、決して過言ではなかろう。」（江坂　1990：172）と述べているが、上記の県別・時期別データは、縄文土偶の出土場所の一般的状況が、まさに同氏の概括の通りであることを示している。
　上記の県別データを一覧すると明らかなように、縄文土偶の出土場所は、全国的にどこでも、また時代を問わず同様に、遺物包含層（「廃品捨て場」や「貝塚」のような遺物の集中地点を含

む)、住居址（竪穴住居床面とその覆土即ちそれを覆う遺物包含層）、土壙ないし土坑（物品埋納あるいは死者埋葬用に掘られた穴とその堆積土即ちその中に堆積した遺物包含層）、配石遺構（環状、箱状、積み重ね式等の石組みを伴う遺構）の範囲内であることがわかる[113]。しかもそれらの場所は、一般に「集落遺跡」とよばれている区域の範囲内であるようにみえる。土偶が、「遺跡」から離れた孤立的な場所から出土する例は、ないこともないが、既に野口義麿氏が指摘しているように、むしろ僅少ないし異例といえそうである。同氏は、土偶の出土場所を「遺跡」の内と外で区別し、「遺跡とは関係なしに、または若干離れたところから発見される」例として、4出土地（群馬県郷原、山形県杉沢、長野県腰越、神奈川県中屋敷）を挙げている（野口1964：127）。現時点で精査すれば、さらに追加例が加わることは必至と思われるが、それにしても土偶全体数の増加とも考え合わせると、そのような例が依然として僅少であることに変わりはないものと思われる。またさらに重要なことは、縄文土偶の出土場所が、「遺跡」の域内でも特に住居址とその周辺の包含層（廃品ないしごみ捨て場も含む）や土壙に集中する一般的傾向を示すことである。狩猟採集社会の一般的傾向に照らして、これはそれらの土偶が、住居をめぐる家庭生活即ち彼等の私的ないし家族的祭祀と密接に関係していたことを示す証拠といえる。

　一方土偶が公共儀礼にかかわった偶像であるという明確な証拠は、前記の県別・時代別出土場所データのどこにも見当らない。土偶が公共儀礼にかかわったとすれば、図110に示したように、集落の内か外に、その儀礼のための何等かの場所ないし施設があった筈と推定され、またそれが伝統的行事であるとすると、そのような場所ないし施設が同一地域の各集落の一定場所に、何等かの共通パターンを伴って見出される筈である。しかし前記のデータを検討した限りでは、そのような出土場所の規則性は認めることができない。要するに、土偶が私的儀礼用か公共儀礼用かの判別基準となり得る考古学的証拠は、今のところ上述したような出土場所のパターン以外考えられないが、これから見る限り、縄文土偶が公共儀礼にかかわったという明確な証拠は見当らない。遺跡における土偶の出土場所は、土壙から配石遺構まで変異の幅があるが、狩猟採集民の民族誌的情報を参照すると、いずれも私的儀礼の場として説明できることがわかる。

　土偶が土壙ないし石組み（配石遺構）から出土した場合、重要なのは両者の伴出関係即ち両者が祭祀的に連関した伴出遺物であるかどうかということ即ち覆土ないし堆積土との関係であって、その両者の伴出（association）が確かめられて、はじめて土壙ないし石組みと連関した土偶儀礼が問題になる。実際の出土例について発掘報告（前掲データ）を検査すると、そのような伴出関係が認められている場合とそうでない場合あるいは不明の場合とがあることがわかる。また両者の伴出関係が認められるケースについてみると、土壙と石組みは、いずれも墓とみとめられる場合とそうでない場合とがあって、墓の場合は、土偶は副葬品の可能性、墓でない場合は、土偶自体の儀礼的埋納の可能性が考えられている（図111）。以上のように、土壙と石組みのそれぞれについて、土偶との関係には副葬と埋納の2通りがあったことになるが、いずれのケースにしても、私的儀礼の結果として充分に説明できるようにみえる。狩猟採集民の

	縄文土偶	
土壙	副葬	埋納
石組み	副葬	埋納

図111　土壙及び石組みと土偶儀礼の関係

民族誌的報告書には、公共儀礼の記述はあっても、私的儀礼まで記述したものは比較的少なく、また私的儀礼の記述があっても、儀礼用偶像類の最終的処理の仕方や場所までも記述した報告書は遥かに少ない。従って表17に列記した実例は、実際よりもはるかに少ない部分的な例といえる。しかしそれにもかかわらず、その中には偶像類の副葬（表17、II-9〜11）や埋納（同表II-22）の例がみえる。それが土壙や石組みを伴うかどうかというような細部までの類似は、ここでは本質的な問題にはならない。ここで問題なのは、エスノグラフィック・パラレル（民族誌的事例と考古学的遺物例との個別的類似から、後者の用途・機能を探るための比較）ではなく、穴を掘って埋める（埋納）とか、死者と共に葬る（副葬）というような土偶（偶像）の最終的処理法が、私的儀礼の範囲内に入るかどうかの判定であって、民族誌例との比較はそのためである。その民族誌的データ即ち狩猟採集民の私的儀礼用偶像の寿命の終わりを意味する最終的処理についての情報（表17）を一覧すると、その処理の仕方には、破壊・焼却・遺棄から埋納・副葬まで幅広い変異があって、埋納と副葬もその変異域内に入っている。以上のように縄文土偶は、最終処理の方法からみても、私的儀礼用偶像とみなすことができる。

　以上、民族誌的モデルによる縄文土偶の出土状態の検証結果をまとめると、それは明らかに、彼等の住居址とその周辺に集中的に出土する傾向を示し、この事実から彼等の土偶が、住居をめぐる家庭生活、ひいては彼等の私的儀礼ないし家族的祭祀と密接に関係していたことが示唆される。土偶は先述のとおり、形態的分析によって産神ないし家神と解されるが、この解釈は、以上のようなその出土場所の状態からも裏づけられることになる。ちなみにヨーロッパ文明の原郷とされる南東ヨーロッパの新石器時代土偶も、一般に壊れた状態で、ごみ捨て穴（rubbish pits）の中に、または地表発見物（surface finds）として見出される（Tringham 1971：82）といわれ、またその出土例の多くは家の中かその附近に発見されている（Whittle 1985：63）とも述べられている。そこで、このように家庭的状況（domestic contexts）のなかで見出されることが多いのは、土偶祭祀が、少なくとも初期には依然として私的性格をもつものであったからではないかと考えられている（De Laet 1994：497）。ヨーロッパにおいても日本におけると同様の出土状態が見られることは、比較考古学的に意味深長である。

3. 土偶の使用法に関する若干の証拠とそれらの相互関連性

　土偶即産神ないし家神という形態的解釈の是非を、出土場所の状態に照らして検証した結果は以上のとおりであるが、さらにその解釈を裏づける証拠が他にもある。それは土偶の使い方に関する若干の考古学的事実であって、それを列挙すると(1)土偶の頭部から肩辺りにかけての部位に、しばしば紐が通せる程度の小貫通孔がみられること、(2)接着剤による破損部の接着・修復例が稀ではないこと、(3)破損面の研磨ないし赤色彩色による再利用が認められること、(4)頭部破片が丁重な儀礼的処理を受けた証拠があることの4点である。その第(1)点は、土偶の使い方に懸垂という方法があったことを示し、第(2)点は、壊れても接ぎ合わせて使う習慣があったことを、第(3)点は、一部が欠損しても、割れ口の形を整えて再利用することもあったことを、第(4)点は、欠損土偶が、頭だけになるまで使いこなされたことを示している。つまり第(1)点は縄文土偶が、使用中

の破損を起こす可能性を伴っていた証拠であり、第(2)、第(3)、第(4)点は、そのような破損に対する縄文人の対処の仕方、即ち修理によって再利用する仕方だけでなく、修理せずに、欠けてもそのまま使いこなす仕方もあったことを示す証拠にほかならない。以上の4点は、土偶の使用行動を通して機能的に関連する現象としてとらえることができる。縄文人の偶像の使用法に関するこれらの証拠は、狩猟採集民の慣行に照らしてみると、明らかに私的儀礼用偶像の使用慣行の範囲内に入ることがわかる。この事実によってもまた、縄文土偶が、産神ないし家神即ち私的儀礼用偶像であるとする解釈の妥当性が裏づけられることになる。その詳細は次に説明する。

縄文土偶の使用法に関する証拠

(1) 小貫通孔。縄文土偶には、頭部や腕のつけ根(肩から腋の下)あたりに、左右一対の紐を通せるくらいの小貫通孔を伴うものがあり、特に前期末頃から中期に多い(北海道、長沼 1992：56；東北北部、三宅 1990：25；宮城県、藤沼 1992：114；北陸、小島・神保 1992：318)とされていて、「垂下して使用された」(長沼 1992：56)あるいは「住居内の柱あるいは壁などに下げた」(三宅 1990：25)と考えられている。縄文土偶のこのような使い方は、夙に長野県広見遺跡出土の中期土偶の報告で指摘されていた。この場合は頭部に3個の孔があり、その内面の摩跡が吊り紐を通した証拠とされている(八幡 1922：274)。懸垂用孔(suspensive-holes)は旧石器時代女神像に既に先例があって、それが身につけられた(worn)証拠と解されている(Breuil and Lantier 1965：153)。マドレーヌ文化の極度に様式化した女神像には、明らかにペンダント化したものがあることは先述した(図93-6)。

そこで狩猟採集民の神像(ヒト形偶像類)の用法(表18)を一覧すると、吊りさげ式の用法は、少なくとも現生狩猟採集民では私的儀礼用偶像に特徴的な用法であることがわかる。この事情が縄文時代には通用しないと考えなければならない理由は見当たらない。以上の点から、縄文土偶の「貫通孔」即ち吊りさげ方式は、それが私的儀礼用偶像の範囲に入ることを裏づける証拠とみなすことができる。

ところで縄文土偶の吊りさげ式用法について一つの理論的問題がある。それはこれまで貫通孔(穿孔)方式についてしか論じられていない点である。狩猟採集民の実態をみると、彼等の神像の吊りさげ方には、穿孔方式(図56)だけでなく「孔なし」方式もあり、後者には直接紐で縛る直接結縛方式(図31、49、51-p, q, 57)と、何等かのカバーに包みこんで吊るす間接結縛方式(図51-n, o；図60-2、3、4)があって、幅広い変異があることが解る。また注意すべき点は、貫通孔を伴う「穿孔」方式の神像は金属製の1例(図56)だけであって、その他(木偶と岩偶)の場合はすべて「孔なし」方式であり、土偶例はないが、岩偶の場合でも「吊りさげ」は「孔なし」の直接結縛方式となっていることである(図31、49)。

これまで縄文土偶の「吊りさげ」(懸垂)式使用法については、貫通孔を伴う「穿孔」式しか考えられていないが、以上のような狩猟採集民の実状と穿孔方式より簡単・容易な点からみて、「孔なし」結縛方式が縄文土偶にも使われたことは疑問の余地がないようにみえる。それは考古学的証拠がつかみ難いが、むしろ「穿孔」方式より一般的な方式であった可能性もあり、それを

無視することは理論的に妥当とはいえない。要するに「貫通孔」の存在は「吊り下げ」方式の存在を意味し、「吊りさげ」方式の存在は「孔なし」方式の存在の可能性をも示唆することになる。つまり孔のない土偶も吊りさげられた場合があり得ることになる。これからみると、縄文人の土偶の使用環境には、落下による偶然的破損の機会が常在したことがわかる。これは縄文土偶の破損修理慣行（次項第２及び第３点）が実在したことに関係する重要要因とみなさざるを得ない。その詳細は次のとおりである。

　(2)　接着式破損修理（修理Ⅰ）

　東北地方では、破損面にアスファルトが付着した土偶が各地で見出されている（青森県風張遺跡、縄文後期、季刊考古学　1990：104；岩手県立石遺跡、蒔内遺跡、縄文後期、谷口　1990：66；小田遺跡、晩期、稲野他　1992：109；秋田県才の神遺跡、阿部　1994：49；宮城県小梁川遺跡、中期、大野田遺跡、後期、阿部　1995：24；田柄貝塚、後期、手塚　1994：75）。土偶破損面のアスファルト付着（接着修復）例は、少なくとも宮城県では縄文中期に始まり、後期に目立つようになる（藤沼　1992：124；阿部　1994：24）といわれている[114]。

　それには、(a)接合する破片が相伴って出土する場合（実例：青森県風張遺跡住居址床面出土例）と、(b)接合する破片を伴っていない場合（実例：宮城県田柄貝塚、手塚　1994：第１図29標本）とがある。谷口康浩氏によると「破片が接着されたままの状態で出土することは稀で、大部分は再び割れて接合しない」という（谷口　1990：66）。これからみると上記(b)の状態が一般的にみえる。これは驚くに当らない。このような出土状態は、使用中の再破損（後述、284頁）と、遺物となってからの風化作用及び縄文人の集落地開発に伴う掘削・運搬・投棄活動（遺物期の土偶、本章-4-(B)参照）による影響という両要因のいずれかの作用、あるいは両者の複合的作用の結果として説明できる。

　いずれにしても、岩手県の立石遺跡では後期土偶の14％弱、同じく蒔内遺跡では９％弱の土偶に、アスファルトによる破損修理の痕跡が認められるという（谷口　1990：66）。これはかなりの高率であって、接着による破損修理が例外的ないし希少例ではなく、むしろ日常的ないしありきたりの行動であったことを示唆している。いいかえると、それは土偶の破損が縄文人の生活の中で珍しい出来事ではなく、むしろ日常的な出来事であったことを物語る証拠といえる。しかもこれは、前項で詳述した、縄文土偶の「吊りさげ」用法に伴う破損機会の日常的常在性と考え合わせると、正につじつまが合うことになる。それと反対に狩猟採集社会の公共儀礼ないし集団儀礼は、季節的ないし定期的（生産儀礼等）か、ライフサイクル関係（成人式等）であって、いずれにしても非日常的行為である。要するに、このアスファルトによる接着修理慣行もまた以上のように、縄文土偶が彼等の日常生活に密着した偶像、つまり私的儀礼用偶像であったことを裏づける証拠の一つといえる。

　この接着式破損修理は、１土偶について唯１回とは限らず、同一土偶について何回も繰り返される場合があった可能性が見込まれる。例えば宮城県田柄貝塚の一例（手塚　1994：第１図34）では、首、右手、右足の破損面にアスファルトの付着が認められ、それに接合する破片は伴っていないようであるが、数ヶ所の接着修理が行われたことは確かといえる。またアスファルトの残

存は認められていないが、左手も欠け落ちている。このような数ヶ所の破損や修理が同時に起こったと断言するに足る証拠はどこにもない。このような実例の存在からみても、上記のような反復的修理の可能性は否定できない。従って、縄文人の土偶修理行動を解釈する場合、少なくとも理論的には、そのような可能性まで視野に入れる必要がある。そこで同じ土偶に対する、そのような接着式修理の繰りかえしを一種の周期的現象とみなし、接着式修理サイクル、略して第Ⅰ修理サイクルとよぶことにする。この新しいコンセプトと術語は、後述の「土偶の生涯」（図112参照）の分析で重要な役割をはたすことになる。

(3) 整形式破損修理（修理Ⅱ）

縄文人は、上記の接着式修理法に代わる第2の修理法として、整形式修理法を実施した証拠がある。これは、破損部の状態を破片の接着によって元通りにする前記の第Ⅰ修理法と違って、破損部の状態を割れ口（fracture）の加工によって整える修理法であって、破損部が欠損のままで再利用する場合の一方式である。破損面の加工法としては研磨と彩色がある。第1は研磨であって、その実例は長野県増野新切遺跡から出土している。この例は遮那藤麻呂・金井正彦の両氏によって1973年に報告され、谷口康浩氏によって紹介されている。それによると、「脚部のなくなった土偶の破損面を研磨して平らに再加工」されているという（谷口　1990：66）。第2の加工法は顔料による彩色である。その実例は千葉県祇園原貝塚から出土している。この例は山崎和巳氏によって紹介されている（山崎　1990：34）。以上の例はいずれも東北以外の地域からであるが、手元には他に資料がないので、これ以上のことはいえない。

以上の整形式修理も、前項で述べた接着式修理の場合と同様に、1土偶について唯1回とは限らず、同一土偶について何回もくり返される可能性があったと考えられる。そのような整形式修理のくり返しを一種の周期的プロセスとみなして、整形式修理サイクル、略して第Ⅱ修理サイクルとよぶことにする。このコンセプトと術語も次の分析（図112参照）で重要な役割をはたすことになる。

4. 土偶の生涯モデル──破損状態の多様性の説明──

出土状態解釈用モデルの必要性

土偶の出土状態をみると破損品が多いことは、既に古く坪井正五郎氏（坪井　1895：31）以来注意されてきたが、発掘が盛んになった最近では出土状態についての情報も増えて、破損品とその破片が必ずしも同じ場所から出土しないこと、また時には同一土偶の破片が離れた場所から出土することもある等の事態の存在が明らかになってきた。

出土状態についてのこのような事実をめぐって、これまでに2つの論争がある。第1は坪井正五郎氏に端を発する故意破壊論である。同氏のコロボックル風俗考に「土偶の頭部或は手足部の欠損せること常なるを、恐くは一種の妄信の為、故意に破壊せるに由るならん。」（坪井　1895：31）という一文がある。この憶説が戦後急激に蘇り、小説的推理による文芸的論説にまで発展した。その代表が水野正好氏と吉田敦彦氏の見解（江坂　1990：173）であり、梅原猛氏の論説（梅原　1989）である。第2はそれに対する反論であって、中谷治宇二郎氏の「偶然破損」見解

がその嚆矢といえよう。同氏は、「因に土偶に破損のものの多いのは、一種の呪的意味から、特にその当時の人々が損じて埋めたものではないかと云ふ様な見解が一部にあったが、私のみるところでは、その破損率は必ずしも土器のそれよりは大でない様に考える。」（中谷　1948：382）と述べている。

　「故意破壊」論即ち儀礼的破壊論は、出土状態について最近発見された新事実をとり入れ、その推理小説的解釈をさらに複雑化し発展させている。その事実とは離れた地点で出土した土偶破片が接合する事例であって、東京都神谷原遺跡（広場を挟んで相対する住居址間での接合例、両者間の距離約150m）、長野県増野新切遺跡（2住居址間での接合例3件）、山梨県釈迦堂遺跡（別地区土器捨て場間での接合例、その間の距離約230m）等がある（小野　1990）。これらの事例から、小野正文氏は土偶の分配関係（小野　1990：70）を想定し、「土偶が分割遺棄されることは明らかである」（小野　1992：339）とした。このような出土状態に関する近年の新知見を網羅的にとりいれた故意破壊論の代表が磯前順一氏といえよう。同氏は、住居址を含む各種遺構から出土する破損土偶だけでなく、遺物包含層や遺構類を覆う覆土（遺物包含層の延長）から出土する破損土偶まで、すべて故意破壊によるものとみなし、またそれ以外にアスファルトにより接着修復された土偶さえも故意破壊を示唆するものとみなしている（磯前　1987）[115]。

　以上でわかるように、「故意破壊」論は、破壊要因として使用中の偶然による破損の可能性と縄文人の集落地開発活動による偶然の破壊、縄文時代の地表での風化による崩壊を全く度外視している点が際立った特色である。何故いかなる根拠から、以上のような偶然的ないし事故的破損が完全に排除され、一方的に「故意破壊」に帰されなければならないのか――その事情についての筋道だった説明がない。この点が独断あるいは小説的推理のそしりを免れないところである。

　それに対して中谷治宇二郎氏以降の反論はどうであろうか。その反論として、谷口康浩氏は、「こわれ易い部分で偶然割れたにすぎない」とする能登健氏の見解と、アスファルトによる破損土偶の接着修理の事実を反論の根拠とする藤沼邦彦氏の見解とを紹介している（谷口　1990：63）。その後、土偶は接合による復元の不可能な状態の破片となって出土する場合が多いこと、また他方では、離れた地点から出土した土偶破片が接合するケースも少なくないことが判明し、それらを「故意破壊」論の裏づけ証拠とする見解（谷口　1990：63）もでてきたが、それらの現象を能登健氏は、「一次的な廃棄とともに四散した破片の二次的な清掃行為」と、「後世の土壌攪乱」の2要因を追加することによって説明できるとした（能登　1992：215）。土偶の出土状態の解釈に対する、この二次的作用（清掃・攪乱）の考え方の導入は極めて重要な意味をもつ。

　以上は、縄文土偶の出土状態の解釈に関する、これまでの2つの対立的見解即ち「故意破壊」論とその否定論の批判的概観である。その結論としていえることは、第1に、すべての破損を故意破壊に期し、使用による偶然的破損の可能性を度外視する「故意破壊」論の行き過ぎないし独断性である。第2には、すべての出土状態を「偶然的破損」、「廃用による廃棄」と「廃棄後の清掃・攪乱」に帰し、儀礼的最終処理の可能性を全く認めない否定論の不備ないし偏狭性である。考古学のジャンルを逸脱した文芸的見解ともいうべき「故意破壊」論は論外であるが、その否定論にも難点がある。何故なら次のような疑問の余地が残されるからである。それは特に、八幡一

郎氏をはじめ、野口義麿氏と江坂輝弥氏等によって土偶研究史上の課題として提出された、「石囲い遺構」からの出土問題である。これは、土偶そのものに対する儀礼的最終処理の可能性が否定され難い様相を明示しているだけでなく、その類例も漸増しつつあり、伝統的パターンとしての性格もみせはじめている点が問題である。また長沼孝氏によって指摘されている、葬制関係の故意破壊（長沼　1992：67）等も既存情報からみたところ可能性を排除し難い。そこで土偶の出土状態の解釈には、使用中の破損即ち偶然的破損を基礎として、上記のような可能性を考慮に入れた、土偶の生涯に関する理論的モデルが必要になる。

さらに生態人類学的見地では、各土偶は、一個の道具即ちヒトの生活手段としての働きをもつ一つの機能体（functioning entity）であるが、考古学で取り扱う土偶は、そのような道具としての生命を終えた後に、地表あるいは地中に遺された物体即ち遺物である。遺物としての土偶は、かつては道具であったが、最早道具ではないことを銘記しなければならない。以上のように、考古学者の手中にある土偶は他の道具と同様に、道具として機能していた時期即ち道具期と、遺物となって地表あるいは地中に残存した時期即ち遺物期の2期からなるライフ・サイクルを経過していることになる。この意味で、縄文土偶の生涯即ち個体史は、道具期と遺物期に分けて考えなければならない。つまり縄文土偶は、道具期即ち生前の歴史と、遺物期即ち死後の歴史をもっていることになる。そこで土偶の生涯に関する理論的モデルは、以上の視点から、「道具期」と「遺物期」の区別をとり入れたものでなければならない。

現行の縄文土偶論の最大の欠陥は、このような「遺物」と「道具」の明確な概念的区別が欠けていること、「道具期」と「遺物期」からなるライフサイクルの認識が欠けていることである。遺物の型式論にとどまらず、その解釈論に立ち入る以上、その認識が不可欠であり、その概念の確立なしに漠然と出土状態の解釈に立ち向かうことは、理論的に完全な誤りといわねばならない。最近の縄文土偶論を賑わせている「出土状態」論は、その意味で不毛の論議といわざるを得ない。

出土状態にしても特に先述のような破片分布の問題の分析には、以上のような土偶のライフサイクルという理論考古学的コンセプトが不可欠である。何故なら道具期の土偶と遺物期のそれとでは、作用する要因の性質が根本的に違うからである。以上の見地から、土偶の出土状態の解釈に必要な土偶の生涯モデルは、道具期と遺物期を区別するものとなる。

（A）　道具期の土偶の生涯モデル———出土状態の検証———

前項（275頁）で詳説したように、縄文社会における土偶の使い方には、大別すると、安置式（床、壁、棚等の上に、動かないよう保持する方式）と吊りさげ式（住居の壁ないし天井、あるいは人の首ないし腰等に懸垂する方式）の2大方式が実施された形跡がある。この点は既に八幡一郎氏によって指摘されていたとおりである。同氏は長野県平出遺跡の土偶の調査結果にもとづいて、「吊る」「携持する」「直立に安置する」という用法の3態を明示した（八幡　1955：211-212；宮下　1992：368）。いずれにしても先述したように、上記2大方式のうちの「吊りさげ」式は、私的儀礼用偶像の用法の特徴とみなすことができ、従って縄文土偶は、用途が日常的な私的儀礼用神像である上に、「吊りさげ」式の用法が実施されたことによって潜在的な破壊機会を

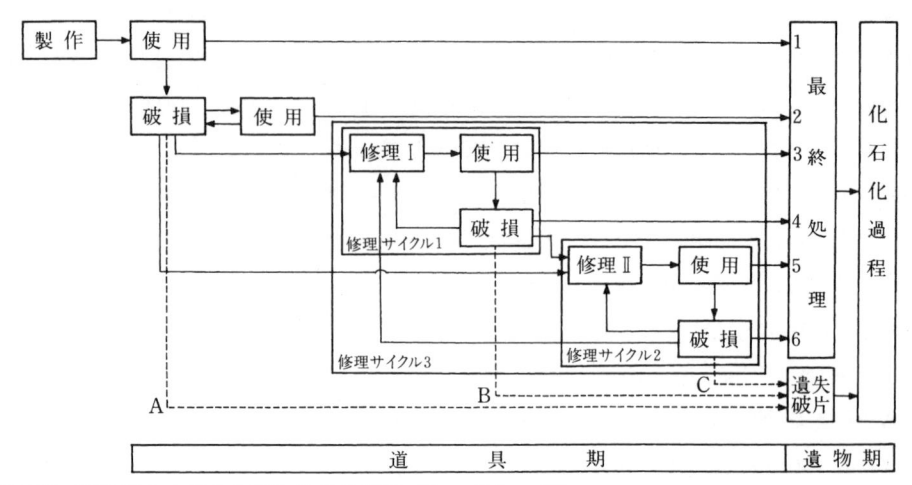

図112 道具期の土偶の生涯とその多様性（ケース1～6）
修理Ⅰ：接着式、修理Ⅱ：整容式（研磨・彩色）、修理サイクル：反復修理、修理サイクル3：1/2複合サイクル

日常的に伴っていたことになる。先に述べた破損土偶の修理の証拠は、その事情の反映にほかならないようにみえる。このような土偶使用活動の実態が、土偶の破損状態を生み出した最も基本的な要因とみることができる。この事情は、前述の修理プロセス（Ⅰ/Ⅱ）と既知の出土状態のデータを参考に組みたてた、道具期の土偶の一生をあらわす図式的モデル（図112）によって説明することができる。完形品から破損品や破片に至る形状の多様性や、同一土偶の破片が離れた場所から見出だされる分離・分散的出土状態等も、この図式的モデルと次項の「遺物期の土偶の生涯」に関する図式的モデル（図113）の併用によって、筋道だった理解が可能になり、また出土状態の検証にも役立つものと考える。

図式的モデル（図112）の説明

土偶の一生のうちその前半期、即ち縄文人の道具として機能していた道具期の生涯を、特に破損と破片化の視点から分析すると図112のようになる。以上の点からみた縄文土偶の道具としての生涯は様々であって、道具としての使命を終えた最終処理段階の数字（図112-1～6）は、その様々のケースを示す。それらのケースは、道具期の終わり即ち最終処理段階の状態（形状と原位置）を不変のまま出土した一次的遺物（住居床面伴出品、特殊遺構伴出品）によって代表される。各ケースの土偶は、形状が完形品から欠損品、修理品まであって様々であるが、すべて使用上で繋がりがあり、機能的に関連し合って一つの道具系を構成していることがわかる。以下はその説明である。

ケース(1) 完形品の使用（図112-1）

完形品として使命を終えた土偶がある。その証拠は完形土偶の出土例である。この類は、出土段階で全く破損していない土偶、またはどの部分も欠損していない土偶であって、道具期と遺物期の双方を通じて完全な形を維持してきたことを示している。このような土偶が、縄文時代を通じて各地から出土している。その実例は次のとおりである。

遺物包含層出土例

青森県観音林遺跡、H2区Ⅲ層出土（晩期）、鈴木克彦　1992：91；福島県寺脇貝塚、貝層下土層出土（晩期）、江坂　1990：122/図125；茨城県花輪台貝塚、貝層出土（早期）、江坂　1990：12/図1；瓦吹　1992：175/図2‐1；埼玉県膳棚遺跡、床面附近出土（中期）、植木　1992：228/図4‐4。

住居址床面出土例（一次的遺物）

北海道白坂遺跡、第8地点5号竪穴住居址床面出土2点（中期）、三宅　1990：24；青森県風張1遺跡、15号住居址床面出土（後期）、江坂　1990：70/口絵図版；鈴木克彦　1992：87/図1‐15；東京都平尾9遺跡、住居址床面出土（但後頭部欠損）（後期）、安孫子・山崎　1992：269/図5‐65；長野県中越遺跡、104号住居址床面出土（岩偶）（前期）、宮下　1992：373/図2‐1。

特殊遺構伴出例（一次的遺物）

山形県杉沢遺跡、土壙内蓋付石囲い内出土（晩期）、野口　1964：126、江坂　1990：161/図159；群馬県郷原遺跡、蓋付石囲い内出土（後期）、野口　1964：125/付図；長野県棚畑遺跡、土壙内出土（中期）、江坂　1990：164/図160。

上記の杉沢遺跡出土例は、ローム層に掘り込まれた径約60cm、深さ約20cmの穴の中に、径20cm前後の礫を半円形に並べた石囲いの底に、土偶が上半身を囲いの中に入れた形で仰臥し、平石がその全身を覆う蓋のようにかぶせられていた。また郷原遺跡出土例は、完形のハート形土偶（高さ30.5cm、重要文化財指定）である。これは、表土から30cmの深さに、円礫を矩形に並べた石囲い（内法：南北長軸150cm、短辺北側60cm、南側40cm）が出土し、その中に3部分に割れて仰臥姿勢で発見された。この石囲いは板石で蓋をされていて、中には土偶の他に破損土器が伴っていたらしい（この遺構は鉄道工事中に発見され、その経緯は考古学雑誌に発表された）（江坂　1990：57、160及び図47；野口　1964：125及び付図）。また上述の棚畑遺跡出土例（縄文中期）は、完形の立体的土偶（高さ27cm）で、馬蹄形に並ぶ竪穴住居址群の「中央広場」に発見された不規則楕円形の浅い土壙（80×60×20cm）から、側臥姿勢で出土したが両脚が折損していたという。断面図をみると、この土偶は土壙底から僅かに浮いている（江坂　1990：164及び図160）。

以上のように、土偶の出土品には、破損することなく道具としての使命を終えた（道具期を終えた）ものがあり、しかもその中には明らかに単なる廃用の結果ではなく、儀礼的処理によってその宗教的役割を全うしたかにみえる例もあることがわかる。このように、道具としての生涯を完形品の形で全うした土偶があることは、出土状態の証拠からみて確かである。図式モデル（図112）に示された製作-使用から最終処理(1)に至る経路は、そのような土偶の生涯をあらわしている（最終的処理の様式には、単なる廃用処分から儀礼的処置まで変異の幅があったとみなければならない。狩猟採集民の実例については表17を参照。以下各項（ケース2～6）の最終的処理も同様なので説明は省略する）。

ケース(2)　欠損品の使用（図112‐2）

欠損品とは、一部が欠けて失われたまま使用された土偶である。図112‐2はその種の道具歴をもった土偶をあらわしている。縄文社会には、この種の土偶が使われていた証拠がある。その証拠は、一部を欠損した縄文土偶が、道具期の最終段階で、儀礼的に処理されたとみられる状態で

全国的に少なからず出土している事実である。つまり欠損土偶が儀礼に使われた証拠があるということであって、以下はその実例である。

　縄文中期出土例

　岩手県塩ヶ森遺跡：分銅形腰部の左半下端部が欠損した板状土偶が、皿状土壙（径100cm、深さ30cm）の底面で、楕円形河原石（径30cm）の下から発見された（岩手県立博物館　1984：86及び図版　D-7）。

　新潟県栃倉遺跡：第1号住居址、第1例。床面の穴（径26cm、深さ51cm）の上端の周囲に、内面朱塗りの土器片8個が張りつけられ、それに囲まれるようにその中央に、頭部及び両腕欠損土偶が倒立状態で埋没し、その穴には木炭片混在の腐植土が充満して穴の上に盛りあがり、床面上に高さ約5cmのマウンドを形成していた（野口　1964：124及び図版）。第1号住居址、第2例。東壁に接した扁平砂岩（長径23cm、高さ7cm、上面研磨、丹塗りの痕跡）上の中央に、頭部及び腹部以下欠損土偶が仰臥姿勢で発見された（野口　1964：124及図版）。

　長野県広見遺跡：欠損土偶をめぐる小環状配石遺構の例。脚部欠損土偶（現存部16cm）が、径1尺2〜3寸の円形に配された小石にとり囲まれて発見された（桐原　1978：246）。

　縄文後期出土例

　北海道朱円環状土籬遺跡：斜里町朱円環状土籬の墓坑の底部から報告された「土版」は、その形態から土偶とみなしてよいものとされている。これは右腕及び頭部欠損の板状土偶で、他の副葬品とともに発見されたという（長沼　1992：60及び図8）。

　千葉県加曽利貝塚：完形土器2個の破片が、表面を内側にして円形に配され、その中央に土偶の頭部が置かれていた（野口　1964：125）。

　山梨県中谷遺跡：畑地の地表下50〜70cmの個所に、礫（径10〜20cm）の環状配列（径約1.5m）が発見され、そのほぼ中央に小土壙（長径30cm強、深さ20cm強）があって、その中に両腕欠損木菟系土偶（高さ22.6cm）が仰向けに横たわっていた（江坂　1990：164及び図161）。

　縄文晩期出土例

　北海道高砂貝塚：上縁に川原石が環状に配置された小土壙（上縁径40cm弱、底面径27cm弱、深さ約25cm、図面準拠）の中央に、蓋するように平石が置かれ、そのやや下方の壁際寄りに、左腕欠損土偶（小形板状）が伏臥姿勢で出土した。底面には小形土器3個が置かれていた（江坂　1990：168；長沼　1992：図8-3）。

　岩手県雨滝遺跡：半円形に配置された5個の礫（径4〜5cm）に囲まれて2枚の縄文土器破片が並置され、それに覆われた形でその直下に、腹部以下欠損土偶が仰向けに埋まっていた（野口　1964：126及び写真）。

　宮城県里浜貝塚：畑地の農作業中に発見例。地表下約30cmに扁平河原石（径約30cm）が埋まっていて、それに覆われて小円礫の楕円形配列（長径約45cm、短径約30cm）があり、その中央に右前腕欠損土偶（高さ12cm）が出土した。右脚は折損しているが失われてはいない（江坂　1990：166及び図162）。

　山形県杉沢遺跡：工事中の発見。ローム層を約20cm掘りこんだ土壙（径約60cm、地表から底ま

で約60cm)の底の中央附近に、右頭頂部欠損土偶(高さ18.3cm、遮光器土偶)が発見された。土壙には川原石(径20cm前後)3個がコの字に置かれ、土偶は上半身をその石で囲われた形で仰臥し、平石(長径37cm)で蓋をされていた(江坂 1990:161及び図159)。

以上に挙げた欠損土偶は、いずれも特殊遺構に伴って出土し、儀礼的用途を示唆する一次的遺物である。それら土偶のそれぞれの出土状態は、破損したので儀礼的に廃用処分されたか、あるいは欠損のまま使われていたものが何等かの目的で儀礼的に処理されたか、そのいずれかの場合をあらわしているようにみえる。

上述の出土例をみれば解るように、欠損土偶には欠損の程度に個体差があって、加曽利遺跡例のように、頭部だけを残してそれ以下の全身を欠く重度欠損の極端例から、腹部以下が欠けた雨滝遺跡例のような中程度の欠損例を挟んで、僅かに頭頂の一部が欠けるだけの杉沢例のように、欠損の軽微な極端例まである。このような欠損度の極めて軽微な例と完形品との差は紙一重にすぎない。そこでケース(2)の欠損土偶群は、欠損度の最も軽微な例(杉沢)を連結環として、先述したケース(1)の完形群と繋がることになる。即ち欠損度の変異のスペクトルから見ると、儀礼的処理を受けた欠損土偶のすべてが、同様の処理を受けた完形土偶群と一連のものであることがわかる。またそれだけでなく、欠損群と完形群即ちケース(2)と(1)の両者は、石囲いないし土壙と伴出する出土パターンを通しても共通・一致点がある。以上の2点の事実から、資料となった土偶情報に誤りがないとすると、縄文土偶は欠け損じても完形土偶なみの取扱いを受けていたことがわかる。

以上の2点は、欠損土偶が完形土偶並みに扱われていた証拠といえるが、さらにそれを裏づけ補強する証拠がある。それが以下に述べる修理品の存在である。

ケース(3) 接着式修理品の使用(図112-3)

接着式修理品とは、破損部の破片を接着して元通りにした土偶即ち修復土偶である。図112-3はその種の道具歴をもつ土偶をあらわす。縄文社会には、この種の土偶が使用された証拠がある。その証拠は、破損面にアスファルトの付着した土偶が、青森県から宮城県にかけての各地から出土している事実である(276頁参照)。

アスファルト付着土偶の出土例には、(a)その付着面に接合する破片が伴っている場合(実例:青森県風張遺跡、縄文後期、住居址床面出土、江坂 1990:70及び口絵図版)と、(b)その付着面に接合する破片を伴っていない場合(実例:宮城県田柄貝塚、縄文後期遺物包含層出土、手塚1994:第1図29及び34)とがある。上記の風張例は、最終処理の仕方と場所(原位置)を明示する一次的遺物であるが、一次的遺物としての出土状態を明示する例は、今のところそれ以外には見当らない。つまり風張以外の既知例は、最終処理の原位置から動いていないかどうか、また再破損は道具期のものか遺物期になってから起こったものかが明らかでなく、一次的遺物か二次的遺物かの区別ができない。

ケース(5) 整形式修理品の使用(図112-5)

整形式修理品とは、欠損土偶の割れ口に手を加えて修整し、欠けたままで使われた土偶即ち修整土偶である。図112-5はその種の道具歴をもつ土偶をあらわす。縄文社会には、この種の土偶

が使われた証拠がある。その証拠は、破損面を研磨して平坦化した土偶と、破損面を赤色顔料で彩色した土偶が出土している事実である。研磨修整例としては長野県増野新切遺跡が知られ、彩色修整例としては千葉県祇園原貝塚がある（277頁参照）。

増野新切例（縄文中期）は脚部欠損土偶で、その欠損面が研磨によって平坦化されている（谷口 1990：66）。また祇園原例（縄文後期）は所謂みみずく土偶で、欠損部の割れ口が赤色顔料で彩色されている（山崎 1990：34）。

以上の出土例については、各土偶の道具期の経歴（使用―破損―修理II（修整）―再使用―最終処分5）は確かに読みとれるが、その後即ち遺物期の経歴は不明である。この種の土偶で、一次的遺物としての出土状態を示す例は未知である。

ケース(4)、(6) 修理後の破損とその再修理（図112-4、6）及び修理サイクル1、2、3

修理土偶（ケース3、5）は、修理後に再び破損した可能性がある。その場合、各土偶は、再修理なしに遺棄（最終処理）されるケース（図112-4ないし6）と、再修理されるケース（修理サイクル1ないし2）のいずれかを撰択することになる。そのような修理後の再破損とその後の再修理は、その証拠となる出土例が未だみあたらないが、道具期の土偶の生涯モデルのコンセプトとして必要不可欠と考えられる。

例えば宮城県田柄貝塚の一例（手塚 1994：第1図34）では、首、右手、右足の破損面にアスファルトの付着が認められ、それに接合する破片は伴っていないが、数ヶ所の接合式修復が行われたことは確かといえる。このような数ヶ所の破損と修理が同時的に起こったと断言するに足る証拠はどこにもない。このような実例の存在からみても、上記のような反復的修理の可能性は否定できない。従って縄文人の土偶修理行動を解釈する場合、少なくとも理論的には、そのような可能性まで視野に入れる必要がある。そこでそのような修理と破損の反復的実施を周期的現象とみなして、修理サイクルとよぶことにした。修理サイクル1は接着式修理サイクルであり、修理サイクル2は整形式修理サイクルである（276～277頁参照）。

また理論的には、修理I（接着修理）と修理II（整形修理）が、同一土偶に併用された可能性も無視できない。図112において、製作―使用―修理I―使用―破損―修理II―使用―最終処理5の場合と、製作―使用―破損―修理II―使用―破損―修理I―使用―最終処理3の場合がそれに当る。このような修理Iと修理IIの複合プロセスのくり返しが図112の修理サイクル3である。以上のような修理サイクルを実証する出土例はまだ見当らないが、理論的にはその可能性が否定できないので、モデル（図112）にはそれを組み込んだ次第である。

(6) 欠損土偶の使用と遺失破片――接合可能破片の分離出土プロセス（図112-A, B, C参照）

縄文社会には、土偶の破損を惹き起し得るような機会が、日常的に常在したことを示す証拠があることは既に述べた（276頁）。また実際に様々な欠損土偶が、そのままで或いは修理して使われたことは、上述のケース2、3、5の出土例が証明している。

このような土偶の破損には、欠損土偶（ケース2）と修整土偶（ケース5）の場合のように、破損部分の一方を欠いたまま、残りの本体が再使用される場合があったことは確かである。このような場合、欠け落ちた部分は、無用のものとして何処かに処分されるか置き去りにされたと考

えられる。これが遺失破片（図112-A）である。

　修理サイクル2（整形式）の場合も、明らかに遺失破片が生じる（図112-C）。修理サイクル1（接着式）の場合は、理論的には全破片が回収されるはずであるが、実際には一部回収洩れが起こり得る可能性がありそうにみえる。例えば出土例でみると、アスファルト接着面で再破損し、一方の破片が失われている例が多い（276頁）が、この破損は遺物期に起こったものとは限らず、道具期に起こった可能性も否定できない。後者の場合は遺失破片が生じ得ることになる（図112-B）。

　以上のような遺失破片に対して、その接合相手である土偶本体は再使用された末に、道具としての使命を終えて最終的に処理されることになり、その結果使用者の手を離れて遺物となる。つまり遺失破片とその相手の土偶本体は別行動をとることになる。以上のような事情から、道具としての土偶本体（図112-2～6）の最終処理の場所と、その相手の遺失破片（同図A～C）の遺失場所の空間的分離が起こるのは当然と考えられる。接合可能土偶破片の分離出土現象は、そのように、道具期の土偶の破損と再使用のプロセスの所産として説明することができる。

　しかしその現象はそれだけでなく、遺物期の土偶の二次的運搬と再堆積のプロセスの所産としても起こり得る可能性がある。そこで問題の接合可能土偶破片の分離出土問題は、道具期と遺物期の両面から説明できることになる。遺物期についての説明は以下のとおりである。

(B) 遺物期の土偶の生涯モデル──出土状態の検証──

　土偶の生涯の道具期についての図式的モデルによる説明と、そのモデルによる出土状態の検証は以上のとおりである。そこで次に、その遺物期の生涯について図式的モデルによる説明とそのモデルによる出土状態の検証を試みることにする。

　その遺物期とは、土偶が道具としての役割を終えて最終的に使用者の手を離れ遺棄されてから、遺物としての堆積状態が終わるまで、即ち遺物となってから出土するまでの期間である。先史考古学的遺物についていえば、動植物化石と同様に、それが地層中で存続する期間を意味する。これでわかるように、道具期の土偶の運命は、その製作者と使用者の所属する社会の伝統的行動システム（文化）と個人的行動システムに伴う人間行動的諸要因によって左右されるが、遺物期の土偶の運命は、それとは別種の環境要因の支配を受けることになる。

　動植物遺体ないし化石が、地表上あるいは地層中で、各種環境要因の作用により破壊・腐朽して形状が変わり、あるいは運搬されて位置が変わること、またそのようなプロセスが化石記録を制限する重要要因であることは、地質・古生物学的原理として周知である（Raup and Stanley 1971：16-23）。土偶も遺物として地表に遺され、あるいは地層中にとりこまれると、生物化石や礫と同様の環境要因の作用にさらされ、その支配を受けることになる。特に縄文土偶の場合問題になるのは、環境要因による破壊と運搬である。遺物期の土偶に対する環境要因の影響を考えるには、化石に対するその影響が参考になる。

　潜在的化石である動植物の遺体は、はじめに地表上で、太陽・風雨・氷霜や生物的要因による風化と各種生物の活動によって腐食・破壊される。地層中にとりこまれると、浸透水や土圧、植物根から分泌される有機酸と地中で活動する動物（ミミズや穴居動物）による腐食・破壊作用を

受けるが、それでもなお壊滅することなく残存したものが化石である。この化石となって残るのは、一般的に生物体の固い耐久的な部分であって、個体についてみても、古生物界全体からみても、古生物の全部ではなくその一小部分にすぎない（参考：藤本 1961：200）。以上のように、化石は過去の生物界の実体をあらわすものではなく、強度に偏った姿をあらわすのが普通と考えられるから、出土した化石集合体（fossil assemblage）の姿をそのまま過去の生物界の姿と受けとってはならないし、また所与の化石集合体に欠ける化石種があっても、それはその動物ないし植物が確かに不在だったということを示す証拠にはならない（Raup and Stanley 1971：27）。遺物期の土偶は最早一物体にすぎず、化石の一種にほかならないから、以上のような化石学的原理の支配下にあることを忘れてはならない。先述した故意破壊論のような小説的空想を働かす前に、出土状態の科学的な観察と思考が要求される所以である。

　以上の化石学的原理に照らしてみると、(1)化石即ち遺物として出土する土偶（地域によっては土偶と岩偶）だけが縄文人の偶像と受けとってはならないこと、(2)出土する偶像（土偶、岩偶）だけで彼等の偶像祭祀を論じてはならないことが明白になる。そこで従来の縄文土偶論は、故意破壊論と否とを問わず、この点の看過によって、基本的な誤りを犯してきたことになる。先に指摘したように、これまで出土土偶の存否と多寡は、そのまま祭祀の存否と多寡と解釈されてきたが、それは化石学的に見ると、単に粘土製焼物偶像（女神像）の使用頻度ないし普及度を示すにすぎないから、出土土偶の数量がそのまま直ちに、土偶を使用する信仰・儀礼の存否や栄枯盛衰をあらわすものと受けとることは、理論的に誤りといわねばならない。刃物のような実用品と違って、信仰用具としての偶像類は素材の質を問わず、経験的にみてもその素材は、どの社会でも一般に可変的で融通性があり、例えばマタギの山神像は、木製、藁製、土製、石製、紙製（絵ないし字）まである。縄文人の偶像素材が土と石のような耐久性素材に限定された証拠はどこにもない。木偶や非焼成土偶等の非耐久性素材の偶像の使用が否定できないからである。従って土偶をめぐる理論的解釈には、この点の余地が残されなければならないことになる。この点については先に詳述した（第5章-2-B-h、第5章-1-C）。

　遺物期の土偶の崩壊と運搬
　遺物期の縄文土偶についての主な考古学的問題点は、地表ないし地表下での外的環境要因による破壊の可能性と、運搬即ち位置移動の可能性である。土偶は粘土の焼物即ち粘土粒子の表面が溶けて接着した鉱物質の固体であって、遺物として地表に遺されると、地表の岩石と同様の風化作用と生物的要因の作用を受けて破壊し、また自然的あるいは人為的外力によって運搬され位置が動く可能性がある。従って土偶の出土状態関連の上記諸問題については、岩石の破壊と運搬のプロセスと同様のプロセスが関係する。以下はその点について地層学の古典的教科書（今井 1937）からの摘要である。
　風化作用による岩石の破壊と土壌化
　この作用には2形式がある。第1は大小の片塊や岩屑に破壊する機械的作用であって、崩壊作用（disintegration）とよばれ、第2は別種の鉱物成分に分解する化学的作用であって、分解作

用（decomposition）とよばれている。この両者は同時的に作用するのが普通とされている。

機械的破壊作用（崩壊）の主な働因

(1) 太陽による温度差。太陽熱による日中の膨脹と夜間の冷却による収縮。特に冬期における岩石の孔隙又は裂罅中の水分の凍結による膨脹圧力。この凍結作用（frostaction）を応用した農耕法もある。それは粘土質の固い土壌を秋に耕し、厳寒に曝し置いて、その作用を借りて粘土塊を粉砕する方法である。

(2) 植物の根の働き。植物の根が岩石の裂罅に沿って進入し、楔のような機械的働きをして岩石を崩壊することはかなり著しい事実と認められている。

(3) 動物の働き。地中に穴を穿つ動物は、岩屑や土を地中から地表に、又は丘上より丘下に移動させることがある。モグラとかミミズのような小動物は、個体としてはその力が微々たるものであるが、その総体としては、年々多量の土を地表に運ぶ。ミミズの運搬作用についてのチャールズ・ダーウィンの研究は有名である。ミミズの活動は地表附近で最も活発であるが、凍結時や旱魃時にはその穴が地表から6フィート以上の深さに達する。古いミミズ穴の崩落によって、土が沈み、その上にのっている石等の物体も沈下して遂には埋没する（このミミズの項のみ Cornwall 1958：52から引用）。このような営みが岩石の破壊を助ける。

(4) 新鉱物の生成。地表に露出した岩石の裂罅に、種々の鉱物成分を溶解した地表水が流れこみ、水分蒸発の結果そこに生じた新鉱物の結晶の膨脹力による崩壊。例えばコンクリート壁の崩壊が往々にしてこれによって起こる。

(5) 人類の営力。文化の進展につれ益々大規模の土木工事が企てられ、多量の岩石が破壊されつつある。

化学的破壊作用（分解）の主な働因

(1) 空気と水。空気中の酸素及び炭酸ガスとそれに含まれる湿気ならびに地下水が活発な働きをする。空気と水の両者は、互いに密接な相互関係で作用して岩石を分解する。その作用には、酸化作用（oxidation）、水和作用（hydration）、炭酸化作用（carbonation）、及び溶解作用（solution）がある。空気は地表から地下水準まで浸透可能なので、その間は岩石の分解作用の起こる範囲であって、その区域が分解帯（Belt of Demorphism）又は風化帯（Belt of Weathering）とよばれている。

(2) 生物の働き。土壌あるいは岩石上に下された無数の植物毛根が無機物を分解し、また根端から分泌する水液によって岩石を溶解して根を拡げていく。地衣類や蘇苔類も岩石分解作用をする。生物の腐敗によって生じる有機酸及び有機物にも岩石分解作用がある（以上、今井　1937：19-54）（参考：Fenwick and Knapp 1982）。

風化による土偶の破壊と消滅

以上のような風化作用によって、風化帯の岩石は次第に壊れて細小化し、岩盤が栗石（cobbles）に、それが礫と砂の段階を経て、沈泥（silt）や粘土になる。それに有機物が加わり、鉱物の化学的変化が加わると土壌（soil）に変わってゆく（Cornwall 1958：76；藤本　1961：129）。要するに、風化作用によって岩石は次第に壊れて細かくなり、終には土壌になってしまう。

これは周知の地質学的原理である。岩石に準じる鉱物質の固体である土偶も、遺物期には地表あるいは地中にあって、この地質学的原理に支配されることは言をまたない。つまり遺物期の土偶は、岩石と同様に、自然界の風化作用によって破壊され次第に細かくなり、時間が経てば終には土に化することもあり得るということである。これは縄文遺跡の発掘に従事して土器片の出土状況を仔細に観察すれば納得できることである。その際に気をつけてみると、地層から取りあげるまではかなり大きな破片状の土器片でも、(a)よく見ると微細な罅割れが縦横に走っていて、取りあげると壊れて細片化する場合や、(b)崩れて礫や土塊と区別がつき難くなるような場合があり、また(c)そのような細小片を指で潰すと砂か土のように潰れるほど風化が進んでいる場合さえあることがわかる。これは土器ないし土器片の風化あるいは土壌化が、地層中でも徐々に様々の程度に進行していることを示し、既に土壌と化した破片もあったことを示唆している。このような出土状態をみると、土器の破損状況や破片の存否の解釈には、先述した生物化石の原理の考慮が必須であることがわかる。即ち化石となって残るのは、一般に生物体の中でも固い耐久的な部分であって、個体についてみても、古生物界全体からみても、古生物の全部ではなくその一小部分にすぎないから、出土した化石ないし化石集合体の姿をそのまま過去の生物の姿として受けとってはならない。また化石が欠けるからといって、直ちにその生物が不在だったと考えてはならないという化石学の原理に照らしてみると、我々が考古学的標本として、即ち表採あるいは発掘で遺物として回収した土器ないし土器片は、風化に耐えて残った、ある程度の形のある部分にすぎないと考えなければならないことがわかる。これは土偶の場合も同様である。

　縄文時代の遺物の場合は、単なる生物化石の場合と違って、後代の人々の活動の影響も大きい。何故なら縄文時代においてさえも、竪穴住居、貯蔵穴、土壙（墓）、配石遺構等の建設による地面の掘りかえしや掘った土の移動が行われ、集落地の地表及び地層中の遺物の攪乱と破壊が、絶えず繰り返して行われた。さらに農耕の導入によって、農地の開墾、畑の耕作、整地等の作業が加わり、地層の攪乱と破壊が増進した。このような破壊・攪乱活動が、地表上ならびに地表下の遺物の破壊を一層促進し、その破片の細小化と土壌化による消滅に輪をかけたと考えられる。

　要するに岩石の風化と土壌化の原理及び地層中の土器片の風化の実態からみると、遺物期の土偶にも同様のことが当てはまると考えられる。つまりそれは土偶も遺物期には、風化作用によって自ずから壊れるということ、また次第に細かく割れ、最終段階では土になるということである。縄文土偶の出土状態に認められる破片化現象はそれを物語っている。これまでの縄文土偶出土状態論では、遺物になってからの人間による攪乱・運搬活動の影響（能登　1992：215）は考慮されているが、肝心の風化作用即ち崩壊（disintegration）と分解（decomposition）による破壊作用は取りあげられたことがない。攪乱と運搬の考え方は、遺物（土偶）の位置の移動・分散現象の説明には役立つが、その破片化現象の説明には役立たない。土偶の破片化は、その運搬に先立つ問題であって、この解決なしに土偶の出土状態を理解することはできない。そしてそれには風化作用の考え方が必要・不可欠である。つまり風化作用とその産物の運搬作用は、一連の地層学的プロセスであって、この両者の総合的研究によってはじめて遺物期の土偶の状態即ちその出土状態の正しい把握が可能になると考えられる。なおまた土偶の破片化メカニズムを問題にする

と、風化状態の実態研究が必要であり、それとの比較データとして土器の風化状態の実態調査も必要になる。

　岩石破壊産物の運搬と堆積

　先述の各種作用により生じた岩石の破壊産物即ち岩屑物質は、場合によっては移動することなくそのまま原地に留まっていることもあるが、通常は母岩から離脱し、同時に他の種々の働因により他所に運ばれる。その間に岩屑の角がとれて円くなる円琢作用（rounding）と、運搬される岩屑がその大きさと比重によって選別される分級作用（sorting）を受ける。

　岩屑運搬作用の主な働因

　(1)　雨水。地面には多少とも勾配があるので、雨水が斜面沿いに流下し、高所から運んできた物質を低地に沈積、同時に微細物質は漸次斜面の下方に押し流される。

　(2)　河流。河流による運搬はここでは余り直接関係がないので省略する。

　(3)　山崩れ又は地滑り。これと同様の理由で省略。

　(4)　生物。省略。

　(5)　人類。人類の活動が岩屑の運搬にかかわるところは大きい。文明の進歩に伴って、大規模の地下工事や地下資源開発産業が発達するとともに、大型住宅団地の造成等のように山を削って動かすような営みも盛んになってきた。また山地の樹木の伐採によって山肌が露出し、雨水による地表物質の運搬を助長する役割を果たしている。岩石破壊産物の運搬に関与する以上のような人類の諸活動は、小規模ながらも石器時代から営まれてきた。

　遺物としての土偶の運搬と再堆積

　地層学的にみると、遺物として地表または地中に残る土偶ないし土偶片に対しても、地層構成物質の運搬に関与する各種働因が作用することは当然とみなされる。しかし土偶の場合は、その働因の種類と性質が、岩石一般の場合と違って、殆ど専ら人為的要因即ち居住地の開発に伴う破壊・運搬活動である。そこで縄文土偶の破片化問題と接合可能破片の分散出土の問題の解釈には、そのような人為的働因の影響を考慮すべきは当然である。

　縄文集落には、竪穴住居をはじめ貯蔵穴、土壙（墓）、配石施設等があって、それらの建設には、地表の整地や地表下の工事を伴う何等かの土木工事が実施されるから、集落が維持された期間中の住居と附属施設の新築、増改築、移転などを勘案すると、集落域内の土地は、集落がつづく限り絶えず掘りかえされ整地されたことになる。またそれに伴って、当時の地表や地中にあった遺物が壊されたり位置を動かされたりすることになった。例えば山梨県釈迦堂遺跡の発掘平面図（小野　1987b：図30、31）をみると、この縄文集落の土地が、彼等の住居とその附属施設の建設によって、いかに著しく造成・開発されたかがわかる。特に住居の密集区では、殆どすき間がないほど竪穴が掘りこまれている。縄文遺跡に関してこのような例は決して例外ではないことを念頭におく必要がある。

　弥生時代以降になると、縄文集落地は集落地として利用される場合もあったが、それだけでなく、畑地としても利用されるようになった。これは、縄文遺跡の多くが、現今の農村の農地の中に発見されている事実をみてもわかる。そのような畑地の縄文遺跡を訪ねると、土器片や石器等

が大小の礫等と共に畑の外に積みあげられている光景に出会うことがある。これは縄文人の遺物が、農耕にとっての邪魔物として、どのように扱われたかを示す好例である。その集積は一ヶ所とは限らず、手近で適当な所に適当にまとめて置くというようにみえる。土器や土偶の完形品などが、稀に鍬先にかかると丁寧に採集・保存されることもあるが、一般の遺物は畑地のごみとして、掃くように捨てられていることがわかる。これは縄文集落の人々によって、集落地の工事中あるいは整地中に、先人の遺物が偶然に掘りだされた場合、単に他所に運搬されるだけでなく、アト・ランダムに分散的に投棄される可能性があることを示唆する事例として注意したい。

　土偶破片の分離・分散出土問題——地層学的-化石学的モデルによる説明
　問題の所在。縄文土偶の破片出土状態をめぐって最近の縄文考古学界には、非科学的ないし小説的推理にもとづく「故意破壊」論が蔓延していることは先に説明したとおりであるが、最近その論拠として問題になってきたのがここでいう接合可能土偶破片の分離・分散出土という現象である。これは、本来同じ土偶個体に属する破片が、相互に離れた別の場所から分散的に出土する現象であって、最近各地から出土地点の異なる土偶破片の接合ケースが報告されはじめた[116]。この現象が最近の「故意破壊」論の中心的論拠となっているが、その理由は単純であって、本来一つのものが破片となって、手で投げてもとどかぬほどの距離の場所に分散していることは、その使用者達が故意に壊して、その破片を運んで分散あるいは分配したとしか考えようがないという考え方にある。このような「故意破壊」論に関して、何よりも注目すべき点は、縄文土偶の破損ないし破片化現象と上記のような破片の分離・分散現象のすべてを、「故意」即ちその使用者の意図的な行動の所産とみなすこと、つまり換言すると、そのような現象について地層学的あるいは化石学的要因の作用を完全に度外視している点である。これは理論考古学からみると、方法論上の基本的な誤りといわねばならない。

　いずれにしても、遺物の出土状態の解釈に当っては、何よりもまず地層学的あるいは化石学的アプローチが不可欠である。何故なら出土する土偶は、先に詳述したように、「遺物」即ち使い手の手を離れて地層中に残存した「道具の死体」即ち一種の「化石」にほかならないからである。

　化石には一次的化石と二次的化石の区別がある（藤本　1961：202）。一次的化石とは、母岩の地層の生成された時代に生息した生物の化石であり、二次的化石とは、一次的化石が何等かの侵食作用により、母岩の地層から砂礫とともに運搬されて、別の場所に再堆積された化石である。

　考古学的地層は、一般の地層と違って、それより遥かに規模が小さく、特に竪穴住居の集落が営まれ始めてからは自然の影響より人間活動の影響を受けることの方が大きい。しかし地層形成即ち堆積の原理とそれに伴う化石形成の原理は両者に共通である（参考：Pyddoke 1961：Chapter 11）。考古学的遺物も考古学的地層の中の一種の化石であるから、生物化石の場合と同様に地層学的原理の支配を受け、一次的化石と二次的化石に相当する遺物の区別ができる。この場合、一次的化石に相当する遺物を一次的遺物、二次的化石に相当する遺物を二次的遺物とよぶことにする。一次的遺物とは、使用者によって最終的に処理された（使い捨てられ或いは遺された）道具のうち風化に耐えて残った物であって、その場所即ち原位置から動かされていない遺物である。

それに対して、二次的遺物とは、一次的遺物が何等かの働因によって運搬され再堆積された遺物であって、原位置から動かされた遺物である。一次的遺物を原位置から動かす働因即ち運搬働因としては、先述した生物化石の場合と同様に、自然的要因と人為的要因の両者が関与するが、北方圏では後期旧石器時代以降に竪穴住居を伴う集落が発展し、さらに新石器時代になって、貯蔵施設が併設されるようになり、居住地の造成や施設の建設のための土木工事の類が活発になってからは、土地開発に伴う人為的要因の作用の方が目立つようになってきた。つまり縄文集落遺跡のような場合には、そのような縄文人自身の手による集落地の開発の形跡が顕著なので、二次的遺物の発生と存在は当然と考えなければならない。

　縄文集落では、その時々の住民の日常活動によって、その時々の生活面に、彼等の手で廃棄され或いは儀礼的に処理された道具が、一次的遺物として遺されると同時に、他方ではその時々の住民による土地開発活動（竪穴住居の新築及び増改築、貯蔵穴ないし土壙の掘削、住居周辺及び集落広場の整地・清掃等）によって、その地表上ならびに地表下に既存の一次的遺物が、そのまわりの土砂とともに掘り起され或いは掃きよせられて、別の場所に運搬・投棄された。その結果が二次的遺物である。自然現象としての土壌の形成と、縄文人による以上のような遺物の堆積と再堆積が、絶えず同時的に行われることによって生じた地層が縄文時代の遺物包含層であって、縄文時代に堆積したこの地層は、その時代の文化財（化石）を含む意味で縄文文化層ともよばれる。以上で明らかなように、縄文時代遺物包含層（縄文文化層）は、一次的遺物と二次的遺物という、全く素性即ち来歴の異なる2種の遺物を含む可能性がある。問題の接合可能土偶破片は、この遺物包含層からの出土品であるから、一次的遺物であるとの保証はなく、二次的遺物である可能性も否定できないことになる。つまり問題の上記破片類の解釈に当っては、一次的遺物としての可能性だけでなく、二次的遺物としての可能性をも考慮に入れたモデルが必要になる[117]。また縄文時代にこの二次的遺物を生み出した一般的要因は、先述したように縄文人自身による土地開発に伴う運搬-再堆積とみなすことができる。そこでそのモデルは、遺物期の土偶破片の来歴を左右する主要因としての運搬-再堆積プロセスを中心とするものとなる。そこで次にこのモデルによって、遺物期の土偶の生涯と来歴という視点から、問題の土偶破片の出土パターンを説明する。

接合可能土偶破片の出土パターンに関する地層学的・化石学的モデル

　(1)「出土」段階（図113、右端欄）は、接合可能土偶破片の出土時点で、その発見者によって判別可能な「出土パターン」を示す。出土パターンとして判別可能なのは、大別すると「一括出土」か「分散出土」かの2パターンに限られる。前者は接合可能な破片が同じ場所にまとまって見出される場合を意味し、後者はそれが別の場所に離れて見出される場合を意味する。これまで縄文考古学者の議論の俎上にのぼっているのは、この段階のパターンである。しかしこのような出土パターンは、それらの破片が、縄文人の手によって、最終的に処理されたときの「最終処理パターン」をあらわすとは限らない。それは土偶が、「遺物期」に入ると、様々な地層学的-化石学的働因の作用にさらされて、位置や形状の変化が起きるからである。そのプロセスは次のとお

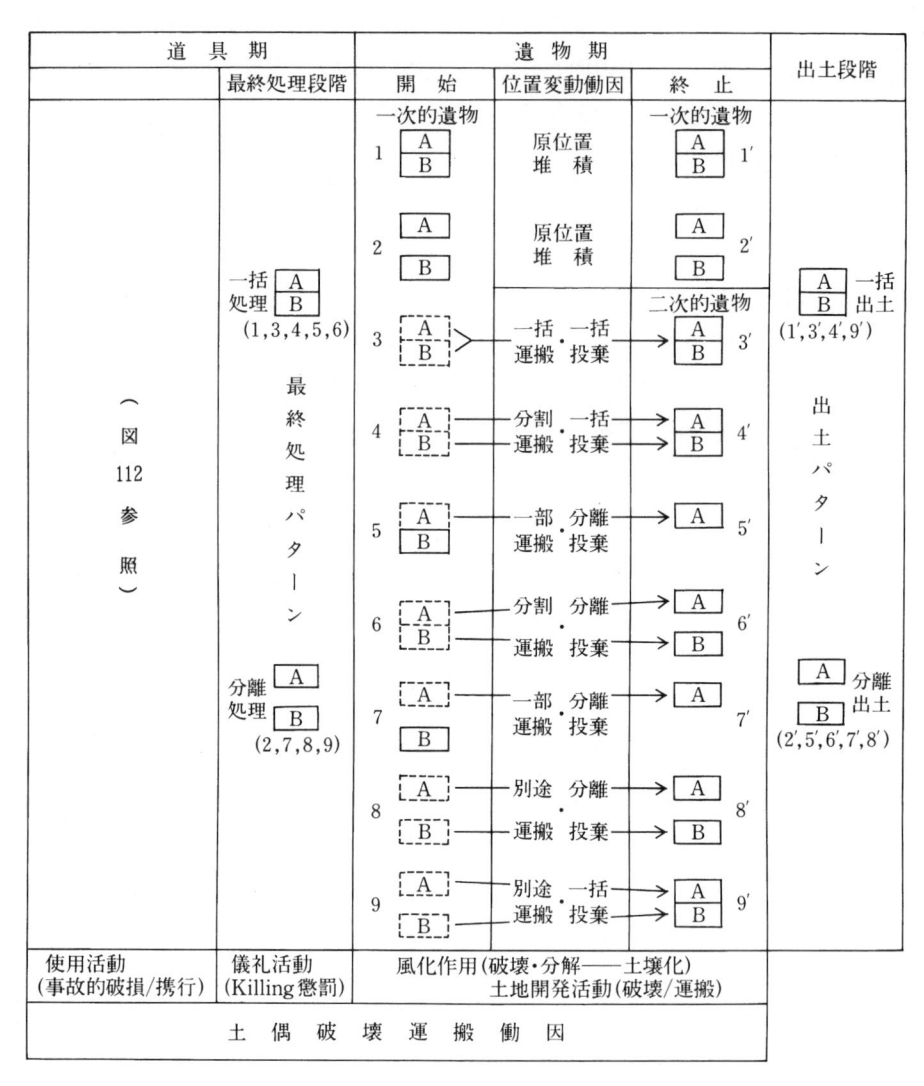

道具期		遺物期			出土段階
	最終処理段階	開始	位置変動働因	終止	
(図112参照)	一括処理 A B (1,3,4,5,6) 最終処理パターン 分離処理 A B (2,7,8,9)	一次的遺物 1 [A/B] 2 [A/B] 3 [A/B] 4 [A/B] 5 [A/B] 6 [A/B] 7 [A/B] 8 [A/B] 9 [A/B]	原位置堆積 原位置堆積 一括運搬・一括投棄 分割運搬・一括投棄 一部運搬・分離投棄 分割運搬・分離投棄 一部運搬・分離投棄 別途運搬・分離投棄 別途運搬・一括投棄	一次的遺物 1' [A/B] 2' [A/B] 二次的遺物 3' [A/B] 4' [A/B] 5' [A/B] 6' [A/B] 7' [A/B] 8' [A/B] 9' [A/B]	A B 一括出土 (1',3',4',9') 出土パターン A B 分離出土 (2',5',6',7',8')
使用活動 (事故的破損/携行)	儀礼活動 (Killing懲罰)	風化作用(破壊・分解——土壌化) 土地開発活動(破壊/運搬)			
土偶破壊運搬働因					

図113 遺物期における来歴からみた接合可能土偶破片の出土パターン
（土偶の崩壊と破片分散に関する地層学的－化石学的モデル）

りである。

　(2)「最終処理」段階（図113左端欄）（図112及び280〜285頁参照）は、接合可能土偶破片が、縄文人の手によって最終的に処理された時の「最終処理パターン」を示している。これには大別すると、接合可能破片がまとめて同じ場所に処分される場合を意味する「一括処理」と、それらがばらばらに別の場所に処分される場合を意味する「分離処理」との2パターンがある。「一括処理」の土俗例としては、例えば木偶（守り神）を割って副葬する実例（表17、Ⅱ-9）や、神像の破壊・遺棄の実例（表17、Ⅱ-21、25）がある。縄文土偶の場合にも、破損品の関係破片の「一括処分」などは、あり得るケースである。「分離処理」の例としては、狩猟採集民の実例は見当らない。しかし道具期の土偶の接合可能破片が、使用行動を通じて偶然に引き離され、見かけの上で「分離処理」のパターンと同じパターンを示すケースは理論的にあり得る。つまり先述し

たように、縄文社会では土偶の使用環境に破損の機会が常在し、しかも破損品を修理せず欠損の
ままで再利用したり、整形修復（研磨平坦化あるいは赤色塗彩）して再利用した形跡があるから
である（図112及び283～284頁）。そのような場合、欠け落ちた部分（遺失破片）と、再利用され
た本体の部分とは切り離され、後者が土偶としての生命を終え最終的に処分される時の場所が、
前者の遺棄された場所と分離された形になる可能性が充分にある。この結果的な「分離」パター
ンは、見かけの上では、意図的な「分離処理」パターンと同一になる（284～285頁(6)参照）。

(3) 遺物期「開始」段階（図113中央左欄）。いずれにせよ、上記の2パターンのどちらかによ
って「最終処理」された接合可能土偶破片は、「遺物期」に入ると同時に地層学的-化石学的
（sedimentological-taphonomic）原理に支配されることになり、風化作用以外に、縄文人自身
による土地開発活動の影響を受け、個別に様々な運命ないし経歴を辿ることになる。遺物期の
「開始」段階では、「一括処理」の場合と「分離処理」の場合を問わず、すべての土偶が、遺物と
して遺された時の原位置状態を示す一次的遺物である。この段階（状態）を出発点として、各土
偶（破片）は、個別に受ける運搬・再堆積作用の影響に応じて、堆積状態の変化を遂げる。

(4) 遺物期「終止」段階（図113中央右欄）。一次的遺物として遺物期の経歴を開始した接合可
能土偶破片は、縄文人の集落地開発に伴う運搬-投棄活動の影響にさらされることになる。この
運搬-投棄プロセス（同図中央欄）は、変異の幅が広く、その選択肢は多岐にわたっていて、各
土偶は遺物期の終わりには、運搬-投棄プロセスの影響を免れて、一次的遺物のままとどまるか
（同図、1-1'、2-2'）、あるいは偶然に無作為に選ばれた運搬-投棄プロセスを通して、二次的
遺物となるか（同図、3-3'～9-9'）、二者択一の道を辿る。この段階における接合可能土偶破
片の堆積状態には、一次的遺物と二次的遺物のいずれの場合にも、「一括」型（同図、1'、3'、4'、
9'）と「分離」型（同図、2'、5'、6'、7'、8'）の2パターンがあることがわかる。

A. 接合可能土偶破片の「一括出土」例としては次の例を挙げることができる。

　岩手県手代森遺跡（縄文晩期）：大形遮光器土偶の接合可能3破片（頭部、腕部、胴・脚部）
　　が同一地点（遺物包含層発掘区劃内、破片間最大距離1.2m）から出土（稲野他　1992：
　　106）。

　山梨県釈迦堂遺跡、塚越北A地区（縄文前期）：釈迦堂Bタイプ土偶の接合可能2破片（頭
　　部及び胴部）が同一住居内と思われる地点から別々に出土（小野　1992：339）。

　同上遺跡、三口神平地区（縄文中期）：中期に特徴的なバンザイ土偶の接合可能2破片（首と
　　両腕を欠く胸部と右足及び左足下半部を欠く胴部）が同一住居址（覆土）から出土（なお同
　　住居址からは他に2土偶破片が出土）（小野　1992：352）。

　山梨県下向山遺跡（縄文中期）：同一個体と言われる土偶の2破片（頭部と左脚部）が同一住
　　居址（覆土）から出土（小野　1992：341）。

　岐阜県垣内遺跡（縄文中期）：遺物包含層の同一地点（中期後半の土壙からの距離20～40cmの
　　範囲）から、土偶破片5点出土、そのうちの2点（胸部破片）が接合（石原　1992：397及
　　び図8）。

　愛知県麻生田大橋遺跡（晩期）：土壙から出土したほぼ完形の土偶2点のうち「1点は胴と頭、

手足が別々に出土し、接合によりほぼ完形になった」(安達　1992：419)。
　以上のように、接合可能土偶破片が同じ場所（住居址、土壙、その他それに準じる狭い範囲の同一地点）からまとまって発見される出土例は、見かけの上ですべて同じパターン即ちこの場合は「一括出土」として分類されることになる。しかし出土パターンは同じでも、そのパターンの来歴は、出土例によって必ずしも同じではない。地層学的-化石学的モデル（図113）によると、「一括」型出土パターンの来歴には次のような変異の可能性（選択肢）がある。

A(1)「一括処理」をされて遺物となった接合可能土偶破片が、原位置から動かされることなく、一次的遺物として残ったケース（図113-1-1'）（出土パターンが、そのままその土偶の使用者の最終処理パターン（即ちこの場合は「一括処理」パターン）を表わすケース。

A(2)「一括処理」をされて遺物となった接合可能土偶破片が、一まとめの運搬によって原位置から動かされ、同じ場所に一まとめに投棄されたケース（同図3-3'）。

A(3)「一括処理」をされて遺物となった接合可能土偶破片が、分けて運搬されることによって原位置から動かされ、毎回同じ場所に投棄されたケース（同図4-4'）。

A(4)「分離処理」をされて遺物となった接合可能土偶破片が、それぞれ別途に運搬されて原位置から動かされ、偶然同じ場所に投棄されたケース（同図9-9'）。

　以上のように、接合可能土偶破片の「一括」型出土パターンは、A(1)のケースのように、道具期の最後の「一括」型処理によって生じるだけでなく、A(2)、A(3)ないしA(4)のケースのように、遺物期（縄文時代遺物包含層堆積期）に起きた、運搬-投棄プロセスによる二次的堆積作用の結果としても生じ得たことがわかる。つまりこのモデルは、接合可能破片の「一括出土」現象が、縄文人自身の意図ないし意志とは無関係に、様々の二次的堆積作用によって起こり得ることを示している。

B. 次は問題の「分離出土」例である。接合可能土偶破片の「分離出土」例としては次の例を挙げることができる（実例の詳細は注116)参照）。

　青森県大石平遺跡：約100m離れた発掘区画（遺物包含層）から出土した縄文後期土偶の胴上半部（首及び両腕欠落）と胴下半部が接合（青森県教育委員会　1987：311及び図221-1）。

　東京都神谷原遺跡：縄文中期土偶の接合例。約100m離れた竪穴住居址（覆土）から出土した土偶腰部の左半部と右半部が接合（八王子市椚田遺跡調査会　1982：図331-30）。また別の土偶の胴部破片の上半部と下半部が、約40m離れた発掘区画（遺物包含層）から出土（八王子市椚田遺跡調査会　1982：図330-19）。

　山梨県釈迦堂遺跡：前期土偶例。住居址（SB-05）出土の土偶片（頸から下）と土坑（SK-227）出土の土偶片（頭の一部）との接合土偶（小野　1992：図1-1）。住居址（SB-05）と住居址（SB-27）から分離出土の土偶（小野　1992：図1-4）。中期土偶例。接合可能土偶破片の分離出土例15。分離距離の変異幅も大きく、最小例は数m（山梨県教育委員会　1987：図29-11）（遺物包含層出土の右脚欠落下半身破片と右脚片の接合）、最大例は約230m（遺物包含層出土の足部左半部と右半部の接合）（山梨県教育委員会　1987：図28-4）である。この最大値例の両土偶片は、それぞれ別地区（三口神平地区と野呂原地区）の竪穴住居

址群に隣接する所謂「土器すて場」からの出土品である。両地区間は未発掘で、竪穴住居址群の分布が連続的かどうか今のところ不明（山梨県教育委員会　1987：図30及び31）。上記両者の中間値（三口神平地区両端間距離）を示す例もある（山梨県教育委員会　1987：図28 − 2）（遺物包含層出土の両腕欠落の胴上半部と頭部の接合）。

長野県増野新切遺跡：縄文中期竪穴住居址（覆土）から分離出土した土偶破片の接合 3 例；胴部と左手の接合例、胴部と胸部の接合例、胴上半部と下半部の接合例（桐原　1978：8）。

岐阜県垣内遺跡：縄文中期土偶破片の接合例。18号住居址（覆土）出土の首と23号住居址（覆土）出土の胸部との接合（石原　1992：397及び図15）。9 号住居址（覆土）出土の胸部と13号住居址（覆土）出土の左腕との接合（石原　1992：397及び図20）。

以上のように接合可能土偶破片が、別の場所（住居址、土坑、発掘区劃などの異なる地点）から発掘される出土例は、見かけの上ですべて同類即ちこの場合は「分離出土」として分類されることになる。しかし、出土パターンは同じでも、その来歴は出土ケースによって必ずしも同じではない。地層学的-化石学的モデル（図113）によると、「分離」型出土パターンの来歴には、次のような変異の可能性（選択肢）がある。

B(1)「分離処理」によって遺物となった接合可能土偶破片が、原位置から動かされることなく、一次的遺物として残ったケース（図113-2-2'）（出土パターンが、そのままその土偶の使用者による最終処理パターン即ちこの場合は「分離処理」パターンを表わすケース。「分離処理」については292〜293頁参照）。

B(2)「一括処理」をされて遺物となった接合可能土偶破片が、一部を原位置に残して運搬され、離れた場所に投棄されたケース（同図 5 - 5'）。

B(3)「一括処理」をされて遺物となった接合可能土偶破片が、分けて運搬されることによって原位置から動かされ、それぞれ別の場所に投棄されたケース（同図 6 - 6'）。

B(4)「分離処理」をされて遺物となった接合可能土偶破片が、一部を原位置に残して運搬され、離れた場所に投棄されたケース（同図 7 - 7'）。

B(5)「分離処理」をされて遺物となった接合可能土偶破片が、それぞれ別途に運搬されて原位置から動かされ、それぞれ別の場所に投棄されたケース（同図 8 - 8'）。

以上のように、接合可能土偶破片の「分離」型出土パターンは、B(1)のケースのように、道具期の最後の「分離」型処理によって生じるだけとは限らず、B(2)(3)(4)ないし(5)のケースのように、遺物期（縄文時代遺物包含層堆積期）に起きた、運搬-投棄プロセスによる二次的堆積作用の結果として生じることもあることがわかる。つまりこのモデルは、接合可能土偶破片の「分離出土」現象が、縄文人の意図ないし意志とは無関係に、様々な二次的堆積作用によって起こり得ることを示している。

接合可能土偶破片の出土パターンに関する地層学的-化石学的モデル（運搬-再堆積モデル）の要約と結び

縄文土偶の出土状態を理解するには、それぞれの土偶に来歴があるという認識が不可欠である。

つまり各出土土偶には、使われていた頃即ち道具期の経歴と、道具としての寿命を終えた後出土するまでの時期即ち遺物期の経歴が伴っていて、出土状態はその両者を併せた来歴の所産にほかならないからである。

　土偶は、他のすべての道具と同様に、道具期の最後に「最終的処理」（廃棄処分ないし儀礼的処分）の段階を経て「遺物」となる。この段階即ち遺物期の始めの土偶は、すべて一次的遺物であって、その堆積パターンは「最終処理」パターン（「一括」型ないし「分離」型）のままである。しかしこのパターンが、出土時点まで維持されるかどうかは、遺物期の土偶の環境条件にかかっている。遺物になってからの土偶は、最早土偶ではなく一種の化石であって、地層中の礫に等しい存在であって、地層中では地層学的-化石学的原理に支配される。土偶の破片化と破片分布に関係する地層学的-化石学的働因として見逃せないのが、縄文時代遺物包含層の堆積期に働く運搬-再堆積プロセスである。この作用を鍵とする運搬-投棄モデル即ち二次的堆積モデル（図113）によると、接合可能土偶破片の出土パターンは、「一括」型と「分離」型に大別されるが、そのいずれにしても、必ずしも縄文人自身による最終処理パターンを表わすものではなく、縄文遺物包含層の堆積期における、縄文人の集落地開発活動に伴う様々の運搬-投棄活動によっても生じ得ることがわかる（図113-3-3'〜9-9'）。つまりそれは、土偶使用者の意志や意図とは無関係に、遺物になってから受ける地層学的-化石学的働因によって生じることがあるということである。また出土パターンが、縄文人自身による最終処理パターンをあらわす場合（同図　1-1'及び2-2'）もあるが、この場合の「分離」現象（2-2'）は、偶然に生じた分離現象（欠落破片の遺失地点と、その部分を失った破損・再利用土偶の最終処理地点の分離）（295頁参照）であって、最終処理者によって意図的に引き離されたものではない。また重要な点は、遺物期の土偶に作用する運搬-再堆積プロセスは、その土偶の生涯を通じて1回限りという保証がないことである。つまりそれは、時期を違えて同一土偶に何回でも作用する可能性があって、「分離」型堆積状態の接合可能土偶破片の場合には、その回を重ねるに従って場所が変わり、分離距離も変動することになる。このような反復作用は、開発活動が活発で集中的な縄文集落の場合に特に問題になる。例えば釈迦堂遺跡から報告された「分離出土」例のうち、分離距離の最大例は約230mであるが、このような場合には、上記のような反復運搬の可能性も排除できない[118]。最近の縄文土偶論を賑わせている接合可能土偶破片の「分離出土」問題は、以上のように、道具期における土偶の破損-再利用プロセス（図112）と、遺物期の土偶の運搬-再堆積プロセス（図113）によって説明することができる。要するに結論としていえることは、接合可能土偶破片の「分離・分散出土」もまた、先述の出土土偶の「破損の高率性」と同様に、「故意破壊」論の論拠にはなり得ないということである。

5．出土状態の検証——要約と結論——

（1）狩猟採集民による偶像類の使い方を比較分析すると、集落内での使用・保管ならびに最終処理の場所が、公共儀礼用偶像の場合と私的儀礼用の場合とでは、明らかに違っていて、前者用の場所が、集落内の特定場所即ち公共建物ないし施設に限られるのに対し、後者用の場所は、集

落内の住居とその周辺にわたる一般的場所である（図110）。

(2) 上記の見地から、縄文土偶の出土場所を比較分析した結果（本章-2）、その出土場所は集落内の不特定・一般的な場所であって、住居址、土壙、配石遺構とそれらを覆う遺物包含層に散在することが確かめられた。狩猟採集社会の一般的傾向（前項1参照）に照らして、この出土傾向は、縄文土偶が私的ないし家族的儀礼と密接に関係していたことを示す証拠といえる。

(3) 縄文土偶は、形態的分析（第3章、第5章）によって、産神ないし家神と解されるが、この解釈は、以上のような出土場所の状態からも裏づけられることになる。

(4) そのような出土状態は、ヨーロッパ文明の原郷とされる南東ヨーロッパの新石器時代土偶についてもあてはまる。そこでも土偶は、住居やごみ捨て場のような家庭的環境下で、壊れた状態で見出されることが多いとされ、この点から、当時の土偶祭祀は私的性格のものではなかったかとされている（第5章-1-B参照）。この解釈は、旧石器時代女人像が、専ら住居をめぐる環境下で出土することから、家族的祭祀に関係する家神と解釈されている点（148頁）ともつじつまが合うことになる。

(5) 縄文土偶祭祀論の近況は、「故意破壊」呪術論でもちきりであるが、その根拠は、出土土偶の破損率が高いことと、同じ土偶の破片が別の場所から出土することの2点である（277～278頁）。しかしこれらの現象は、下記のとおり、人間的意図（破壊・分配）とは無関係の働因によって説明が可能である。

(6) 土偶の破損と破片分散の現象は、道具期の土偶の破損-再使用のプロセス（図112及び本章-4-A）の所産として、あるいは遺物期の土偶の二次的運搬-再堆積のプロセス（図113及び295～296頁の要約）の所産として、或いは両者の複合作用の所産として説明が可能である。そこで土偶の高破損率と接合可能破片の分離出土は、問題の「故意破壊論」ないし「分離・分散論」（290～291頁）の論拠にはなり得ないことがわかる。

(7) 接合可能土偶破片の分散出土は日本の縄文集落に限られた現象ではない。東欧の新石器時代農耕集落からも同様の現象の報告が1例ある。その土偶は裸体女人像で、複数破片となって隣接する3住居濠（dwelling trenches）から出土したものであって、マリンガーによると、この破片分布の状態は依然謎とされているという（Maringer 1960：146）。しかし恐らくその事情は縄文集落の場合と同様であって、上述の地層学的-化石学的モデルで説明できるものと思われる。これは比較考古学の課題として注意したい（比較考古学の概念については渡辺 1981を、またその実例についてはそれと渡辺 1985：264を参照）。

第7章　北方ユーラシアにおける女人(女神)像の系譜と縄文土偶の位置——要約と結語——

　この最終章では、前述(第5章)の内容を箇条書き式に整理し、時代的並びに地域的関係を辿り易くした上で、旧石器時代以来の北方ユーラシアで発展した女人像即ち母性女人像信仰の系譜を辿り、その文化的・歴史的流れの中で改めて縄文土偶の位置を確めることにした。

1．後期旧石器時代女人(女神)像

考古学的証拠の出現
(1)　分布：ヨーロッパ及びシベリア(バイカル地方)
(2)　全域共通造形パターン(形枠)
　　胴形：B(矩形胴)型
　　腕形：腕なしないし腕・胴融合型
　　脚形：脚なしないし両脚融合型
(3)　地域性
　　ヨーロッパ(ウクライナを含む)
　　　素材：獣骨、岩石
　　　造形パターン(形枠)：A(台形胴)型及び B型(図86-1〜28)
　　　地域的特徴：ダイアモンド(菱)形体形(頭部小形整；腰部張りだし；両脚融合・先細り)(A型)、臀部突出(ステアトピギア及びステアトメリア)(A型、B型)、頭部意匠稀有(A型、B型)、顔つき表現欠除(A型、B型)、極度様式化(マドレーヌ文化の女人(女神)像)。
　　シベリア(バイカル地方)
　　　素材：獣骨
　　　造形パターン(形枠)：B型及びC(逆台形胴)型(図86-29〜35)
　　　地域的特徴：肩張りだし(C型)、頭部意匠普及(B型、C型)、顔つき表現普及(B型、C型)、蒙古人種的顔つき表現出現(C型)

2．新石器時代女人（女神）像

旧石器時代女人（女神）像伝統の継承と発展
(1)　分布：南東ヨーロッパ（ダニューブ流域）及び極東北太平洋沿岸（アムール流域、日本）
(2)　全域共通造形パターン（形枠）
　　腕形：腕なしないし腕・胴融合型
　　脚形：脚なしないし両脚融合型
　　頭部意匠と顔表現の普及・発達
　　本格的焼成土偶の普及・発達
　　腕と脚の分化：腕つきないし腕・胴分離型及び脚つきないし両脚分離型の出現
(3)　地域性
　　南東ヨーロッパ（ダニューブ流域）
　　　素材：焼成粘土、獣骨、岩石（大理石）
　　　造形パターン（形枠）：A型並びにB型の継承（A型：図97-2[119]、4、5、6；A型系：図98-2、4、図97-3[120]、7、8、9；B型：図98-1；B型系：図98-3；A-B移行（中間）型：図97-1）
　　　地域的特徴：ダイアモンド（縦菱）形正面観（典型例：図97-3、4、5、6）、円筒形頭頸部（図98-4；図97-1、2、6、8、9）[112]、臀部突出（図98-1、2；図97-1、4、5）、恥骨部三角形の発達（図98-2；図97-4、5、7）
　　極東北太平洋岸
　　アムール流域
　　　素材：焼成粘土
　　　造形パターン（形枠）：C型の継承、A型の欠如、頭部及び顔つきの強調、蒙古人種的顔つきの表現
　　　地域的特徴：「あがり目」と「V字形ないし三日月形眉」の相関的表現及び頬骨突出表現（図65-1～3、図80-a, b）、現生アムール猟漁民の女神（家神、dzhulin）との造形伝統の連続性、B型の欠如
　　日本（北海道以南）
　　　素材：焼成粘土、石材
　　　造形パターン（形枠）：B型（図99）及びC型（図101）の継承、A型の欠如、新型（D形）（図106、107）の発生、頭部及び顔つきの強調、蒙古人種的顔つきの表現
　　　地域的特徴：「あがり目」と「V字形ないし三日月形眉」の相関的表現、B型系（図100）並びにC型系（図103）の発達、D型の発生と発展、様式化の進展：極度抽象化（図99B型、図101C型）；「無頭」土偶及び「顔なし」土偶の発達（244頁）、頭部意匠・顔つき・四肢形態の怪異化ないし半人間化（図66～68）、四肢の強調：「怒り肩」ないし肩張り出し；「力足」「蟹股」ないし両脚の開脚・張り出し、産育行動の表現、日本山村民俗の女

神（家神、「山の神」）との造形伝統の連続性

3．民族誌的現在

新石器時代女人（女神）像伝統の継承
(1)分布：極東北太平洋岸（アムール流域及び日本）
(2)形態的通性
　腕形：「腕なし」ないし「腕・胴融合型」造形パターンの存続
　脚形：「脚なし」ないし「両脚融合型」造形パターンの存続
　頭部意匠と顔表現の普及・発達
　木偶の普及
(3)地域性
　アムール流域
　　素材：木材、石材[121]
　　造形パターン（形枠）：Ｂ型の継承、Ａ型の欠如、頭部及び顔つきの強調
　　地域的特徴：Ｃ型の欠如[122]、Ｂ型系の発達：両脚開脚（図53-1、3-5）
　日本
　　素材：木材、岩石、焼成粘土[123]、紙（画像）
　　造形パターン（形枠）：Ｂ型（図73-1～5、9）、Ｃ型ないしＤ型（図73-8）、並びにＤ型（図73-10～12）の継承、Ａ型の欠如、頭部意匠及び顔つきの強調（図72-1～7、9～14）、蒙古人種的顔つき表現の継承
　　地域的特徴：「あがり目」と「Ｖ字形眉」の相関的表現（図73-1～4、6～7、11）、着衣型（Ｂ型Ｃ型Ｄ型形枠以外の複雑型）の発展（図72-13～14）、産育行動表現（高橋1991：2、6、7、18、42）、持ち物（槍等）表現（高橋　1991：6、10、13、33、35、44、47、55、60）、両脚の開脚・張り出し（高橋　1991：4右、12、13、18、28、31、32、45、46左、47左）。

　小形女人像製作の伝統は、後期旧石器時代の北方ユーラシア即ちヨーロッパから南西シベリアにかけての広大な地域に起こった。ヨーロッパにおけるそれらの女人像の造形パターンは、Ａ（台形胴）型とＢ（矩形胴）型の２タイプから成り、シベリアにおけるそれは、Ｂ型とＣ（逆台形胴）型から成る。つまりＢ型は両地域に共通、Ａ型はヨーロッパ地区、Ｃ型はシベリア地区の特徴である。このように、旧石器時代女人像の分布域は、その造形パターンの地域差によってヨーロッパと南西シベリアの２地区に亜区分される。

　その旧石器時代ヨーロッパの女人像製作伝統は新石器時代の南東ヨーロッパに受けつがれた証拠があり、また旧石器時代南西シベリアに端を発した女人像製作伝統の流れは、新石器時代のアムール方面と日本に達し、この両地域では、さらに下って民族誌的現在にまで及んだ。それに関する各時代・各地の証拠を列挙すると表19のとおりである。

　この表のデータは、バイカル方面に源を発した女人（女神）像製作伝統（Ｂ型及びＣ型造形

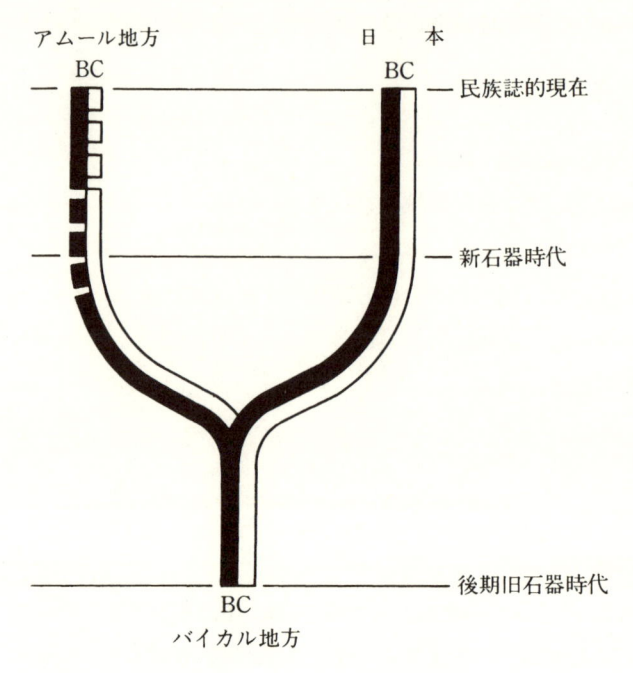

302　第7章　北方ユーラシアにおける女人(女神)像の系譜と縄文土偶の位置

図114-A　極東北太平洋岸狩猟民における女人像造形パターン（形枠）の系統関係（素材は時代と地域により変化）
　　■ B型 □ C型、■■■／□□□ 既知出土標本不在

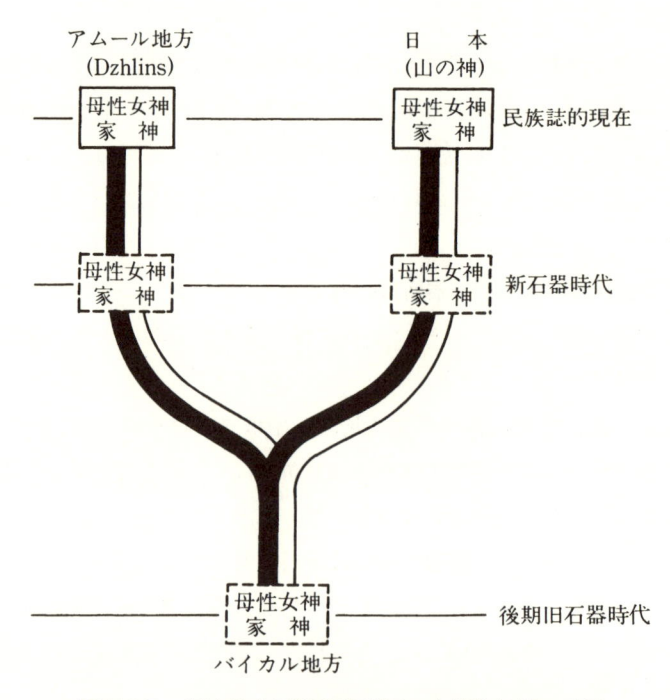

図114-B　極東北太平洋岸狩猟民の家神像信仰の系譜
　　□民族誌的事実、■土俗考古学的解釈

3. 民族誌的現在   303

表19 女人（女神）像制作伝統の時代的・地域的分布（図114参照）

時代	地域	造形パターン（形枠）			素材
旧石器時代	南西シベリア				
	バイカル方面	B型	C型		マンモス牙・獣骨
新石器時代	極東北太平洋岸				
	アムール方面	?	C型		焼成粘土
	日本	B型	C型	D型	焼成粘土・岩石
民族誌的現在	極東北太平洋岸				
	アムール方面	B型	?		木材・岩石*
	日本	B型	C型	D型	木材・岩石・焼成粘土

*Moh-hoh期（6-12世紀）岩偶
推定：ナナイ族用家神（Okladnikov 1981：pl.30）

パターン）が、新石器時代以降の極東北太平洋沿岸帯において、アムール側と日本側の2派となって発展したことを示している。これを図解したのが図114-Aである。アムール方面に関しては、新石器時代のB型標本例と民族誌的現在のC型標本例が現段階では見当らないが、これは消滅性素材に帰因する可能性の他に、調査の不行き届きに因る可能性も考えられるので、その両面から考慮する必要がある。他方で日本側の縄文社会では、北方ユーラシア旧石器時代起源の女人（女神）像造形パターンの伝統が受け継がれただけではなく、新しい胴形枠（D型）の伝統が創り出され、しかもそれが土偶の形で顕著な発展を遂げた点が特異といえる。

　次はそれらの女人像の用途ないし社会的機能が問題であるが、旧石器時代の女人像については、それらが成熟女性を表わす点から産神とみなされ、また出土地が排他的に住居ないし集落である点から、家族的祭祀用神像即ち家神と解されている。アムールの新石器時代女人像は今のところまだ出土例数が少ないが、いずれも集落から出土していて、しかも造形パターンが同地の現代民俗として残る家族の守護神と共通の点から家神とみなされている。縄文土偶で代表される日本新石器時代の女人像もまた、造形パターンが同地の現代民俗として残る山の神即ち家族の生命と生業の守護神兼産神と共通の点から家神とみなすことができ、また出土状態も、各地の北方系狩猟採集民の民族誌的情報に照らして、家神として妥当と認めることができる。以上のような各地の女人像の用途・機能を、造形伝統の系統樹（図114-A）に組み込むと図114-Bのようになる。この図は、北方アジアの各時代・各地の人々の女人像が、同じ制作伝統の流れを汲み、同じ信仰の流れに属していることを示す。またそれは、バイカル方面に源を発した女神像信仰の流れが、極東北太平洋岸で、大陸側（アムール方面）と島嶼側（日本）の2派となって発展したことを示している。

　女神像の素材や表面的な形は千差万別で、時代や地域によって変化することはあるが、その真髄ともいうべき基本的造形パターンないし形枠は、時代と地域を越えて不変であり得ることを先に示した女神像の系譜が示している。

　女神像信仰の伝統が、これだけ広く大陸規模で、しかもこれだけ長く更新世から現世までも続

いたのは何故かという興味深い疑問が残るが、これについて確実にいえることは、それが一貫して狩猟採集生活即ち山野を舞台とする自然相手の生活に密着していることである。このような生活上の最大の基本的ニーズが何であったかは、現生狩猟採集民の生態から窺うことができる。つまりそれは生命の維持と子孫の確保であって、女神像信仰はそのための象徴的技術にほかならなかったのである。狩猟採集民の信仰・儀礼は、彼等の生態即ちヒトと自然の行動的関係に密着しているので、生態の基盤—いいかえれば生計の基礎が変わらない限り、その神髄は変化し難いと考えられる（彼等の宗教と生態の関係については渡辺　1979及びWatanabe 1994を参照のこと）。

　以上は、後期旧石器文化から縄文文化を通して日本民俗文化に至る、女神像信仰の流れの梗概である。それはシベリアのバイカル方面に発し、アムール方面を経て日本に達し、そこで縄文文化の興隆とともに花開いた。その象徴が縄文土偶である。縄文土偶は、以上のような広い世界を捲きこんだ、根の深い女神像信仰の歴史の枠組みの中で、はじめて理解され得る現象といわねばならない。

　縄文人の女神像信仰は、産神ないし家神としての私的ないし家族的祭祀であって、万人の信仰であった。しかしその神像の素材はまちまちで、現今まで遺物として残り得た神像は限られていた。それが所謂縄文土偶即ち焼成土偶である。この焼成土偶の普及は、その出土状況が示すように、比較的緩徐なプロセスであって、しかもその普及度は、縄文時代中期になっても地域的なばらつきがあり、また同じ地域でも集落によって顕著な差があった。つまり女神像信仰自体は万人のものであったが、焼成土偶の神像をもつ人々は限られていて、その他の人々は焼成土偶出現以前から使われてきた、残り難い素材の女人像を使っていたと推定される。いずれにせよ、縄文土偶の様式化の発展と多様化は瞠目すべきものがあるが、これは単なる女人像信仰の発展の象徴ではなく、縄文文化全体の発展プロセスに連動する構造的現象のようにみえる。

　縄文社会の宗教システムも、先述のように、北方系狩猟採集民一般と同様に、集団の福祉のための公共（集団）儀礼と、個人ないし家族の福祉のための私的（個人ないし家族）儀礼の2本建ての構成であったと考えられ、前者に関係する遺物がストーンサークルをはじめとする彼等の大形環状建造物（渡辺　1990：117-135）であり、後者に関係する遺物が土偶をはじめとする彼等の女神像と解釈することができる。後者に関する証拠には他にも埋葬（墓）（渡辺　1990：113-117）がある。これが縄文人の死についての信仰をあらわすのに対し、土偶即女神像は彼等の生についての信仰をあらわすものといえる。

　その後稲作の導入によって社会の構造的変化が起こり、価値体系の変化とともに土器工芸が一変した。それが縄文式装飾土器の消滅である（渡辺　1990：135-154）。その構造的変化はそれにとどまらず、狩猟採集即ち野生資源依存から農耕即ち栽培資源依存への転化によって、環境関係即ち生態が変化し、それに伴うイデオロギーの変化によって縄文時代以来の女神像信仰も大きなインパクトを受けた。低地の農耕社会では水田稲作による農民化が進み、生活の場が山野から水田に変わるとともに、それまでは専ら家族の山野仕事の安全と幸運を守る神であった縄文人の女神が、家族の田仕事の安全と繁栄を守る田の神に転化した。しかし他方、狩猟その他の山仕事に

依存度の高い山村では、縄文時代以来の女神信仰が、家族の生業の守り神即ち山仕事の安全と幸運の守護神として、本質的変化もなく生きつづけてきたものと考えられる。現代の日本民俗に残る山の神信仰と田の神信仰はまさにその証拠といえる。つまりこの両者は、北方ユーラシアの旧石器時代に起こった女神信仰の流れの末裔にあたることになる。いいかえるとこれは、縄文人の女神信仰をあらわす縄文土偶が、日本の基層文化と北方ユーラシアの後期旧石器時代文化とを繋ぐ、歴史的連結環にあたるということである。それはまた、山の神が、物的証拠に裏づけられた最古の歴史をもつ日本文化要素であることをも意味している。要するに彫像は、絵画とならんで、ヨーロッパ-シベリア系旧石器時代新人によって開発された北方ユーラシア的伝統であって、中国の周口店山頂洞人（Upper Cave Man）によって代表される南方系の旧石器時代新人にはその形跡がない点で対照的である（渡辺　1970：95-98；1981）。以上のように、女人像信仰の伝統は、縄文文化と日本民俗に共通する決定的な北方系要素ということができる。

　上記の結論は、考古学的証拠と民族誌的資料にもとづく、縄文土偶の理論的（史的・人類学的）解釈に関する一つの土俗考古学的モデルである。筆者は、このモデルが、考古学的証拠と民族誌的資料の充実によって、さらに検討され精緻化されることを期待したい。また同時に、このモデルを含む本書のアプローチが、縄文土偶研究初期の先学——坪井・大野・鳥居氏等——の論説以来、実質的に殆ど進んでいないその本質論を前進させるための突破口即ち新しい一つの理論的枠組（paradigm）として役立つことを祈念する次第である。

注釈

1) 旧来の民族誌的情報援用法（ethnographic parallel）との違いについてはGraham Clark（1967：7-9）（general editor's preface）及びレンフルー（1979：305-309）、渡辺（1993a, 1996）を参照されたい。

2) 土俗考古学と民族誌的個別事例比較法との違い。土俗考古学 ethnoarchaeology は一つの体系的アプローチであって、これまで縄文考古学で一般化している単なる民族誌的個別事例比較法 ethnographic parallel とは民族誌データの取り扱い方が違う。後者は直接に眼にみえる個別要素のパターンの比較であるが、前者は直接には眼にみえない要素間の関係のパターン即ち構造ないしシステムの比較にもとづく類推である。即ち、土俗考古学とは、遺物のパターンの文化的、社会的、あるいは生態的意味を理解（解釈）するために、同種の物質文化をもつ現生民族の社会におけるそれと文化の他の側面、社会あるいは生態との体系的ないし規則的関係を明らかにし、この規則性ないし原理を遺物データに当てはめてその意味の類推に利用するという構造的（システム的）類推法の研究である（渡辺 1993a）。

要するに土俗考古学とは、個別要素の比較ではなく、要素群の機能的相互関係の類似即ち構造の類似にもとづいて機能を類推する方法であるが、これは定義だけではわかり難いので、縄文竪穴集落の安定性の解釈（判定）についての筆者の研究例（渡辺 1966）を挙げてその方法を解説してみよう。この課題を解く手始めは、その安定性という機能を判別する目安となる基準即ち物さしつくりであって、これには、狩猟採集民の集落の安定（恒久）群と不安定（非恒久）群について、それぞれの生活の物質的側面を構成する諸要素から住居の安定性に関係する要素群を検出すると次のものがある──(1)土器等の土製品、(2)大形石製品、(3)丸木舟等の大形木製品、(4)共同墓地、(5)儀礼場等の大型附属施設、(6)住居の柱組、拡張・再建等の建築構造。それら安定性関連要素群の構造を図示すると次頁の図のようになる。これに類似する要素群の構造が先史遺跡とその遺物に認められれば、その遺跡は恒久的集落と解釈（判定）できる。上記論文（渡辺 1966）の結論として縄文竪穴住居址群を恒久集落と判定したのは、その条件を満足させることが解ったからである。

現今でさえなお縄文考古学界では、民族誌ないし民俗例の援用に消極的あるいは否定的な見解が強く一般的なようにみえるが、これは民俗例の古典的（旧式）援用法即ち ethnographic parallel（single parallel）という先入観にもとづくものと思われる。このような個別比較法が土偶研究に役立たないことは、夙に八幡一郎氏によって、「このように西比利亜諸族間に人形が製作されるけれども、其意義は區々であり、直ちにどれかを援用して日本先史土偶を云々することは出来ないのである。」（八幡 1939：8）（傍点筆者）と批判された。単一民俗例比較類推の危険性は土偶の場合に限らない（Orme 1981：249）。

民俗例の個別援用法即ち ethnographic parallel は使いみちが狭く限られ、上記のような場合は、八幡氏が指摘したとおり、その方法では手に負えないことになり使えない。このような課題を克服する新しい援用法の開発に対する挑戦が戦後起こってきた。その一派が ethnoarchaeology である。しかし日本の先史考古学者等は、解釈方法に関するこの難題を避けて通り、発掘による「出土状態」から直接に答え即ち用途・機能を引きだそうとする方向に転じた。この流行は、1960年代以来の国土開発ブームに伴う行政発掘の爆発的展開と時機を同じくしているようにみえる。大体このような経過で縄文考古学者には、現今もなお民族誌ないし民俗例の援用に消極的あるいは否定的な見

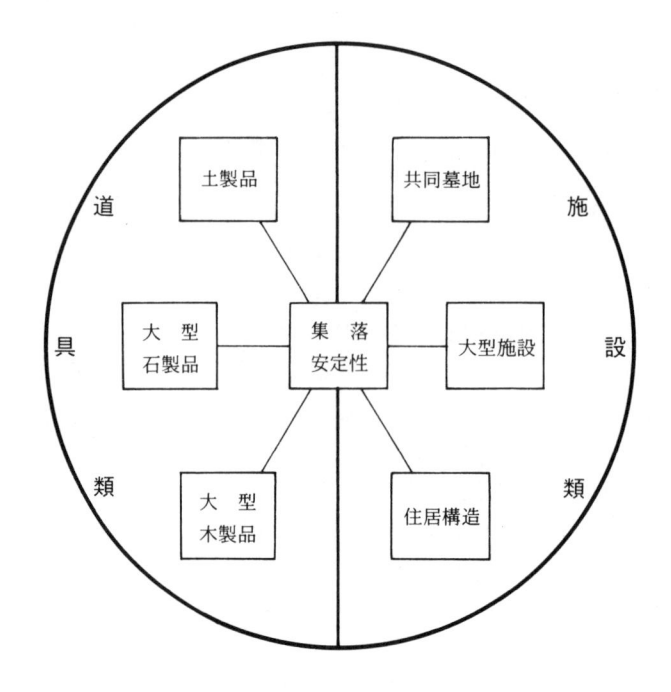

```
          共同墓地
   土製品
道                    施
   大型    集　落   大型施設
具 石製品  安定性          設
                       
類 大型          住居構造 類
   木製品
```

解が根強いようである。しかし「出土状態」中心主義の研究も、新例の増加や状況データの複雑化につれて一筋縄では間に合わず、形態研究同様の行きづまりをみせつつある。解釈の方法論に真剣に取りくみ挑戦すべき時期が来たのである。現状ではそれ以外に理論の進展は考えられない。

　八幡氏は、上述したとおり、夙に単一民族誌例比較類推法による土偶解釈をたしなめ、土偶本来の姿とその意義を把握する方法として、土偶型式の時代的・地理的分布の研究と土偶の出土状態の研究の重要性を指摘した（八幡　1939：8-9）。しかし、その後の土偶研究は民族誌情報の援用に見切りをつけ、出土状況へ関心を移して今に至った感がある。しかし八幡氏の真意は、民族誌・民俗例の援用それ自体が不可・不適というのではなく、そのような単純・安易な援用の仕方をたしなめることにあったのである。この点は同氏の別問題「信仰に関する資料」に関する次のようなコメントをみれば明らかである。同氏はそこで「先史学は可視的な事象に據るのであるが、類推によって不可視的な即ち抽象的な信仰の型を知ることが出来る。類推も素朴な比較に停まらず、文化内容、社会構成を背景に有てる彼此を対比するところまで行かねばならない。」（八幡　1939：5）としている。この素朴な比較による類推とは、上述の指摘（八幡　1939：8）からわかるように、個別民俗例比較類推法即ち縄文考古学で親しまれてきた ethnographic（single）parallel にほかならない。それに対して、同氏はそれ以上の高度の構造的比較類推法を目指すべきことを説いている。八幡氏自身は、その業績に明らかなように、終生それを目指した民族誌的比較類推法の研究に自ら努力されたが、縄文考古学界は同氏の真意を解することもなく、旧来の single parallel 法を放棄するか安易に旧来通り採用するかの二途を辿り、同氏が念願した高度の類推法の開発に取り組むことはなかったのである。上記論文の指摘から見て八幡氏の志向した類推法は、最近の ethnoarchaeology の先駆ともいうべきものではないかと思う。筆者もまたその感化をうけた一人である。

3)　神像と呪物の区別。これまでの縄文土偶論では、一般に超自然的（宗教的あるいは呪術的）信仰儀礼に関するものであろうとしながら、神像と呪物の区別を明確にしないままで両者が用語として使われているが、土偶本性論ではその区別が根本的に重要である。ここで神像としたのは神即ち超自然的生き物 supernatural being または精霊 spirit の姿を表わす像のことであって、宗教儀礼の

対象となり、その神意と神助が期待される。それに対して呪物とは超自然的力 supernatural power 即ち摩訶不思議なまじないの力をもつ物体のことであって、呪術儀礼の手段として、その魔力の作用による環境の強制的制御の効果が期待される。つまり呪術（magic）とは一定の動作、呪文（spell）あるいは呪物（magical objects）のいずれか、またはそれらの組合わせを用いて超自然力を駆使し、その作用効果によって、技術や宗教では解決できない目的を達成する方法である。呪術の特色は、宗教（religion）のように神への祈願を要しないことである。シャーマニズムはシャーマンの憑き神（spirit-helper 援け神）の神力に依存する信仰・儀礼であるから当然「宗教」に属することになる。日本ではシャーマニズムも「呪術」とよばれることが珍しくないが、専門的には真正「呪術」即ちマジックと区別すべきものである。呪物は自然物のこともあり、人工物の場合もある。またそれは「お守り」（charm、身につける場合 amulet）として使われることもあるが、「お守り」が必ずしも「呪物」とは限らず、「神像」（実例：図60樺太アイヌ）の場合もあり、後者は fetish と記載されることもある（実例：図31ラブラドール・エスキモー）。fetish は「物神」とも「呪物」とも訳されている曖昧な言葉であって、人類学的にも、魔力（magical powers）あるいは超自然力（supernatural power）を有するもの（Davies 1972：82）（上記 charm と同義）とする見解に対し、超自然的力（supernatural potency）を持つものであるが、しばしば霊的生きもの（a spritual being）即ち神を伴う（Winick 1970：207）（神像的性格を伴うものを含む）とする見解もあり一定しない。fetish は儀礼時に一時的に神がのり移る物体（石でも木でも可）で、日本の「依代」に当るといえる。従って fetish と記されている時は上記（狭義）の呪物（charm）か神像かの吟味が必要であり、我が国の民俗学や民族学・考古学で断りなしに「呪物」と記されている時も同様の要心が必要である。特に最近の縄文土偶「呪物」論では、「呪物」とか「呪術」という言葉が、定義や概念規定もなく乱用され、またその判定や解釈の由来や経過の説明もなく、活字となって横行しているが、上述のような用語の曖昧さを正さない限り、そのような「呪物」論は理論的に意味をなさない。術語 terminology は科学の基本である。「呪物」か「神像」か、「呪術」か「宗教」か——この点を明確にすることが、縄文土偶の信仰・儀礼論を理論的に実りあるものとするのに必要な実行の第一歩ではないかと考える。

4) 狩猟採集民のヒト形偶像に「真正呪物」がないことの説明。

前注3）で説明したように、信仰・儀礼の対象となるものには宗教的なもの即ち神像と呪術的なもの即ち呪物（magical objects）の2種がある。縄文土偶関係としてここで土俗考古学的に先ず問題になるのは、狩猟採集民の伝統的信仰・儀礼に用いられるヒト形の神像と呪物にはどのようなものがあるかということであるが、呪物の記載例が乏しく、明確に呪物に分類可能なものでヒト形のものは、少なくとも筆者の眼に触れた範囲内では確かな実例が見当らない。さらに広汎な調査で見つかったとしても、それは恐らくむしろ例外的なほど稀ではないかと思われる。

狩猟採集民の世界で信仰関係のヒト形造形物が目立つほど発達したのは北太平洋岸とその周辺（第1章-3参照）だけであるが、就中個人ないし家族用神像類の発展がみられるのは北太平洋岸の極東域（第2章-3-B参照）に限られる。そのうちの代表格ともいえるウイルタ（オロッコ）族、ギリヤーク（ニブフ）族とアイヌ族の信仰関係偶像類については、和田完氏の詳しい調査報告があるので、それに拠って問題のヒト形呪物の存否を確かめてみることにする。

ギリヤーク及びオロッコ族の信仰関係偶像類

和田氏は南樺太在住の猟漁採集民であるギリヤーク（ニブフ）族と馴鹿飼育民のウイルタ（オロッコ）族の信仰関係偶像類を、（Ⅰ）シャーマンの所持する偶像、（Ⅱ）双生児の偶像、（Ⅲ）病

気に対するお守りとしての偶像、の3種に大別した（和田　1958、1959）。但し、和田氏のこの分類カテゴリー（I〜III）以外にもヒト形木偶として家神像がある。これについては後述する（本文図53、図58、第1章-3-B及び第2章3-B参照）。（I）はシャーマン儀礼（セアンス）の時にシャーマン自身に憑依する援助神（spirit helper）の偶像である。（II）はギリヤーク族とオロッコ族の風習で、獲物に恵まれた縁起の良い同性双生児は崇敬の対象となり、死ぬとその木偶を作って祭った（和田　1958：14-15）。ギリヤーク族では、男の双子であればその3代目の者、女の双子なら4代目の者が年老いてからその木偶を「神送り」した。ある観察例によるとその儀礼は熊祭りに酷似し、削り花が沢山飾られ3頭の犬が犠牲に供されたという（和田　1958：16）。この木偶は「聖なる存在である双生児の霊の依代にほかならない」（和田　1978：735）。その図は示されていない。

　以上のようにI−II類は宗教的偶像即ち神像であるから、正真呪物といえるものがあるかどうかの問題は第III類ということになる。

　（III）は「病気に対するお守り」と分類されているが、実際には予防ではなく治療用の偶像である。樺太諸民族（ギリヤーク族とオロッコ族）のこれらの疫病治療用偶像は、病人に取り憑いた悪霊の姿を象ったものであって、病魔封入の機能の痕跡が残されている（和田　1978：735）という。この機能を端的に表わしている例がゴリド族（アムール下流猟漁民）にみられる。彼等は、胸痛に悩む病人が出てその病因がsekkaという悪魔の所為とわかると、草で等身大のsekkaの像を作り、紐で病人とその像を結びつける。そうするとその紐を伝って病人から像へ悪魔が移動する。そこで、斧や棒でその像を打ち毀して処分する（和田　1959：60）。この実例は病気治療用偶像が、病因の悪魔の姿を表わすもので、それが病魔を移して閉じこめる容器の役目を果たすことを示している。シベリア諸民族の偶像（オンゴン）にはこの機能が顕著であるという（和田　1978：735）。

　この第III類には、(1)病因の悪霊そのものを象った木偶〔(A.ヒト形像——盗み食いの悪鬼（ガバラ）像（図59-2）：食べても太らない子供用、悪鬼（カルジャミ）像（図59-4）：痴呆的症状用、虎あるいは豹の神像：酒乱用、特定個人の死霊像：特定病人用（シャーマン託宣）（和田　1958：図8、9、11、12）。B.動物形像——架空動物（ムは、モは）像：腹痛用、小鳥（ヌューチガェ）像：ある種の小児病用（シャーマン託宣）（和田　1958：図10、13）〕と (2)病因の悪霊を表わすが特に病人の病める器官に相当する器官を表現した木偶〔(A.ヒト形像——肛門貫通像：心臓病用（和田　1958：図2、3、4）。B.動物形像——架空海獣の歯形像：歯痛用（和田　1958：図5）〕がある。

　和田氏によると、ギリヤーク族とオロッコ族では、病気の原因は悪霊のとり憑き（和田　1978：735）、樺太アイヌではデモンの体内侵入（和田　1959：58）とされ、樺太諸民族では病因の悪魔を体内から引き出し追放することがシャーマンの重要機能とされている（和田　1959：58）。オロッコ族の病気治療用木偶（セュウュ）とシャーマンの関係をみると、「シャーマンが病人の体に入った悪霊に対して、『あなたの体は別にシュワ（木彫神像）に造って神に祀り神饌を奉るから、病人を離れてシュワの中に入って下さい。』と退散を請い、この後2、3日の内にシャーマンの教示に従って木偶を作る」（和田　1958：222）とされている。第III類の（3）はギリヤーク族とオロッコ族に関する上記の（1）と（2）以外の病気治療用偶像（和田　1958：216-218）である。記載された6例中動物形は1例（海棲陸獣像：下半身麻痺用）（和田　1958：図15）だけで、残りはヒト形である。そのヒト形木偶5例中適応症と形の由来がわかるのは1例（海（水）底歩行生物像：子供下痢用）（和田　1958：図18）（図59-3）だけで、残り4例（和田　1958：図14,16,17。1例図欠）は、各適応症がわかっているが、何を表現したものか、形の由来は不明である。それが神ないし精霊類と何の関係もないことが判明すれば真正呪物と断定してもよいが、そのような証拠は見当らない。それらの偶像について形の由来が不明なのは、情報蒐集者が聞き洩らしたというよりも、情報提供

者の記憶から失われていた可能性があって、本来宗教的意味を伴わない単なる人形ないし呪物（超自然力即ち魔力を帯びたもの）とは考え難い。その主な理由としては、第1にその製作が「シャーマンの託宜に大きく左右されてなされるものが多い」（和田　1958：209）ことで、上述の由来不明ヒト形木偶4例中の1例（和田　1958：図14）はシャーマンの託宜によって作られたことが判っているからである。第2の理由としては、その4例中3例は腕も脚もないこけし形で、残り1例だけが脚付きであるがこれも腕無しで上記こけし形の変形といえる。つまり問題の4例はいずれも樺太からアムール下流方面の狩猟採集民の神像に特徴的な「こけし形」ないし「腕なし形」偶像（図53～59、及び第3章-2-A参照）の範疇に入るものであって、彼等の玩具人形（図15、17）の系統とは全く趣きを異にする点である。以上の情況からみて、上記ヒト形偶像の「形の由来」の不明なことは、情報不足の所為であって、本来は宗教的意味をもっていたもの、即ち同類（3）の他の2例や前記のⅠ類及びⅡ類の偶像と同様に何等かの宗教的意味をもっていたもの（恐らく病因の悪魔を表わすもの）と推定される。

　以上のように、樺太の原住民──ギリヤーク族とオロッコ族には、ヒト形神像はあるがヒト形呪物と確認できるものは見当らない。呪術用の真正呪物と断定できるものはあるが、それはヒト形ではない。

アイヌ族（樺太、北海道）の信仰関係偶像類
　アイヌ族の信仰関係偶像類にも動物形偶像とヒト形偶像の2種があるが、前述のギリヤーク族やオロッコ族に較べて偶像が少ないといわれている（和田　1959：44）。動物形偶像としてはイクパシュイ（献酒用篦）に彫るクマ像、サパウンペ（儀礼用冠）の前方に付けるクマ等の彫像の他にイノカ（熊祭り用のクマ彫像等）（和田　1959：44、渡辺　1974：76-78）があるが、ここでは説明を省き、土偶論議即ち当面の呪物論に必要なヒト形偶像だけをとりあげることにする。
　樺太及び北海道のアイヌ族の信仰に関するヒト形偶像には大別して次の4類がある。
　（Ⅰ）こけし形木偶「ニポポ」（図60及びその説明）。子供（個人）用のお守りとして身につけるか、あるいはその子の守護神として作り、食物を供え（口に塗りつけ）て祈願する木偶である。これは住居内に吊るすか壁にさしこんでおく。ニポポは樺太アイヌの伝統で北海道アイヌには無い（和田　1959：5、名取　1959：107）。
　（Ⅱ）柱形木偶「ナンコロペ」（アイヌ語：顔を持っているものの意）。樺太アイヌの悪魔撃退用神像で、村はずれ等悪魔の襲来しそうな場所に立てた。太さ5寸位の立ち木の根元から6尺位に切り、枝を払い、根元を上に5尺位の高さに立て、中央に顔を刻み、時には剣を下げることもある。完成の儀式には犠牲として犬が殺され、馳走や酒が供えられ、時には直接その口に食物が塗りつけられた（和田　1959：73-74）。ギリヤークとオロッコにもこれに似た神柱がある。しかしこれはシャーマンの家の外に立てるもので、高さもナン・コロ・ぺより高く10尺くらいある（名取　1959：105）。これはオロッコ族のトゥール、ギリヤーク族のチュニュ（いずれも2本の枝が両腕のように残され、枝より上（トゥール）か枝より下（チュニュ）に顔が彫りつけられて、立ててから供物を供えた）（和田　1959：235-236）に相当するものと思われる。
　（Ⅲ）イナウ形木偶「チセコロカムイ」（家を持つ神の意）。ソパ・ウン・カムイ（座頭にいる神）、樺太ではソパ・イナウ（座頭の幣）とよばれたアイヌの家の守護神である。これはヒト形とはいえ極めて象徴的で、全体としてイナウ即ち彼等の伝統的神儀（カムイノミ）用木幣の形に似ているが、それより太くて大きく、北海道では口と心臓を表現したものもある（第3章-2-A、アイヌの項及び図76参照）。家神として住居の奥左隅に安置して拝礼された。

(Ⅳ) ヒト形神像「イモシカムイ」。北海道アイヌの魔神撃退用ヨモギ人形で必要に応じて作られた。彼等の信仰によればヨモギの臭いが強力な除魔力をもつ。ヨモギの茎3本で組みたてる簡単なもの（図62-a）から心臓を象徴する木炭塊をつけたようなかなり複雑なもの（図62-b, c）まである（名取 1959：109、Munro 1962：51）。

以上のように、樺太と北海道のアイス族にも上記のギリヤーク族及びオロッコ族と同様にヒト形神像はあるがヒト形呪物はみあたらない。

終りに参考のため真正「呪物」にはどのようなものがあるかその例を挙げておく。

樺太及び北海道諸民族の真正「呪物」

極東の高度猟漁採集民を代表するギリヤーク族及びアイヌ族と彼等と関係の深い隣接民オロッコ族の呪術用具としての真正呪物には次のようなものがあるが、ヒト形のものは見当らない。

(a) cakpa チャクパ（オロッコ族）、laŕqŋ ラジュクン（ギリヤーク語）。これは悪鬼（ギリヤーク語：ミルク milk、オロッコ語：アムバ amba）を刺し殺すフォーク状の木の叉で二叉と三叉がある。ギリヤーク族には、病気の時、土間に突き立てる30〜40cmのものがあるというが、オロッコ族の例ではそれより短く、他の神像セュゥュと共に紐で束ねて、子供の寝床の頭上に吊るされていた（和田 1958：233）。(b) toŋolto（オロッコ語）。これは呪力をもつ削り掛け（illau）製の輪（和田 1978：写真17, 18）である。この輪に紐を通して首から吊すと体の病がその輪を通って抜け出て行くと信じられている。軽い病には1箇、重病には9箇を束ねて用いる。(c) səlta（オロッコ語）。上下2本の紐の間に3箇の削り掛け製の輪を並べて紐に結びつけたもの（和田 1978：写真16）。喉が悪く息苦しい時（呼吸障害）に首から下げると体内の病がその輪を通って外に抜け出る。(d) ikema（アイヌ語）及び pukusa（アイヌ語）。樺太アイヌと北海道アイヌの双方とも、これらの植物の除魔力を信じていて、それを赤子の衿に縫い込む習慣があった（和田 1959：52）。

狩猟採集民の信仰用偶像作りは汎世界的ではなく北方群に限られていて、特に北方圏の中でも北太平洋沿岸帯に顕著でその他の地域では稀である（第1章-3及び第2章-5-A-i参照）。その北太平洋沿岸帯の中でも信仰用偶像類の発達した極東方面の狩猟採集民（ギリヤーク族及びアイヌ族）とその隣接の馴鹿飼育民（オロッコ族）について、以上のように詳しく吟味したが、彼等のヒト形偶像には、神像はあるが呪物はみあたらない。シャーマンに関係するヒト形あるいは動物形の偶像も少なくないが、いずれもシャーマニズムの神ないし精霊に関係する宗教的偶像であって、呪術用偶像即ち呪物と断定できるものがない。その他の地域については偶像例も情報も乏しいが事情は同様にみえる。

以上の概観でわかるように、信仰用偶像が発達した極東太平洋岸の原住猟漁民においてさえ、ヒト形呪物が見当らないだけでなく、真正呪術ないし呪物が彼等の信仰体系の中で極めて限られた役割しか演じていないことに注意したい。

5) Hawkes はこの神 spirit を、よく使われる"guardianspirit"とは区別している。
6) 狩猟採集民で仮面ダンスを伴う集団的宗教儀礼が珍しくないのは南西アラスカを含む北太平洋沿岸帯である（詳細は後述の北太平洋沿岸諸族の仮面データ及び注11）参照）。重要なのは、狩猟採集民の仮面には常に宗教的な意味がつきまとうことと、彼等の仮面は筆者の調べた限りすべて有機質素材製（木、皮、草）であって、土器作りの盛んな人々の仮面でさえ土面が見当らないという事実である。縄文人の土面（八幡 1981）も以上の視点から再考が必要かと考える。
7) シャーマンの使う神像（spirit helper）が一対の男女神というパターンは、他にも例えば、日本の東北地方のイタコ（盲巫女）が使う一対の木偶（オシラサマ）の場合にもみられる。オシラサマ

は巫女（イタコ）が霊をよびおろすのに使う棒状の木偶であって、「一尺内外の木の棒の先端に、男・女・馬の顔を彫刻または墨書して、それにオセンタクとよぶ布片を着せている」（文化庁文化財保護部　1969：238）。その起源については「もとはケヅリカケから出たもの」（文化庁文化財保護部　1969：238）とか、「もとは家の主婦がまつっていた家の神」（文化庁文化財保護部　1969：366）とも考えられている。

8）　この種の顔付きイナウ形神像は、オロッコ族やギリヤーク族にも類例がある（名取　1959：図22～23）。ギリヤーク族（図61-2）とオロッコ族（図61-1）の両例とも、顔のつくりは樺太アイヌの「お守りニポポ」（図60-1～5）や「家の守神」（図60-6）と基本的に同じである。

9）　狩猟採集民の彫塑像の素材及びサイズと頭部ならびに顔面のデザイン（つくり）の関係。

　木彫の場合、面（masks）には表現の幅広い多様性が認められ、異様あるいは奇怪なデザインが目立つが、小形像の頭部や顔面に関しては、表現の変異幅が狭く限られ、どこでも一般にデザインが簡略化され、点か線の組みあわせによる単純・素朴な様相を呈するのが普通で、奇怪・異様な形相といえるほどのものは多くない。木彫像の頭部及び顔面のデザインについての以上のような傾向は、そのサイズに関係するところが大きいようにみえる。それに対して、粘土による造形の場合は、サイズの大小に殆どかかわらず、頭部と顔面のデザイン（つくり）に幅広い多様性が認められ、単純・素朴なものから形相怪異なものまで変異に富んでいる。これは素材の可塑性が大きく細工がし易いことと深い関係があるようにみえる。要するに、狩猟採集民のヒト形彫塑像の頭と顔のデザイン（つくり）の異様性ないし奇怪性は、小形木偶よりも木面及び大形木偶と土偶に比較的顕著な特徴といえよう。

10）　例えば樺太アイヌは海馬島へ毎年出猟してアシカ狩りを行ったが、その時海を汚すような行為は厳しいタブーとされ、もしそれを犯せばたちまち海神の怒りを受け、時化となって舟の顛覆や溺死を免れないと信じられていた（葛西　1975：53）。海のタブーの侵犯が同様の結果を惹き起こすことはトリンギット族の例にもみえる（Garfield and Forrest 1948：139）（図30-4の説明参照）。陸の猟漁のタブーあるいは儀礼の掟破りの神罰は、北方狩猟採集民一般では獣や魚の供給停止という形をとる。これは彼等の獲物となる動物は、儀礼的に友好関係にある人々を訪ねてくる客であって、儀礼の掟破りはこの関係の断絶を意味する（渡辺　1993b：30；Watanabe 1994：59）。

11）　北西沿岸インディアン（クッキゥトル、ヌートカ）とプエブロ・インディアン（ホピ、ズニ）では、異様な神を表わす怪奇な神面が成人式 initiation（宗教団体加入式）の主役を演じている。また成人式以前の子供達の道徳的ないし精神的訓練にも、怪奇な神面が大きな役割を演じている。即ちこれは怪奇仮面を被った異様な神が、村落の各戸を回って屋内の子供を探し、脅しによって両親への服従を迫る行事、つまり子供脅しである。北米では上記の成人式、子供脅し行事ともに、休閑期に当る冬の行事となっている。日本の民俗で有名なナマハゲその他類似の行事は、北米の子供脅し行事と全く軌を一にするものといえる。特に男鹿のナマハゲが皮剝ぎ包丁と剝いだ皮の容れ物を持っているのに対して、北米ズニ族（プエブロ・インディアン）の子供脅し神が首切りナイフと首の容器を持っている点、また前者が赤鬼青鬼の一対なのに対し、後者は一対の夫婦神である点等、両者の間に驚くべき一致がみられることに注意したい。その起源問題は別紙にゆずるとして、ナマハゲの類が、北方系冬行事の一類であることは確かといえよう。鳥居氏は、北千島アイヌがフージル（人喰い巨人）の仮面を被って人を脅す風習とコリヤークがカラウ（人喰い魔神）の仮面を被って子供を脅す風習を挙げ、「これらは何等かの聯鎖がないものであろうか」（鳥居　1976：292、329）と述べているが、筆者は、これら極東の例が、先に述べた怪奇神面による子供脅し行事の分布問題に関して、日本と北米の間を繋ぐ環ではないかと考えている。また北米側には、仮面の発達した北

西沿岸に接して、仮面を被らない子供脅し行事（亜極地領域のアートナでは顔を彩りナイフを持った魔神、台地領域のトンプスン・インディアンでは仮面なしの鞭男が主役）が分布し、これらは上述した北方狩猟採集民の怪奇仮面型成人式と怪奇仮面型子供脅し行事の起源を解く鍵ではないかと思うが、その問題はここでは触れる紙面がない。

12) 縄文土偶の容姿の怪異性をその製作者、使用者達即ち縄文人の風俗とみなすことに何の疑念もためらいもなかったらしいことは、土偶風俗関係の雑誌記事などをみればわかるが、この態度は縄文人を原始的野蛮人とみなす旧式の進化論的思想があったからではないかと思われる。このような前世紀的な思想的背景が、土偶風俗論だけでなく縄文考古学全体の中に未だ根強く残っていると思わせる節がある。縄文社会を呪術社会とみるような風潮（加藤・小林・藤本 1988：74）はまさにそのあらわれといえよう。

かつて第2次大戦前には、フレーザー（Sir James Frazer 1854-1941）流の呪術先行説（フレーザー、キング、ラボック等）——呪術（magic）を宗教（religion）の先行段階とみなす進化段階説——が風靡した時代もあったが、狩猟採集民の調査研究が進んで彼等のアニミズム的宗教が確認された結果そのような段階説は放棄され、今ではそれを受け入れる学者もいない。狩猟採集民社会における呪術の種類と量は、技術的にそれより進んだ社会におけるよりも少ないのが実情である（Evans-Pritchard 1975：27-78）。日本の考古学者はこの人類学的事実を認識する必要がある。

13) 足（下肢）も問題になるが、これは解剖学的形態以外に土偶の使い方（台座など）とも関係が深く、手（上肢）と同様に解釈することはできないのでここでは触れない。

14) 神像と呪物の区別。神像とは神あるいは超自然的生物（supernatural being）を表わす宗教的崇拝物であるが、呪物とは不可思議な超自然的力（supernatural power or potency）を持って呪術（まじないあるいは呪い）用物体である。旧来の縄文土偶論には「呪物」説もあるが、神像であることが証明できるので、ここでは呪物説には触れない。神像と呪物の区別並びに土偶「呪物」説に援用可能な呪物即ちヒト形呪物の例が狩猟採集民民族誌には見当らない事実については前出注3）及び注4）に詳述した。縄文土偶呪物説については夙に中島寿雄氏の反論（中島 1943：252、294）もあるが、さらにその説の根源ともいうべき谷川（大場）説の誤りについては本文で先述（54～56頁）したとおりである。

15) 乳房を主要分類基準として縄文土偶には女性が多いとした大野氏の指摘は、学史的に高く評価されるべきであるが、同氏による男性の分類基準（女性の基準に合わざるもの、女性と分類し得ざるものを男性とみなす）には同意し難く、従ってここでは同氏の縄文土偶男女比論には触れないことにする。

16) 国立歴史民俗博物館土偶研究グループの見積りによると、既知の縄文土偶の総数は約1万5千点にのぼるとされる（小林 1990：15）。

17) この事実は、表現があれば問題にするがなければ問題にしないという考古学界の風潮を物語るものであって、不在特徴に対する人類学的認識の欠如を示す証拠といえる。

18) これまでの縄文土偶分類では、(1)下腹部膨隆を示す土偶の中で特にふくらみの顕著なものを「妊娠土偶」、(2)蹲居等坐居姿勢の土偶を出産姿勢を表わすものとして「出産土偶」、(3)子を抱いたり背負ったりした土偶を育児の状態を表わすものとして「産育土偶」（江坂 1990：38-45）とか「誕生土偶」（小野 1987a）と名づけて、それぞれ特別に取り扱われている。しかし(2)は何等拠るべき証拠のない推定姿勢を目安にした分類で客観性に欠け、また(1)(3)もそれぞれ特別の意味をもつ土偶として扱うべきものではなく、母性女神としての表わし方の違いと解するのが妥当ではないかと考える。

19) 東京大学理学部人類学教室所蔵標本（中島　1943）でみる限り、土偶110例中乳房表現あるもの64例、下腹部膨隆表現あるもの44例（表3参照）であって、下腹部膨隆の頻度が意外に高い。この東大標本シリーズには赤子の表現例はない。正確には今後の精査を待たなければならないが、遺跡別・地域別の変異は別として全般的に見た場合、乳房表現頻度がその他の母性（女性）表現頻度に較べて必ずしも圧倒的に高いとはいえないのではないかという気がする。

20) 現代日本の産神像であるマタギの山の神の神像の場合でも、「赤子」の表現は稀である（第3章-1-C-iii参照）。

21) 土偶即神像の造形表現の多様性（diversity）と統一性（unity）

　物質文化特に人工品（artifacts）の場合には、形の変異が比較的明確で客観的にとらえ易いから、社会的伝統即ち文化として意味のある形だけでなく、作者の個人差に関係する、製品の形の個別変異のような繊細な点まで問題にする必要がある。特に土偶の場合のように、信仰や思想ないし世界観に関係する象徴芸術の場合は、そのような点がなおさら重要である。

　因みに現代日本のマタギの山の神の神像（産神兼生業神）の場合にも、表現の変異が極めて大きいことは注目に価する（図73参照）。その形は、手足のないこけし形から坐像や立像まであり、また女神でありながら性徴表現を欠くものもあり、女性表現も単なる容姿で女性を表わすものから妊娠像や子抱き像まで変化に富んでいる。また素材も木、石、粘土から紙（画像及び文字表現）まで多様であって、顔のつくり等も一刀彫り的な単純なものから細部を表現した複雑なものまである。しかし性器表現を伴う例は見当らない。マタギの山の神に詳しい高橋喜平氏は、その形が多様でとりとめがないことに注目し、いみじくもそれを「モデルがいない神」としている。その意味は「普通、仏像や神像には、ちゃんとモデルがあって、似かよったものが多い。例えば釈迦もキリストも実在の人物ということで、それらをみただけで釈迦かキリストかを見分けることができる。ところが、山の神は人間の想念の中から生まれた神様であるから、最初からモデルはいなかった。そのため信仰者がそれぞれ勝手なイメージを土台にして、御神像をつくりあげていったと思われる」（高橋　1991：83）ということである。この事実は縄文土偶の形（造形表現）の多様性にも通じるところがある。まさに他山の石とすべき実例であろう。

　狩猟採集民についても、縄文土偶の形の多様性と統一性の理解に採用可能な上記同様の原理的情報がある。例えば北海道アイヌのヒト形神像の一種であるイモシ・カムイ（厄除けヨモギ人形）の例がそれである（形の詳細は先述の「アイヌの偶像」（46頁の項及び注4）参照）。名取武光氏の貴重な調査観察報告によると、「イモシカムイの造り方は、人により村によりまた造るときの事情によって様々の形をとり、これまで報告されているものも数例にのぼっている。それらに共通なことは、ヨモギの茎を材料として造った人形にヨモギの槍と太刀をもたせ、削りかけをつけたものである。その背後に幣をつけた例もある。多くは懸垂用の紐がついている。複雑なつくりのものは、造形のために頭、肩、腰、両足、両手を紐で結ぶ」（名取　1959：109）。その最も単純なものは同氏の図29（名取　1959：109）に示された例で、3本のヨモギの茎で組み立てられている（図62-a）。木炭で心臓をつけた複雑なものもあるという（名取　1959：109；Munro　1962：51；更科　1968：112）（図62-b, c）。

　要するに重要なことは、以上の例でわかるように、マタギの山の神にしてもアイヌのイモシカムイにしても、形即ち造形表現は様々であるが、それは信仰の変異を意味するものではないということである。つまり象徴の主体即ち表わす神は同一だが、その表わし方は様々な形をとり得るということになる。この原理は、以上のような民間信仰の手作りの神像の場合だけに限らず、縄文人の土偶神の多様性の説明にも採用可能と考えられる。

縄文土偶に似た多様性は、シベリアのアムール下流の河岸岩石群に刻まれた新石器時代の石彫人面群にもみられる。それは、オクラドニコフによると、Sikachi-Alin 村から報告されているもので、人面（masks）即ちヒト形の顔の他に蛇や野獣の彫刻もあるが、人面が中心的位置を占めるという。それは民族誌的資料との要素の共通性からシャーマン儀礼との関係が示唆されている。人面は pecking による沈線彫りであるが、変異が著しく、それぞれが別のタイプを表わしていて、明確な群に分類することは困難であるが、全体としては形とスタイルの統一性があるとされる。これについて、オクラドニコフは、「主題は一つだが、伝統的な芸術的意匠の組み合わせによってつくり出された果てしない変異を伴っている」と述べ、それを強制的な一定の基準タイプがなく、製作者個人の創造的アプローチの結果と解釈している（Okladnikov 1981：13-14）。これはマタギの山の神の多様性についての先述の高橋氏の解釈や縄文土偶の多様性についての筆者の解釈と相通じるものといえる。

22）　この儀式は若者男子に対する一種のイニシエーションであって、女子供を排除して隔年の春に挙行された。挙行者達は「幽霊」（ghosts）と呼ばれた（Loeb 1926：246）。

23）　この点について詳述する紙面はないが、例えば神像や護符に対する彼等の態度をみれば、彼等の現実主義者ないし実用主義者ぶりがよくわかる。彼等が、文明人の誤った常識や期待に反して、いかに現実主義的であるかを示す情報の一例をあげると、エスキモーの専門家 Oswalt は次のように述べている。「エスキモーの成人はロマンチストでもなければ哲学者でもなかった。彼は日々の考え事の中心を経済的安全性に置く経験主義者であって、獲物が効果的に獲れるように相手の動物のように考える試みとか、漁網の生産性が向上するようにその仕掛けの時、所あるいは水深を変えること等のような実際問題に没頭した。」（Oswalt 1967：192）。要するに狩猟採集生活では生存問題が優先するから単なる愛情に流される余裕はない。間引きや老人遺棄の風習がそれを示しているといえる。

24）　狩猟採集民の生活共同体（community）あるいはバンドが、老人や不具者、病弱者の生活を保護・保証する機能を果たしていた具体的証拠は、現生民だけでなく中期旧石器時代人にさえ認められる。例えばイラクのシャニダール洞窟に住んだネアンデルタール人がその好例である。この遺跡では、4回の発掘で計7体分のネアンデルタール人化石（1体は幼児）が発見された。なかには岸壁の崩落による犠牲者もあるが、草花が供えられた死者（シャニダール4号）も含まれている。これは埋葬個体直上の土の花粉分析で判明した事実である（Solecki 1971a）。この事実は従来のネアンデルタール人の心理的・行動的能力についての評価を変えたほど大きな発見であった。それまでは野蛮で獣的とされた彼等が、それ以後は俄に我々現代人なみの心情をもつとみられるようになり、まだ分類学的にも最近はホモ・サピエンスの1類として位置づけられるようになった。

　各化石個体の出土位置も地層中の深度も違うから、それらが同一社会集団のメンバーでないことは確かだが、ここで問題になるのは、そのうちの1人の不具の男性老人（シャニダール1号）の存在である。その年齢は約40歳と推定されているが、ネアンデルタール人にとっては今日の80歳位に相当する老年であった。彼は右腕の上腕と肩甲骨が発育不全で、しかもその腕の肘から先が失われた状態で生きていたが落石で死んだことを示している。これについて発掘者ソレッキは、このシャニダール1号人は、彼の仲間が他人の苦悩への同情心（compassion）に欠けていなかった証拠になるといっている（Solecki 1971a：195）。これほどの身障者が狩猟採集社会で老年まで生きることは、そのような倫理的心情にもとづく仲間の世話なしには不可能であったにちがいない。つまりそれは彼等の生活共同体が老人・弱者保護機能を果たしたことを示唆している。

25）　狩猟採集民は、生計のため壮健者は誰でもみな野外を歩きまわるのが日課であるが、その間年寄

りはキャンプにとどまって幼児の守りや道具作りなどの仕事を分担する。まだ無文字社会では、年寄りは未成年者の教育係として生活上の生き字引きあるいは助言者として、社会的に重要な役割を果たしてきた（Simmons 1945参照）。

26) 縄文考古学では、個別遺物の形や作りの優美性・精巧性・複雑性が指摘されたり、それらを一括して縄文文化の高度性とか、"ルネッサンス"（文芸復興）などという表現さえもあるが、これらはいずれも考古学者による形や型の評価にすぎず、縄文人自身の道具ないし制度としての意味や役割の説明にはならない。道具ないし制度としての意味は、その文化や社会あるいは生活というコンテクストの中におけるその役割からはじめて理解できることになるが、その役割即ち機能 functionとは、コンテクストの中の他の要素ないし要因との関係にほかならない。道具の形や型の意味は、このコンテクストの解析と、要素（要因）間の構造的関係の解析にもとづく解釈によって、はじめて理論的に究明することができる。この手続きを、いかに丹念にしかも筋道を踏んで実行するかが問題だが、それには土俗考古学即ち人類学的情報と理論の組織的援用が役に立つと考えられる。縄文人の道具を「我々」（考古学者）が分類した場合、その分類の仕方（枠組）が、「彼等（縄文人）」のそれをどの程度反映あるいは復元できるであろうか。これを念頭に置くことが、理論考古学の出発点であり、これまでの伝統的考古学に全く欠けた点である。「彼等」の分類にいささかでも接近しようとする「我々」の努力が必要であり、またそれには土俗考古学（渡辺 1993a）以外に科学的に有効な方法はないといえる。

27) 甲野氏の原文は、「要するに土偶の中には「ひとがた」として用いられたもの、精霊の依代として使われたもの、などがあると考えられているが、それ以外の用途もおそらくあっただろう。ボゴラスによると、チュクチ族の女子は、嫁入道具の一つとして人形を持参し、子だからにめぐまれるよう、これを常にその床辺においたというが、私が出産の危険をさける「ひとがた」と考えた土偶の中にも、このような意図のもとに用いられた物もあるかもしれない。……ただ<u>縄文時代の女性がチュクチ族のように、子供を欲しがったかどうか、今となっては知るすべもない</u>。しかしその人々の子供に対する愛情や心づかいを示した遺物はいくつか残っている。幼い児の骨を甕(カメ)や土偶型容器に収めて埋葬する風習は、永遠にねむる亡き子をいとおしむ心のあらわれの一つである。」（甲野 1964：171。アンダーラインは筆者）となっている。甲野氏が、縄文人が子を欲ったかどうか「今となっては知るすべもない」として民族誌的参照を打ち切ったのは、個別要素比較式の古典的類推法である single (ethnographic) parallel（渡辺 1993a：5-6）の考え方しかできなかった当時としては当然の成りゆきであったとも考えられる。

28) 狩猟採集民の「階層」については異論があり、それを認める学者（学説）と認めない学者（学説）に分かれているが、議論の分岐点は奴隷を除く「自由人の階層」の存否である。これは両者の「階層」の解釈（定義）の食い違いによる。階層是認学者達は、問題の民族の民族誌の調査研究に直接関与する学者達が中心で、彼等はその民族自身の分類による「階層」の存在を報告、指摘している。この「階層」は明確だが融通性があるので境界が閉鎖的でない。それに対して「階層」否認論者達は、関係民族の民族誌の調査研究に直接関係のない理論派の学者達が中心である。この人々が否認しているのは、文明発生以後の欧州流の閉鎖的階級制であって、この物差しを当てると狩猟採集民に「階層」はないことになるが、それとは原理の違った狩猟採集民流の「階層」つまり彼等自身の認識による彼等なりの「階層」があったことは否定し難い民族誌的事実である。この存在までもがこれまで無視されがちであったのは、その事実が民族誌の中に埋没していることと、その事実の内容が断片的で社会的・文化的文脈の中での意味ないし機能が明らかでなかったことによる理解不足の結果といえる。これまで E. Service 等によって無視されてきたこの事実は、最近になっ

てフランスの生態学派社会人類学者 A. Testart によって、社会階層化の一般理論の中に組み入れる試み（Testart 1982；テスタール 1995）が提出されたばかりである。筆者はこの「階層化」の事実を、アイヌをはじめとする北太平洋沿岸狩猟採集民群の生態及び適応放散という新しい視点から探り、狩猟採集民の「北太平洋沿岸文化圏」という新概念の核としてとらえる研究を進めているところである（Watanabe 1973, 1983, 1988, 1990；渡辺 1988, 1992）。狩猟採集社会の階層化問題は、これによってこれまで北米北西海岸に限られていた視野と理論的枠組を、東はカリフォルニアまで西は極東まで大きく拡大することができると筆者は考えている。

29) 例えば定住性は、単一の物質的文化要素で捉えることは必ずしも容易ではないが、それは構造的な複雑な現象なので、各種の機能的関連要素をとらえることによって、構造的にとらえることができる（渡辺 1966）（注2）参照）。階層制も、同様であって、単なる一文化要素（土器、身装品等）の存在でとらえることは難しいが、それを文化要素複合体としてその構造をとらえるアプローチがある。またその構造をとらえることが社会考古学あるいは理論考古学の目標でなければならない。

30) 最近（1991年）に刊行された某博物館叢書には、縄文文化の権威による解説があって、縄文の宗教・呪術関係の遺物と弥生のそれとの種類と数量を比較すると、縄文の方が圧倒的に多いから、人々の宗教・呪術への依存度も縄文の方が弥生よりきわだって大きかったことが解ると書いてある。しかしこの比較法と解釈法には基本的な誤りがある。それは第1に、宗教・呪術の儀礼には祭器や偶像・呪物等を全く使わないこともあり得ること（第2章-3-Bの実例参照）、第2には、遺物が実際に使われた宗教・呪術用具の一切を表わしているという保証がないこと（素材によっては消滅したものもあり得ること）、第3に、問題の遺物がすべて宗教・呪術関係の用具といえる確かな証拠も客観的な説明もないこと（土偶のような代表的遺物でさえ、なんとなく宗教・呪術関係とみなされる風潮があるだけで、未だ土偶とは何かの科学的解答は得られていない状態であって、その他の関係遺物についても事情が同じかそれ以上に悪いこと）、第4に、問題の遺物が確かに宗教・呪術用具であることが解ったとしても、各種類の遺物がいかなる宗教・呪術的用途ないしは役割を果たしたものか、その使い分けも殆ど明らかになっていないこと（問題の遺物の各種類が、すべて別種の信仰・儀礼に使われたものか、種類は別でも同一の信仰・儀礼に使われたものかも不明だから、両文化の遺物種類数の比較は意味をなさないこと）等の事情があるからである。縄文土偶については、特に第2の条件が重要問題になる。日本だけでなく極東地域の偶像数では植物性素材が大きい比重をもつからである。また考古学的証拠（東欧旧石器時代後期のドルニ・ヴェストニス遺跡、165頁及びその注82参照）や民族誌的実例（図10、図13）によると、焼成土偶以外に焼かない生粘土製土偶が先史時代の各地で作られた可能性もある（参考：192頁）。

以上でわかるように、縄文と弥生の遺物の種類と量の比較だけで、短絡的に宗教・呪術への依存度の大小を結論することは明らかに無謀である。このような憶測や独断が、なんの根拠分析も説明もなく、原典ないし出典の注もなしに横行するところにも、日本先史考古学の理論の貧しさと科学性の欠如が露呈していることを銘記しなければならない。それらは単なる放言に過ぎないといえる。科学の答えは解を必要とするからである。

31) 「東北地方の奥地の山村にはマタギと呼ぶ狩人の集落があった。彼らは、おそらく縄文時代からの古風に従い山の神を信仰し、狩の掟を守り、山言葉を用いるなどして、主として熊狩りに従事してきた」（高橋 1991：98）とマタギに詳しい現地の人髙橋喜平氏は、想いを縄文時代に馳せながらその民俗を紹介しているが、このような想いを想いに終わらせてはならないと思う。考古学がその掛け橋になり得ると考えるからである。

32) 奥山で狩をするマタギや伐木、運材などに従事する杣人などの信仰する山の神が女神なのに対し

て、里山で働く炭焼きや樵などが信仰している山の神は男神であり、挽物の椀など日用木器をつくる木地師などが信仰する山の神は夫婦神であると言われている（高橋　1991：83）。夫婦神の場合は、男の信仰する生業の神と女の信仰する産の神は1人2役とはみえないが、男神と女神の機能（役割）分担も明確にはなっていないようである。

33)　岩手県和賀郡沢内村の碧祥寺博物館が所有するマタギ狩猟用具（国指定重要有形文化財）は同博物館が、昭和39年以降52年までの14年間に当時マタギ部落として知られていた殆どの地域を訪ねて蒐集されたものであるが、その蒐集のため訪れられたマタギ部落は東北全域にわたり、青森、秋田、岩手、山形、新潟、宮城、福島の各県に及んでいる。

　　　同博物館によれば、マタギとよばれる狩人の範囲は東北全般であるが、これに対してマトギという呼称の狩人があり、その範囲は主に四国地方であって、東北が熊狩りを主体とするのに対し四国・九州は猪狩りが基本であるという。またマタギは流派として日光派に属し、日光権現から猟の許しを得ていると伝承するのに対し、マトギは高野派に属し、弘法大師から獣に対する引導の秘伝が与えられていると伝えている（太田・高橋　1978：73-76）。マタギと一般猟師が違う点は、その心構えと方法であって、「マタギは山は山の神が支配するところと思い、山の神を信仰し、山では山言葉を用いるなどして、古い伝統ときびしい作法とを守りながら狩をしてきた」ことである（太田・高橋　1978：1）。

34)　その他の形態的類似点（共通性）については後述する（第5章-2-(C)参照）。

35)　高橋喜平氏のマタギ研究書（高橋　1991）からの情報をまとめると次のとおりである。山の神の信仰者には、山奥で仕事をするマタギや杣夫の他に、里山で働く炭焼きや樵、木器を作る木地師等もあり、また山神像も女神だけでなく男神もあり夫婦神の場合もある。山神像には槍または斧を持つものが少なくないが、槍を持っている場合はほとんど女神であり、斧を持つのは男神であって、夫婦神として祀られている場合でも、槍を持つのは女神、斧を持つのは男神である。以上のように山神像には女神だけでなく男神もあるが、女神は槍、男神は斧との結びつきが明らかである。これは「猟師や木樵など山で働く者が信仰する山の神は女神」（文化庁文化財保護部　1969：366）であり、「マタギや杣夫が信仰している山の神は大変な醜女」（高橋　1991：86）であることと関係があるようにみえる。

36)　ここに挙げた「子抱き」土偶、「子負い」土偶、「子孕み」土偶は、従来の縄文土偶考古学では、「産育土偶」の名の下に一括分類されることがあるが、その「産育土偶」には、分類基準が「産の姿勢ではなかろうか」とか「胎児の頭ではなかろうか」など、完全に主観的な解釈によるものも含まれているので、ここでは使わない。またこの論文の結論では、出産関係行動が直接明確に表現されない場合（これが大部分）も含めて全縄文土偶が産神像であり、その意味では全土偶が産育土偶といえる。

37)　中島寿雄氏は、東京大学理学部人類学教室所蔵土偶について、腹部の突起状膨隆（中島　1943：第2、3、4、5、7、8、11）も妊娠の象徴として女性の鑑別に用いることは「乳房と関連して殆ど謬りなきもの」とみなしている（中島　1943：297）。

38)　「こけし形」（所謂「筒形」）土偶には、胸部中心が上下に貫通する孔になっている場合（図74-11、13）と上部が貫通していない場合（図74-10、26）があり、また前者の場合孔が比較的浅い場合（図74-13）もある。この変異が、単なるファッションないし好みによるものか、あるいは何等かの造形技術や焼成技術に関係するものかは即断できないが、いずれにしても、ヒト形の造形上特に象徴芸術的に重要なのは像の外形であって、直接眼にはみえない内部構造ではないということである。それは例えば、仏教徒にとって重要なのは仏像の姿であって、内部が空洞かどうか等はそれほど問

題にならないのと同様といえよう。偶像崇拝の信徒にとって一般に肝心なのはその正面観の姿であって、それが立体像か平面像（画像・イコン等）かの違いさえも本質的な問題ではないことを想起すべきである。

39) 莇内遺跡出土の大形木偶が一体何であるか現状では即断できないが、土俗考古学的に考えられる可能性とその範囲について述べると、先ず祖先像が浮かびあがる。しかしそれは祖先を偲んだりその威徳を称えたりするものであって、容貌の怪異性が欠けるのが通則である（第1章-3-A参照）。この点で顔つきの怪異な莇内遺跡出土品は祖先像とは違う。棒状（柱状）神像としてはその他にも北西海岸インディアンのトーテムポールやアムール河下流の猟漁民（ナナイ（ゴルド）族）のシャーマン屋敷の聖柱（渡辺 1990a：161）などがあるが、これらは規模が大きすぎるだけでなく、彫刻が動物中心であるから莇内木偶には対応しない。樺太のウイルタ族（オロッコ）のシャーマン家の屋外（東方）に立てられた聖柱（立木を根元から切って作ったかなり高い柱で高さ10尺くらい）は、枝2本を腕のように残し、梢は葉をつけたまま残し、他の枝をすべて取りはらい、腕枝より上の幹に木偶同様の人面を彫り、顔から下の樹皮をすべて剥ぎとったもの（和田 1958：235）であって、明らかにヒト形神像であるが、これも莇内木偶のモデルとしては形が大きすぎる。また他に、北米北西海岸から極東にかけての北洋岸原住民のシャーマンが神がかり儀礼で手に持って操る憑き神（spirit helper）の神像（図40南西部沿岸セリッシュ族、図57ウイルタ族参照）があるが、これらは人形だが比較的小形であって、莇内遺跡出土品はこのような用途には明らかに大きすぎて不適合である。このようにみてくると、範囲はかなり狭められて、莇内遺跡出土の木偶と比較できる棒状木偶は限られてくる。残る第1例は本邦東北地方の山の神（図73-2、3の類及び高橋 1991：9の山刀彫りの類）、第2例はカムチャダール族の冬家の守護神（渡辺 1982：163、屋内安置礼拝用、高さ1m内外）（123頁、カムチャダールの項参照）、第3例は樺太アイヌの魔神襲来防御用大形木偶（和田 1959：73）（第1章-3-B、樺太アイヌの項、43頁参照）、第4例は南部沿岸セリッシュ族（北米、北西海岸）のシャーマンを助けるカヌー神の神像（図39とその説明参照）、第5例が北西海岸トリンギット族のサケ漁用筌（fish trap）に取り付ける儀礼用神像（Stewart 1977：116）（図75-b、右図例高さ95cm）である。上記第1、2例は屋内用木偶であるが、第3〜5例は屋外用木偶である点で、莇内遺跡の木偶を考える場合特に参考になる。

第3例は、樺太アイヌが病気の流行等魔物が襲来すると考えられる場所に立てた柱状木偶で、ナン・コロ・ペ（顔を持つもの）とよばれた（45頁）。その場所は村はずれ等であるが、ときには家の裏の幣場にも立てた（和田 1959：74）。太さ5寸位の立木の根と枝をはらって長さ6尺位にしたものを、根の方を上に地上に立てたもので、地上部の高さ5尺位であった。その中央に人面が彫りつけられた（和田 1959：73-74）。

役割（悪神よけ）とサイズ（2〜6フィート）の上で上述例に似たものがコリヤーク族（カムチャッカ半島のつけ根地域）にもある。それは「住所（habitation）の守護者」または「村の守護者」とよばれる木柱で、その地の最初の居住者（founder）によって集村付近の要所に立てられ、子孫に相続された。これは上端を尖らせ、矛状の側方突起をつけた単なる杭であって、人面も動物面もついていない点が上述例と違う（Jochelson 1905-1908：36-37）。

第4例は、北米セリッシュ族のシャーマンが、失われた霊魂を探して捕らえる旅に使う乗物（カヌー）の神を表わす神像（図39とその説明参照）であって、儀式の時に尖った下端を地中につきさして立てて使う。砲弾形の頭部をもつ"こけし形"の木偶で、図示（図39）標本は高さ1.4mである（Holm 1990a：621）。

第5例はサケ（神）を筌に招き寄せるためにその構築物にとりつけられたトリンギット族の木偶

である（図75-b）。荅内遺跡が雫石川河岸にあり、しかも湿地部には漁撈用施設らしい「魞状遺構」（岩手県立博物館 1984：22、24、及び写真）を伴う状況からみて、荅内遺跡出土の大形木偶の解釈にはこの第5例が特に問題になる。今後の調査研究にはこの作業仮説に沿った戦略——例えば荅内のような生態条件の遺跡の木偶類の徹底的再検討（サイズの変異を含む）等——の援用と実施が望まれる。いずれにしても荅内遺跡出土の大形木偶はそれだけの問題ではなく、筒形（棒状ないしこけし形）デザインを通して土偶とも関連する宗教構造的問題として捉えることが必要になる。

40）「こけし形」土偶の定義ならびに「筒形」土偶との関係

　　所謂「筒形」土偶には、実際に胴体が円筒形（cylindrical）のものだけでなく、円錐形（conical）のものやなつめ形（date-shaped）あるいは球形のものまで含まれているので、これらを一括して「筒形」とよぶことは適切とはいえない。そこでそれに代わる分類名称として「こけし形」と名づけ、その内容と性質を明確にすることとした。これは縄文土偶の体系的分類上必須の手続きの一部である。

　　ここで「こけし形」土偶とは、これまでの研究者によって、筒形土偶、丸棒状土偶、円錐形土偶、こけし形土偶等と様々によばれてきた土偶類を一括した分類カテゴリーである。この類は、胴部の立面図の輪郭は様々であるが、その横断面の形は常に円形であり、首はあるが脚がなく、腕は全く表現されないか、または表現される場合でも胴体から突出ないし遊離した形でなく、胴体表面に融合し胴体と一体化した形をとるのが普通である（実例は図74-24〜26。27は例外）。つまり「こけし形」土偶とは、胴体の横断面が円形で、手足の突出を伴わないヒト形土偶と定義することができる。

　　ここに定義した「こけし形」土偶には、円錐形（図74-5、6、10、17、21〜22、24〜29、31〜33）、円筒形（狭義の「筒形」）（図74-2〜3、5、7〜9、11〜16、18、30、34〜35）からなつめ形ないし球形（図74-1、19、23）まで変異があり、この変異は連続的—移行的にみえる。「こけし形」土偶のこの移行的—連続的変異の情況は現代日本民芸の「こけし人形」の形態にみられる変異の情況と基本的に大差ないようにみえる。これは今後この型の土偶例の増加に伴って検証できるであろう。

41）考古学者の分類と製作者（先史人）自身の分類

　　前者がどの程度後者を反映するかあるいは反映し得るかが、理論考古学の根本的問題である（渡辺 1996）。それには後者を常に充分意識すること、そしてそれに前者を一歩でも近づけようとする努力即ち方法論の研究が必要である。この問題の重要性を夙に明確に指摘したのは S. R. Mitchell（Mitchell 1949：24）である。石器分類に関する土俗考古学的研究をして、最近この視点から民族誌的実験データ（ニューギニア原住民によるフレイク製作実験）を利用した研究もある（White and Thomas 1972）。人工物（道具）の分類に関するこの問題はethnoarchaeologyの今日的問題としてもとりあげられている（Gould 1977：368-370）。

42）家神像以外の家族関係ヒト形偶像類

　　この節（第3章-2）の本文で詳述するのは、家神像即ち家とその家人の安全・福祉を守る守護神としての神像であって、住居内に安置ないし保管されてその家人の日常的祈願・礼拝の対象となるものである。しかし家族によって祀られ、あるいは住居内に保管されるヒト形神像のなかには、家神像以外のものもある。その第1例は、海獣猟を主生業とする海岸チュクチ族（チュクチ半島先端）の秋祭に挙行されるケレトクン儀礼の神像である。これはその年の全獲物を海へ送り帰す家族儀礼であって、この時に海神ケレトクン（keretkun）の小形木偶を作って祀り、最終日にそれを住居内の油ランプで焼却した（Antropova and Kuznetsova 1964：823）。

　　第2例は、ベーリング海エスキモー（アラスカ）の懐妊祈願用偶像である。彼等は長期不妊の場

合、夫あるいはシャーマンが人形のような小像を作り、それを枕の下に入れて眠り（Nelson 1983：435）、あるいはその像に食物を供えて世話をした（Fitzhugh and Kaplan 1982：156）。ポモ族（カリフォルニア）でも同様の慣習がみられる。この場合は土偶であって、女児を望む場合は特別に乳房を付けて区別した（Loeb 1926：246）（詳細は本文77頁参照）。

　　第3例は樺太アイヌの「お守りニポポ」（和田　1959：49、51）として知られる個人用守護神像である（図60とその説明参照）。これはこけし形木偶で、子供の身に付けるもの（小形）と住居内に吊るしたり挿したりするもの（前者より大形、高さ20cm前後）の2種があった。これは子供が病気や病弱の時あるいは子供が生まれた時に作られたが、いずれにせよ本人が終生保持したとされる（西鶴　1974：90；和田　1959：51）。オロッコ族（樺太）でも、病気のお守りとしての偶像は病気が治った後もその人のアムレットにして保有するという（和田　1958：231）。これらは第1例のようにその場限りでの使い捨てという意味での一時的な用途のものではないが、特定者のために作られた個人用神像、つまり個人専用である。

　　第4例は海岸コリヤーク族（カムチャッカ半島先端付近大陸部）であって、彼らは家関係の守護神の神像以外に各種の神像を持ち、それらを一括して住居内の特定場所（聖所）に安置ないし保管していた（Jochelson 1905-1908：34）。家神以外は猟漁（生業）用守護神と個人用守り神の神像である（詳細は35頁参照）。

43）　祖先系家神信仰。実例として、馴鹿コリヤーク族（古アジア語族、既出、第1章-3-A、図23）とエニセイ族（孤立語系、既出、第1章-3-A、図24）がある。

44）　ヌガナサン族の家神像は、ヒト形像（図52）以外に各種の自然物（石、鹿角等）や動物形像（木製、金属製）もある。また上記の図示されたヒト形像は、他群の家神像に類をみない異様な双頭である。また、ヒト形像があって供食（feeding）儀礼が伴う点からみると、北太平洋岸群との共通性があるが、ヒト形像以外の各種神像ないし神体を使う点では北太平洋岸群と異なり、石のような自然物を神像代わりにする点ではアラスカ・エスキモー（注45参照）と一脈相通じるところがある。つまり、家の守りとしての崇拝物の形態からみると、ヌガナサン族の家神像は、古アジア族北太平洋岸群の家神像としてアラスカ・エスキモーの家の守り（charm）との中間形あるいは後者の2者を結ぶ環のようにみえる。以上のような形態的関係が、北太平洋岸の古アジア族が概して樹林帯適応群であるのに対して、アラスカ・エスキモーは樹林欠如帯適応型の特殊化群であり、ヌガナサン族は季節的（夏・冬）に樹林帯と樹林欠如帯を使い分ける移行的適応群であるという生態的関係と何等かの関係がないかどうか、今後の検討課題としたい。

45）　北アラスカ・エスキモー族の中でも特に海岸群は、本格的木造竪穴式住居からなる恒久的冬村をもつ点が特徴であるが、この家とその中のすべてのものを守護すると信じられている物体（household charm、エスキモー語 aaroraq、家の守り）がある（Spencer 1959）。彼等は各種の「守り」（charms）即ち呪術的力 magical power を持つと信じられる物体を持っている。なかでも重要なのがこの「家の守り」（aaroraq）である。これは人間の拳大の丸石に孔をあけたもので、家の半地下式出入口（扉）の上に常時安置されているが、家人が病気の時は居室に運んでその治療（患部の摩擦）に使われた。この治療は、病人の親戚・隣人が屋外に集まり、屋内の家人とともに歌を唱和する中で行われるという一種の儀式であった。重要なのは(1)この丸石（aaroraq）がすべての家にあるものではないこと、(2)それはその家から他の場所に移動させてはならないこと——従って家屋再建の場合は同じ場所が使われたという点である（以上 Spencer 1959：285）。その所以は不詳であるが、その性格が家神に似た所がある点で、それとの関係が問題といえる。例えば、ヌガナサン族（シベリア、タイミール半島、トナカイ狩猟飼育民）（第3章-2-A-b）の家神（spirit of the house) は、ヒト形像以外に石、あるいは形の異常な物の形をとる場合もある。ただしこの場合でも供食（feeding）儀礼を伴うので単なる呪物（charm）でなく明らかに一種の神の依代ないし神体である。

46) アイヌの家神即ちチセコロカムイに類似している点が問題である。何故ならこれも家とその内容の安全と福祉の守護神であって、立木の頭領即ち森の神シランパカムイ（女神）の代理人とされ、しかも神像として屋内に安置して祀られたからである。日本民俗（マタギ）の山の神も、大木等立木の神で内神即ち家神として祀られている点で、アイヌの家神、ひいてはカムチャダールの家神と相通じる。

47) ギリヤーク語ユズ"yz"は"Master"と英訳されている（参照：Black 1973；Levin and Potapov 1964：778-779）。自然現象には"yz"があって、その代表が山と森の"yz"（Pal-yz', Master of Moutain and the Taiga）と海の"yz"（Tol'yz, Master of the Sea）（Levin and Potapov 1964：778）ないし水の Master（Master of the Waters）（Black 1973：47）である。前者は陸獣と果実を供給し、後者は人間に魚と海獣を送る役目を持つ（Black 1973：47）。ロット＝ファルクによると、山海等自然の「主」即ちそれぞれの自然領域内の動植物資源の「支配者」という考え方は、ギリヤーク族だけでなく、シベリア狩猟民に広く認められ（ロット＝ファルク 1980：217、46-51）、「シベリアの宗教的思考に特有のもの」とみなされている（ロット＝ファルク 1980：35）。

48) 伝統的アイヌ住居の上座の座頭（sopa）は、一般にチセコロカムイ（カムイエカシ）の常時鎮座場所として知られるが、白老ではその他の2神が、同じ場所にチセコロカムイと並べて、向かってその左に祀られていた。その2神は猟漁の守護神（イショプンギョカムイ）とその子供の守護神（イレシュプンギョカムイ）であった。それらの神像はチセコロカムイよりやや小形だが、作りは上端が水平切りでなく斜め切りの点を除いてそれと同じである（満岡 1941：51、52及び屋内図参照）。この2神を想起させる子供の健康の守護神と猟漁成功の守護神の神像が作られた証拠は他にもある（Munro 1962：48）（注49参照）。しかしそれらが、いつどこで作られ、どこで使われたのかは不明である。樺太アイヌでは、家神即ちソパイナウの場所に、布を沢山しばって下げた男女2体の木偶（男性像には木の矛、女性像には木の包丁を添えた）がよりかけて立ててあって、「すこやかに育つ守り（Shienishte）」とよばれていた（金田一 1944：260）という情報がある。これが果たして一般的な風習かどうか疑問はあるが、上記白老の例との関係の有無も気になる所である。また樺太の家神幣（像）がその左右の随神幣（像）を伴って3者1組で祀られていた点（山本 1943；名取 1959：95）（図77D）も北海道アイヌとの関係が問題である。

49) 北海道アイヌの神像は、家神の他にも若干の種類が知られているが、樺太アイヌのニポポ（木偶）と違って、いずれも家神と同類の象徴的な人形で、木幣に似た棒状木偶である。これらは家神よりも削りかけ（象徴的衣服）が簡素で、神体本体もそれより細く、簡単な木幣 shutu inau に似るところから、シュトイナウ神 shutu inau kamui とよばれている。但し魔神撃退用神像のうちイモシカムイの神像は、木幣形のもの以外にヨモギ（草）人形もある（詳細は図62参照）。この類の神像には、(a)3兄弟神即ち精力と福祉の守護神、子供の健康（特に長期の病）の守護神、猟漁成功の守護神と、(b)魔神防御用の神々（臭気のあるニワトコの木等で作る）があって、一般に槍や剣で武装されている（Munro 1962：47-54）。使用場所は様々だが、家神と並べて祀られることもあった（例：図77-C）。

50) アイヌ族の家神チセコロカムイは、(1)神像の形で居室内に祀られている点、(2)胴形が筒形である点、(3)その役目が家とその内容の守護である点、(4)森ないし樹木との関係が深い点で、一方では日

本民俗（マタギ）の家神・山の神に通じ、他方ではカムチャダール（イテルメン）族の家神アザシャク（既述）に類似する。隣接のアリュート族にも家神信仰（既述）があって、北太平洋沿岸家神像信仰圏（図80）の東端に当たるが、彼等の家神像（図49）だけは造形パターンが他と異なる。そこで、これが彼等の生業の特異性（海獣猟中心）と環境の特異性（森林ないし樹木不在）（Johnson and Hartman 1969：pl. 12；Lantis 1984：161）によるものではないかどうかが問題になる。何故なら彼等の隣接諸民族の家神は、上述のように環境としての森林ないし樹木と結び付いているが、彼等の環境には森林も樹木もないので、彼等の家神とそれとの関係が問題になり、その関係がないとすると、造形パターンの差違とあいまって、彼等の家神は、隣接諸族（カムチャダール、アイヌ、日本のマタギ）のそれと系統が別である可能性も浮上するからである。あるいはまた、アリュート族の家神は、日本の山の神が田の神に変身したように、上述したような森林環境系統の家神が森林欠如環境に再適応して変身した姿を表わすものであろうか。いずれにしてもこれは、アリュート族の系統発生にもかかわる極めて重要な課題ではないかと思う。

51) シリコルカムイ（Shir kor kamui）とシランパカムイ（Shir ampa kamui）の'Shir'は言語学者金田一京助博士によると「広義の語であるが、「空間」というよりは今少し具体的で、地上に付属している山も川も木も草も包括的に含めたものの意で、強いて訳せば「地」「山」であるが、山と言っても必ずしも高さの観念を伴わず、陸の上、広く山野を含めた自然の物情事態を指していう言葉」（金田一 1937：101）であるという。つまりそれは天地の地、水陸の陸、山海の山に当たる語といえよう。シリコルカムイとシランパカムイの両者がいずれも「山の神」「山神」と訳されることがあるのは以上の理由による（金田一 1937：120；渡辺他 1990：63；1991：14；1992：15）。またシランパカムイは「森の神」と訳されることもある（金田一 1937：120；1944：245、264）が、これは上記の意味の他に、シリコルカムイ（個々の立木の神）の頭領の意味をも兼ねた訳語である。「山の神」というと、クマ即ちキムンカムイ（kim un kamui）も時として「山の神」と訳されるので紛らわしいが、後者は山といっても奥山（kimun iwor）を領する神でその頭領がキメロックカムイ（kim erok kamui）あるいはメトットウシカムイ（metot ushi kamui）（奥山に在する神）として区別できる（Watanabe 1973：73、154；Munro 1962：84；渡辺 1990b：247、256）。そこでクマの方は、「山の神」というより「奥山の神」と訳した方が良く、また「熊神」と表現されることもあるが、この方が更に適当かと思われる。

52) シランパカムイ（Shir・ampa・kamui、森（山）を・持ち給う・神）が祈願された場合の事例を挙げると、(1)猟漁開始前（火の神、幣場の神、シランパカムイ、狩の女神の儀礼）、(2)丸木舟建造（火の神、シランパカムイ、狩の女神、水の神の儀礼）、(3)矢毒用トリカブト採取（シランパカムイ、狩の女神の現場儀礼）(4)クマ危害防止（シランパカムイ儀礼）（悪神熊に襲われた時は樹木に抱きついてシランパカムイに救助懇願）、(5)悪神払い（火の神、外庭の神、シランパカムイ、狩の女神、水の神の儀礼）がある（Munro 1962：101, 112, 115, 120, 112）。

これらの事例をみると神々の役割分担と相互連携関係がわかる。シランパカムイが、猟漁や伐木等の山仕事に責任があった男にとって、いかに重要な守護神であったかが次の事例に明示されている。沙流川奥の古老によると「男は山に行って、ここ一番という時にシランパカムイに助けて下さいと言う。（それは）本当の山の神で女の神様だ。これを一番大事にした。男は山で何か恐ろしい事に出会ったら、シランパカムイに「山の神よ私をお守り下さい」という。シランパカムイは山を守っている女神だ。男が山で木を切っている所に女が行くと、その神が怒って木を男の上に倒して殺してしまうから、女は男が仕事をしている所に行ってはいけない」（渡辺他 1988：45）。

シランパカムイの名は前記（注51）のとおり「山の神」を意味し、その役柄は上述のように男の

山仕事の安全と成功を守る女神である。これはシランパカムイが、その名称も機能もともにマタギの「山の神」と共通することを示している。マタギの山の神も、シランパカムイと同様に、「山を支配し、山の木々を守っている神」（文化庁文化財保護部　1969：106）であり、また、「獲物を授け、遭難を防ぎ、難渋を助ける神」（文化庁文化財保護部　1973：18）である。また両者は、立木特に大木を神体とする女神である点で、基本的神性も一致している。

　マタギの山の神が、立木特に大木を神体として崇拝されている実態を示す例を挙げると次のとおりである。山形県大島川源流の山村大島では、正月二日の朝、ヤマイリといって山の神にノサカケの行事をする。これは部落の鎮守の森の裏手にあるブナの木（山神）にノサ（藁製飾り）を掛け、供物を供えて「お山繁盛、けがあやまちのないように」と拝んでから、近くの柴の枝を切ってきて家のいろりに焚き、家族全員がその火にあたる（文化庁文化財保護部　1973：103）。秋田県阿仁川上流の阿仁地方では、狩小屋に山の神の神棚を作り、神体（木彫り、御幣または貼り紙）を安置して礼拝したが、小屋に神棚を作らない場合は、付近で最も目立つ大木を選んで山の神の神体に見立て、その前に小さな仮の鳥居をたて、毎朝出猟のときそれを拝んだ（文化庁文化財保護部　1973：32）。新潟県加治川上流の赤谷郷でも上記と同様の習俗が報告されている。即ち同地では、各猟場への入口に当たる所即ち里と山の境にある大木あるいは異形の立木がダンナサマと呼ばれ、山の神とみなされていて、入山の時これにお神酒をあげて加護を祈るという（文化庁文化財保護部　1978：124）。また山の猟小屋では、付近にブナの大木がないときは屋内に山の神の神棚を作るが、それが付近にある場合は屋内の神棚は作らず、その木をダンナサマ（山の神）として祀り、小屋場に着くと、まず持参の神酒その他の供物をそれに供えて参拝するという（文化庁文化財保護部　1978：126）。この地方でも山の神は女神（文化庁文化財保護部　1978：158）と信じられているが、その神体としての大木（ブナ）をダンナサマと呼ぶのは興味深い。山の神が樹木の神であるということを示す証拠は他にもある。高橋喜平氏によって、「山の神が樹木をよりしろにしているという伝承の証拠」ではないかと指摘された岩手県柳沢の女性山神像（木偶）（高橋　1991：5）がそれであって、その台座には明らかに樹木（立木）の形が彫りだされていて、同氏はそれを「樹木の山の神」として紹介している。

　以上のようにマタギの山の神は、立木特に大木を神体とする女神である点で、アイヌのシランパカムイと一致している。しかし、ここで問題なのは、マタギの山の神が、産の神を兼ねるのに対し、アイヌでは産の神はシランパカムイの代理とされる家の神（チセコロカムイ）と火の神との分掌・連携するところとなっている点である。この関係を比較すると図79のようになる。この比較は次のような問題を提起する。つまりこの比較をみると、縄文土偶神が産の守護神であったことは既に詳述したが、その役柄がマタギ型（図79-1）即ち兼務型だったのかアイヌ型（図79-2）即ち分掌型だったのかという疑問が起こることになる。

53）　家神像の形については例外があり、この極東の家神像信仰圏の東端にあたるアリュート族だけは筒形（こけし形）ないし腕無しの原則からはずれている（図49）。この事実は、アジアからアメリカまで連続的な弧状分布を示す「一連の漁民」(a series of fishing tribes) の分布の連続性を破って新しく移住してきたとされるエスキモー（渡辺　1988：300；1992：70）の文化史に関係があると思われる。その極東圏から離れて孤立的分布を示すヌガナサン族の家神像（図52）も筒形ないし腕無しの原則からはずれている（第1章-3-B、アリュート族及びヌガナサン族の項参照）。しかしエスキモーには玩具ではあるが筒形人形（図2-5、6、9、10）の伝統があることに注意したい。

54）　シベリアから北米までの北方民（主に猟漁民）を概観した結果では、客を入口からみて炉の左側に座らせる慣習例は日本だけで他には見当たらない。また客席を炉の右側に指定する例はない。日

本の伝統的民家では、入口の正面、つまり囲炉裏の背後の壁には神棚があるのが普通とされている。しかしこの場合、囲炉裏の奥の席は客席ではなく家長の席となっている点は意味深長である（渡辺 1984：403）。日本の民家では、客席と家長席の位置がアイヌ族の伝統とは反対になっているが、日本の上古の風習はアイヌ族の伝統と同じであって、それが隋唐文化の輸入後に変化したという見解（西鶴 1974）もあることに注意したい。

55)　日本の民俗においても、かまど神をまつる地方が多く、近畿地方ではこの神を「荒神様」と呼んで、かまど近くの棚などに祀る風習があり、また東北地方では「かまおとこ」とか「ひおとこ」などという恐ろしい面を柱にかけたり神像の絵を貼ったりする所があるという（文化庁文化財保護部 1969：70）。このように日本の民俗にも火の神を男神とみなす風習がみられることは比較民族学の視点から興味深い。

56)　マリタ遺跡（バイカル湖付近）出土の後期旧石器時代女人像（骨偶）の中に、彫りの良い顔をもつ1例（図86-34、逆台形胴タイプ）があって、この顔つき（features）もモンゴロイド的な点で極めて興味深い（Alexeef 1994：231）と指摘されている。これは時代の違うコンドン遺跡（アムール）の土偶との間に、体形（C型：逆台形胴）の共通性だけでなく、顔つき（モンゴロイド的特徴）の共通性がみられることを示し、両者間の造形伝統の連続性を考える上で重要な証拠である。

57)　アムール下流の民俗と日本のそれとの間には他にも文化―歴史的関係を示唆する証拠が少なからずある。信仰・儀礼関係では、天地神明造の構成要素である棟持柱、高床、千木、校倉造りがアムール下流の民俗として普及しているだけでなく、アムール方面には日本の鳥居や注連縄の原形ともいうべきものまでみえる。またギリヤーク（ニブフ）族やオルチャ（ウリチ）族には、氏族共有の儀礼用品収納用高床倉庫があるが、これが神明造（例：伊勢神宮本殿）の原型に近いのではないかと考えられる（渡辺　1984：392）。

58)　後期旧石器時代（upper Palaeolithic period）は、ヨーロッパでは石刃（blades）とその加工石器で代表される後期旧石器文化（upper Palaeolithic）で特徴づけられる。ムスティエ文化（中期旧石器文化）に対して後期旧石器時代諸文化の共通特徴は、前者が剝片（flakes）を基盤とする石器文化であるのに対して、後者は石刃（blades）を基盤とする石器文化であるだけでなく、エンド・スクレーパーと彫刻刀（burins, gravers）及び穿孔具（borers）のような特殊工具と、柄（handle, shaft）を取りつけて使う部品組合せ式道具（composite tools）が発達し、また骨器（新素材製道具）製作と芸術の伝統を持つ点で前者より質的に遥かに高度の文化といえることである。

　　後期旧石器時代文化は、西ヨーロッパでは層序的に古いものから順に、オーリニャック文化（Aurignacian）、グラヴェット文化（Gravettian）、ソリュートレ文化（Solutrean）、マドレーヌ文化（Magdalenian）と名づけられている。ヨーロッパでの後期旧石器時代の初め即ちオーリニャック文化の出現は欧州ではバルカン方面でもっとも早く約40,000年前（Phillips 1980：70；Otte 1994：210）であるが、西ヨーロッパでは約35,000年前（放射性炭素C14測定年代）であって、解剖学的に現代人化したホモ・サピエンス（Homo sapiens sapiens）の出現と伴っている。ネアンデルタール人の剝片石器文化（flake industries）から現代人の石刃石器文化（blade industries）へのこの変化は、極めて急速でしかもヨーロッパ大陸を通じて明らかに同時的であったことが最近になってわかってきた。この変化が起きたのは、地質学的時期区分によるとヴュルムⅡ／Ⅲ亜間氷期（Würm Ⅱ／Ⅲ Interstadial）の間か直後とされ、放射性炭素年代では約35,000年前とされている（Phillips 1980：67；Gamble 1986：179, 245, 370；Jones et al. 1992：332）。

　　西ヨーロッパにおける後期旧石器時代の終りはマドレーヌ文化の終りを意味し、その年代は更新世の終り（10,000年前）に近い約11,000年前（C14年代）とされる（Lambert 1987：158；Jones *et al.* 1992：355, 466；Otte 1994：214及びTable7)。マドレーヌ文化の最末期遺跡としては、例えばクニーグロッテ遺跡（Kniegrotte)（ドイツ、チューリンゲンの洞窟。C14年代：10,230±90B.P.)（Phillips 1980：93)、モースビュール遺跡（Moosbühl I)（スイスの露天遺跡。C14 年代：10,330±180B.P.（炉底）及び8,440±120B.P.（炉灰頂上部))（Phillips 1980：93）などがある。マドレーヌ文化はその後来るべき後氷期の中石器文化（Mesolithic）への移行文化（Epipalaeolithic）に転化した。

59) グラヴェット文化。約29,000年前にオーリニャック文化にとって代わったヨーロッパの後期旧石器時代文化であって、その名称は、南西フランス（ドルドーニュ地方）のラ・グラヴェット岩陰遺跡（La Gravette）の地名に因んで名づけられた。これは南西フランスでは後期ペリゴール文化（Upper or Late Perigordian）として知られ、前期ペリゴール文化（Lower or Early Perigordian）として知られるシャテルペロン文化（Chatelperronian）の延長（連続）とみなす見解（Phillips 1980：81)、いいかえるとシャテルペロン文化をグラヴェット文化の源泉とみなす見解（根拠：共通要素として有背石刃 backed-blades の存在）もあるが、クラーク等の見解によると、それを正当化するには、両者をへだてる編年上のギャップ——オーリニャック文化の継続期間数千年の間隙を通じての文化の連続性が証明されなければならない（Clark and Piggott 1968：71)。

　この文化を区別する指標的文化要素はグラヴェット尖頭器（Gravette points）と肩尖頭器（shouldered points）である（Roe 1970：72；Otte 1994：212)。前者は、一側縁を急斜修正剝離（steep retouch）によって直線状に刃潰しした背（blunted back）をもつナイフ形の石刃である（Burkitt 1963：Fig. 5 - 3；Roe 1970：Fig. 21, a-c)。後者は、一端が尖った石刃の他辺の刃を辺縁修正剝離（marginal retouch）によって抉りこみ、その刃の片方あるいは両方に肩（shoulder）を作出した尖頭器であって、両刃に肩があるタイプ（double-shouldered point）は西ヨーロッパのグラヴェット文化に伴い、片刃だけに肩があるタイプ（single shouldered point）は東ヨーロッパのグラヴェット文化に伴う（Otte 1994：212)。前者（両刃抉り型有肩尖頭器）はフォーン・ローベル尖頭器（Font Robert point）ともよばれている（Burkitt 1963：Fig. 7, 4；Roe 1970：Fig. 21, d)。後者（片刃抉り型有肩尖頭器）は西ヨーロッパのグラヴェット文化にもあるが（Roe 1970：Fig. 21, b)、東ヨーロッパのグラヴェット文化の指標とされるものは、独特の形の片刃有肩尖頭器で、コスティンキ型ナイフ／尖頭器（Kostenki knives/points)（Bhattacharya 1977：337；Gamble 1986：185；Soffer 1987b：334）と呼ばれ、肩（抉れの段）が尖頭端近くに作られて、それ以下が幅広いこみ（tang）になっている（Bhattacharya 1977：336, Fig. 42, Nos. 7, 10-12)。図示された標本でみる限り、それは抉られた基端部の方が抉られていない先端部よりも長い独特の形をしている（Gamble 1986：Fig. 5 -14, o, p, q；Klein 1973：Fig. 10, 17；Roe 1970：Fig. 21, f)。

　グラヴェット文化の地理的分布は、チェコスロヴァキア、ポーランド、ウクライナを含む東ヨーロッパとオーストリア、ドイツ、フランス、スペイン、イタリーを含む西ヨーロッパにわたり、ヨーロッパの大半地域を占めた（Clark 1967：53；Roe 1970：69；Oakley 1972：61；Phillips 1980：82-87)。ただし、29,000年前頃からヨーロッパ大陸を席捲したグラヴェット文化も約20,000年前の時点を境にして分布が大幅に縮小した。それは東ヨーロッパのグラヴェット文化が更新世末即ち旧石器時代の終わり（10,000年前）まで存続したのに対し、西ヨーロッパのそれはそれより10,000年も早く他の文化（ソリュートレ文化とマドレーヌ文化）に入れかわって消滅したからである（Clark and Piggott 1968：87；Roe 1970：86；Phillips 1980：67、82)。いいかえれば、マドレーヌ文化に変わらなかった地域が元のままグラヴェット文化として存続したことになる。ヨーロッパの後期旧石器時代遺跡（遺物集合体 assemblages）を、20,000年前（細石器的要素出現）の

時点を指標として、それより古い前期（Period 3）のものと、それより新しい後期（Period 4）のものとに分けて比較分析した研究（Gamble 1986）があるので、その地域編年的比較分析データからグラヴェット文化関係のデータだけを抽出・整理してみると、20,000年前を境にした同文化の分布域の縮小・存続の模様は次のとおりである。

グラヴェット文化の地理的分布

　前期（35,000～20,000B.P.）：スペイン、フランス、イタリー、ギリシア、ルーマニア、ドイツ、ベルギー（以上固有グラヴェット文化）、オーストリア、チェコスロヴァキア、ポーランド、ウクライナ（以上東グラヴェット文化）（Gamble 1986：181, 183, 185, 196, 200, 201, Fig. 7.2）。

　後期（20,000～10,000B.P.）：スペイン、イタリー、ユーゴスラヴィア、ギリシャ、ハンガリー（以上グラヴェット文化ないしエピグラヴェット文化）（Gamble 1986：212, 219, 221, 237）、チェコスロヴァキア、ウクライナ（以上東グラヴェット文化）（Gamble 1986：212）。

　要するにグラヴェット文化が旧石器時代末まで存続した地域は地中海沿岸とバルカン地方及び東欧方面の3地域に要約できる（Otte 1994：212, Maps 15-18）。ヨーロッパを地理的に東西に2分した場合、これらの残存（存続）地域は、スペインを別にすると、すべてその東側にあることが興味深い。しかもヨーロッパのこの東の部分（広義の東ヨーロッパ）はGimbutasの提唱する「古代ヨーロッパ」（Old Europe）（紀元前7000-3500年代のイタリー、バルカン、東欧）（Gimbutas 1982：Map 1）の地理的範囲と一致する点に注目したい。その理由は、旧石器時代ヨーロッパの女人彫塑像―所謂「ヴィーナス」像の伝統がその地では新石器時代どころかそれ以降にまで受け継がれている証拠があるからである（Maringer 1960；Gimbutas 1982；Breuil and Lantier 1965：156）。この点については後に詳しく触れることにする（第5章-1-(A)参照）。

　要するに、クラーク等の言を借りると、西欧と中欧でオーリニャック文化に入れ替ったグラヴェット文化は、技術的水準からみて前者との違いが深遠で、しかも幾つかの点でそれより恵まれている。また西欧までその分布が延びてはいるが、この文化の中心（main focus）は中欧と東欧にあった。長期居住の証拠を伴う遺跡の数が南ロシア（ウクライナ）に多いことは、これが重要地域（key area）であったことを示唆しているが、モラヴィアとその付近の黄土（loess）に重要遺物が豊富なことは、中部ヨーロッパもまたグラヴェット文化の歴史上重要な意義をもったことを暗示している（Clark and Piggott 1968：71）。最近の研究はこの事情を益々明らかにしつつある（Phillips 1980；Gamble 1986；Soffer 1987b；Otte 1994）。

60）　シャテルペロン文化はフランス及びその周辺に限られた局地的文化で前期ペリゴール文化（Early Perigordian）ともよばれ、文化分類上また編年上の問題も多く、女人像とは直接関係がないので説明は省略する（Roe 1970：71-72；Whitehouse 1983：101, 387；Lambert 1987：158；Otte 1994：209-210及びTable 7, Map 14）。

　ヨーロッパの後期旧石器時代文化で分布が広く内容・性状も十分明らかにされた最古の文化はオーリニャック文化（Aurignacian）である。この名称はフランス領ピレネーのオーリニャック岩陰遺跡（Aurignac）に因んでつけられた。この文化の特徴とされる指標文化要素は、オーリニャック式石刃（Aurignac blade）（全周縁剝離を伴う長い石刃）、急斜スクレイパー（steep scraper）（先端が丸く突出した厚く短い石器）、基端割れ骨製尖頭器（sprit-based bone point）（根元にV字状切れ込みを伴う刺突具）である（Jones et al. 1992：459；Roe 1970：Fig. 21）。この文化は、ドナウ河流域（ブルガリア、ハンガリー、モラヴィア）を通して、中欧（ドイツ）から西ヨーロッパ（フランス）に出現し、突如としてムスティエ文化（中期旧石器文化）にとって代わった西アジ

ア起源の外来文化と考えられていて、バルカン山地（ブルガリア）では40,000年前に出現していた証拠がある（Otte 1994：210；Roe 1970：69；Clark and Piggott 1968：70）（注58参照）。しかしオーリニャック文化遺跡のC14年代測定値の大多数は37,000年ないし30,000年前の値を示し、20,000年前という新しいものも僅かながらある（Phillips 1980：70）。

　ヨーロッパでは、オーリニャック文化に次いで現れたのがグラヴェット文化である。この文化も広くヨーロッパに拡がったが、オーリニャック文化と違って分布の中心が東ヨーロッパから南ロシアにある（Clark 1967：53；Phillips 1980：67；Lambert 1987：158；Otte 1994：211-214, Table 7, Maps 14, 15）。この事実からグラヴェット文化の東欧方面起源の可能性も考えられる（Roe 1970：69）。この文化とオーリニャック文化との区別の第1指標となる相違点は、前者が、二次的急斜剝離（steep retouch）ないし刃潰し（blunting）によって作出された背（峰）のあるナイフ形石刃（backed blade, blunted-back blade）を常用するのに対し、後者にはその伝統が明らかに欠ける点である（Clark and Piggott 1968：69；Roe 1970：67-68）。

61）　グラヴェット文化以外の後期旧石器時代女人像

　後期旧石器時代の丸彫り女性像——所謂「ヴィーナス」像は、グラヴェット文化所属以外の出土例もないことはないが、その例数は少なく、既知例の大多数はグラヴェット文化に属する（Clark 1977：105）。グラヴェット文化以外の確かな例としては、後期ペリゴール文化（Upper Perigordian）（グラヴェット文化と同時代で類似内容のフランスの局地的文化）に属するブラッセンプイ遺跡（Brassempouy）及びレスピューグ遺跡（Lespugue）の「ヴィーナス」像（Gamble 1986：Table 7-11）と、マドレーヌ文化（Magdalenian）に属するマス・ダジール遺跡（Mas d'Azil）（南フランス）のウマ門歯根製女人像（Boule and Vallois 1957：Fig. 228-1）及びペテルスフェルス遺跡（Petersfels）（ドイツ）の黒玉（jet）製女人像ペンダント（Clark 1977：Fig. 43）などがある。

　オーリニャック文化には、女人像だけでなく彫刻も線画もない（参考：Clark and Piggott 1968：84）。ソリュートレ文化に伴うことが確実な女人像も発見されていないようである（参考：Burkitt 1963：178）。

　問題はシベリア（バイカル湖附近マリタ（Mal'ta）遺跡）の女人彫像であるが、この文化は、グラヴェット文化の指標石器タイプこそ欠けているがその他の高度文化要素群が全体としてウクライナの後期旧石器文化段階の特徴を示している事実（Clark and Piggott 1968：99）からみて、問題の女人像の母体としてのマリタ遺跡住民の文化は、ウクライナの後期旧石器文化即ち東グラヴェット文化の延長ないし東のフロンティアとみなすことができる（マリタ遺跡とその文化については330頁注63参照）。

　以上のように後期旧石器時代女人彫塑像は、時代的に主としてグラヴェット文化に属し、それ以前の例がなく、それ以後の例はあるが稀である（Maringer 1960：112；Clark 1977：105）。またその地理的分布は、シベリア（マリタ遺跡）を別にすると、グラヴェット文化の分布とよく一致する（Clark and Piggott 1968：83）。またマリタ文化をグラヴェット文化の一種ないし延長とみなす見解（Powell 1966：12；Roe 1970：77）に従えば、両者の分布はほぼ完全に一致する。

　グラヴェット文化以前即ちフランス式編年による典型的ないし中期オーリニャック文化（typical or middle Aurignacian）（Breuil and Lantier 1965：142）に所属とされたフランス出土の女人像が2例（ブラッセンプーイ及びシルイユ）（Brassempouy, Sireuil）（Breuil and Lantier 1965：152, 153）あるが、最近の報告では、前者は後期ペリゴール文化（Upper Perigordian）（グラヴェット文化の異相）とされ、後者は指標的伴出遺物が欠けるため所属文化不明として扱われている

(Gamble 1986：198，Table 7.11)。後期ペリゴール文化はフランスではグラヴェット文化の別称となっている（Roe 1970：71-72, 84）（この両者の関係については下記文献参照：Breuil and Lantier 1965：141-144； Whitehouse 1983：387；Gamble 1986：Table 5, 8, Lambert 1987：158 及び図表）。

62) 東グラヴェット文化（Eastern Gravettian）

　グラヴェット文化（Gravettian）は南西フランスの岩陰遺跡（La Gravette）を基準として分類・命名された後期旧石器時代文化であって、この基準による本来のグラヴェット文化即ち固有グラヴェット文化（Gravettian proper）の分布は西ヨーロッパに限られている。しかし現今では、チェコスロヴァキアからウクライナにかけての東ヨーロッパに分布する同時代の類似文化にもその名称が適用されて東グラヴェット文化とよばれている。この東グラヴェット文化は、フランスを基準とする固有グラヴェット文化と内容的に細部まで同一ではないが、有背石刃石器の主要タイプ（main backed blades tool types）と各種の両抉りないし片抉り型尖頭石器（flint tanged or shouldered points）を共有する点や小型女人彫塑像、所謂「ヴィーナス」像を伴う点などから見て、両者の間にはグラヴェット文化としての全体的な単一性ないし統一性（unity）が認められる（Roe 1970：72, 84）。これが両者を一括してグラヴェット文化として取り扱う根拠である。

　東グラヴェット文化の狩猟民たちは、北の大陸氷床と氷河に覆われた南のアルプス―カルパチア山脈との間の草原の回廊（森林散在）に沿って季節的に移動する動物群を追った。ヨーロッパの後期旧石器時代狩猟民の主な獲物はトナカイ、野牛、ウマであったが、南ロシア（ウクライナ）とモラヴィア（チェコスロヴァキア）のグラヴェット文化狩猟民はマンモス猟に特殊化し、露天の宿営地に大規模な骨の集積を残した。マンモスは彼らの主食であっただけでなく各種道具の素材ともなっていた（Oakley 1972：61）。しかし獲物はマンモスだけに限られたわけではなく、トナカイ、ウマ等その他の大形獣からウサギ、雷鳥等の小獣に至るまで獲られた。また彼らは露天の宿営地に氷期の寒さに耐える人工的住居（地面を円形ないし楕円形に浅く掘りさげた一種の竪穴住居がその代表的な証拠）を建てることに成功した。これは、部品合成式道具（composite tool）の製作を根幹とする彼らの工学系全体の進歩の結果であって、これによって彼らはネアンデルタール人（ムスティエ文化）には不可能であった天然庇護物（洞窟）のない周氷地域の開発に成功し、さらに極地圏への進出の道を拓いた（Childe 1950；Watanabe 1969b：282-3；Klein 1973：122）。シベリアの後期旧石器時代女人彫像を代表するバイカル地方のマリタ遺跡は、ウラルを超えた東グラヴェット文化の東のフロンティアに相当する（注63参照）。

63) マリタ遺跡とウクライナの関係

　マリタ遺跡（Mal'ta）は、イルクーツクに近いアンガラ河源流の河岸段丘にある露天遺跡である。第4層（D層）が後期旧石器時代の女人像を含む人工遺物を伴う文化層である。その正確な年代は未だ決定されていないが、人工遺物と動物群遺残の性質から後期旧石器時代とみなされている。この年代解釈には前期オーリニャック文化期からソリュートレないしマドレーヌ文化期までの幅がある（Bhattacharya 1977：342；Chard 1974：27；Alexeef 1994：231）。6戸の竪穴住居址が発掘されていて、最大例は14×6mの長方形で、地表（段丘斜面）掘りこみの深さは山側53〜57cm、谷側10cmであって、谷側に入り口がある。その構造を示す証拠としては、マンモス皮の屋根を支える木造構造、皮屋根を支える錘としてのマンモス骨（複数）と床に掘りこんだ石囲い炉（複数）が記録されている。文化遺物は殆どすべて住居内で見いだされていて、しかも物品が、あたかも貴重品を隠すように壁に穴を掘るかまたは床に埋めることによって収納されていた証拠がある。それらの長方形住居の他に直径4〜5mの円形住居址も記録されているが、これらは夏期用のテントら

しく、その中に見出される水鳥の骨（牙）偶がその証拠とみられている。これら円形住居址の炉はその中央にある（Bhattacharya 1977：302-303）（Chard の記述によると、住居址の大部分は竪穴式で、トナカイの角を組み合わせてできた屋根を大形獣骨で支える構造であるという。Chard 1974：Figs. 1.2-1.3）。

石器はムスティエ文化的な円盤状石核（discoid cores）と剝片石器が多く、石刃はあるが典型的なものがなく石刃用多面体石核（prismatic core）もない。しかし、(1)フリント製彫刻刀（flint burin）による骨角器製作、(2)鹿角製柄付きスクレーパー形石器、(3)めど付き骨針、(4)首飾り（小児副葬品）、(5)ヒト形（女人）及び動物形（水鳥）彫像、(6)トナカイ、多毛犀、マンモスなど大形獣の狩猟、(7)竪穴式住居等は明らかにウクライナないし東欧方面の後期旧石器時代文化即ち東グラヴェット文化と共通する特徴といえる（Clark and Piggott 1968：99；Chard 1974：27）。マリタ文化におけるムスティエ文化要素と後期旧石器要素の混在についてクラークは「その最もし易い説明は、南ロシア平原から東進したグラヴェット人達と、ウズベキスタンから北進したムスティエ人達の子孫達とが接触したと推定することだ」と述べている（Clark 1972：63）。また石器インダストリーからみても、東ヨーロッパの後期旧石器時代人がウラルを越えてシベリアに入ったことはまちがいないとされ、オクラドニコフによると、マリタ遺跡によって代表される西シベリア旧石器文化の形成に関して東ヨーロッパ人の果たした役割は決定的であったという（Sulimirski 1970：17；Chard 1974：26-27）。シベリアの最古の住民は、第4氷期の終りに東ヨーロッパからバイカル湖岸に到達したというのがオクラドニコフの仮説である（Okladnikov 1964：21）。クラーク等も、既知のシベリア最古の後期旧石器時代遺跡がアンガラ河—特にマリタとブレティに分布するという視点から、西シベリアの入植がバイカル地方から始まったのではないかと考えた（Clark and Piggott 1968：98-99）。ロゥは、グラヴェット文化の内容は各種で、その分布はフランスからシベリアまでを含むと考えている（Roe 1970：77）。マリタの高度に様式化された女人像が南ロシア（ウクライナ）の延長であることはパウエルも認めるところである（Powell 1966：12）。マリンガーは、ヨーロッパの後期旧石器時代をオーリニャック—ペリゴール文化（B.C.30,000-25,000年）、ソリュートレ文化（B.C.25,000-20,000年）、マドレーヌ文化（B.C.20,000-10,000年）の3期に区分し、オーリニャック文化の狩猟民が、南フランスからシベリアのバイカル湖までの広大なユーラシア地域に女人像の伝統をもたらしたとしている（Maringer 1960：45, 112, 114, 202）。

後述（167頁）するように、マリタ遺跡の女人像には、ヨーロッパにありきたりの腰の張り出した「ヴィーナス」型の例が欠けていて、ヨーロッパには見当らない新型（C型）の例がある点で非ヨーロッパ的であるが、ヨーロッパと共通する筒形ないし棒状の女人像（B型）を伴う点ではヨーロッパとの類似関係が否めない。このような半ヨーロッパ的ないし半アジア的様相は、同遺跡の後期旧石器文化全体の様相とも一致するようにみえる。

チャードは、基本的に西欧的な視点から設定されている「オーリニャック文化」あるいは「グラヴェット文化」の概念を放棄し、幅の広い地域的変異を包括する新概念としての「オーリニャック的文化」（Aurignacoid tradition、即ち"Aurignacian-like" tradition）を設定した。これは狩猟具としての尖頭器を含む骨器とその製作用具としての石器類を基本的共通指標とする一般的文化（general tradition）であって、この新概念によると、西シベリア（マリタ遺跡）が同じ一つの文化の帯でウクライナ及び東欧・西欧と結ばれることになる。それだけでなくチャードはさらにこの流れが極東方面にまで影響を及ぼしたと考えている（Chard 1975：149-154, 169-191, Fig. 12-6, オーリニャック的文化の分布と影響；1974：20, 26-27）。これは本書で取り上げた極東の新石器時代及びそれ以降における女人小像伝統の発展の事実にも関わる重要事項といわねばならない。

64) 縄文土偶のサイズ（高さ）も、既知の最小例は2.6cm弱、最大例は41.5cmであるが、大多数は10cm前後を中心として5～20cm内外の範囲（植木 1990：56）であるという。偶然の一致とはいえ、この一般的サイズの範囲の一致は興味深い事実といえる。

なおバルカン地方の新石器時代にも土偶の発展が見られるが、ここでもヒト形土偶のサイズ（高さ）は大抵の場合16cmを超えない。大形土偶としては高さ30cmまでのものが若干の遺跡から出土しているが、ここでも大形土偶は作りと装飾が念入りである（Tringham 1971：185）。

65) このような諸特徴は、ヨーロッパの女人像には適用してもシベリア（マリタ）の女人像には適用しない。なぜなら後者では、前者の場合とは反対に、頭部が下半身に較べて大きく、顔の表現（目鼻立ち）を伴うのが普通であって、乳房と恥骨部三角は一般的にみとめられるが、下半身諸部分の強調的表現はみとめられず、反対に腰幅が肩幅より狭いものさえある。またシベリア（マリタ）には、臀がやや突き出したものはあるが、腹部突出を伴う例がない（図85参照）。

本文に挙げた諸特徴をもつ女人像は既に「ダイアモンド（菱）形」（次項(iv)参照）として形態的に一括分類され、ヨーロッパの女人像の斉一性を表わす象徴とみなされているが、その範疇にはいらないものがヨーロッパの女人像にも存在する。この類は、一見したところ種々雑多で前者ほど斉一にはみえないが、それらにもまた基本的造形デザインの斉一性即ち共通形枠の存在が認められる。この形枠は「ダイアモンド形枠」とは別の形枠で、しかもヨーロッパだけでなくシベリアまで共通する全域共通形枠である。この類の女人像に関する斉一性の認識は、これまでの旧石器時代女人像論には欠けていて、筆者の極東女人像の視点からはじめてもたらされたものである。

66) 後期旧石器時代女人像、即ち所謂「ヴィーナス」像類を地母神（Earth Goddess, Great Mother Earth）（Cottrell 1960：164；Forman and Poulik n.d.：19）とみなす見解もあるが、それら女人像の象徴性をそのように大地の生産性に結び付けることは、明らかに誤りといわねばならない。その理由は本文で説明する。

67) 豊作を繁殖力に結び付けるのは農耕・牧畜民の考え方であって、彼らの豊饒儀礼（fertility cult）は踊り（dance）の形をとることが多く、特に南洋諸島とメラネシアのそれは性的色彩（sexual overtone）が強烈である（Davies 1972：82）。現生狩猟採集民には男性生殖器（phallus）崇拝の慣習は見当らない。旧石器時代にもそれを裏付ける証拠は欠ける。またギンブタス（Gimbutas 1982：237）が指摘しているように、旧石器時代どころか新石器時代においてさえも、人類が生物学的妊娠を理解した証拠はない。縄文土偶を女性、石棒を男性とみなし、両者をめぐる性的豊饒儀礼を想定する解釈もあるが、それには根拠がない。石棒の解釈が疑問である。

チャイルドは、男根（phalli）の表現が、旧石器時代から新石器時代前期（農耕開始時代）の文化には欠け、そのシンボル（phallic symbols）が初めて出現したのは新石器時代後期ないし青銅器時代以降（農耕社会化以降）であると指摘した（Childe 1951：65）。最近の情報をまとめたド・ラエットは、男根表現（phallic representations）や雄牛神（bull gods）が男性原理（male principles）を表わすものとし、この原理が社会的重要性をもつに至ったのは新石器時代後期以降としている（De Laet 1994：372）。

68) 旧石器時代女人像の小貫通孔が、すべてペンダント用かどうかはなお疑問が残る。何故なら現生狩猟採集民の例を概観すると、神像の吊りさげ使用はペンダントに限らないからである。しかし民族誌例でみる限り、小形神像の吊りさげ使用例は、一般に「お守り」（amulet）として身に着けるか、あるいは「家神」として屋内に掛けるかの場合であって、それらはいずれも私的ないし個人的儀礼用である（詳細は第6章-3参照）。以上の事実からみて、旧石器時代女人（女神）像の小貫通孔は、それらが十中八九は私的ないし個人的儀礼用であったことを示唆する証拠とみなすことがで

69) 腰の側方張り出しは、ヨーロッパ新石器時代女人像の場合には大腿部の肥満（fat thighs）と表現されている例もある（Gimbutas 1982: Fig. 26）。

70) 肩幅と腰幅の差による胴形の区別（A, B, C）と脂肪のつき方の差による体形の区別（肥満と痩身）の関係は次図のとおりである。従来の女人像形態論では、体形の区別は論じられてきたが胴形

	A型	B型
肥満 (adipose)	（台形）	（矩形）
痩身 (slender)	（台形）	（矩形）

の区別との関係は問題になっていない。これまで「やせ形」は時代差の指標として扱われてきた。西欧の女人像の特徴として、マドレーヌ文化以前の標本が「肥満型」なのに対して、マドレーヌ文化の女人像は「やせ形」という考え方（Boule and Vallois 1957: 321; Whitehouse 1983: 536）がそれである。またこれまで「やせ形」は地域差の指標とも解されてきた。また例えば、ヨーロッパ系女人像の肥満性に対してシベリア（マリタ遺跡）の女人像は「肥満性（obesity）を欠く点で西欧の仲間（Western companions）とは異なる」（Breuil and Lantier 1965: 154）とか、「大多数がやせ形（slender）で、ヨーロッパの標本とは外観が違うのは、時代が違うからではないか」（Boule and Vallois 1957: 316）とさえいわれているが、これはつまり、ヨーロッパの女人像の肥満性に対して、やせ形はシベリア系女人像の特徴という考え方である。しかし脂肪のつき方による「肥満」と「細身」の区別では、ヨーロッパとシベリアの女人像の地域差、あるいは固有グラヴェット文化とマドレーヌ文化の女人像の時代差を説明することは不可能である。それは上掲の「脂肪のつき方と胴形の関係図」に明示されているように、「肥満」と「細身」のそれぞれに胴形の違い（「台形」と「矩形」）が含まれるからである。そこで先述のような女人像形態の地域差や時代差の問題を解く鍵は、これまで指摘されてきたような単なる「脂肪のつき方」の問題ではなく、それと「胴形」の違いとの関係ということになる。要するに女人像の地域差と時代差の分析には、これまで無視されてきた「胴形」の区別を考慮することが必要かつ不可欠と考えられる。

71) シルイユ（Sireuil）遺跡（フランス、ドルドーニュ地方）産標本（図86-4）は同地の道路の溝から偶然に発見されたもので、その素性（origin）が明確でないが、ブルイユ（H. Breuil）とペイロニュ（D. Peyrony）はそれをオーリニャック文化の女人像とみなしている（Boule and Vallois 1957: 315）。サヴィグナーノ遺跡（北イタリー、モデナ附近）産標本（図86-11）も、その素性が不確かであるが、ヴォーフリィ（R. Vaufrey）によってグリマルディの女人像になぞらえている（Boule and Vallois 1957: 315）。以上のような素性の問題があるにもかかわらず、これら両標本は、専門家の間で後期旧石器時代前期（EUP）の重要資料として扱われている（Breuil and Lantier 1965: 154; Powell 1966: 15; Gamble 1986: Table 7.11）。

72) ここでは論議の対象を、極東先史学の立場から、便宜上シベリアのマリタ文化とその延長線上にあるヨーロッパのグラヴェット文化の女人像に限ることとし、ヨーロッパの局地的文化であるマドレーヌ文化の女人像は別扱いとして後述することにした（168頁、c項）。

73) ルロア=グーランの「ダイアモンド形」女人像即ち「ダイアモンド形枠」適合女人像として図示された8例（Gamble 1986：Fig. 7.3；Pfeiffer 1982：203）中の2点は、ガガリノ（ウクライナ）出土品であるが、そのうち細身の例（同図2例中の右側）は、筆者の分類ではA類（台形胴タイプ）とB類（矩形胴タイプ）の中間（移行）形よりもむしろB類として分類される（図86-22）。その他の7例は典型的なA類といえる（図86-21）。

74) バルマ・グランデのC型女人像問題

　　グリマルディ洞窟群（イタリー）に属するバルマ・グランデ遺跡（Barma Grande）は、既述（164頁）のように、一群の後期旧石器時代女人像（図86-7～10）の出土で有名ではあるが、それらは前世紀後半にある古物商によって掘り出された採集品で、何等の発掘報告が出版されていないので、正確な層序的位置が不明であった。しかし最近になって、彼の書簡から、そのうちの3点についての層序的位置と伴出人工品に関する若干の情報が得られ、伴出した獣骨の放射性炭素測定年代（3資料の年代範囲：19,280±220B.P.から14,110±110B.P.）によって、該遺跡出土の女人像の年代が、これまでの推定年代よりかなり新しいことがわかったという（Bisson et al. 1996；156-162）。この報告の第1図に掲載されたバルマ・グランデ洞窟出土とされる女人像3例のうち第3標本（Fig. 1-C）だけは、同遺跡出土の他の女人像（図86-7～10；Bisson et al. 1996：Fig. 1-a, b）と違って、筆者の分類基準によるとC型である。図（Bisson et al. 1996：Fig. 1）によると、このC型標本は、背面が完全に平坦、腹面も腹部が幾分高い（厚さ1cm強）だけで、頭部、胸部、大腿部の高さはほぼ等しく（各厚さ1cm弱）、全体的に薄い板状であって、正面図の両乳房と円い腹の輪郭によって女性を表わしている。正面からみると、肩幅を最大幅（2cm強）とし、融合した両脚の先に向かって細くなって、C型体形の輪郭（図83-C）を形づくっている。この輪郭は、マリタ遺跡（シベリア）のC型像と大差ないが、薄く平坦な半板状である点、頸部のデザインが欠ける点、頸部に懸垂用とみられる小孔があいている点でマリタ標本と異なり、また特に頭の前後両面に顔だちが彫りこまれている点では極めて異常である。

　　このイタリー出土標本は、胴形は確かにC型だが、直ちにシベリア（マリタ）出土のC型標本と文化・歴史的に関係づけるわけにはいかない。その理由は、第1にグリマルディとマリタの間には5000マイルの隔たりがあって、両地間の直接伝播即ち伝統のつながりを考えるには空間的ギャップが大きすぎること、また第2には、バルマ・グランデのC型標本が、最近の再吟味の結果（Bisson et al. 1996：158）によると、実は別の遺跡から由来した疑いがあるとわかったことである。つまり問題の標本は、由来と素性が曖昧といえる。以上の理由から、当研究では本題に直接関係のないものとして、さし当ってこの標本を比較資料からはずすことにした。

　　たとえこの標本が伝統的なC型形枠の産物であるとしても、広大なウクライナの空白地帯が存在する現状では、マリタ遺跡（バイカル地方）のC型との連続性を推定することは難しい。

75) この新分類法は、腰部の側方張り出しと腹部の前方突出及び臀部の後方突出の程度の強弱を基準にした点が新しく、原理的に客観性をもち、また実行の上でも困難な点はないが、今回は写真と描写図しか利用できなかったことによる判定上のハンディキャップがあったことは否めない。しかしこれは改めて、実物ないし模型の標本を直接観察・測定することによって、補正・強化できるはずである。また今回は、張り出しと突出の度合いの判定は、差し当って目測によったが、この点も客観的明確さを期するために、さらに計測方法を導入する必要がある。今回の分類は、図版資料と目測判定によったが、その結果について基本的な誤りはないと考える。

76) 旧石器時代北方ユーラシア域に共通する女人像造形パターン（形枠）即ち全体的ないし統一的大枠として、「胴」に関してはB型があるが、その他にも「腕」と「脚」に関するものがある。それ

77) オストラヴァ・ペトルコヴィス標本（図86-16）とガガリノ標本（図86-22）は、側面図が手元にないので xy の区別ができないが、少なくとも前者は前後方向の突起がなさそうで、By 型にみえる。

78) 多数の女人像を出土した7遺跡の中で、AとBの2形式の伴出遺跡に該当しない2遺跡は、アヴデヴォーとコーティレヴォで、いずれもウクライナの遺跡である。アヴデヴォーから出土した4例中2例は未成品であり、完成品の2例（図86-19、20）（Klein 1973：85）は双方とも B 型である。コーティレヴォからは完形品と破片などあわせて6点（Gamble 1986：Table 7.11）が出ているというが、筆者の手元の形態的情報としては、A 型女人像1点（Soffer 1987b：Fig. 1）（図86-17）の存在が確認できるだけで、それ以外今のところ確かめようがない。

79) マドレーヌ文化期の可動ないし可搬芸術（mobile or portable art）（バーキットの家庭芸術（home art）（Burkitt 1963：167）に該当）の存在は大遺跡に限られるという下記のような報告がある。これは後期旧石器時代遺跡における女人立体像の存否と多寡が遺跡の種類ないし性質に関係する可能性を示唆している。

ドイツのマドレーヌ文化期遺跡は、石器及び石核の数量差と炉の構造差等によって大・中・小の3種に分類され、大遺跡は長期冬用ベースキャンプ、小遺跡は夏用フィールドキャンプと推定されていて、可動芸術の存在はそれら大遺跡の重要指標の一つとされている。抽象的女人像の出土で知られるペテルス・フェルスは、それら大遺跡の一つである（Weniger 1987：203, Table 1）。可動芸術が大遺跡に限定されることは西ヨーロッパのマドレーヌ文化においても認められている（Weniger 1987：210）。マドレーヌ文化の女人像については後述（c 項168頁）で説明する。

80) 恥骨部三角形（pubic triangle）とは、両脚の基部（両腿のつけ根）と下腹部とを境する V 字形刻線であって、女性の陰阜（mons veneris）を表わし、先史女人像の性別を表現する特徴の一つとみなされている（Boule and Vallois 1957：318；Maringer 1960：109；Sievekig 1979：78；Gimbutas 1982：163, Fig. 144）。バルカンの金石併用時代（グメルニタ文化）のヒト形骨偶では、線で刻まれた恥骨部三角形（sexual triangle）が、性別（女性）を表わす唯一の性的様相となっている（Tringham 1971：166）。シベリアのマリタとブレティの両遺跡の女人像（図86）にもこの表現が活用されている。

81) B 形（矩形胴タイプ）には、標本によって、下半身（臀部か腹部あるいはその両方）の前後方向への突出を伴う場合(x）と伴わない場合(y）がある。前記（第1例）のブラッセンプーイの例は By 型であり、この第2例即ちグリマルディの例は Bx 型である。この(x）要素は、A 型女人像一般に強調されている二次的性徴表現要素の一つでもある点からみると、この要素を含む Bx 型女人像は A 型女人像と形態的要素の一部を共有する関係にある。By 型女人像には、A 型とのこのような関係はない。シベリアの B 型は、By 型が圧倒的にみえる。これが、同地に A 型が欠ける事実と関係があるかどうかは、資料の少ない現在の状態では確かめようがない。

82) この女性像は、「熱気乾燥された粘土像」（baked clay figurine）と記述されているように、高熱の炉灰中での加熱によって固化し、はからずも陶器的物質（ceramic substance）がもたらされたと考えられる（Powell 1966：12）。ギリシアの新石器時代遺跡（Nea Nikomedia）では、非焼成（unbaked）の粘土製女人像も報告されている（Mellaart 1965：116）。日干し粘土製土偶は民族誌例もある（図10、図13）。

83) ドルニ・ヴェストニスにおけるこの A、B 両型の女人像の伴出の事実は、夙にクラークによって、

次のように別の意味で指摘されていた。即ち彼はその両標本の対照性を、抽象的な言葉で「写実的」表現と「象徴的」表現の対立としてとらえ、「ドルニ・ヴェストニスで、象徴的な棒状像（a lod-like figure）が、比較的自然主義的なスタイルの像と並んで出土するのを見ることは特に興味深い」（Clark 1967：58）とし、両者が「この遺跡で同じコンテクストの中にみいだされたことは注目に値する」（Clark 1967：57. Figs. 38, 39）と述べている。また彼は、モラヴィアの別の2遺跡からも、これと同じ対照的表現法による女人像が出土していることを指摘して、オストラヴァ・ペトゥルコヴィスの丸彫り女人胴像（図86-16）を自然主義的とし、プシェドモストの線刻女人像（マンモス牙）を象徴的として比較している（Clark 1967：59, Figs. 44, 45）。このような表現法による分類の難点は、形態的分類と必ずしも一致しないことであって、例えば表現的分類では、上述のようにドルニ・ヴェストニスの女人像とオストラヴァ・ペトゥルコヴィスの女人像が同じ自然主義の範疇に一括されてしまうが、形態的分類では両者は範疇が異なり、前者はA型（台形胴タイプ）、後者はB型（矩形胴タイプ）である。つまり同じ標本でも表現法からみる場合と形態そのものとしてみる場合とでは意味が違うことになる。ドルニ・ヴェストニスにおける問題の2標本の伴出（共存）も、クラークの指摘した意味と筆者の指摘する意味とは全く異なる点を強調したい。

84) これを一つ屋根の住居とみなす見解に対しては反論がある。例えばクラーク等は、それだけの広さの屋根をかけることは難しく、実はそれは個別の家族用小屋の集まり（clusters）を表わすものと解している（Clark and Piggott 1968：76）。またクラインも、コスティエンキⅠ-1やアヴデーヴォにおいて、そのような住居址の巨大面積をおおうような屋根をかけることの技術的問題からみて、それらは単一の「長屋」（long house）らしくはなく、恐らくはそれぞれ多数の構築物を含む複雑な一集落だったのではないかとみている（Klein 1973：104）。

85) 一見して人間的な形態を具えた写実的な丸彫りのヒト形像がマドレーヌ文化遺跡からの出土品に稀なことは周知で、マリンガーはその要因をトナカイ狩猟に依存した彼らの移動生活（nomadic life）の所産ではないかとしている（Maringer 1960：112）。

しかし稀ではあるが写実的な形の丸彫り女人像が出土していることは確かであって（Boule and Vallois 1957：Fig. 228, Nos. 1, 3）、その1例（No. 1）はウマの門歯の歯根の一端に彫り出された乳房つきの上半身である。他の1例（No. 3）は象牙製女人像（図93-7）で、頭と乳房の表現がかけていて、陰阜（Mons pebis）に切れ目がつけられ、両脚が融合せず左右に切り離されている点で、明らかにグラヴェット文化の女人像の伝統からかけ離れているが、胴形は両脇の輪郭がほぼ平行という点でB型（矩形胴形）であるが、腰部（hip）の張り出しの点でA形（台形胴形）の特徴をとどめているので、全体的にはA-B中間型とみることができる。これまでマドレーヌ文化の「ヴィーナス」像は、グラヴェット文化のそれとは性質が異なり、それより細長く腹が出ていない（Whitehouse 1983：536）とされてきたが、この形態的属性自身は、図86を見れば明らかなようにグラヴェット文化女人像のB型造形パターンの要素であって、マドレーヌ文化の女人像に特有のものでもない。問題はむしろこのような写実的な丸彫り女人像が、極度に様式化された丸彫り女人像とならんで同一文化中に存在することの意味である。マドレーヌ文化の例外的存在としての写実的女人像は、上述の図式即ち様式化プロセスとは別に、グラヴェット文化の高度写実的な例外的女人丸彫り像（Powell 1966：19、ブラッセンプーイ及びドルニ・ヴェストニスの象牙製頭部）とともに一括考慮を要する問題のようにみえる。

86) 両脚が左右に切り離された女人像としてはロージュリー・バス（フランス）出土の例（図93-7）がある。しかしその所属文化は西欧の一部（フランスを中心にスペインから中欧まで）に出現したトナカイ狩猟に特殊化したマドレーヌ文化である。北方ユーラシアに広く分布したグラヴェット文

化系のマンモス狩猟民では、そのような例は見当らない。脚の下端部の分離を伴う例はウクライナのグラヴェット文化に見いだされるが、現実の人体のように、左右両脚の間が2本足の形で充分に切り離されている例は、グラヴェット文化には見当らない（マドレーヌ文化の女人像の詳細は先にまとめて述べた168頁参照）。

87) 　ムスティエ文化の遺跡にも赭土（red ochre）の塊や擦痕のある赤鉄鉱（hematite）が発見されているが、その用途は憶測の域を出ていない（Leroi-Gourham 1957：110；Rigaud 1989：151；Lambert 1987：151；Wendorf *et al*. 1994：124）。

88) 　ネアンデルタール人は仲間の死体を儀礼的に処理しただけでなく、動物（獲物）の死骸をも儀礼的に処理した形跡がある。その証拠はヨーロッパ各地の遺跡から報告されているクマの骨の出土状態である。関係遺跡の分布はフランス、スイス、ドイツ、オーストリア、ユーゴスラヴィア、コーカサスにわたっている。既知の遺跡は一般には洞窟遺跡（稀に洞窟石灰岩層（travertine）遺跡）であって、問題の遺物は、殆どの遺跡の場合、洞窟クマ（cave bear, *Ursus speleus*）（洞窟生息性で成獣はヒトより巨大、旧石器時代末に絶滅）の頭骨と長骨である。これらは以前からネアンデルタール人のクマ儀礼（cave bear cult, bear cult）（Breuil and Lantier 1965：235-236）として知られてきた。しかし最近では、洞窟クマの「儀礼」と誤解されてきた各種の様相は殆どすべて自然作用の所産ではないかとして疑問視されるようになった（Kurtén 1976：83-103；Valoch 1994：141）。しかし全例が否定されているわけではなく、例えばユーゴスラヴィアの1例（洞窟壁にある袋状のくぼみの入口が積み重なった3個の石で塞がれ、その奥に洞窟クマの頭骨と長骨が閉じこめられた形になっている）（Lambert 1987：151）は、人為的であって宗教儀礼を暗示するものではないかとされている。コーカサス地方にも洞窟クマの頭骨を伴う洞窟遺跡が多く、その状況からみて、多くの研究者がそれらをムステリアン人のクマ祀りの証拠とみなしている。それにはなお証拠と検証が不充分とする意見もあるが、既存のデータが無視されてはならないとアレクセーフは述べている。彼は、西ヨーロッパの類例に照らして、ムステリアン時代のコーカサスに十中八九クマ祀りがあったらしいとみている（Alexeef 1994：150-151）。洞窟クマの儀礼には懐疑的な哺乳類古生物学者クルテンも、ネアンデルタール人のヒグマ（brown bear, *Ursus arctos*）の儀礼については、2遺跡からの証拠を認めている。その1例は1960年代に発掘されたドルドーニュ地方（フランス）の一洞窟遺跡（Résourdou Cave）であって、ここではネアンデルタール人化石以外に、少なくとも20個体分のヒグマの骨が矩形の穴（pit）から発見され、その状態が人為的堆積を示すという（Kurtén 1976：104）。

　彼のクマ儀礼の第2例は、ドイツのワイマールに近いタウバッハの洞窟石灰岩（travertine）遺跡である。ここでもネアンデルタール人の化石に伴って、多数の石器と獣骨とが出土したが、肉食獣化石は乏しい。しかしヒグマだけは例外で、洞窟クマは歯が4本見つかっているにすぎないのに、ヒグマは少なくとも43個体分の骨と歯が含まれていて、しかも極めて特異な人為的形跡をとどめている。即ちヒグマに限って、犬歯の8割の歯冠だけが、整然と人工的に打ち欠かれている。これは、超自然的な考えにもとづく行動としか考えようがないところから、一種のクマ儀礼の証拠とみなされている（Kurtén 1976：104-105, Fig. 36）。

　これと極めて似た例が、シレジア（ポーランド）のボーベル・カッツバッハ山地にある後期旧石器時代の一洞窟遺跡（Hellmichhöhle）からも報告されている。この例も、近代の北方狩猟採集民のクマ祭にみられる類似の慣習とともに、ネアンデルタール人のクマ儀礼を明らかにする重要手掛りになる。

　上記のヘルミッヒ洞窟遺跡では、前期オーリニャック文化層に属する1頭のヒグマの頭骨と若干

の洞窟クマの骨が発見された。そのヒグマ頭骨は、臼歯の摩耗が軽微（幼少個体）で完全なのに、犬歯と門歯は、自然摩耗でなく、人為的に鑢がけで削りおろされている（filed down）。クマその他の肉食獣の門歯あるいは犬歯は自然に磨り減ることはない。また象牙質の再生が不完全な点から、研削から死亡までの時間が長くなかったと推定されている。マリンガーは、アイヌと樺太ギリヤークのクマ祭で、ヒグマ（2、3歳）が人間を襲ったり傷つけたりする危険を防ぐため、その犬歯と門歯を鋸様器具で切り取る慣習があることを挙げ、ヘルミッヒ洞窟の類似の文化的現象が偶然の一致ではあり得ないとして、後者の儀礼的性質を認めている（Maringer 1960：69-71）。

クルテンの報告（Kurtén 1976）によって、ムスティエ文化人あるいはネアンデルタール人のクマ儀礼に関するデータが再検討され、その解釈の見直しが必要となったことは確かだが、既存データないし解釈のすべてが否定されたわけではない（参照：Alexeef 1994：150-151）。

現生狩猟採集民の間でクマ祭は、北ヨーロッパから北方アジアと北アメリカを経てグリーンランドに至る環極地圏に、大陸横断的広域分布を示している（Hallowell 1926）。重要な点は、クマが食物としては二義的なのに儀礼的地位はどこでも第1位という点（Speck 1977：77）と、クマ儀礼が一般に骨に対する何等かの儀式を伴うこと（Hallowell 1926）である。その分布の広大さと基本的パターンの斉一性からみて、その起源が単元的でしかも古いことは既に以前から関係学者によって示唆されてきた。例えば北半球諸民族のクマ祭をはじめて総括的に分析した A. I. ハロウェルは、クマ祭がトナカイ（カリブ）狩猟民の古代北方文化の様相の一つとして、多分何等かの旧石器時代の人々から由来したと推測した（De Laguna 1994：39）。先に挙げた旧石器時代のクマ儀礼関係の証拠は、このような民族誌的証拠と相俟って、今後ますますその重要性を増すものと考えられる。

89) バッタチャルヤは、後期旧石器時代ヨーロッパの壁画洞窟の概説の結論として、洞窟壁画のこれまでの解釈が、相互に排他的な両極端の見解——芸術のための芸術とする見解と秘伝的儀礼とする見解——の間を振れ動いてきたと述べ、次のような彼自身の見解を示している。(1)それらの洞窟が滅多に住居に使われなかったという事実からみると、その芸術は、視る歓びのためではなかったことが示唆され、また利用できる空間があるのに、古い絵の上に重ね描きを実施したことは、視覚的歓びのためとする見解へのさらなる反証となる。(2)それらの絵が、食用動物の増加のためとする考え方も当らないようにみえる。何故なら描かれた動物の多くが、当時稀にしか狩猟されなかった動物だからである。(3)既存証拠から決定的に示唆されることは、それらの洞窟が、秘伝的かどうかは解らないが、ある種の儀式（ceremonies）に伴っていたということである（Bhattacharya 1977：375）。以上のように、ヨーロッパの後期旧石器時代の洞窟壁画が、何等かの儀礼に関係があることは、最早疑問の余地がないようにみえる。

後期旧石器時代洞窟壁画研究の近況についてはバンディの概報がある（Bandi 1994）。

90) 産神や家神など、人間の生に関する信仰そのものの起源は、女人像の起源より古いかもしれない。それは、北方寒帯即ちヨーロッパの周氷地域（periglacial areas）への人類最初の住みつき（dispersal）に成功したネアンデルタール人にまで遡ることもあり得ないことではないかもしれない。しかし、もしそうだとしても、彼らには絵画や彫刻のような芸術的表現の手段がなかったから、女人像のような考古学的に検証可能な証拠即ち遺物を期待することはできない。従って人間の生に関する信仰の起源を、ネアンデルタール人の時代即ち芸術出現以前にまで追求することは考古学的には不可能といわなければならない。

91) 後期旧石器時代人の生存のリスクが現生狩猟採集民のそれより小さくはあり得なかったこと。種族維持（妊娠、出産、育児）関係の生活問題については前章（第2章-3-B）で詳述したので、こ

こでは個体維持（食物）関係の死活問題となる次の3点について要点を述べることにする。(1)大形獣猟の成果の不確実性（Watanabe 1971：272-273；渡辺　1990a：127；Weyer　1969：333)、(2)大形獣の危険性（Jenness 1922：150-153；Watanabe 1972：115-117；渡辺　1990a：135-136)、(3)越冬と飢饉（Weyer 1969：113-124；Watanabe 1969a；1969b；1971；渡辺　1972)。

(1)大形獣猟の成果が不確実な点は南方（熱帯）系狩猟民の場合も同様であるが、北方寒帯のように大形獣猟に依存せざるを得ない所では、代替食が必ずしも得られないので致命的な結果を招くことになる。現生民では、弓矢、ワナ類等小動物用猟具も発達し、その他に釣り具等の専用漁具もあるが、弓矢の確証は旧石器時代終末まで、専用漁具の証拠は中石器時代までない。従って上述のリスクも、現生民に較べ大きくはあっても小さくはあり得なかった。

(2)大形獣の危険性。これには食物と棲み処をめぐる競争相手（competitors）としての危険性と狩猟の相手としての危険性が含まれる（Cornwall 1968：118-137)。後期旧石器時代の北方ユーラシア関係の大形食肉類の代表は洞穴ライオン（cave lion)、洞穴クマ（cave bear）とヒグマ（brown bear）である（Cornwall 1968：120-122, 125-127；Kurtén 1968：85-87, 122-128)。これら3種の食肉類は、ドルドーニュ地方（フランス）の洞窟壁画にも描かれていて（Cornwall 1968：Figs. 16, 17；Kurtén 1968：Figs. 34, 50, 52)、後期旧石器時代人とのかかわりの深さを示している。

就中クマは、分布が広い点と上述の危険性の両者を兼ねる点で北方ユーラシア狩猟採集民にとっての危険動物の代表ともいえる。北方ユーラシアを通じて、クマに対する信仰・儀礼が広く分布することは周知の事実（Hallowell 1926）であり、またシベリア諸民族の間では、クマが極めて強い動物として畏敬され、タブーや祭祀の対象となっているだけでなく、彼等の用いるクマの代名詞が極めて多数にのぼっていること（ロット＝ファルク　1980：98）も、北方民とクマとの関係の深さを示唆している。この大形食肉類は、北米インディアンでは、狩猟時の危険性だけでなく、それ以外の野外活動（採集等）の場合も危険な動物として、各種の対策がとられている（渡辺　1985：135)。狩猟採集時代のアイヌに関しても、クマによる死傷の実例が珍しくない（Watanabe 1973：Note 23)。また肉食獣だけでなく、イノシシ等も狩猟民にとって危険性が大きく、手槍猟では負傷が珍しくないという記録（アルセニエフ　1965：264）もある。またトナカイ（カリブー）のようなシカ類（Cervidae）でさえも、雄成獣（bull）が弓矢猟者を角で刺し殺した実例（Jenness 1922：150）がある。このような危険は、狩猟採集民一般の生活にもつきものといえるが、特に北方帯では必然的に狩猟への依存度が南方帯よりも高いから（渡辺　1978)、そのような危険とのかかわりもそれだけ深いことになる。後期旧石器時代人の場合には、現生北方狩猟民の狩猟獣の範囲の動物はいうまでもなく、それより大形の巨大動物群（megafauna）（マンモス、多毛サイ、大形野牛バイソン等）（Gamble 1986：103, Figs. 3.9-3.11）をも相手にしていたから、彼等の生命に対する大形獣の危険度は、現生狩猟採集民より小さかったとは考えられない。

(3)越冬と飢饉。北方寒帯ではヒトを含むすべての動物にとっての共通問題として冬をいかに生きぬくかという越冬問題がある。これに対して狩猟採集民は、程度の差はあるが食物貯蔵によって対処している。しかし気候変動などによる食物資源の年変動が避けられず、これが飢饉の原因になる。季節的移住性の群棲動物の場合、移動路の年変動も食物貯蔵に影響し、ひいては飢饉につながる。またクマその他各種の所謂略奪動物（marauding animals）による貯蔵食物の被害も北方狩猟採集民の死活問題である（Watanabe 1969a：1971)。以上の点で後期旧石器時代人は現生狩猟採集民に劣らぬ食糧問題即ち生存の危険性に直面していたことになる。

92)　マリンガーも、グリマルディ出土「ヴィーナス」像群の解説として、それらは、旧石器時代人の

生存（survival）と種の繁栄（propagation of the species）のための必要に関係があると強調している（Maringer 1960：pls. 29-31）。

またクラークも、後期旧石器時代狩猟民の生活上の必要を、食物の獲得と彼等自身を永続させること（perpetuate themselves）とみなした。そして、彼等は狩猟の成功に関心があり、洞窟芸術はその不安を解消する手段（媒体）であったという見解を示している（Clark 1967：75）。

93) 南東ヨーロッパの金石併用時代ないし青銅器時代にも、典型的なＣ型女人像が存在する。これは、腹の上に置いた形で折りまげた両腕と接着して先細りの両脚を伴う大理石製の立像、即ち「腕を折りたたんだ大理石像」（folded-arm figurines of marble）とよばれるものの１種であって、典型的実例としては、キクラデス文化（エーゲ海の青銅器時代）所属例（Gimbutas 1982：pl. 148；Renfrew 1979：pl. 2 -c、両者ともシロス出土品、いずれも乳房と恥骨部三角形 pubic triangle を伴う）及びカラノヴォⅥ期所属例（東バルカンの金石併用時代）（Gimbutas 1982：pl. 147、中部ブルガリア出土、恥骨部三角形表示）がある。また地理的に少し離れるが、サルディニア島には、上記のＣ型女人像と比較されている問題の女人像（Renfrew 1979：pl. 6 -a、乳房つき）がある。これは、全体の輪郭が上記のＣ型例と同様であるが、胴体から遊離した形の両腕を伴う点でそれらとは違っていて、筆者の分類のＣ型系に属する。これらのＣ型ないしＣ型系女人像で代表されるＣ型造形パターンの起源・由来に関しては、バルマ・グランデ出土のＣ型標本（Bisson et al. 1996：Fig. 1 -C）（注74）参照）との関係も問題になる。これについては第１にバルマ・グランデ標本の素性をさらに確めることが必要であり、またそれが確かに同地の旧石器時代後期女人像であるとしても、上述の南東ヨーロッパ系Ｃ型女人像との間には、時代の隔たりだけでなく、かなり大きい地理的隔たりがあるので、この点が説明されなければならない。しかしここでは、資料と時間の制約から、その問題に深くかかわることはできない。

94) ギンブタスは、古代ヨーロッパの新石器時代女神に、本来の女神（primary goddess）としての産の女神（Fertility Goddess）ないし母性女神（Mother Goddess）と、大地の女神（earth-spirit）としての地母神（Earth Goddess）の２類を区別している。彼によると、前者が後期旧石器時代の伝統につながる本来の女神であり、後者は大地の産出力ないし生殖力（earth fertility）を象徴する女神で、新しく農耕生活への反応として出現したインド・ヨーロッパ系の神であって、前者とは性質が違うが、後期旧石器時代の女神との密接な関係は前者同様に明らかであるという（Gimbutas 1982：152, 196, 201）。

95) これはマルタ島（中部地中海）にある石造神殿群を指す。その典型とされるのがタルクシェン（Tarxien）遺跡である。これは幾つかの神殿の複合体で、紀元前3300〜2500年のものとされ、中央神殿が最も新しい。ここでは南端の神殿に、大形（復原高さ2.5m）の極めて肥満した女性立像が出土し、これがその神殿の女神とみなされている。この「母性女神」（Mother Goddess）信仰は繁殖と死に関係があるとみられている（Hawkes 1974：112）。その他にハガール・キム（Hagar Qim）など他の神殿から、若干の肥満型小形女人像が出土している（Piggott 1965：Fig. 59；Rentrew 1979：pl. 5 -a, d, g）。ここでは繁殖女神を表わす小像が地下埋葬室（hypogea）に見いだされることから、それには死者の守護者という機能もあったと推定されている（De Laet 1994：497）。

96) 金石併用期（Chalcolithic period）になると、女神像の墓地出土例が目立つ。ギンブタスによると、エーゲ海のキクラデス（Cyclades）文化の女神像は墓（cemetery）に置かれているが、東部バルカン地方のグムルニタ（Gumlnita）文化の女神像は、集落と墓地の双方からみいだされるという（Gimbutas 1982：157）。墓地出土女人像としては、例えばルーマニアのチェルニカ（Cer-

nica) 出土例（Gimbutas 1982：32, Pl. 6）（図97-3）ならびにチェルナヴォダ（Cernavoda）出土例（Gimbutas 1982：30, Pl. 199）（図97-6）などがある。以上の例はいずれも金石併用期に属している。

97) サマーセット・レベルスは泥炭地遺跡で、時代は中石器時代から新石器時代にわたる。木偶は、新石器時代人が設置した湿地用木道（wooden trackway）の下から偶然に見いだされた。それは高さ15cmで、その形状から男女両性具有者（hermaphrodite）らしいとみなされている（Coles and Orme 1980：38）。写真でみると、頭部が球形、下端は平面の「こけし」形であって、胴部側面の上方に相接する一対の比較的大きい半球形突起があり、その下端近くに単一の比較的大きい突起がみえる。この下腹部の突起に似た著しい突起はヨーロッパの旧石器時代女人像にもみることができる（図86-10）。従ってそれは女性腹部の強調、あるいは妊婦の膨隆した腹部をあらわしている可能性もある。背の高いドーム状突起による腹部の表現は、日本の縄文女性土偶では稀ではない（図72-11参照）。

98) バルカン地方（ブルガリア、ルーマニア、ユーゴスラヴィア）の新石器時代土偶は、ヨーロッパ文明の起源という視点からも近年問題化し、その解釈に民族誌的情報を採用する試みもあった。しかし筆者の知る限り、それには北方系狩猟採集民が無視されている。しかも南方系狩猟採集民には画像はあっても立体的彫塑像はないから、これまで採用されている情報は南方系でしかも農耕・牧畜民関係に限られるか偏向しているといえる。つまりこれまでの先史芸術・宗教関係の解釈に採用されてきた民族誌的情報は、生業差（狩猟採集民と農耕・牧畜民の区別）も環境差ないし生態差（南方民と北方民の区別）も意識しない無差別的情報である。このような民族誌的情報を南東ヨーロッパないし東欧の先史特に狩猟採集から農耕への転化問題の解釈に適用することは、方法上の根本的な誤りといわねばならない。

99) 縄文時代の土版と土偶の発生的関係は、夙に中谷治宇二郎氏によって指摘されている。同氏は、土版が、(1)上部に土偶状の目・口・鼻などの意匠を有するものと、(2)そのようなヒト形の意匠を欠くか、またはその痕跡をとどめるにすぎないものとの2類に分け、前者を土偶から退化したものとみなして「土偶退化型」とよんでいる（中谷　1948：387）。

縄文時代の土偶・土版・岩版の分類とそれら相互の関係については下記の諸文献が参考になる（野口　1964；江坂　1964；1990：185-190；稲野(裕)　1990；稲野(彰)　1990）。

100) 「逆三角形」土偶（C型第2類）の変異と分類基準——製品の形と観念的形枠（造形パターン）の関係について——

この場合の「三角形」の分類基準は、製品としての土偶の形ではなく、土偶のデザインの基本と

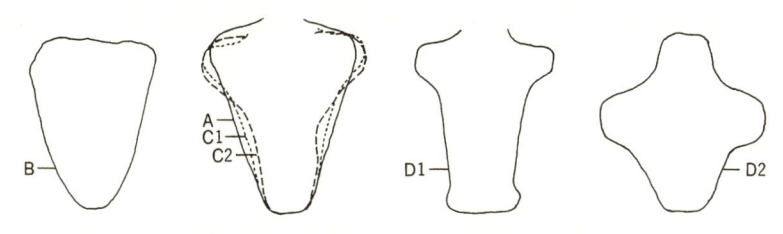

図102 C型第2類「逆三角形」土偶の変異と分類基準（A、B、C1、C2、D1、D2）
A．青森市三内稲荷山（前期）（江坂　1990：図11-右）
B．弘前市十腰内（後期）（中村　1995：図1-3）
C1．青森県八戸市一王寺貝塚（前期）（江坂　1990：図10）
C2．青森市三内稲荷山（前期）（江坂　1990：図11-左）
D1．青森市小三内（前期）（鈴木　1992：図1-3）
D2．青森県森田村石神（前期）（江坂　1990：図12）
（原図より輪郭のみ写しとり、縮尺不同）

なる胴形のパターン（観念的形枠）（図83参照）としてのC型（逆台形胴形）であって、その形枠によって製作された実態としての土偶の形には、当然ながら地域、時代、製作者等の違いによって、幅広い変異が生じたことが期待される。製品としての「逆三角形土偶」の場合、その変異を表わす代表的な形態的要素が、肩を表わす逆三角形の底辺（肩線）と胴部の両脇を表わすV字形の2辺（両脇線）の関係である。そのために「逆三角形土偶」には、両者が比較的直線的で典型的な三角形を呈する場合（図102-A）の他にV字形の2辺が幾らか外湾（図102-B）あるいは内湾（図102-C）する場合も含まれる。内湾の場合は、湾曲の深さと形次第で「腕つき」のC型土偶即ちC型系（次項参照）の範疇に入ることになる（図102-D）。即ち両脇線が内湾して、腋の下に当る部分の抉れこみが比較的深く、両脇線と肩線で囲まれた部分がくびれて腕らしい突起の形を呈する場合（図102-D）は、「腕つき」C型即ちC型系土偶とみなし、それ以外（図102-A, B, C）は多少の内湾を伴っていても「腕なし」C型即ちC型土偶とする。

　　「腕なし」型と「腕つき」型の区別とその分類基準は以上のとおりであるが、この両者の境界は、縄文土偶の実例を概観すれば明らかなように、移行的であって、厳密に客観的な区別は難しく、この境界附近の標本の分類‐(所属決定)はある程度主観的にならざるを得ない。これは形態分類学の宿命ともいえる。

101)　縄文中期の「腰張り」土偶については、その幅広の腰部は、大きい幅の広い足（脚）に対応する製作上の必要によるものではないかという八幡一郎氏の指摘がある（八幡　1963：20-21）。この解釈は、「立ち姿」即ち直立2足性の縄文「腰張り」土偶一般に通用する極めて妥当なものと考えられるが、これを認めると、そのような縄文土偶の「腰張り」即ち横に張り出した腰の表現は、ヨーロッパの旧石器時代女人（女神）像で代表されるA型のそれのような女性の第2次性徴としての腰部の形態の強調というよりも、太く頑丈な脚あるいは広く大きい足（蹠）を支える台としての基盤の強化を意味することになる。

　　縄文土偶の造形理念には、胴形枠の如何を問わず、武士の裃のように肩の張った所謂「怒り肩」とならんで、角力の四股のように両脚を張って踏みしめた所謂「力足」あるいは「鰐足」ないし「蟹股」を強調する傾向が強い。また腰が左右に張り出してはいても、上下に浅いために、腰部というよりも脚部の付け根のように見える場合も少なくない。

102)　ヨーロッパでも、女人（女神）像の四肢と姿勢の多様化並びに複雑化が起こったのは、新石器時代即ち焼成土器時代になってからである。これは本書で引用した関係文献の図版を概観すれば一目瞭然といえる。つまりここでも、アジア例と同様に、女人像の形態の多様化と複雑化が、粘土焼成技術ないし土器工芸の勃興という同じ技術的条件下で起こっていることがわかる。

　　旧石器時代女人像分布帯の東西両端に当るヨーロッパとアジアの両地域における、女人像の四肢と姿勢のこのような並行的発展（多様化・複雑化）は、一種の収斂現象（convergence）であって、文化的・歴史的関係あるいは伝播によるものとはみえない。多様化ないし複雑化した四肢や姿勢の形態的デザインを比較すると、両地域間には明らかな伝統の差がみとめられる。

103)　シーヴェキングによると、ピレネー山地では岩石彫刻が欠ける代わりに粘土ないし泥土（mud）の3次元像の造形（modelling）が実施された。これはこの地方独特の手法であってしかも出土地が少なく、フランス側に4遺跡しか知られていない。それらはすべて暗黒洞窟内にあるので、この粘土細工は洞窟芸術の部類に分類されている。それらの粘土像はすべて大型獣類（野牛、ウマ、クマ）を表わす。それらは一般に保存状態が悪いが、1遺跡（Le Tuc d'Audoubert）からは完形品が見いだされている。それは¾浮き彫り（three-quarter relief）の形で造られた身長61cmと63cmの塑像、即ち非遊離型立体像である。しかし幾らか平坦化され、後の岩に寄りかかるように附着して

いる。この¾手法はマドレーヌ文化第4期の小形浮き彫り工芸の特徴である。この仕上がった像の近くに粘土塊（複数）が横たわっていて、さらに別の像の製作が意図されたことを示唆している。またその像のある場所（通路　gallery）の側方に泥土堆積物（mud deposits）があって、そこに原料を掬いとった穴（複数）が残されている。この場所（洞窟内通路）は元来2本の鐘乳石で閉鎖されていて、これが破壊されて初めて野牛像が発見された。その他の遺跡の粘土製動物像も高低様々の浮き彫りであるが、いずれも損壊を被っている（Sieveking 1979：141-145）。

104）　考古学上の「土偶」とは、素材によって区別されたヒト形像の一範疇を表わし、実態としての「遺物」の種類を指し示す記載考古学用語である。一方考古学上の「祭祀」とは、「道具」の用途・機能を表わす行動の一範疇であって、「遺物」の解釈にもとづく「道具」使用行動の種類を指し示す理論考古学用語である。従って両者を接ぎ合わせて「土偶祭祀」などとよぶことは理論的におかしいことになる。何故なら「祭祀」とよぶためには、それに先立って「土偶」の用途・機能の解釈即ちそれが祭祀関係の「道具」であるという解釈がなければならないからである。つまり「祭祀」と称するためには、「土偶」という記載用語ではなく、縄文人の「道具」としてのカテゴリーを指し示す理論用語が要る。「土偶」は縄文人の「道具」のカテゴリーを指示する用語ではないから、それを彼等の「道具」として解釈すると、「宗教的偶像」か「呪物」となる。そこで「祭祀」の用語を使うとすれば、「土偶」に係わる祭祀は「宗教的偶像祭祀」あるいは「呪物祭祀」でなければならない。筆者の解釈では縄文土偶は宗教的偶像の中でも特に「女神像」とみなされるから、それは「女神像祭祀」となる。

105）　メラート（Mellaart 1965：106）は、ハジラール遺跡（Hacilar）（近東、新石器時代後期）の住居址から出土する女性土偶を家庭祭祀（domestic cult）の証拠とみなしているが、この土偶に極めて作りの良いものと粗製品とが伴出することを指摘しているのは、縄文土偶との比較考古学的見地から興味深い。後者は頭部は木杭（wooden peg）でできているという。その図は見当らないが、ダニューブ地方の新石器時代土偶の1型式とされるもの（peg idols）（Maringer 1960：Fig. 41）の同類ではないかと思われる。

106）　タフォノミー（化石化過程学）に就いて。

　　ラウプとスタンレーによると、ローレンス（Lawrence, D. R. 1968）が、古生物と環境とのかかわりに関する研究を、生物個体の誕生からその死までの間に関する研究とその死後化石として発見されるまでの間に関する研究とに分け、前者を古生態学（paleoecology）、後者を化石化過程学（taphonomy）とし、また後者をさらに個体の死から最終的な地中埋没までの古生物の研究（biostratinomy）と埋没から化石として発見されるまでの間の古生物の研究（diagenetic studies）とに区分した（Raup and Stanley 1971：Fig. 9-36）。要するにタフォノミー（taphonomy）とは化石化（fossilization）のプロセスを研究する地質学の新分野であって、生物が化石として発見されるまでに受けた各種の地学的（物理・化学的）ならびに生物学的作用と、それらによる破壊・歪曲・移動（運搬）・選別（sorting）・消滅等の影響を吟味することによって、化石の状態や分布の解釈を助け、古生物の形態と生態の復元に役立つ（Poirier 1993：2-3）。化石化によって失われる情報は多い。生物の化石化によるこの「死後の情報損失」（post-mortem information loss）（Raup and Stanley 1971：245）の研究がタフォノミーともいえる。

　　タフォノミー的研究は、人類の起源と進化に関するアウストラロピテクス類の遺跡の人骨と獣骨の解釈に極めて重要な役割を演じている。その代表例の一つが南アフリカのアウストラロピテクス類化石出土遺跡であって、それが彼等の住みかかどうか——肉食獣の餌食としてもちこまれたものではないか、また伴出の獣骨類も彼等の獲物ではなくハイエナ等によってもちこまれたものではな

いか等の疑問に対して、最近ではタフォノミーが効果的なデータを提供し始めている（Brain 1973）。また東アフリカのアウストラロピテクス類の行動と生態の解明にもタフォノミー的研究が進められていて、人類化石と堆積環境との関係の研究（sedimentary environments）との関係（Behrensmeyer 1978）や脊椎動物化石と堆積環境との関係の研究（Hill 1978）等がある。

東アフリカの初期人類に関するタフォノミー的研究の成果の概説を伴う文献としては、Leakey and Isaac（1976）と Pfeiffer（1985）をあげることができる。

タフォノミー的分析は古生物や古人類の化石の研究に重要なだけではなく、人工品（道具）の遺物の機能的・生態的研究にも欠かせない方法であるが、日本先史学特に縄文考古学ではその認識が不足である。最近ではようやく欧米なみに植物性製品への関心がたかまり、低湿地の発掘調査等も行われるようになってきたが、その認識は理論的レベル即ちタフォノミー的水準には達していない。その証拠がこれまでの縄文土偶論といえる。もしタフォノミー的考え方即ち縄文人の道具としての在りし日の神像類とその遺物としての神像類（土偶・岩偶類）との間に差があり得るという明確な認識があったならば、後者の用途・機能について現行のような短絡的かつ小説的ないし独断的推理の横行は、少なくとも科学を志向する先史考古学の世界では許されなかったはずである。

考古学的遺物に関するタフォノミー的要因として見逃がせないのは人間自身の活動の影響である。地層あるいは堆積物攪乱要因としての人間活動の重要性は、層序学（Pyddoke 1961：98-115）や土壌学（Cornwall 1958：48-51）でも取りあげられているが、考古学的遺物に対するその影響についての研究はまだ緒についたばかりである（Brookes and Yellen 1987；Newell 1987）。筆者が先に取りあげた縄文考古学関係のタフォノミー的問題としては「大形動物猟偏重論」がある。つまりそれまでの伝統的な縄文生業論あるいは食性論では、遺物として残り易い大形獣（イノシシ・シカ・クマ）だけが取りあげられ、陸棲小形動物や淡水魚類をはじめ植物性食品類（堅果類を除く）が殆ど無視されてきたのに対して、タフォノミー的視点からの修正解釈と、小動物重視型調査研究の必要性を指摘したのがそれである（渡辺　1990a：79）。なおこれに先立って、縄文人のサケ（鮭鱒）漁に関する生態学的・土俗考古学的アプローチ（渡辺 1964a）を提案したが、これもタフォノミー的理念に基づいて、内水面漁撈への関心を喚起する目的であった。最近になって、ようやくこの線に沿った調査研究が、若手研究者によって積極的に推進され始めた（安斎・佐藤 1993；1996：11-30；佐藤　1993）。道具の素材をめぐるタフォノミー的研究はまだこれからである。

107）　この事実は、日本民俗の「田の神」が、地中海方面の農耕神として知られる「地母神」とは性格が違うことを明示している。即ち「田の神」は「山の神」の季節的兼務であって、「山の神」は山に住み、山のものを守ると同時に山仕事をする人々を守るのが本務であるから、「田の神」になっても、その職務は「山の神」の延長即ち守護の対象が季節的に山から田に変わるだけであって、生産の場ないし生産そのものを守るという職務の本質は変らない。つまり「田の神」の機能も、田を守り稲の生育を守ること即ち守護であって、「地母神」のように大地の生産力や穀物の生育そのものを支配する機能はない。

108）　この点からみると、このような男神の山の神は、狩猟（マタギ）以外の山仕事（林業、炭焼き、木地屋等）に関係する人々の山の神として、女神である本来の山の神即ち狩猟時代あるいは狩猟者の山の神から分化（派生）したものではないかという疑念が起きる。このような山神像の性別分化は、農耕社会化以降の山仕事の分化に伴う山神の役割分化を表わしているのではないかとも考えられる。この点は今後更に検討を要する課題である。

109）　この例は、狩猟採集社会のシャーマンが、地縁ないし血縁集団的祭祀の主役を演じる稀な例の一つといえる。シャーマンが集団的祭祀の主催者（cult leader）になる民族誌的ケースが例外的にし

かないことは既知の事実である（Hultkrantz 1979：33）。その例外的なケースが、牧畜民では、例えばアルタイ族（馬犠牲祭）（Hultkrantz 1979：33；Potapov 1964：325）とヌガナサン族（迎春祭）（Popov 1968：579）であり、狩猟採集民では、例えばセントラル・エスキモー（海獣主セドナ祭）（Watanabe 1995；Boas 1964：195）とこの例即ちインガリック族（人形祭）（Osgood 1940：423）である。

　筆者の比較分析によると、動物祭祀に関する限り、シャーマンが関与してその主役を演じる場合は、君主（支配者）型の主神（spirit master or lord of animals）を祀る和解・供犠型の祭祀であることを示すデータが得られた（Watanabe 1995）。この型の動物祭祀の民族誌例が乏しく、この分析に利用できたのはセントラル・エスキモーのセドナ祭だけなので、上記の関係を一般化するには更に精査が必要であるが、少なくともセドナ祭の比較分析の段階でいえることは、この型の動物祭祀が、狩猟採集民に一般的なカシラ（族長）型の主神（spirit headman of animals）を祀る主客送迎型の動物祭祀（Watanabe 1994）より起源が新しいと考えることができるということである。

110）　これは、生前の持ち物があの世で再び役立つように行われる葬礼（killing）の類ではないかと思われる。この信仰は、エスキモー族やアイヌ族など北方系狩猟採集民に認められる。

111）　ここで私的儀礼用として分類したシャーマン用偶像類（I-12, 13, 19, 22）は、彼等の神通力の発揮に欠かせない各自の援助神（spirit helper）に関するものであるが、その他にも彼等の使用する私的儀礼用偶像類がある。それはシャーマンが病人から追い出した病魔を閉じこめる病魔像である（和田　1958：222）（II-25、26がその類かと思われるが、この両例では、シャーマンがそれら魔神像の使い手かどうかの説明はない）。

112）　長野県の中期土偶の出土状態については、桐原健氏の詳細な報告があり、住居址出土例として、床面出土例が17例、覆土内出土例が20例、住居址以外の遺構出土例として6例が説明つきで列挙されている（桐原　1978）。本文には組み入れ難いので脚注としてここに特記することにした。

113）　住居址あるいは土壙や配石遺構と「伴出」（associated）と記述されている土偶の場合でも、必ずしも証拠が明確とはいえない例がないとはいえないようにみえる。理論考古学的立場からは、この点についてのデータ・ベースの整備が何よりも切望されるところである。

114）　関東及びそれ以西には、アスファルト利用の形跡がないが、それは土偶の破損修理が行われなかった証拠にはならない。何故ならそれ以外の接着剤の存在が考えられるからである。これについては夙に中島寿男氏が膠と漆を挙げているが、同氏はそれらが土中で変質し易く残存し難いので、土偶接着用に実際使われたかどうかを確めるよすががないとしている（中島　1943：26）。筆者が特に関心をもっているのは北方系狩猟採集民の弓材の貼りあわせ等に広く重要な役割を果たした魚膠の利用問題である。分析科学の発達に伴って今後そのような問題へのアプローチが可能になることを期待したい。

115）　出土状態に関する近年の新知見を網羅的にとり入れた、考古学的事実にもとづく「故意破壊」論の代表は磯前順一氏といえよう。その意味でここに同氏の代表論文（磯前 1987）を要約して紹介することにする。

　(1)「土偶の完形品の廃棄・埋納の意味も今後研究されなければならないが、一般的にみて土偶は故意に破壊されるものであるといえよう。」（96頁）

　(2)土偶は破壊までは完形で竪穴住居に安置され、母性的生命の象徴として信仰された（98頁）。

　(3)そして四季の循環や災厄等が起るたびに、土偶が破壊され、「その破片が様々な場所へ分散されて廃棄・埋納」された（96、97頁）。

　(4)土偶は故意に破壊され、破片にされることによって、複数の場所への分散が可能になり、そこ

から新たな生命力が以前の数倍になって生じてくると信じられた（97頁）。

(5)破片の廃棄・埋納の形には、Ａ類即ち遺物包含層と遺構内覆土への廃棄・埋納（他の遺物と無差別）（「物送り」）、Ｂ１類即ち廃用遺構への廃棄・埋納（副葬的処理）、Ｂ２類即ち土偶自体のための丁重な廃棄・埋納（石囲いの場合等）の３種がある（96頁）。

(6)廃棄・埋納の後には新たな土偶が作られ、住居に安置された（96、98頁）。

(7)意図的な破壊行為の存在を窺わせるものとして、アスファルトで修復された土偶片と、離れた地点から出土した土偶片の接合例がある（91頁）。

以上でわかるように、「故意破壊」論の共通特徴は、使用中の「偶然的破壊」あるいは「過誤的破壊」という壊れ物につきまとう要因が、全く度外視されている点である。つまり「故意破壊」論法では、故意破壊は、科学的ないし論理的推理によって導き出された結論ではなく、憶測的ないし小説的推理から生れた命題ないし信条となっていて、その論議は、出土状態の事実をいかにそれに当てはまるように解釈するかに終始しているのが特徴である。この点は、水野正好氏の「土偶祭式の復元」に対する小野美代子氏の批判の一部として既に指摘されている点（米田　1987：89）と共通する。

116) 最近各地から報告され始めた土偶破片の接合例の詳細は次のとおりである。

青森県大石平遺跡では、同じ縄文後期土偶の上半身（首と両腕欠落）と下半身の破片が、約100m離れた発掘区劃（CS-386及びCS-370）の遺物包含層から出土した（青森県教育委員会　1987：311及び図221-1）。

東京都神谷原遺跡では、同じ土偶（腰部破片）（沼崎他　1982：図331-30）の左半部と右半部が、相互に約100m離れた竪穴住居址（覆土）から出土し、また別の土偶胴部破片（八王子市椚田遺跡調査会　1982：図330-19）の上半部と下半部が相互に約40m離れたグリッド（Ｈ８-Ｌ７及びＨ８-Ｊ１）（遺物包含層）から出土した。いずれも縄文中期に属する（沼崎他　1982：494）。

山梨県釈迦堂遺跡では、上記のような分散出土した土偶破片の接合現象が、前期土偶から認められ、SB-05住居址の土偶片（顎から下）とSK-227土坑の土偶片（頭の一部）の場合（小野　1992：図１-１）、SB-05住居址の土偶片とSB-27住居址の土偶片の接合（小野　1992：図１-３）が報告されている。同遺跡の中期土偶については、接合可能土偶片の分散距離の変異が大きく、最小距離は数ｍ（山梨県教育委員会　1987：図29-11）（遺物包含層出土の右足欠下半身破片（S-Ⅳ：135）と右足片（S-Ⅳ：226）の接合）から、最大距離は約230ｍ（小野　1987b：図28-４）（足部左半（S-Ⅲ257）と右半部（S-Ｖ５）の接合）までの幅があり、両者の中間値（三口神平地区両端間距離）を示す例（図28-２）（遺物包含層出土の両腕を欠く胴上半部（S-Ⅲ113）と頭部（S-Ⅳ２）の接合）もある。上記の分散距離最小例と中間値例は、同じ発掘地区（三口神平地区）からの出土品であるが、上記の最大値例の両土偶片は、それぞれ別の発掘地区（上記地区と野呂原地区）の竪穴住居址群に隣接する区域の遺物包含層（所謂「土器すて場」）からの出土品である。両発掘地区の中間地区が未発掘のために、両地区の竪穴住居群（集落）の分布が、中間地区を通じて連続的かどうかは今のところ不明である。

長野県増野新切遺跡については、竪穴住居址（覆土）から出土した縄文中期土偶破片相互の接合が３例報告されている（桐原　1978：248）。即ち胴部（B13号住居址）と左手（B22号住居址）の接合、胴部（D１号住居址）と頭部（D14号住居址）の接合、及び胴上半部（D１号住居址）と胴下半部（D３号住居址）の接合である。

岐阜県垣内遺跡からは、縄文中期土偶片の接合例が報告されている（石原　1992：397）。図15は、18号住居址（覆土）出土の首と23号住居址（覆土）出土の胸部との接合例、図20は、９号住居址

（覆土）出土の胸部と13号住居址（覆土）出土の左腕との接合例である。

117) 　実際の出土遺物についてみると、一次的遺物か二次的遺物かが明確に見分けられるケースは、土偶に限らず一般に多くはないようにみえる。一次的遺物の判定基準は、所与の遺物がその使用者の時代の生活面に置き残されて、しかもその原位置にとどまっている状態を明示することであるが、そのような状況証拠を伴う出土遺物は、土偶に限らず一般に多くはない。一次的遺物として報告例が比較的多いのは、住居址の床面出土例であって、それ以外は円形ないし半円形配列土器群（渡辺 1990a：138）とか環状配石遺構とそれに伴う土偶等があるが出土例は乏しい（270～276頁参照）。縄文集落が営まれる限り、その生活面には土器・土偶等器物の破片なども遺棄されたりしたにちがいないが、この種の些細で不特定な一次的遺物は、一般に生活面ないし原位置との関係が捉え難く、したがって実際に出土遺物について一次的遺物と判定することは大抵の場合できない。また二次的遺物の判定基準は、一次的遺物としての位置（原位置）からの移動と再堆積の証拠であるが、出土遺物についてみると、そのような状況証拠を明示するケースは乏しいといえよう。例えばある建造物（配石遺構等）の一部が欠け落ち、その部品が別の場所から出土したような場合には、明らかにその部品は二次的遺物と判定できる。また縄文時代の集落で、所与の時点の地表から竪穴あるいは土坑が掘られ、それが地山のローム層まで掘りこんだ場合には、黄褐色のロームが上層の黒土と混って掘り出され、どこかに再堆積されるであろう。このような眼でみて識別できるような二次的堆積物が見出されれば、その中に含まれる遺物は二次的遺物とみなすことができる。しかし実際には以上のようなケースはむしろ稀といえよう。

　要するに以上のように、遺物包含層からの個々の出土例についてみた場合には、それが一次的遺物・二次的遺物のどちらかの判別は必ずしも可能ではなく、そのどちらとも判別し難いケースが一般的のようにみえる。しかし少なくとも、縄文人自身によって掘りかえされた証拠のある縄文集落遺跡に伴う縄文時代の遺物包含層の場合、理論的にはその両者を含む可能性を排除できない。いいかえると、縄文時代遺物包含層の遺物のそれぞれは、一次的遺物か二次的遺物のどちらかに当たると考えなければならない。この事は接合問題にかかわる土偶破片についても当てはまることになる。そこで、以上のような遺物の来歴という視点から問題の土偶破片の出土パターンを検討することにした。

118) 　接合可能土偶破片の分離出土例と運搬距離問題。関係土偶片の出土地点間の間隔即ち分離距離は、運搬距離をあらわすものと解することができるが、(1)一次的遺物（図113-2'）の場合、それは使用者自身による使用のための運搬（携行）の距離をあらわすのに対し、(2)二次的遺物（同図 5'、6'、7'、8'）の場合、その分離距離は、集落地開発者によって、投棄のために、土砂に混じって運搬された距離をあらわす。

　(2)の場合の投棄場所は、一般のごみ捨て場と同様に、遠くても開発対象の集落の周辺程度であろう。しかし(1)の場合はそれより遠くなる可能性がある。何故なら、(1)の場合の運搬には、(a)護身用のお守りとしての携行とか、(b)住居の移転に伴う使用場所の移動等が関係することもあり得るからである。狩猟採集時代の北海道アイヌについてみると、住居の移動には（ⅰ）永久的な引越しと（ⅱ）一時的な移住があった。前者には集落内引越しと集落外引越しがあり、後者には狩猟小屋への季節的な移住と、縁者ないし友人を訪ねる一時的移住があった。これは村おさ（headman）の許しを要する他村への移住で、隣接川筋まで行くこともあり、期間も長期にわたることが珍しくなかった。行政単位としての村は必ずしも集落が単一ではなく、複集落の場合も珍しくない。少なくとも十勝水系に関しては単集落の場合は 3 戸以上、複集落の場合は、3 戸以下の集落が普通であった（Watanabe 1972：8-9；渡辺　1964b：第 2 図、十勝水系の旧アイヌ村落構造；1977b：第 8 図、

十勝川上流の旧アイヌ集落（村）と猟漁小屋の分布）。

119) バルカン地方の新石器時代前葉（紀元前6000年頃）の女人像の1型式として、頭と胴の区別がなく、円筒状の頭頸部が臀部（buttocks）に直結した形の、極度に様式化された小形の抽象的ヒト形像がある。これには翼や嘴とか鳥形脚を表わすものはないが、それが総体的に鳥形にみえるところから、「鳥女神」（Bird Goddess）とよばれている（Gimbutas 1982：37, 39）。その代表例として、ユーゴスラヴィアのヴィンチャ（Vinča）出土品（Gimbutas 1982：Pl. 2、紀元前6000年紀前葉）と、マケドニアのアンザ（Anza）出土品（Gimbutas 1982：Fig. 95、紀元前約5300-5000年）（図97-2）をあげることができる。

これらの所謂「鳥女神」像は、ソファー（Soffer 1987：338）が指摘しているように、東グラヴェット文化に属するメジン遺跡（ウクライナ）の抽象的女人像（図93-8～10）と基本的パターンの類似（共通性）が認められる。彼女は、この「鳥女神」型と、乳房（breasts）及び腹（stomachs）を強調する「ヴィーナス」型の2型式の女人像が、相伴って後期旧石器時代と中央及び東ヨーロッパ（Central and Eastern Europe）の新石器時代の双方に存するところから、女人像をめぐる両者間の文化的連続性を指摘した。これは南東ヨーロッパにおける女人像の「異時的再現」（diachronic fidelity）の問題に関して提供された有力な卓見といわねばならない。

この所謂鳥形女人（女神）像は、メジン遺跡の抽象形女人像（図93-8～10）と同様に、A型（図83-A）とB型（同図B）の両形枠観念の交雑から生じた中間形の一種とみなすことができる。このように胴形分類システムを適用すると、「鳥女神」も、基本的造形パターン（形枠）は他の非抽象的女人像（図98）と共通であって、両カテゴリーの間の違いは様式化の程度の違いにすぎないことがわかる。つまり所謂「鳥形女神」像は、所謂「ヴィーナス」像など比較的写実的な女人像からかけ離れた、全く異質的な女人像ではなくて、様式化の進んだ「ヴィーナス」型女人像にほかならない。従ってそれが、これまでのように他の女人像とは別種の神格ないし人格をあらわすものと解釈すべき理由はないことになる。

120) 図97-3（Gimbutas 1982：Pl. 6）の小型骨偶（頭部欠損）は、ギンブタスによって、腹部と恥骨部が強調された大女神（Great Goddess）とされ、上端部に伴う一対の丸い突起は、「折りたたんだ腕」（folded arms）とみなされている（Gimbutas 1982：39）。「折りたたまれた腕」という造形パターンは、中部アナトリア、エーゲ海地方及びバルカン半島の新石器時代女神像の一特徴的様相（Gimbutas 1982：152）とされている。この一対の結球状突起は、ドルニ・ヴェストニス及びゲナスドルフ出土の極度に様式化された棒状女人像（骨偶、図92）の乳房をあらわす一対の突起に似ているが、後者が乳房状に前向きに突出しているのに対し、前者は側方に突出している点が違う。しかしそれを「腕」と断定する根拠も明確ではないようにみえる。

121) ナナイ地方（Nanaisky district, Khabarovsk territory）で発見された6-12世紀（Moh-hoe period）のヒト形石像（灰色安山岩製）がある。高さ48cm。恐らくナナイ族の dzhulin（母性家神）と同様の家神（guardian spirit of a house）（Okladnikov 1981：pl. 30）とされている（図56-2）。頭が大きく、胴が圧縮されたように短い極端なB型で、脚が分離して太く短い点は、縄文土偶に特徴的な「力足」を彷彿させる。

122) 興味深いことに、ベーリング海エスキモーの人形作りの伝統の中にC型枠の存在が認められる。Nelson（1983）と Fitzhugh and Kaplan（1982）の著書に示された、胴形判定可能な人形標本に関する限り、それらはすべてB型ないしB型系かC型ないしC型系であって、しかもA型が欠けている。つまり彼等は、旧石器時代バイカル地方の人々と同じヒト形像造形パターンの組み合わせ（B型とC型の存在、A型の不在）を持っていたことになる。この事実は、彼等が旧石器時代

バイカル人のような大形獣狩猟文化と骨器文化の保有者であることを考えあわせると意味深く、恐らくその形枠組合せは旧石器時代バイカル方面のヒト形像造形伝統の名残を示すものと考えられる。ただし採集された彼等のヒト形像は、ネルソンによると女児用玩具としての人形（フィッヒューによると儀礼用のものもあるらしい）であって、その中には神像、女神像ないし家神像といえるものはみあたらない。上記両著書にみえるC型ヒト形彫像例は次の通りである（図1-9；図2-2、3）(Nelson 1899 : pl. XCIII、7（腕なし、両脚つき板状土偶）、8（腕なし、脚なし、こけし形牙偶）Fig. 130（腕なし、両脚つき木偶）、Fitzhugh and Kaplan 1982 : pl. 170 左（腕なし、脚なし）、pl. 190、左から2番目（腕・胴融合、両脚つき）、pl. 190、同3番目（腕・胴融合、両脚つき），pl. 280（腕なし、両脚つき））。

123) 実例として極彩色のツツミ人形（高橋　1991：19左図）がある。これは仙台の堤焼の陶人形で、この実例は秋田県阿仁町打当の民家に祀られていた1例である。

参 考 文 献

阿部明彦
    1994 「三角形土製品について」「土偶とその情報」研究会編『東北・北海道の土偶 I』p. 49。
阿部博志
    1995 「仙台湾周辺の後期前・中葉の土偶について」「土偶とその情報」研究会編『関東地方後期の土偶：山形土偶の終焉まで』pp. 24-28。
安孫子昭二・山崎和巳
    1992 「東京都の土偶」『国立歴史民俗博物館研究報告』37, 245-286。
安達厚三
    1992 「愛知県の土偶」『国立歴史民俗博物館研究報告』37, 417-421。
Alexeef, V. P.
    1994 The territory of the former USSR during the Middle Palaeolithic. In S. J. De Laet (ed.) *History of humanities* 1, 145-152, 225-233. Paris: UNESCO.
Antropova, V. V.
    1964 The Koryaks. In Levin, M.G. and L.P.Potapov (eds.), *The peoples of Siberia*, pp. 851-875. Chicago: University of Chicago Press.
Antropova, V. V. and V. G. Kuznetsova
    1964 The Chukchee. In M. G. Levin and L. P. Potapov (eds) *The peoples of Siberia*, pp. 799-835. Chicago: University of Chicago Press.
安斎正人
    1994 『理論考古学――モノからコトへ』東京：柏書房。
安斎正人・佐藤宏之
    1993 「マタギの土俗考古学――岩手県沢内村での罠猟の調査」『古代文化』45 (11), 15-26。
    1996 「アキビラ猟の空間構造――岩手県沢内村での罠猟の調査」『先史考古学論集』5, 11-30。
青森県教育委員会
    1987 『大石平遺跡Ⅲ――むつ小川原開発事業関係埋蔵文化財調査報告書（第1分冊）』（青森県埋蔵文化財調査報告書第103集）。
新屋雅明
    1995 「荒川・利根川上流域の諸様相」「土偶とその情報」研究会編『関東地方後期の土偶：山形土偶の終焉まで』pp. 71-72。
アルセニエフ、ヴェ・カ（Arseniev, V. K.）
    1965 『デルス・ウザーラ――沿海州探検行』（東洋文庫55）東京：平凡社。
Australian National Commission for UNESCO
    1974 *Australian aboriginal culture*. Granville, N.S.W.: Ambassador Press.
Balikci, A.
    1970 *The Netsilik Eskimo*. New York: Natural History Press.
Bandi, H.-G.
    1994 The origins of art: an overview. In De S. J. Laet (ed.) *History of humanities* 1, 185-190.

Paris: UNESCO.

Batchelor, J.
   1971   *Ainu life and love: echoes of a departing race.* New York: Johnson Reprint Corporative (Original edition, 1927).

Bean, L. J. and C. R. Smith
   1978   Gabrielino. *Handbook of North American Indians*, Vol. 8 (California), 538-549.

Behrensmeyer, A. K.
   1978   The habitat of plio-Pleistocene hominids in East Africa: taphonomic and microstrattgraphy. In C. J. Jolly (ed.) *Early hominids of Africa*, pp. 165-189. London: Duckworth.

Bender, B.
   1990   The dynamics of nonhierarchical societies. In Upham, S. (ed.), *The evolution of political systems, sociopolitics in small-scale sedentary societies*, pp. 247-263. Cambridge: Cambridge University Press.

Bender, B. and B. Morris
   1988   Twenty years of history, evolution and social change in hunter-gatherer studies. In Ingold,T.D.Riches and J.Woodburn (eds.), *Hunters and gatherers*, Vol.1 (History, Evolution and Social Change) pp.4-14 Oxford: Borg.

Beriskovsky, P. I.
   1958   *La Paleolithique de l'Ukraine.* (Annales du Service D'Information Geologique du B.R.G. G.M., No. 27)

Bhattacharya, D. K.
   1977   *Palaeolithic Europe.* (a summery of some important finds with special reference to Central Europe). Atlantic Highlands, N.J.: Humanities Press.

Birket-Smith, K.
   1924   *Ethnography of the Egedesminde district with aspects of the general culture of West Greenland.* Kφenhavn: Bianco Lunos Bogtrykkeri.

Bisson, M., N. Tisnerat and K. White
   1996   Radiocarbon dates from the Upper Palaeolithic of the Barma Grande. *Current anthropology* 37(1), 156-162.

Black, L.
   1973   The Nivkh (Gilyak) of Sakhalin and the lower Amur. *Arctic anthropology* 10(1), 1-117.

Blackman M. B.
   1990   Haida: traditional culture. *Handbook of North American Indians*, Vol.7 (Northwest Coast), pp. 240-260.

Boas, F.
   1964   *The Central Eskimo.* Lincoln: University of Nebraska Press. (Originally published as *6th Annual Report of the Bureau of Ethnology*, Smithsonian Institution, Washington, 1888, 399-699)
   1966   *Kwakiutl ethnography.* Chicago: University of Chicago Press.

Bordes, F.
   1960   Evolution in the Palaeolithic cultures. In S. Tax (ed.) *Evolution after Darwin* (The

University of Chicago Centennial, Vol. 2, The Evolution of Man), pp. 99-110.

Boriskovsky, P. I.
　　1958　The study of Paleolithic dwellings in the USSR (in Russian). *Sovetskaya arkheologiya* 1, 3-19.

ボジンスキー、G. (Bosinski, G.)
　　1991　『ゲナスドルフ──氷河時代狩猟民の世界』小野昭訳　東京：六興出版。

Boule, M. and H. V. Vallois
　　1957　*Fossil men*. (a textbook of human palaeontology). London: Thames and Hudson.

Braidwood, R. J.
　　1951　*Prehistoric Men*. Chicago: Chicago Natural History Museum Press. (2nd ed.)

Brain, C. K.
　　1973　A hominid skulls revealing holes. *Natural history* 83(10), 44-45.

Breuil, H. and R. Lantier
　　1965　*The men of the old stone age*. London: G. G. Harrap.

Brookes, A. and J. Yellen
　　1987　The preservation of activity areas in the archaeological record: ethnoarchaeological and archaeological work in North West Ngamiland, Botswana. In S. Kent (ed.) *Method and theory for activity area research: an ethnoarchaeological approach*, pp. 63-106. New York: Columbia University Press.

Bruggmann, M. B. and P. R. Gerber
　　1987　*Indians of the Northwest Coast*. New York: Facts on File.

Budge, E. A. W.
　　1977　*Dwellers on the Nile* (The life, history, religion and literature of the Ancient Egyptians). New York: Dover Publications.

文化庁（編）
　　1996　『発掘された日本列島』東京：朝日新聞社。

文化庁文化財保護部（編）
　　1969　『日本民俗資料事典』東京：第一法規出版。
　　1973　「狩猟習俗Ⅰ──秋田県、山形県、茨城県」『無形の民俗資料』記録第18集。
　　1978　「狩猟習俗Ⅱ──新潟県、宮崎県」『無形の民俗資料』記録第23集。

Burch, E. S.
　　1984　*Kotzebue* Sound Eskimo. *Handbook of North American Indians*, Vol.5 (*Arctic*), pp. 303-319.

Burkitt, M. C.
　　1963　*The old stone age: a study of Palaeolithic times*. London: Bowes and Bowes.

Burland, C.
　　1965　*North American Indian mythology*. London: P. Hamlyn.

Byhan, A.
　　1923　Nord-, Mittel- und Westasien. In Buschan, G. (ed.), *Illustrierte Völkerkunde*, Bd. Ⅱ (Verlegt von Strecker und Schröder, Stuttgart), pp. 273-420.

Castile, G. D. (ed.)

  1985 *The Indians of Puget Sound. The notebook of Myron Ells*. Seattle: University of Washington Press.

Chard, C. S.

  1974 *Northeast Asia in prehistory*. Madison, WI.: University of Wisconsin Press.

  1975 *Man in prehistory*. New York: McGraw-Hill. (2nd ed)

Childe, V. G.

  1950 Cave men's buildings. *Antiquity* 93, 4-11.

  1951 *Social evolution*. London: Watts.

Clark, D. W.

  1984 Pacific Eskimo: historical ethnography. *Handbook of North American Indians*, Vol. 5 (*Arctic*), pp. 185-197.

Clark, G.

  1954 *Star Carr : an early Mesolithic site at Seamer, near Scarborough, Yorkshire*. Cambridge: Cambridge University Press.

  1957 *Archaeology and society*. London: Methuen.

  1967 *The stone age hunters*. London: Thames and Hudson.

  1972 *World prehistory : a new outline*. Cambridge: Cambridge University Press.

  1977 *World prehistory in new perspective*. Cambridge University Press

  1980 *Mesolithic prelude : The Palaeolithic-Neolithic transition in Old World*. Edinburgh: Edinburgh University Press.

  1983 The Identity of man: as seen by an archaeohegist. London: Methuen.

Clark, G. and S. Piggott

  1968 *Prehistoric societies*. London: Hutchinson.

Codere, H.

  1990 Kwakiutl: traditional culture. *Handbook of North American Indians*, Vol.7 (Northwest Coast), pp.359-377.

Coles, J. M. and B. J. Orme

  1980 *Prehistory of the Somerset Levels : Somerset Levels project*. Department of Archaeology, University of Cambridge, and Department of History and Archaeology, University of Exeter.

Coles, J. M. and E. S. Higgs

  1969 *The archaeology of early man*. London: Faber and Faber.

Coles, S.

  1963 *Races of man*. London: British Museum (Natural History).

Cornwall, I. W.

  1958 *Soils for the archaeologist*. London: Phoenix House.

  1968 *Prehistoric animals and their hunters*. London: Faber and Faber.

Cottrell, L. (ed.)

  1960 *The concise encyclopaedia of archaeology*. London: Hutchinson.

Daniel, G. E.

  1950 *A hundred years of archaeology*. London: Gerald Duckworth.

Davies, D.
   1972 *A dictionary of anthropology*. London: Frererick Muller.

Day, M. H.
   1977 *Guide to fossil man : a handbook of human palaeontology*. London: Cassel. (3rd ed.)

De Laet, S. J.
   1994 Europe during the Neolithic. In S. J. De Laet (ed.) *History of humanities* 1, 490-500. Paris: UNESCO.

De Laguna, F.
   1990 Tlingit. *Handbook of North American Indians*, Vol. 7 (*Northwest Coast*), pp. 203-228.

De Laguna
   1994 Some early circumpolar studies. In T. Irimoto and T. Yamada (eds) *Circumpolar religion and ecology* (Anthropology of the North), pp. 7-45. Tokyo: University of Tokyo Press.

Dixon, R. B.
   1971 Death and burial among the Northern Maidu. In R. F. Heizer and M. A. Whipple (eds) *The California Indians*, pp. 50-51. A Source Book, Berkeley: University of California.

「土偶とその情報」研究会
   1994 「東北・北海道の土偶Ⅰ」『土偶シンポジウム2；秋田大会』。
   1995 「関東地方後期の土偶——山形土偶の終焉まで」『土偶シンポジウム3；栃木大会』。
   1996a 「中部高地をとりまく中期の土偶」『土偶シンポジウム4；長野大会』。
   1996b 「東北・北海道の土偶Ⅱ：亀ケ岡文化の土偶」『土偶シンポジウム5；宮城大会』。

Dolukanov, P.
   1979 *Ecology and economy in Neolithic Eastern Europe*. London: Duckworth.

Doumas, C.
   1994 The Aegean during the Neolithic. In S. J. De Laet (ed.) *History of humanities* 1, 501-510. Paris: UNESCO.

Driver, H. E.
   1961 *Indians of North America*. Chicago: The University of Chicago Press.

Drucker, P.
   1951 *The northern nnd central Noothan tribes* (Burean of American Ethnoloogy, Bulletin 144). Washington: Smithonian Institution.
   1955 *Indians of the Northwest Coast*. (American Museum of Natural History, Anthropological Handbook, No. 10).

Elkin, A.
   1981 *The Australian aborigines*. Sydney: Angus and Robertson Publishers.

Emmons, G. T.
   1911 *The Tahltan Indians*. (University of Pennsylvania Museum, Anthropological Publications, Vol. 4, No. 1).

江坂輝弥
   1964 「岩偶と岩版」甲野勇編『日本原始美術2——土偶・装身具』pp. 135-150, 東京：講談社。
   1990 『日本の土偶』東京：六興出版。

Evans-Pritchard, E. E.

1975 *Theories of primitive religion.* Oxford: Clarendon Press.

Fenton, W. N.

1978 Northern Iroquoian culture patterns. *Handbook of N. Am. Indians*, Vol. 15 (Northeast), Washington: Smithsonian Inst., pp. 296-321.

Fenwick, I. M. and B. J. Knapp

1982 *Soils: process and responce.* London: Duckworth.

Fitzhugh, W. W. and S. A. Kaplan

1982 *Inua. spirit world of the Bering Sea Eskimo.* Washington, D.C.: Smithconian Institutium Press.

Ford, C. S.

1945 *A comparative study of human reproduction.* (Yale University Publications in Anthropology, No. 32).

Forman, W. and J. Poulik

n.d. *Prehistoric art.* London: Spring Books. (Translation from Czechoslovakian text)

Fortes, M.

1950 Kinship and marriage among the Ashanti. In Radcliffe-Brown, A.R. and C.D. Forde (eds.), *African systems of kinship and marriage*, London: Oxford University Press.

Frigout, A.

1979 Hopi ceremonial organization. *Handbook of North American Indians*, Vol. 9 (*Southwest*), pp. 564-576.

藤沼邦彦

1992 「宮城県の土偶」『国立歴史民俗博物館研究報告』37, 112-135。

藤本治義

1961 『新地質学汎論』東京：地人書院（第4版）。

Gamble, C.

1983 Culture and society in the Upper Palaeolithic of Europe. In G. Bailey (ed.) *Hunter-gatherer economy in prehistory*, pp. 201-211. Cambridge: Cambridge University Press.

1986 *The Palaeolithic settlements of Europe.* Cambridge: Cambridge University Press.

Garfield, V. E. and L. A. Forrest

1948 *The wolf and the raven: totem poles of Southeastern Alaska.* Seattle: University of Washington Press.

Garvan, J. M.

1964 *The Negritos of the Philippines* (Wiener Beitrage zur Kulturgeschichte und Linguistik, Bd. xiv). Wien: Verlag Ferdinand Berg.

Gayton, A. H.

1948 *Yokuts and Western Mono ethnography.* University of California (Anthropological Records 10：1). Berkeley: University of California Press.

Geographical Board of Canada

1913 *Handbook of Indians of Canada.* Ottawa: C. H. Parmelee.

Gimbutas, M.

1982 *The goddess and gods of Old Europe* 6500-3500 BC. Berkeley: University of California

Press.

Goddard, I.
    1978   Delaware. *Handbook of North American Indians*, Vol. 15 (*Northeast*), pp.213-239.

Goddard, P. E.
    1903   *Life and culture of the Hupa* (University of California Publications in American Archaeology and Ethnology, Vol. 1, No. 1).

    1924   *Indians of the Northwest Coast* (American Museum of Natural History, Handbook Series No. 10).

Goldman, I.
    1963   *The Cubeo : Indians of the Northwest Amazon.* Urbana : University of Illinois Press.

Goodale, J. C.
    1971   *Tiwi wives : a study of the women of Melville Island North Australia* (Monograph 51 of the American Ethnol. Society). Seattle : University of Washington Press.

ゴールデンワイザー、A.A.
    1943   『文化人類学入門』東京：日光書院。

Gould, R. A.
    1977   Some current problems in ethnoarchaeology. In D. Ingersoll, J. E. Yellen and W. Macdonald (eds) *Experimental archaeology*, pp. 359-377. New York : Columbia University Press.

Griffith, J. S.
    1983   Kachinas and masking. *Handbook of North American Indians*, Vol. 10 (*Southwest*), pp. 764-777.

Hallowell, A.
    1926   Bear ceremonialism in the Northern Hemisphere. *American anthropologist*, n.s., 28(1), 1-175.

浜野美代子
    1990   「土偶出現の時期と形態」『季刊考古学』30, 21-23。
    1995   「東北南部の動向」「土偶とその情報」研究会編『土偶シンポジウム3；栃木大会』pp. 50-62。

原田昌幸
    1990   「頭だけの土偶」『季刊考古学』30、口絵（モノクロ）。

八王子市椚田遺跡調査会
    1982   『神谷原II――東京都八王子市椚田遺跡群の調査』東京（八王子）：八王子資料刊行会。

Hawkes, E. W.
    1916   *The Labrador Eskimo* (Memoirs 91 of the Geological Survey of Canada, Anthropological series, No. 14). Ottawa. (Canada, Department of Mines, Memoir 91, Ottawa).

Hawkes, J. (ed.)
    1974   *Atlas of ancient archaeology.* New York : McGraw-Hill.

林　謙作
    1986   「亀ケ岡と遠賀川」『岩波講座日本考古学』、第5巻、（文化と地域性）pp. 93-124.

Heizer, R. F. and A. B. Elsasser
    1980   *The natural world of the California Indians.* Berkeley : University of California Press.

Herskovits, M. J.
　　1952　*Economic anthropology*. New York: Alfred A. Knopf.
Hill, A.
　　1978　Taphonomical background to fossil man problems in Palaeoecology. In W. W. Bishop (ed.) *Geological background to fossil man: recent research in the Gregory Rift Valley, East Africa*, pp. 87-101. Edinburgh: Scottish Academy Press.
Hodge, F. W. (ed.)
　　1907　*Handbook of American Indians North of Mexico* (Smithsonian Institution, Bureau of American Ethnology, Bulletin 30, Part 1).
Hoebel, E. A. and E. L. Frost
　　1976　*Cultural and social anthropology*. New York: McGraw-Hill.
Hole, F. and R. F. Heizer
　　1973　*An introduction to prehistoric archaeology*. New York: Holt, Rinehart and Winston (3rd edition).
Holm, B.
　　1990a　Art. *Handbook of North American Indians*, Vol.7 (*Northwest Coast*), pp. 602-632.
　　1990b　Kwakiutl: Winter Ceremonies. *Handbook of North American Indians*, Vol.7 (*Northwest Coast*) pp. 378-386.
Honigmann, J. J.
　　1954　*The Kaska Indians: an ethnographic reconstruction*. (Yale University Publications in Anthropology, No.51).
　　1981　Expressive aspects of Subarctic Indian culture. *Handbook of North American Indians*, Vol. 6 (*Subarctic*), pp. 718-738.
堀越正行
　　1992　「千葉県の土偶」『国立歴史民俗博物館研究報告』37, 237-248。
Hultkrantz, A.
　　1979　*The religion of the American Indians*. Berkley: University of California Press.
伊福部宗夫
　　1969　『沙流アイヌの熊祭』札幌：みやま書房。
池上二良
　　1979　『ウイルタ古画集録』（昭和53年ウイルタ民俗文化財緊急調査報告書1）札幌：北海道教育委員会。
　　1982　（編著）『ウイルタの暮らしと民具』（ウイルタ民俗文化財緊急調査報告書4）札幌：北海道教育委員会。
　　1983　（編）『川上秀弥採録カラフト諸民族の言語と民俗』（昭和57年ウイルタ民俗文化財緊急調査報告書5）札幌：北海道教育委員会。
今井半次郎
　　1937　『地層学』東京：古今書院。
稲野彰子
　　1990　「土偶と岩版・土版」『季刊考古学』30, 75-77。
稲野裕介

1990 「土偶と岩偶」『季刊考古学』30, 72-74。
1993 「円筒土器に伴う岩偶(1)」『考古学ジャーナル』362, 25-27。
1994 「岩偶」「土偶とその情報」研究会編『東北・北海道の土偶Ⅰ』pp. 36-37, 岩偶集成図, pp. 2-5。

稲野裕介・金子昭彦・熊谷常正・中村良幸
1992 「岩手県の土偶」『国立歴史民俗博物館研究報告』37, 100-111。

犬飼哲夫・名取武光
1940 「イオマンテ(アイヌの熊祭)の文化史的意義とその形式(2)」『北方文化研究報告』3, 79-136。

石原哲弥
1992 「岐阜県の土偶──飛騨地区の土偶集成」『国立歴史民俗博物館研究報告』37, 393-403。

磯前順一
1987 「土偶の用法について」『考古学研究』34(1), 87-102。

磯村　亨
1994 「秋田」『土偶シンポジウム2；秋田大会』pp. 26-27。

Ivanov, S. V., A. V. Smolyakk and M. G.Levin
1964a The Oroks. In Levin, M.G., and L.P. Potapov (eds.), *The peoples of Siberia*, pp. 761-766. Chicago: University of Chicago Press.
1964b The Ul'chi. In Levin, M.G. and L.P. Potapov (eds.), *The peoples of Siberia*, pp. 721-736. Chicago ; University of Chicago Press.

岩手県立博物館
1984 『縄文の風景──大地と呪術(埼玉・岩手文化交流展)』盛岡：岩手県立博物館。

Jenness, D
1922 *The life of the Copper Eskimo* (Report of the Canadian Arctic Expedition 1913-18, Vol. Xii, pt. A, Ottawa).
1935 *The Ojibwa Indians of Parry Island* (Their Social and Religious Life. National Museum of Canada, Bulletin No. 78).

ヂェレヴァンコ，ア・ペ (Derevyanko, A. P.)
1982 「アムール中流域の考古学的新発見」ア・ペ・オクラドニコフ他共著『シベリア・極東の考古学(1)』極東篇, pp. 185-188、東京：河出書房新社。

Jochelson, W.
1905-1908 *The Koryak* (American Museum of Natural History, Memoirs, Vol. 10).
1928 *Peoples of Asiatic Russia*. New York : The American Museum of Natural History.

Johnson P. R. and C. W. Hartman
1969 Environmental atlas of Alaska. Fairbanks: University of Alaska.

Jones, S., R. Martin and D. Pilbeam
1992 *The Cambridge encyclopedia of human evolution*. Cambridge University Press.

金子昭彦
1994 「後期後半の東北北半」『土偶シンポジウム2；秋田大会』pp. 63-73。

葛西猛千代
1975 『樺太アイヌの民俗』札幌：みやま書房。

加藤九祚

1986 『北東アジア民族学史の研究』東京：恒文社。

加藤晋平・小林達雄・藤本　強（編）

1988 『縄文人の精神文化（縄文文化の研究9）』東京：雄山閣。

瓦吹　堅

1992 「茨城県の土偶」『国立歴史民俗博物館研究報告』37, 175-184。

Kelly, I.

1978 Coast Miwok. *Handbook of North American Indians*, Vol.8 (*California*), 414-425.

Kelly, I. T. and C. S. Fowler

1986 Southern Paiute. *Handbook of North American Indians*, Vol.11 (Great Basin), Washington, pp. 368-397.

Kennedy, D. I. D. and R. T.Bouchard

1990 Northern Coast Salish. *Handbook of North American Indians*, Vol. 7 (*California*), pp. 441-452.

季刊考古学

1990 「考古学界ニュース」『季刊考古学』30, 104。

金田一京助

1937 『採訪随筆』京都：人文書院。

1943 『アイヌの神典』東京：八洲書房。

1944 『アイヌの研究』東京：八洲書房（第3版）。

桐原　健

1978 「土偶祭祀私見——信濃における中期土偶の出土状態」『信濃』30(4), 1-15。

Klein, R. G.

1973 *Ice-age hunters of the Ukraine*. Chicago: University of Chicago Press.

小林達雄

1990 「縄文世界の土偶」『季刊考古学』30：14-16。

小島俊彰・神保孝造

1992 「北陸の土偶」『国立歴史民俗博物館研究報告』37, 310-334。

国立歴史民俗博物館

1992 『土偶とその情報』（研究報告第37集）。

駒形敏朗

1992 「新潟県の土偶」『国立歴史民俗博物館研究報告』37, 298-309。

近藤　悟・阿部博志

1996 「大木式土器分布圏の土偶について」「土偶とその情報」研究会編『土偶シンポジウム2；秋田大会』pp. 38-43。

甲野　勇

1964 『土偶・装身具』（日本原始美術2）東京：講談社。

Krasheninnikov, S. P.

1972 *Explorations of Kamchatka: North Pacific scimitar*. (Report of a journey made to explore eastern Siberia in 1735-1741 by order of the Russian government). Portland, Oregon: Oregon Historical Society.

Krause, A.

1956 *The Tlingit Indians* (American Ethnological Society, Monograph 26). Seattle: University of Washington Press.

Kroeber, A. L.

1976 *Handbook of the Indians of California*. New York: Dover Publications. (Originally published in 1925 as Bulletin 78 of the Bureau of American Ethnology of the Smithsonian Institution).

Kurtén, B.

1968 *Pleistocene mammals of Europe*. Chicago: Aldine.

1976 *The cave bear story: life and death of a vanished animal*. New York: Columbia University Press.

Lambert, D.

1987 *The Cambridge guide to prehistoric man*. Cambridge University Press.

Lantis, M.

1984 Aleut. *Handbook of North American Indians*, Vol. 5 (*Arctic*), 161-184.

Lattimore, O.

1933 *The Gold Tribe, "Fishkin Tartars" of the Lower Sungari* (American Anthropological Association, Memoirs No. 40).

Laughlin, W. S.

1980 *Aleuts: survivors of the Bering Land Bridge*. New York: Holt, Rinehart and Winston.

Leakey, R. and G. Isaac

1976 East Rudolf: an introduction to the abundance of new evidence. In G. Isaac and E. R. McCoun (eds) *Human origins: Louis Leaky and the East Atv, Evidence*, 307-532. Menlo Park, California.

Lee, R. B.

1979 *The !Kung San: men, women, and workin a foraging society*. Cambridge: Cambridge University Press.

Leroi-Gourhan, A.

1957 *Prehistoric man*. New York: Philosophical Library.

1972 The evolution of Palaeolithic art. In Scieitific American (ed.) *Old world archaeology: foundations of civilization*, pp. 13-23. San Francisco: W. H. Freeman.

Levin, M. G. and L. P. Potapov

1964 *The peoples of Siberia*. Chicago: University of Chicago Press.

Lindig, W.

1972 *Die kulturen der Eskimo und Indianer Nordamericas*. Frankfurt: Athenaion.

Linton, R.

1936 *The study of man*. New York: Appleton-Century-Crofts.

Loeb, E. M.

1926 Pomo folkways. *University of California publications in American archaeology and ethnology* 19(2): 149-404.

Luomala, K.

1978 Tipai and Ipai. *Handbook of North American Indians*, Vol. 8 (*California*), 592-609.

Washington : Smithsonian Institution.

Malinowski, B.
- 1944 *A scientific theory of culture and other essays*. Oxford : Oxford University Press.

Maringer, J.
- 1960 *The gods of prehistoric man*. London : Weidenfeld and Nicolson.

Marshall, L.
- 1976 *The !Kung of Nyae Nyae*. Cambridge, Mass : Harvard University Press.

McIlwraith, T. F.
- 1953 *Bella Coola* (British Columbia Heritage Series, Series 1, Vol. 10. A.Sutton, Victoria, B. C.).

McKennan, R. A.
- 1965 *The Chandalar Kutchin* (Arctic Institute of North America, Technical Papers, No. 17).

Meggitt, M.J.
- 1965 *Desert people : a study of the Walbiri Aborigines of Central Australia*. Chicago : The University of Chicago Press.

Mekeel, S.
- 1935 Pregnancy and birth. In Kroeber, A.L. (ed.), *Walapai ethnography* (Memoirs of American Anthropological Association, No. 421).

Mellaart, J.
- 1965 *Earliest civilizations of the Near East*. London : Thames and Hudson.
- 1975 *The Neolithic of the Near East*. London : Thames and Hudson.
- 1994 Western Asia during the Neolithic and the Chalcolithic (about 12,000 to 5,000 years ago). In S. J. De Laet (ed.) *History of humanities* 1, 425-440. Paris : UNESCO.

Mellery, G.
- 1972 *Picture-writing of the American Indians*, Vol. 2. New York : Dover Publications.

Mitchell, S. R.
- 1949 *Stone age craftsmen*. Melbourne : Teit Book.

満岡伸一
- 1941 『アイヌの足跡』白老(初版、1924)。

三宅徹也
- 1990 「十字形土偶」『季刊考古学』30, 24-25。

宮下健司
- 1992 「長野県の土偶」『国立歴史民俗博物館研究報告』37, 365-392。

Munro, N. G.
- 1962 *Ainu creed and cult*. London : Routledge and Kegan Paul.

Murdoch, J.
- 1988 *Ethnological results of the Point Barrow expedition*. Washington : Smithsonian Institution Press. (Originally published 1892)

Murdock, G. P.
- 1934 *Our primitive contemporaries*. New York : Macmillan.

長沼 孝

1990　「北海道の土偶」『季刊考古学』30, 45-46。
　　　1992　「北海道の土偶」『国立歴史民俗博物館研究報告』37, 52-70。
　　　1996　「北海道の土偶」「土偶とその情報」研究会編『土偶シンポジウム2；秋田大会』pp. 16-17。
中島寿雄
　　　1943　「石器時代の土偶の乳房及び下腹部膨隆に就いて」『人類学雑誌』58(7), 19-31。
中村良幸
　　　1994　「東北地方北半の後期前半土偶」「土偶とその情報」研究会編『土偶シンポジウム2；秋田大会』pp. 50-57。
　　　1995　「北上川流域周辺の動向」「土偶とその情報」研究会編『土偶シンポジウム3；栃木大会』pp. 16-23。
中谷治宇二郎
　　　1948　『校訂　日本石器時代提要』奈良（丹波）：養徳社。
名取武光
　　　1941　「沙流アイヌの熊送りに於ける神々の由来とヌサ」『北方文化研究報告』4, 35-112。
　　　1959　「樺太・千島アイヌのイナウとイトクパ」『北方文化研究報告』14, 79-114。
Nelson, E. W.
　　　1983　*Eskimo about Bering Strait* (Bureau of American Ethnology, 18th Annual Report.). Washington: Smithsonian Institution.
Newell, R.
　　　1987　Reconstruction of the partitioning and utilization of outside space in a late prehistoric/early historic Inupiat village. In S. Kent (ed.) *Method and theory for activity area research*, pp. 107-185. New York: Columbia University Press.
西田泰民
　　　1993　「手広遺跡出土の縄文時代遺物」『古代文化』45(11), 67-71。
西鶴定嘉
　　　1974　『樺太アイヌ』札幌：みやま書房。
野口義麿
　　　1964　「土偶・土版」『日本原始美術2　土偶・装身具』pp. 121-134, 東京：講談社。
能登　健
　　　1992　「群馬県の土偶――出土状態を前提にした土偶性格論の再考」『国立歴史民俗博物館研究報告』37, 204-217。
　　　1988　「土偶」加藤晋平・小林達夫・藤本強（編）『縄文文化の研究9』pp. 74-85、東京：雄山閣。
沼崎陽他
　　　1982　『神谷原II』東京（八王子）：八王子市椚田遺跡調査会。
Oakley, K. P.
　　　1972　*Man the tool maker*. London: British Museum (Natural History).
岡崎晋明
　　　1995　「近畿地方周辺の土偶について」「土偶とその情報」研究会編『土偶シンポジウム3；栃木大会』pp. 12-15。
Okladnikov, A. P.
　　　1964　Ancient population of Siberia and its culture. In M. G. Levin and L. P. Potapov (eds) *The*

     peoples of Siberia, pp. 13-98. University of Chicago.
  1981 *Art of the Amur : ancient art of the Russian far East*. New York : Harry N. Abrams ; Leningrad : Aurora Art Publishers.

オクラドニコフ，ア・ペ他
  1982 『シベリア極東の考古学2沿海州篇』東京：河出書房新社。

Olson, R. L.
  1936 The Quinault Indians. *University of Washington publications in anthropology* 6(1), 1-190. Seattle : University of Washington Press.

主浜光朗
  1995 「宮城県仙台市大野田遺跡」「土偶とその情報」研究会編『土偶シンポジウム3；栃木大会』pp. 90-91。

小野正文
  1987a 「山梨県釈迦堂遺跡群出土の『誕生土偶』」『考古学ジャーナル』272, 10-13。
  1987b 『釈迦堂II』（山梨県埋蔵文化財センター調査報告第21集）pp. 269-278、山梨県教育委員会・日本道路公団。
  1990 「土偶大量保有の遺跡──縄文中期の場合」『季刊考古学』30, 68-71。
  1992 「山梨県の土偶」『国立歴史民俗博物館研究報告』37, 335-364。

大場利夫
  1965 「男性土偶について」『考古学雑誌』50(4), 62-65。

大野雲外
  1910 「土偶の形式分類に就て」『東京人類学界雑誌』296, 54-60。

太田祖電・高橋喜平
  1978 『碧祥寺博物館所蔵マタギ狩猟用具』東京：日本出版センター。

大友喜作（編）
  1944 「北蝦夷図説」『北門叢書』第五冊、pp. 277-380、東京：北光書房。

Opler, M. E.
  1941 *An Apache life-way : the economic social and religious institutions of the Chiracahua Indians*. Chicago : University of Chicago Press.
  1983 Chiracahua Apache. *Handbook of North American Indians*, Vol. 15 (*Northeast*), pp. 401-418.

Orme, B.
  1981 *Anthropology for archaeologists : an introduction*. Ithaca, New York : Cornell University Press.

Osborn, H. F.
  1922 *Man of the old stone age : their environment, life and art*. New York : Charles Scribners Sons. (3rd ed.)

Osgood, C.
  1937 *The ethnography of the Tanaina* (Yale University Publications in Anthropology, Vol. 16).
  1940 *Ingalik material culture*. New Haven : Yale University Publications in Anthropology.

押山雄三・日塔とも子

1995 「福島県郡山市鴨打A・割田A・向田A遺跡の中期後葉～後期前葉の土偶」「土偶とその情報」研究会編『土偶シンポジウム3；栃木大会』pp. 86-89。

Oswalt, W. H.
 1967 *Alaskan Eskimos*. Scranton, Pennsylvania : Chandler Pablishing Co.

Otte, M.
 1994 Europe during the upper Palaeolithic and Mesolithic. In S. J. De Laet (ed.) *History of humanities* 1,207-227. Paris : UNESCO.

Pearsall, M.
 1950 *Klamath childhood and education* (University of California, Anthropological Records 9 : 5).

Petersen, R.
 1984 East Greenland before 1950. *Handbook of North American Indians*, Vol. 5 (*Arctic*), Washington, pp. 622-639.

Pfeiffer, J. E.
 1982 *The creative explosion : an inquiry into the origins of art and religion*. Ithaca, New York : Cornell University Press.
 1985 *The emergence of humankind*. New York : Harpe and Roe.

Phillips, D.
 1980 *The prehistory of Europe*. London : Allen Lane.

Piggott, S.
 1965 *Ancient Europe, from the beginnings of agriculture to classical antiquity : a survey*. Chicago : Aldine Publishing Co.

Poirier
 1993 *Understanding human evolution*. Englewood Cliffs, NJ : Prentice Hall. (3rd ed.)

Popov, A. A.
 1964 *The Nganasan : the material culture of the Tavgi Samoyeds* (Indiana University Publications, Uralic and Altaic Series, Vol. 56). Bloomingston : Indiana University.
 1968 The Nganasans. In M. G. Levin and L. P. Potapov (eds) *The peoples of Siberia*, pp. 571-586. Chicago : University of Chicago Press.

Popov, A. A. and B. O. Dolgikh
 1964 The Kets. In Levin, M.G. and L.P. Potapov (eds.), *The people of Siberia*, pp. 607-619. Chicago : University of Chicago Press.

Potapov, L. P.
 1964 The Altays. In M. G. Levin and L. P. Potapov (eds) *The peoples of Siberia*, pp. 304-341. Chicago : University of Chicago Press.

Powell, T. G. E.
 1966 *Prehistoric art*. London : Thames and Hudson.

Price, J. A.
 1963 Some aspects of Washo life cycle. In d'Azevedo, W.L. (ed.), *The Washo Indians of California and Nevada* (University of Utah Anthropological Papers, No. 67).

Prokof'yeva, E. D.

  1964 The Nentsy. In M. G. Levin and L. P. Potapov (eds) *The peoples of Siberia*, pp. 547-570. University of Chicago Press.

Pyddoke, E.

  1961 *Stratification for the archaeologist*. London : Phoenix House.

Radcliffe-Brown, A. R.

  1952 *Structure and function in primitive society*. London : Cohen and West.

  1964 *The Andaman Islanders*. New York : Free press. (1st edition 1922).

Raup, D. M. and S. M. Stanley

  1971 *Principles of paleontology*. San Francisco : W. H. Freeman.

Ray, D. J.

  1961 *Artists of the tundra and the sea*. Seattle : University of Washington Press.

  1984 Bering Strait Eskimo. *Handbook of North American Indians*, Vol 5 (*Arctic*), pp. 285-302.

Ray, V. F.

  1932 *The Sanpoil and Nespelem : Salishan peoples of Northeastern Washington* (University of Washington Publications in Anthropology, Vol. 5).

  1963 *Primitive pragmatists : the Modoc Indians of Northern California*. Seattle : University of Washington Press.

Reed, A. W.

  1969 *An illustrated encyclopedid of aboriginal life*. Sydney : A.H. and A.W.Reed.

Renfrew, C.

  1979 *Problems in European prehistory*. Edinburgh : Edinburgh University Press.

レンフルー、C.

  1979 『文明の誕生』大貫良夫訳　東京：岩波書店。

Rigaud, J.-P.

  1989 From the middle to upper palaeolithic : transition or convergence?　In E. Trinkaus (ed.) *The emergence of modern humans*, pp. 142-153. Cambridge : Cambridge University Press.

Ritzenthaler, R. E.

  1978 Southwestern Chippewa. *Handbook of North American Indians*, Vol. 15 (*Northeast*), Washington : Smithsonian Institution, pp. 743-759.

ロット=ファルク、E. (Lot-Falk, E.)

  1980 『シベリアの狩猟儀礼』(Les Rites de Chasse chez Les Peuples Siberiens, Librairie Gallimard, 1953) 東京：弘文堂。

Roe, D.

  1970 *Prehistory : an introduction*. London : Macmillan.

Rogers, E. S. and J. H. Rogers

  1960 The individual in Mistassini society from birth to death. *National Museum of Canada, Bulletin* 190, pp. 14-36.

Roheim, G.

  1974 *Children of the desert*. New York : Harper and Row.

Rosenfeld, A.
    1977   Profile figures: schematization of the human figure in the Magdalenian culture of Europe. In P. J. Ucko (ed.) *Form in indigenous art*. (Schematization in the Art of Aboriginal Australia and Prehistoric Europe, Prehistory and Material Culture Series No. 13, Canberra: Australian Institute of Aboriginal Studies). London: G. Duckworth and New Jersey: Humanities Press.

Rudenko, S. I.
    1961   *The ancient culture of the Bering Sea and the Eskimo problem* (Arctic Institute of North America, Anthropology of the North, Translations from Russian Sources, No. 1).

Russel, F.
    1980   *The Pima Indians*. Tuscon: University of Arizona Press. (Original edition, 1904-5)

桜井清彦・和田　哲
    1958   「練馬区貫井町三菱レイヨン遺跡」『古代』第29・30合併号、早稲田大学考古学会、pp. 59-71。

サントリー美術館
    1969   『土偶と戸面──春の特別展』東京：サントリー美術館。

更科源蔵
    1942   『コタン生物記』札幌：北方出版社。
    1968   『アイヌ──歴史と民俗』東京：社会思想社。

佐藤宏之
    1993   「日本旧石器時代の食生態と食文化に関する基礎的研究」『味の素食の文化センター──助成研究の報告3』pp. 11-18。

瀬川裕市郎
    1992   「静岡県の土偶」『国立歴史民俗博物館研究報告』37, 404-416。

Seligmann, C. G. and B. Z. Seligmann.
    1969   *The Veddas*. Anthropological Publications, Netherlands. (Original edition, 1911).

Service, E. R.
    1958   *A profile of primitive culture*. New York: Harper and Brothers.

Shapera, I.
    1930   *The Khoisan peoples of South Africa. Bushmen and Hottentots*. London: Routledge and Kegan Paul.

Shimkin, D. B.
    1947   Childhood and development among the Wind River Shoshone. *University of California Anthropological Records*, 5：5.

白井光太郎
    1896   「貝塚より出でし土偶の考」『東京人類学会報告』1(2), 26-29。

シロコゴロフ、S.M.
    1941   『北方ツングースの社会構成』（東亜研究叢書、第5巻）東京：岩波書店。

Sieveking, A.
    1979   *The cave artists*. London: Thames and Hudson.

Silberbauer, G. B.

1981　*Hunter and habitat in the Central Kalahari desert.* Cambridge: Cambridge University Press.

Simmons, L. W.

1945　*The role of the aged in primitive society.* New Haven: Yale University Press.

Skeat, W. W. and C. O. Blagden

1966　*Pagan Races of the Malay Peninsula,* Vol. 2. London: Frank Cass. (Original edition, 1906)

Snow, J. H.

1981　Ingalik. *Handbook of North American Indians,* Vol. 6 (*Subarctic*), pp. 602-617.

Soffer, O. (ed.)

1987a　*The Pleistocene Old World : regional perspectives.* New York: Plenum Press.

1987b　Upper Palaeolithic connubia, refugia, and the archaeological record from Eastern Europe. In O. Soffer (ed.) *The Pleistocene Old World : regional perspectives,* pp. 333-348. New York: Plenum Press.

Solecki, R. S.

1971a　*Shanidar : The first flower people.* New York: Alfred A. Knopf.

1971b　*Shanidar : the humanity of Neanderthal man.* London: Allen Lane The Penguin Press.

Sollas, W. J.

1924　*Ancient hunters and their modern representatives.* London: Macmillan.

Speck, F. G.

1977　*Naskapi : the savage hunters of the Labrador Peninsula.* Norman: University of Oklahoma Press.

Spencer, B. and F. J. Gillen

1899　*The Native tribes of central Australia.* London: Macmillan.

Spencer, R. F.

1959　*The north Alaskan Eskimo : a study in ecology and society* (Smithsonian Institution, Bureau of American Ethnology, Bulletin 171).

Spencer, R. F. *et al.*

1965　*The native Americans : prehistory and ethnology of the North American Indians.* New York: Harper & Row.

Spier, L.

1928　Havaspai ethnography. *American Museum of Natural History, Anthrpological Papers* Vol. 29, pt. 3.

1978　*Yuman Tribes of the Gila River.* New York: Dover Publications.

Spindler, L. S.

1978　Menominee. *Handbook of North American Indians,* Vol. 15 (Northeast), pp. 708-724.

Stewart, H.

1977　*Indian fishing : early methods on the Northwest Coast.* Seattle: University of Washington Press.

Strong, W. D.

1987　*Aboriginal society in southern California.* Banning, California: Malki Museum Press.

Sulimirski, T.
- 1970 *Prehistoric Russia : an outline.* London : John Baker ; New York : Humanities Press.

Suttles, W.
- 1990 Central Coast Salish. *Handbook of North American Indians*, Vol. 7 (Northwest Coast), pp. 453-475.

Suttles, W. and B. Lane
- 1990 Southern Coast Salish. *Handbook of North American Indians*, Vol. 7 (Northwest Coast), 485-502.

鈴木克彦
- 1992 「青森県の土偶」『国立歴史民俗博物館研究報告』37, 71-99。

鈴木保彦
- 1990 「筒形土偶」『季刊考古学』30, 30-31。
- 1992 「神奈川県の土偶」『国立歴史民俗博物館研究報告』37, 287-297。

Swanton, J. R.
- 1905 Contributions to the ethnology of the Haida. *American Museum of Natural History, memoir* 8(1), 1-300.

高橋喜平
- 1991 『みちのくの山の神』盛岡：岩手日報社出版部。

田辺早苗
- 1990 「三角形土偶」『季刊考古学』30, 81-84。

丹羽佑一
- 1992 「香川県の土偶」『国立歴史民俗博物館研究報告』37, 422-425。

谷川磐雄
- 1926 「土偶に関する二三の考察」『国学院雑誌』32(5), 48-57。

谷口康浩
- 1990 「土偶のこわれ方」『季刊考古学』30, 63-67。

Tead, D. and E. Kleiman
- 1952 *What is race? evidence from scientists.* Paris : UNESCO.

手塚　均
- 1994 「東北地方南部の後期後半の土偶について」『土偶シンポジウム２；秋田大会』pp. 74-80。

Teit, J. A.
- 1900 The Thompson Indians of British Columbia. *American Museum of Natural History, Memoir*, Vol. 2 163-392.
- 1906 The Lillooet Indians. *American Museum of Natural History, Memoir* 4 : 193-300.

Testart, A.
- 1982 The signifcance of food among hunter-gatherers : residence patterns, population densities, and social inequalities. *Current Anthropology* 23 : 523-530.

テスタール、A.
- 1995 『新不平等起源論、狩猟採集民の民族学』東京：法政大学出版局。

知里眞志保
- 1953 『分類アイヌ語辞典・植物篇』東京：日本常民文化研究所。

富樫泰時・武藤祐浩
    1992　「秋田県の土偶」『国立歴史民俗博物館研究報告』37, 136-153。

Tokarev, F. A. and I. S. Gurvich
    1964　The Yakuts. In Levin, M.G. and L.P.Potapov (eds.), *The peoples of Siberia*, pp. 243-304. Chicago : University of Chicago Press.

富田紘一
    1990　「九州の土偶」『季刊考古学』30, 47-48。
    1992　「九州の土偶」『国立歴史民俗博物館研究報告』37, 426-448。

Tonkinson, R.
    1978　*The Mardudjara Aborigines : living the dream in Australia's desert*. New York : Holt, Rinehart and Winston.

Tooker, E.
    1978　Iroquois since 1820. *Handbook of North American Indians*, Vol. 15 (*Northeast*), pp. 449-465.

鳥居龍蔵
    1922　「日本石器時代民衆の女神信仰」『人類学雑誌』37(11), 371-383。
    1976　『鳥居龍蔵全集』第七巻　東京：朝日新聞社。

Trigger, B. G.
    1969　*The Huron : farmers of the North*. New York : Holt, Rinehart and Winston.

Tringham, B.
    1971　*Hunters, fishers and farmers of Eastern Europe 6000-3000 B.C*. London : Hutchinson University Library.

坪井正五郎
    1894　「貝塚土偶の面貌の奇異なる所以を説明す」『東洋学芸雑誌』150号（日本考古学選集2、pp. 176-181、築地書館、東京、1971）。
    1895　「コロボックル風俗考（第8回）」『風俗画報』104, 30-33。

Turnbull, C. M.
    1965a　The Mbuti Pygmies : an ethnographic survey. *American Museum of Natural History, Anthrpological Papers* Vol.50, Pt. 3.
    1965b　*Wayward servants : the two worlds of the African Pygmies*. London : Eyre and Spottiswood.

Turney-High, H. H.
    1941　*Ethnography of the Kutenai* (Memoirs of the American Anthrolopological Association, No. 56).

植木　弘
    1990　「土偶の大きさ——超大型土偶の扱いについて」『季刊考古学』30, 56-59。
    1995　「筒形土偶の系譜とその周辺」「土偶とその情報」研究会編『土偶シンポジウム3；栃木大会』pp. 33-39。

植木智子
    1992　「埼玉県の土偶」『国立歴史民俗博物館研究報告』37, 218-236。

上野修一

1992 「栃木県の土偶」『国立歴史民俗博物館研究報告』37, 185-203。

梅原　猛

1989 「土偶の神秘——死の尊厳と再生への願望」『人間の美術Ⅰ——縄文時代』pp. 140-170、東京：学習研究社。

Underhill, R. M.

1940 *The Papago Indians of Arizona on their relatives the Pima*. (Shaman Pamphlets No. 3, U.S. Office of Indian Affairs) Lawrence, Kansas: Haskel Institute.

1941 *Indians of south California* (U.S. Department of the Interior, Bureau of Indian Affairs).

UNESCO

1952 *What is race? Evidence from Scientists*. Paris.

Vallois, H.V.

1961 The social life of early man: the evidence of skeletons. In S. L. Washburn (ed.) *Social life of early man*, pp. 214-235. London: Methuen.

Valoch, K.

1994 Archaeology of the neanderthalers and their contempolaries. In S. J. De Laet (ed.) *History of humanities*, Vol. 1, pp. 107-116. Paris: UNESCO.

Van Gennep, A.

1960 *The rites of passage*. Chicago: The University of Chicago Press. (Original Edition, 1909)

Vanstone, J. W.

1974 *Athapaskan adaptations: hunters and fighermen of the Subarctic forests*. Chicago: Aldine.

和田　完

1958 「南樺太土着民における偶像」『北方文化研究報告』13, 205-242。

1959 「樺太アイヌの偶像」『北方文化研究報告』14, 43-78。

1978 「オロッコ族の病気に対する呪符」『国立民族学博物館研究報告』3(4), 734-748。

Warner, W. L.

1969 *A black civilization: a social study of an Australian tribe*. Gloucester, Mass: Peter Smith.

Washburn, S. L. and S. Lancaster

1969 The evolution of hunting. In S. L. Washburn and C. J. Phillis (eds) *Perspectives on human evolution*, pp. 213-229. New York: Holt, Rinehart and Winston.

Watanabe, H.

1965 A Palaeolithic industry from the Amud Cave, Israel. *Communications to VIIth Cooperation Conference on "Microevolution and population history of northern peoples"*, p. 40. Sapporo: Circular.

1968 Subsistence and ecology of northern food-gatherers with special reference to the Ainu. In B. B. Lee and I. DeVore (eds) *Man the hunter*, pp. 69-77. Chicago: Aldine.

1969a Famine as a population check: comparative ecology of northern peoples. *Journal of the Faculty of Science*, Sect. V, Vol. III, Pt. 4, pp. 237-252. Tokyo: University of Tokyo.

1969b Neanderthalers vs. Homo Sapiens: behavioral adaptability to Arctic winter. *Proceedings*

1971 Periglacial ecology and the emergency of Homo Sapiens. In UNESCO (ed.) *The origins of Homo Sapiens*, pp. 271-285.

1972 *The Ainu ecosystem: environment and group structure*. Tokyo: University of Tokyo Press.

1973 *The Ainu ecosystem : environment and group structure* (American Ethnological Society, Monograph 54). Seattle : University of Washington Press. (Originally published by the University of Tokyo Press in 1972)

1983 Occupational differentiation and social stratification: the case of Northern Pacific maritime food-gatherers. *Current Anthropology* 24(2)：217-219.

1985 The chopper-chopping tool complex of East Asia : an ethnoarchaeological-ecological re-examination. *Journal of Anthropological Archaeology* 4(1), 1-18, New York.

1986 Community, habitation and food-gathering in prehistoric Japan: an ethnographical interpretation of the archaeological evidence. In Pearson, R.J. (ed.), *Windows on the Japanese past ; studies in archaeology and prehiatory* (Center for Japanese Studies, University of Michigan), pp. 229-254.

1988 On the social anthropology of hunter-gatherers. *Current Anthropology* 29(3), 489-490.

1990 Social evolution of hunter-gatherers : an ethnographic approach. *Abstracts of the Inter-Congress of IUAES, Lisbon, Sept.* 1990., pp. 86-87 Lisbon : Universidade Nova de Lisboa.

1991 Animal cult of northern hunter-gatherers : patterns and their ecological implications. *Circulated Paper for the symposium of religion and ecology in northern Eurasia and North America*, University of Hokkaido, Sapporo, Oct. 1991.

1992 The North Pacific maritime culture zone : a viewpoint on hunter-gatherers' mobility and sedentism. In Aikens, C.M. and S.N.Rhee (eds.), *Pacific North-East Asia in Prehistory*, pp. 105-112.

1993 The northern Pacific maritime culture zone : a viewpoint on hunter-gatherers' mobility and sdentism. C. M. Aikens and S. N. Rhee (eds) *Pacific northeast Asia in prehistory hunter-fisher-gatherers, farmers, and sociopolitical elites*, pp. 105-112. Pullman : Washington State University Press.

1994 Animal cult of northern hunter-gatherers : patterns and their ecological implications. In Irimoto, T. and T.Yamada (eds.), *Circumpolar Religion and Ecology*, pp. 47-68. Tokyo : University of Tokyo Press.

1995 Shaman's participation in animal cult : patterns as Sten among northern hunter-gatherers. In *Abstract of the international conference on shamanism*. Nara : Nara University, The International Society for Shamanistic Research.

渡辺　仁

1954 「胆振アイヌにおける水産資源の利用」『日本人類学会・日本民族学会連合大会第7回紀事』pp. 43-48。

1963 「アイヌのナワバリとしてのサケの産卵区域」『岡正雄教授還暦記念論文集「民族学ノート」』pp. 278-298、東京：平凡社。

1964a 「アイヌの生態と本邦先史学の問題」『人類学雑誌』72(1), 9-23。
1964b 「アイヌの熊祭の社会的機能並びにその発展に関する生態的要因」『民族学研究』29(3), 206-217。
1966 「縄文時代人の生態——住居の安定性とその生物学的・民族史的意義——」『人類学雑誌』74(2), 73-84。
1970 「ヒトの生態と進化」勝沼晴雄・鈴木継美編『人類生態学ノート』pp. 49-100, 東京：東京大学出版会。
1971 「進化と環境」東京大学公開講座『人間と環境』pp. 75-106。東京大学出版会。
1972 「先史考古学・生態学・Ethnoarchaeology——方法論について」『考古学ジャーナル』72, 1。
1974 「アイヌ文化の源流——特にオホーツク文化との関係について——」『考古学雑誌』60(1), 72-82。
1977a 「狩猟採集民のロコモーション」『人類学講座』（第12巻：生態）pp. 3-29、東京：雄山閣。
1977b 「アイヌの生態系」『人類学講座』（第12巻：生態）pp. 387-405、東京：雄山閣。
1978 「狩猟採集民の食性の分類——進化的・生態学的見地から——」『民族学研究』43(2), 111-137。
1979 「ヒトの生活構造と適応」日本医師会（編）『ライフ・サイエンスの進歩』6, 63-101。東京：春秋社。
1980 「屋内生活空間の聖・俗（男・女）2分割——北海道先史文化とアイヌ文化の関係についての土俗考古学的問題点」東京大学文学部編『ライトコロ川口遺跡』pp. 85-97。
1981a 「狩猟採集民のライフ・サイクルと退役狩猟者」『日本民族学会、第20回研究大会発表抄録』pp. 63-64。
1981b 「年齢分業とライフ・サイクル——生態人類学的新視点——」『人類働態学研究会会報』36, 3-5。
1981c 「北方文化研究の課題」『北海道大学文学部紀要』48, 79-141。
1981d 「先史時代旧世界における東と西——比較考古学事始め」『東京大学文化交流施設研究紀要』4, 1-10。
1982 「竪穴住居の体系的分類——食物採集民の住居生態学的研究（Ⅰ）——」『北方文化研究』14, 1-108、札幌：北海道大学。
1984 「狩猟採集民の住居——北方からの視点——」杉本尚（編）『日本のすまいの源流』pp. 389-417、東京：文化出版局。
1985 『ヒトはなぜ立ち上がったか——生態学的仮説と展望』東京：東京大学出版会。
1986 「北東アジア猟漁民の猟漁システムの特徴とその先史学的・進化的意義（Ⅰ）——銛漁と弓矢漁——」『麗沢大学紀要』43, 1-24。
1988 「北太平洋沿岸文化圏——狩猟採集民からの視点——」『国立民族学博物館研究報告』13(2), 297-356。
1989 「狩猟採集民の社会生態的進化」『第43回人類学会民族学会連合大会研究発表抄録』pp. 27。
1990a 『縄文式階層化社会』東京：六興出版。
1990b 「北方狩猟採集民の聖山信仰——アイヌを中心とする機能的概観——」小谷凱宣（編）『北方諸文化に関する比較研究』pp.237-279、名古屋：名古屋大学教養部。
1992 「北洋沿岸文化圏——狩猟採集民文化の共通性とその解釈問題——」宮岡伯人（編）『北の言語——類型と歴史——』pp. 67-108（第2章）、東京：三省堂。
1993a 「土俗考古学の勧め——考古学者の戦略的手段として——」『古代文化』45, 1-14、京都。
1993b 「北方猟漁民の「送り」型信仰・儀礼とその地域性——動物祭祀への新生態学的アプローチ——」『札幌大学女子短期大学部創立25周年記念論文集』pp. 25-34、札幌。

1996 「遺物から道具へ——理論考古学のためのパラダイム転換——」『先史考古学論集』5,1-9。
1997 「縄文土偶と女神信仰——民族誌的情報の考古学への体系的援用に関する研究 (I)」『国立民族学博物館研究報告』22(4), 829-973。

渡辺 仁、西本豊弘、大島 稔、切替英雄、佐藤知巳
1984 『アイヌ民俗調査Ⅲ (静内地方)』(昭和58年度アイヌ民俗文化財調査報告書) 札幌：北海道教育委員会。
1985 『アイヌ民俗調査Ⅳ (静内・浦川・様似地方)』(昭和59年度アイヌ民俗文化財調査報告書) 札幌：北海道教育委員会。
1986 『アイヌ民俗調査Ⅴ (釧路・網走地方)』(昭和60年度アイヌ民俗文化財調査報告書) 札幌：北海道教育委員会。
1987 『アイヌ民俗調査Ⅵ (十勝・網走地方)』(昭和61年度アイヌ民俗文化財調査報告書) 札幌：北海道教育委員会。
1988 『アイヌ民俗調査Ⅶ (沙流・十勝地方)』(昭和62年度アイヌ民俗文化財調査報告書) 札幌：北海道教育委員会。
1989 『アイヌ民俗調査Ⅷ (武島川・沙流・有珠地方)』(昭和63年度アイヌ民俗文化財調査報告書) 札幌：北海道教育委員会。
1990 『アイヌ民俗調査Ⅸ (千歳地方)』(平成元年度アイヌ民俗文化財調査報告書) 札幌：北海道教育委員会。
1991 『アイヌ民俗調査Ⅹ (千歳地方)』(平成2年度アイヌ民俗文化財調査報告書) 札幌：北海道教育委員会。
1992 『アイヌ民俗調査Ⅺ (千歳地方)』(平成3年度アイヌ民俗文化財調査報告書) 札幌：北海道教育委員会。

Watson, W.
 1968 *Flint implements : an account of stone age techniques and cultures*. London : British Museum.

Wendorf, F., A. F. Close and R. Schild
 1994 Africa in the period of H. Sapiens Neanderthalensis and contemporaries. In S. J. De Laet (ed.) *History of humanities* 1, 117-135. Paris : UNESCO.

Weniger, G.-C.
 1987 Magdalenian settlement pattern and subsistence in Central Europe : the southwestern and central German cases. In O. Soffer (ed.) *The pleistocene old world : regional perspective*, pp. 201-215. New York : Plenum Press.

Wenke, R. J.
 1984 *Patterns in prehistory : humankind's first three million years*. New York : Oxford University Press. (2nd edition)

West, R. G.
 1968 *Pleistocene geology and biology : with special reference to the British Isles*. London : Longmans.

Weyer, E. M.
 1969 *The Eskimos. their environment and folkways*. Hamden, Connecticut : Archon Books.

White, J. P. and D. H. Thomas

1972 What means these stones? Ethno-taxonomic models and interpretations in the New Guinea highlands. In D. L. Clark (ed.) *Models in archaeology*, pp. 275-308. London: Methuen.

Whitehouse, D. and R. Whitehouse
1975 *Archaeologial atlas of the world*. London: Thames and Hudson.

Whitehouse, R. D. (ed.)
1983 *The facts on file dictionary of archaeology*. New York: Facts On File Publications.

Whittle, A.
1985 *Neolithic Europe: a survey*. Cambridge: Cambridge University Press.

Winick, C.
1970 *Dictionary of anthropology*. Totowa, New Jersey: Littlefield, Adams & Co.

Witherspoon, G.
1983 Navajo social organization. *Handbook of North American Indians*, Vol. 10 (*Southwest*), Washington, pp. 524-535.

八幡一郎
1922 「信濃国諏訪郡豊平村広見発見の土偶」『人類学雑誌』37(8), 270-274。
1939 『日本先史人の信仰の問題』（人類学・先史学講座、第13巻）東京：雄山閣。
1955 「第五節 土製品」平出遺跡調査会編『平出 長野県宗賀村古代集落遺跡の総合研究』pp. 211-213, 東京：朝日新聞社。
1963 『縄文土器・土偶』（陶器全集第30巻）東京：平凡社。
1981 「縄文人の仮面（続）」『どるめん』28：4-9。

山本祐弘
1943 『樺太アイヌの住居』東京：相模書房。
1979 『樺太自然民族の生活』東京：相模書房。

山本典幸
1990 「遺跡の中の土偶」『季刊考古学』30, 60-62。

山梨県教育委員会
1987 『釈迦堂II』（山梨県埋蔵文化財センター調査報告21）山梨県教育委員会・日本道路公団。

山内幹夫
1992 「福島県の土偶」『国立歴史民俗博物館研究報告』37, 154-174。
1996 「福島県の土偶」「土偶とその情報」研究会編『土偶シンポジウム2；秋田大会』pp. 30-35。

山崎和巳
1990 「みみづく土偶」『季刊考古学』30, 34-35。
1995 「板状土偶とその他の土偶」「土偶とその情報」研究会編『土偶シンポジウム3；栃木大会』pp. 44-49。

米田耕之助
1987 「土偶・土版性格論」桜井清彦・坂詰秀一編『論争・学説日本の考古学3——縄文時代II』pp. 57-94、東京：雄山閣出版。

Zeuner, F. E.
1959 *The Pleistocene period: its climate, chronology, and faunal successions*. London: Hutchinson Scientific and Technical.

あとがきにかえて

渡辺敦子

　1998年5月25日に夫渡辺仁が他界してから早や3年が過ぎ、月日の経つ早さにただ茫然としているこの頃でございます。

　渡辺は三重県久居市の出身で代々の医者の家に生まれ、5歳の時に父が病没したため母の実家の宇治山田で小・中学校を卒業、そして信州の松本高等学校理乙に入学しました。

　東京大学理学部人類学教室に入ってからは人類学に熱中し、長谷部言人先生の厳しくも感銘深い教えと1953年に留学したロンドン大学のフォード教授から受けた教えにより、生涯の研究を方向づけられました。

　1960年、東京大学西アジア洪積世人類遺跡調査団の一員として調査のため一人先にイスラエルに渡りました。当時はまだ比較的平和でしたが、それでも銃を持ち地図、磁石、カメラその他の装備をして40℃の砂漠を毎日歩き廻り、国境警備隊に捕まったり、急性の眼病にかかったり、歯と髪の毛が抜けたり、高い所から滑り落ちて失神したり……と日本で待つ私は心配でなりませんでした。翌年第一次調査団の全員でアムッド洞窟を発掘した結果、幸運にもネアンデルタールのほぼ完全に近い人骨化石を発見したときは、身体がふるえて腰が抜けそうになったとの便りがきました。

　1972年、東京大学文学部考古学教室に移り、翌年、米国のニューメキシコ大学の客員教授として一学期間教鞭を取るため渡米し、私もいっしょにまいりました。度々の国際会議の出席等で英語の討論には馴れていたはずですのに、教授会と講義の準備が大変で、相当に緊張した毎日を送り、英語で寝言を申したのにはびっくりいたしました。

　1976年、関野雄先生が退官されてからは研究室主任としての責務を全うすべく、研究室のあり方、講義の準備、学生指導等に全力を傾け、1980年に無事退官を迎えることができたときはホッとして、これからゆっくり本を書きたいと申しておりました。しかしやはり大学で若い方々と共に研究するのが好きだったようで、すぐ北海道大学に移ると、学生時代からのアイヌ民俗調査に北大の若い方々と文化庁の助成を得てとりかかり、北海道教育委員会から「アイヌ民俗調査報告書」を毎年1冊ずつ発行し、これは亡くなる年まで18年続けました。

　1989年、早稲田大学客員教授を停年になってからは、アイヌ民俗調査と併行してライフワークの総まとめでしょうか、「縄文土偶と女神信仰」の執筆にかかり、スピードが落ちたと歎きながらも毎日コツコツと書き進め推敲を重ねておりました。多くの図版も一つ一つを切り抜いて$\frac{1}{2}$にしたり$\frac{2}{3}$に縮小したりと繰り返しコピーし直し、1997年9月やっと完成したときには私もホッといたしました。大部なものなので3部に分けて国立民族学博物館の研究報告に掲載していただく

ことが決まり、すぐに原稿を送りましたが、翌年2月5日早朝、発熱して入院いたしました。まもなく熱も下がり元気になりましたので、ゲラ刷りの校正を始めることができ、ベッドの上で一生懸命にペンを入れておりました。しかし3月中旬になってからは高熱が出るようになって食欲も落ち、日に日に体力が弱まる中で、なお最後の力をふりしぼって原稿に向かっておりました。病院の先生も「これはまさに精神力の結果ですよ」とおっしゃって、懸命に治療してくださいました。4月11日にパートⅠの掲載された研究報告22巻4号を手にし、嬉しそうにうなずいたときは、私も本当に嬉しゅうございました。力尽きたように他界したのは、それから一カ月余り後のことでした。その後も国立民族学博物館のご好意により、予定通り23巻1号と24巻2号に分けて掲載されました。

　このようにすでに印刷物となった論文ではありますが、故人が晩年の歳月をかけ、さらに闘病のなか最後までその完成を夢見、私共に刊行を託した原稿ですので、何とか一書にまとめて渡辺の霊前に捧げたいと念願しておりましたところ、多くの方のご厚意とご努力により、国立民族学博物館から再版のご許可をいただき同成社から刊行していただくこととなりました。泉下の夫もどんなにか喜んでいることと思います。

　文末になりますが出版にいたるまでひとかたならぬお世話になりました国立民族学博物館の秋道智彌先生、丹生絵海子様、東京大学文学部考古学教室の今村啓爾先生、安斎正人先生、また同成社の山脇洋亮様に心からお礼を申し上げます。

索引

事項索引

あ

アイヌ族　43,45,80,87,91,96,100,102,121,125,131,259,260,263〜265,309,311,312,323,326,345
アウェン族　81
アウエン族　89
アサパスカン語族　79,86
アシャンティ族　81,92
アズテク族　92
アパッチ族　13,32,34,86,88
雨滝遺跡　269,282,283
アムール新石器時代　120,132〜134,184,195,196,197,247
アラスカ・エスキモー　20,86,91,322
アリュート族　34,100,121,122,261,263,324,325
アルタイ族　260,345
アルンタ族　81
アンダマン島民　77,94
家神　39,42,43,45,46,103,106,119〜125,128〜132,134〜138,147,149,152,177〜180,184,190,194,195,257,267,268,274,275,297,300,301,303,304,311,322〜324,332,338,348
家神信仰圏　120
家神像信仰　103,120〜122,129,131,132,135,190,257
家神像信仰圏　129,131,135,257,324,325
威信　81,100,254
一次的遺物　280,283,284,290,291,293,294,295,296,347
一括処理　292〜295
イデオロギー　151,152,188,304

遺物　1,53,100,101,105,118,131〜133,166,167,169,172,173,176,179,190,192〜194,247〜255,257,258,267〜274,276,278〜280,283,285,286,288〜291,293〜297,304,307,317,318,327〜330,337,338,343,344,346,347
遺物期　276,279,280,283〜286,288,291,293〜297
イロクォイ族　31,89
インカ族　97
インガリック族　26,258,345
ウイトト族　89
「ヴィーナス」像　118,120,138〜142,144〜146,149〜152,160,165,166,224,225,248,328〜330,332,336,339,348
ウィルタ（オロッコ）族　309
ウイルタ（オロッコ）族　40,121,124,260,263,309
ウイルタ族　15,40,124,129,320
ヴィレンドルフ　151,155,166
ヴェッダ族　90
運搬作用　287〜289
エスキモー　7,9,10,20,24,26,34,50,62,80,89,91,95,100,122,261,263,265,316,322,325,345
エニセイ族　15,18,47,322
沿海コリヤーク族　13
沿岸セリッシュ族　16,27,30,83,261,320
大形獣猟制狩猟採集民　99
オジブァ族　94
オスティアク族　15,264
オーストラリア原住民　7,15,19,93,98
男神　35,42,122,131,256,319,326,344
オマハ族　94
オルチャ（ウリチ）族　124

オルチャ族　39,40

か

怪異性　47,49,50,54〜59,61,63,73,107,108,244,314,320
海岸コリヤーク族　35,38,121,122,263,322
海岸ミウォーク族　18,263
階層　27,70,99,100,102,317,318
階層化　99,100,102,132,318
階層化社会　99〜102
概念枠　118
風張遺跡　276,283
カスカ族　79,90
加曽利貝塚　282
形枠　150〜153,155,160,161,163〜169,171〜177,183,185,186,190,192〜199,201,213,217,218,223〜226,229,244,249,250,254,256,257,299,300,301,303,332,334,341,342,344,348,349
ガブリエリノ族　259
上黒駒遺跡　61
カムチャダール（イテリメン）族　121,123,260
仮面　6,15,20,22〜24,26,27,31,32,34,48,49,312〜314
環　112,133,173,189〜195,257,260,268〜273,276,282,283,293,297,304,305,309,313,322,324,338,341,343〜345,347
環（link）　112
環境条件　98,100,169,296
環境帯　99,100
環境要因　100,285,286
玩具人形　6,7,13,15,16,45,47〜49,55,58,63,134,135,311
祇園原貝塚　277
記載考古学　249,343
技術―経済レベル　99
技術的条件　100,342
北アラスカ・エスキモー　9,20,24,79,86,322
北太平洋沿岸文化圏　132,318

機能的相互関係　102,307
キュベオ族　82,90
供食（feeding）儀礼　43,46,123,128,129,131,322,323
ギリヤーク族　15,39,124,131,132,135,310〜313,323
ギリヤーク（ニブフ）族　15,40,55,80,86,121,123,131,260,264,309,326
儀礼システム　48,257
儀礼的最終処理　278,279
キワィ島パプア族　97
キング島エスキモー　24
クイノールト族　30,83,261
グウィ族　93
クチン族　85
クテナイ族　78
グラヴェット文化　138,139,143,144,149,150,152,160,164〜176,197,326〜331,333,336,337,348
クラマス族　78
クリーク族　94
グリーンランド・エスキモー　79,91
クロー族　94
クワキゥトル族　27,83,94,259
形態的異様性　53,58
形態的変異　151,155,168,198
形態分類学　342
系統発生　128,324
型枠　160
ケット族　264
公共儀礼用偶像　258,263,267,268,296
考古学的証拠　100,136,137,142,175,178,180,181,190,252,253,273,275,299,305,318
構造の進化　179
構造的変化　119,131,304
構造的類似　102
郷原遺跡　270,280
個人（家族）儀礼　55,121
コスティエンキ第Ⅰ遺跡　148,167
古代エジプト人社会　81
コッツェビュー（湾）・エスキモー　9,66

コッパー・エスキモー族　95
子連れ土偶　110
子孕み土偶　110
個別事例比較法　307
ゴリド族　265,310
コリヤーク族　18,38,47,121,131,260,320,322
ゴルド族　178
ゴルド（ナナイ）族　40,131,134,260,263
コンドン遺跡　132,247,326

さ

斉一性　149〜153,160,161,176,177,183,332,338
祭祀体系　178
再順応　99,191
再適応　99,192,193,324
サカイ族　90
サマーセット・レベルス　193,194,341
サモア族　88
サモエード族　15,18
産神　75,77,98,102,103,110,119,136,147,177,194,195,257,267,268,274,275,297,303,304,315,338
産の神　81,87,88,96,98,102,106〜108,119,255,319,325
産の女神　3,75,76,88,98,106,107,110,149,190,340
サンポイル族　78,85,90
自生的伝統　229
菩内遺跡　113,251,276,320,321
私的儀礼用偶像　259,263,267,268,274〜276,279,345
社会経済体制　99
社会考古学　318
社会考古学的アプローチ　3
社会生態　63
社会的機能　3,47,303
社会的-生態的コンテクスト　76
社会的土壌　98
釈迦堂遺跡　278,289,293,294,296,346

社交的儀礼　74
シャーマニズム　309,312
シャーマン　16,20,22,24,26,27,30,32,39,40,42,47,56,75,78,79,82〜86,124,133,134,258〜261,263,309〜312,316,320,322,344,345
宗教―芸術的レベル　99
宗教芸術複合体　135
宗教構造　177,178,180,181,321
宗教的意味　50,311
集団儀礼　102,121,148,276
修理サイクル　277,284,285
生涯モデル　277,279,284,285
守護神　18,27,30,31,33,35,38,39,43,76,87,102,103,106,119,121〜124,129,133,138,149,184,257,260,261,263,264,303,305,311,320〜325
呪物　2,3,5,6,54〜56,129,248,308〜312,314,318,323,343
生涯モデル　277,279,284,285
象徴機能的視点　2
象徴的意味　2,5,67〜69,245
消滅性素材　138,191,194,247〜254,303
縄文考古学　50,66,72,108,118,248,249,251,254,290,291,307,308,314,317,344
縄文社会　63,69,75,76,98,99,102,107,113,131,181,198,199,213,225,226,229,244,250,253,257,279,280,283,284,293,303,304,314
縄文土偶　1〜3,5,6,16,40,47,49,50,52〜59,61〜63,65〜73,75,76,98,102,103,105〜113,119〜121,131,135,168,181,184,198,199,213,223〜226,229,244〜258,267〜269,272〜276,278〜280,283,285,286,288〜290,292,295〜297,299,303〜305,308,309,314〜316,318,319,321,325,332,342〜344,348
縄文土偶複合体　63
縄文文化　1,73,98,101,105,119,160,199,225,229,253,291,304,305,317,318
進化　99,148,179,180,191,192,198,199,249,250,314,343
神像システム　249
神面　20,27,30〜33,35,48,49,53,259,261,263,265,313

杉沢遺跡　280,282
スーチュ島　132,133
ズニ族　34
生活　1,2,5,18,33,34,39,47,49,50,63,76,77,82,86,91〜95,100,118,121,123,124,126,132,135,136,140,179,181,183〜185,188,190〜194,255,273,274,276,279,291,304,307,316,317,336,338〜340,347
生業分化　100,102
生計　73,96,97,99,101,102,122,124,132,304,316
生態　76,98〜101,105,120,121,136,180,183,184,304,307,318,321,322,341,343,344
生態人類学　279
西部グリーンランド・エスキモー　10
精霊　15,20,22,23,30,56,62,74,82,258,261,308,310,312,317
セマン族　93
セリ族　94
先史学　1,52,73,144,179,252,308,333,344
先史考古学　72,177,285,307,318,344
善神　48,88
セントラル・エスキモー　10,24,86,95,345
造形原理　6,49,71,110,113,136,153,171,175,176,225
造形パターン　40,108,110,112,118,120,153,160,168,172,174〜177,183,185,190,192,194〜199,213,217,218,223〜226,229,244,245,247〜250,253〜257,299〜301,303,324,334〜336,340,341,348
相似　103,105〜108,112,113,119,120
葬礼　178,179,345
祖元　119,120,131,134,135,197
祖先像　15,16,18,19,30,47,48,63,121,258,320

た

田柄貝塚　269,276,283,284
タスマニア原住民　90
タナイナ族　11,79,85

タフォノミー　254,343,344
ダホメ族　88
多様性　54,70,71,150〜153,176,248,277,280,313,315,316
タールタン族　85
地域的伝統　160
地層学的-化石学的モデル　290,294,295,297
チッペワ族　13
中石器時代　89,188,190〜194,251,339,341
チュガチ・エスキモー　20
チュクチ族　80,96,98,261,263,317,321
超自然的生きもの　5,15,19,20,27,42,121
超自然的観念　178
超自然的儀礼システム　178
超自然力　74,77,309,311
チラカウ族　32
チリカワ族　86
筒形（こけし形）岩偶　113
筒形（こけし形）土偶　112,113
筒形（こけし形）木偶　113
ツングース族　96,264
定住　13,16,20,39,40,79,81,88,95,96,100,122〜124,132,136,192
定住性　101,318
ティパイ・イパイ族　50,263
ティパイ族　16,47
適応　76,98,99,121,169,180,190,193,251,310,318,322
デザイン　2,50,52〜54,61,73,83,111,112,134,143,150,151,163,164,167,196,198,223,313,321,332,334,341,342
デラウェア族　31,259
伝統複合体　119
道具　2,3,11,47,48,63,80,105,112,118,122,125,178,249,251,253,254,279,280,283,285,290,291,296,317,321,326,330,343,344
道具期　279〜281,283〜285,292,294〜297
東部グリーンランド・エスキモー　10
東部ショショニ族　85,90
東部ポモ族　78,94
土偶地母神説　3

土偶女神像説　　66
土偶女神像論　　3
土俗考古学　　75, 98, 100, 101, 118, 135, 180, 190, 194, 305, 307, 309, 317, 320, 321, 344
土俗考古学的方法　　5, 6, 181
トリンギット族　　16, 26, 261, 313, 320
ドルニ・ヴェストニス遺跡　　146, 165
トンプスン・インディアン　　16, 47, 84, 90, 263, 314

な

ナナイ（ゴルド）族　　124, 133, 320
ナバホ族　　13, 34, 86, 97
ナマ族　　91, 97
南西アラスカ・エスキモー　　9
南部パイユート族　　12
ニァエニァエ族　　93
二元論　　152, 153, 169, 175
二次的遺物　　283, 290, 291, 293, 347
日本民俗　　5, 7, 15, 42, 81, 106, 108, 119, 131, 225, 254, 304, 305, 323, 344
ヌガナサン族　　39, 121, 122, 129, 322, 325, 345
ヌートカ族　　27, 78, 83, 95, 102
ネグリート族　　82
ネグリトー族　　90
ネツリック・エスキモー　　86
ネンチ族　　122, 264
ネンツィ族　　129

は

ハイダ族　　27, 84, 95, 102, 261
ハヴァスパイ族　　88
ハカタヤ（Hakataya）文化　　50
バッフィンランド・エスキモー　　24
パパゴ族　　259
パラダイム　　176
ハント族　　258
比較考古学　　274, 297, 343
比較民族学　　326

比較民族誌的理論　　100
ヒト形偶像　　15, 47, 48, 56, 132, 275, 309, 311, 312, 321
ピマ族　　88, 92
ピュージェット・サウンド・インディアン　　78
ヒューロン族　　89
氷河時代　　144, 149, 155, 160, 181, 191, 194
表現特徴　　67, 68
風化作用　　276, 286〜288, 293
福祉　　38, 39, 83, 119, 122, 126, 128, 130, 178〜181, 184, 258, 304, 321, 323
不在特徴　　64, 67, 68, 223, 314
物質文化　　100〜102, 191, 192, 249, 307, 315
フパ族　　83
ブラッセンプーイ　　142, 145, 155, 161, 164, 329, 335, 336
文化的反応　　102
文化的連鎖関係　　131
文化的連続性　　105, 187, 250, 252, 348
文化要素複合体　　102, 318
分離処理　　292, 294, 295
分類基準　　65, 147, 155, 161, 172, 314, 319, 334, 341, 342
分類システム　　137, 161, 176, 177, 348
分類法　　145, 147, 173, 176, 334
分類枠　　118, 145
並行的発展　　135, 136, 342
並行発展　　120, 135
ベラ・クーラ族　　27, 84
ベーリング海　　7, 20, 24, 95
ベーリング海エスキモー　　7, 9, 20, 24, 53, 66, 79, 321, 348
変異系列　　52
母性　　67, 69〜72, 74〜76, 92, 103, 105, 107, 110, 120, 124, 129, 131, 132, 134〜137, 147, 148, 183, 188〜190, 192, 255, 299, 314, 315, 340, 345, 348
母性女神信仰　　70, 71, 76, 120, 137, 148
母性女神像　　67, 72, 75, 76, 103, 120, 131, 135, 138
ホッテントット族　　91, 141
北方系狩猟採集民　　15, 49, 74, 121, 303, 304,

341,345
北方系要素　305
北方狩猟採集民　48,313,314,337,339
北方ツングース族　92,96
ホピ族　13,33,34,48,49,97,259
ポモ族　67,77,78,322

ま

マイドゥ族　89
魔神　30,35,38,45,46,48,123,263,265,312〜314,320,323,345
増野新切遺跡　277,278,284,295,346
マタギ　105〜108,110〜113,118〜120,122,124,129〜131,135,152,195,247,248,251,252,254,255,257,261,286,315,316,318,319,323〜325,344
マドレーヌ文化　139,141,144,149,155,168〜175,177,275,299,326,327,329〜331,333,335〜337,343
マリコパ族　92
マリタ　139,141,155,160,161,164,167,168,176〜178,185,195,197,213,245,326,329〜335
マルデュジャラ族　93
マンシ族　258
未開社会　77,81,88,89
未開農耕民　81,96
ミスタッシニ族　79,86,94
民族誌的現在　251,301,303
民族誌的情報　3,5,55,75,77,95,107,178,179,265,273,303,307,341
民族誌的相似　73
民族誌的モデル　268,274
民族誌的類推　73
ムブチ族　93
無文字社会　59,93,317
ムルンギン族　77
ムンダ族　97
女神像祭祀　190,343
メジン遺跡　144,145,148,173,348
メノミニ族　30,31

モドック族　78,83,89

や

ヤーガン族　82
ヤクート　47
ヤクート族　88,97
山神　106,111,119,254,255,261,324,325,344
山の神　32,33,53,88,105〜108,110〜112,118〜120,128,129,131,135,152,247,248,254〜256,301,303,305,315,316,318〜320,323〜325,344
山の神信仰　32,105,129,131,305
遊動　47,76,86,90,93,124,140
ユカギール族　96
湯出野遺跡　113
様式化　134,140,144,149,169,170,172〜175,188,244,247,250,275,299,300,304,331,336,348
ヨクート族　82

ら

ライフサイクル　30,86,93,179,276,279
ラブラドール・エスキモー　10,26,91,95,309
猟漁採集民　15,82,89,96,122,195,309,312
猟漁民　15,18,34,35,39,40,74,79,81,120,122〜124,129〜134,185,196,225,251,257,300,310,312,320,325
リルーエト族　16,30,48,85
理論考古学　105,249,254,279,290,317,318,321,343,345
ルイセノ族　18

わ

ワショー族　85
ワラパイ族　85
ワルビリ族　77,82,90

人名索引

あ

安孫子昭二　61
アレクセーフ　197,337
磯前順一　278,345
稲野裕介　213
ヴァロワ　142,164
梅原猛　277
江坂輝弥　248,272,279
大野雲外（延太郎）　1,57,65
オクラドニコフ　124,130,132〜135,195,197,
　245,260,316,331
オズボーン　142,143
オッテ　169
小野正文　278

か

ギャンブル　150〜153,155,160
桐原健　345
金田一京助　324
ギンブタス　188,190,191,250,332,340,348
クライン　336
クラーク　140,144,150,173,197,327,328,331,
　335,336,340
甲野勇　61,98
小島俊彰　224
ゴールデンワイザー　73
コンウォール　149

さ

佐藤傳蔵　65
シーヴェキング　140,144,149,184,250,342
白井光太郎　3
神保孝造　224
ソファー　147,151〜153,187,191,348

ソラス　143,164
ソレッキ　316

た

高橋喜平　315,318,319,325
谷川（大場）磐雄　54,248
谷口康浩　276〜278
ヂェレヴァンコ　135
チャイルド　191,332
チャード　132,148,331
坪井正五郎　3,49,56,277
ドウマス　189
ド・ラエット　189〜191,332
鳥居龍蔵　1,72
トリンガム　187,189,191,192,249,250

な

中島寿雄　56,65,314,319
長沼孝　279
中谷治宇二郎　277,278,341
名取武光　315
ネルソン　79,80,349
野口義麿　68,273,279
能登健　278

は

パウエル　144,163,165,166,331
バーキット　144,335
バッタチャルヤ　338
ハロウェル　338
ビーハン　124
フィッシュー　79,349
フォード　81
ブール　142,164〜166,168
ブルイユ　142,164,165

フレーザー　55, 314
ホイットル　191, 192
ボゴラス　80, 317

山本祐弘　125
八幡一郎　73, 224, 278, 279, 307, 342
ヨヘルソン　132

ま

松浦武四郎　40, 42, 125
間宮林蔵　39
マリンガー　140, 144, 147〜149, 167, 184〜189, 297, 331, 336, 338, 339
水野正好　277, 346
メラート　343

ら

ランティエール　164
ルロア=グーラン　144, 147, 150〜153, 160, 166, 180, 224, 334
ロゥ　150, 331
ローゼンフェルド　171, 172
ロット=ファルク　323
ローレンス　343

や

八木奘三郎　65
山内幹夫　224
山崎和巳　61, 277

わ

和田完　40

縄文土偶と女神信仰

■著者略歴■
渡辺　仁（わたなべ　ひとし）
1919年三重県生まれ（1998年5月没）
東京帝国大学理学部人類学科卒業。理学博士
主要著作『ヒトはなぜ立ちあがったか―生態学的仮説と展望―』
　東京大学出版会、1985年、『縄文式階層化社会』六興出版、
　1990年、他

2001年5月25日発行

著　者　渡　辺　　　仁
発行者　山　脇　洋　亮
印　刷　三美印刷株式会社

発行所　東京都千代田区飯田橋　同　成　社
　　　　4-4-8 東京中央ビル内
　　　　TEL 03-3239-1467　振替 00140-0-20618

Ⓒ Watanabe Hitoshi 2001 Printed in Japan

ISBN 4-88621-223-9　C3021